2014
北京广播影视年鉴
Beijing guangboyingshinianjian

《北京广播影视年鉴》编辑委员会 编

中国广播影视出版社

图书在版编目（CIP）数据

2014北京广播影视年鉴 / 《北京广播影视年鉴》编辑委员会编. -- 北京 : 中国广播影视出版社, 2014.12
ISBN 978-7-5043-7309-0

Ⅰ. ①2… Ⅱ. ①北… Ⅲ. ①广播事业－北京市－2014－年鉴②电影事业－北京市－2014－年鉴③电视事业－北京市－2014－年鉴 Ⅳ. ①G229.271-54②J992-54

中国版本图书馆CIP数据核字(2014)第286859号

2014北京广播影视年鉴

（2005年创刊）

《北京广播影视年鉴》编辑委员会 编

责任编辑　林曦
装帧设计　一北工作室

出版发行　中国广播影视出版社
电　　话　010-86093580　010-86093583
社　　址　北京市西城区真武庙二条9号
邮　　编　100045
网　　址　www.crtp.com.cn
电子信箱　crtp8@sina.com

经　　销　全国各地新华书店
印　　刷　廊坊市精彩印刷有限公司

开　　本　787毫米×1092毫米　1/16
字　　数　658（千）字
印　　张　33
版　　次　2014年12月第1版　2014年12月第1次印刷

书　　号　ISBN 978-7-5043-7309-0
定　　价　128.00元

编辑说明

一、《北京广播影视年鉴》是一部综合性资料工具书和史料文献的大型年刊，由北京市新闻出版广电局主持编纂，北京广播电视台、北京人民广播电台、北京电视台、中国电影博物馆、各区县文化委员会、各区县广电中心等协助编纂。

二、本年鉴全面反映北京市广播影视的基本情况和发展变化，客观记录上一年全市广播影视业各方面的新情况、新变化。特殊事项，在前后年份上有所延伸。

三、本年鉴以马克思列宁主义、毛泽东思想、邓小平理论、“三个代表”重要思想为指导，认真贯彻落实科学发展观，坚持实事求是的编辑方针，贯彻“贴近实际，贴近生活，贴近群众”的宣传原则，为广播影视从业人员、教学科研人员、决策管理人员以及社会各界了解和研究北京市广播影视提供可靠信息。

四、本年鉴自2005年起，每年编印一卷。2014年版为第十卷，全书共有19个栏目：图片、专项纪事、概况、频率频道、节目栏目、产业发展、新媒体、技术、电影、电视剧、书报刊出版、受众调查、组织机构、获奖作品、典型经验、交流合作、统计、人物、大事记。

五、本年鉴采用规范语体文，行文力求朴实、简洁、通畅，以记述文章体裁为主体。

六、本年鉴计量单位按照1984年2月27日公布的《中华人民共和国法定计量单位》执行。

七、本年鉴统计数字以统计部门公布的为准。统计部门缺遗的数字，以各单位的为准。

八、本年鉴稿件由各单位、各部门确定专人（特约编辑）撰写（特殊约稿除外），经各单位、各部门主要领导审核盖章后提交，最后由年鉴编委会总审。

九、本年鉴的编辑工作得到各撰稿单位、部门及各方面的热情关怀和大力支持，在此深表感谢。

由于水平有限，对本书的疏漏之处与不足，恳请各界批评指正，以利于今后改进。

北京广播电影电视研究中心（史志办）
联系电话：010-65157478
2014年10月

编 辑 委 员 会

王会友　北京市新闻出版广电局数字出版处处长
李国荣　北京市新闻出版广电局印刷发行处处长
冷文波　北京市新闻出版广电局出版物市场管理处处长
韩云升　北京市新闻出版广电局宣传管理处处长
韩方海　北京市新闻出版广电局电影管理处处长
马德献　北京市新闻出版广电局传媒机构管理处处长
丁　梅　北京市新闻出版广电局网络视听节目管理处处长
卢志鹏　北京市新闻出版广电局版权管理处处长
陈　煜　北京市新闻出版广电局科技处（三网融合协调处）处长
秦　华　北京市新闻出版广电局财务处处长
周　浩　北京市新闻出版广电局人事处处长
杨春青　北京市新闻出版广电局机关党委专职副书记
秦固生　北京市新闻出版广电局工会专职副主席
刘学文　北京市监察局驻北京市新闻出版广电局纪监处处长
薛　峰　北京版权保护中心主任
崔玉军　北京计算机软件登记中心主任
陈嘉平　北京市新闻出版局出版物鉴定中心主任
姜　威　北京市新闻出版局信息中心主任
石　丽　北京市新闻出版局老干部服务中心主任
王　志　北京市新闻出版研究中心主任
孙峰虎　北京市新闻出版服务中心主任
皮亚明　北京市新闻出版行业特有工种职业技能鉴定站（北京新闻出版版权人力资源服务中心）副主任
王　通　北京市新闻出版干部学校校长
钱富奎　北京市广播电影电视局离退休人员管理中心主任
王　晶　北京市广播电影电视局后勤服务中心主任
郑新梅　北京市广播电影电视局信息中心主任
魏利明　北京市广播电视监测中心主任
袁正领　北京音像资料馆馆长、研究中心主任
智黎明　北京市广播影视作品审查中心主任
黄　培　北京国际影视交流促进中心主任
张常珊　北京广播电视台办公室主任
李秀磊　北京人民广播电台副总编辑
孙　巍　北京人民广播电台总编室主任
李岑涛　北京电视台副台长
冯　平　北京电视台史志办主任
陈　工　北京歌华文化发展集团副总经理
丁颖磊　北京歌华有线电视网络股份有限公司总经理办公室副主任
张　平　北京电视艺术中心有限公司董事长兼总经理
杨　群　北京中北电视艺术中心有限公司董事长
许建海　北京紫禁城影业有限责任公司总经理兼书记
李　浩　北京广播电视报社社长
颜丙利　北京音像公司总经理
郭长征　北京广播电视台服务中心主任
何公明　北广传媒数字电视有限公司董事长、总经理兼瑞特影音贸易公司总经理
罗晓军　北京北广传媒移动电视有限公司董事长、总经理
刘亚辉　北京北广传媒影视有限公司董事长、总经理
张学朝　北京北广传媒城市电视有限公司董事长
阎伟力　北京北广传媒地铁电视有限公司总经理
蔡恒平　鼎视数字电视传媒有限公司总经理
裴成虎　北京北广置业有限公司总经理
陈炳岩　北京中广传播有限公司副总经理
李承刚　北京市东城区文化委员会党委副书记、主任
张云裳　北京市西城区文化委员会书记、副主任
倪遥远　北京市朝阳区文化委员会副主任
刘建朝　北京市海淀区文化委员会书记
周衔临　北京市丰台区文化委员会书记
翟培新　北京市石景山区文化委员会书记
闫洪亮　北京市门头沟区文化委员会书记、主任
李立新　北京市房山区文化委员会主任
王　健　北京市大兴区文化委员会书记、主任
杜德久　北京市通州区文化委员会书记、主任
王　颖　北京市顺义区文化委员会书记、主任

王振国　北京市平谷区文化委员会书记、主任
吕晓国　北京市怀柔区文化委员会主任
刘全新　北京市昌平区文化委员会主任、副书记
李洪仕　北京市密云县文化委员会主任
刘永强　北京市延庆县文化委员会主任
郑海涛　北京经济技术开发区社会发展局局长
潘　竞　北京市朝阳区广播电视新闻中心主任
王言敏　北京市海淀区新闻中心书记、主任
何岳飞　北京市丰台区广播电视中心书记、主任
魏志安　北京市石景山区广播电视中心主任
宋　奇　北京市门头沟区广播电视中心书记、主任
路建华　北京市房山区广播电视中心主任
巴洪栓　北京市大兴区广播电视中心书记、主任
陈立军　北京市通州区广播电视中心书记
黄海鹏　北京市顺义区广播电视中心书记、主任
龚士宏　北京市平谷区广播电视中心主任
刘　剑　北京市怀柔区广播电视中心主任
刘晓梅　北京市昌平区广播电视中心书记、主任
孙明朝　北京市密云县广播电视中心书记、主任
郭东亮　北京市延庆县广播电视中心书记、主任
王长田　北京光线传媒股份有限公司总裁
王中军　华谊兄弟传媒股份有限公司法人、董事长兼首席执行官
刘燕铭　海润影视制作有限公司董事局主席
尤小刚　北京京都世纪文化发展有限公司董事长
丁　芯　北京鑫宝源影视投资有限公司董事长

主编　副主编

主　　编：韩　昱　北京市新闻出版广电局副局长
执行主编：袁正领　北京音像资料馆馆长、研究中心主任
副 主 编：张常珊　北京广播电视台办公室主任
孙　巍　北京人民广播电台总编室主任
冯　平　北京电视台史志办主任
马广胜　原北京市广播电影电视局史志办主任
王廷富　原北京市广播电影电视局史志办高级编辑（特聘）
段燕燕　北京音像资料馆副馆长、研究中心副主任

编辑部编辑与特约编辑

编辑部编辑：
王志坤　北京音像资料馆（研究中心）史志部主任
闫姝行　北京音像资料馆（研究中心）史志部编辑
许曼丽　原北京市广播电影电视局史志办编务
刘书峰　原北京市广播电影电视局史志办特约编辑

特约编辑：
洪华中　北京市新闻出版广电局办公室副主任
吴　彤　北京市新闻出版广电局规划发展处副调研员
何　薇　北京市新闻出版广电局宣传管理处干部
钟立红　北京市新闻出版广电局传媒机构管理处副调研员
王　乐　北京市新闻出版广电局网络视听节目管理处干部

申国政　北京市新闻出版广电局科技处（三网融合协调处）副调研员
张秋生　北京市新闻出版广电局人事处副处长
郎志伟　北京市新闻出版广电局人事处干部
程玉生　北京市新闻出版广电局机关党委党务干部
苗本长　北京市新闻出版广电局工会调研员
冯　颢　北京市监察局驻北京市新闻出版广电局纪监处干部
郑　兵　北京市广播电影电视局离退休人员管理中心副主任
孙　双　北京市广播电影电视局后勤服务中心干部
田杰鹏　北京市广播电影电视局信息中心干部
马　丽　北京市广播电视监测中心干部
李玮祎　北京音像资料馆(研究中心)干部
张　莉　北京市广播影视作品审查中心干部
姜　瑶　北京国际影视交流促进中心干部
邢　炎　北京电影协会
刘　洋　中国电影博物馆研究部
李　剑　北京广播电视台办公室副主任
刘　莹　北京电台总编室副主任
史博华　北京人民广播电台媒体资料与版权部台史资料科长
唐晓燕　北京电视台史志办编辑
魏向东　北京电视台史志办编辑
蒋舒涵　北京歌华文化研究发展中心副主任
张　刚　北京歌华有线电视网络有限公司总经理办公室文秘主管
吕　妍　北京电视艺术中心有限公司办公室干部
马晓晨　北京中北电视艺术中心有限公司办公室
刘　敏　北京紫禁城影业公司办公室主任
杨　林　北京广播电视报社办公室干部
郝振林　北京音像公司办公室干部
赵丽艳　北京瑞特影音贸易公司办公室主任
孙　云　北京广播电视台服务中心办公室干部
郑向英　北京北广传媒数字电视有限公司干部
闫育军　北京北广传媒移动电视有限公司办公室副主任
杨兴辰　北京北广传媒影视有限公司办公室干部
王　嘉　北京北广传媒城市电视有限公司办公室干部
杨　磊　北京北广传媒地铁电视公司办公室主任
安　野　鼎视数字电视传媒有限公司办公室干部
彭穗新　北京北广置业有限公司办公室主任
张　宁　北京中广传播有限公司综合部干部
吴洁莎　北京市东城区文化委员会干部
周爱平　北京市西城区文化委员会主任科员
李雪梅　北京市朝阳区文化委员会科长
李广敏　北京市海淀区文化委员会干部
王　蕊　北京市丰台区文化委员会干部
张桂霞　北京市石景山区文化委员会主任科员
张　晨　北京市门头沟区文化委员会干部
白　杨　北京市房山区文化委员会干部
李晓雷　北京市大兴区文化委员会干部
邱　巍　北京市通州区文化委员会干部
刘岱松　北京市顺义区文化委员会干部
刘东盈　北京市平谷区文化委员会科员
雷文雅　北京市怀柔区文化委员会科员
白玉峰　北京市昌平区文化委员会办公室副主任
高文满　北京市密云县文化委员会文化市场科科长
徐柏枝　北京市延庆县文化委员会市场科科长
郑　浩　北京市经济技术开发区社会发展局干部
邱　阳　北京市朝阳区广播电视新闻中心总编室干部
刘丹丹　北京市海淀区新闻中心办公室干部
张欣悦　北京市丰台区广播电视中心办公室干部
张　凡　北京市石景山区广播电视中心干部
高艳蕊　北京市门头沟区广播电视中心办公室干部
常云鸽　北京市房山区广播电视中心总编室干部
王开余　北京市大兴区广播电视中心研发培训部主任
高　巾　北京市通州区广播电视中心办公室干部
彭笑月　北京市顺义区广播电视中心干部
贾晓静　北京市平谷区广播电视中心助理编辑
李沐霖　北京市昌平区广播电视中心办公室职员
王少南　北京市怀柔区广播电视中心办公室科员
石晓访　北京市密云县广播电视中心总编室主任
雷自华　北京市延庆县广播电视中心办公室干部
陈雪飞　北京光线传媒股份有限公司
李树峰　华谊兄弟传媒股份有限公司
王存林　海润影视制作有限公司
杨　燕　北京京都世纪文化发展有限公司
焦云飞　北京鑫宝源影视投资有限公司

2013北京市广播影视数字

机　构

市级广播电台1座，电视台1座，市级数字付费电视、公交移动电视、城市电视、地铁电视、手机电视、网络广播电视等新媒体平台各一个；区县广播电台9座，电视台10座，广播电视站50个；全市持有广播电视节目制作经营许可证机构2321个；网络视听网站125个。

人　员

全市广播影视从业人员4.52万人。

覆　盖

广播综合人口覆盖率100%，电视综合人口覆盖率100%。

网　络

有线广播电视网络干线总长17.64万公里，其中光缆4.45万公里，电缆13.19万公里；网络传输模拟电视节目59套，数字电视节目168套（其中高清22套）、数字广播节目16套。有线广播电视注册用户524.59万户，其中高清交互数字电视用户380万户。

资　产

全市广播影视总资产906.8亿元，增加值105.93亿元。

创　收

广播影视创收379.55亿元，其中广告收入169.84亿元，电影票房收入18.6亿元。

节　目

全年制作广播节目116172小时，制作电视节目133945小时。

电视剧

全年制作电视剧87部，2952集。

动画片

全年制作动画片19部，1748集，19297分钟。

电　影

北京地区全年生产影片222部，放映电影137.69万场。

2013年6月8日，中共中央政治局常委、中央书记处书记刘云山（前右二）在北京市调研时，到北京歌华文化发展集团考察。

2013年6月8日，中共中央政治局常委、中央书记处书记刘云山（右）在北京市调研时，到北京歌华有线电视网络股份有限公司考察。

2013年8月29日，中共中央政治局委员、中央书记处书记、中央宣传部部长刘奇葆（中），中央宣传部副部长、国家新闻出版广电总局局长蔡赴朝（左一），时任中央宣传部副部长翟卫华（右一）到中国电影博物馆调研。

2013年4月16日，中共中央政治局委员、北京市委书记郭金龙（右）会见第三届北京国际电影节"天坛奖"评委会主席尼基塔·米哈尔科夫。

2013年8月29日，中共中央政治局委员、北京市委书记郭金龙（前中）到北京电视台调研。

2013年4月16日，中共中央宣传部副部长、国家新闻出版广电总局局长、第三届北京国际电影节组委会主席蔡赴朝在第三届北京国际电影节开幕式上致辞。

2013年4月16日，中共北京市委副书记、北京市市长、第三届北京国际电影节组委会主席王安顺在第三届北京国际电影节开幕式上致辞。

2013年8月18日，北京市人大常委会主任、北京数独运动协会名誉会长杜德印（左）为北京广播电视台承办的2013中国数独和谜题锦标赛冠军颁奖。

2013年2月22日，中共中央宣传部副部长孙志军（前左二）到北京歌华有线电视网络股份有限公司调研。

2013年8月21日，国家新闻出版广电总局副局长田进（前左二）在第二十二届北京国际广播电影电视设备展上听取北京广播电视台展区介绍。

领导关怀

2013年2月5日，时任中共北京市委常委、宣传部长、副市长鲁炜参加北京广播电视台领导班子民主生活会。

2013年5月29日，中共北京市委常委、宣传部长李伟（右三）到北京市广播电影电视局调研。

2013年5月21日，中共北京市委常委、宣传部长李伟（右二）到北京广播电视台和北京人民广播电台调研。

2013年5月21日，中共北京市委常委、宣传部长李伟（左一）到北京电视台调研。

2013年6月19日，北京市副市长杨晓超（右三）率队检查文化、影视、文物场馆等文化市场安全生产工作。

2013年8月30日，北京市副市长、全运会北京代表团团长杨晓超（后排左四）到北京电台、北京电视台前方直播间慰问“健美中国，快乐全运”报道团队。

（领导关怀图片：由北京市广播影视相关单位提供）

综合

2013年1月19日，北京市广播电影电视局党组书记、局长李春良在2013年北京市广播影视工作会议上作报告。

2013年4月15日，北京市广播电影电视局党组书记、局长、第三届北京国际电影节组委会副主席李春良（右二）、导演李前宽（右一）会见第三届北京国际电影节"天坛奖"国际评委会主席尼基塔·米哈尔科夫（中）一行。

2013年6月25日，北京市广播电影电视局党组成员、副局长臧增祥（左）到通州区广电中心调研。图为查看大运通州网运行情况。

2013年9月11日，北京市广播电影电视局副局长杨培丽(中)到昌平区广电中心调研。

2013年9月12日，北京市广播电影电视局党组成员、纪检组长王立平（右二）到房山区广电中心调研。

↑ 2013年3月8日，北京市广播电影电视局党组成员、副局长丁百之（左三）到房山区广播电视中心调研。

↑ 2013年10月25日，北京市广播电影电视局党组成员、副局长王霞（右）到民营广播电视节目制作公司调研。图为与民营公司负责人交谈。

↑ 2013年7月3日，北京市广播电影电视局党组成员、副局长韩昱（前右二）到怀柔汤河口南山转播站调研。图为与怀柔区广电中心工作人员合影。

↑ 2013年10月11日，北京市广播电影电视局巡视员洪兵(左四)率团出访澳大利亚、新西兰影视机构。图为与澳洲广播电影电视学院洽谈后合影。

↑ 2013年3月10日，北京市广播电影电视局副巡视员、第三届北京国际电影节组委会常务副秘书长赵志勇（右）与泰国驻华大使出席泰国电影展启动仪式暨观影活动。

↑ 2013年3月22日，国家广电总局传媒机构管理司调研组在北京市昌平区召开座谈会，调研县乡广电管理体制情况。

2013年10月17日，北京市广播电影电视局、北京市广播影视协会举行“北京市广播影视奖颁奖表彰会”。

“北京市广播影视奖颁奖表彰会”会场。

2013年11月1日，中国电影导演冯小刚手印礼在美国洛杉矶TCL中国大剧院举行。图为冯小刚正在按手印。

2013年11月2日，北京市广播电影电视局在美国洛杉矶举办北京影视日活动。

2013年5月22日至24日，北京市广播电影电视局在意大利、罗马举办北京电影罗马展映活动。图为中国驻意大利使馆文化参赞郑浩和展映代表团成员、意大利文化中心负责人在展映开幕式上。

2013年12月24日至25日，北京市广播电影电视局召开全市广播电视节目制作经营机构工作会议。图为会议现场。

2013年7月23日，北京市广播电影电视局举办全市区县媒体运营与管理培训班。

2013年9月17日，北京网络视听节目服务协会成立，国家新闻出版广电总局网络视听节目管理司副司长董年初、北京市广播电影电视局局长李春良出席会议并揭牌。

2013年12月27日，“2013年北京市信息网络视听节目服务管理工作会”召开。

2013年8月9日，北京市广播电影电视局和北京广播电视台联合举办节目管理专题讲座，邀请国家新闻出版广电总局宣传管理司司长高长力授课。

2013年，北京市广播影视作品审查中心召开2013年第四季度电视剧审查例会。

2013年9月23日，北京市广播影视协会召开“2013年《北京广播影视》学刊编委会”。

2013年6月25日，北京市广播电视学会更名换届暨北京市广播影视协会第六届理事会代表合影。

2013年12月12日，北京市广播影视协会科技工作委员会成立并召开第一次工作会议。

2013年9月23日，北京市广播电影电视局为对口支援的新疆和田地区广播电视技术人员举办培训班合影。

行业管理

2013年3月31日，北京市广播电影电视局和北京市怀柔区政府联合举办的“2013年第十二届北京电视节目交易会”举行。

2013年第十二届北京电视节目交易会年度优秀电视剧表彰典礼——北京电视剧之夜举行。

2013年4月21日，“中美电影大师课暨产业高峰会”启动仪式举行。

北京市广播电影电视局和首都影视产业联盟组织首都影视界百余名代表赴大兴区青云店镇开展“2013首都影视界春节大拜年”活动。图为表演相声《神曲大拜年》。

2013年12月31日，新组建的北京市新闻出版广电局和北京市版权局挂牌。

（行业管理图片·由北京市广电局及直属单位提供）

第三届北京国际电影节成功举办

由国家新闻出版广电总局和北京市人民政府主办，国家新闻出版广电总局电影局和北京市广播电影电视局承办的第三届北京国际电影节于2013年4月16日至23日在北京成功举办。

800余家中外电影机构、3000余名国内外嘉宾参与各项活动，205家境外媒体、55家境内媒体的1000余名记者参与报道，直接参与电影节的人数超过百万人次。

本届电影节首次设立“天坛奖”评奖，设十大奖项，56个国家和地区的531部影片报名参赛；精选260部中外名篇佳作，展映600余场次；电影魅力·北京论坛立足前沿，话题贴近现实需求；电影市场搭建持续性综合服务平台，实现签约项目，签约总额达87.31亿元，创国内电影节展签约额新高。

↑ 2013年4月16日，第三届北京国际电影节隆重开幕，著名钢琴家郎朗在开幕式上表演钢琴独奏《我爱你中国》。

↑ 世界几大国际电影节主席出席北京国际电影节（左起：波兰华沙国际电影节主席史蒂芬·劳丁、瑞士洛迦诺电影节主席马尔科·索拉里、巴黎中国电影节主席高醇芳、意大利国家电影资料馆馆长恩里克·马格里利、莫斯科国际电影节选片委员会主任基里尔·拉兹洛戈夫）。

↑ 电影节“天坛奖”评委会成员（左起：张一白、 姜帝圭、艾维尔·本杰明、 尼基塔·米哈尔科夫 、卡梅隆·贝利、杰夫·布朗、顾长卫）。

↑ 中国电影艺术家田华在电影嘉年华启动仪式上致辞。

北京国际电影节

第三届北京国际电影节中外电影合作论坛举行。

第三届北京国际电影节搭建的综合服务平台。

《1942》获第三届北京国际电影节“天坛奖”最佳影片。

尼基塔·米哈尔科夫和张艺谋为影片《1942》颁奖。

成龙、吕克·贝松为获奖影片颁奖。

2013年4月23日，第三届北京国际电影节闭幕式暨颁奖典礼在国家会议中心举行。

（电影节图片，由北京国际影视交流促进中心提供）

BMN
北京广播电视台

2013年9月16日，北京广播电视台承办的首届“全国广播电视台宣传管理创新创优论坛”在京举行。

2013年4月11日，中央人民广播电台台长王求到北京广播电视台调研。

2013年12月29日，北京市委宣传部常务副部长王海平（右二）赴怀柔影视基地看望北京紫禁城影业公司电视连续剧《乞丐大掌柜》摄制组。

2013年2月25日至26日，“2013年北京广播电视台工作会”召开。

北京广播电视台党委书记刘志远在2013年北京广播电视台工作会议上讲话。

市级广电

2013年12月14日，北京广播电视台常务副台长、北京电台台长席伟航（右）为北京电台第六届“听众喜爱的主持人”评选活动投票听众颁奖。

2013年11月17日，北京广播电视台副台长、北京电视台台长赵多佳（中）到第十二届四川国际电视节考察学习。

2013年9月4日，北京广播电视台副台长兼歌华集团董事长王建琪（左一）陪同北京海关关长高融昆(中)到国家对外文化贸易基地(北京)暨天竺综合保税区文化保税园调研。

2013年2月6日，北京广播电视台纪委书记王伟（中）到北广传媒城市电视有限公司检查安全工作。

2013年7月18日，北京广播电视台副台长兼歌华有线公司董事长郭章鹏（右一）、歌华有线公司总经理卢东涛（左一）向来访的江西广播电视台台长杨玲玲（左二）介绍情况。

2013年8月21日，北京广播电视台副台长苏仁先（中）在第二十二届北京国际广播电影电视设备展览会上指导城市电视展览工作。

2013年1月11日，北京广播电视台召开2013年度影视工作创新与发展研讨会。

2013年4月12日，北京广播电视台召开2013年度经营工作会议。

2013年3月15日，北京广播电视台召开2013年度法务工作座谈会。

2013年4月8日，北京广播电视台召开2013年度办公室工作会议。

2013年4月25日，北京广播电视台召开“学习身边榜样，促进青年成长”座谈会。

↑ 2013年8月21日，北京广播电视台参展第22届北京国际广播电影电视设备展览会。

↑ 2013年1月11日，北京广播电视报社召开年终总结表彰大会，表彰一批优秀工作者。

↑ 2013年8月7日，北京电视艺术中心有限公司与前来调研的北京广播电影电视研究中心共同研讨“国有广播影视企业发展政策需求”课题。

↑ 2013年10月31日，北京电视艺术中心有限公司成立“邵兵工作室”，推进剧本创作。

↑ 2013年，北京瑞特影音贸易公司召开公司领导干部测评会议。

↑ 2013年，北京广播电视台服务中心定期对办公大楼设备进行安全检查。

（市级广电综合图片，由北京广播电视台及直属单位提供）

RBC 北京人民广播电台

北京电台9套无线广播节目：

北京人民广播电台开办9套开路广播、15套有线调频广播、13套数字音频广播，试验播出4套数字视频广播、2个数据服务频道，每天播出346小时，其中无线播出189.8小时，总发射功率227.9千瓦。开办北京广播网、《音乐周刊》《新广播报》、青檬网络电台、DAB移动多媒体广播、外语广播网络电台、北京广播网菠萝台，形成广播、网络、报刊互补的传播格局。

↑ 2013年2月8日（腊月二十八），北京电台总编辑席伟航在本台“2013年春节大联欢”现场指导工作。

↑ 2013年8月8日，北京电台常务副台长王秋在本台“2013年北京榜样”评选活动投票启动仪式上致辞。

↑ 2013年8月2日，北京电台举办第六届“赢在创意”全球华语广播栏目大赛颁奖典礼。本届大赛面向全球征集到作品188件。

↑ 2013年9月至12月，北京电台举办第六届“听众喜爱的主持人”评选活动，10人获得“最佳”主持人称号，20人获得“优秀”主持人称号。

↑ 2013年4月22日，北京电台新闻、交通、体育广播及北京广播网共同推出“世界地球日”连线地球音视频直播特别节目《美丽中国——倾听世界的声音》。

↑ 2013年2月10日，北京电台交通广播记者凌晨采访环卫工人。

↑ 2013年4月20日，四川雅安芦山县发生7.0级地震，北京电台记者立即奔赴灾区进行采访报道。

↑ 2013年6月28日至9月26日，北京电台城市服务管理广播主办第六届“魅力社区”评选活动。

↑ 2013年8月31日至9月12日，北京电台组成50人的报道团队对在辽宁沈阳举行的第十二届全国运动会进行全方位报道。

↑ 2013年5月18日至11月18日，北京电台完成以“园林城市、美丽家园”为主题的18场北京园博会现场直播节目。

↑ 2013年1月22日，北京电台音乐广播举行“爱你一生，我们永远的FM97.4”音乐广播开播20周年大型答谢宴会。图为音乐广播首任台长降巩民致辞。

↑ 2013年3月1日，北京电台新闻广播在开播20周年生日时邀请听众参观新闻发稿室。

↑ 2013年12月12日，北京电台新闻广播主办的年度大型人物评选活动——“2013北京榜样”颁奖典礼在北京广播大厦演播厅举行。

↑ 2013年2月1日至5日，北京电台文艺广播首部原创话剧《风把我带到这个地方》在世纪坛剧场上演。

↑ 2013年12月20日晚，“一路有你——北京交通广播开播20周年听众大联欢”在北京万事达中心举行。

↑ 2013年5月至12月，北京电台举办第四届“广播新声代”主持人大赛，来自全国3000多位选手参加。

↑ 2013年2月8日，北京电台推出4小时春节大联欢——“广播过大年，声动京华情”音视频直播特别节目。

↑ 2013年4月至7月，北京电台网络媒体中心推出第四届“亲亲宝贝”网络征集活动。

↑ 2013年5月4日，北京电台爱家广播与15名热心听众家庭来到昌平区奤仓屯，种下以《毛毛狗的故事口袋》节目命名的绿化林。

↑ 2013年5月27日，北京故事广播2013年“讲故事的人”选拔六一专场在史家小学礼堂举行。

↑ 2013年7月15日，北京电台外语广播邀请乌克兰乐队到河北阜平县为马兰小学的孩子们进行现场表演。

↑ 2013年“六一”前夕，北京交通广播邀请当年捐款的出租司机代表回访河北省武邑县的“北京的士希望小学”，并捐赠多媒体教学设备。

（市级广电广播图片：由北京电台提供）

2013年，由中共北京市委宣传部、中共北京市委讲师团、北京电视台出品的50集系列片《正道沧桑——社会主义500年》在北京卫视和新闻频道播出。

北京电视台开办15个频道12套节目，其中包括8个标清频道、4个高清频道、2个数字频道和1个外宣频道，每天播出时间近260个小时，全年播出时间116077个小时，是全国省级电视台节目播出量最多的电视台之一。北京卫视实现上星播出，截至2013年底，已在31个省会、直辖市全部落地，333个地级城市的覆盖率超过70%，区县级城市的覆盖率超过95%，覆盖总人口约8.6亿人。开办手机电视、IPTV 、BRTN网站等新媒体，形成多媒体互补的传播格局。

2013年1月，北京电视台在北京市“两会”期间现场搭建直播间进行直播报道。

2013年3月13日，北京电视台总编辑赵多佳在本台BTV影视剧制播年会上致辞。

2013年7月18日，北京电视台常务副台长窦晓东（右二）与国家体育总局宣传司司长张海峰“击缶”启动中国奥委会官方形象宣传片首发。

2013年7月1日，联合国主管新闻的副秘书长彼得·朗斯基——蒂芬索、联合国副秘书长办公室主任一行到北京电视台参观。

2013年9月12日，由国家新闻出版广电总局与商务部联合举办的"尼泊尔2013年新闻媒体人员研修班"到北京电视台参观考察。

2013年12月21日，"华夏银行杯"北京电视台第二届"观众喜爱的主持人"大型评选活动揭晓。春妮、王旭东等获"观众喜爱的十佳主持人"称号，孙扬、刘婧等获"观众喜爱的优秀主持人"称号。

2013年6月22日，北京电视台卫视频道、新闻频道直播"房山长沟大墓发掘"工作。

2013年，北京电视台《大戏看北京》栏目在播出。

2013年北京电视台《春节晚会》播出现场。

2013年北京电视台《环球春晚》播出现场。

2013年北京电视台《养生堂》栏目播出现场。

由北京电视台和时尚集团共同打造的“2013中国时尚大典年度特别发布”在北京卫视播出。

2013年4月16日晚，北京电视台承办的第三届北京国际电影节开幕式——“梦启天坛”文艺演出现场。

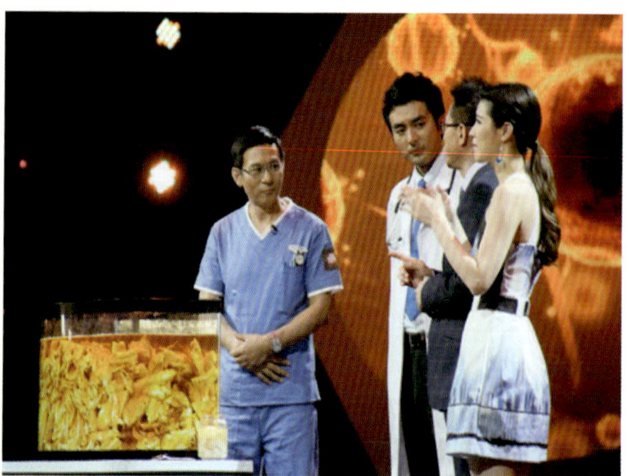

2013年10月10日，北京卫视《养生堂》升级版《我是大医生》播出。

2013年4月24日，北京电视台推出全民欢唱全媒体音乐综艺节目《一起唱吧》海报。

2013年8月2日，北京电视台启动365集“微纪录”短片《中国梦——365个故事》的摄制。

2013年7月20日，北京电视台首次引进国外版权模式，推出大型电视音乐季播栏目《最美和声》。

2013年11月13日，北京电视台完成中国首档大型军事题材明星真人秀栏目《防务精英之星兵报到》制作。

2013年，北京电视台《档案》栏目在播出。

2013年11月24日，北京电视台BTV“欢聚一堂”系列活动之《老有所依》走进大红门街道。

（市级广电电视图片：由北京电视台提供）

2013年4月28日，数字电视《善聚公益》第17期节目在播出。

北京北广传媒数字电视有限公司

Beijing All Media and Culture Digital TV Co.,Ltd

办有数字电视频道11套
集成音频广播节目2套
每个频道每日24小时循环播出

付费电视

《京视剧场》 《爱家购物》 《动感音乐》
《车迷频道》 《考试在线》 《优优宝贝》
《四海钓鱼》 《弈坛春秋》 《环球旅游》
《新 娱 乐》 《置　　业》

音频广播

《戏曲广播》 《爵士音乐广播》

数据服务

《北京之窗》设 “公益北京”、 “首都政务”和“生活资讯”系列节目和4个图文栏目，为市民提供政务公开、公共管理、生活消费等实用服务信息指南。

通过歌华有线网络平台每周上载数字电视及广播节目指南共182套。

2013年8月27日，数字电视公司承办的“爱心社区行 共筑中国梦”——朝阳区三间房乡动漫文化演出现场。

2013年10月16日，数字电视公司承办的“爱心社区行 共筑中国梦”——朝阳区来广营乡朝来绿色家园公益活动现场。

2013年3月12日，数字电视公司召开董事会，研究新媒体业务发展大计。

2013年，移动电视《孙为整点报时》在播出。

移动电视每天播出17小时
公交车载终端屏幕2.4万块

2013年，北京北广传媒移动电视有限公司对节目制作进行深入的研究和规范，在全国移动电视行业自制首部季播情景短剧《秀逗爱生活》，实现移动电视节目史上的首次输出。开发日播节目《三分钟美食》，与搜狐美食、贝太厨房、美食天下、爱奇艺《美食美客》等6家网站联系合作，制作《饭饭团》、《悠悠团》、《宝宝团》系列节目59期，举办线下活动10次。年内，有36件作品获奖。持续改进ISO9001质量管理体系，将质量管理与绩效管理有机的有效结合。

2013年8月至9月，移动电视公司承办的“激情凝聚，圆梦北京——2013北京CTD街舞大赛”取得成功。

2013年8月21日，数字电视国家工程实验室相关人员陪同东帝汶广电代表团到北京移动电视公司进行考察。

2013年4月15日，移动电视公司召开董事会，研究新媒体业务发展大计。

2013年，城市电视《环球财讯》在播出。

城市电视每天播出15小时
（楼宇）终端屏幕7500块
LED大屏幕电视九处10块

2013年，北京北广传媒城市电视有限公司在节目建设上，不断改版创新，集成、自制节目量大幅度增加。优秀和重点栏目有：《城市播报》《演艺罗盘》《体育新闻》《96310纪事》《新闻万花筒》《新闻大考场》《环球财讯》《文化中国》《图览天下》《光影大视界》等10余个。

2013年10月30日，城市电视第六块自建户外LED大屏——春平广场大屏幕建成验收并试播。

2013年9月12日，国家新闻出版广电总局视听新媒体发展情况调研小组到北京城市电视公司调研。

2013年6月28日，城市电视公司向湖南省绥宁县贫困山区捐赠一批电视机。

↑ 2013年，地铁电视获“金长城传媒奖·2012中国最具影响力移动电视”称号。

地铁电视每天播出18.5小时
地铁电视终端屏幕21705块

2013年，北京北广传媒地铁电视有限公司在节目建设上不断创新，按照“短、平、快”的原则，在原节目均为引进节目的基础上，增加集成、自制节目，集成、自制节目已经占播出节目的70%。优秀和重点栏目有：《潮流现场》《闪天下》《十分开心》《环球财讯》《剧情推动力》《微电影》《小羊肖恩》《奇艺环球影讯》《快乐生活一点通》等10余个。公司获“2012–2013年度中国最具营销实效移动电视”奖。

↑ 2013年10月21日，地铁电视承办的“2013全国移动电视高峰论坛”取得成功。

↑ 在“2013全国移动电视高峰论坛”上，北广传媒地铁电视有限公司总经理阎伟力在演讲。

↑ 2013年8月21日至24日，地铁电视在第二十二届北京国际广播电影电视设备展览会设立展台。

TOP V 鼎视传媒

2013年，鼎视数字电视传媒有限公司共集成传输34套数字标清、8套购物频道、7套高清卫视频道；付费频道在全国落地销售区域224个，覆盖用户13052.72万户；电视购物频道发行业务在全国落地区域122个，共计用户12221万户。

传输的34套数字专业频道有：《四海钓鱼》《收藏天下》《证券资讯》《家庭健康》《时代家居》《时代美食》《时代出行》《时代风尚》《碟市》《职业指南》《家庭理财》《车迷》《新娱乐》《环球旅游》《人物》《考试在线》《快乐宠物》《优优宝贝》《财富天下》《家政》《电子体育》《数码时代》《中国气象》《音像世界》《美食天府》《百姓健康》等26个数字付费频道。

同时还为《快乐购物》《央广购物》《优购物》《时尚购物》《风尚购物》《家有购物》《家家购物》《环球购物》《中视购物》《好享购》等10个数字电视购物频道提供集成传输及发行业务。

传输的7套数字高清卫视节目有：北京卫视、湖南卫视、深圳卫视、广东卫视、黑龙江卫视、山东卫视、湖北卫视。

↑ 2013年8月21日至24日，鼎视公司在第二十二届北京国际广播电影电视设备展览会设立展台。

↑ 鼎视公司负责人在第22届北京国际广播电影电视设备展览会上介绍展品。

↑ 鼎视公司集成传输的《家家购物》频道在播出。

↑ CMMB手机电视宣传彩页。

↑ CMMB手机电视宣传彩页。

北京中广传播有限公司
China Broadcasting BeiJing Co.,Ltd

2013年，北京中广传播CMMB手机电视在北京地区建成大功率单频网站点17处，累积发展双向终端用户100.47万户，在网付费用户31.49万户，新增单向终端用户10万户。

开办的《睛彩北京》频道，是北京地区手持电视的第一个自办频道，每天播出18小时，开设有《睛彩城事》《天天体育》等21个核心栏目，还运用专门制作的页面及时发送政府的应急信息。

↑ 《睛彩北京》频道播出“最美和声”节目。

↑ 《睛彩北京》频道直播CBA中国男篮比赛。

↑ 菠萝网络电台台标页面。

↑ 菠萝网络电台播出“2013年北京电台春节大联欢”节目。

菠萝网络电台拥有北京电台9套无线广播、15套有线调频广播的600余档直播、回放节目，可根据个性化需求自由定制节目，形成自己的专属电台。

2013年9月，《菠萝派》栏目上线，以独特视角、轻松诙谐的风格解读市民关心的事儿。同时，结合移动新媒体推出相关衍生产品——全国首个声形联动的科技公仔“菠萝娃”，将手机客户端与定制玩偶合为一体，使用户获得身临其境的感觉。

2013年，“听立方”完成新一代终端的研发工作，每天开机一个小时即可收到超过600分钟的音频节目。北京数字广播每天下发中文流行、欧美金曲、相声曲艺、科教养生、英语教育、金融证券、新闻资讯等多个方面节目。

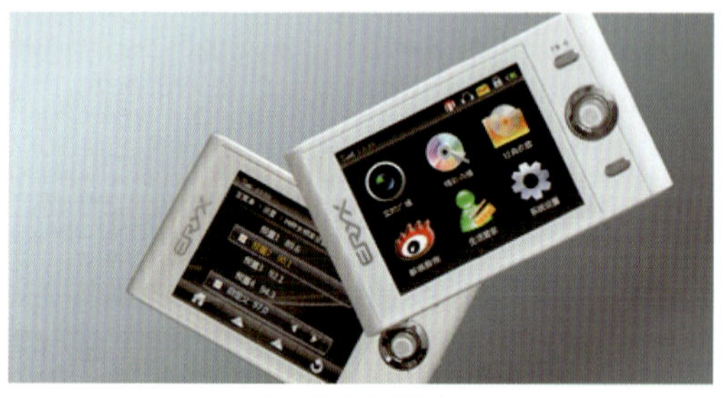

↑ “听立方”媒体机。

↑ 2013年6月1日，1039交通信息志愿者招募点正式启用，并为150位出租师傅赠送1039智能终端手机。

↑ 1039“易打车”手机页面。

2013年，北京电台交广传媒1039“易打车”手机客户端应用推广和推进取得较好的进展，不仅方便市民打车出行并提高出租车的运营效率，还能及时收到公共信息，发挥出“公众服务信息平台”的作用。

↑ 北京网络广播电视台BRTN业务楼。

北京网络广播电视台BRTN（简称北京网络台），由北京广播电视台主办、北京电视台具体承办，2013年底建成并试播。有4个新媒体业务平台，分别是北京网络广播电视台网站（www.brtn.cn）、北京IPTV、“BTV大媒体”等移动客户端、BTV微平台。

↑ 北京网络广播电视台及北京电视台新媒体基地互动体验厅。

↑ 北京网络广播电视台播出片头页面。

↑ BTV手机电视页面。

2013年，BTV手机电视各项业务取得新进展，与上海网达软件有限公司合作，形成中国移动全网计费点代计费合作模式。继续直播10套节目，点播影视、娱乐、新闻、体育、音乐、财经、动漫、生活、法治、综艺10个分类。同时，依托新一代高速3G网络技术，节目资源更丰富，画质更高，不仅有精心剪辑的精彩点播节目，还有BTV独家的品牌栏目，更有BTV的7套电视节目直播。

（市级广电新媒体图片：由北京广播电视台直属单位提供）

2013年1月31日，北京歌华有线电视网络股份有限公司召开2013年工作会议，总结部署工作。

北京歌华有线电视网络股份有限公司（以下简称“歌华有线公司”）——上市公司、全国文化企业30强。

2013年，网络集成数字广播电视节目168套（其中高清22套）、数字广播节目16套；有线网络总长 17.64万公里，其中光缆干线4.45万公里、电缆干线13.19万公里；有线电视注册用户数524.59万户，其中高清交互数字电视用户380万户；个人宽带用户23.8万户，飞视家庭用户26万户，集团数据业务2.5万线。经营总收入22.50亿元，实现净利润3.77亿元，同比增长26.68%。

2013年12月4日，中国有线电视网络有限公司总经理沈向军（前左一）到访歌华有线公司调研。

2013年5月31日，北京市委宣传部秘书长张成刚（右二）到歌华有线公司C2机房检查安全工作。

2013年3月29日，北京发行集团有限责任公司党委书记、董事长李湛军（左三）到歌华有线公司参观考察。

网络传输

2013年8月1日，北京市东城区区委书记杨柳荫（前左三）等一行到歌华有线公司调研。

2013年11月28日，密云县副县长郭洪泉（右一）到歌华有线公司调研。

2013年4月2日，歌华有线公司与安徽科大讯飞公司在北京签署战略合作协议。

2013年6月25日，非洲11国国家广播电视台高层访问团和国家新闻出版广电总局研修学院、中国仪器进出口（集团）公司等相关人员到歌华有线公司参观。

2013年9月12日，中共中央党校厅局级干部进修班（第61期）“文化发展与文化建设”研究专题支部一行40人到歌华有线公司调研。

2013年12月2日，歌华有线公司试验推出“歌华宽带电视”。

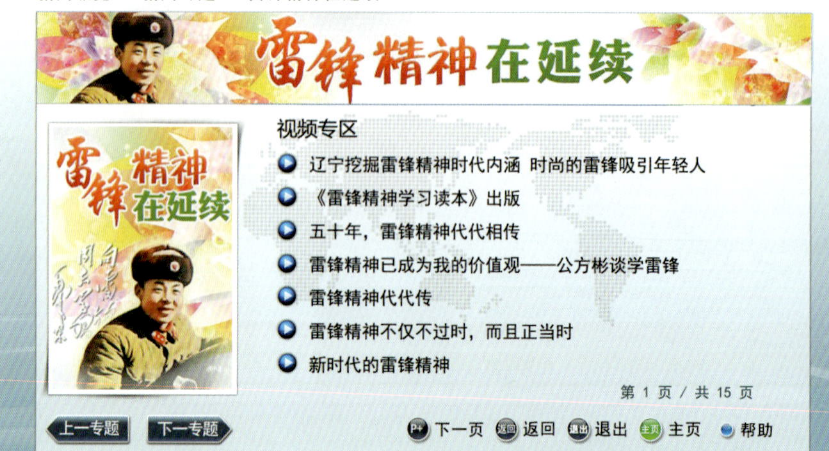

2013年3月5日，歌华有线公司高清交互数字电视平台“雷锋精神在延续”专题正式上线。

2013年1月14日，歌华有线公司高清交互数字电视平台“益民书屋”栏目正式上线。

2013年5月2日，歌华有线公司高清交互数字电视平台“智慧金顶街”资讯栏目正式上线。

2013年5月23日，歌华有线公司高清交互数字电视平台“图书博物馆”栏目正式上线。

2013年7月2日，歌华有线公司高清交互数字电视平台“邮储专区”栏目正式上线。

网络传输

↑ 2013年，歌华有线公司与北京电信合作实现上网与飞视服务，共推三网融合。图为“歌华飞视”宣传彩页。

↑ 2013年8月，歌华有线公司在第二十二届北京国际广播电影电视设备展览会展示“歌华飞视”产品。

↑ 2013年9月27日，歌华有线公司高清交互数字电视平台“最爱迪士尼”节目包正式上线。

↑ 2013年12月5日，歌华有线公司高清交互数字电视平台“华数高清”节目包正式上线。

↑ 2013年12月16日，歌华有线公司高清交互数字电视平台幼儿教育付费栏目“巧虎来啦”正式上线。

（网络传输图片：由北京歌华有线电视网络股份有限公司提供）

↑ 2013年10月25日，中国电影博物馆举办“2013中国（北京）电影学术年会——新生代‘轻’电影与思想能量”活动。

2013年，中国电影博物馆接待观众近51.8万人，组织参与各项活动203场。全年为观众讲解2254场，服务观众总人数近9万人。全年电影放映4877场，观影近21.6万人。共举办社教活动专场75期，其中：“电影大讲堂”21期，参与人数2399人次；“社会大课堂——电影课堂”38期，参与人数7359人次。

↑ 2013年4月14日，美国电影艺术与科学学院主席霍克·考齐（右二）一行四人到中国电影博物馆参观。

↑ 2013年6月22日，中国电影博物馆召开《世界电影产业年度报告（含中国电影产业年度报告）》项目启动会。图为时任馆长杨永安（右）向清华大学新闻传播学院常务副院长尹鸿教授颁发项目编委会主任聘书。

↑ 2013年9月24日，中国电影博物馆党委书记陈志强（右）接待委内瑞拉人民政权文化部副部长哈维·萨拉比亚。

← 2013年4月20日，阿根廷动画片《加油，布宜诺斯艾利斯》制片人荷拉修·格林伯格（左二）和大使馆文化官员在中国电影博物馆与观众交流。

↑ 2013年4月15日，“电影化装造型名师讲堂”在中国电影博物馆举行，中国著名电影化装专家白丽君（右二）、美国电影化装界的大师列那德·英格曼（左二）出席。

↑ 2013年8月5日，中国电影博物馆举办“首届中美电影摄影创作和技术高峰论坛”。

↑ 2013年11月9日，中国电影博物馆以“共建共享电影文化精神家园”为主题参展第八届中国（北京）国际文化创意产业博览会，图为参加“家庭化妆日”活动的小观众。

↑ 2013年10月18日，“光影彩墨——第二届中国电影家与美术家作品邀请展”在中国电影博物馆开幕。

↑ 2013年5月16日，由中国电影博物馆主办的“第四届少年儿童电影配音大赛暨京港澳台少年儿童电影夏令营”公益活动在中国电影博物馆启动。

↑ 2013年8月6日，中国电影博物馆举办“少年儿童电影才艺展示暨第四届少年儿童电影配音大赛”颁奖仪式。

↑ 2013年3月30日，电影《止杀令》导演王坪（中）和主演耿乐（右）参加中国电影博物馆组织的主创见面会。

↑ 2013年6月20日，中国电影博物馆举办电影《首席执行官》赏析与交流活动。

↑ 2013年6月30日，“影博·影人专题展——银幕诗人丁荫楠”主题活动在中国电影博物馆举行揭幕仪式。

↑ 2013年12月3日，农村放映员彭海明（中）向中国电影博物馆捐赠“长江F16—4A”16毫米胶片放映机。

影视场馆

↑ 2013年8月23日，中国电影博物馆举办电影《周恩来的四个昼夜》入藏仪式暨“电影大讲堂佳片赏析”活动，影片导演陈力（中）、主演孙维民（右）与观众互动交流。

↑ 2013年3月23日，中国电影博物馆举办电影《大碗茶》入藏仪式暨电影大讲堂“佳片赏析”活动。

↑ 2013年11月8日，中国电影博物馆举办“社会大课堂—电影课堂”，为门头沟区军庄小学讲授“电影中的化学”。

↑ 2013年8月21日，中国电影博物馆以“重温儿时电影梦，电影社区行”为主题，为顺义区永欣家园社区的居民免费放映露天电影。

↑ 2013年5月7日，中国电影博物馆迎来面向社会开放以来的第300万名观众　　幸运之星。

↑ 2013年12月29日，中国电影博物馆举办2013年志愿者总结交流活动。

（影视场馆图片：由中国电影博物馆提供）

2013年，北京歌华文化发展集团成功举办北京国际设计周、北京国际电影节电影市场、北京国际摄影周、苏富比北京艺术周等重大文化品牌活动以及2013年“北京之光”新年系列活动，着力推进文化保税园建设，全面深化各项改革，品牌项目建设精益求精，取得良好的社会效益和经济效益。

↑ 2014年1月1日0:00，由北京歌华文化发展集团主办的“北京之光”活动举行。

↑ 2013年9月28日，由北京歌华文化发展集团承办的2013北京国际设计周设计之都（北京）年会在国贸大酒店召开。

↑ 2013年4月16日，由北京歌华文化发展集团承办的第三届北京国际电影节“精彩在沃·电影嘉年华”在奥林匹克公园中心区启动。

↑ 2013年10月24日至30日，由北京歌华文化发展集团承办的北京国际摄影周在中华世纪坛举行。

↑ 2013年11月27日至12月1日，由北京歌华文化发展集团与苏富比集团共同主办的2013苏富比北京艺术周在京举办。

↑ 2013年1月18日，紫禁城艺术中心项目合作意向签约仪式。中国对外文化集团公司党委书记韩子勇(左)、故宫博物院院长单霁翔(中)、北京歌华文化发展集团董事长王建琪(右)分别代表三方在意向书上签字。

↑ 2013年5月10日，由民革中央、北京歌华文化发展集团发起组织的——两岸文化创意人才服务基地，与台湾中华杰出青年交流促进会等机构签订战略合作协议。

↑ 2013年6月1日，第二届京交会上北京歌华文化发展集团与苏富比集团等9家国内外机构分别签署战略合作、合资等七份协议，签约额7亿元。

↑ 2013年9月5日，北京歌华利亚国际物流有限公司成立签约仪式。

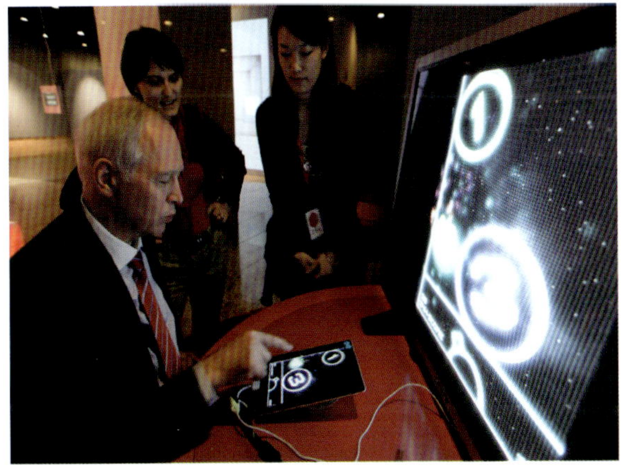

↑ 2013年1月19日，由中华世纪坛数字艺术馆主办，瑞士文化基金会与瑞士驻华使馆支持的“创意未来”第二季——“瑞士游戏设计展”在中华世纪坛举办。

↑ 2013年1月19日至2月1日，“2013年北京·歌华营地体验中心冬令营”在中华世纪坛举办。

↑ 2013年4月3日，由北京人民广播电台文艺广播、中华世纪坛管理中心主办，中华世纪坛艺术基金会等单位共同协办的“2013清明节礼敬文化先贤”主题活动在中华世纪坛举行。

↑ 2013年1月29日，歌手许巍签约北京歌华莱恩文化体育发展有限公司暨“此时此刻”巡演启动仪式举行。

↑ 2013年4月16日至6月23日，中华世纪坛世界艺术馆参与主办的《匈奴与中原——文明的碰撞与交融》展览在中华世纪坛举办。

↑ 2013年5月8日至6月2日，中华世纪坛管理中心等单位主办，北京歌华美术公司、北京歌华文化中心有限公司等承办的西班牙艺术大师约瑟普·布歌马尔蒂展览——“眼睛的故事”在中华世纪坛举办。

↑ 2013年8月10日至18日，中华世纪坛管理中心、北京歌华文化中心有限公司主办的国内首个暑期少儿艺术营地——“中华世纪坛艺术大家营”活动举办。

↑ 2013年9月16日，由中华世纪坛爱国主义教育基地与北京农大附小共同合作的“认认真真写字、端端正正做人——2013年开笔礼”仪式在中华世纪坛举行，800余名小学生参加。

歌华文化

↑ 2013年9月28日至10月13日，由北京国际设计周主办，北京歌华文化发展集团等单位承办，中华世纪坛数字艺术馆策展的2013年北京国际设计周主题展“智慧城市2013－国际设计展”活动在京举办。

↑ 2013年10月22日至11月24日，中华世纪坛世界艺术馆等单位主办的“生命之相——安东尼奥·梅内盖蒂本体艺术绘画展”在中华世纪坛举办。

↑ 2013年11月4日至15日，“‘跨界·实验’2013北京国际当代金属艺术展”在中华世纪坛世纪大厅举办。

↑ 2013年12月12日至2014年1月5日，中华世纪坛世界艺术馆与中央美术学院等单位联合主办“‘凿枘工巧’——中国古坐具艺术展”在中华世纪坛举办。

↑ 2013年7月6日，由中华世纪坛当代艺术馆等单位主办的《2013穷尽：德国新表现主义当代艺术展》在中华世纪坛世界艺术馆开幕。

↑ 2013年8月22日，由北京歌华莱恩文化体育发展有限公司承办的“宠物店男孩演唱会”在北京万事达中心举行。

（歌华文化图片：由北京歌华文化发展集团提供）

2013年10月11日，朝阳区委书记程连元（右三）到朝阳区传媒影视技术服务中心调研。

2013年4月，朝阳区区长吴桂英（右二）到朝阳区广播电视新闻中心调研。

2013年11月，朝阳区广播电视新闻中心开展第十四届记者节活动。

2013年暑期，朝阳区广播电视新闻中心电视栏目《走进朝阳教育》录制现场。

2013年12月，朝阳区广播电视新闻中心组织职工到三间房动漫社区参观学习。

2013年3月19日，海淀区新闻中心召开2013年工作会议。

2013年12月3日，海淀区副区长孟景伟（左三）到海淀区新闻中心调研。

2013年，海淀区新闻中心主持人在播报新闻。

2013年6月19日，海淀区区委办公室负责人到区新闻中心调研。

2013年，海淀区新闻中心编导部工作人员进行电视节目剪辑。

2013年4月11日，中央人民广播电台台长王求（右一）等到丰台区广播电视中心调研。

2013年7月5日，丰台区广播电视中心《丰台警方》栏目组采访消防支队园博安保优秀人物于祥。

2013年8月21日，丰台区广播电视中心《花卉与文化》栏目组赴广西横县采访茉莉花节。

2013年12月19日，丰台广播电视中心《幸福生活大讲堂》邀请首都师范大学李松林教授录制党的十八届三中全会特别节目。

2013年11月19日，丰台区广播电视中心举办通讯员新闻业务培训班。

← 2013年2月1日，石景山区广播电视中心策划并录制由石景山区慈善协会主办的《爱心在传递》晚会。

↑ 2013年8月29日，石景山区委常委、宣传部部长王文光（前排中）出席区广播电视中心《百姓诵读》栏目开播仪式。

↑ 2013年1月22日，石景山区广播电视中心召开工会成立大会。

↑ 2013年11月8日，石景山区广播电视中心召开庆祝第十四个中国记者节座谈会。

↑ 2013年，石景山区广播电视中心在拍摄“微电影”。

2013年3月1日，门头沟区广播电视中心召开2013年度工作会。

2013年，门头沟区广播电视中心《门头沟新闻》在播出。

2013年4月25日，门头沟区广播电视中心专题服务类栏目《走遍门头沟》开播。

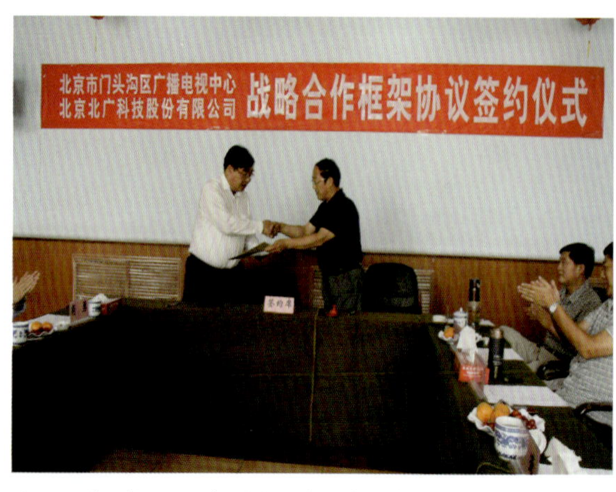

2013年6月21日，门头沟区广播电视中心与北广科技股份有限公司举行战略合作框架协议签约仪式。

2013年6月21日，门头沟区广播电视中心举办新闻采编业务讲座。

2013年11月25日，房山区委副书记、区长祁红（右一）到区广播电视中心调研。

2013年3月7日，房山区城乡数字广播二期工程施工现场。

2013年11月12日，市区人大代表视察房山区城乡数字广播信息平台建设情况。

2013年6月2日，房山人民广播电台FM96.9、FM107并机对长阳音乐节进行全程现场直播。

2013年4月9日，房山区广播电视中心与顺义区广播电视中心座谈交流产业发展情况。

2013年5月28日，大兴区广播电视中心承办“中国设计节暨第二届中国设计发展年会”开幕式，大兴区委书记李长友(左一)等嘉宾为“中国设计瑰谷”揭幕。

2013年3月13日，大兴区广播电视中心“中国梦·大兴情”大型主题系列活动启动仪式在古镇青云店举行。

2013年6月18日，大兴区广播电视中心全面报道“全区节能宣传周活动”。

2013年1月18日，大兴区广播电视中心承办区“站在新起点共创新辉煌”迎新春企业家联谊会。

2013年8月30日，大兴区广播电视中心承办“中国梦·新区情——五有五提倡工程推进大会”。

2013年12月20日，通州区广播电视中心举行高清电视转播车交接仪式。

2013年7月20日，通州区广播电视中心召开“大运通州网”实践与发展研讨会。

2013年1月26日，通州区广播电视中心举办“第三届家庭才艺大赛”决赛。

2013年1月8日，通州区广播电视中心记者在区“两会”现场采访人大代表。

2013年11月5日，通州区广播电视中心承办“创建全国文明城区——与文明同行主题活动”。

2013年11月14日，台湾中华广播商业电视节目制作同业公会代表团到通州区广播电视中心早期设备展室参观考察。

↑ 2013年12月22日，顺义区广播电视中心记者采访区“两会”代表、委员。

↑ 2013年5月14日，顺义区“2013高招咨询”特别直播举行，区教委和高招办领导解答听众提问。

↑ 2013年2月10日，顺义电视台开展记者“新春走基层”活动。

↑ 2013年8月3日，顺义电视台记者在“五彩浅山”采访。

↑ 2013年6月6日，顺义区广播电视中心圆满完成第二十二届燕京啤酒节宣传报道任务。

↑ 2013年2月9日，顺义电台记者除夕夜采访消防兵。

2013年2月6日，平谷区委常委、宣传部部长韦小玉（右二）到区广播电视中心调研。

2013年9月6日，平谷区副区长屈志奇（左一）到区广播电视中心调研。

2013年，平谷电视台大型周播节目《政府与市民》在播出。

2013年10月14日，平谷区广播电视中心进行节目播出前审查。

2013年12月17日，平谷区广播电视中心员工帮助对接村做农产品宣传。

2013年12月20日，平谷区广播电视中心记者采访特色农产品生产。

↑ 2013年6月20日，怀柔区广播电视中心召开“2014年APEC会议”广电宣传工作动员会。

↑ 2013年8月12日，怀柔区启动应急广播“村村响”工程。

↑ 2013年11月13日，怀柔区广播电视中心召开2014年专题节目研讨会。

↑ 2013年3月26日，怀柔电视台《安全在线》栏目组走进怀柔消防支队录制“清明节”消防安全专题节目。

↑ 2013年11月19日，怀柔区广播电视中心汤河口南山转播站配备铲雪车。

↑ 2013年12月11日，怀柔区广播电视中心与市级电视台相关专家就2014年频道包装进行座谈。

2013年12月6日，昌平区广播电视中心天通苑、回龙观记者站成立，区委常委、宣传部长余俊生（左），副区长刘淑华（右）为记者站揭牌。

2013年1月31日，昌平区广播电视中心记者配合环保部门拍摄收集雾霾天气情况资料。

2013年10月23日，昌平电视台记者采访百姓收听广播电视“村村通”广播节目情况。

2013年12月10日，昌平电视台制作的有地域特色的栏目——《古今昌平》在播出。

2013年，昌平电视台制作的谈话节目——《相约》在播出。

↑ 2013年4月10日，中央人民广播电台台长王求（左二）到密云县广播电视中心调研。

↑ 2013年11月8日，密云县广播电视中心召开第十四个记者节座谈会。

↑ 2013年7月18日，密云县广播电视中心召开下半年宣传工作会。

↑ 2013年3月28日，密云县广播电视中心召开2013年工作会议。

↑ 2013年10月23日，国家新闻出版广电总局第42期处级干部学员班到密云县广播电视中心进行现场教学。

↑ 2013年8月30日，密云县广播电视中心与教委联合开办的《教育专线》节目正式开播。

2013年2月7日，延庆县委书记李志军（左一）到浆棚山转播站慰问一线职工。

2013年5月20日，延庆县委巡视督查组到县广播电视中心浆棚山检查工作。

2013年4月20日，延庆县广播电视中心记者征集“妫川情‘中国梦’记者走基层启动仪式”选题。

2013年8月9日，延庆县广播电视中心记者在大庄科乡采访做“瞎掰板凳”的能人。

2013年11月5日，延庆县广播电视中心进行发射机房安全检查。

2013年6月13日，延庆县广播电视中心主持人采访公路自行车冠军赛选手。

（区县广电图片：由各区县广电单位提供）

华谊兄弟、重庆电影、英皇影业、耀荣影视、安徽电视台、上海尚世影业、一壹投资基金出品的影片《私人订制》海报。

华谊兄弟传媒、河南电影电视制作集团有限公司、天马电影制作（香港）、天马影联影视文化（北京）出品的影片《忠烈杨家将》海报。

华谊兄弟传媒、中影股份、比高、威秀亚洲、文化中国传播、安乐影片出品的影片《西游降魔篇》海报。

华谊兄弟传媒股份有限公司（SHOWBOX MEDIAPLEX，INC．DEXTER FILMS）出品的影片《大明猩》海报。

↑ 银都机构、华谊兄弟、凯擘影艺、香港天映娱乐等公司出品的影片《控制》海报。

↑ 华谊兄弟传媒股份有限公司、华谊兄弟国际有限公司出品的影片《狄仁杰之神都龙王》海报。

↑ 海润影视制作有限公司出品的影片《毒战》海报。

← 海润影视制作有限公司、北京天润恒创、九洲盛世、大众明天、华夏电影等出品的影片《对不起，我爱你》海报。

↑ 海润影视总裁赵智江与杜比实验室大中华区董事总经理赵昕共同签订战略合作协议。

华视影视投资（北京）有限公司、中国电影股份有限公司、北京光线影业有限公司等投资制作发行的影片《致我们终将逝去的青春》海报。

中国电影股份有限公司、我们制作有限公司（中国香港）、星美（北京）影业有限公司、寰亚电影制作有限公司（中国香港）、北京光线影业有限公司等投资制作发行的影片《中国合伙人》海报。

上海灿星文化传播有限公司、浙江卫视、浙江金球影业有限公司、北京光线影业有限公司、上海满满额文化传播有限公司、浙江华策影视股份有限公司、日月星文化传播有限公司投资制作发行的影片《中国好声音之为你转身》海报。

北京第五乐章文化传媒有限公司、北京光线影业有限公司投资制作发行的影片《厨子戏子痞子》海报。

北京光线影业有限公司、天津夜线影业有限公司投资制作发行的影片《午夜火车》海报。

北京光线影业有限公司、香港影业国际有限公司投资制作发行的影片《不二神探》海报。

上海淘米动画有限公司、北京光线影业有限公司、上海炫动传播股份有限公司、湖南金鹰卡通有限公司、江苏广播电视总台优漫卡通卫视、天津北方动漫集团股份有限公司投资制作发行的影片《赛尔号3之战神联盟》海报。

北京光线影业有限公司投资制作发行的影片《四大名捕II》海报。

北京紫禁城影业责任有限公司、上海天娱传媒、乐视影业（天津）、麦颂影视投资（上海）等联合出品的电影《小时代》海报。

北京紫禁城影业责任有限公司等出品的电影《狼图腾》在第66届戛纳电影节发布海报。

2013年8月2日，北京电视台、北京紫禁城影业责任有限公司演艺经纪部正式成立，著名演员倪大红（右）成为首位签约演员。

2013年8月8日下午，演员李崇霄（右）与北京电视台、北京紫禁城影业责任有限公司演艺经纪部举行签约仪式。

2013年12月2日，著名导演、演员连奕名（左）与北京电视台、北京紫禁城影业责任有限公司演艺经纪部举行签约仪式。

北京电视艺术中心有限公司、海军政治部电视艺术中心、海上丝路国际影视联合出品的15集电视连续剧《刘少奇的故事续集》海报。

2013年12月8日，由北京电视艺术中心有限公司等出品的36集电视连续剧《女人帮》举行开播发布会。图为主创人员合影。

2013年，安徽广播电视台、北京电视艺术中心有限公司、上海清科凯盛、泰海影业、天津津源影视联合出品的30集电视连续剧《头牌》完成摄制。

北京广播电视台、北京电视艺术中心有限公司、北京北奥影视传媒、北京舍得文化公司、盛典文化影视联合出品的36集电视连续剧《诱惑》海报。

2013年，北京电视艺术中心有限公司等出品的34集励志剧《“负2代”的幸福生活》完成摄制。

西安富安影视、浙江华谊兄弟影业、北京紫禁城影业有限责任公司联合出品的40集电视连续剧《同门》剧照。

北京紫禁城影业有限责任公司、一鸣影视传媒（上海）、寰亚时代影视联合出品的30集电视连续剧《创业伙伴欢乐多》剧照。

北京紫禁城影业有限责任公司等联合出品的40集电视连续剧《乞丐大掌柜》举行关机新闻发布会。图为主创人员合影。

北京电视台、重庆润视影视、北京泓映视、中视传媒、北京华影文轩影视、陕西西影联合出品的34集电视连续剧《渗透》海报。

北京中北电视艺术中心有限公司出品的《我们家的微幸福生活》海报。

北京北广传媒影视有限公司、上海领德影视有限公司联合出品的34集电视连续剧《姥爷的抗战》海报。

北京北广传媒影视有限公司、上海馨润影视有限公司联合出品的41集电视连续剧《女汉子》海报。

北京北广传媒影视有限公司等出品的大型情感年代剧《我的二哥二嫂》在北京热拍。图为拍摄剧照。

金英马影视文化股份有限公司等出品的36集电视连续剧《海峡》剧照。

完美世界（北京）影视文化有限公司、华语大业传媒等联合出品的35集电视连续剧《老爸回家》剧照。

↑ 北京国立常升影视公司等出品的31集电视连续剧《原乡》海报。

↑ 北京鑫宝源影视投资有限公司、上海宝宏影视、完美世界（北京）影视联合出品的32集电视连续剧《老米家的婚事》海报。

↑ 北京国立常升影视公司、北京中金源、上海亲仁传奇影视、西安奥金百联合出品的41集当代都市情感电视连续剧《爱情最美丽》。

↑ 北京小马奔腾壹影视、西安小马腾飞影视、本山传媒联合出品的电视连续剧《说书人》海报。

↑ 北京市委宣传部、北京市广播电影电视局、北京鑫宝源影视投资有限公司、上海宝宏影视、完美世界（北京）影视联合出品的41集都市情感电视连续剧《老有所依》海报。

北京华谊兄弟娱乐投资有限公司、浙江华谊兄弟影业公司联合出品的48集当代都市情感电视连续剧《无贼》海报。

北京京都世纪文化发展有限公司出品的36集电视连续剧《我和我的他们》海报。

北京京都世纪文化发展有限公司出品的45集电视连续剧《大清宝典》海报。

北京华谊兄弟娱乐投资有限公司、浙江华谊兄弟影业公司联合出品的36集电视连续剧《往日情怀》海报。

电视剧

海润影视制作有限公司出品的45集电视连续剧《英雄联盟》海报。

海润影视制作有限公司、浙江东阳稻草熊影视联合出品的34集电视连续剧《犀利仁师》海报。

海润影视制作有限公司出品的41集电视连续剧《东江英雄刘黑仔》剧照。

完美世界影视、希世纪影视、上海蓝色火焰、深圳腾讯联合出品的45集当代都市情感电视连续剧《格子间女人》剧照。

北京汇莹影视有限公司出品的31集当代军旅消防题材电视连续剧《兵王》剧照。

↑ 海润影视制作有限公司出品的30集电视连续剧《侠探高飞》海报。

↑ 中央电视台、云南省委宣传部、缅甸国家影视管理局、云南广播电视台、云南广电传媒、海润影视制作有限公司、云南润视荣光影业出品的42集电视连续剧《舞乐传奇》剧照。

↑ 《舞乐传奇》电视连续剧在央视举行首播新闻发布会。

↑ 海润影视制作有限公司出品的34集电视连续剧《兵临村下》海报。

↑ 海润影视制作有限公司、西安海润影视、江苏艺星影视、中天龙(北京)影视、河北壹正影视联合出品的电视连续剧《红箭》剧照。

海润影视制作有限公司、陕西文化产业（集团）联合出品的40集电视连续剧《假如幸福来临》剧照。

海润影视制作有限公司、天娱传媒出品的40集电视连续剧《吉祥天宝》海报。

海润影视制作有限公司、电广传媒、海宁北辰影视联合出品的38集电视连续剧《怒放》剧照。

海润影视制作有限公司、新丽传媒38集电视连续剧《辣妈正传》剧照。

海润影视制作有限公司、江苏海润影视出品的42集电视连续剧《向着幸福前进》主演在接受采访。

海润影视制作有限公司、江苏海润影视出品的40集电视连续剧《回马枪》海报。

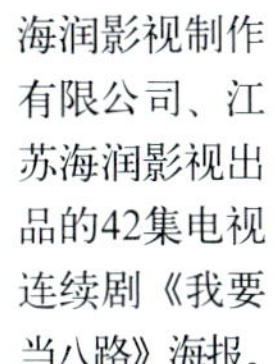

海润影视制作有限公司、江苏海润影视出品的42集电视连续剧《我要当八路》海报。

海润影视制作有限公司、上象星作影视出品的36集电视连续剧《失婚男女》剧照。

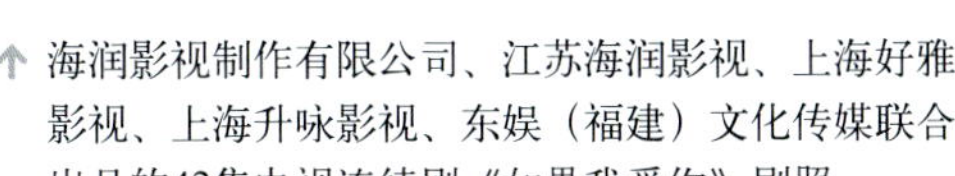

海润影视制作有限公司、江苏海润影视、上海好雅影视、上海升咏影视、东娱（福建）文化传媒联合出品的42集电视连续剧《如果我爱你》剧照。

海润影视制作有限公司、北京丹洋兄弟文化传媒、寰润太禾（北京）文化传播公司、百悦中齐（北京）文化传媒联合出品的40集电视连续剧《百里夜刀》剧照。

（影视艺术图片·由北京市影视制作相关单位提供）

2013年7月22日，北京市广播电影电视局党组书记、局长李春良(右二)作开展党的群众路线教育实践活动动员部署。

2013年7月22日，北京市广播电影电视局召开开展党的群众路线教育实践活动动员部署大会会场。

2013年1月17日，北京市广播电影电视局党组成员、副局长臧增祥（后排左五）率机关党委、传媒机构管理处、网络视听节目管理处党支部到航天城开展党日活动。

2013年5月9日，北京市广播电影电视局网络视听节目管理处党支部开展党日活动。

2013年5月31日，北京市广播电视监测中心党支部开展党日活动。

队伍建设

2013年6月28日，北京广播电视台召开纪念中国共产党建党92周年暨表彰大会。

2013年4月16日，北京广播电视台召开党委中心组扩大学习会，并组织参观中国人民抗日战争纪念馆。

2013年7月23日，北京广播电视台召开开展党的群众路线教育实践活动动员部署大会会场。

2013年4月23日，北京广播电视台邀请英国广播公司(BBC)政策与战略总监约翰·泰德作专题培训。

2013年5月16日，北京广播电视台举办董事、监事、高管培训班。

↑ 2013年6月28日，北京电台召开纪念中国共产党成立92周年大会，表彰先进并组织党员重温入党誓词。

↑ 2013年1月29日，北京电台举办2012年度获奖人员表彰暨首席聘任大会。

↑ 2013年8月7日，北京电台处级以上干部参观全市宣传文化领域警示教育展览。

↑ 2013年9月27日，在党的群众教育实践活动中，北京电台采取召开各类座谈会、设立意见箱等方式广泛征求意见。

↑ 2013年6月27日，北京电视台召开庆祝中国共产党成立92周年大会。

↑ 2013年12月18日，北京电视台举办学习“党的十八届三中全会精神”辅导报告会。

2013年6月26日，北京歌华有线电视网络股份有限公司组织预备党员参观“复兴之路”展览。

2013年1月13日，北京歌华文化发展集团召开职工大会。

2013年8月5日，北京北广传媒数字电视有限公司组织党员到密云黑山寺村进行慰问活动。

2013年8月13日，北京北广传媒移动电视有限公司召开深入开展党的群众路线教育实践活动动员部署会议。

2013年8月13日，北京北广传媒城市电视有限公司召开“党的群众路线教育活动”民主生活会。

2013年4月9日，朝阳区广播电视新闻中心举办有线电视业务培训讲座。

2013年10月20日，海淀区新闻中心组织开展宣传报道业务培训。

2013年 6月29日，丰台区广播电视中心组织党员参观雁翎队纪念馆。

2013年12月5日，石景山区广播电视中心组织开展党风廉政教育月活动。

2013年4月20日，门头沟区广播电视中心组织开展党日活动。

2013年7月8日，昌平区广播电视中心党委开展“我是共产党员”演讲活动。

2013年5月30日，顺义区广播电视中心组织职工参观雷锋事迹展览。

2013年8月30日，怀柔区广播电视中心召开党员大会。

2013年7月1日，密云县广播电视中心召开庆“七·一”优秀党员座谈表彰会。

2013年11月12日，延庆县广播电视中心组织干部职工参观预防农村职务犯罪警示教育基地。

（队伍建设图片：由市、区县广电系统相关单位提供）

2013年7月22日，北京电视台举行2013年职工乒乓球团体赛。

2013年7月22日，北京电视台举行2013年职工羽毛球团体赛。

2013年5月26日，北京电台工会获北京广播电视台第一届职工运动会团体总分第一名。

2013年6月14日，北京市广播电视监测中心参加北京市广播电影电视局职工拔河比赛。

2013年4月27日，北京歌华文化发展集团职工参加“我的梦·中国梦”百姓宣讲比赛。

文体活动

2013年5月26日，北京歌华有线电视网络股份有限公司参加北京广播电视台第一届职工运动会，图为拔河比赛。

2013年7月27日，《北京广播电视报》报社在玉渊潭公园推广太极拳全民健身活动。

2013年5月26日，北京北广传媒移动电视有限公司职工参加北京广播电视台第一届职工运动会。

2013年7月13日，北京北广传媒地铁电视有限公司举行职工沙滩足球赛。

2013年3月16日，丰台区广播电视中心组织职工到园博园参加劳动。

2013年8月22日，石景山区广播电视中心新成立的篮球队集体合影。

2013年10月31日，房山区广播电视中心举行“中国梦·房山情·广电行”演讲比赛。

2013年10月22日，顺义区广播电视中心组织职工秋季运动会。

2013年3月16日，平谷区广播电视中心工会举行趣味活动。

2013年6月29日，密云县广播电视中心职工参加“放歌新密云 实现中国梦”合唱大赛。

2013年5月4日，延庆县广播电视中心举行“舞动的青春”青年才艺大赛。

（文体活动图片：由市、区县广电系统相关单位提供）

目 录

专项纪事

概 况

频率频道

节目栏目

产业发展

新媒体

技 术

电 影

电视剧

书报刊出版

受众调查

组织机构

获奖作品

典型经验

交流合作

统 计

人 物

大事记

索　引

专项纪事

第三届北京国际电影节举办

由国家新闻出版广电总局和北京市政府主办，国家新闻出版广电总局电影局和北京市广播电影电视局承办的第三届北京国际电影节，于2013年4月16日至23日在北京举办。本届电影节秉持“共享资源，共赢未来”的活动主旨，坚持国际性、专业性、创新性和高端化、市场化活动定位，以“天人合一，美美与共”为核心价值理念，精心组织了各项活动。800余家中外电影机构、3000余名国内外嘉宾参与各项活动，205家境内媒体、55家境外媒体的1000余名记者参与报道，直接参与电影节的人数超百万人次，取得了良好的社会效益和经济效益。

一、七项活动精彩纷呈，社会影响不断扩大

第三届北京国际电影节组织了丰富多彩的活动。

（一）开幕式大气磅礴。4月16日晚，第三届北京国际电影节在底蕴丰厚的天坛祈年殿拉开帷幕，组委会主席蔡赴朝、王安顺分别致辞，美国电影艺术与科学学院主席霍克·考奇表达祝愿。开幕式现场发布“天坛奖”奖杯，首届“天坛奖”国际评委会主席尼基塔·米哈尔科夫带领其他6名评委集体亮相，15部“天坛奖”入围影片作了集中展示。“梦启天坛”文艺表演气势恢弘、简洁流畅，电影节核心价值理念和天坛场景相映生辉，独具中国特色和北京风格。

（二）“天坛奖”高端权威。“天坛奖”是北京国际电影节主竞赛单元奖项，倡导“天人合一，美美与共”价值理念。共15部精品佳作从来自56个国家和地区的531部报名影片中脱引而出，入围首届“天坛奖”评奖。经过充分交流讨论，评委会遵照国际惯例和规则，以投票方式产生了最佳影片奖、最佳导演奖、最佳男主角奖、最佳女主角奖、最佳男配角奖、最佳女配角奖、最佳编剧奖、最佳摄影奖、最佳音乐奖、最佳视觉效果奖等10大奖项，同时还推选出一个评委会特别奖。

（三）展映影片百花齐放。“北京展映”活动从69个国家和地区的1182部报名影片中精选出260部名篇佳作，设置31个展映单元，在北京30家影院放映600余场次，其中90%的影片为近两年新作。影片实现了多国别、多题材、多风格样式和高艺术质量，展示了世界多元电影文化魅力，受到广大观众好评。活动期间还举办了国家和地区专题影展9场，组织主创媒体见面会、新片发布会近70场，为各国电影人、电影爱好者搭建了观摩洽谈和借鉴交流的平台。

（四）北京论坛立足前沿。“中外电影合作论坛”以“在合作中寻找共赢方式”为主题，围绕“取长补短，合作共赢”、整合国际资源、在合作中培养人才、国际营销中的个性化方略等话题深入交流。中法合拍片《狼图腾》和中美合拍片《七圣星传》在论坛期间签约。“电影与科技论坛”围绕数字化、技术创新与运用、技术与艺术结合等话题展开，深入剖析3D电影技术奥妙，一起憧憬3D电影产业繁荣未来。

（五）北京电影市场商机无限。本届电影节将原“电影洽商”更名为“北京电影市场”，围绕“展示·推介·交易·交流”的

主题，搭建持续性综合服务平台，超过800家中外公司和机构参加，近4000位业内人士参与。27个签约项目涵盖电影产业链各环节，签约总额87.31亿元人民币，比上届增长65%，再创中国电影节展交易之最。

（六）电影嘉年华营造浓厚节日氛围。“精彩在沃·电影嘉年华”活动开辟了奥体中心和怀柔两个会场，以电影梦为主题，以“公益办节、服务办节、开放办节”为宗旨，突出活动的群众性、体验性和参与性。奥体中心会场设置表演放映、民族电影展、电影特效展、电影新技术体验、影视游艺新媒体展示互动等6个区域板块，安排展映影片和微电影放映、新片发布活动和明星见面会、主题日及民族电影先锋训练营互动活动等44场，参加活动总人数达113万人次。怀柔会场历时15天，设5大功能游园区、4个电影主题广场、12个电影小屋和5个主题日，较好实现了电影嘉年华活动与怀柔影视产业、文化旅游的紧密结合。

（七）闭幕式暨颁奖典礼群星闪耀。为表达对四川芦山地震遇难同胞的哀思，本届电影节将“红毯仪式”改为“星光大道”，红毯改为蓝毯。“星光大道”仪式和电影节闭幕式暨颁奖典礼于4月23日晚在国家会议中心举行。基努·里维斯、吕克·贝松、吴宇森、成龙、张国立、徐帆、莎拉·布莱曼、刘德华、林志玲等海内外300余位电影明星、导演、各界知名人士亮相“星光大道”，明星阵容较上届进一步增强。组委会在闭幕式暨颁奖典礼上宣布了电影节成果，现场揭晓“天坛奖”10大奖项和一个评委会特别奖，电影节完美谢幕。《一九四二》获“天坛奖”最佳影片。

除七大主体活动浓墨重彩外，电影节相关活动也同样异彩纷呈。“探寻电影之美高峰论坛”首次纳入电影节，10余位中外知名电影化装造型师围绕“电影化装造型的艺术与技术”深入交流探讨；第20届北京大学生电影节、北京民族电影展继续纳入北京国际电影节，“中国民族电影交响音乐会——歌曲荟萃”亮相电影嘉年华启动仪式；“基美国际影人沙龙”以中外电影产业现状及发展为主题，围绕推动电影全方位合作进行了充分沟通交流。

二、塑“天人合一”理念，筑“美美与共”平台

一是价值理念意旨高远。本届电影节首次增设“天坛奖”评奖单元，提出了“天人合一，美美与共”的核心价值理念。这一价值理念作为电影节的灵魂，融入各项活动的策划设计和组织实施，尽显电影节的国际视野和开放气度，彰显中华文化海纳百川、包容多样的博大胸襟。在“天坛奖”评奖方面，组委会积极拓展邀片渠道，广泛征集各国优秀电影新作，不论国家大小强弱，不分地域种族，完全按照“各美其美，美美与共”的价值标准来衡量，最终德国、阿根廷、亚美尼亚、伊朗等11国影片入围。在展映影片中，除“天坛奖”入围影片单元外，还设置“体育精神”“喜剧人生”和“女性视角”等类型单元，特别注重“老年人晚年生活”“青少年成长”和“环境保护”等热点题材，体现了多元、包容的文化特质。

二是多元文化相映生辉。本届电影节突出多国别、多题材、多风格电影文化的同台展示，充分体现“多样文化交流”的原则，促进不同文明的和谐共处。开幕式在中华文化的标志性建筑天坛举行，并由美国电影艺术与科学学院主席霍克·考奇、俄罗斯著名导演尼基塔·米哈尔科夫分别致辞，象征着东方与西方、传统与现代等多元文化的交相辉映；“天坛奖”国际评奖委员会评委分别来自俄罗斯、加拿大、澳大利亚、韩国、英国和中国六个国家，旨在实现多元文化、思想交汇碰撞中的和谐统一；“北京展

映”征集了来自48个国家和地区影片，组织了法国、俄罗斯、泰国和土耳其等9场国家和地区专题影展，尽显各国各民族的风土人情和文化特色；北京民族电影展着力“推崇中国电影的多样化和展示中国多民族电影”，以“天上草原”“传奇藏地”“影像西域”“歌行云之南”“白山黑水间”为主题，展映民族电影11部，充分展示中国电影的多元文化和地域特色。

三是专业品位全面提升。本届电影节汇聚了3000多位业界精英，吕克·贝松、基努·里维斯、张艺谋、陈凯歌、成龙、韩三平、王中军等一大批国际顶级导演、演员、制片人出席闭幕式和各类活动，显现了坚实的专业基础。“天坛奖”评委会主席由享有盛誉的国际电影大师尼基塔·米哈尔科夫担纲，评委也由熟悉电影艺术规律和评奖规律、在电影业界具有重要影响、拥有丰富评奖经验的业界权威组成，提升了“天坛奖”的专业性、权威性和影响力。参加活动的机构覆盖与电影相关的各个专业门类。北京电影市场集聚了电影策划、制作、特效、发行、院线、网站等全产业链和各个分支，延伸到金融、出版、广告、法律咨询等多领域，形成了融主体机构、辅助机构、相关机构于一体的专业布局。相关活动的组织策划着力突出专业品位。“天坛奖”评委会主席尼基塔·米哈尔科夫作品展映及学术交流活动成功举办；“国际电影化装造型论坛”致力于从电影美学角度，研讨交流电影作品中化装造型的美学效果和科学规律，共同探讨专业人才教育与培养。

四是交流交易高端务实。本届电影节吸引了美国电影协会、德国电影协会、法国国家电影委员会、法国电影联盟、韩国电影振兴委员会等行业协会和政府机构，吸引了威秀电影亚洲公司、IMAX、寰亚传媒集团、华谊兄弟、DMG娱乐传播集团等世界知名电影公司参与。参展的电影公司及机构中有80余家为国际著名展商，比上届增长30%，彰显了活动的高品位。论坛及相关专业讲座话题前沿，视角多元，既有政策解读、合作案例分析，又有合作策略和资源共享机制探讨，充分体现了实用性、权威性、前瞻性。电影市场顺应世界电影技术与后期特效日益升温的趋势，突出“电影技术与后期特效”的市场运营，力邀工业光魔、Paradise FX、灵动力量等近30家知名展商出席，促进了科技与市场的对接，强化了对电影市场的引领作用。新增研讨会、市场放映、行业沙龙板块，使交易双方互动、沟通、交流更加便利直接，促进了洽商交易。务实创新的做法取得了积极成效，交易总额大幅提升，大项目、大手笔频频涌现，在27个签约项目中，过亿元的项目达21个，占项目数的77.78%；中外电影合拍项目达到10个，比去年增长66.67%，所占比重增长11.89%。

五是活动现场人气空前。本届电影节全面提升展映、论坛和电影市场规模，提高观众和专业人士参与范围和程度，调动了北京市民和全世界电影人的参与热情。配合展映组织主创见面会、新片推介发布会和影片首映活动近70场次，吸引大批观众参与；实行低票价策略，让更多的普通影迷走进影院，欣赏到来自全世界的最优秀影片，很多场次出现了一票难求的场面。展商参与热情高涨，电影市场场地面积从上届的4500平方米增加到6000平方米，展位仍供不应求；电影论坛、项目路演、研讨会等活动座无虚席。电影嘉年华影片观摩、歌曲欣赏、知识普及、演艺旅游、体验互动等各项活动轮番上演，精彩纷呈。运用电视、网络、手机等多种媒体媒介同步直播、及时转播、第一时间发布信息，覆盖城乡，大大提升了电影节社会影响力。本届电影节真正成为了社会公众了解电影文化、参与电影活动、感受电影魅力的文化盛宴，成为了广大人民群众的电影节日。

三、受到广泛赞誉，产生较大影响

一是有力推动了中华文化国际传播。第三届北京国际电影节设立“天坛奖”，提出核心价值理念，并精心安排在天坛祈年殿举行开幕式，意义重大。这是中国电影人高举起民族文化自觉的大旗，从中国传统哲学中寻找智慧，促进电影文化的繁荣发展，促进国际电影交流与合作的一大创举。“天人合一，美美与共”不但很好地体现了北京国际电影节独有的民族气质，更是顺应了世界思想文化的发展潮流和全人类共同的价值取向，体现了高度的文化自觉和文化自信，必将促进中华优秀文化的国际传播，同时也成就北京国际电影节的特色文化品牌。“天坛奖”国际评委会主席尼基塔·米哈尔科夫认为，中国电影的发展能够取得如今的成就，是建立在不忘记本国文化与电影传统的基础上的。

二是有效实现了电影节品牌建设整体提升。本届电影节进一步突出国际视野和大国气象，彰显中华文化的博大厚重；在评奖理念上尊重文化多样性，实现世界电影艺术的和谐共存、繁荣发展；在活动设计上重点突出展示、推介、交流、交易等环节，着力体现“共享资源，共赢未来”的活动主旨；在活动参与上坚持电影为人民服务，强化公众参与和交流互动，培育公众观影消费习惯等。这些举措有效增强了电影节的品牌建设，大幅提升了北京国际电影节的品牌影响力。

三是较好促进了北京“东方影视之都”建设。本届电影节整合了中央与地方、政府与企业、国有与民营、教学与科研等多方面的力量，汇聚了电影策划、制片、发行及衍生品开发等全产业链，集中了会展、广告、旅游、通讯、媒体等相关行业的资源，辐射到金融、出版、咨询、餐饮等多个相关领域，形成了强大的联动、辐射效应，形成一个生产要素齐备、交流交易便捷、服务保障有力、富有生机活力的电影市场，极大地促进了北京“东方影视之都”建设。

（北京国际影视交流促进中心）

第八届中国北京文博会广播影视展论坛举行

第八届中国北京国际文化创意产业博览会广播电影电视展览于2013年11月7日至10日在中国国际展览中心1号馆1B厅成功举办。本届文博会广播电影电视展集中展示了首都广播影视行业在实现“中国梦”进程中，在内容技术创新和重大项目落地等方面取得的新成绩，参展企业阵容齐、创意亮点多，参与互动性强。

本届文博会广播影视展设有公共服务、传统媒体、新媒体、内容创作、金融服务、走出去等展区。其中广播影视公共服务展区汇集了市区广播电视播出、节目内容制作、新媒体、金融服务、走出去等30余家国内知名机构，全方位展示了我国广播影视改革发展的成就，通过图文并茂的方式，娓娓讲述了北京市在广播电视村村通、精品创作、影院建设、公益电影放映、高清交互数字机顶盒推广、新媒体、走出去建设成就，让观众感受了建设完善的广播影视公共服务体系的重要性和带给日常生活的新变化；北京广播电视台及其所属北京人民广播电台、北京电视台、歌华有线等构成的展区集节目播出、内容制作、新媒体、重大产业项目于一身，全面呈现了首都广播影视欣欣向荣的发展局面；在新媒体新技术展区，暴风影音展示了具有自主知识产权的最先进的“左眼技术”、“在线高清”、环绕声技术等网络视听技术，爱奇艺则推出了具有全国领先水平、代表未来家电发展方向的集多功能视听于一体的互联网电视，逼真的视听效果，丰富的视听内容，完善的视听服务，让观众大呼过瘾；光线传媒、东方风行等影视企业在展区内权威发布了2014年最新影视资讯；在走出去展区，北京民营影视企业开办的英国普罗派乐卫视、美国蓝海电视(BON)、华韵尚德、澳星传媒等公司在深度报道北京文博会的同时，与现场观众亲密互动，拉近了北京文博会与世界的距离。在展览期间，市广电局还现场举办了众多项目签约、项目推介、新片发布等十余场丰富多彩的互动活动，成交总额3.15亿元。

第八届中国北京国际文化创意产业博览会国际电影产业发展研讨会于2013年11月5日在北京电影学院隆重举办。本届研讨会由北京市贸促会和北京市广播电影电视局联合主办，北京电影学院、北京龙象太和电影科技有限公司承办。来自美国芝加哥国际电影节创始人麦克·库泽、韩国著名电影制片人李柱益、韩国著名导演金容华和北京电影学院院长张会军、著名导演谢飞、光线传媒总裁王长田作为对话嘉宾，围绕“城市魅力与电影梦想”的主题进行了热烈讨论，对如何借助电影节提升城市品牌，如何创作更多的、更优秀的北京题材电影进行了深入研讨。作为本届文博会的重要组成部分，国际电影产业发展研讨会旨在通过深入挖掘电影产业与城市魅力的关系，为电影产业与城市发展建立桥梁和纽带。国家新闻出版广电总局和市委、市政府等相关部门领导，业内专家学者、影视制作机构、新闻媒体等方面人士300余人出席研讨会。

（北京市新闻出版广电局政策法规处）

“2013北京电视节目交易会”新特点

创办于2007年的“首都电视节目推介会”已举办十一届，2013年1月推介会更名为“北京电视节目交易会”。交易会于3月31日至4月1日在北京会议中心举行，交易内容由原来主营电视剧，拓展为以电视剧为主，纪录片、网络剧、动画片和栏目模式等多元展示，交易金额50.28亿元。此外，本届交易会组委会还新设了七个荣誉表彰项目。

“2013北京电视节目交易会”出现以下新特点：

一是新名字。2013年1月，被誉为电视行业风向标的“首都电视节目推介会”更名为“北京电视节目交易会”，交易内容由原来主营电视剧，拓展为以电视剧为主，纪录片、网络剧、动画片和栏目模式等多元展示。

二是新奖项。本届北京电视节目交易会组委会新设了七个荣誉表彰项目，对2012年表现出众的剧作、从业者、机构进行表彰，分别是“观众喜爱的优秀电视剧”“观众喜爱的年度人物”“观众喜爱的最具潜质男演员”“观众喜爱的最具潜质女演员”“新锐编剧”“新锐导演”“优秀制片机构”等。

“2012年度观众喜爱的优秀电视剧”的评选以2012年索福瑞提供的全国卫视频道电视剧收视率排行数据为基础，收视排名前80名作品入围。组委会邀请了飞天奖、金鹰奖等评委参与，最终评选出15部优秀作品进行表彰。

三是新成员。以国内为主，海外及港澳台地区的制播机构共襄盛举。

四是新趋势。从整个交易会推介看来，古装剧、民国剧、都市剧、生活剧、偶像剧、武侠动作剧应有尽有，类型多样。据“北京电视节目交易会项目辑录”官方提供的数据显示：

红色题材占40%左右，当代现实题材占30%左右，古装题材和当代偶像题材各占10%左右，其中当代现实题材不再局限婆媳关系，而是岳母、岳父、女婿、小姑关系都有涉及，孕育、养儿题材也逐渐增多。

五是新问题。与去年相比，这届电视节目交易会在数量上有了不少增长。不过，也反映出中国电视剧制作业的一些新问题，可以概括为“三多”：

一是老剧多。像《爱情公寓4》《爱情自有天意》《当婆婆遇上妈2》《七年不痒》《完美新娘》《小儿难养》《妯娌的三国时代》等近半数电视剧都是去年电视节目交易会上展出过的老剧目，甚至不少都已经在电视上播出了好几遍。

二是“剧二代”多。如《当婆婆遇上妈2》《魔幻手机2》《画皮2》《野鸭子2》等。

三是翻拍剧多。仅华策影视一家公司就有《新天龙八部》《新洛神》《新雪豹》《新京华烟云》《新上错花轿嫁对郎》《新金粉世家》等翻拍剧。

（北京市新闻出版广电局宣传管理处）

北京网络广播电视台开播

北京网络广播电视台（BRTN）是按照国家新闻出版广电总局要求，整合北京广播电视台旗下18家单位共同创建的“以宽带互联网、移动通信网等新兴信息网络为节目传播载体的新兴广播电视播出机构”，由北京电视台具体负责建设和运营。北京网络广播电视台共有四个新媒体业务平台，分别是北京网络广播电视台网站（www.brtn.cn）、北京IPTV、“BTV大媒体”等移动客户端、BTV微平台，这是在“大媒体”战略下，建设全媒体平台的具体体现。

一、“四位一体”业务平台并驾齐驱，北京网络广播电视台建设取得实质性的突破

1.北京网络广播电视台网站（www.brtn.cn）。经过两年多的建设，在2013年9月全面完成网站建设基础准备工作，通过近三个月内部测试，北京网络广播电视台网站以“北京时间，全球共享”为口号，利用北京电视台内容资源与品牌资源，以台网交互与创新应用为核心，推出全新焦点新闻聚合方式“我在现场”，建立了内容产品经理管理机制与外协机构管理机制，于2014年1月8日正式上线。

2.北京IPTV于2013年2月开始试商用。通过两次大规模平台扩容，频道总量扩充到106路，年内已累计新增内容超过30000小时。

3.“BTV大媒体”APP产品是北京网络广播电视台布局移动互联网的业务重点。该产品整合BTV全台资源，是基于BTV内容的互动应用，是连接观众与BTV的桥梁。“BTV大媒体”与电视节目、BRTN网站“我在现场”打通，聚合BTV节目和最新现场资讯，通过客户端上传的UGC视频可为各平台提供内容。

4.BTV官方微平台由BTV新浪微博、BTV腾讯微博、BTV腾讯微信公众号、腾讯微视共同构成。北京网络广播电视台创新微平台管理，对BTV全台微博展开矩阵化管理，共汇集各频道、栏目、主要主持人等1360个微博账号，组成微博矩阵，遇重大事件和重要任务全台统筹，一键发布，形成推广合力。同时还与市政府“北京发布”关联，重大信息联动发布。

二、新媒体工作基地建设完成

2013年5月，通过两年半的时间，建设完成了北京网络广播电视台新媒体工作基地，开创性地集应用展示、演播制作、播出监控系统、私有云中心及办公于一体，是国际领先的高科技工作基地，被认为“对全国广电机构建设新媒体具有示范意义”。

三、开创性提出“大媒体”战略，建立“一云、多屏、多桥”的运营机制

2013年，北京网络广播电视台(BRTN)提出了建设“大媒体”战略。基于“大媒体”的发展理念，该台开创性地建立了“一云、多屏、多桥”的运营机制。“一云”指的是在后台建立了涵盖“云媒资库”和“云用户库”的“私有云计算中心”，一方面为旗下所有媒介提供内容支持，另一方面汇聚所有平台的用户信息；“多屏”指的是BRTN通过旗下各业务平台；“多桥”指的是包括“BTV大媒体”移动客户端及周边APP在内的智能终端产品矩阵。

随着北京网络广播电视台（BRTN）全球开播，“BTV大媒体”移动客户端同步上线，北京IPTV完成产品升级换代。在大媒体战略下“1个品牌（BRTN）+4个平台(PC端、电视、微博微信、移动客户端)+ 12个产品项目组”的运营模式初步形成。

（北京广播电视台）

北京市网络视听节目管理情况综述

2013年，北京市广播电影电视局针对网络视听节目行业管理工作的新情况、新特点，制定“深化管理、健全制度、繁荣精品、创新发展”的工作思路，进一步提升了全市网络视听节目管理水平，取得显著成效。

一、采取多项措施深化网络视听节目服务管理

重点做了五个方面工作：一是研究制定了《北京市网络视听节目服务管理办法》（试行）。该《办法》共20条，对管理对象的范围、从事网络视听节目服务必备的条件、传播网络视听节目的基本要求、网络视听节目服务单位内部审核制度、教育培训制度以及网络视听节目服务单位重大事项变更等做了明确规定。二是进一步加强对视听节目服务网站的政策、法规引导和行业规范监管力度，严把《信息网络视听节目服务许可证》（以下简称《许可证》）准入关。对29家违规的持证网站相关负责人诫勉谈话，情节严重的已提交市文化执法总队予以查处。对提出申请“时政新闻类、网友上传类、聚合类和涉及到节目版权”的资质、材料，从严审核把控，为38家单位办理了业务申请、变更、增项等事宜。对问题较多、运营不好的网站审核上报申请注销4家持证网站，在市属持证机构中引起较大震动。三是加大对无证视听节目网站分类处理工作力度，对121家无证网站进行了核查处理。四是充分发挥市广电局作为联席会议牵头单位作用，协调做好视听网站的监管工作。提请市文化执法总队对99家违规网站进行了查处，提请市通管局关闭及列入黑名单管理的网站80余家。五是继续做好持证网站数据库、无证网站数据库、网站查处数据库等基础信息的维护管理工作，及时将相关材料归档管理。

二、进一步加强网络视听节目内容监管

继续加强对违规传播政治有害信息、境外广播电视节目、境外网站视听节目、时政类视听新闻节目以及淫秽色情和低俗信息等进行重点监管，全年删除各种违规信息11750多条。一是加强对重要活动、重大节日和敏感期网络视听节目监看，确保了网络视听节目内容安全。二是认真落实关于网络剧、微电影等网络视听节目备案管理的规定，加大对网络剧、微电影的监管。三是深入开展了“网络淫秽色情信息专项治理“净网”及“清源”行动。“净网”行动共删除淫秽色情信息660余条，“清源”行动删除政治有害、恶搞国家领导人等违规音视频789条，有效净化了网络环境。四是全面落实优秀网络剧、微电影等网络视听节目评选奖励办法，鼓励网站创作一批内容健康、导向正确、健康向上、感染力强、广受欢迎的优秀网络视听作品。五是继续发挥好网络视听节目社会监督员的监管协同作用。六是积极推动运用高新技术手段提升监管能力，研究建立取证系统的技术需求。

三、开展互联网电视业务专项整治工作

两次开展了互联网电视业务专项整治工作，重点是对市属持证机构中违规开展互联网电视业务进行专项整治。5月初组织20家有影响的市属视听持证机构召开专题会议，对专项整治工作进行了部署。从6月到11月，派专人深入到11家持证网站进行实地核查，其中，针对部分持证机构违反互联网电视业务管理规定的问题进行了调查处理。

四、加强行业扶持，促进行业发展

重点对北京市属持证网络视听节目服务单位进行首播的原创的优秀网络剧、微电影作品和公益类宣传广告、宣传栏目节目以及北京市属优秀网络视听节目服务单位给予一定的资金奖励，促进优秀网络视听节目的生产制作和传播。

五、进一步加大视听网站从业人员的教育培训力度

一是分三批组织近200名审核员参加国家新闻出版广电总局举办的网络视听节目内容审核人员培训班。二是组织传统媒体网站包括区县广电中心相关人员进行了专业培训，促进传统媒体与新媒体的融合。三是举办了30家重点网站参加的专业类视听节目和电影电视剧的审核方法和原则的专题培训。四是举办了持证网站高管人员培训班，集中学习十八届三中全会精神，进一步强化网站的社会责任，引导网站积极传播正能量。

与此同时，继续与市委讲师团“宣讲家”网站合作，开展《网编大讲堂》视频教育培训，全年制作12期。同时，与市委讲师团合作开发《网编大讲堂》的在线学习平台，为编审人员提供更加快捷便利的丰富多彩的培训服务。此外，还努力创新培训方式和手段，充分调动网站参与培训的积极性，组建了《网编大讲堂》网站培训团队伍。

六、筹备成立北京网络视听节目服务协会

开展了北京网络视听节目服务协会成立的相关工作，草拟了协会章程，向市民政局递交了成立北京网络视听节目服务协会申请和相关材料，得到市民政局批准。向持证视听节目网站下发了入会意向申请书，有120家网站申请入会。草拟了协会第一次会员大会议程、会费标准及管理办法、第一次会员大会选举办法等，于9月召开了北京网络视听节目服务协会成立大会，选举产生了协会的会长、副会长、秘书长及监事长。

七、加大网络正面宣传，积极唱响网上主旋律

一是开展了北京市优秀网络视听节目征集、评比活动。目前，已征集到作品129部，申报优秀网络视听节目服务单位17家。二是以宣传“寻找北京最美慈善义工”大型文化系列活动为切入点，继续加大对社会主义核心价值体系建设和“北京精神”的宣传。组织协调千龙、新浪、搜狐、优酷、风

行等13家重点持证视听网站与北京慈善义工协会对接，成立了寻找北京最美慈善义工活动网络宣传工作组，根据网站自身特色与最美活动的特点，制作相关活动专题，在新闻、访谈、活动宣传等方面予以大力支持，充分利用自己网站的社会影响力，对活动给予全方位的网络宣传，扩大活动的社会影响，宣传慈善义工理念，推动首都慈善义工事业发展。

（北京市新闻出版广电局网络管理处）

北京电视台推出大型人物评选活动“北京榜样”

北京人民广播电台新闻广播《资讯早八点》节目连续三年推出大型人物评选活动“北京榜样”。这项大型人物评选活动是在《资讯早八点》节目的专题板块“百姓生活故事”的基础上形成的。在“百姓生活故事”的制作中，采编人员深入北京的大街小巷、城市农村、厂矿企业、大中小学，八年中采访了1500余名北京普通百姓，挖掘他们的“百姓生活”，深入他们的“生活故事”。因为海量的人物采访积累，在“百姓生活故事”人物的基础上，形成了名为“北京榜样”的大型人物评选活动。

榜样就在身边

“北京榜样”是北京电台2011年开始策划运作的大型主题宣传活动。活动依托北京电台作为主流媒体的权威性、公信力和影响力，宣传和表彰展现首都形象、反映城市品格的“草根榜样”，弘扬社会正气，传递正能量。活动一经推出就获得广泛赞誉。上级主管部门充分肯定、高度重视；听众喜闻乐见、反响热烈；社会各界广泛关注。活动实现了弘扬主旋律、传递正能量、引导价值观、树立新榜样以及营造和谐氛围的目的。总结“北京榜样”评选活动经验，最重要的一点就是，“北京榜样”源自身边，是记者通过深入生活、深入群众、深入实际发现的“榜样”。首先记者自身被感动、被震撼、被教育……于是他们才在主观上力求更生动、更形象、更贴切地“还原”榜样，而不是去“塑造”榜样。还原的越细致、越丰满，榜样就越鲜活、越动人。2011年的“北京榜样”人物王伟力，倾尽家财，只为开办和维持一间为盲人讲述电影的“心目影院”。“大伟”的故事彰显的正是平凡中的伟大，同时不断深入的挖掘和采访，让记者同榜样人物成为了朋友，也最大限度地在广播媒体中还原了这样一个感人至深的榜样人物，而这种榜样就在人们“身边”。

从群众中来到群众中去

三年来，“北京榜样”参评的榜样人物候选人共140人，前两届有20位已经成为“北京榜样”人物，第三届有10位候选人当选“北京榜样”人物。整个评选过程，每一位亲历者都能切身感受到：一是榜样人物是真正从群众中来的，每一个参选人物都是我们“身边”的榜样；二是大家每一次对榜样人物的筛选都难于抉择，感觉每一个榜样人物都令人钦佩，值得学习。

“榜样人物”是从群众中来的，具有非常好的群众基础。在深入生活、深入群众、深入实际挖掘和采访榜样人物基础上，如何将他们的事迹宣传好、推广好？“北京榜样”评选活动的基本理念就是“从群众中来，到群众中去”。榜样人物来源于群众，于是在宣传榜样人物事迹时候，更注重榜样人物与群众的互动交流。这种榜样人物与群众的互动交流是平行视线的交流。

首先是互动交流的场所，多选择在图

书馆、公园、广场等群众性的公共场所，真正在空间上实现了“到群众中去”的初衷。“榜样人物”的群众性和现场观众的群众性是一致的、是平等的，因此在榜样人物与群众的交流中也是一致的和平等的。

其次，把宣传和推广的重点放在了互动环节。在事迹介绍之后，群众与榜样人物面对面真诚沟通，这时反映的是群众的真实声音。比如有一个青年人开办廉价养老院的榜样人物，在他和群众的现场交流时，很多老人慕名而来，踊跃互动，现场气氛十分热烈。大家问的都是实际问题，但能让人感觉到向上的、积极的能量在弥漫、散播。

第三，新闻工作者这时的工作就是服务，就是为群众服务、为榜样人物服务。因此记者与榜样人物、与群众的视线也是平行的。在平等融洽的氛围中，树立榜样、推广典型的工作是在潜移默化中自然而然的实现的。

（北京人民广播电台）

北京电台开展整治环境“四害”报道

2013年3月28日，北京市委、市政府召集多部门联合召开生态文明和城乡环境建设新闻发布会，公布未来整治环境的行动计划，全市总动员，围剿环境“四害”——空气污染、水污染、垃圾围城和违法建设。针对这项举全市之力、为期三年之久的重要工作，北京人民广播电台新闻广播整合《新闻热线》《记者视线》《新闻天天谈》等栏目资源，从4月5日起，历时20天，推出“为了首都碧水蓝天，大力整治环境‘四害’”系列报道。在报道中创新思维、形式、方法和手段，让这项和市民现实生活、居住环境和身心健康紧密相关的报道变得可听、可亲、可信、可行。

创新思维，寻求传者和受者之间的最佳结合点

主创人员认真研究这项主题宣传和群众利益之间的内在联系，找准市委、市政府的政策与人民利益、意愿的结合点，努力增强宣传报道实效。

宣传意识创新。“为了首都碧水蓝天，大力整治环境‘四害’”系列报道放低身段，柔化视角，从政府的高度，从市民的角度，把政府、媒体和受众放在平等的位置，把过去从上而下、我说你听的传播理念转变为“我们一起说，我帮着你说”。

报道内容创新。系列报道把北京市整治环境“四害”这样的宏大主题分解成数10个分主题，基本上框定了“市民希望做什么”“政府准备做什么”“市民能够做什么”“三年后北京将会怎么样”四个方面。这些分主题契合市民生活和诉求，对各种问题探究存在原因，追问处理进展，思考市民和政府分别能在其中发挥怎样的作用。这样就把工作性报道转化为“和市民相关、离群众很近”的民生新闻，把非事件性报道转化为事件性报道，从而使得抽象变具象，理念变事实，把政策、道理寓于一个个有现场、有音响、有情节、有问题、有回应的故事之中，契合了广播传播规律，改变了主题宣传的文风，让市民觉得这个整治环境“四害”的活动不仅是政府的工作，也和自己密切相关，自己也能够有所作为。这样就在基调上拉近了报道和受众之间的距离，增强了报道对受众的吸引力。

也正因为此，这个基于同样内容的同题报道成为北京新闻广播内容和形式都独具一格的独家报道，避免了“千台一面”和“千

文一面”，以差异化竞争策略赢得了受众的关注。

采访方式创新。系列报道要求采取体验式调查方式，让记者走进新闻现场。这样不但能发现真正的问题，把话筒对准群众而不是官员，记录和反映群众所想、所困和所惑，把政府整治环境“四害”的优先点和着力点以实在的案例和群众的心声展现出来，为政府部门部署工作、采取行动提供参考。在实地调查中，记者克服各种困难、冒着多重风险走进违章建筑现场、走到被污染河流沿线，以亲身体验的方式记录垃圾堆放事实，挖掘空气污染原因。记者在这种体验式采访中收集了大量鲜活的素材，发现了问题，调查了原因，报道接地气，有热度。比如，记者冒着被违建责任人辱骂追打的危险，暗访存在多年的违法建设，真实记录其“不怕拆、拆了再建”的嚣张气焰，揭露了城管等部门面对违建疲于应付甚至推诿扯皮的行政懈怠；沿河道调查恶臭熏天、污染严重的河道，掌握第一手资料。比如《萧太后河被污染成“牛奶河”》展示了萧太后河从清澈河流变成“牛奶河”的惊人事实；实地走访遍地垃圾的绿地、随意丢弃而形成的垃圾站，其中《二环里的千平米露天“垃圾场”》展现了在垃圾处理问题上各部门的推诿，甚至城管车也随意倾倒垃圾这一问题。

创新形式，适应受众接触媒体和接收信息习惯

系列报道发挥了北京新闻广播《新闻热线》和《新闻天天谈》的栏目优势，调动听众参与新闻报道、参与“四害”整治，在媒体和受众之间、政府和市民之间形成双向传播。以报道引导和带动听众提供线索，参加讨论，提出建议，调动听众参与节目也参与环境整治的积极性、主动性和创造性，在媒体、市民和政府之间形成良性互动。

新闻广播的《新闻热线》65159063这个电话及其在新浪的官方微博、《新闻天天谈》的短信平台及其主持人在新浪的官方微博搭建了受众参与互动的平台，这些平台既有传统的，也有现代的，照顾了各个年龄段和知识层次受众的需求。他们的来电、跟帖，或者成为继续报道的线索，或者经过核实剪辑在节目中播出。有了他们的参与，报道的素材更为丰富，题材更为广泛，形式更为活泼，观点更为多元，舆论更为有力，效果更为显著。

创新手段，在一段时间内设置媒体议程

记者调查、听众参与，这是第一层次的报道。系列报道继续向前推进，不但要说表层，还要说深度；不但要说听众已知的，还要说听众未知的；不但要告诉听众有什么，还要告诉听众怎么办；不但要说问题，还要发挥舆论监督的作用。

基于此，系列报道在《记者视线》就环境“四害”中的问题采制了多期深度报道。其中《拆违的八年抗争之路》以一个人的维权事实，告诉听众在整治环境“四害”问题不但要有政府的介入，还需要民众的参与，民众维权需要有法律法规意识和坚持到底的精神。录音述评《治理违法建设不能指望“搞运动”》则在大量的事实调查的基础上，指出了现有的运动式执法的弊端，认为拆除违建、整治环境需要把阶段式、运动式执法转变为常态机制，要改变管理部门执法的懒政，需要建立追惩和问责机制。这篇评论貌似和政府工作“唱反调”，但是为违法建设“拆了又建，建了又拆”的恶性循环提供了新的管理思路，也发挥了舆论监督作用。海淀城管大队听到整个节目后，表示要对其中涉及的多个违法建设加强执法。

访谈类节目《新闻天天谈》邀请各部门官员、各行业专家走进直播间，就污水处理、大气环境治理、垃圾处理和拆除违法建设等方面的问题展开讨论，探讨的问题贴近市民生活，来自市民关切，同时给出路，有思路。访谈节目结束之后，有听众专门写信来说，“这样和老百姓生活密切相关的节目应当再多播几期”。

（北京人民广播电台）

北京电台播出《百姓生活故事》

北京电台新闻广播《资讯早八点》节目中，有一个叫做《百姓生活故事》的小栏目。这个栏目自创办7年来深受听众喜爱，赢得广泛赞誉。

深入生活，在海洋中“捞”真

海量的信息，像汹涌的海潮一样涌来了，怎么甄别？办法就是深入，深入到海水当中看到真相。在制作《百姓生活故事》的过程中，记者走东城、串西城，到京城百姓的生活中去，到大爷、大妈、兄弟姐妹、老乡村民的家里去。正是这种深入，节目讲述的主体——“百姓生活”真正产生了“血脉联系”。一些市民和听众主动成了节目的通讯员，及时地把“百姓生活”中最新鲜、大家最感兴趣、最想展示、最受感动和最想说的话无障碍地直接传递给采编人员，使他们手中的话筒指向了那些北京百姓真正感兴趣、想了解、有共鸣的人和事。家住石景山八角小区已经70多岁的韩阿姨，是自发加入栏目的群众通讯员。几年来，《百姓生活故事》已经相继播出了利用她提供的素材和故事线索制作的节目近70期，同时她还向她接触过的人群介绍《百姓生活故事》节目，并把大家的意见和建议转达给栏目组。正是因为有了众多的像韩阿姨这样的百姓通讯员，节目才实现了常态化的播出，得到了听众的认可。

真心倾听，给听众有“温度”的报道

“真”心倾听在《百姓生活故事》采制过程中分三个步骤：

一是“真”心倾听，最大程度地了解事物的“真”实面目。全面翔实的采访，了解了“百姓生活故事”的前因后果，来龙去脉，体会到了百姓生活的出发点和落脚点在哪里，将单薄的信息丰满成了故事。只有细化才可能深入，只有深入了才可信，只有可信了才可能吸引人。

二是“真”心倾听，体尝事物的“真”正温度。细致入微的采访，让记者和百姓感同身受，传递出百姓的诉求和希望、快乐和幸福、艰辛和坚持……让冰冷的信息有了百姓的“温度”。有了情感的温热，故事才能够让人产生共鸣、感同身受。

三是“真”心倾听，传达出事物的“真”情实感。真心诚意地采访，让记者和百姓的心相连、情相通，不仅能够感知，更能够传达出百姓的真情实感来，使故事感动人心、震撼人心。2007年记者发现了这样一个素材：北京的哥郭师傅坚持为60岁以上的母亲和残疾人提供免费服务。而他之所以这么做，是因为母亲去世时他不在母亲身边，做好事是为了纪念母亲。记者对郭师傅进行了“真”心倾听的细致采访，制作成了一期“百姓生活故事”——《约定》。《约定》的内容是这样的：家住延庆的郭师傅很早就外出做生意，长年不在家。但他母亲一直有个心愿，就是儿子能有一份固定的工作，能生活在自己的身边。年轻的郭师傅并不理解母亲的心，因为生意忙，最长近半年没往家打过一个电话。突然母亲去世的噩耗传来，郭师傅跪在母亲的墓前，悲伤的想起了母亲生前对自己的嘱托：找份固定工作，踏踏实实生活。于是他舍弃了外地生意，回到北京做起了的哥。在做了一年多的哥后，郭师傅发现了一个问题：很多生病的老人都是由朋友或邻居陪伴去医院。问他们孩子哪去了？老人总是说不想耽误孩子工作。这些老人让郭师傅想起了自己的母亲。他醒悟到，自己不在家的时候，妈妈遇到什么样的难处也不会告诉自己，怕自己分心。这件事促使他想为妈妈们做点实际的事儿。于是从2006年的9月份开始，他在自己的出租车上立了一块牌子，上面写着："60岁以上的母亲和残疾人免费。"之后，郭师傅的行动又影响和感动了很多坐过他车的人——忽略父母的人恍然大悟，游手好闲的人也要浪子回头。通过"真"心倾听，一条冰冷的信息最终成为有"真"实面目、"真"正温度、"真"情实感的《百姓生活故事》。

在实践中学习，提高节目制作者的综合能力

《百姓生活故事》节目制作的实践是大学堂，"故事"中的主人公都来自不同的地方，都有着不同的职业，过着不同的生活，但他们却都在自己平凡的生活中，演绎出了无限的精彩。作为节目的制作者，被一个故事的主人公打动，那是一份情感的流露；可是被数以千计的故事主人公打动的时候，那么感受到的就是一种脉动——时代的脉动。只要不断地、竭尽所能地把这种脉动的强音表现出来，个人的能力也必然与这些时代的声音共振，从而得以升华。

如何在实践中汲取营养、获得经验、不断提升？节目组有这样几点体会：开拓视野、开阔胸襟；在学习中实践、在实践中学习；生活是最好的大学、热情是最好的老师；努力做一个道德高尚的人。

（北京人民广播电台）

北京电台外语广播推出"地球一小时"特别节目

2013年3月23日，北京电台外语广播《听世界》栏目推出"地球一小时"特别节目。记者前往三里屯、鸟巢、世贸天阶、国贸银泰中心、太阳宫凯德Mall、滨河公园等参加"地球一小时"熄灯活动的地点进行现场采访。其中三里屯为世界自然基金会（WWF）在中国的"地球一小时"官方活动地点，环保形象大使李冰冰参与了"我做绿V客"的主题活动。此外，记者还采访了WWF中国，请他们介绍了2013年全球参与"地球一小时"的情况以及WWF重点开展的环保项目。

北京外语广播网络电台配合《听世界》节目推出"地球一小时"3月23日关灯一小时活动，邀请网友参与采访，亲身体验环保活动。北京外语广播通过微博、微信发起征集活动，得到了网友的广泛响应。

本次活动共选出11名网友参与了本次"地球一小时"的体验活动。他们与《听世界》记者一起兵分6路感受了地球母亲的"特别之夜"。在采访过程中，6位记者和11位参与体验的网友通过微博、微信等方式配合节目进行图文直播，弥补了广播的不足，立体呈现了当晚熄灯现场的情况。活动当天，外语广播官方微博、《听世界》节目、记者、体验活动的网友共同发布微博，宣传节目和活动，发布微博微信共200多条，共收到转发和评论近200多次。

值得一提的是，外语广播官网微博、网络电台、微电台和节目微博积极配合前方记者和网友的图文报道，形成了“阵矩式传播”，对广播节目的宣传起到良好推动作用，为外语广播运用新媒体做好节目积累了宝贵经验。

（北京人民广播电台）

北京电台完成园博会开幕式现场直播

2013年5月18日，第九届中国（北京）国际园林博览会开幕。北京电台交通广播、新闻广播和城市服务管理广播圆满完成开幕式当天的直播任务，直播时长5小时40分钟，为筹备已久的园博会直播报道赢得开门红。

开幕当天7:30，陈晓海副总编辑已带领新闻广播、城市服务管理广播、交通广播三台记者、主持人及技术中心、网络媒体中心、总编室、办公室、策划中心等部门技术和服务保障人员45人到达园博园，准备当天的直播。席伟航总编辑亲临直播间看望大家，并指导工作。

9:30，交通广播首先开始了北京电台园博会特别节目的首场直播，以“记者现场连线+直播室主持+嘉宾访谈+音频背景资料”的形式，对园博会开幕式进行了实况转播，并邀请到丰台区委常委、常务副区长高朋，北京市公园管理中心主任助理王鹏训做客直播间，与主持人杨洋、李莉共话本届园博会的特色、亮点。

12:20，新闻广播《新闻天天谈》邀请到航天体验馆建设方总经理詹明苏和热气球园区负责人林宪明，着重介绍了航天馆和热气球园的观众互动体验设计，并连线记者谈体验感受。

17:00，城市服务管理广播《都市生活汇》节目邀请北京市公园管理中心宣传处处长陈志强、北京市公园管理中心园博馆筹建办规划建设部毕然，以向观众提问和记者园中寻宝为线索，重点向听众呈现了中国园林博物馆的筹建过程和特色魅力，并立足节目特点，向听众提供了丰富的有关园博会交通、餐饮、游览等方面的服务信息。

北京电台对本届园博会高度重视，从3月底开始台领导就带领相关专业广播、技术中心、网络媒体中心、总编室、策划中心等各部门负责人先后四次到园博园实地考察，多次召开协调会，从直播地点的选定、直播间的搭建到报道计划的制订、人员和车辆证件办理等等，事无巨细、逐一落实。

（北京人民广播电台）

北京电台播出“世界地球日”特别节目

2013年4月22日，北京电台2013年“世界地球日”连线地球音视频直播特别节目“美丽中国——倾听世界的声音”顺利播出。这是北京电台继2012年首次整合9个专业广播及北京广播网、DAB手机等播出资源，倾力打造了长达11个小时的“世界地球日”特别节目——“地球日连线地球”之后，又一次推出的大型环保公益节目。

该节目3月中旬启动，常务副台长、副总编辑王秋主抓这项工作，多次召开各部门的工作会议，研究制定宣传方案，北京电台120多人参与其中。

4月22日“世界地球日”当天，北京电台新闻、外语、交通、体育四个专业广播以接力直播的方式，分别围绕“干净的水，干净的空气”“从我做起，点滴之处不忘环保”“触摸极限——聆听地球的声音”“健美中国，健美中国人”主题展开。在4个小时的直播过程中，通过8个电话连线，17个录音报道，身处英国伦敦、德国柏林、美国洛杉矶、沙特利雅得、加拿大多伦多、俄罗斯索契等12个国家城市的我国驻外记者、环保公益人士，介绍了所处国家如何应对不同历史时期的环境挑战，了解世界各国破解大都市发展瓶颈的独特经验；南北极科考队员、珠峰登山队员、“蛟龙号”设计人员畅谈了如何在生活中爱护动植物、珍惜陆地环境，期间还穿插了直播间嘉宾点评，并辅之以听众和网友的短信、微博、微信语音等方式的互动，多角度展现人类治理环境污染的智慧和决心。节目结合北京市的实际情况，特别邀请了北京市发改委、北京市环保局、北京市园林绿化局三家指导单位的有关负责同志，介绍了北京市近来在环境保护、节能减排和平原绿化等方面所做的大量工作和突出成绩，介绍了北京市“十二五”期间环保工作规划和任务。

活动当日，北京广播网、DAB数字多媒体进行了同步音视频直播。北京广播网共发布独家视频21段，点击量累计4.2万余次。通过菠萝台收听收看直播的人次到达1.5万余次。从4月18日专题页面上线截至4月22日地球日特别节目直播结束，专题点击量达5.8万多次。截至4月24日，《北京日报》《北京晚报》《北京晨报》《环球时报》《京华时报》等9家媒体，千龙网、人民网、新浪、搜狐、网易、凤凰网、中国日报网、中国广播网等主流网络媒体均发布并转载了关于北京电台“世界地球日”特别节目的相关新闻。此外，北京电台还积极和境外媒体展开合作，节目当天，BBC英伦网、联合国电台中文网同步直播了特别节目，澳洲广播电台中文网、美国洛杉矶1300电台和新西兰华人之声电台也在随后安排播出。

（北京人民广播电台总编室）

北京电视台播出大型系列片《正道沧桑》

北京电视台卫视频道和新闻频道从2013年5月6日起连续播出大型电视系列片《正道沧桑——社会主义500年》，深入浅出地讲述五百年来社会主义从空想到科学，从一国实践到多国发展，历经高潮与低潮、成功与挫折，跌宕起伏、波澜壮阔的历史进程，生动形象地宣传了社会主义的道路自信。该系列片由中共北京市委宣传部、中共北京市委讲师团、北京电视台联合首都社科理论界权威专家学者共同打造，总共50集，每集15分钟。

一、内容以道路抉择为主线，突出政治性、思想性和与中国特色社会主义道路的联系

第一阶段“空想社会主义的产生和发展”共5集，分别讲述了莫尔、康帕内拉、圣西门、傅立叶、欧文等空想社会主义者的空想“悲歌”；第二阶段用7集的篇幅，集中阐释马克思、恩格斯如何将社会主义从空想变为科学，开启拓荒之路；第三阶段讲述了列宁如何缔造、捍卫第一个社会主义国家；第四阶段反映了苏联探索社会主义道路的经验与教训；第五阶段展现的是中国革命和建设的历史长卷。电视片站在时代的高度，既描述了社会主义发展史上的辉煌发展，也毫不掩饰地记述了社会主义曾走过的弯路、付出的代价，充分说明中国特色社会主义道路是实现中华民族伟大复兴的唯一正确道路。

二、形式采用“具象化”、“辞条式”表达方式，突出故事性、知识性与传播的有效性

按照“一个人物、一个故事、一个论断”的形式，通过讲述一个核心人物的一个完整故事，用辞条式的表达方法集中说清一个理论观点。如乌托邦岛上，英国人莫尔在苦思冥想，为何会发生“羊吃人”的悲剧，怎样才能人人平等；太阳城里，意大利人康帕内拉在黑暗中顽强不屈地寻找光明，如同盗天火的普罗米修斯；欧文在美国印第安纳州呕心沥血，建立了第一个“共产主义新村”……。电视片用人物带悬念，用悬念带故事，用故事讲道理，真实展现了社会主义发展进程中的艰难探索、大胆实践。该片运用大量历史资料和珍贵镜头，对重大历史事件和历史人物进行精确的诠释，通过主持人讲述、视频短片、权威专家访谈三种样式，形象地展示了社会主义五百年的宏伟画卷。节目片尾设计独具匠心，内容提要虽短却极富力量。这一系列的专业创意，保证了电视片的严谨性、专业性与生动性、通俗性的统一。

三、传播上制作全媒体内容，形成系列化多样化载体，集中进行全方位覆盖

电视片不仅在北京电视台首播，同时联合《北京日报》、北京人民广播电台等北京市的媒体，以及新浪网、搜狐网等网络媒体与北京卫视同步进行多样化传播。另外每集电视片还设置了与观众互动的话题，扩大在微博、微信上的影响力。北京市委教工委和北京电视台还共同组织了首都高校开展社会主义五百年知识竞赛。通过这些手段，进一步拓展了节目内容传播的覆盖面。

广大观众反映，北京电视台播出的系列电视片《正道沧桑——社会主义500年》，集权威性、思想性、观赏性于一体，形成一部展示社会主义五百年波澜壮阔历史进程的视听大辞典。该片策划周密，内容厚重，形式活泼，观赏性很强，有助于干部群众坚定信仰、增强自信、明确方向、凝聚共识。在当前复杂的社会环境和舆论环境下，制作这样的大型系列电视片，方向是正确的，效果也是比较好的。

（北京电视台）

北京电视台推出《中国梦·与梦齐飞》大型系列报道

为深入贯彻习近平总书记关于实现中华民族伟大复兴的“中国梦”的重要讲话精神，落实中宣部、市委宣传部对“中国梦”的宣传报道要求，2013年5月，北京电视台成立了由台领导担任总指挥的“中国梦”报道组，新闻节目中心精选实力记者组成报道团队，深入基层，深入群众，以“走转改”活动理念，集中策划实施了《中国梦·与梦齐飞》大型报道，自6月17日起在《北京新闻》等栏目播出。该系列报道从个人梦想入手，用心灵化、纪实性的叙事风格，真实记录、生动展示了普通人实现梦想的奋斗过程，一个个生动的故事感动着广大观众。

一、多栏目滚动、多平台联播，增强报道传播力

《中国梦·与梦齐飞》自6月17日起首播，每天在北京卫视、新闻频道的《北京新闻》《北京您早》《晚间新闻报道》等多档栏目中滚动播出，每期3至5分钟，截至7月1日累计播发新闻30多条，报道普通创业者11名，播出总时长150多分钟。同时，该系列报道还被中国网络电视台CNTV、新浪、

优酷、酷6、56、华数TV等视频网站广泛转载。在每个子系列全部播出后，还集结报道精华，将创业者的故事精编为专题片，在新闻频道开辟专门时段重播，进一步壮大报道声势，扩大社会影响。

二、主题集中化、故事系列化，提升报道关注度

“中国梦”是中华民族的宏大梦想，每个普通人追逐梦想、实现梦想的过程就是构筑“中国梦”的一块块基石。《中国梦·与梦齐飞》大型系列报道创新报道形式，确立了不同阶段推出不同“子系列”的报道概念，即一周一个主题，集中报道某个领域的人物和故事，主题集中，避免报道碎片化，在一段时间内形成集合效应和报道声势。第一周的主题为“创新梦”，五位来自中关村的青年创业者以对科技创新的执著探索，追求着属于自己的“创新梦”；第二周的主题为“励志梦”，五位外来务工人员在北京以对美好生活的向往，编织着属于自己的梦想。他们在北京的城市建设中，正在成为各自领域的“中国梦之队”。此外，《中国梦·与梦齐飞》大型系列报道还陆续推出“先锋篇”“奉献篇”“健康篇”等多个主题，进一步加强报道力度，全力烘托“中国梦”主题。

三、鼓舞人心、激发动力，扩大社会影响力

《中国梦·与梦齐飞》大型系列报道播出以来，引起广泛关注，许多观众打来电话，表示《中国梦·与梦齐飞》报道中一个个小人物实现梦想的故事真实亲切，主人公为了实现梦想而经历的跌宕起伏的故事鼓舞人、教育人。不仅观众对报道给予了好评，报道对象和参与报道的记者也都深有感悟。潜心研制中国无人机的田刚印一直觉得无人机是小众领域，做出了成绩也不为人知，在接受采访时，他还一直问记者是怎么找到他的，通过《中国梦·与梦齐飞》报道让他感受到只要自己有梦想，能够脚踏实地去实现梦想，即使从事的是默默无闻的行业，也会被大家认可。田刚印的报道在视频网站的点击量最高，达数万次。执著追寻播音梦的中国传媒大学保安陈胜看完报道后，感受到电视报道和社会关注为他增添了追求人生更大梦想的动力。有梦想就要有行动，这些人之所以能够成功，就是因为他们为实现梦想而付出超乎寻常的努力。追逐梦想是无止境的，要一直鞭策自己不断前行。

（北京电视台）

北京电视台推出季播栏目《最美和声》

北京电视台新创季播节目《最美和声》首播后引起社会广泛关注。2013年7月20日节目播出当晚，新浪微博关于《最美和声》的专题升至“热门话题榜”第二位；腾讯视频点播量达150万次。网友普遍认为，节目没有太多“煽情故事”，更多地关注音乐本身，明星导师与学员的天籁“和音”带来了一股与其他选秀类节目完全不同的清新之风。同时，节目收视表现良好，全国收视率1.13%，本地收视3.72%，全国同时段排名第二，开创了北京卫视周末综艺节目的三大历史性突破。

一是创下北京卫视周末栏目的全国排名最好成绩。7月20日北京卫视首期《最美和声》本地收视率3.72%，33个城市收视率1.13%，全国份额4.3%，仅次于江苏卫视《非诚勿扰》，超越浙江卫视《转身遇到TA》、东方卫视《谁能百里挑一》、天津卫视《天下无双》等节目，同时段排名第二。

二是改变了北京电视台观众年龄结构老化的现状。《最美和声》首期节目的观众分布中，15-24岁、25-34岁青少年观众比例显著提升，其中，15-24岁年龄段的观众提升幅度达123%。

三是实现了对外地观众的高度吸引。《最美和声》首期节目的受众分析显示，本地、外地的观众贡献比例为23:77，即超过四分之三的收视贡献来自外地。清华大学新闻与传播学院常务副院长尹鸿表示，北京卫视首次通过制播分离的形式加入综艺选秀类“红海大战”，体现了北京电视台“开门办卫视”的开放心态。中国社会科学院世界传媒研究中心秘书长冷凇认为，既是评委又是观众，既是老师又是选手——导师独特的“四重身份”定位，使得《最美和声》在创意上别具一格。

《最美和声》使用网络立体声备播，信息网络管理部、制作部、播出部通力配合，提前对节目制作播出流程进行全面测试。播出当天全程跟踪节目业务制作流程等技术环节，确保节目播出和网络微博互动顺利完成。

（北京电视台）

北京电视台中秋特别节目《月圆梦正圆》落幕

2013年9月19日晚，《月圆梦正圆》——北京电视台2013年中秋特别节目在BTV大剧院拉开帷幕，文艺频道同步直播，北京卫视当晚10:20重播，现场和电视机前的观众朋友共享中秋节，共度月圆夜。

北京电视台积极落实中宣部等五部委“制止豪华铺张、提倡节俭办晚会”通知精神，大幅削减本次中秋特别节目的制作经费，紧紧围绕“情暖中秋夜，月圆梦正圆”晚会主题，以北京人中秋大联欢的思路，和观众们分享温暖中秋节，畅想崭新中国梦。《月圆梦正圆》呈现以下特点：

一是舞台设计精简制作，围绕主题精心构思。合理利用北京电视台自有的演出场地资源，大大节省了搭建室外景观晚会舞台所需的昂贵费用。舞美设计简约而不简单，凸显了首都大气、温暖、包容的城市气质，灯光和视频内容根据节目变化呈现丰富多彩的变化效果，观众席中的“圆桌茶座”设计营造出欢聚一堂的节日氛围。

二是明星友情加盟出演，新人新作精彩不断。北京电视台的影响力和吸引力，使很多深受观众朋友喜爱的明星如孙悦、周笔畅、魏晨、巫启贤、平安、曲婉婷等均友情加盟出演此次特别节目，且大多数人都携最新作品表演。为吸引更多年轻观众，《中国最强音》《中国梦之声》等选秀节目中崭露头角的歌坛新秀以及2013年北京电视台文艺频道《爱我家，唱我家，我的北京我的家》大型群众电视演唱竞赛的三甲选手也纷纷亮相，节目充满青春、时尚的气息。此外，众多“老北京”和“新北京”同台欢唱，来自五湖四海的“京城御林军”北京国安队与观众热情互动，曾登上央视春晚和北京春晚的“年画娃娃”邓鸣贺康复后携家人动情表演，凸显了“共享中国梦，全民大联欢”的概念。节目组倾力奉上八个原创改编类节目，数量占全部节目的一半以上，实现了节目内容和呈现方式的全新突破。

三是主持人担纲秀才艺，倾情奉上“综艺大餐”。春妮、栗坤等十余位当家主持各显身手，在民俗秀《鱼龙百戏闹中秋》、小品《选择》、歌舞秀《我和月亮有个约会》等节目中联袂献艺，从造型到表演都令观众耳目一新，体现了“大联欢”的办节目思路。

四是设计抽奖与第二现场等环节，场内场外充分互动。为营造浓厚节日氛围，强化台上台下、场内场外的互动，2013年中秋特别节目特别设计了两轮现场抽奖环节，幸运观众在街拍观众和新浪微博粉丝中产生。提前拍摄的两个小片在宣传前期投放网络预热，彰显首都家庭的幸福、美满，体现北京精神的厚德、包容。连线第二现场，回顾卢沟桥的历史文化，展示上万市民夜眺卢沟月、放飞孔明灯的盛况，同时特邀新婚、银婚、金婚夫妇各10对，表达月圆人圆的美好心愿。

（北京电视台）

北京电视台推出电视系列片《环球同此凉热》

从2013年7月12日起，北京电视台纪实高清频道《全纪实》栏目播出了电视系列片《环球同此凉热》，引发了观众的关注和热议，收到了较好的社会效果。

一、主题深刻，立意高远，探讨人类文明发展与气候变化的关系

《环球同此凉热》从气候变化入手，汲取中国传统文化的精髓，借助古代先贤对天、地、人三者关系的认知，深刻阐述在人类发展的漫漫征途中，自然生态环境变化与人类文明发展的辩证关系，呼唤当今民众应充分地意识到，自然与人类的和谐共存，是社会可持续发展的先决条件，启发观众对于人类文明未来命运的思考。

在仅有九个小时的片长中，节目巧妙选取时间坐标和空间坐标的相交处，以此为立足点，全方位环顾周围，向上回溯，向下展望，准确描述了千万年来人类文明发展的历史进程，以及我们赖以生存的空间——地球环境、气候变化这之间简单而又复杂的关系。系列片通过视频拍摄、影像制作、人物表演等多种表现手法，将历史先贤久已悟出的和当今民众通过伤痛代价所认知的关于人和自然的“真理”通过艺术形式表达出来。

二、结构清晰，制作精美

按照人类文明发展历程，12集纪录片分为三个部分：第一部分（1-4集）《黑色困惑》讲述工业文明；第二部分（5-8集）《黄色·回忆》讲述农业文明；第三部分（9-12集）《绿色·抉择》讲述生态文明。三部分各以不同颜色配合表现主题——黑色的工业文明、黄色的农业文明、绿色的生态文明。这一整体结构非常清楚，易于观众快速把握节目主题。

《环球同此凉热》的电视表现，也值得特别肯定。该片无论在拍摄手段、用光考虑上，还是在后期制作上，均反映出制作者精益求精的高标准要求和用心程度。具体而言，节目中每个画面的用光和色调几乎都讲究到完美和精致的程度——画面华丽，调子柔和，采访必布置光线，几乎所有采访不插画面，采访抠像配背景，音乐铺陈到位，编辑节奏把握准确……总之，该片制作精美，几乎找不到质量上的瑕疵，给观众带来电影胶片般的视觉享受。《环球同此凉热》代表了中国当今纪录片制作的最高水准，成为中国一部具有代表性的纪录片中的“大片”。

三、关注社会热点，推出恰逢其时

2013年老百姓所关注的话题中，气候变化问题不能不说是一个具有持续热度的内容。尤其是在PM2.5概念广泛传播后，几乎没有人能够忽略气候变化这一与每个人息息相关的问题。尤其是2013年年初，全国大部分地区爆发的雾霾天气，更是引发了普通人对全球气候变化的更多关注。但是，在媒体相关的报道中，极少有媒体能够站在人类与自然关系的高度，

全面辩证地展示二者的关系，并提出人类应当抑制自己的欲望，正确看待环境保护与社会发展的关系。《环球同此凉热》正是通过“气候变化”这个切入点，提醒观众认清人类只是自然界中极小极小的一个部分。只有尊重自然，作为自然界一部分的人类才能延续得更久。在气候变化话题成为讨论热点之际，《环球同此凉热》可谓在适当的时机，以适合的角度，首次明确地提出了每个人都值得思考的环境保护问题。

北京电视台新媒体平台开展“两会”报道

2013年北京市“两会”期间，北京电视台依托网站、官方微博、微信等新媒体平台，全面开展“两会”报道工作，倾听和关注百姓的声音，加强与受众的交流互动，获得了观众和网民的广泛关注与好评。截至1月25日16:30，在“两会”开幕后的短短四日内，北京电视台官方微博（新浪平台）的粉丝增长量近1.2万，发布博文176条，总提及次数为32028次，网友参与互动达7356次。

1月21日市政协会议开幕后，北京电视台启动“三屏联动”报道模式，在电视荧屏、电脑屏幕（BTV在线）、手机移动终端（官方微博、微信公众平台）等新媒体平台，同步报道“两会”内容，同步进行多种形式的开幕式直播。为更好地聚集网友关注度，利用新媒体平台扩大“两会”宣传报道效果，北京电视台首次在电视屏幕上打出了官方微博和微信公众平台的二维码，在屏幕下方24小时滚动播出欢迎加入的字幕，快速扩大了BTV新媒体影响力。为及时跟踪传递“两会”动态、代表言论，官方微博推出“两会微直播”；策划了“政府报告解读”“两会·蓝图”“两会·心声”“小范听两会”“小曹跑两会”等一系列热点话题，做好热点舆论引导。此外，官方微博正逐步与727个来自BTV各频道、栏目和员工的实名注册微博账号建立互粉关系，搭建BTV微博矩阵。“两会”期间，部分主持人、上会记者编辑积极与官方微博进行互动，有效拓展了官方微博的品牌认知，放大了传播效果。

北京电视台官方网站BTV在线开设了“2013开门红”“我从基层来”“两会五年间”等板块，设计制作了“蓝图”“心声”“小范听两会”“小曹跑两会”等专题页面，整合本台电视报道资源和市属其他新闻媒体资源，做好重要环节的视频直播，与官方微博积极联动，以重要版面浓墨重彩地宣传报道“两会”。BTV在线还首次派出了网络记者前往会场参与报道，与电视节目专题互相呼应，形成了“跑、听、看”全方位、多角度的报道格局。截至1月25日17时，BTV在线陆续发布“两会”报道稿件340篇。

（北京电视台）

北京电视台推出“美丽北京·快乐端午”大型直播节目

2013年6月10日，北京电视台新闻频道推出了“美丽北京·快乐端午”——第五届端午文化节大型直播报道。本次直播以顺义、延庆为前方直播报道区，在东城龙潭湖、西城什刹海、丰台园博园、昌平十三陵、平谷丫髻山、门头沟妙峰山等地设立

3G直播点，并连线交管局、气象局、首都机场等单位，全方位展现北京各个区县端午小长假丰富多彩的旅游信息，为观众提供及时、准确、全面的服务资讯。节目内容丰富、服务性强、互动鲜活、文化浓郁，呈现如下特色：

一是全景展示浓厚节日文化。直播节目以“端午情·中国梦”为主题，实时直播各个区县丰富精彩的民俗文化活动及龙舟赛事，营造了喜庆、热烈的节日气氛，在突出节日传统文化内涵的同时，赋予其更多现代元素，彰显了北京世界城市形象。

二是充分彰显“美丽北京”活力。直播全方位介绍各区县的节日活动与特色习俗，带动北京旅游业，提振假日经济。

三是提供丰富实用的资讯服务。直播着重提供了交通、旅游等实用资讯信息，提前派出了多路记者探访各区县，为观众推荐旅游好去处，并从市旅游委获取旅游客流信息，为游客进行信息提示。

四是精心策划打造端午文化节开幕式。6月10日，以“传承端午情·共圆中国梦”为主题的第五届北京端午文化节暨“临空经济区杯”龙舟赛启动仪式在顺义奥林匹克水上公园举行，市委常委、宣传部部长李伟等北京市领导和顺义区领导到场出席。北京电视台承担了本次启动仪式的组织与电视直播工作。启动仪式上，精心编排的中华传统文化的鼓乐《龙腾虎跃》、歌曲《幸福家园》、端午童谣《五月五》等文艺节目营造了浓郁的喜庆氛围。

五是互动节目探索全媒体播报新模式。本次直播报道中，北京电视台首次启用了最新落成的新媒体演播大厅，录制完成了新媒体互动环节。新闻节目中心和新媒体发展中心积极探索台网融合，通过本台官方微博和微信公众平台提前一周发布端午直播相关信息。新媒体演播大厅系统采用IP播控系统，实现了信息实时获取、实时发布、实时播报，进一步提升了报道的时效性。转传部派出8+2高清车和高清卫星车，顺利完成了第五届北京端午文化节开幕式、文艺演出、龙舟赛以及相关主题活动的直播、对播报道。

本次端午节大型直播报道中，北京电视台干部职工上下齐心，总编室、办公室、新闻节目中心、文艺节目中心、新媒体发展中心、转传部、播出部、制作部、信息网络管理部、动力部等多部门紧密配合，围绕“端午情·中国梦”宣传主题，联合打造了一档主题明确、立意宏远、内容宏博的新闻综合直播节目。

（北京电视台）

中国（怀柔）影视基地建设情况

2006年，中国（怀柔）影视基地被市政府批准为首批文化创意产业集聚区；2008年7月底，国家中影数字制作基地正式投用；2011年怀柔影视基地年被市委十届十次全会列为重点建设的文化产业集聚区；2013年被《北京市政府工作报告》列为重大项目。

一、中国(怀柔)影视基地的建设成就

截至2013年年底，中国(怀柔)影视基地累计实现固定资产投资近50亿元，全区集聚影视企业400家，接待剧组拍摄或制作影视作品超过1600部。全国过亿国产大片34部，其中17部是在怀柔拍摄或进行后期制作的。经过近几年的建设，中国（怀柔）影视基地已经具备了一定的规模和影响力；重点项目稳步推进，品牌活动精心打造，众多影视作品从这里走出去，中国（怀柔）影视基地正以崭新的姿态走向全国、走向世界。

影视核心项目运营良好，影视产业竞争力快速提升。中影基地和星美今晟影视城构成了怀柔影视产业核心资源。中影基地已跻身于亚洲第一、世界一流水平，拥有国内顶尖技术人员和专业研发人员300余人，设备、技术媲美好莱坞，制作数量不断增加，2013年达到近300部。以中影股份为代表的中影体系23家企业落户怀柔，涵盖了制片、营销策划、发行、演员经纪等产业环节，中影洗印分公司已涉足国际后期加工制作市场；中影数字巨幕公司研发生产的电影巨幕市场占有率快速增加；中影环球（北京）科技公司正在研发电影院线全国控制运营中心。以外景拍摄为主的星美今晟影视城年接待剧组数量逐年递增，2013年近80部，累计拍摄作品近700多部，现正向集拍摄、制作、培训、旅游、新媒体为一体的多元化方向发展。

影视资源向怀柔集聚，影视产业进入全新发展阶段。影视产业的领先优势不断创造投资机遇，以影视为主的各类企业纷纷把目光、资金和公司投向怀柔。基地核心区固定资产投资逐年增加，市政条件同步跟进，产业氛围进一步优化，影视企业加速集聚。固定资产投资中社会投资占总量70%，道路、水、电、气、暖、通讯、宽带等同步配套。华谊、海润、金英马、小马奔腾等一批华语影视核心企业在怀柔注册，影视名人也在怀柔注册个人工作室。基地的快速建设，同时带动商贸金融、休闲娱乐、网络传媒等企业投资热情。

基地影响力持续增强，成为北京影视产业发展的重要承载地。在全市范围内，中国（怀柔）影视基地与其他集聚区相比具有差异化竞争、错位发展的优势，作为北京唯一的影视产业集聚区，有条件成为首都影视文化产业发展的国际化窗口和北京“影视之都”建设的重要承载地。在全国众多影视基地中，中国（怀柔）影视基地特色突出，核心资源具有领先性、唯一性和不可复制性，在技术、设备、人才、区位等方面具有不可比拟的竞争优势，得到了业界人士和相关企业的认可和关注。

文化、科技、会展等融合互动格局初步形成，众多资源成为影视产业有力支撑。中国（怀柔）影视基地、中科院怀柔科教产业园和雁栖湖生态发展示范区同步建设，形成融合互动格局。超级云计算等技术，能够在图形处理、数据储存传输等方面提供高科技服务，充分满足大电影制作需求；以会议会展为主要功能的“国际会都”将有效承载更多、更高规格的影视活动举办。生态环境建设、新农村建设和丰富的自然人文景观形成了若干影视外景地，成为影视产业重要组成部分。同时，影视产业对科技、会展、旅游等各项建设也形成了有效拉动。

二、中国（怀柔）影视基地目标规划

从建设“北京影视之都”的重要承载地、首都国际化窗口的高度出发，紧紧围绕建设文化科技高端产业新区的目标，发挥影视产业龙头作用，扩大影视产业发展空间，怀柔影视基地将建设成为“产业链条完整、关联企业集聚、综合服务齐全”的国家级影视产业示范区，打造一个具有国际高端水平、综合竞争力强的“中国影都”。按照怀柔新城规划总体空间安排，中国（怀柔）影视基地核心区将规划建设三个功能片区（影视产业聚集区、影视功能服务区、影视生活休闲区）、三条主题大道（光影大道、星辰大道、影视休闲大道）、三十四条特色文化街区和一个影视基地行政管理中心暨中国影都大厦。

三、中国（怀柔）影视基地资源优势

围绕基地的总体目标与发展规划，怀柔正从落实空间规划、完善产业政策、促进产业融合等方面，为影视产业发展提供优势独具的资源与土壤。

一是广阔的发展空间。根据怀柔文化科技高端产业新区发展规划，影视文化产业功能区空间范围为怀柔新城05、06（北房镇），07、08（杨宋镇）四个街区。其中，核心区规划面积5.6平方公里；其余部分为拓展区，作为产业发展预留空间。

二是优惠的政策环境。2013年区政府出台了关于《怀柔区促进区域经济发展若干政策（试行）》，主要从重点鼓励产业方向、产业空间布局、项目准入标准、项目服务管理等方面加大对影视核心环节的重点企业和项目的支持力度，扶持影视和文化产业发展。在此基础上，又发布了《怀柔区促进影视文化产业发展专项资金实施细则》，从支持主体、支持重点、支持方式，从购房购地到活动作品、奖励审批等方面促进影视产业集聚。此外，对怀柔有重大影响和带动作用的企业或项目入驻，将获得土地供给和购房补贴方面的特殊支持，重大项目还将采取“一事一议”制。

三是影都、会都和科技城融合发展支撑。随着雁栖湖生态发展示范区、中科院怀柔科教产业园与中国（怀柔）影视基地的同步建设，影都、会都、科技城融合互动格局初步形成，云计算、会议会展、金融服务、生态环境、人文景观等众多资源为影视产业发展提供了有力支撑。同时，即将建成的雁栖湖生态示范区（国际会都）具备举办北京国际电影节的能力。此外，2013年怀柔区文促中心整合区内资源，拍摄制作了影视外景拍摄资源查询系统。该系统涵盖14个镇乡130个村及旅游景点的150余个外景地360度动景画面，选景人可以通过电视、电脑屏幕，观看每个外景地的360度动景画面。同时，琉璃庙、九渡河、雁栖等镇不约而同地在生态环境与新农村建设的同时为传统设施增添外景拍摄功能，《让子弹飞》《村晚之越来越好》《杀倭令》等影视剧走出了基地核心区，全山全水的“大基地”建设正在起步。

（北京市怀柔区文化委员会）

北京地铁电视构建“四大平台”

地铁电视是伴随着中国经济飞速发展和中国全面进入建设小康社会应运而生的一个新型文化传播载体，是一种搭载在北京公共交通行业的一个新兴传播文化平台。它不同于传统的广播电视，也不同于时尚的网络和手机，它是一个将传统和时尚有机地结合起来的新兴传播载体。

这几年，北京地铁电视公司在认真分析地铁电视特点和新媒体发展趋势的同时，积极搭建“四大平台”，即党和政府舆论宣传平台、城市应急预警平台、乘客生活资讯平台、企业广告宣传平台，为首都的文化建设和北京的轨道交通事业作出了贡献。

一、构建党和政府舆论宣传平台

地铁电视作为党和政府的喉舌，是对广大乘客进行宣传和教育的一条重要渠道。地铁电视公司通过与市委宣传部、市有关委办局等相关部门以及地铁集团建立长效沟通联动机制，制定了相关的信息等级划分制度，对日常信息采用不同的发布审批制度，对不同的信息内容采用不同频次和形式播出，确保信息的合理、合法、合规并及时送达，大大提高了政府公共信息传播效率。近年来，地铁电视因地铁的网络化发展，彰显其与众不同的魅力，也越来越被市委、市政府以及市委宣传部认可，重大活动的实时转播都将地铁电视列为重要载体之一。这几年，地铁电视接到实时转播的任务越来越多，2013年，完成全国“两会”、神十等重大活动的820分钟实时转播任务。特别是当4月20日早上芦山地震后，迅速启动应急预案，完成28个小时(1680分钟)并机转播芦山地震灾区救援情况的任务。另外还实时转播了中央电视台、北京电视台、环球春晚640分钟的节目。2013年，地铁电视实时转播、并机转播达3140分钟。此外，还完成双方股东及合作单位约120余条新闻采集工作，播放市委宣传部、各委办局及双方股东的宣传片近200个，共发布烟花爆竹安全、雾霾、大风等各类滚动文字预警200余次。

二、构建城市应急预警平台

北京地铁电视每天直接面对600余万客流，充分运用地铁电视，及时发布城市各类预警信息，解读政府各项政策，起到了其他媒体无法比拟的作用。地铁电视公司通过联网、传真和电话等方式与应急指挥中心建立多层次的互联互动，针对预警中心发布不同信息级别的规范，建立了三级信息快速审发和撤销机制，简化流程缩短审核时间，确保城市应急预警信息及时准确地发送到所有地铁车站和列车电视显示终端。由于地铁电视系统发送信息的方式是广播式的，即在同一时间全面覆盖所有的接收系统，而且在地铁车站和车厢内，都是“强制性”收视环境，克服了手机短信、普通广播电视等传统信息发送方式的分批发送、非强制性收看收听的缺点，具有更强的时效性，使整个网络的信息送达只有秒级时延。短短的几分钟，紧急的信息就可以“直达”数百万人，其传播速度是任何媒体都无法比拟的。

这几年，地铁电视的特性正在发挥着越来越大的作用。有许多乘客对各种天气的变化，对地铁客流的变化等信息的了解都是在乘坐地铁的时候了解的。不少乘客说，坐地铁1号线的车，可以了解10号线的突发情况；坐在地下运行的车，同样可以了解地上的天气变化。这就是地铁电视的魅力，这就是地铁电视“城市应急预警平台”发挥的作用。

三、构建乘客生活资讯服务平台

地铁电视利用播控中心先进的技术平台，发挥内容资源优势，整合各类节目信息资源，形成独特的地铁电视节目制播体系，为乘客提供优质、全面的生活资讯服务。

多方位整合资源，增添乘客生活资讯平台的内容。北京广播电视台是地铁电视公司的一方股东，是北京市新闻媒体行业的一艘“航母”，拥有丰富的电影电视节目资源，节目范围全面。这几年，地铁电视通过资源置换、协调了大量可供使用的电视节目资源。此外，地铁电视公司还与新华社等积极合作，进一步拓宽节目资源渠道，引入广大乘客喜闻乐见的节目内容。多方位多层次的节目资源整合不但降低了电视公司自身的节目制作成本，也丰富了节目内容储备，使地铁电视在节目编排和更新上有了更大的选择空间。

推出第二套节目，丰富乘客生活资讯平台。在地铁电视上播出第二套节目是地铁电视公司“十二五”规划中的一个目标，也是为了提高地铁电视节目整体水平，增加乘客生活资讯平台的内容，更是为了适应地铁的新线发展，满足乘客的日益增长的文化需求。

节目更新机制，保证乘客生活资讯平台的质量。为了不断提高地铁电视节目的品位和价值，地铁电视公司制定了一套从了解受众需求入手，策划、制作和编排节目，再回到受众中去获取反馈和建议，并以此为依据分长期、中期和短期对节目规划、栏目更新和编排进行逐步调整的节目生产制作循环更新机制。定期的受众调查和分析成为机制中的关键环节，也是保持地铁电视节目生命力的重要手段之一。

四、构建企业广告宣传平台

地铁作为城市公共交通重要的交通工具，这几年发展迅速，如今的地铁已经网络化运营，442公里每日600多万人次的大客流，覆盖主要城市区域以及封闭的乘坐空间特性，使其具有了良好的、独特的商业开发潜力。在地铁经营数十年的地铁车站内和列车内的灯箱、海报等平面广告媒体，已具备了相对稳定的运营模式。地铁电视作为视频媒体，在地铁车厢和站台上不仅实现有声有影，而且还实现实时传送，及时发布各种新闻，非常适应当前乘客对于信息的需求，适应新的商业广告发展模式。

这几年，地铁电视已经成为不少企业理想的广告宣传平台。截至2013年，地铁电视共刊播各类广告近千个，涉及化妆品、食品、饮料、家居用品、汽车、商业、影视宣传等各个领域。

（北京北广传媒地铁电视有限公司）

概况

北京市广播影视概况

2013年，北京市有市级广播电台和电视台各1座；市级数字付费、公交移动、城市楼宇、地铁移动、手机电视、户外大屏幕电视，以及DAB、RBC数字广播等多个新媒体平台；有区县广播电台9座、电视台10座、广播电视站50个。

全市共有广播影视节目制作经营机构2321家，比上一年增加643家。网络视听网站125家，广电行业从业人员4.52万人。全市经营创收379.55亿元，比上年增加121.08亿元，增长46.84%。其中广告创收169.84亿元，同比增长56.97%；电影票房收入18.6亿元，同比增长15.38%。资产总额906.8亿元，比上一年增加105.8亿元，增长13.2%。增加值105.93亿元，同比增长12.19%。

北京人民广播电台办有9套无线广播节目，日播出337.46小时；移动多媒体广播（DAB）播出17套广播节目和12套电视节目。北京电视台办有12套电视节目，其中4套无线有线并播、8套为有线播出，日播出260.07小时。移动电视公司办有移动电视节目1套，日播出17小时，终端屏幕2.4万块。城市电视公司办有城市楼宇电视节目1套，日播出15小时，终端屏幕0.75万块。地铁电视公司办有地铁电视节目1套，日播出18.5小时，终端屏幕2.17万块。数字电视公司办有数字电视付费频道11套，每个频道每日24小时循环播出。鼎视公司付费频道在全国落地销售区域224个，数字电视用户数13052.72万户。广播电视有线传输网集成数字广播电视节目168套、数字广播节目16套；有线网络总长17.64万公里，其中光缆干线4.45万公里、电缆干线13.19万公里；有线电视注册用户524.59万户，其中，高清交互数字电视用户380万户。京产电视剧87部2952集；京产动画片19部1748集19297分钟；京产电影222部。电影院线20条，电影院150家，银幕820块(含IMAX巨幕5块)，座位14.1万个。全年电影放映137.69万场，观影4250.3万人次。

一、宣传引导

2013年，北京市广播影视宣传充分发挥电台、电视台主阵地作用，利用多种媒体圆满完成了党的十八大、十八届三中全会、全国和北京市“两会”等一系列重大宣传报道任务。北京电台、北京电视台和区县广电中心先后推出了《从一大到十八大》《十八大一年来》《与梦齐飞》等一批特色栏目和节目，形成了日常新闻与大型系列报道专题片纪录片影视剧展播相结合的舆论引导格局。在“中国梦”宣传报道上，北京电台、电视台推出多种形式的节目；十四个区县广电中心把多层次、全方位反映辖区内百姓追梦故事作为重点，宣传效果显著。在宣传指导思想上，坚持“三贴近”原则，做到“唱得响、讲得清、贴得近、管得住”。50集大型电视系列片《正道沧桑——社会主义500年》产生了重要影响；《雨中进行时——7.21北京特大暴雨》等4件作品获第23届中国新闻奖，43件作品获第22届北京新闻奖，19件作品参评中国广播影视大奖,267部作品和79名个人获“2010—2012年度北京市广播影视奖”。

二、艺术创作生产

为了创精品、推佳作，北京组建了首都影视精品创作生产领导小组，召开题材创作会，加大题材规划和重点剧作推进力度，制订优秀影视剧剧本、重点题材影视剧等扶持办法，努力创作叫好又叫座的优秀影视产品。2013年，生产完成并获准发行国产电视剧87部2952集、电视动画片19部1748集19297分钟、国产影片222部，生产总量位居全国前列。电视连续剧《打狗棍》等热播，在全国产生良好反响；《致青春》等17部影片票房过亿，占全国票房上亿影片数量的50%；电视剧《木府风云》《北京青年》等7部作品获第29届中国电视剧飞天奖，《风车》获“五个一工程”奖提名，百集大型动画片《飞越五千年》获美国博班克电影节最佳国际动画短片奖、四川电视节金熊奖，《一代宗师》等3部作品获第29届中国电影金鸡奖，《失恋33天》等8部作品获第15届中国电影华表奖，《一九四二》获北京国际电影节最佳影片奖。

三、公共服务

公益电影累计放映18.03万场，观影人次1021.82万人次。建立4264套电影放映设备台帐和放映数字管理平台，同时围绕重大节庆先后组织了6次专题展映。完成了昌平、怀柔、密云、延庆18个乡镇358个行政村有线广播“村村响”工程建设。新一轮200万户高清交互数字电视应用工程稳步推进，全市有线电视注册用户524.59万户，其中数字电视用户434.44万户，高清交互数字电视用户380万户，是全国高清交互数字电视用户最多的城市。协调14个区县广电中心制作和共享适农节目。北京电台、北京电视台《市民对话一把手》《城市零距离》《数说北京》等栏目节目更加贴近百姓、贴近生活，14个区县广电中心共享资源，制作播出了一批适农节目。

四、产业发展

正确把握广播影视意识形态属性和产业属性的关系，积极推动广播影视产业发展，促进广播影视产业由数量规模增长向提高质量效益转变。充分运用多项扶持政策，加强宣传指导、项目申报等工作，7个项目获5200万元中央文化产业资金支持，53个项目通过北京市文创资金审核(待市文资办正式通知)。修订《北京市多厅影院建设补贴管理办法》，支持企业投资改善影院布局，为影院发放补贴2705万元。提升影视交流交易平台建设,2013年北京电视节目交易会交投活跃，实现意向交易50.28亿元；第三届北京国际电影节创立的“天坛奖”，现场签约额达87.31亿元。

五、安全生产

坚持安全播出例会制度，定期通报情况，分析形势，部署工作。举办了四期《安全播出管理规定》及其实施细则培训班，邀请有关领导和专家结合案例授课，全市各播出传输单位300余人次参加培训。组织开展防范非法无线信号插播、转播站安全播出应急处置等4次应急演练，提高各单位应急处置能力。组织全市相关单位对广播电视重要信息系统进行自查，开展地下管线隐患排查整改，加强非法信号监测和网络视听节目的监听监看，及时发现和处置安全问题。编制了《广播电视安全播出管理工作手册》和《广播电视安全播出事故案例集》，吸取事故教训，提升安全播出管理和运行水平。修订《北京市广播电影电视局处置突发事件总预案》，制定《电影放映场所消防安全标准化管理规定》，明晰工作流程，落实安全责任。组建安全生产督查组，实施消防安全大排查大整治专项行动和火灾隐患攻坚整治“铁拳”行动。开展影院人员应急疏散演练，举办了影院安全生产培训班，增强影院安全意识，提高防范能力。在重大节日、重要活动等重要保障期前，加强工作部署，开展自查检查、发布预警信息，落实各项安全保障工作，确保重要保障期安全播出和安全生产无事故。

六、广电科技

推动以“三网融合”为牵引的广播电视数字化网络化发展进程，北京IPTV集成播控平台投入试商用。北京网络广播电视台（BRTN）网站内容架构及系统建设全部完成，2014年1月8日正式上线。歌华有线获批建立下一代广播电视网（NGB）融合业务平台实验室，完成支持380万户规模的高清交互数字电视平台。首个“三网融合”功能民俗旅游村在昌平区建立。北京电视台新媒体演播室建成投入使用，体育频道实现高标清同播。区县高清节目制作能力不断增强，广电媒资共享交换平台系统月均上传下载新闻达1600余条。北京电视台高可靠性智能化高清制播网络等9个项目获2012年度总局科技创新奖。北京电台北京交广传媒新广播管理运营平台、北京中科大洋科技发展股份有限公司的D3——Drender“凌云”打包系统等19个项目在第二十二届北京国际广播电影电视展览会（BIRTV2013）中获“BIRTV奖”。合一、爱奇艺等知名视频网站云集北京，持证机构达到125家，约占全国总数的五分之一。

七、走出去工作

北京电台、北京电视台继续加强与海外广播、电视主流媒体的合作，精办外宣节目、栏目，不断巩固和拓展对外宣传阵地。市广电局组织北京影视机构参加班芙世界媒体节、戛纳电视节等节展活动，举办北京影视北美推介等活动，在美国好莱坞举办冯小刚手印礼，受到国际广泛关注。采取召开节目对接会、组织企业海外参展等形式助推影视企业实现走出去目标，10家企业、12个项目入选2013—2014年国家文化出口重点企业和重点项目，万达集团、蓝海电视、俏佳人传媒、华韵尚德等多家广播影视企业通过租赁、收购、兼并、购买播出时段等方式在境外开展广播影视业务，拓展国际传播市场。四达时代6月在北京成功举办了第三届非洲数字电视发展高峰论坛，目前已在非洲21个国家注册成立公司，在11个国家获数字电视和移动多媒体运营牌照，用户达到300万。西京传媒2013年增资1.12亿元，用于收购的英国普罗派乐卫视技术升级、节目制作等，全力提升办台水平，并与北京电台签署协议，将展现北京风貌的300集纪录片《北京印象》通过普罗派乐卫视面向英国及欧洲观众播出。

八、行政审批改革

认真学习贯彻国务院和北京市关于行政审批制度改革的重要精神，邀请国家广电总局来北京广电局就精简和下放审批项目作专题辅导，增强改革意识、服务意识和依法行政意识。深入开展行政审批清理工作，审批部门多次专门研究精简、下放及对接事宜，并与市编办、广电总局加强沟通，基本确认行政审批34项，其中行政许可15项、非许可审批19项。深入了解审批工作运行情况，坚持部门之间的协调机制，及时研究解决许可人员变更、许可环节调整等运行中的各类问题。进一步梳理、规范行政审批工作流程，加强行政审批信息资源共享平台建设，推进二级监察平台建设开发。改善了政务大厅的办公环境，梳理了政务大厅办理事项的法律依据、材料目录和常见问题，提供优质的业务咨询和服务，全年受理各类审批4000多件。

（北京市新闻出版广电局、
北京广播电视台）

北京市广播电影电视局概况

北京市广播电影电视局是负责本市广播电影电视事业管理工作的市政府直属机构，成立于1979年9月，原名北京市广播事业局，1984年5月改为北京市广播电视局，2009年2月改称北京市广播电影电视局。

2013年，全市广电系统在国家新闻出版

广电总局和北京市委市政府、市委宣传部的领导下，深入贯彻落实科学发展观，按照高举旗帜、围绕大局、服务人民、改革创新的要求，在舆论引导、内容生产、公共服务、产业促进等方面取得了显著成绩。截至12月底，全市广播电视节目制作持证单位2321家，约占全国总量的四分之一；视听节目服务持证网站125家，约占全国总量的五分之一；电影院线20条、电影院150家、银幕820块，人均银幕数位居全国第一。全年累计创收379.55亿元，其中广告收入169.84亿元，电影票房收入18.6亿元，呈现出良好态势。北京电台、电视台、歌华网络以及数字电视、城市电视、地铁电视等新媒体也呈现快速向好发展趋势。

一、广播影视宣传引导坚强有力

牢固树立阵地意识和责任意识，忠诚履行广播影视引领社会、凝聚人心、推动发展的职责，圆满完成全国和北京市“两会”等一系列重大宣传任务，为首都工作大局营造了良好舆论氛围。完善“收听收看”宣传管理监管体系，创刊《央广央视北京地区舆情日报》，建立每周宣传管理例会制度，强化日常监管。健全突发事件报道机制，以团结稳定鼓劲、正面宣传为主，弘扬主旋律，传播正能量。在“中国梦”宣传报道上，电台、电视台发挥主渠道作用，推出多种题材形式节目，十四个区县把多层次、全方位反映辖区内百姓追梦故事作为重点，宣传效果显著。坚持“三贴近”原则，做到“唱得响、讲得清、贴得近、管得住”。制作推出50集大型电视系列片《正道沧桑——社会主义500年》，先后在北京电视台、中央电视台播出，收视率高达1.85，网络总点击量2.1亿次，纳入全市群众路线教育实践活动教材，并将由中宣部配发全国县级以上党委理论中心组和党委宣传部，作为中国特色社会主义教育的教材《雨中进行时——7.21北京特大暴雨》等4件作品获第23届中国新闻奖，43个作品获第22届北京新闻奖，9件作品获中国广播影视大奖、16件作品获提名奖，267部作品和79名个人获“2010—2012年度北京市广播影视奖”。

二、广播影视惠民工作不断深化

牢固树立以人民为中心的工作导向，确定新目标，实施新举措，全面推进广播影视公共服务体系建设。建立4264套电影放映设备台帐和放映数字管理平台，制定《北京市广播电影电视局电影公益放映管理办法》，年放映公益电影18.03万场，观影1021.82万人次，同时围绕重大节庆先后组织了6次专题展映；密云县114个行政村“村村响”全覆盖，昌平、怀柔、延庆217个行政村“村村响”工程项目全面启动；新一轮200万户高清交互数字电视应用工程稳步推进，全市有线电视注册用户524.59万户、数字电视434.44万户、高清交互380万户，为全国高清交互数字电视用户最多的城市；《市民对话一把手》《城市零距离》《养生堂》《生活面对面》等栏目节目更加贴近百姓、贴近生活。怀柔区广电中心获第五届全国服务农民、服务基层文化建设先进集体，密云“百场电影进工地”放映活动、石景山首届北京诗歌朗诵大赛的报道，丰台园博会不同阶段的主题宣传，以及首都影视大拜年、惠民电影展映、青少年电影展等活动为首都市民奉上了影视文化大餐。

三、广播影视创作生产精彩纷呈

牢固树立内容为先的理念，全面贯彻“二为”方向和“双百”方针，加强题材规划、创作引导、资金支持。组建首都影视精品创作生产领导小组，召开题材创作会，加大题材规划和重点剧作推进力度，制定《北京市重点题材影视剧（含动画片、纪录片）专项扶持资金管理办法》（试行），努力推出叫好又叫座的优秀影视产品。全年北京电影剧本（梗概）备案公示807部，审查国产影片222部；电视剧备案公示313部10311集，审查电视剧87部2952集；电视动画片备案公示23部1.65万分钟，生产动画片19部1748集19297分钟；创作生产纪录片59部，均位居全国前列。电视连续剧《打狗棍》热播，创近两年来北京地区和全国收视“双料冠军”；《致我们终将逝去的青春》等十多部影片票房过亿元，电视剧《誓言今生》《木府风云》《北京青年》获第29届中国电视剧飞天奖一等奖，《风车》获“五个一工程”奖提名，百集大型动画片《飞越五千年》获美国博班克电影节最佳国际动画短片奖、四川电视节金熊奖，《一代宗师》等4部作品获第29届中国电影金鸡奖，《失恋33天》等8部作品获第15届中国电影华表奖，《一九四二》获北京国际电影节最佳影片奖。

四、广播影视产业发展突飞猛进

牢固树立“统筹兼顾”的工作原则，正确把握广播影视意识形态属性和产业属性的关系，以内容优势赢得产业发展优势，推动数量规模增长向质量效益提高转变。充分运用多项扶持政策，加强宣传指导、项目申报等工作，7个项目获5200万元中央文化产业资金支持，10家企业、12个项目入选国家文化出口重点企业和重点项目，61个项目通过北京市文创资金资格审核；3家企业首次上市并发行股票相关材料上报总局审核。加强影院建设，制定《北京市多厅影院建设补贴管理办法》，为影院发放补贴2705万元，票房收入持续增长，实现收入16.28亿元，排名全国城市第一；推进影视交流交易平台建设，2013年北京电视节目交易会交投活跃，实现意向交易50.28亿元。第三届北京国际电影节现场签约额达87.31亿元，在促进首都经济发展方式转型、建设世界城市上发挥了积极作用，以“天人合一、美美与共”为理念创立的“天坛奖”，实现了高端起步上的新飞跃，品牌影响力全面提升。

五、广播影视科技水平快速升级

牢固树立文化创新、科技创新“双轮驱动”发展战略，广播影视科技创新的能力日益增强。积极推动以“三网融合”为牵引的广播电视数字化网络化发展进程，IPTV集成播控平台验收测试环境建设完成并投入试商用，具备了自主研发高清悬浮式EPC和多项交互内容，频道总量扩充到106路。北京网络广播电视台（BRTN）网站内容架构及系统建设全部完成，年底正式上线。歌华有线获批建立下一代广播电视网（NGB）融合业务平台实验室，完成支持380万户规模的高清交互数字电视平台，全媒体应用聚合云服务平台正在建设中。首个“三网融合”功能民俗旅游村在昌平区建立。北京电台自主研发的新广播管理运营平台获“2013BIRTV应用项目奖”。北京电视台新媒体演播室建成投入使用，体育频道实现高标清同播。“歌华飞视”上线后不断拓展服务领域，带动了信息服务等相关领域发展。区县高清节目制作能力不断增强，广电媒资共享交换平台系统月均上传下载新闻达1600余条。

六、广播影视“走出去”成效明显

牢固树立传播中华文化为己任的自觉担当意识，广播影视国际传播成效显著。策划《这里是北京》等外宣产品，全面展示北京形象。采取座谈会、专题会、对接会等形式助推影视企业实现走出去目标，多家广播影视节目制作企业通过租赁、收购、兼并、购买播出时段等方式在境外开展广播影视业务，以四达时代、中阿精典、俏佳人传媒、万达集团、澳星东方等为代表的民营公司更是以全球化的视角不断扩大海外投资，抢占国际传播市场；北京电台与西京传媒签署协议，将展现北京风貌的300集纪录片《北京印象》通过普罗派乐卫视面向欧洲观众播出。以“北京影视传递中国梦”为主题，组织市属重点影视机构参加班芙世界媒体节、戛纳电视节等节展，受到国际广泛关注；冯小刚成为首位留印好莱坞的中国导演，第一位在TCL中国大剧院举办手印礼的中国导演。

七、广播影视人才建设扎实推进

牢固树立“人才是第一生产力”的观念，关注行业人才发展脉络，及时掌握领军人物和新生力量动态。建立与业内学者专家、企业老总、著名人士对话机制，定期或不定期召开座谈会，听取他们对行业发展的意见和建议。加强对从业人员的教育，组织培训班46期。制定《党风廉政建设特邀监督员管理（试行）办法》，强化外部监督。积极为创作人才争取扶持政策，定向性地给予创作投入，激发他们的创作活力；完成北京地区2014名广播电视编辑记者播音员主持人资格考试工作，又有20名广播影视专家入选北京市文化创意产业专家库。北京电台王秋获“2012年中国最具影响力广告人物”，北京电视台李兰等4人获第八届“德艺双馨”荣誉称号，北京电视台徐滔获2012—2013年度中国品牌媒体影响力人物称号，刘思伽等10人当选为第六届听众喜爱的主持人。

八、广播影视行政能力不断提升

牢固树立为民、务实、清廉的工作理念，深入开展党的群众路线教育实践活动，广播影视行业依法行政能力不断提升。严格按照群众路线教育实践活动总体部署，切实加强领导班子建设，在作风建设上出实招、求实效，不断提高领导班子的自身素质。全面加强机关建设和公务员队伍建设，制定贯彻中央八条6个方面12条措施。认真开展行政审批事项清理工作，年受理政务事项3016件，办复率、满意率均达到100%。深入进行调查研究，九个专题调研取得实效。建立制作企业退出机制，细化行业统计分析，完善企业业绩考评，怀柔影视拍摄资源查询系统启用；研究制定《北京市网络视听节目服务管理办法》（试行），成立北京网络视听节目服务协会成立，促进新媒体在规范中健康发展。强化安全播出体系建设，开展安全生产督查，制定《电影放映场所消防安全标准化管理规定》，确保安全播出、安全生产全年无事故。

（北京市新闻出版广电局办公室）

北京市广播电影电视局工会概况

北京市广播电影电视局工会成立于2006年9月。2013年主要工作：

一、“面对面、心贴心、实打实”地开展了各项服务职工在基层活动

包括春秋两季日坛公园健步走活动、职工瑜伽课堂活动、休疗活动、三八妇女节活动、拔河比赛等各项活动，此外，还组织爱好者参加了总局及市直机关工会开展的羽毛球、乒乓球团体赛和市总组织的扑克（双升）比赛活动。在全国广电系统第四届职工羽毛球赛中获了精神文明奖，在市直机关第七届和谐杯乒乓球团体赛中获小组第二名；大力做好职工之家的基础建设工作，提倡以小组为单位的建“职工小家”活动，拿出专项资金为局系统单位及机关各处室职工小家增添了职工喜爱的球类棋类、体育健身类等文体活动器材，联系租赁了羽毛球乒乓球活动场地，丰富和满足职工精神文化的不同需求；为配合群众路线教育实践活动，工会组织举办了“为民务实清廉　职工摄影作品展”活动，展示了广电职工群众良好的精神风貌。

二、 发挥服务职能送温暖工作深入人心

一是积极开展节日送温暖、夏季送清凉的各项慰问活动。在元旦、春节、元宵节、端午节、五一劳动节、中秋节、国庆节前向全局职工发放时令性的节日礼品，通过点滴行动让大家都感受到组织的温暖。二是及时关心慰问困难职工群众。全年对生病住院的40余名职工和有亲属去世的职工，第一时间送去问候和抚慰。三是对在职劳模、伤残革命军人进行了重点的走访慰问，同时对经过摸底调查上报的9名困难职工一并进行慰问，共发放慰问资金4700元。四是继续落实市总工会关于开展在职职工互助保障计划工作。先后三批次为到期需要重新续保和新转入会职工做好各类互助保险的入保、续保工作。五是继续坚持开展向会员送生日祝福活动，机关会员统一发放了生日蛋糕卡，各基层工会也以不同方式为职工送上生日祝福。真正把工会温暖送到家、送到位。六是继续做好了2013年度《工人日报》、《劳动午报》和《工会博览》等工会报刊订阅发放工作。

三、 围绕中心强化自身组织建设成效显著

一是积极参加上级工会组织的各项学习培训，先后三次召开工会两委会成员、小组长会议，总结部署工作、通报工会工作情况、财务开支情况，传达学习了中国工会十六大、市总十二届十次全会及领导讲话精神，征求加强工会自身建设意见、提出群众路线教育配合学习要求，并以“为民、务实、清廉与广播影视工会工作”为主题，撰写了两篇论文上报总局并获二等奖。二是积极组织工会经审干部参加市总组织的经审业务培训；进一步规范工会经费的管理和使用，在接受市总工会委托的第三方会计事务所的检查中，没有发现违法违规现象。三是认真做好局系统内的职工会员（含局机关和局属小事业单位）的信息采集、更新、汇总、上报工作，为下一步及时为新调入人员办理京卡会员卡打好基础。积极配合市直机关工会做好核对“重大疾病互助保险”信息的工作。及时将调入、调出和退休人员的信息进行信息采集，并汇总上报，为职工享受组织提供的温暖和照顾，做好基础工作。四是按照上级工会有关要求，如实填报了工会工作情况统计调查半年报表、省部级以上劳模生活状况调查汇总表。同时，针对工会组织机构代码到期情况，及时进行了年审。五是依据有关社团管理规定，努力做好了北京海外广播影视交流中心的注销手续。

（北京市新闻出版广电局工会）

北京市广播电影电视局
离退休人员管理服务中心概况

北京市广播电影电视局离退休人员管理服务中心成立于2000年11月，前身为北京市广播电视局老干部活动站。2009年3月31日更名为北京市广播电影电视局离退休人员管理服务中心。主要职责是：负责离退休人员的日常管理和服务工作；负责离退休人员的政治学习和思想教育工作；负责离退休人员的政治待遇、生活待遇的落实及协调工作；负责组织离退休人员开展各种文化体育活动和其他有关工作。

2013年主要工作：

一、加强领导，做好政治服务

局党组（局长办公会）专题专议离退休干部管理服务工作，专题听取老干部工作汇报。

落实离退休干部的政治待遇，及时向离退休干部传达通报中央、市委及本单位的重要决策和重大事项，观看辅导录相。抓好离退休干部阅读文件、听报告、参加重要会议和重要活动等制度的落实，特别是改进了学习资料点对点发放形式，确保了学习效果，结合教育，适时组织老同志参观活动。

二、加强学习服务

围绕十八大精神、“中国梦”、党的群众路线教育实践活动等主题，结合局老干部年龄大、居住分散等实际，采取了灵活多样的教育方式，确保了教育内容落到实处。活动中以文化活动为载体，深化教育内涵，增强教育的生动性、感染力、渗透力。其中，有6名老同志的书法、摄影和绘画作品在市老干部局、宣传系统的专题展览上展出，有9名同志撰写的文章在《广电老年》《晚情》杂志上发表。加强组织建设，离退休党支部分别增补了支部委员、书记，明确了工作分工。重阳节期间，局团委结合尊老爱老与革命传统教育，组织团员青年听老同志讲革命故事。

三、做好生活服务，落实生活待遇

在重大节日、老干部生病住院时及时走访看望，努力帮助解决实际问题。对参加革命工作较早、身患重病、家庭困难的离退休干部给予特殊的关心和照顾。元旦春节期间，投资19.4万元，慰问了101名离退休老同志，举行新春团拜会，发放慰问信、慰问品，组织会餐和慰问演出。组织走访不能参加团拜会的老同志，为长期因病卧床者每人发放500元困难补助，看望慰问生病住院的老同志，全年共看望70余人。落实有关政策，为部分老干部调整了护理费标准；为35名离休人员安装家庭无障碍设施；协助家属处理7名去世人员的后事。

投资20余万元，对老干部活动站进行了修缮并更换了生活设施，解决了顶棚漏水、屋顶渗水等问题。

（北京市新闻出版广电局
离退休人员管理服务中心）

北京市广播电影电视局后勤服务中心概况

北京市广播电影电视局后勤服务中心成立于2006年8月，前身为北京市广播电视局机关后勤服务部。主要职责是：指导全局各单位安保、消防工作的开展，建立健全安保、消防工作制度；对全局的房管、房改工作进行政策指导、咨询、落实；负责全局的车辆管理、调配以及交通安全管理；负责机关的政府采购和固定资产管理、外聘人员工资管理；负责局机关医疗、绿化、计生、献血、印刷、办公用品等日常服务管理。

2013年主要工作：

一、综合服务

完成台式计算机、办公家具的采购及配置分发；完成固定资产处置申请资料的收集、汇总、资产动态系统的上报，核销固定资产31台件。为新入职人员办理医保、工伤、生育险，为退休人员办理医疗在职转退休手续；做好计划生育工作，为已婚未育女职工领取《北京市生育服务证》；组织局机关和局属事业单位志愿者献血报名；维修办公设备280余次，完成了1000余次会议的服务保障；做好了聘用人员的工资核算和信息统计。

二、房管房改

完成了局机关及局属事业单位办公用房的调整，完成老干部活动站的维护修缮，办理外线电话的新增及移机，为局办公楼前停车场重新画线标号，对真武庙宿舍区实施外墙节能保温改造工程，完成广播大厦办公用房租赁协议的签订和租金支付。完成局领导办公用房超标面积的清理整治。做好局干部职工住房补贴的相关工作。

三、安全保卫

在春节、“两会”及中秋、国庆期间对办公楼多次进行安全检查，印发《关于加强重大节日期间安全工作的通知》，并以“温馨提示”的方式提醒机关工作人员提高安全意识、做好防火防盗；更换临时出入证、会客证及办理工作证、出门证等700余个，安排相关单位车辆停放110余辆次；对安保监控系统进行二期更新改造。

四、车辆管理

全局公务车辆安全行驶90万公里，全年无重大责任事故。加强对老旧车辆的保养维修检查，杜绝有安全隐患的车辆上路行驶。组织车管干部及驾驶员交通安全培训，并签订安全责任书，利用局信息平台及时发提示信息。坚决落实每周少开一天车，调整派车办法，将同方向、同时间的用车部门合并用车。

（北京市新闻出版广电局后勤服务中心）

北京市广播电影电视局信息中心概况

北京市广播电影电视局信息中心成立于2007年1月18日。主要职责是：承担本市有线电视、共用天线以及地面接收卫星电视节目新建工程的检验检测工作，负责本系统信息化建设工作，承担局机关电子政务、网络运行的技术保障工作。

2013年主要工作：

一、统筹内外网建设，电子政务体系初见成效

搭建基础核心平台，全局信息化水平稳步提升。市广电局综合业务服务平台（二期）10月上线，实现了局内部公文的网上全流程审批，优化了办公用品申领、会议室预定、值班查询等功能，增强了档案管理功能，丰富了资金支出和网络传真功能，将日常办公从纸面转移到网络上，提高了行政效率和管理水平。在项目建设中，充分发挥项目小组的监管力度，小组成员直接参与项目建设的全过程；系统在测试阶段经历了项目开发公司、全局各处室和第三方测试机构共计六轮测试，全面提升了系统的功能性和安全性；在试运行阶段，甲方项目组与乙方开发公司相互配合，确保用户的使用问题立即得到解决。

功能与安全并举，加强局政务网站的服务功能。一是加强功能整改，针对2012年考核报告中涉及的问题和专家考评组的建议，从强化制度、优化流程、挖掘资源和创新理念四方面进行了整改。二是进行系统安全加固，邀请专家探讨政务网站安全管理工作，制定全年安全维护方案，提高安全风险防范能力。三是巩固网站共建栏目管理，组织共建单位和业务处室座谈4次，扩展合作范围，继续保持密切联系机制，加强本单位政务资源的共享，在做好电影电视剧预告服务的基础上，研讨更加多样的服务模式。

二、增强运维和安全服务，信息安全保障不断深入

落实信息技术服务外包管理，加强运维管理监督，严格选择系统运维服务商，完善

《信息技术外包服务机构和人员备案表》，监督服务人员的整体情况。加强信息安全保障工作，按照市经信委和市密码管理局的要求，对全局电子政务网络与信息系统进行全面检查，查补漏洞，在重大活动以及节假日期间强化值班制度，确保全局业务系统的安全稳定运行，全年没有发生重大信息安全事故。推动全局信息技术产品国产化，全局统一安装正版杀毒软件，由专业的服务商定期进行检查和升级。

三、切实增强技术练兵，应急处突能力不断提高

加大专业技术培训和应急演练训练力度，进行信息安全检查和整改加固、数据共享技术培训、机房故障应急演练共5次，模拟设备、网络故障和恶意攻击事件，锻炼团队的响应能力，完善技术手段和制度方案。

四、深化廉政建设，加强干部风险防控能力

强化廉政风险防控，传达、学习中央会议精神，改进工作作风；强化项目管理和资金支出，规范进行政府采购，与项目负责人签订《党风廉政建设责任书》，严格执行年度预算资金，监督资金支出。

（北京市新闻出版广电局信息中心）

北京市广播电视监测中心概况

北京市广播电视监测中心成立于2006年，前身为北京广播电视技术监测台。加挂北京市广播电影电视局信息网络视听节目监管中心和北京市广播电视安全播出调度中心的牌子。

主要职责：负责对本市广播电台、电视台以及有线电视网络的播出、传送及运行情况进行监测；负责本市互联网传播视听节目的监测工作；受北京市广播电影电视局委托，承办有关广播电视节目安全播出调度指令的发布、安全信息预警，承担广播电视节目传播突发事件处置的技术保障工作；承担本市广播电视无线覆盖转播站的相关服务与管理工作。

2013年，北京市广播影视监测中心主要做了以下工作：

一、认真履行广播电视监测职能

对各安全播出重要保障期加强管理，领导带班，双人双岗，保障监测工作正常有序开展，未发生一起漏监、漏报责任事故，圆满完成日常及敏感日等安全播出重要保障期监测任务。对本市广播节目信号，实时监测19套、172路，监测41万1千频时；对本市电视节目信号，实时监测108套、1143路，监测667万2千频时；监测到广播、电视播出及传输异态433频次，通过预警信息发布平台收发预警信息2299条，6243人次接收。

加强监测业务培训，每月召开监测工作例会，对安全播出事故的判定、报告、短信发布等处置流程不断总结经验，改进和完善，同时，修订了监测工作制度及广播电视信号异态处置流程图，提高了监测工作效率。

二、开展安全播出应急演练

5月，组织东城、西城、朝阳、密云文委及14个区县广电中心技术人员，在大兴举行了防范非法无线广播电视信号插播突发事件应急处置及800M集群电话通信演练，同时开展了广播电视信号场强仪及R&S PR100信号测向仪等专业设备技术培训，增强了对广播电视安全播出突发事件的应急处置能力。6月，组织房山、平谷、怀柔、密云、延庆广电中心技术人员，在平谷举行了无线转播站安全播出调度应急演练，通过桌面推演方式，结合高山转播站环境特点，模拟多种停播事故及突发事件，点评、分析各单位对事故、事件的应急处置能力，进一步修改完善了广播电视安全播出突发事件应急预案，提高了应急处置效率。2013年，监测中心被评为北京市2012年度防范处理邪教工作先进集体。

三、加强对宾馆饭店视频点播监管

11月，中心会同局传媒机构管理处组织VOD运营商和宾馆饭店召开了2013年度宾馆饭店视频点播业务监管工作会，对上一年度监管系统运维情况进行了总结，并提出了具体工作要求，确保了监管工作的有效开展。

四、严格审查网络工程验收，全年受理报验项目122个

严格按照规定时限，监督外包单位及时对有线电视工程现场检验检测，全年共抽验20处有线电视工程，抽验率为14%，对其中三个不合格工程下达了整改通知。

五、进一步完善制度建设

进一步整理完善各项工作制度及程序文件，修订印制新版质量管理手册，将业务工作与质量管理体系紧密结合，规范严谨开展各项工作，有效推进了管理水平的提高。

六、完成监测项目验收

《远郊区县无线转播站DAB监测》《广播电视移动测试系统》项目验收工作，改进完善《高清及鼎视平台电视监测系统》功能，增加了北京电视台转播中央台节目时的自动比对监测，有效监管了北京电视台错播事故的发生，提高了安全播出技术保障能力。完成《公共广播信号监测系统一期》项目公开招标，多次组织相关单位召开业务工作会，积极研究制订实施方案，加快推进系统建设工作，进一步加强和完善监测业务系统，确保安全播出。

七、完成设备维护

对本市广播电视监测系统远端设备进行了全面维护，共涉及18个区县广电中心及歌华有线公司，派出运维人员160人次、累计行程2500余公里，维护设备160余台。全年中心共外出进行远端设备故障处理50余次，确保了远端监测设备稳定运行。9月，组织朝阳、丰台广电中心、歌华有线公司传送部、各区县分公司技术人员，在房山举办了远端广播电视监测设备维护技术培训，对远端监测设备维护工作进行了全面总结，进一步强调了远端监测设备在维护工作中应注意的事项，提高了各单位对监测设备的检修维护能力。

八、开展行业交流

组织各类学习培训136人次，进一步提高业务水平与技术能力。此外，还赴外省市广电部门开展了IPTV监管及数字电视监测技术调研和学习交流，学习和借鉴优秀经验，改进和完善相关业务工作，充分发挥考察调研成果。

（北京市广播电视监测中心）

北京音像资料馆
（北京广播电影电视研究中心）概况

北京音像资料馆成立于1987年，主要从事音像资料的译制、收藏、观摩、制作等工作。2008年9月加挂“北京广播电视研究中心”的牌子。

主要职责是：承担本市广播电视方面的政策研究和重点课题的研究工作，承担有关音像资料的收集、整理、研究以及挖掘、补救工作。2009年9月，“北京广播电视研究中心”更名为“北京广播电影电视研究中心”。拥有两套线性编辑设备，一套数字录音设备、一套媒资管理设备。馆藏各种载体的音像资料3万余部（集）。其中，录像资料1.5万余部（集），录音带1.5万余盘。译制国外影视资料片200余部。编辑《首都影视快报》《北京广播影视研究》月刊和年度《北京广播影视研究文集》等刊物。

2013年主要工作：

一、推进研究、史志工作

完成制定月刊改版方案和《北京广播影视发展报告》（蓝皮书）编写初步方案，编发月刊12期，其中刊载原创稿件约40篇；完成2012年度《北京广播影视研究文集》的材料汇集和编辑出版发放，开展《北京广播影视发展报告》（蓝皮书）的编撰筹划工作；编写《首都影视快报》250期；承担“北京市农村广播电视公共服务建设研究”和“国有广播影视企业发展政策需求”两个课题的调研和研究报告，调研走访了市农委、北京广播电视台等十余家单位和部门，并通过电话、问卷调查等形式丰富调研内容，并组织了专家论证。

召开部分参编单位二轮修志工作会议，截至10月底，收集二轮志书资料长编230余万字，完成二轮修志各项任务；同时重视资料的收集、整理、报送工作。

完成上报《中国广播电视年鉴》《中国新闻年鉴》《北京年鉴》《中国对外文化交流年鉴》以及《中华人民共和国政区大典（北京市卷·广播电视）》及市委宣传部《大事记》供稿任务。完成《2013北京广播影视年鉴》编纂工作，全书设16个栏目、65万字、400多幅图片；向清华大学、北京大学、中国传媒大学、中国人民大学等十余所高校赠送了2005版至2012版北京广播影视年鉴60余套、近500本。

二、做好资料工作

资料管理、媒资编目等工作，完成汇总2007—2010年市委宣传部老干部照片的查找、光盘刻录工作50张；完成2011年10至12月DVD素材14张、CD照片9张以及局档案室移交的专题及素材资料带（3/4带）320盘的资料审看、标引工作，同时将部分节目上载到媒资系统；继续完成“空中看北京”资料编目工作。

完成市广电局会议、活动的拍摄任务，完成老干部团拜会、影视工作会、北京电视节目交易会等20次拍摄活动。

三、充实研究力量，加强队伍建设

面向社会公开招聘研究人员，并按照程序进行了网上报名、现场复审、笔试、面试、考察和体检工作。录用的3名人员经公示已办理录用手续。制定《部分管理岗位竞聘上岗实施方案》和《部分管理岗位任职人选民主推荐方案》，顺利完成了三个科级领导岗位和一个政工师岗位竞聘工作。

四、做好日常管理

做好事业单位分类改革，建议划分为公益一类事业单位。完成年度部门预决算、服务业统计年报、广播电视统计年报的统计上报；完成上报事业单位基本情况调查表；进行固定资产报废工作。关心职工生活，按政策规定为干部职工实行了医疗保险、失业保险等，对因病住院职工和孕产妇及时看望及慰问。

（北京音像资料馆/
北京广播电影电视研究中心）

北京市广播影视作品审查中心概况

北京市广播影视作品审查中心成立于2006年，由前北京市电视节目供片中心改建而成。主要职责：承担组织北京地区新出品及引进的广播影视节目内容的审查、复审的相关工作，收集、加工、整理广播影视作品各类信息以及有关公益性宣传资料片，建立和维护影视作品数据档案库；局交办的其他有关工作。另外，承担北京市广播电视学会秘书处日常工作，北京市广播电视编辑记者、播音员主持人资格考试和影视节展选片等任务。

2013年，北京市广播影视作品审查中心主要完成了以下工作：

一、全面完成影视作品审查工作

截至2013年12月30日，作品审查中心共组织专家审查电影218部(其中7部在修改中)，审读电影剧本515部次；审查电视剧92部3131集（其中11部在修改中），审读电视剧剧本5部193集；审查动画片21部1818集20686分钟（其中2部在修改中）。

全年共推荐优秀电视剧8部：《原乡》《说书人》《义者无敌》《兵王》《老有所依》《格子间女人》《无贼》《爱情最美丽》。

圆满履行新增职能：电影审查职能中增加了“地方对等交流互办单一国家电影展映活动”影片的审查工作，完成“香港电影展”电影审查23部，“新加坡电影展”电影审查3部。增加并完成影视剧每月备案梗概的审查工作。

为了保质保量地完成以上任务，采取以下管理措施加以保障：1.完善审查工作机制，成立影视审查终审委员会，负责优秀剧目确定、疑难剧目审查及相关工作。如对电视剧《家宴》启动了终审机制，提高了工作效率。2.加强审查队伍建设，继续补充影视剧审委，继续从国家和北京市有关方面选择和补充新的影视剧审委，完善审查队伍的知识结构、专长结构和年龄结构。电视剧审委增加9位，电影审委增加18位，其中选择10位经验丰富、把关能力强的作为跨界审委。3.加大审查力量，合理安排审委结构。在实施好电影完成片审委人数由原来每组5人增为每组6人、电视剧审委人数由原来每组3人增为每组4人等新制度的基础上，根据作品内容和审委专长，合理安排审委结构。4.加强审查把关，确保重要剧目、特殊题材、敏感主创等作品的正确把握。针对以上三类作品，审查中心可视情况增加审委数量，确保审查安全。审查调审过剧本的影视剧时，审委中至少有2名参与过审查剧本的审委。5.加强审查协作，进一步明确工作责任。局里进一步明确了审查工作职责，局电影处、宣管处作为局电影、电视剧行政管理部门，是电影、电视剧审查受理的第一责任处室。审查中心要继续预告审查安排，约请电影处派员审片并参加讨论审查意见，约请宣管处派员参加电视剧审查意见的讨论。建立联席例会制，每周一召开局宣管处、电影处、审查中心负责人会议，及时沟通情况，有效解决问题。继续加强审查机构的工作协作，与国家广电、军事、安全和北京市公安、民族、宗教等部门保持联系与合作。继续加强与兄弟省市影视审查部门的工作交流，学习调研外地的好经验。6.加强审委培训，增强审委的分析鉴别能力。加强审查人员的学习培训，及时传阅文件，继续组织好每季度的审委培训交流工作会议，传达上级精神，总结工作，交流经验，研讨问题，发挥审查专用参考书库作用，不断充实和更新内容，提供智力服务。

二、协助制作单位修改作品

遇到重大修改和疑难修改时，根据局宣管处和制作单位的需要，组织专家与制作方座谈沟通，帮助制作单位理解修改意见和审读修改大纲，提高修改成功率。截至11月22日，共召开《龙门镖局》《潜龙翻江》《老有所依》《零度较量》《不曾逝去的岁月》《家宴》等6次沟通会，收到很好的效果。

全力协助局组织的“2010 -2012年度北京市广播影视奖”作品评选工作。按照市人力社保局相关规定，北京市广播影视奖每三年举办一次，年内协助局里完成节目类挑选评审以近三年评选出的“北京市优秀广播电视节目”为基础，整理作品材料近300件、2000多份，共评选出节目类获奖作品214件。

三、圆满完成编辑记者、播音员主持人资格考试考务工作

2013年7月上旬至10月下旬顺利完成“2013年度全国广播电视编辑记者、播音员主持人资格考试”（北京考区）考务工作。组织编辑记者1537人，播音员主持人477人，共2014人参加报名、考试。

（北京市广播影视作品审查中心）

北京国际影视交流促进中心概况

北京国际影视交流促进中心成立于2012年2月2日。主要职责：受北京市广播电影电视局委托，承担北京国际电影节筹备、举办的具体组织、协调工作，承担北京市影视文化对外交流与合作的具体工作。

2013年，北京国际影视交流中心主要完成了以下工作任务：

一、全力做好电影节各项工作

在第三届北京国际电影节期间，会同市广电局有关部门，完成了开闭幕式、北京展映、北京论坛、电影市场等七大主体活动，“探寻电影之美高峰论坛”、北京大学生电影节、北京民族电影展、企业推介发布等相关活动的组织筹备工作，以及联络接待、宣传推广、市场开发、会议会务、文件流转、人员管理、资金申请等工作。此外，还完成了第三届电影节各类文档、实物物产的收集归档工作；完成电影节工作总结、各方答谢、人员遣散、资金结算、审计、资金使用的绩效考核等工作；完成电影节论坛文集的编辑印刷工作，完成宣传片、画册的整理编辑工作；完成电影节舆情收集、赞助商回报总结、赞助款追要；完成电影节Logo设计、奖杯商标注册等工作；完成第三届北京国际电影节审计工作。

二、做好北京国际电影节海外推广工作

6月至10月，组织相关人员，先后出访了上海国际电影节、莫斯科国际电影节、威尼斯国际电影节、圣塞巴斯蒂安国际电影节、华沙国际电影节、赫尔辛基国际电影节、罗马国际电影节、柏林国际电影节、波兰克拉科夫电影节、爱丁堡国际电影节、伦敦电影节等11个国际电影节，并与之建立了联系。出访期间，影促中心在莫斯科举办了“北京国际电影节招待会暨合作签约仪式”，在威尼斯国际电影节举办“北京国际电影节推介酒会”，在马德里举办“北京国际电影节推介会暨欢迎酒会”，并邀请到陈可辛、姜文、威尼斯电影节主席阿尔贝托·巴贝拉先生、法国ECI公司总裁万斯先生等近500位嘉宾参加活动。主管局领导和影促中心相关人员接受了《Variety》《综艺报》、新华社、CCTV电影频道《世界电影之旅》、中国国际广播电台、东方卫视等5家中外媒体的专访，近百家中外媒体给予了报道。在海外推广工作中，影促中心共邀请到17份世界电影知名人士寄语，建立各种影片邀请渠道。为北京国际电影节海外形象宣传、项目合作，全面与国际接轨奠定了良好的基础。

三、全面启动第四届北京国际电影节筹备工作

起草了《第四届北京国际电影节总方案》，报国家新闻出版广电总局、北京市政府、市委宣传部审议通过；全面开展第四届电影节各主体活动承办单位洽谈，活动方案的策划、探讨、制订等工作；全面推进北京国际电影节官网组建工作；完成“天坛奖”参评影片、“北京展映”展映影片的征集和全媒体宣传工作；组织策划第四届电影节宣传片制作、海报设计以及VI的优化工作；全面开展市场开发工作；完成北京国际电影节在第八届文博会的宣传、推介工作。

（北京国际影视交流促进中心）

北京市广播影视协会概况

北京市广播影视协会成立于2013年6月25日，是由1987年7月15日成立的北京市广播电视学会换届更名而成。

2013年，北京市广播影视协会主要完成以下工作：

1.顺利召开更名换届大会，变学术团体为行业组织。由于北京市广播电视学会第五届理事会四年任期已满，2013年6月25日北京市广播电视学会召开换届大会，并在本次换届大会上同时更名为“北京市广播影视协会”，这标志着原来作为学术团体的“学会”变成一个行业组织。会上审议并通过了北京市广播电视学会第五届理事会工作报告、第五届监事会报告，表决通过了《北京市广播影视协会章程（修正案）》，选举产生了北京市广播影视协会第六届理事会成员、监事会成员、常务理事，会长杨淑琴，副会长何桂芝、宋春华，监事长王立平，监事秦华、石鸿印，秘书长智黎明，副秘书长孙巍、史椰森、何拥军、周红颜。

2.充分发挥专业委员会作用，更好地为会员单位服务。为适应由学术团体变为行业组织、更好地为基层广播电视服务，协会积极推动专业工作委员会开展工作，科技工作委员会和区县工作委员会分别成立并召开第一次工作会，会议审议通过了两个工作委员会“工作条例”，确定了主任、副主任、委员名单人选，并对2014年的工作思路进行了讨论与部署。

3.评选优秀节目严谨科学，提高了会员单位创优热情。2012年度北京市优秀广播电视节目评选工作历时两个半月，严格按照评奖程序和办法，在各会员单位推荐上来的近500个作品中，经过组织专家认真审听审看，反复比较，深入讨论，共评选出获奖作品210件，其中广播电视节目类作品198个，报刊类作品12个。入围作品报局里进行了公示和表彰。

4.顺利完成市级、国家级各类奖项的推选工作，为北京市广电系统争得荣誉。按时完成“第二十二届北京新闻奖”“第二十三届中国新闻奖”“2011—2012年度中国广播影视大奖广播电视节目奖”“第八届全国广播电视学术著作评选活动”第五届全国广播电视“十佳百优”理论人才评选活动的推选工作，共有43件获北京新闻奖，3件获中国新闻奖，8件获中国广播影视大奖，15件获中国广播影视大奖提名奖，3部著作获第八届全国广播电视学术著作奖，3位获全国广播电视“百优”理论人才的称号。

5.全力协助局组织的“2010—2012年度北京市广播影视奖”作品评选工作。按照市人力社保局相关规定，北京市广播影视奖每三年举办一次，协助局里整理作品材料近300件、2000多份，共评选出节目类获奖作品214件。

6.圆满完成《北京广播影视》学刊编辑出版。《北京广播影视》学刊围绕局里工作中心和每一时期的重点，热情服务于全市广电发展大局。配合第三届北京国际电影节发表稿件11篇、约4万字；“业务探讨”的重点是记者走基层重实效和媒体在坚持党的群众路线教育中，如何把镜头、把话筒对准群众，为此，编辑部组织稿件28篇，约8万字；“名家视点”栏目一如既往地关注业界专家学者对于当前带有倾向性问题的评论，启迪一线从业人员的思考；传统媒体和新媒体的融合是重要课题，为此组织编发了24篇稿件、约7万字。学刊全年共编印12期，稿件300余篇、照片800余张，总字数百余万字。

7.圆满完成2013年“全国广播电视编辑记者、播音员主持人资格考试”（北京地区）考务工作。7月上旬至10月下旬顺利完成“2013年度全国广播电视编辑记者、播音员主持人资格考试”（北京考区）考务工作。组织编辑记者1537人，播音员主持人477人，共2014人参加报名、考试。

8.顺利承办“全国影视烟火爆破工程技术人员安全作业证资格考试”工作。协会组织承办2013年全国影视烟火《爆破工程技术人员安全作业证》资格考试工作。此次考试总计报名人数79人，报名资料通过审核65人，其中中级36人，初级29人；笔试合格中级26人，初级20人；面试合格中级25人，初级20人。

9.继续开展专家下基层活动。12月4日，协会副会长宋春华等带领三位北京电视台专业制作技术人员，专赴通州广电中心，通过集体讲座、交流解答和机房操作等形式，为基层前后期制作人员进行了一天的辅导培训，受到广大学员的欢迎和好评。

10.为落实北京广播影视走出去工程，组织北京市广播影视协会出访团，于10月10—17日赴澳大利亚、新西兰，访问了澳大利亚广播公司（ABC）、澳洲广播电影电视学院和新西兰的圣瞻影业公司、WETA电影制作工作室、中华电视网，察看了相关的华纳环球影城和《魔戒》拍摄地，广泛而深入地洽谈了在广播影视采制播出、人才培训、学术交流和北京国际电影节等方面的合作，学习了影视拍摄基地的建设、运作经验，达成了一些合作共识和交流意向。

（北京市广播影视协会）

北京电影协会概况

北京电影协会2011年12月13日在北京市电影发行放映协会的基础上组建。上级业务指导单位是北京市新闻出版广电局。现有团体会员254家，个人会员134人，并正筹建6个专业委员会。

北京电影协会的主要职能是：宣传、执行相关法律法规和政策；制定市行业行为规范，协调行业发展与经营，发挥行业监督与自律作用；承担政府委托的行业管理职能，承办政府主管部门委托的工作事项；开展调查研究，及时搜集、整理、汇总各种行业信息，为会员提供咨询服务；向政府提出工作建议，促进行业发展和环境改善；积极举办与本行业相关的活动，组织推荐、表彰和奖励在电影事业发展中有突出贡献的单位和个人；为会员提供业务指导和服务，维护会员合法权益；推动行业内相关标准的制订和普及，做好星级评定、技术级别考核、信息交流、专业培训等工作；积极创造条件，组织会员开展对外交流和行业联系。

2013年主要工作：

1.培训制度常态化，坚持每季度进行内容丰富、切合制片单位及影院经营需要的会员培训；不定期组织会员间的研讨活动，以案例为切入点，对市场环境与动向把脉，探讨经营之法。本年度培训与研讨达11次。

2.向产业链中制、发、放环节的会员单位进行问卷调查，了解其经营中存在的实际问题，梳理、归纳后向管理部门报送。

3.扩大会员队伍，推动个人会员与专业委员会建设。年度共吸纳43家单位、69人加入协会；组建电影制片、影院、编导、技术、收藏、化妆造型等6个专业委员会工作进入实施阶段，起草《北京电影协会专业委员会组织办法》。

4.推动信息平台建设，已拟定开通协会微信平台方案，开通后将以发布北京地区市场数据、行业信息及资讯、政策法规等内容为主。

5.配合市广电局完成首届北京惠民文化消费季电影展映（影院放映）活动。10天中，全市47家影院放映470场，6万余人次观众以5元价格购票观看，享受低价观影的乐趣。

6.日常工作，制定《北京电影协会安全管理制度》等三项协会文件；对档案分类整理，建立档案库及归档制度；完成社团年检及税务登记等工作；完成会员年度会费缴纳及催缴工作；配合完成市社团办社会组织评估工作。

（北京电影协会）

中国电影博物馆概况

中国电影博物馆是经国务院批准、国家广电总局和北京市人民政府共同建设的大型公共文化设施，世界上最大的国家级电影专业博物馆，是纪念中国电影诞生100周年的标志性建筑，是爱国主义教育基地和科普教育基地，成立于2005年，2007年2月10日正式对外开放。

2013年，共接待观众51.8万人次，组织参与各项活动203场。为观众讲解2254场，服务观众总人数8.8万人次。放映电影4877场，观影21.6万人次。举办社教专场活动75期，其中“电影大讲堂”21期，参与者2399人次；“社会大课堂——电影课堂”38期，参与者7359人次。

一、创新服务，扩大影响

（一）活动方面

追求活动的高端性、学术性、互动性和丰富性。完成第三届北京国际电影节中国电影博物馆主办和承办的工作，包括主办“探寻电影之美高峰论坛——国际化装造型论坛”，参与“北京展映”放映及影片字幕操作工作等。举办第四届少年儿童电影配音大赛暨京港澳台少年儿童电影夏令营活动，全国10个赛区共有100名小选手齐聚北京参加总预选赛、决赛以及相关的电影主题活动，中国电影博物馆还被中国关心下一代工作委员会授予“青少年影视教育基地”称号。举办2013年中国（北京）电影学术年会，包括开幕式、高峰研讨、专题研讨、学术沙龙等板块，并首次增设“电影大讲堂”、观众交流专场和轻电影展映环节。跨界合作举办“光影彩墨——第二届中国电影家与美术家作品邀请展”，并挂牌成立“中国影人画院”。

推出形式多样、内容丰富的节日主题文化活动。举办“阖家欢 庆新春——2013年新春系列活动”“让电影作证 有情人相会影博——以影为媒寻找爱情”电影主题活动、“情牵端午在影博——端午节主题文化活动”等多场活动。同时，馆内品牌活动“电影音乐展示欣赏活动”以塑造精品、打造品牌为宗旨，结合节假日特点开展了11场专业演出，为观众带来形式多样的电影音乐享受。

发挥电影文化公益传播推广的功能，弘扬正能量。继续打造“影博公益之旅”“跟随电影去旅行”、新片专场、艺术沙龙等活动类型，开展会员专场活动35期。面向社区、学校及机关单位开展“重温儿时电影梦 电影社区行”公益活动，深入8个区县的20个社区，服务基层观众6000余人次。举办露天电影招待专场活动，将居民文艺表演与电影放映相结合，吸引崔各庄乡驻地居民、农民工等5900余人次观影。与北京市残疾人活动中心等单位共同举办首都盲人参观中国电影博物馆活动。举办“2013年度影人公益行动观众推举”活动，评选出“2013年度影人十大公益行动”，濮存昕、张国立、李冰冰、陶虹等影人参与的十项公益行动榜上有名。

开展国际合作文化交流，积极促进中外电影交流。参与主办的第四届联合国中文日主题活动“中国电影108年”展览在联合国总部瑞士日内瓦的万国宫开幕，活动包括展览、中国影片展映、在日内瓦大学的讲座交流等内容。

（二）展陈方面

筹备“中国电影2006～2015十年成就展览”布展工作。举办《少年梦 英雄梦 中国梦》中国优秀军事题材影片巡展，通过观展览、看电影、听故事等系列活动，分别在密云、平谷、怀柔三地展出，参与者达5.5万人次。此外，精选15部影片在平谷区影剧院免费放映，观影者达26930人次。推出《光影典范颂清风》廉洁教育专线展览，通过87部经典影片宣传中国共产党的优良传统与作风，全年讲解161场，服务观众7328人次。改善展厅参观环境，为观众提供全新的视觉感受。

（三）放映方面

在日常放映的基础上，举办特色影展和活动，满足不同观众的需求。陆续举办“优秀电影艺术家”“第五代导演”“传递正能量 助力中国梦”“光影典范颂清风”“情系人民”等主题公益影展，以及李俊和于是之的影人专题影展。精选出《止杀令》《首席执行官》《铁血大动脉》《凤凰琴》等优秀国产电影，邀请影片主创为影视专业师生举办公益影展观影团活动。坚持100%的新片上映率，为新生代影人作品与观众见面搭建平台。

（四）社会教育

以“学习贯彻党的十八大精神系列讲座交流：中国电影的强国梦”为重点，举办“电影大讲堂——中国电影的强国梦”讲座21期，2399人次参与；举办《佳片赏析》十八大献礼片主创交流活动，邀请周铁东、苏牧等电影名家担任主讲人。以“电影中的美丽中国系列主题活动”为重点，开展“社会大课堂——电影课堂”活动。包括电影冬令营、春游、六一、暑期、秋游等多项系列活动，共举办活动38期，参与者7359人。活动不仅立足于馆内，还走进延庆、怀柔、平谷、密云、门头沟、平谷等区县的14所学校，为2858名山区师生送去电影文化服务。

深入开展志愿者工作，全年志愿者服务1142人次，累计提供服务9136小时。

（五）藏品方面

继续以增加镇馆之宝为目标征集藏品。如原文化部副部长陈荒煤编著的图书和手写通讯录；陈鲤庭编著并亲笔签名的《电影轨范》；于蓝亲笔签名的《中国儿童编年纪事（1922～2012）》等。全年共征集电影藏品1299件套、2372件；藏品总数达13212件套、41425件。进一步开发利用现有藏品，举办馆藏大件电影物品存展。将库存的国产8.75毫米、16毫米、35毫米、70毫米等规格的电影放映机，大型歌舞史诗《东方红》演出时使用的幻灯机，在周恩来总理的关怀指导下研制生产的、曾在香港回归时拍摄使用的电瓶灯等电影器材以及电影道具等藏品以临展的方式和观众见面。

（六）科研与馆刊

学术科研成果丰富，公开出版《电影：文化力与影响力——2012中国（北京）电影学术年会成果汇编》、“2011重点影片研究”和“2003～2010中国电影市场发展走向研究”，完成“新媒体电影受众特点研究”和“首都中学生博物馆接触度与参观行为研究”等两项部级课题，以及“2013年度观众满意度问卷调查”“电影公益事业研究（第一期）”等五项重点课题，并对“北京遇上西雅图”等23部上映的重点影片开展观众问卷调查。加快推进文化创新发展专项资金项目“世界电影产业年度报告（含中国电影产业年度报告）”工作。

成功举办中国（北京）电影学术年会。学术年会主题新颖，紧扣当下电影市场脉搏，议题具敏锐性、创新性和实践性，对当代中国电影的发展具有较强的指导意义。开展影评人俱乐部工作，就《一代宗师》《西游降魔篇》等16部重点影片组织影评人观影评论活动，邀请高端影评人、导演薛晓路与影评人面对面交流。

馆刊《影博　影响》完善改版，进一步强化内容，突出特色。刊物每月发行4000册。陆续推出“2012中国电影票房透视”“网络影评现状透视”“喜剧电影的中国式表达”“渐行渐远的胶片时代”等系列专题进行深度剖析，邀请20余位专家就热点话题进行探讨。

利用新媒体创新服务手段，开通官方认证微信平台、新浪微博、腾讯官方微博，借助微博、微信拉近和观众的距离。大力做好对外宣传，近百家媒体报道达200余次。

二、加强作风建设和理论学习，推进学习型党组织建设

成立党的群众路线教育实践活动领导小组和办公室，通过学习教育、开展活动、听取意见、批评与自我批评等环节，聚焦“四风”，对照全市群众反映强烈的10个突出问题，查摆问题、分析原因，针对问题提出了今后努力的方向和整改措施。一边查找问题和薄弱环节，一边建章立制，对可能出现的纰漏绝不放过，特别是对涉及三重一大内容的制度和流程进行了重申和强化，陆续新制定了相关规定或流程，同时对已有制度进行梳理、完善和补充，初步完成惩防体系建设。

精心组织党的十八大精神学习，认真制订理论学习计划和安排。组织开展十八大精神百姓宣讲团到中国电影博物馆巡回宣讲，组织员工参观“永远的雷锋”大型主题展览。深入开展“创先争优党员在行动”活动。开展“七一”系列活动，组织近40名党员和员工赴甘肃学习，并召开学习教育活动座谈会。开展党员献爱心和慰问困难党员活动；举办“影博人的中国梦”主题征文比赛。加强党风廉政建设，组织签订党风廉政建设责任书，制定《进一步加强廉政风险防控管理实施细则》。

三、确保设备设施安全，达到“零事故、零投诉”

加强安全管理，将原中国电影博物馆消防、治安管理委员会及交通安全委员会，调整充实为安全管理委员会，制定《主体建筑内禁止吸烟的若干规定（试行）》。加强设备设施巡查排查和环境改造工作，对重点设备设施维修78次，完成75项用电设备设施的调整、维修和改造；展厅设备累计出现故障758台次，已修复757台次，设备正常运行使用完好率在98%以上。

四、内部管理工作强化基础，优化效能

组织召开第六届干部理论研讨会暨重点工作研讨会，提出“强化基础、优化效能；勇于承担、精益求精；创新服务、扩大影响”的工作要求。

加强服务质量管理，补充完善制度建设。完成《主要业务工作作业指导书》制订、补充、修改的条目统计工作；修改完善《接待服务运行质量考核办法（试行）》并开展工作。

深化人事改革，改进干部选拔任用工作，形成《干部选拔任用工作整改报告》。组织开展多媒体技术专题赴英培训，以及绩效考核专题培训和新闻视频策划及写作培训。开展招聘及人才储备工作，对4个岗位进行公开招聘。加强财务管理，按时、准确地反映和编报年度财务决算。严格经费支出，定期通报经费收支情况，做好账务核对，做到量入而出，合理安排。

（中国电影博物馆）

北京广播电视台概况

北京广播电视台成立于2010年5月31日，是在原北京北广传媒集团、北京人民广播电台、北京电视台的基础上组建而成的大型传媒机构，是市委、市政府直属事业单位。

2013年，北京广播电视台紧紧围绕融合发展这条主线，坚持正确舆论导向，确保播出传输安全，事业产业持续快速发展，整体实力、创新活力不断增强，经营效益、发展质量显著提升。截至2013年年底，全台资产总额272.38亿元，全年实现收入总额103.16亿元（其中，广告毛收入45.34亿元），企业利润总额6.38亿元，上缴税金6.56亿元。

一、坚持正确舆论宣传导向

围绕市委、市政府中心工作，充分发挥电台、电视台主阵地作用，用好用足户外电视、移动多媒体广播、网站等新兴媒体，大力营造“聚精会神搞建设、一心一意谋发展”的良好氛围，不断增强主流媒体传播力、影响力。认真做好党的十八届三中全会、市委全会、“两会”等重要会议的宣传报道，全面宣传中央和北京市深化改革的重大举措和进展，推出了《从一大到十八大》《正道沧桑》《十八大一年来》《与梦齐飞》等一批特色栏目和节目，形成了日常新闻报道与大型系列报道、专题片、纪录片、影视剧展播相结合的舆论引导格局。其中，大型电视系列片《正道沧桑——社会主义500年》《从一大到十八大》等理论专题片，分别被中组部、中宣部列为教材推广并在中央电视台播出。

二、全力做好重大主题宣传

紧扣群众路线教育实践活动，深入开展“中国梦”的主题宣传报道，大力宣传中央“八项规定”、反对“四风”等一系列规定、意见，开办《党建进行时》等栏目，通过新闻报道、公益广告等形式，宣传阐释文件精神，倡导中华民族勤俭节约的优秀品德，报道厉行节约的经验做法和先进典型。围绕全市重大活动，圆满完成“神舟十号”发射、园博会、电影节等50多场重大活动直播转播报道。坚决落实中宣部“节俭办晚会”的要求，以优化节目内容为抓手，精简晚会项目，8月至12月电视台晚会播出数量就同比减少59%。

三、积极探索创新品牌栏目

以品质为核心，坚持创新创优，深挖资源价值，着力打造一批传播力、影响力俱佳的品牌栏目。举办首届广播《声音达人秀》；首次推出大型季播电视节目《最美和声》。在总结上年经验的基础上，加大栏目创新表彰奖励力度，充分发挥评奖在创新发展中的引导作用，全台9家广播电视节目制作播出单位的89件作品参评，《英雄求职记》《春妮的周末时光》等19件导向好、品质高、创意新、接地气的作品获奖，极大地推动了全台广播电视节目整体水平的提高。全台共有37个精品栏目或节目分获中国新闻奖、北京新闻奖。

四、扎实推进媒体平台建设和安全运行

顺利完成网络广播电视台——电视台新媒体中心基础设施建设、设备安装调试和内容组织等各项工作，2014年1月8日正式上线开播，标志全台新媒体建设迈上新台阶。完成支持400万户规模的高清交互数字电视平台系统扩容，高清交互数字电视、歌华飞视和家庭宽带用户分别达382万户、26万户和23.8万户。建成移动电视单频网前端系统和三个发射台，更新户外电视终端8000台，实现城市电视小屏终端五次整体升级，完成小营指挥中心地铁电视信号引入工程和一、二号线光纤改造工程。新媒体制播中心、数字电视播出系统和鼎视集成播控平台的运行维护和优化工作进展顺利，鼎视平台覆盖用户1.3亿，居全国首位。狠抓播出和传输平台的技术设备更新、工作流程的完善和应急预案演练，实现全年播出和传输工作无重大安全责任事故。

五、广播影视创作生产成果显著

大力推进广播影视创作生产，社会效益和经济效益同步增长。所属影视制作公司主投或参投的《刘少奇故事续集》《我们家的微幸福生活》《姥爷的抗战》等8部271集电视剧均已进入后期制作和销售阶段；正在积极开发创作《铁道卫士》《军歌》等10部电视剧。全台共有18部电影、电视剧、广播剧、动画片、音乐作品分获第29届中国电视剧飞天奖、中国电视星光奖、“五个一工程”提名奖、第七届北京市文学艺术奖等国家级和市级奖项，百集大型动画片《飞越五千年》获美国博班克电影节最佳国际动画短片奖。北艺、中北、影视、紫禁城四家影视制作单位，全年实现主营收入1.35亿元，利润总额2347万元。

六、稳步推进重点项目建设

充分发挥鼎视公司内容集成和市场化优势，与北京亦庄云基地合作，启动了云视频服务交易平台项目建设，完成了方案编制和基础论证工作。实施北京广播电视媒资信息中心项目功能规划编制和初步论证工作。歌华集团成功发行企业债券6亿元，极大支持了国家对外文化贸易基地（北京）暨天竺综合保税区文化保税园建设，在此基础上，全面启动了招商工作，艺术品贸易、创意设计、影视传媒、出版发行、文化交流与服务等业态初具雏形。积极推进公交联播网项目和二代播存机顶盒项目建设，通过引入公交车辆GPS、WiFi技术，积极拓展移动电视的发展空间。

七、创新发展呈现崭新局面

按照加大力度、加快进度、巩固提高、重点突破、全面推进的原则，加快产业布局，创新盈利模式。电台积极探索新的广告

经营模式，实现广告经营管理向资源管理开发、规划经营、营销决策转变。歌华有线积极实施跨地区发展战略，完成对贵州省网1.4亿元参股项目，实现了首例跨区域省级有线网络资本合作。歌华集团参与承办了2013北京国际设计周、第三届北京国际电影节、北京国际摄影周等大型活动的部分项目。成功举办了第8届世界数独锦标赛、第22届世界谜题锦标赛。积极推进与北京地铁运营公司的合作，地铁线路电视系统资源全部纳入双方合资公司统一运营管理。数字公司、瑞特、中广传播、服务中心等单位，在强化经营风险防控的同时，积极拓展多元业务。报社和音像公司加强与兄弟单位的共赢合作，积极开展线下活动，努力探索业务转型，寻求新的经济增长点。

八、内部管理水平有效提升

不断完善法人治理结构，严格合同审查，进一步加强对重大经营项目和签约工作的法律指导。加快推进管理科学化建设，结合岗位管理要求，台总部ISO9001质量管理体系认证工作进入全面试运行阶段。制定完善了《经营绩效考核办法》《合同管理办法》等12项制度。加强审计工作，把全台事业和产业经营全部纳入审计范畴，对审计发现的问题逐一限期整改落实、监督检查。稳步推进北广传媒集团公司企业划转，有序开展企业清理工作，10家企业清理完成，41家企业正在清理过程中。加大董监高及人力资源培训力度，全年共举办各类人才培训270项，选派4名干部赴拉萨、1名干部赴新疆开展对口支援工作。

九、党的建设得到全面加强

深入学习贯彻党的十八大、十八届三中和市委十一届三次全会精神，扎实开展党的群众路线教育实践活动，切实提高党员干部践行党的宗旨的自觉性，圆满完成了教育实践活动各项任务。加强思想政治考核，以“深化岗位创佳绩”为主题，强化基层组织建设，全台共评选出“四强”党组织20个，“四优”共产党员40名、优秀党务工作者10名，优秀党建工作创新项目5个。加强党风廉政建设，认真执行党风廉政建设责任制。充分发挥群团、工会组织作用，大力营造积极向上的文化氛围。思想政治建设、组织建设、队伍建设、党风廉政建设扎实推进，为全台改革发展提供了强有力的思想与组织保证。

（北京广播电视台）

北京人民广播电台概况

北京人民广播电台成立于1949年2月2日，原称北平新华广播电台、北平人民广播电台、北平新华广播电台第二台、北京市人民广播电台，1951年3月11日改为北京人民广播电台，是北京市属的重要新闻机构之一，英文缩写为“RBC”。

北京人民广播电台拥有9套开路广播、15套有线调频广播、13套数字音频广播，试验播出4套数字视频广播、2个数据服务频道，每天播出346小时，其中无线播出189.8小时，总发射功率227.9千瓦。开办北京广播网、《音乐周刊》《新广播报》、青檬网络电台、DAB移动多媒体广播、外语广播网络电台、北京广播网菠萝台，形成广播、网络、报刊互补的传播格局。

2013年，北京人民广播电台出色完成了各项工作任务。全年收听率达到3.507%，市场份额达到70.376%，连续两年市场份额超过七成，牢牢占据北京广播市场份额第一的位置。

一、坚持正确舆论导向，突出广播特色

做好重点宣传报道工作，创新报道形式，突出广播特色，正确引导社会舆论。各专业广播和北京广播网先后开展党的十八届三中全会、全国及北京市“两会”、雅安地震、“神舟十号”飞天、园博会、京交会、京港洽谈会、北京国际电影节等重大主题宣传报道，开设专栏近百个，充分利用菠萝台、微信、微博等新媒体技术扩展报道手段和报道空间。

1.十八届三中全会的报道有特色有声势。重点节目、重点时段开设“春江水暖破冰行”“十八大一年来——2013新局大观”等6个专栏，大力宣传全面深化改革一系列观点、任务和举措；加强理论研究阐释，策划权威访谈解读全会精神；在北京广播网开设专题网页，并利用微信、微博等新技术推送本台三中全会报道；推出“十八大一年来——2013新局大观”等专栏以及反映北京文化改革成就的专题报道。

2.围绕“中国梦”主题，推出了一批优秀广播作品。各专业广播共播出系列励志故事、人物特写、新闻专题、访谈、动态消息722篇。特别是重点打造、全频率推出的系列励志故事“国人自述——我的梦”共采访60余位人物，播出作品51篇，用广播剧的创作手法，丰富听觉体验，形成大规模、高密度、立体化、全覆盖的宣传态势。

3.党的群众路线教育实践活动报道。成立了以席伟航台长为组长的群众路线宣传领导小组，组织群众路线教育的宣传活动。陆续推出“从群众中来，到群众中去”“寻找群众贴心人”“听民意，解民难，一把手在基层”“为群众办实事，与群众心连心”等专栏，报道本市开展党的群众路线教育实践活动的动态、人物、经验和成果，形成点面结合、重点突出、多频率参与的宣传规模。

4.在重大宣传战役上打响品牌，提升突发事件报道的反应速度。全国和北京市“两会”以新闻、专题、访谈、图片、视频、微博、微信及大型现场直播等形式，全方位、多角度营造良好的舆论氛围；农历新年前夕推出3小时音视频共做特别节目“广播过大年，声动京华情”，并在北京广播网、腾讯视频、DAB数字广播等进行同步音视频直播；4月22日“世界地球日”策划推出大型环保公益节目“美丽中国——倾听世界的声音”，12个国家的中国驻外记者、环保人士、嘉宾、听众、网友共同探讨环保话题；第三届北京国际电影节期间，多频率配合协同宣传，播发录音、消息、连线等230多篇，访谈8期。

在突发事件报道上，以高效有序的应急报道机制为基础，加大有奖征集新闻线索的力度，坚持突发新闻事件报道会商、策划、合力宣传，借助新媒体技术的运用，整合训练有素、有高度责任感的记者队伍，提升应急报道的能力和水平。4月20日的雅安地震报道中，启动应急报道预案，组建了近20名记者的报道团队，推出《雅安，我们与你同在》等三档特别节目。

5.发挥广播优势，为听众提供多样化、实用性的服务。城市服务管理广播大型系列直播访谈节目《市民对话一把手》邀请市属委办局和区县的27位“一把手”参加音视频直播，围绕医药改革、民生保障、生态环境和城乡发展与听众交流；《教育面对面》节目通过广播、网络、书籍、地面活动四位一体服务考生；交通广播健全京津冀高速公路平台，为出行人士提供完备的路况信息服务；文艺广播搭建公园景区动态信息发布平台，为听众提供出行和游览服务；音乐广播现场直播格莱美奖和全英音乐奖颁奖典礼，现场转播柏林森林音乐会、琉森音乐会和丹

麦罗斯基勒音乐节，为听众提供专业的音乐服务。

广播剧制作也取得突破性进展，外语广播播出首部原创英语广播剧《年少轻狂》，文艺广播制作播出了《全世爱之家有虎崽》《王小柔随笔作品系列广播情景剧》《狄仁杰断案新编》三部广播栏目剧和《转山法官》《香港仔北漂记》两部精品广播剧。

6.以民生报道为突破口，推动“走转改”走向深入和常态化。连续七年开展“广播三下乡、年货送农家”活动，为延庆县井庄镇王木营村提供切实有效的帮助；精心组织“美丽马兰，歌声嘹亮”活动，168名主持人及台领导与168位帮扶学生结对子，并举行公益回访活动；在河北省怀来县建立新的“走转改”联系点，探索宣传基层产业、文化和旅游资源的新模式；继续推进《市民热线》节目的“我们在现场”系列活动，深入社区促进沟通，推动问题解决。清洁空气行动、节能环保、春运、供暖、地铁新线开通等民生问题的报道，均以百姓视角入手，在报道中既正视问题，直面矛盾，同时将报道重心放在反映党和政府解决群众问题的努力和成效上，有效引领舆论。

7.关注社会热点，打造特色节目。新闻广播与团市委合作推出全国首个青年广播节目《青春晚自习》；体育广播首次在北京以外的大型运动会新闻中心搭建直播间，推出《全运一家亲》特别报道；北京广播网制作播出展现北京城市风貌的300集纪录片《北京印象》，并通过英国普罗派乐卫视在欧洲落地。

8.涌现出一批叫得响、立得住的优秀作品。获中国新闻奖一等奖1个、三等奖1个；中国广播影视大奖4个，提名奖9个；14件作品获北京新闻奖；59件作品获北京市广播影视奖。菠萝网络电台获国家新闻出版广播电视局科技创新一等奖；《毛毛狗的故事口袋》被评为2012年广播电视创新创优栏目和2012优秀少儿广播栏目；5件作品获北京广播电视台创新节（栏）目奖。

二、举办品牌宣传活动，承担媒体的社会责任

全年，主办公益活动十余项，通过创意活动，带动群众，传递社会爱心，树立北京电台责任、慈善、温暖的良好社会形象，提升了听众的忠诚度和对听众的号召力。第六届“听众喜爱的主持人”评选活动9月29日至12月举办，共有108位主持人参评，在社会各界引起强烈反响。文艺广播联合18家网站承办的“第八届原创新春祝福短信微博帖文大赛”共收到原创作品32870条，点击量突破1.7亿。新闻广播的2013“北京榜样”大型人物评选活动征集了近百个人物故事，层层选拔评出十位“北京榜样”和十位“北京榜样”提名人物。此外，“魅力社区”评选活动、“最美乡村路”评选活动、“京都球侠”北京球迷喜爱的三大球运动员评选活动、“我的文化情缘”大型故事征集活动、“北京最美乡村故事”故事征文展播活动、少年儿童外语艺术大赛北京邀请赛、爱家宝宝故事会、“声音达人秀”活动、“赢在创意”全球华语广播栏目大赛等品牌活动也取得了良好的效果。

听众服务中心全年共接到听众信函、电话、论坛留言及邮件15481件，一些对改进节目有参考价值的稿件被反馈到相关部门。新闻广播“百名听众走进新闻广播”活动，城市服务管理广播“听众和记者同游园博”活动，体育广播“体育广播日”系列活动，交通广播1039开放日等活动，多种形式回报忠实听众，密切与听众的联系。研究中心启用受众实验室，建立了受众研究的规范框架。

创意制作了系列主题公益广告，包括“厉行勤俭节约，反对铺张浪费”系列、“主动减排，从我做起”系列、“安全过节文明过节”系列等。

三、技术升级保安全播出，推动媒体融合发展

完成音频制播系统升级、播出机房技术系统更新改造、主控机房监控大屏设备安装、804台发射机自动化改造、皂君庙机房同步调频发射机安装等技术工程，对中波天线进行了全面检查和维护，确保播出安全。1月至10月，全台累计播出58048小时，停播10秒，停播率0.17秒/百小时。

积极发展新媒体业务，探索媒体融合的发展道路。北京广播网1月至10月共制作80个原创网络专题，播发原创音视频24912条，平均每天有超过5000名听众通过北京广播网收听节目，影响力遍布国内外；菠萝网络电台简化了建台流程，注册用户超过10万人；在市属媒体中率先使用微信官方账号，有效进行客户端开发；爱家广播推出“毛毛狗的故事口袋”手机客户端，不仅能实时收听爱家广播全天的节目，还提供节目回放和点播，客户端达10万用户；媒体资产管理与版权保护系统稳步实施，基本完成了对媒资系统分类、编目、著录的前期准备工作；交广传媒公司完成了1039客户端、交通路况客户端、1039易打车客户端、互联网OTT等方面的开发和创新工作，在第三方支付业务方面取得了实质性进展，悦龙数字广播公司完成了第三代听立方系统软件架构的设计和开发。

四、积极应对政策变化，经营创收稳中求进

面对更加严格的政策环境和愈发激烈的市场竞争，挖掘潜力，圆满完成了7.21亿元的年度创收任务，超额完成预算的50%。全台总资产20.45亿元，比上年同期增长4%。

加强保健品节目的管理，制定实施了一套有效可行的保健品审查方案，对在播的保健品类合办节目进行了完整详细的监测；及时处理职业公司打假举报和听众对保健品的投诉等，在广告审查软件系统中添加使用“广告禁用词”警示提醒；成立广播营销顾问委员会，推进客户关系管理及市场开发，并通过开发碎片化产品、开展活动营销、资源打包整合、提升对接客户能力等手段，最大限度增加广告创收。

北京广播公司依托强势媒体资源，开展整合营销，持续完善资产性产业的经营和管理，探索新的产业经营模式，稳步推进企业清理工作。1月至10月，北京广播公司总收入6.47亿元，同比增长13.8%，利润总额2284万元，完成年度预算的255%，同比增长117%。

五、抓好思想政治工作，发挥服务保障作用

有序推进党的群众路线教育实践活动，先后下发了《论群众路线——重要论述摘编》《厉行节约反对浪费——重要论述摘编》《损害群众利益——典型案例剖析》等学习资料23册。台领导班子采取多种方式广泛征求上级单位、合作单位、本台党员群众、听众及区县的意见建议，到朝阳区新闻广电中心、市交通委、市政府办公厅督查室开展走访调研活动，共召开20次座谈会，收集意见建议143条，有14条已经或正在解决，30条已制定出了解决方案。

5月22日召开领导干部大会，成立席伟航为台长的新的领导班子。新领导班子进一步完善党委会、台务会及公司董事会的相关制度，改进了会议的筹备方式、纪要形成、召开周期等细节问题；形成畅所欲言、团结协调的会议氛围，调动每一个班子成员的积极性，增强班子合力；建立

健全领导班子沟通协调等制度，发挥班子整体效能；充分发挥集体决策的作用，使重大决策更加公开、透明。开展“牢记宗旨，继承传统，务实清廉，服务群众”主题教育活动。

采取竞争上岗、民主推荐的方式，选拔任用了4名正处级干部和3名副处级干部，对7名试用期满的处级干部进行了试用期考核。

抓好党风廉政建设责任制的落实，修订了《反腐倡廉工作要点》及《反腐倡廉建设主要任务分工》；抓好党员干部特别是领导干部的反腐倡廉教育，组织观看《失德之害——领导干部从政道德警示录》视频教育材料，邀请大学教授和反贪局副局长进行预防职务犯罪讲座；抓好内部审计，完成了月度财务收支审计，对两位退居二线的正处职领导干部进行了离任经济责任审计，完成了北京广播大厦基建工程的资金收支业务审计工作。

六、完善内部管理，为可持续发展助力

召开专业化办台研讨会，围绕“传媒变革中的北京电台发展之路”主题，对频率定位及品牌推广、节目创新、广告经营和管理制度创新、新媒体及产业发展等进行深入研讨，并对多项重点工作提出新的要求。陆续成立广告经营、产业发展、新媒体发展、传统广播采编播、职工薪酬福利等五个改革工作小组，开展改革攻坚，完成了广告经营部职能转变、制定节目质量评估及节目退出机制方案等工作。完成了城市服务管理广播《频率调整实施方案》，全新的城市广播已于2014年1月1日开播，成为北京广播市场上唯一为移动人群提供服务型陪伴的广播频率。

质量管理工作颁发新版认证证书，开展质量管理体系贯标活动；完成了在用文件的修订工作，编印日常管理、宣传管理、广告管理三册文件汇编；成立媒体资料和版权部，完成了台标、栏目名称和相关商标的申报注册，汇总整理台内注册商标400多项，其中交通广播“一路畅通”栏目商标被市工商局、市农委、市质监局认定为北京市著名商标；与中国音乐著作权协会进行谈判并完成付费工作；处理网络广播、手机APP盗播节目的侵权行为。

成立了节目质量考评、节目创新及节目退出机制、创优评优、团队制作四个宣传工作改革领导小组，为节目创优创新提供平台和保障；推出《关于开展节目质量综合考评的实施办法》和《节目退出机制方案》，扩大监听监审队伍，将原节目差错考评变为节目质量的综合考评；将创优创新纳入日常节目监控、评比和考核，制定《关于实施创优评优工作的意见》，明确量化各专业广播创优指标，实行捆绑奖惩；出台《新闻节目创优申报管理办法》，并在新闻广播试点，给编辑记者创优出精品以更多空间；坚持广播低成本运行前提下，尝试团队运作部分骨干节目，强化节目创作创新能力；12月试运行每日新闻会商平台，利用企业QQ通信平台，每天组织专业广播定时开展网上新闻会商，共同分析新闻事件发展趋势，及时果断应对突发事件，策划组织新闻报道，提高新闻报道的预见性、计划性，实现新闻资源共享和新闻定制。

招收应届大学毕业生22人，办理141名员工聘用合同到期续签及247名派遣人员转回银龙公司人员劳动合同的签订工作；完成48名科级干部聘（续）任工作，组织科级干部竞争上岗18次；组织采编播人员业务等各类培训讲座，累计参加人数2982人次。

（北京人民广播电台）

北京电视台概况

北京电视台成立于1979年5月16日，是北京市属的重要新闻机构之一，英文缩写“BTV”。北京电视台已开办了BTV北京卫视、BTV新闻、BTV文艺、BTV科教、BTV影视、BTV财经、BTV体育、BTV生活、BTV青年、BTV卡酷少儿、BTV纪实等15个频道、播出12套节目，其中包括8个标清频道、4个高清频道、2个数字频道和1个外宣频道，每天播出时间近260个小时，全年播出时间116077个小时，是全国省级电视台节目播出量最多的电视台之一。北京卫视实现上星播出，截至2013年年底，已在31个省会、直辖市全部落地，333个地级城市的覆盖率超过70%，区县级城市的覆盖率超过95%，覆盖总人口约8.6亿人。开办手机电视、IPTV、BRTN网站等新媒体，形成多媒体互补的传播格局

2013年，北京电视台牢牢把握正确舆论导向，统筹推进事业产业发展，圆满完成了各项工作任务，进一步提升了北京电视台的传播力、公信力、影响力，为推动首都科学发展作出了重要贡献。

一、深入开展党的十八大精神宣传，彰显主流媒体舆论引导力

重大主题宣传高潮迭起。综合运用理论专题片、系列宣传片、主题报道和特别节目等多种形式，把学习宣传贯彻党的十八大精神不断引向深入。精心制作了《正道沧桑——社会主义500年》《从一大到十八大》等理论专题片，分别被中宣部、中组部等列为教材推广并在中央电视台播出；在《北京新闻》推出了“与梦齐飞”等4个专栏，广泛报道了全市人民学习贯彻党的十八大精神、加快推进首都改革发展的新思路、新举措、新气象；策划推出了“出彩人生 追梦中国”系列宣传片和“中国梦365个故事”微纪录片，全景式、多层面、多角度展示了普通人实现梦想的奋斗历程与心灵之光；《杨澜访谈录》《全景对话》等推出特别节目，邀请各界名人讲述人生故事与梦想力量，传播了正能量。

群众路线宣传报道生动深入。以《北京新闻》为平台，相继推出“群众利益记心间”“听民意 解民忧”等专栏，大力宣传了各级党委政府转变作风、联系群众、为民排忧解难的积极行动。深入开展“为民爱民的好医生”贾立群典型事迹宣传报道，得到了上级领导高度评价。精心制作了《把群众放在心上》《“四风”警示录》等专题宣传教育片，全市第一批参加党的群众路线教育实践活动的单位组织学习观看。创新开展《爱我家 唱我家 我的北京我的家》等大型群众歌曲演唱竞赛和“北京公园群众文化活动巡礼”活动，展现了首都城市魅力与文化建设成就，为群众搭建了丰富多彩的文化舞台。

大型直播报道广受好评。积极探索大型综合报道创新和直播工作的多样化、专业化，圆满完成了北京市和全国“两会”、“神舟十号”、园博会等大型报道任务和房山大墓发掘、巴黎航展、京交会等50余场新闻直播，实现了新闻直播报道的常态化，彰显了首都主流媒体在国内外重大新闻事件中的传播力。四川雅安地震发生后，新闻、卫视等频道推出46小时直播报道，实现了突发应急报道的新突破。

二、狠抓内容生产不放松，提升媒体传播力和社会影响力

北京卫视走上竞争快车道。大力创新发展路径，有效强化了品牌栏目、季播活动和电视剧三大频道支撑力，实现了全国和本地收视明显提升。2013年北京卫视在CSM35城市全天收视份额排名全国省级卫视第四，较2012年前进四位。推出具有全国影响力的音乐季播节目《最美和声》，首次引进国外版权模式，节目收视率位居全国同时段第二。探索差异化竞争策略，策划推出了《一起唱吧》《我是大医生》等新型季播栏目。着力巩固“大戏看北京”品牌，推出了《打狗棍》《正阳门下》等多部精品剧目，创近两年来收视新高。

各频道品牌价值不断拓展。各频道认真落实自身定位理念，调整栏目设置，突出频道特色，品牌形象获新彰显。

文艺频道着力提升综合实力，推出了“第六届北京清明诗会”等20多个大型活动和晚会，呈现出多彩亮点。创新推出《笑星撞地球》综艺季播节目让观众耳目一新，周播栏目日播化的“集群式”编排效果显著，“我家有明星之天才宝贝追梦春晚”等一系列特色活动广受好评。

科教频道集中实施两次改版，差异化设计周末栏目，策划推出了《法治　北京》《我爱中国节》《今晚我们相识》《虎口脱险》等新节目，整合拓宽了午间法治时段优势资源，深度改造了晚间黄金时段内容样态，优化了频道视觉识别体系。

影视频道坚持地面剧场差异化编排、类型化编播、集团化作战的思路，着力巩固传统主力观众群，积极拓展年轻群体受众，保持了强劲的市场竞争力。黄金档《首都剧场》主打现实、抗战等题材，播出了《六块六毛六那点事》《我们的快乐人生》《火线三兄弟》等电视剧，屡创收视佳绩。

财经频道兼顾普通百姓和专业人士两大收视群体，深挖财富、收藏等热点内容资源，重点打造《天下财经》《财经锋汇》《一周财经综述》三大专业节目；构建大时段“财富节目带”，推出“中国经济新春论坛”“北京影响力”等特别节目和大型活动，进一步提升了频道品牌影响力。

体育频道实现高清制播，成为全国第一个实现高标清同播的体育频道；深度挖掘赛事资源，强化观众互动，推动频道收视实现新突破。圆满完成全运会报道任务，播出规模、节目形态、转播技术等广受赞誉；成功完成NBA中国赛、第三届环京赛等公共信号制作，实现足球赛事转播第三次升级，转播水平全国领先。

生活频道充分发挥优势节目规模化、集约化效应，打造《生活2013》《选择》《生活广角》《生活特供》四大日播通档，形成了频道收视的强力支撑；着力培育《幸福厨房》《北京味道》等精品节目，提升了频道品牌厚度；积极探索季播轮耕、内容营销、观众互动、新媒体推广等运营创新，跻身“2013两岸四地创新频道十强”。

青年频道不断提升频道品牌认知度，积极传播青春正能量，策划推出“实现青年梦想的神奇行动”、《青春A计划》系列季播节目，推出首档全媒介环球才艺互动直播节目《环球神奇炫》，圆满完成了第三届北京国际电影节开幕式直播任务，获“2013中国传媒盛典（省级）十大地面频道”称号。

新闻频道启动全天17小时新闻滚动直播，频道直播架构搭建完成，报道资源进一步整合拓展。“关注四川雅安地震”在突发应急报道方面凸显行业领先优势，“房山大墓发掘”开创了地方台直播重大考古事件先河，“巴黎航展”首次实现了跨国展会类直播报道。频道收视份额较年初提升超过30%，达到三年前新闻频道创建之初的2.5

倍，并连年获中国新闻奖大奖，新闻专业特质与社会影响力进一步彰显。

卡酷少儿频道创新节目内容生产模式，推出首部反映中国动画90年发展全貌的纪录片《梦的家园》，展现了中国动画艺术魅力；积极打造自主知识产权动画精品，推出了《开心超人》《食功夫》等优秀作品；积极拓展海外资源，与众多一线公司达成合作意向，引进了一批境外优质动画作品。

纪实频道实现播出序号调整、频道呼号变更和节目创新改版，积极开展上星筹备工作，着力打造成熟的纪实节目专业频道。自主拍摄了《飞翔的翅膀》《园梦》《水情》等多部纪录片，举办“2013环太平洋大学生微纪录作品大赛”等大型品牌活动，在南非推出“中国纪录片日”，频道影响力逐步增强。

精品节目生产成果丰硕。在各类社会评奖中斩获150余个奖项，其中国家级奖项30项。《雨中进行时——7·21北京特大暴雨》获第23届中国新闻奖电视直播一等奖；长篇电视剧《独生子女的婆婆妈妈》获第29届“中国电视飞天奖”三等奖；在“2013年全国春节文艺晚会及春节特别节目评优表彰”活动中，动画春晚、“美丽乡村”晚会、相亲相爱一家人之“影视风云”特别节目分别受到表彰。动画片《飞越五千年》获2013年四川电视节“金熊猫”奖、美国博班克电影节“最佳国际动画短片奖”等多项国内外大奖。100余部次电视节目和影视作品在北京新闻奖、北京广播影视奖、北京影视春燕奖、北京市文学艺术奖评选中取得优异成绩。徐春妮获全国“五一劳动奖章”，李兰获“全国德艺双馨电视艺术工作者”称号。

三、加强对外宣传工作，展示首都北京的国际形象和文化魅力

国际传播覆盖与影响不断扩大。与美国中文电视英语频道深度合作，每天1小时向纽约观众播出优秀品牌节目；关注中外交流热点，制作《雅安地震中的熊猫》《胡同学校》等30多条英文新闻在美国中文电视英语频道日常新闻中播出。继续用好长城平台、加拿大城市电视台、黄河台等海外平台，多渠道传播北京声音，对外总播出时间近7000小时。首次与西方主流媒体展开全面战略合作，与业务覆盖46个国家和地区的澳大利亚广播公司（ABC）在英语新闻播出、互办电视节、合拍纪录片、大型活动等多方面开展了深度交流。依托重点项目推动双向文化交流与文化“走出去”，举办了海外华裔青少年中文歌曲大赛，与澳大利亚、南非、法国、日本等境外团队合作完成了《双城记——北京&堪培拉》等多部高品质纪录片。

新闻通联工作成绩斐然。加强与87家记者站合作，与16区县广电中心建立了报题会等制度，组织开办了记者站新闻业务培训班，进一步提升记者站报道水平，全年记者站共发稿1743条，极大丰富了新闻直播平台内容。与CCTV北京记者站紧密合作，借助央视新闻频道和《新闻联播》大力宣传全市中心工作和发展成就，向中央电视台送稿4200余条，央视各档栏目发稿813条，其中《新闻联播》发稿137条。加强与国内兄弟台的联系与合作，向CPTN协作体上传新闻1659条，再度获年度CPTN最佳协作奖。

版权发行销售再创佳绩。创新国内发行模式，与辽宁、山西、江苏、吉林等省市电视台达成联合制作意向，电视节目传统版权经营收入2228.7万元，同比增长12.9%。积极拓展海外市场，与加拿大、美国、迪拜等国媒体就电视版权销售达成意向性共识。首次提出“图书音像制品招标”计划，开拓了图书音像制品的直销渠道，完成《养生堂》《档案》《辛亥》《昨天的故事》《食全食美》等一批栏目图书和音像出版的商务洽谈

签约。联合长江文艺、青岛少儿等出版社，打造了少儿精品漫画系列图书《二秃子！不许笑！》和《卡酷派》月刊杂志。

四、巩固技术领先优势，进一步提高传媒技术应用与服务水平

安全生产播出目标成功实现。全年15个频道共播出节目116077小时，停播率0.3秒/百小时，远低于国家新闻出版广电总局62号令要求的5秒/百小时，确保了重要节假日、重大事件安全保障期零事故播出。圆满完成北京市和全国“两会”、第十二届全运会等大型直播传送保障任务，实现全年18万小时安全传输。媒资系统共保存播出版节目和资料版节目、素材共计64.8万小时，较2012年底增长53%。

重点技术项目建设扎实推进。高清第二阶段主体项目建设工作基本完成，高清高端制作网等12个项目正式投入运行。IPTV集成播控平台、北京网络广播电视台网站、基础网络安全平台、内容生产服务平台、云计算支撑平台等项目已进入验收阶段。办公信息化建设不断深入，办公网基础网络监控、信息发布系统等多个项目顺利完成，利用虚拟化技术建设办公网基础环境，深化了OA系统应用。在电视制作、转播中研发应用在线虚拟包装技术、新字幕包装系统、全程虚拟植入技术，投入使用高速和超高速摄像机，节目画面感染力、表现力和观众视觉体验进一步增强。拍摄制作3D电视节目100小时，向中国3D试验频道送播200小时，逐步实现了3D节目内容品牌化和生产常态化。

技术创新成果屡获殊荣。技术工作全年共获各类社会奖项130余项，包含国家级奖项32项。其中，在2013年度电视节目技术质量奖评比中，北京电视台再次收获金帆综合大奖，“春华秋实——北京电视剧辉煌30年主题晚会”“2013年北京电视台春节联欢晚会”分获高清和标清节目录制一等奖，卫视频道播出获播出技术一等奖。“北京电视台高可靠智能化高清制播网”等三个项目获国家新闻出版广电总局科技创新一等奖，“北京电视台网络化节目制播体系在线全面高清化改造项目”获中国电影电视技术协会颁发科技进步奖一等奖。

五、推进台网融合发展，促进新媒体业务快速成长

新媒体工作基地投入使用。基地集应用展示、演播制作、播出监控系统、私有云中心及办公于一体，成为国际领先的高科技工作基地，为下一步建设北京大媒体和北京电视台全媒体战略发展打下基础。

各项新媒体业务增长迅速。北京IPTV投入试商用，频道总量扩充至106路，累计新增内容超过30000小时。北京网络广播电视台（BRTN）网站正式上线。移动互联网业务推出了多款智能客户端软件，BTV APP产品矩阵逐步构建。微博微信平台影响力进一步扩展，BTV新浪官方微博粉丝数达265万，影响力排名全国电视台官方微博第六，BTV微信公众平台粉丝数达16万。全台数百个微博的矩阵式管理平台初步搭建，实现了重大节目和活动推广的统筹联动、一键发布。

多领域台网深度融合业务稳步推进。成立了新媒体发展中心，建立了适应融合发展的组织结构和管理机制，加强了对全台新媒体版权的统一管理。充分发挥新媒体优势，积极探索重大突发事件新媒体直播及全媒体报道，IP化全媒体演播室投入使用，实现了观众与节目现场的深度互动。

六、积极推进经营创新，完成年度收入经营目标

广告经营模式不断创新。成立了十个融合小组，打通生产到营销的联动链条。推出多项招商政策，稳定了存量客户，扩大了增量投放。针对核心品牌内容资源推出“签约预售”和“广告招标”等新模式，签约总额超过3亿元。积极探索内容营销，推出宝洁广告双屏互动项目“寻宝行动”，注册用户数突破50万。加大特殊项目广告销售，共销售特殊项目65个，签约额达2.7亿元。积极开展广告定制节目探索，将《养生堂》栏目品牌与企业需求、受众需求深入结合，开展了全国18城市巡讲活动；以大型系列季播活动《青春A计划》为依托，创新了地面频道营销模式。在复杂困难的情况下，顺利完成了32亿元事业收入经营目标。

影视产销与演艺经纪繁荣发展。合作拍摄了《小时代》与《小时代：青木时代》电影作品，获投资分配收入约1330万元。积极推动动画电影《孙悟空》的制作和主旋律电影《帅孟奇》的拍摄筹备工作。筹划开发了多个中国梦主题电视剧项目，北京题材电视剧《乞丐大掌柜》（原名《丰泽园》）进入拍摄阶段，《互联网的那些人和事》《同门》《人是铁饭是钢》等剧制作发行稳步推进。百集大型动画系列片《飞越五千年》前期工作顺利完成，进入发行阶段；积极开拓卡酷品牌原创电影市场，动画电影《雪域奇缘》完成前期策划。启动演艺经纪、主持人经纪业务，主持人春妮代言大中电器，栗坤代言格格旗袍，产生了良好效益。大力推动艺人统筹业务拓展，大型活动统筹签约总金额约1600余万元。

（北京电视台　冯平）

北京歌华文化发展集团概况

北京歌华文化发展集团成立于1997年12月，是北京市的大型文化机构。通过建设以中华世纪坛为依托的世界艺术中心、以国家对外文化贸易基地（北京国际文化贸易服务中心）为依托的文化贸易中心、以歌华大厦为依托的文化投融资中心，构建创意设计服务、文化内容服务、文化贸易服务、文化金融服务、文化信息服务、文化设施运营服务6大文化服务体系，推动国际设计市场、电影市场、流行音乐市场等9大系列品牌项目建设。

2013年是歌华集团实现跨越式发展的关键之年，主要工作：

一、重大产业项目转型升级

国家对外文化贸易基地（北京）暨天竺综合保税区文化保税园项目得到中央和北京市的高度关注。市领导提出：打造示范性文化园区，重点抓好文化保税区建设，采取“一区多园”方式，构建起集文化贸易口岸、协同创新平台、企业集群发展于一体的“文化中关村”；为文化保税园建设提出了纲领性规划。为此，歌华集团积极开展企业集聚区的招商工作，共接洽国内外顶尖的外向型文化企业和机构140余家，包括新西兰维塔工作室、美国艺电公司（EA GAMES）、Prime Foucs、北京工美集团、台湾海商会等国际大型知名企业和机构，以及华策影视、麒麟影业等国内大型国有文化企业和行业领军企业。歌华集团提出了企业集聚区的业态发展方向和企业的准入退出机制，重点规划打造区域性文化贸易服务中心、行业性文化贸易服务中心、功能性贸易服务中心三类中心，同时兼顾影视传媒、出版发行、文化交流与服务（设备器材）、动漫游戏、健康休闲与时尚设计、艺术品等6个业态的企业招商工作。

文化保税园项目提出的《关于创立天竺国家文化创新发展实验区的建议》及其实施方案，《国家对外文化贸易基地（天竺文化保税区）》发展规划以及《北京国际文化艺术保护中心》等服务平台，北京宝石交易所、北京艺术口岸等交易平台的可研报告也均被各级政府列为重点支持领域。天竺文化保税园全力推进立足于综保区的两个全球化交易平台的建设。同时建设北京国际文化艺术保护中心、国际文化贸易信息服务中心、国际文化贸易金融服务中心、文化贸易物流服务平台、文化贸易保税服务平台等软性平台。

二、夯实基础，全面深化各项改革

调整经营管理体系，根据三大平台建设的需要，对原有的三个中心进行了调整：加强文化中心，集中力量进行中华世纪坛世界艺术中心的筹备和重大文化项目操作；新设文化贸易中心，集中力量进行天竺文化保税园的建设；调整投融资中心，集中力量进行以歌华大厦为平台的投融资中心的建设。

加大遗留问题和企业清理工作力度，分别针对广告类、项目类、考核类、审计类等方面对遗留问题工作方案作了进一步的细化和分工，重点针对审计中发现的问题、常年难以解决的历史遗留问题进行攻关，完成项目遗留问题4项、账务类遗留问题159项，法律诉讼类遗留问题3项，审计整改问题28项，积极筹措资金消化历史形成的损失。企业清理工作全年完成联达广告、歌华宏源、国际艺苑、歌华圣唐、中奥广告、歌华世纪广告、歌华移动电视广告、歌华柏莱特、歌华网络咨讯公司等9家公司的清理及账面处理工作；完成歌华德高、歌华美盛、歌华源合、广德楼、歌华金领、京城水系等6家公司的主体清理工作。

调整资产结构，除中华世纪坛外，歌华大厦、歌华开元大酒店等活化资产，分别由贸易中心、投资中心进行调配，发挥资本运作、融资杠杆的作用，解决平台项目启动资金的需要。重点解决了美光公司资产划转和梳理明确世纪坛资产关系的问题。发行歌华企业债，募集资金6亿元，专项用于文化保税园建设。这是全国第一只用于文化产业园区建设的债券，也是全国第一只由地方文化机构发行的企业债券。

改革用人机制，完成搭建集团、中心、专业化公司一体化的工作体系。明确了各体系团队第一负责人，确定了年度工作重点和预算指标、考核原则和绩效考核额度。基本形成企事业业务发展互补、相互依托的管理服务机制。

三、务实文化服务，品牌项目建设精益求精

重点操作实施了北京国际设计周、北京电影市场、北京国际摄影周、苏富比北京艺术周等重大文化品牌活动以及“北京之光”、清明节纪念文化先贤清明节、六一国际儿童周、北京节拍时尚体育文化广场、诗意中国中秋原创诗歌会等城市节庆品牌活动。

2013北京国际设计周已成为国际A类设计活动，吸引了国内外近2000名设计师和近百家设计机构参加，举办各类设计活动260余项，参观者超过500万人次。达成设计交易额65.8亿元，直接设计消费额4亿元，推动了设计交易、设计消费市场的初步形成。荷兰主宾城市活动和大黄鸭展示引起了广泛关注。

北京电影市场共有200余家国内外电影公司及机构参展，其中国际展商超过80家，参与活动的公司和机构超过800家。电影市场签约成交总额达87.31亿元。

2013北京国际摄影周是北京首次举办的国际大型摄影活动，展出了全球20多个国家和地区的2700多件摄影作品，举办各类活动30余项，吸引了约70万人参观，50余万人参与线上互动。

苏富比艺术周包括拍卖预展、私洽巡展、拍卖会及艺术讲座等。其中，中国现当代艺术品拍卖专场约140件拍品上拍，吸引全球200多位买家登记竞争，总成交额2.27亿元。

（北京歌华文化发展集团）

北京歌华有线电视网络股份有限公司概况

北京歌华有线电视网络股份有限公司（简称“歌华有线”）成立于1999年9月，2001年在上海证券交易所上市（股票代码600037），是国内有线网络首家上市公司、国内第一批三网融合广电试点企业、北京市第一批文化体制改革试点单位、北京市高新技术企业，2009年至2011年连续三届入选全国文化企业30强，连续七年被评为上交所上市公司治理样板企业，2012年被中宣部等四部门评为全国文化体制改革工作先进单位。

截至2013年年底，歌华有线网内传输模拟电视节目59套，数字电视节目168套（其中高清电视节目22套）、数字广播节目16套和多种交互数字电视应用服务；拥有有线电视注册用户524万户，其中高清交互数字电视用户380万户；个人宽带用户23.8万户；歌华飞视用户26万户；集团数据业务超过2.5万线。有线网络干线总长17.64万公里，其中光缆4.45万余公里，电缆干线13.19万公里。营业总收入22.50亿元；净利润3.77亿元，同比增长26.68%。

2013年主要工作：

一、圆满完成安全传输保障任务

圆满完成党的十八届三中全会、全国“两会”及春节、国庆等重要保障期有线电视安全传输保障工作。全年组织了三次全面隐患排查，解决各类问题32项；组织岗位培训1063人次、演练798人次；完成了总前端动力环境扩容改造；开展了三次安全大检查、5期消防培训和消防安全抽查活动。

二、推进基础网络和技术建设

网络基础设施建设方面：双向网络累计超过500万户，开通483万户；完成了10个机房的整体搬迁和27个机房的扩容、升级，新建3个机房；解决了北信管道历史遗留问题，签署了9份管道购买合同；160个新建住宅项目向公司申请办理《信号接入证明》，覆盖10.9万户；完成了104项架空线入地工程；完成有线广播“村村响”工程，涉及2个区、10个乡镇。

技术研发和系统平台建设方面：完成支持400万用户规模的高清交互数字电视平台系统优化扩容，完成全媒体聚合云服务平台的整体规划和方案设计；与科大讯飞合作完成了蓝牙语音遥控器的开发工作，发放语音遥控器近30万户；实现了部分高清付费节目“按次点播，先收看后付费”方式；实现了用户在电视营业厅直接订购个人宽带产品，增加合作银行数量；实现VOD产品卡语音自助开通等功能，邮储专区和最爱迪士尼产品卡上线；完成iBOSS二期建设，完成远郊用户管理系统（AMS）割接工作，实现了跨区业务受理以及全业务支撑目标；完成了GIS系统二期建设，对资源信息管理系统（MIS系统）进行优化；启用办公自动化（OA）系统；对现有机顶盒进行优化和软件升级，开机时间由70秒缩减至55秒；获准建立国家新闻出版广电总局下一代广播电视网（NGB）实验室。

三、做好用户发展和高清交互推广工作

做好短信催缴和数字电视用户批量关断工作，确保有线电视注册用户数量稳步增长。克服机房改扩建成本不断增加、区县配套资金到位不及时等不利因素，年内完成了70万户

的高清交互数字电视机顶盒推广工作，使高清交互用户累计超过380万户。完善非居民用户数字化推广流程，制定三星级以上宾馆酒店“DVB+OTT”数字化方案，全年推广非居民用户2.3万端，累计达6.2万端。实现了高清交互机顶盒与家庭宽带、付费节目的捆绑销售，全年累计销售高清交互机顶盒1.64万台，标清单向机顶盒10.6万台，大卡一体机大卡4780张，付费节目包10.8万个。

四、做大做强高清交互数字电视新媒体

高清交互数字电视平台播出168个数字电视频道，其中标清146个、高清21个（新增8个）、3D一个、数字广播16个；在线视频点播节目已达4万小时（其中高清节目万余小时）；“时移回看”频道从34个增至69个；各项交互应用30余项；视频点播日点击量突破70万次，电视回看日点击量突破220万次。

广告收入较上年有新的增长，完成了2014年广告招商。频道收转业务总收入同比增长9.2%，为保障高清频道入网，停播了3套平移网保留模拟频道。交互点播应用新增“最爱迪士尼”、“华数高清”2个付费节目包和《巧虎来啦》付费栏目；新上线图书博物馆、公共教育、电视营业厅3个一级栏目，邮储专区、航班查询等5个二级栏目；对北京数字学校等11个栏目进行了改版。大样本收视数据研究中心形成了北京地区各频道收视率排名、节目及广告点击率等数据产品。

五、积极推进三网融合工作

家庭宽带业务推出高清交互机顶盒与家庭宽带捆绑策略；开展了两次宽带升级活动；推出2M、4M、8M、12M、22M共五个系列产品及12种组合营销套餐，并在石景山区开展35M、55M和110M大带宽产品试验；通过缓存、镜像和对等互联等方式，内网使用率由40%增至55%。家庭宽带用户达到23.8万户，较上年净增4.4万户。推出“歌华宽带电视”业务，面向12M、22M宽带用户在内网进行试验推广。

歌华飞视业务累计发展用户26万户，推出了飞视跨屏、微信业务和移动短信订购服务；全年建设飞视热点1000余处，累计达1500处；在北京南站公共WiFi下同时实现电信上网与飞视服务；开发“家校新时空”教育服务平台并展开推广工作；完善北京数字学校课程。

集团数据业务签约多个专网专线项目，开通1000多条线路，累计开通2.5万线；发展IP电话业务800线，累计超过3400线；完成“三网融合云服务平台”中融合通信子系统建设并进行试用；按照客户的不同需求，推出了基于有线电视的综合集成等新业务产品。

六、提升用户服务质量

加强营业厅、客服中心服务质量建设。保障热线畅通，客服中心平均人工接通率达96.3%。提升服务质量，利用智能语音技术改造客服语音系统，营业厅通过配置服务评价器等措施提升服务质量，服务质量考评平均成绩逐季度上升。日常维护抢修工作加大巡线及检查力度，组织了双向网维护调试技能、机顶盒安装服务规范等维护技能培训，下发《全业务维护手册》，提升了一线维护人员的业务水平。

七、做好运营管理，加强思想政治工作

加强内控审计管理，对下属单位进行内部控制审计，全面防范和控制经营风险。做好公司治理及信息披露等工作，连续第七年入选上交所治理样板企业。严格执行采购管理办法，有效节省了采购资金。收购贵州省网4.8%的股权，并积极探讨投资国外电视传输网络。完成了第三批后备干部挂职选拔工作；制定了经营专项奖励办法和考核方案；建立了分层级培训体系，累计培训2964人

次。加强全面预算管理，推行全成本核算管理；加强资金管理，提高了存款收益；“营改增”工作争取到增值税汇总纳税政策，为开展跨区业务奠定了基础；配合政府价格主管部门开展了有线电视收视费成本监审。

扎实开展党的群众路线教育实践活动，各级党员干部提交对照检查材料100余份，召开了专题民主生活会、通报会及“回头看”阶段交流会。完善《中层干部聘任工作流程》等制度，实现了分公司总经理的“新老交替”。

（北京歌华有线电视网络股份有限公司）

北京电视艺术中心有限公司概况

原北京电视艺术中心成立于1982年9月，2010年8月4日转企改制，更名为北京电视艺术中心有限公司，主要从事影视节目策划、制作、营销等业务。拥有剧本创研中心、导演工作室和编剧工作室。下属公司为北京电视艺术中心音像出版社有限公司。

截至2013年，共生产电视剧198部、3255余集，译制片百余部、千余集，及一大批专题片。多部优秀作品获“金鹰奖”“飞天奖”“五个一工程”奖，并取得了连获全国大奖的四连冠佳绩。2013年主要工作：

一、艺术生产、销售态势良好

继续坚持精品战略，题材上逐步探索多样化风格。已播出作品有3部：28集电视剧《刀出鞘》、36集电视剧《新编辑部故事》、36集电视剧《女人帮》。完成拍摄作品有6部：讲述1928年至1937年间发生在北平梨园行爱恨情仇故事的30集电视剧《头牌》，反映80后小夫妻婚姻生活的34集励志剧《“负2代”的幸福生活》；正面反映国共两党联合抗日的32集电视剧《杀尽豺狼》；根据刘少奇真实故事改编的16集电视剧《刘少奇的故事续集》；描写豪门恩怨情仇的36集都市伦理剧《诱惑》；根据郭小川长篇叙事诗改编的40集抗战剧《一个和八个》。

重新整合公司宣传、发行队伍，取消原宣发部，设立发行部和企划部，完善公司部门设置，进一步明确职责和分工。做好新戏宣传发行工作。多部新作品参展北京电视节目交易会、上海电视节、四川电视节、制作业协会新剧推介会等，反映良好。

二、建立剧本创研中心，加强精品创作

剧本创研中心设立主任（副主任）、主任责编、责编、编辑四级业务岗位，进行剧本项目的策划、研发及审核工作。对于剧本审核，先由编辑完成初审，而后由主任责编及责编完成审核，最终由主任及副主任决定项目经营方向。

建立项目流程评估体系。科学设计公司剧本评审表，从主题立意、故事结构及矛盾冲突、情节可视性、人物设计、性格及语言、市场预期五个方面对剧本进行打分。设立创研中心工作人员、中层领导、外围专家三级评估制度，最终由公司领导综合各方意见对项目进行决策，并与各方人员签署保密协议，避免项目流失。

抓好精品创作，储备项目有10部：衍生于老版《渴望》的都市情感剧《新渴望》，反映20世纪60年代初期学生生活的电视剧《含苞欲放的年代》，反映热衷户外活动年轻人的爱情故事《漫长的婚约》，反映中年女人怀孕生子的生活大戏《女大当孕》，反映军乐团成立的革命年代偶像剧《铁血军歌》，反映新中国成立初期铁路系统对敌斗争的谍战剧《铁道卫士》，讲述东北民众抗

日的传奇喜剧《那年有匪》，讲述北伐战争中两兄弟恩怨情仇的电视剧《怒放》，反映“北漂”爱情生活的电视剧《我爱北京天安门》，以及反映都市小人物恋爱故事的电视剧《丑男当道》等。

三、加强对外合作和演艺经纪工作

与未来电视有限公司、本山传媒有限公司、上海清科凯盛投资管理有限公司等达成了战略合作协议。与未来电视有限公司首部合作的电视剧《女人帮》在全球最大的视频网站上线。

2013年演艺经纪经营收入比2012年增加50%以上，新签艺员羽毛球世界冠军鲍春来、演员邵兵等。

四、强化内部管理，完善网站建设

在原有规章制度的基础上，制定了一些具体的公司内部管理制度，包括合同管理制度、发行制度、网站管理制度、电视剧宣传资料管理制度等。组织了三次公司规章制度培训并进行考试，考试成绩与年终绩效考核挂构。

门户网站（网址www.btac.cn）开通后，通过网站从多角度反映企业改制后的新面貌，包括业务范围、公司架构、最新动态、历史回顾等，主推电视剧、签约艺人、导演编剧工作室等多个板块，为日后与媒资新平台的对接做好准备。

（北京电视艺术中心有限公司）

北京中北电视艺术中心有限公司概况

北京中北电视艺术中心有限公司立于2003年7月，是从1995年成立的北京中北电视艺术中心转制而重建，产业化改革试点单位之一，主要从事影视创作、策划、制作、营销等业务。

2013年主要工作：

一、调整营销策略，积极开拓市场平台

2013年工作任务指标完成情况：投资拍摄的电视连续剧《我们家的微幸福生活》7月开机，10月拍摄结束，12月前完成后期制作，投放市场。公司将继续完成电视连续剧《内线前传》《南国有佳人》两部剧的经营销售；继续抓好电视连续剧《虎刺梅》《天仇》《微幸福时代》的创作制作规划的落实。

二、开展党的群众路线教育实践活动，优化品牌

公司领导班子组织党员干部职工多次召开学习讨论会，畅谈学习体会交流心得，深刻认识“四风”的危害性；给党员干部职工上党课，就如何充分调动群众的积极性创造力，推进事业发展，以及解决影响和制约本单位事业科学发展的突出问题提出了要求。

三、加强学习型服务型创新型基层组织建设

领导班子围绕中心任务，有计划、有步骤地开展多种内容的专题教育，警示党员干部不越“红线”，不碰“高压线”，注重职业道德，牢记社会责任，立足本职，对公司的制作、经营、财务监督实施双监督机制，促进事业科学全面发展。

（北京中北电视艺术中心有限公司）

北京广播电视报社概况

北京广播电视报社成立于1988年9月，是北京市属广电系统的传媒机构。办有《北京广播电视报》《北京广播电视报·人物周刊》《北京电视》周刊《北京房地产》杂志

（月刊）；下辖北广报刊网及数字电视《置业频道》。

2013年主要工作：

一、把握导向，抓原创抓精品

下力量抓原创抓精品，加强评论队伍，鼓励记者采写好文章，提高了两报一刊的办报办刊质量。

《北京广播电视报》为落实“市场化行业报”定位，5月进行了改版，增加“一周点评”“首页点击”“行业前沿”“新媒体周刊”等版面。鼓励“带电作业”，组织策划了《为了雅安》《探觅京城电影热》《北京广播电视让您老来福》等重头报道。策划《说说我们的全家福》《烂剧伤透观众心》等热播电视剧热点报道。策划推出《名嘴们的新年愿望》《我们的浪漫故事》《名嘴明星说孝道》等节庆报道。

《北京广播电视报·人物周刊》对版面进行梳理，将评论版位置前移，增加历史版，改造固定版面。独家采访40个重点人物，如《女排将军陈招娣》《30年了，我还是那个鞠萍姐姐》等，以及《揭秘开国大典空中受阅飞行》《〈没有共产党就没有新中国〉词曲作者曹火星家人深情回忆》等红色人物。推出《赵丹携我走上影坛》《电影金花张金玲的电影缘、母子情》等影视明星报道。

《北京电视》周刊加强对北京电视台的深度采访，推出《北京电视台三个月烧旺三把火》《直击北京电视台优秀主持人评选》等热点。坚持对热播剧的深度挖掘，推出《我们来自皇城根儿》《“打狗棍”打出精气神》等热点报道。推出《读书活动引发娱乐圈内外的反响》以及《明星两会留声引发影视人的思考》等话题。坚持做出文化味道，推出了《烙在名人明星记忆中的春节文化》等热点。

二、瞄准跨越式发展，拓宽新媒体样式

北京广播电视报社官网BGTV网站进行了改版，形式上统一设计要素，内容上突出评论、突出服务两台，为广告客户在网站上实现了产品二次展示。

官方微博、CMMB手机报、北京广播电视台官网三个新媒体项目成为新的发展点。新浪官方微博已有粉丝11000名。CMMB手机报展现了团队素质。报社负责的北京广播电视台官网“传媒人物”“节目推荐”栏目每周平均发稿16篇左右。

三、克服困难，经营收入实现扭亏为盈

为应对国家有关部委报刊违规医药广告禁令以及报刊零售市场衰落的现状，主动调整经营战略，经营收入实现扭亏为盈。全年营业总收入1627万元，其中主营业务收入958万元。营业总成本1625万元，利润2万元。广告经营总收入647万元，完成全年预算的108%；发行总收入311万元，完成全年预算的78%。

1.拓展广告样式，改善以医药保健品为主的单一广告模式，规避经营风险，寻找新的经济增长点。探索与文化公司、影视制作公司以及中国书画院等文化机构的合作，在两报一刊推出书画文化类专版。

2.加强多种经营，为中国移动手机信息平台提供内容资讯，为北京广播电视台印刷品提供编辑制作服务，承担中广传媒手机报内容编发工作等。非广告经营收入占主营业务收入的16%。

3.以活动促经营。与商家合作推出了祛毒洗菜机、榨油机、牛皮凉席等产品的说明会和体验会，推出陈氏太极拳全民健身活动，主办“春舞京华”北京市第二届老年舞蹈大赛；组织“最美景区”和“最有影响力文化节”摄影大赛等。

四、发行数量、收入双下降

两报一刊发行数量、发行收入双降，一是由于订阅渠道改变结算方式，报社被迫取

消了优惠促销政策；二是售卖报刊的终端逐年减少，冲击报刊零售市场。为控制生产成本，采取控制发行规模、减少代销数量、降低发行费率等措施，使发行量有所下降。

在邮局发行费普遍上涨的压力下，通过与邮局及零售公司沟通，继续保持代理费用最低，降低了发行成本。

（北京广播电视报社）

北京音像公司概况

北京音像公司是北京广播电视台的全资子公司，始建于1979年，原称北京市广播电视服务公司。1985年7月，北京市广播电视服务公司与北京音像出版社合并成立北京音像公司。2006年5月，在全国出版行业中率先完成“事转企”体制改革，是具有音像制品出版发行、录音录像、节目复制、境外音像制品引进出版和影视节目制作、电视剧（乙级）拍摄、技术推广服务、专业承包等多种经营范围的国有企业。

34年来，始终以弘扬民族传统文化为宗旨，录制了上万小时的包括民族声乐、器乐、戏剧、曲艺、通俗歌曲、外语教学、少儿节目等方面的节目，出版、发行了上千品种的音像制品，拍摄了《姊妹行》《军魂》《康熙大帝》《小井胡同》等多部电视连续剧，以及《成语故事》《星星点灯》《张灯结彩》等电视系列短剧和《雍和宫》《孙中山在北京》《侯宝林》等专题片，其中有些电视剧和专题片还远销海外；同时，还引进出版美国、加拿大、法国、俄罗斯等国家和地区的优秀音像制品，在业内逐步形成了独特的内容风格和良好的出版资质。近年来，重点录制影视流行歌曲系列《时光倒流20年》《张勇吉他》系列专辑、赈灾公益歌曲《汇爱成川　点燃希望》《中国时尚民乐》专辑和国庆60周年大庆献礼作品、北京市出版工程项目《歌声回首60年》经典歌曲专辑，出版发行由张艺谋导演的大型景观歌剧《图兰朵》DVD和电视连续剧《最后的王爷》《老师错了》《原谅》等，由较单一的产品制作向开拓型业务及对外合作延伸。

2013年主要工作：加强内外合作，大力开拓业务。承揽大型企业和机关团体音像产品制作任务；与张艺谋团队印象艺术有限公司合作，制作完成《印象平遥》节目等系列产品；开展了版库资源抢救保护项目的策划、申报和整理工作；承接30集电视连续剧《奋斗》英文版后期配音；连续第三年中标北京市广播电影电视局《影视精品》制作项目，完成中标项目《影院安全应急演练宣传片》拍摄及动漫制作任务；承接城市电视终端视屏、数字机顶盒维修及500平方米仓储业务，承接新国标屏工程安装任务。

全年经营收入365万元，实现了收支平衡。

（北京音像公司）

北京瑞特影音贸易公司概况

北京瑞特影音贸易公司成立于1993年，是北京地区唯一从事境外卫星电视节目代理业务的机构。拥有HBO、CNN、STAR——MOVIES、SONY——AXN、凤凰电影等34

套境外加扰卫星电视节目的北京地区独家代理权。主营业务包括境外节目代理和有线电视维护两部分。

2013年主要工作：

境外电视节目销售、境外卫星节目收视费共收入8606万元。新增用户10家，新增收视费192万元；由于盗版信号猖獗、歌华数字改造推进，关机用户58家，断约节目171套，关机金额565万元；“营改增”影响收视收入217万元。

继续做好歌华有线委托的光缆网络建设施工任务及有线电视光缆网络、室外监控摄像头等抢修保障工作，圆满完成春节、“两会”、五一、十一、十八届三中全会等重大节日、重大活动的保障任务。截至10月底，维修故障摄像头近6000个次；完成光缆抢修任务1400余项次，涉及拆架光缆里程达到71000余米；完成IP抢修任务1700余项次。安装显示屏1500余台，维修240余单；遗留工程清理取得进一步成效，遗留施工资料的补报处于收尾阶段。待结工程主要集中在光缆施工建设领域，经统计，历年总施工量为4400余项，已完成结算3500余项，其余为撤令及未结项。各工程项目的合同签署也按较为规范的流程有序进行，除甲方特殊原因外，基本杜绝了倒签现象。

（北京瑞特影音贸易公司）

北京广播电视台服务中心概况

北京广播电视台服务中心是北京市广播影视系统后勤管理与服务的专业机构，1990年成立。主要负责北京市广播电影电视局、北京广播电视台产权房屋管理及职工住房房改；建外和安乐林办公区、皂君庙办公区、北京北发大酒店空调管理、歌华有线丰台总部基地办公区及职工宿舍区域的服务管理工作；集体户口管理；酒仙桥、铁营、礼士路宿舍区物业管理；经营职工食堂、招待所、声屏苑培训中心。以上后勤服务管理区域共10处，中心所管的房屋面积约25万平方米。2013年，服务中心进一步围绕安全、服务、管理、经营、创新等方面开展工作，确保工作区域的后勤保障以及供电、供暖、供冷、消防监控、电话总机、保洁、职工食堂安全无事故，并圆满完成绿化基地年度植树任务。

（北京广播电视台服务中心）

北京北广传媒数字电视有限公司概况

北京北广传媒数字电视有限公司成立于2003年7月25日，是为数字电视用户提供视频、广播、数据业务等三大类服务的数字电视节目制作和集成商，充分发挥数字电视平台的技术优势，搭建完善的家庭信息平台，内容构架已形成体系。已开播付费数字电视频道11套，其中覆盖全国的6套，覆盖北京的5套，开办数字音频广播频道2套，开播开办频道数量在全国数字电视节目运营商中位于前列。

2013年主要工作：

电视节目信息服务：为广大北京数字电视用户提供翔实准确的节目服务信息，通过歌华有线网络平台每周上载的数字电视及广播节目指南共182套。

开播开办付费频道。运营《四海钓鱼》频道、《优优宝贝》频道等6个具有全国播出资质的付费频道；运营《动感音乐》《弈坛春秋》等5个具有北京市播出资质的付费频道。

提供数字电视数据业务服务。运营《北京之窗》数据业务服务，以多路视频轮播、图文页面查询的播出形式，为百姓提供政务公开、公共管理服务、生活消费服务等实用信息指南。《北京之窗》联合北京市福利彩票发行中心开办“公益北京”系列节目，为政府管理部门、公益组织、爱心企业和受助群体搭建一个公益信息沟通与爱心互助平台，促进公众开展志愿行动、企业展示社会责任、受助对象获社会救助。

在全市30多个歌华有线营业厅摆放了宣传单页资料架、易拉宝，张贴海报，并安排专职人员定期前往营业厅配送整理宣传单页1.3万份。

根据业务发展及实际运营情况，经过前期市场调查和分析，已向北京广播电视台申请开办全国资质高清付费电视频道《艺术电影》频道和《艺》频道（暂定）。

（北京北广传媒数字电视有限公司）

北京北广传媒移动电视有限公司概况

北京北广传媒移动电视有限公司是北京市属开发运营广播电视新媒体的专门机构之一，成立于2003年8月，由北京北广传媒集团有限公司、北京电视产业发展集团、北京广播公司、北京歌华有线网络电视股份有限公司和北京歌华传播中心有限公司共同组建。北京北广传媒移动电视有限公司是经国家批准的北京地区唯一运营地面移动数字电视的机构，在公交、地铁、轻轨、出租车等交通工具及其他公共场所播放电视节目，呼号为北京移动电视。日播出17小时，终端屏幕2.4万块。重点栏目有：《整点播报》《北京好人》《卡惠民生》《百姓就业》《饭饭团》《悠悠团》《宝宝团》《网事》《今天》等。

北京移动电视采用世界先进的数字电视技术，利用北京DS－48和DC——22单频网发射两套无线数字信号，实现地面数字设备实时接收电视节目。已在中央电视塔、京广中心、名人广场、491发射台建设了一主三辅4个数字发射机站，形成有效覆盖北京市区六环内的数字单频网，日覆盖受众超过1300万人次。

2013年主要工作：

一、坚持正确导向，打造实时媒体

密切关注“两会”、雅安地震、“神十”发射、党的十八届三中全会等重大新闻事件，实行多点联动，通过《整点播报》《网事》《今天》等栏目制作相关专题辅以全面报道，圆满完成了各项宣传报道任务。

加强自制节目的制作和输出。自制迷你剧《秀逗爱生活》，首次引入“季播”概念，采用边制作边播出的模式，先期计划制作50集，厦门移动电视已购买该节目播出。开发日播美食节目《三分钟美食》，做到本地播出与异地售卖同时进行，采用全图文形式，已制作100期节目。

通过免费、趣味、服务、互动深化品牌栏目建设。继《饭饭团》《悠悠团》之后，又推出新栏目《宝宝团》。全年“三团”制作节目59期，举办线下活动10次，参与节目录制观众达700余人次。“三团”现有粉丝近4000人，官方微博粉丝近1.2万人，官方网站视频点播次数超过2万次。

制作《将环保进行到底——你我身边的环保达人》节目，从绿色出行、节能减排、污水处理、循环利用等方面，策划拍摄了一批接地气、重民生的专题节目。栏目除了突出环保人士的环保意识、推广环保理念外，还将环保人士的环保方法和环保妙招向大众推广。

汇编出台《北广传媒移动电视节目制作规范》，根据移动户外媒体、特别是公交电视媒体的特性，在节目制作内容、格式、声音、画面、命名等方面的要求进行了规范。

二、确保安全播出，推进制播中心建设

严控质量管理流程，确保安全传输播出。公交频道全年实现安全播出6009小时，地铁电视频道安全播出6205小时，顺利完成各项重大转播10余次，有效确保单频网安全传输和安全播出零事故。

新媒体制播中心制播网项目顺利推进，完成了机房装修工程、配电系统工程、消防系统工程、播出系统、收录系统、非线性编辑网络的系统安装、联调工作，对整个制播网络就图像质量、高标清视频指标、嵌入音频指标、软件功能、系统冗余可靠性等进行测试并提交测试报告。

国标单频网前端系统调试顺利进行。国标单频网前端系统建设分为单频网系统和数据广播系统，单频网系统部分已完成，国标前端系统启动了数据广播系统的调试工作，包括基础性测试、接收测试、单频网兼容性测试等，已实现基本的播发、收播功能。

三、以活动树品牌，开拓渠道多元发展

联合厦门移动电视策划组织“激情凝聚圆梦北京——2013北京CTD（Chasing The Dream追逐梦想）街舞大赛”活动，首次依托全国移动电视联播网，采用北京、厦门两地巅峰对决的方式，传递创新、激情、活力、突破自我、勇于追求梦想的精神。活动整合宣传资源，通过宣传片、节目、新闻、字幕、官网、微博、微信等形式开展立体化宣传。

四、完善管理提升效能，构建创新动力机制

完善ISO质量管理体系。移动电视公司在取得ISO9001质量管理体系认证的第一年，针对组织架构、职责调整、业务变化等问题对质量管理体系手册、流程文件等内容进行了修订和完善，还拟定了《内部审核管理制度（暂行）》和《加强流程绩效考核框架方案》，将质量管理、内审工作与绩效管理有机结合，并顺利通过了年度复审。

强化绩效管理引导作用。在成功引入“战略地图”的基础上，继续强化绩效管理的引导作用，坚持执行“优胜劣汰”的相对绩效考核办法和绩效提升与改进计划（PPI）。在原有部门及职责设置的基础上，成立了网络营销平台、智能交互平台、节目交易平台等6个项目组，建立项目负责人制推进各项目工作，有效确保了年度经营任务顺利完成。

（北京北广传媒移动电视有限公司）

北京北广传媒影视有限公司概况

北京北广传媒影视有限公司成立于2003年12月，由北京北广传媒集团有限公司、北京电视产业发展集团、北京人民广播电台、北京歌华有线电视网络股份有限公司和北京歌华传播中心有限公司共同出资组建。

公司拥有丰富的影视策划、制作、营销经验，独特的媒体优势和较强的投资、

生产能力。在影视生产中坚持精品战略方针，注重节目质量，精心制作，不断推出影视精品。

2013年，与上海颁德影视有限公司共同投资拍摄、由王学圻、蒋勤勤担纲男女主角的电视剧《姥爷的抗战》完成制作，并已在地面频道播出，观众反应良好。与上海馨润影视有限公司共同投资制作的电视剧《女汉子》（原名《罗龙镇女人》），主演苗圃、黄维德、赫子明、李子雄。该剧由港台和内地导演黄建勋、张伟国共同执导，也已送审。

在筹备拍摄电视剧的同时，《三酉镇传奇》《大火磨》《我的二哥二嫂》的剧本日渐成熟，其中《大火磨》和《我的二哥二嫂》预计在2014年投入拍摄。

（北京北广传媒影视有限公司）

北京北广传媒城市电视有限公司概况

北京北广传媒城市电视有限公司是北京市属开发运营电视新媒体的专门机构之一，成立于2004年12月16日，主要从事楼宇电视和户外大屏电视的经营管理，作为政府公共信息发布和城市应急预警平台，担负着政府政令、城市信息、城市预警等社会公共信息传播任务。建有楼宇电视联播网，户外大屏电视联播网，日播出15小时，终端屏幕7500块。重点栏目有：《城市播报》《图片新闻》《演艺罗盘》《城市之家》《财经快车》《百姓就业》《96310纪事》等。

2013年主要工作：

一、国标转换

城市电视建有楼宇电视联播网、户外大屏电视联播网。楼宇电视联播网建立之初采用先进的欧洲地面标准（DVB——T）数字电视地面广播技术进行传播，2012年公司启动国标转换工作后，开始由原来的欧洲地面标准（DVB——T）整体转换为国家标准（DTMB）进行数据传输，由中央电视塔为主发射塔统一发射无线信号，全网络终端同步接收，实时播放。

在实现国标转换的同时，城市电视终端也进行更新，32吋PAD式设计（“城市派”）终端已成为主流，相比以往的老式终端，无论是从美观程度、显示效果得到很大提高。同时，新型终端可以实现画面分区域播出，并通过数据广播技术实现个性化播出等特点，以满足不同的受众需求。

二、媒体资源

楼宇电视联播网：楼宇电视是针对楼宇与户外流动人群而构建的电视媒体平台，以建筑物内的平板电视作为媒体形式，其网络终端分布在北京市政府机关、金融系统、医疗系统、商业系统、教育系统等数十个行业，是唯一获准进入政府机关、国企总部等渠道的户外电视媒体。截至2013年年底，全网共拥有楼宇小屏终端7462屏。每天接触500万人次。楼宇电视联播网可实时播放信息资讯节目，如果发生紧急情况，可即时联网发布应急预警信息，具有送达率快、时效性强的特点。

大屏电视联播网：户外大屏电视联播网是一个户外LED大屏幕电视的联网播出平台，巨型LED大屏电视分布于城区重要商业地点和人流聚集区，以丰富和震撼的表现力让大众体验强烈的视觉感受，具有极高商业潜质。可实现高清晰、网络化、规模化运营，保证信息及时有效、安全播出。大屏电视联播网节目内容精彩，传播效果显著，兼具商业和公益宣传作用。目前，城市电视大屏电视联播网共集合9处10

块LED大屏幕的联播电视网络，多分布在北京城市广场及中心商业步行街区，地理位置优越，覆盖人群密集。全部10块LED大屏电视已正式接收城市电视信号，播放城市电视节目。大屏电视联播网终端分布在东城区王府井大街工美大厦、朝阳区太阳宫儿童城、朝阳区世贸天阶、海淀区鼎好电子商场、顺义花博会、东城区来福士广场、东城区中汇广场、朝阳区富力商场、春平广场。

三、播放内容

城市电视是政府公共信息发布平台、城市应急预警发布平台、市消防局指定消防宣传平台。每天从早7点至晚10点连续播出15小时，汇集新闻、体育、财经、时尚、娱乐、公益、服务等众多栏目，是家庭电视的有效延伸，使观众身在户外也能知晓天下大事。城市电视节目2012年5月8日改版，改版后的节目以更加贴近受众需求的内容和新颖的表达方式诠释“城市改变生活”的频道理念，为在城市生活的人群提供及时丰富的新闻资讯、温暖深刻的专题报道和实用时尚的生活信息。

改版后的栏目分为新闻资讯、新闻专题、服务信息三大类。同步转播的节目有中央电视台《新闻联播》北京电视台《北京新闻》。另有两类栏目在播：重点自办栏目有《演艺罗盘》《城市播报》《城市之家》《我的工会我的家》等；合作及引进栏目有《财经快车》《96310纪事》《文化中国》《图览天下》《百姓就业》等。

（北京北广传媒城市电视公司）

鼎视数字电视传媒有限公司概况

鼎视数字电视传媒有限公司成立于2005年12月8日，由北京北广传媒数字电视有限公司、山东广播电视台、安徽广播电视台、天津时代天创传媒发展有限公司、央广传媒发展总公司共同投资组建，是全国性数字付费电视集成运营机构，向全国数字电视用户家庭提供付费电视节目。

2013年，鼎视数字电视平台共集成传输34套数字付费频道，集成8套购物频道、7套高清卫视频道，代理发行10套数字电视购物频道，付费频道销售业务在全国落地销售区域224个，覆盖用户13052.72万户，占全国现有数字电视用户的82.3%，电视购物频道发行业务在全国落地区域122个，共计用户12221万户。

传输的34套数字专业频道有：《四海钓鱼》《收藏天下》《证券资讯》《家庭健康》《时代家居》《时代美食》《时代出行》《时代风尚》《碟市》《职业指南》《家庭理财》《车迷》《新娱乐》《环球旅游》《人物》《考试在线》《快乐宠物》《优优宝贝》《财富天下》《家政》《电子体育》《数码时代》《中国气象》《音像世界》《美食天府》《百姓健康》等26个数字付费频道。同时还为《快乐购物》《央广购物》《优购物》《时尚购物》《风尚购物》《家有购物》《家家购物》《环球购物》《中视购物》《好享购》等10个数字电视购物频道提供集成传输及发行业务。传输的7套数字高清卫视节目有：北京卫视、湖南卫视、深圳卫视、广东卫视、黑龙江卫视、山东卫视、湖北卫视。

（鼎视数字电视传媒有限公司）

北京北广传媒地铁电视有限公司概况

北京北广传媒地铁电视有限公司成立于2007年，由北京北广传媒移动电视有限公司和北京市地铁运营有限公司共同发起并组建，并打造成为政府公共信息、城市应急预警、乘客生活资讯和企业广告宣传平台。

地铁电视节目播出时间与地铁运营时间同步，日播出18.5小时，终端屏幕2.17万块。重点栏目有：《环球财讯》《十分开心》《潮流现场》《剧情推动力》《微电影》《快乐生活一点通》等。主要是通过在北京市地铁运营有限公司具有运营权的地铁线路上的列车车厢、站台和站厅内的电视终端来接收、播放。地铁电视公司在歌华大厦投资建设了独立的节目播控中心，并独家经营地铁电视广告业务（包括地铁电视节目的策划、制作、代理、发布等）。

2013年主要工作：

完成董事会下达的经营指标。节目播出、广告上载、施工、交通和消防安全等都实现安全零事故。向北京广播电视台和地铁集团双方股东各分红700万元，共计1400万元，累计分红3600万元。

继续加大地铁电视的建设力度，在原有线路1、2、5、8、10、13号线、八通线、亦庄线、昌平线、房山线、15号线的基础上，又为8号线二期北段、10号线二期开通了地铁电视信号。

在节目制作上不断创新，按照“短、平、快”的原则，在原节目均为引进节目的基础上，增加集成、自制节目，集成、自制节目已占播出节目的70%。

在完成日常播出任务的同时，还完成全国“两会”、“神十”等重大活动的820分钟实时转播任务。为配合全国“两会”，推出每天播放三档的集成栏目《全国两会快讯》，共集成“两会”新闻90余条，播出1000余次。4月20日芦山发生地震后，迅速启动应急预案，从4月20日16点至4月22日9点完成28个小时并机转播芦山地震灾区救援情况的任务。实时转播、并机转播中央电视台、北京电视台等3140分钟的节目。此外还完成120余条新闻的采集工作，播放宣传片近200个共计1万分钟；共发布安全、雾霾、大风等各类滚动文字预警200余次。地铁电视还大力宣传“爱民、为民”精神，高频次播出典型人物贾立群的宣传片，并集成各行业典型人物等内容，在《新闻地铁报》节目中滚动播出300余次。完善节目资源配置，引进乘客喜闻乐见的内容，新增《评影不离》合作栏目，以近期播出的影视剧介绍、点评为主要内容，丰富了地铁电视节目。

与北广科技公司共同开发的双天线输入车载专用机顶盒不仅提高地铁电视车载系统的运行稳定性，而且消除地铁内复杂电磁环境和安装运行条件给车载设备带来的不良影响。其“机顶盒的屏蔽结构”和“产品壳体结构”两项技术还获国家知识产权局授予的“实用新型”专利。在中广协交宣委中国移动电视分会进行的“2012年度中国移动电视节目创优评析评审会”中，地铁电视报送的节目获得主持人三等奖、长消息二等奖、短消息三等奖、论文一等奖的好成绩。在由中国人民大学等10所国内知名院校新闻学院联合主办的中国传媒大会上获“金长城传媒奖　2013中国最具影响力移动电视”称号；在由中国人民大学等10所国内知名院校新闻学院联合主办的第六届中国品牌媒体高峰论坛上获“2012—2013年度中国最具营销实效移动电视”奖，总经理阎伟力被评为“2012—2013年度中国品牌媒体创新人物”。

（北京北广传媒地铁电视有限公司）

北京北广置业有限公司概况

北京北广置业有限公司成立于2006年12月15日，由北京北广传媒集团有限公司投资组建。公司以开发北京影视城项目，整合北京广播电视台房地产资源，按照集影视制作、文化创新、艺术教育、文化商品交流、影视文化观光等为一体的多元化经营战略进行开发建设。北京影视城项目是北京市的重大文化产业项目，项目一期占地面积930亩，已建成的项目包括中国电影博物馆、影视节目制作中心。

2013年主要工作：

完成了对北京影视城项目定位和功能规划调整方案的研究，提出了建设“北京广播电视媒资信息中心”的概念。委托并配合中广电广播电影电视设计研究院研究制定了《北京广播电视媒资信息中心概念和功能规划方案》。

北京影视城西方城市景区项目开工建设，年底完成8栋楼的封顶和部分楼栋的基础工程，销售中心的设计和绿化美化工程同步进行。

解决了东方艺苑和农转工费用问题，森润公司债务的历史问题取得进展，森润公司重新承担北京影视城征地全部农转工的安置费用，包括农转工的工资、社会保险、福利待遇和东方艺苑的基本运营费用等，并理顺了财务关系。

做好大环土地的保护工作，加强对农转工的管理。一方面加强征地保护，停止所有的土地利用和合作，做好土地的看护。另一方面做好农转工职工的思想工作和规范化管理，结合接收电视节目制作中心运营管理的机会，安排好农转工的工作。

做好电视节目制作中心的经营管理工作，对设施设备进行了维修维护，保证运行，同时开展经营。

（北京北广置业有限公司）

北京中广传播有限公司概况

北京中广传播有限公司成立于2009年12月，由中广传播集团有限公司、北京北广传媒投资发展中心、北京人民广播电台、北京电视台共同出资组建，主要承担移动多媒体广播项目（CMMB）在北京地区的建设和运营。

公司采用中国自主研发的移动多媒体广播（CMMB）技术，通过自身运维的多媒体广播覆盖网向在北京地区的手机、PDA、MP4、GPS、笔记本电脑等小屏幕接收终端传送高质量广播电视节目和提供数据增值服务。内容上实现了对CCTV-1、CCTV-5、CCTV-新闻、北京卫视、精彩电影、睛彩北京、中央人民广播电台、中国国际广播电台视听节目的传送。

截至2013年年底，累积发展双向终端用户100.5万户，在网付费用户31.5万户，新增单向终端用户10万户。正常运行的CMMB大功率站点共计17处。

“睛彩北京”频道全年策划直播亚冠、中超、CBA各类热点赛事120余场。并根据节目源特点，先后对频道内《开心一刻》《睛彩金声》等栏目进行小幅调整，优化了节目构成。积极与风行网、56网探讨合作，已将《超级访问》《微播江湖》《音乐下午茶》等版权节目作为内容储备。

（北京中广传播有限公司）

北京紫禁城影业有限责任公司概况

北京紫禁城影业有限责任公司成立于1997年，注册资本3200万元，是一家集影视策划、制作、营销为一体的大型专业影视制作公司。成立16年来，经营业绩一直稳居中国电影生产企业前列，多部影片票房居当年年度票房冠亚军的地位，总票房超过30亿元，影片还行销到美国、日本、韩国、香港、台湾等多个国家和地区。

北京紫禁城影业公司共摄制影片70余部，电视剧千余集。其中既有《甲方乙方》《不见不散》《没完没了》《刮痧》《红色恋人》《赤壁》《倩女幽魂》《大海啸之鲨口逃生》《小时代》等商业大片，也有《离开雷锋的日子》《张思德》《生死牛玉儒》《背起爸爸上学》《法官妈妈》《紫日》《嘎达梅林》《香巴拉信使》《山乡书记》《一个人的奥林匹克》《铁人》《万家灯火》《第一书记》《杨善洲》等主旋律影片，均取得社会效益和经济效益的双丰收。摄制出品的《重案六组》《玉观音》《少年天子》《天下第一楼》《牟氏庄园》《人是铁饭是钢》《李春天的春天》《双城生活》《怪医文三块》等电视剧在中央电视台和各地电视台播出后，均创造高收视率。曾获“华表奖”、全国精神文明建设“五个一工程”奖“金鸡奖”“百花奖”“金鹰奖”“百合奖”等多个国家级大奖，以及开罗、莫斯科、东京等国际电影节大奖。

北京紫禁城影业公司具备一支由一流专业人士组成的影视制作及发行队伍，并融入国际化的制片营销理念，建立了庞大的明星网络。

2013年主要工作：

坚持正确导向，尊重市场规律，力求在抓好主旋律电影的同时，积极投入商业电影的拍摄中，以优秀的品牌效应和市场形象，取得社会效益和经济效益双丰收。

经过三年的策划筹备，电影《小时代》与《小时代：青木时代》拍摄完成并上映，取得了近8亿元的票房好成绩。由公司购买影视改编权的小说《狼图腾》，经过九年的策划筹备，基本拍摄完成。

电视剧方面，公司积极筹划开发“中国梦”主题的电视剧项目，已拍摄完成30集励志爱情喜剧《创业伙伴欢乐多》。此外，40集年代剧《同门》（原名《永不低头》）已进入发行阶段。40集北京题材电视剧《乞丐大掌柜》（原名《丰泽园》）也已完成拍摄进入后期制作阶段。45集古装喜剧《神机妙算刘伯温》正在策划筹备。

完善了组织架构，成立了电视节目部、演艺经纪部，开拓新的业务增长点。电视节目部承制了党建宣传片、环保题材微电影，与中国旅游电视协会合作承办了第四届“最令人向往的地方”电视（网络）评选活动。演艺经纪部签约演员倪大红、李崇霄、连奕名。

（北京紫禁城影业有限责任公司）

北京市朝阳区广播电视新闻中心概况

朝阳区广播电视新闻中心成立于2003年6月，是在原北京市朝阳区广播电视局、北京市朝阳区新闻中心、北京朝阳有线电视、朝阳报社、北京市朝阳区有线电视网络中心基础上组建而成。拥有《朝阳报》、朝阳有线电视和朝阳新闻网三个媒体平台。朝阳有线电视在北京电视台新闻频道以每天三个时段、共4.5小时播出（7：30—9：00；12：30—14：00；19：30—21：00）；通过朝阳有线28频道和北京歌华有线电视网络股份有限公司“801朝阳社区频道”6：00—24：00播出。朝阳新闻网每年点击量数百万次。

《朝阳报》每周一、三、五出报，对开四版大报，免费投递到全区各级单位和部分驻区企业，发行量为5万份。《北京社区报 社区生活》于2007年5月25日创刊，每周一期，对开8版，与《朝阳报》一并向全区各级单位和部分驻区企业进行投递，发行量为5万份。2013年《朝阳报》共计出刊145期，400万字，图片1600张，专版64个，专刊3个，专页13个。

2013年朝阳有线自制电视节目时长14545分钟。其中《朝阳新闻》238期，时长6322分钟；《一周新闻综述》36期，时长540分钟；《和谐在线》《迈向城市化》《人口视窗》《聚焦电子城》《幸福2+1》《走进朝阳教育之名师名校》《与法同行》《名师讲堂》《聚焦人力社保》《同在蓝天下》《地税你我他》11档栏目352期，时长7625钟；配合朝阳区贯彻落实党的十八大精神、公共文化服务体系示范区创建、全国文明城区复检中心重点工作的专题片14部，时长175分钟，以及录制了《镜头对准死角》电视内参片和大量不播出由单位保存的视频素材资料。

随着数字电视的推广，朝阳有线数字频道（801朝阳社区频道），2013年已经覆盖到全区70万户。朝阳新闻网于2009年9月进行了改版，网页增加了《朝阳报》、《北京社区报 社区生活》周刊的数字报内容，日均更新文字新闻15000余字、视频新闻60多分钟的专业新闻网站，年内，朝阳新闻网成为日均更新文字新闻20000余字、视频新闻70多分钟的专业新闻网站，年点击量达700万次。

（北京市朝阳区广播电视新闻中心）

北京市海淀区新闻中心概况

海淀区新闻中心是在原海淀区广播电视中心和原《海淀报》社改制的基础上，于2006年2月28日成立，辖海淀区有线广播电视网络信息中心（加挂北京市海淀传媒中心牌子）。

2013年主要工作是：

一、宣传工作

宣传工作重点围绕建设中关村科学城、北部生态科技新区、“三山五园”历史文化景区和创建全国文明城四项任务，大力提高对外宣传和舆论引导能力，截至12月31日，有线电视共播出《海淀新闻》358期，6个专题栏目合计147期，制作新闻3598条，专题片11部，在北京台播发新闻160余条，在中央台播发新闻5条；《海淀报》（含《中关村导刊》）出版187期，《城市周刊》出版46期，刊发各类新闻稿件一万余篇，800万字。中心门户网站全年共更新海淀要闻2500条、视频报道357条、友好往来30条、专题报道130条、图片新闻50条、区政府最新公开信息2000条、基层信息900条。

1.《海淀新闻》推出一系列反映区政府工作以及民生工作的新闻，如“为民办实事”“聚焦核心区建设”“建设美丽海淀”“点滴文明”等板块。《海淀报》推出《学习宣传贯彻十八大精神 推动海淀科学发展》《核心区视窗》《美丽海淀纪行》《走基层看变化话发展》《聆听民生的足音》等数十个精品栏目。

2.有线电视播放弘扬中华传统文化少儿节目《中华弟子规》，“讲文明、树新风”系列公益广告。结合全区活动，在频道中播出信访宣传动画、安全度汛、卫生、普法等方面的公益节目；《海淀报》在重点版位推出《文明铺就幸福路》系列报道及《争当海淀文明市民》《社区里的文明事》等栏目，同时开设《文明瞭望哨》栏目，对不文明现象进行监督曝光，以促进文明海淀建设。

二、加强队伍建设，全面提升新闻业务能力

积极开展新闻从业人员学习培训活动，10月下旬与中国传媒大学继续合作开办2013年度新闻实务培训班，对全中心业务骨干和基层记者130人进行培训。组织部分业务骨干参加市新闻出版局举办的从业人员培训，全部顺利结业。在人员管理上，坚持从专业化、精细化、标准化入手，修订完善《新闻中心电视节目生产管理手册》《编辑部员工手册》《记者部员工手册》，进一步明确岗位职责，为一线人员工作树立了模板。

三、确保广播电视安全播出

1.修订完善《播出机房值班员工作守则》，狠抓播出值班规范化建设和播出值班员队伍建设。针对广播电视安全播出工作中的各种可能突发情况，严密组织应急演练，有效提升值班员的应急处置能力。截至年底，共完成十次安全播出重要保障期任务，每日在《BTV—新闻频道》插播三次、每次90分钟共计1642.5小时，每天在数字802频道播出18小时共计6570小时。安全播出总时间在全市各区县电视台中名列前茅。

2. 全力维护网络安全传输。有线电视数字化改造是政府主导的一项文化惠民工程，也是全区创建全国文明城区的一项硬性任务。农村地区有线电视数字化改造已完成54129户，网络中心积极开展数字化改造工作，在上半年完成1万余户的基础上，与区政府、区财政局等单位多次协商。10月11日经区长专题会研究同意，加快推进区有线电视数字化改造工作，项目资金以区财政无息借款方式补贴共计11599350元，对22094户进行改造。截至12月31日，圆满完成全区数字化改造95%的计划指标。

四、强化行政后勤管理

1.健全完善了《中心用章审批制度》《中心集中结算（事后付款）资金审批单》等7项规章制度，为中心内部工作规范化、标准化管理提供了强有力的组织保障。中心财务做到年度有预算，支出手续齐全，凭证规范，较好地确保了单位各项工作的进展。

2. 根据中心管理岗位空缺情况，组织了正科级、副科级管理岗位竞聘工作，通过竞争上岗，2名副科级干部聘任正科级，4名专业技术人员通过竞聘走上副科级岗位。年度通过参加本区事业单位社招工作，2名社会人员，1名应届毕业生进入中心事业编制岗位。各种渠道招聘社会人员20名。在选拔聘用过程中，严格遵守相关规定，坚持公开、公正、透明原则，切实做到规范操作、有序推进，内部稳定。

3. 规范经营创收渠道，开拓新的经营创收点，圆满完成全年创收任务，全年共完成20余部电视汇报片、宣传片、制作转播片的制作任务。为区属各机关以及下属乡镇各个单位提升形象加强宣传的同时，也取得了一定的经济效益，获了双赢的效果。

五、加强党建工作

党总支部充分发挥战斗堡垒作用和党员的先锋模范作用，贯彻上级改进工作作风、密切联系群众精神，积极开展献爱心和帮扶结对共建活动。在党员献爱心和“4·20”四川雅安地震中，共收到捐款12180元。年初，按照全区统一部署，与永定路街道开展了共建活动，累计结对帮扶16户生活困难群众，帮助他们排忧解难。

（北京市海淀区新闻中心）

北京市丰台区广播电视中心概况

北京市丰台区广播电视中心的前身是丰台区广播站，成立于1957年2月，2001年11月更名为北京市丰台区广播电视中心。

2013年，丰台有线803数字频道每天6：30至00：30播出，全天电视节目时长为18小时。

一、舆论引导正确有力

1.园博报道围绕主题，层层递进。第九届中国（北京）国际园林博览会在丰台开幕，丰台广电中心全力以赴，2013年抽选精兵强将组建园博特别报道小组，记录下了园博园成长的每一步。对园内“一轴、两区、三地标、五展园”的规划成形、园博湖蓄水、地铁及周边路网建设、志愿者招募等活动进行了全面的记录。园博会开幕前夕，将专栏“决战园博”调整为“美丽园博”。记者通过体验式报道，让大家足不出户逛园博，对园博会进行了深度推介宣传。全年共播发有关园博的新闻453条。拍摄资料近4000分钟；运用三维合成等技术手段，策划并制作播出了“园博会主题宣传片”、“园博会交通路线篇”等宣传片4部；制作完成专题片《情印园博》。协调新华社、中央电视台、中国国际广播电台、北京电视台、千龙网等多家媒体工作人员及直播车、卫星车进园，为中央电视台、北京电视台、中国教育电视台提供了大量园博园早期影像资料。

2.两会报道内容丰富，形式多样。2013年的区人大、政协“两会”与往年不同，会期短，任务重，时间紧。中心集合骨干力量组成报道组，密切配合，高质量完成宣传任务。两会报道内容丰富，形式多样，除了会议报道、人物专访、政策解读、两会花絮外，制作播出了8期反映丰台区发展建设成就的新闻专题。

3.节日报道推出专栏，彰显特色。3月份，开设“发现丰台之美”专栏，宣传丰台的好人、好事、好景，播出相关稿件近50条。中秋节，开设“花好月圆”专栏，展现了丰台浓厚的传统文化，营造了喜庆的节日氛围。9月底，配合国庆黄金周，推出“玩在丰台”专栏，扩大丰台知名度。重阳节开设“尊老敬老”专栏，宣传尊老敬老先进及老有所为、老有所乐的健康老人，制作播出8期健康老人专题。

4.加强策划，突出重点。2013年，对春节走访慰问、烟花爆竹禁限放、学雷锋活动、清明文明祭扫、防范禽流感、绿化美化、端午文化活动、新城南计划、环境治理、助残日、安全生产、高考、中考、建党92周年、八一建军节、新学期开学活动等，做了有计划、有重点的报道。全年《丰台新闻》共播发自采稿件1792条，制作播出共6063分钟。

5.各类栏目推陈出新，走出丰台。截至年底，开办固定社教类栏目12档，新增《军民一家亲》《丰台教育》两档栏目。制作播出《人大在线》《政协视窗》《清风苑》《丰台警方》等栏目共105期，制作播出时长1575分钟。制作播出《幸福生活大讲堂》《科普讲堂》共23期，合计453分钟。

《真情零距离》《丰台故事》栏目获2010—2012年度北京市广播影视优秀作品奖；《花卉与文化》栏目获2013年度中国电视艺术家协会优秀栏目奖。

6.电视专题紧贴实际，制作精细。完成专题片《坚定不移中国梦》《城南行动》《和义街道民主建设》《人大全年工作回顾》《政协民主调研》等17部，约240分钟；配合区环境办完成环境整治曝光片112部116分钟；派出记者参加“聚焦承德”京津市县区电视媒体采访活动，完成专题片《满乡剪纸话民俗》在丰台有线和承德台播出，并获本次活动三等奖。完成种子大会、汽博等各项工作及活动资料拍摄约3500分钟。

7.根据市广电局要求，制作了以“园博”和“好人”为主题的两部高清纪录片，届时将在BTV卫视和高清频道播出。

二、科学管理稳步提升

1.数字频道重新包装。围绕更新台标、LOGO演绎版本；在节目编排上创新思路，大胆尝试，将全天节目分为30个播出段落，段落间合理安排频道宣传、节目导视和公益宣传。引进优秀公益广告100多条；以弘扬主旋律为目标，优中选优，共确定12档引进栏目；从8月份起每天新增3分钟的天气预报。

2.全年安全播出工作情况良好，确保了春节、“两会”、十一等各重点和敏感日期间的安全播出工作。技术部门特别加强了针对播出系统设备老化问题的日常检查、维护及调整工作，全年调整更换硬件设备15次，应急软件处置13次，应急播出处置10次。

3.基础建设夯实提高。中心党组严格贯彻执行中央“八项规定”，自觉贯彻落实党风廉政建设责任制。加大人才培养力度，选派骨干人员30余人次参加全国广播影视系统高级别的专业培训，安排记者轮流参加了专业课程学习。党务行政工作扎实开展，按照区委统一安排，如期完成并提交了事业单位分类改革方案（初稿）；完成第四届工会委员会换届工作；积极推进下属自收自支单位撤销工作，严格固定资产管理；落实各项措施，关心职工生活，在办公用房紧张的情况下，设立了专用化妆间；解决了长期以来存在的职工就餐难问题。

（北京市丰台区广播电视中心）

北京市石景山区广播电视中心概况

北京市石景山区广播电视中心成立于2001年10月，前身是石景山区广播事业管理科、石景山区广播电视局，拥有石景山有线电视媒体平台。

2013年主要工作：

一、围绕中心、服务大局，新闻宣传成果显著

全年制作播发新闻1800条。在市以上电视媒体播发新闻443条，其中中央台播发6条，北京新闻播发84条。拍摄制作各类专题

片48部。组织、策划并录制电视文艺节目5场。各类自办专题、栏目制作播出共计1020期。其中《石景山新闻》播出252期，新闻专题栏目《记者视线》播出209期，《法治聚焦》《百姓DV》等社教类电视栏目制作播出373期，区县合作栏目《区县风采》播出186期。

积极策划主题新闻，力求全面、充分、及时的报道区重点工作。在《石景山新闻》中开设了12个主题板块和系列报道。相继推出《学习十八大报告》《学习宣传三中全会精神》《周末好去处》等系列报道，使新闻内容更加丰富、更加贴近实际、贴近群众、贴近生活，主题特色更加鲜明。《记者视线》加强了对突发性事件的纪实报道。关注雾霾天气、雅安地震、H7N9型禽流感等热点问题。对“农超对接”等便民菜篮子工程、疾病预防、食品用药安全、就业等百姓关注的民生问题强化深度报道。围绕“三八”、清明等节庆和茶文化节、京西消费节、“六五”环境日等重点活动，开展深度报道，突出了《记者视线》新闻评论的效果和作用。

积极与市以上媒体记者沟通，策划选题，并将全年目标任务落实到人。新闻部主管主任负责抓策划、责任编辑负责抓选题，编辑记者抓落实，将外宣任务落实到每位编辑记者。新闻《“石景山服务”助力区域成功转型》《为群众办实事，惠民生得民意》《碧水蓝天绕京城》《智慧金顶街》等分别在市以上电视台新闻报道中播出。在继续做好百姓系列栏目的同时，又新推出了一档《百姓诵读》栏目，已播出13期，成为积极开展群众性精神文明创建活动的一个载体。

二、凝心聚力，各项事业发展稳步推进

为落实高清制播存体系建设工作，积极推进高清电视制播存平台建设。起草了《石景山区广播电视高清制播存体系建设实施方案》，对中心历年来录制的文艺节目进行整理和汇总编目，整理出自1997年以来的文艺节目102场，单体节目数量在500个以上，并全部刻成光盘保存，方便了中心各部门对以往文艺节目资料的引用。高清媒资系统通过市局验收，成为14个区县中第一家与北京电视台互传高清素材的区县媒体。技播部获全国安全播出先进集体的称号。

为了进一步提高节目播出的总体质量，在原有节目审查制度的基础上，推出科级领导监审制度。由科级干部轮流监审中心播出的节目，每月写出监审报告。这项制度对提高自办节目制作水平起到极大的促进作用。

积极参加北京市以及外省市组织的业务交流活动，在“京津”市县区电视媒体“聚焦承德”活动中，拍摄的专题片《品味承德》获活动组织方电视专题片类一等奖。

在市局组织全市十四区县竞标拍摄的公共服务类节目评比中，拍摄的《三番照片两番景》《好人好事》《京城汉子》三部专题片，受到业内同行和市局领导、专家的肯定。三位主持人参加了京津沪渝四市主持人大赛，获一银两铜的好成绩。电视栏目《法制聚焦》获北京市广播影视优秀作品奖；参与北京电视台报道的“7.21大雨”新闻，入围全国好新闻的评比。

在受诸多因素影响，创收工作困难重重的情况下，各一线创收部门积极应对，全年实现总收入1613万元，其中事业创收898万元。

三、夯实基础，努力打造一支作风过硬的广电队伍

按照区机关党委的要求，结合中心实际，制订了全年学习计划，明确各阶段的学习重点，认真组织学习了党的十八大报告和新党章、习近平总书记系列讲话精神、十八届三中全会若干重大问题的决定，全年组织

集中学习11次，开展学习研讨6次。通过多种形式的学习，全体党员干部的理论水平和政治素质有所提高，事业心、责任心和勇于担当的精神得到增强。

年初，成立了工会组织，在中心班子的重视和全体职工的积极参与下，组织参加区里的跳绳比赛；迎五一、五四的职工联欢活动；拓展训练；书法培训课、扑克牌比赛、参观“园博园”等丰富多彩的职工文化活动。

认真落实中央八项规定，按照《2013年石景山区廉政风险防控工作》的要求，积极开展了廉政风险防控管理“三个体系”的建设工作。制定了《廉政风险防控实施细则》，全年召开班子会专题研究廉政风险防控工作6次，围绕党风廉政风险防控工作召开各类会议10余次。累计建立防控风险管理各项制度40余项。举办廉政风险防控工作培训2次。清理确认集体决策事项9项，内部人材物管理事项25项，党务类16项，其他类10项。逐步健全了权力制约机制，严格实行集体领导与分工负责制，涉及人、财、物管理、设备招投标、经济创收等重点部门，重点加强机制约束和监督检查。全年在人事方面的公开招聘、岗位竞聘、职称聘用、设备采购、招标等，都做到了公平、公正，公开、透明。

（北京市石景山区广播电视中心）

北京市门头沟区广播电视中心概况

北京市门头沟区广播电视中心的前身是门头沟区与广播站，成立于1958年7月，2002年5月更名为区广播电视中心。

2013年，门头沟广电中心坚持以邓小平理论、“三个代表”重要思想和科学发展观为指导，深入学习宣传贯彻党的十八大和市、区第十一次党代会精神，紧紧围绕区委“落实‘三个优化’，多办利民实事，全力建设国家生态文明示范区”的工作主题，扎实开展新闻宣传工作，为推进全区经济社会转型发展、创新发展、跨越式发展提供了强大的精神动力、思想保障和舆论支持。

一、集中强势宣传重要会议精神及区委区政府重大决策部署

围绕年初区“两会”的召开、学习宣传贯彻党的十八大精神及区委区政府重大工作部署，先后在门头沟新闻里开办了《凝心聚力共谋发展两会专题报道》《贯彻落实党的十八大精神　加快建设现代化生态新区》《落实三个优化多办利民实事　全力建设国家生态文明示范区》《我的梦　中国梦》等多个栏目，服务于区委、区政府重要决策部署的贯彻落实，为全区经济社会发展营造了积极健康的舆论环境。

二、围绕区委、区政府的中心工作，扎实开展新闻宣传

围绕棚户区改造建设、旧城改造及基础设施建设、生态环境建设、便民服务热线运行、国家卫生区创建等涉及全区经济、社会、民生方面的工作进行了重点宣传，开设了《百日环境整治在行动》《办实事　惠民生　促和谐》《转文风　改作风——记者在基层》《直击安全现场》《需求与反馈——61696156为民信息平台》《确保完成签约收尾工作　共享棚户区改造成果》《层峦醉染门头沟》《来自重点工程的报道》等十几个专栏，重点对全区百日环境整治、城子C、D地块腾退、永定石佛村拆迁、61696156办实事惠民生、拆除违法建设、推进百里画廊建设、棚改安置房运营管理等重

点工作进行了集中持续报道，突出反映了门头沟区经济社会发展取得的重大成就。截至12月底，门头沟电视台共播出新闻3440条，专题216部（期）。

三、对外宣传成效显著

2012年12月28日，北京电视台新闻频道开播，每天播出时间达17小时。广电中心以此为契机，强化编辑记者与北京电视台通联科、直播科密切联系的意识，及时向北京电视台播送节目。截至12月底，电视完成外宣126条、广播完成外宣213条。其中，2月25日至28日以及3月1日，连续五天门头沟区的新闻亮相北京电视台的《北京新闻》《北京您早》《直播北京》《特别关注》等各档栏目，实现了历史突破。全年门头沟区累计发稿量在全市各区县名列前茅，实现了外宣工作新跨越。

四、创新创优，着力提升舆论引导水平

认真按照“三贴近”要求，积极开展广播电视宣传创新工作，切实改进新闻宣传报道，着力抓好典型宣传，舆论引导水平不断提高。一是按照精简务实、注重效果的原则，进一步规范和简化会议及领导活动新闻报道；二是落实新闻战线“走基层、转作风、改文风”要求，加大社会新闻和民生新闻比重，开办切合受众需求的新栏目，五月初开播《走基层》视点关注特别节目，每周一期，新闻报道更加贴近实际、贴近生活、贴近群众。

（北京市门头沟区广播电视中心）

北京市房山区广播电视中心概况

房山区广播电视中心成立于2001年11月，前身是房山县广播站、房山县人民政府广播科、房山区广播电视局。拥有房山电视台、房山人民广播电台和房山广电传媒网。

2013年主要工作：

一、宣传工作

房山两台向市级以上报送稿件200多条，采用率达到80%。在中国广播电视协会举办的《第四届中国农业电视论坛暨节目评估年会征集作品》中，社会新闻部创作的《农业科普1+1》获栏目类节目一等奖；专题部创作的《87岁的种树愚公》获消息类节目一等奖。此外，在第二十三届中国新闻奖评审中，由中心采制的作品《7.21生命大救援》获二等奖。这是23年来首次有区县电视台获此殊荣。《法治与生活》栏目被中国电视艺术家协会评为2013全国电视名栏目荣誉称号。

紧紧围绕推动“一区一城”新房山建设这条主线，对全区全力打造首都高端制造业新区和现代生态休闲新城取得的各项成就进行跟进报道。整合资源，对区委七届四次全会和区“两会”、“我的梦 中国梦”大讨论活动、2013春季北京国际长走大会、长阳音乐节等区内重大活动、重点工作进行全面、详细报道。呈现出全方位、立体化的报道格局。对内宣传和对外宣传齐抓。所有自办栏目全新升级，原有节目改版为《房山新闻》《今日关注》《funhill面对面》，同时开办《法治与生活》《健康一点通》两档新栏目，并开通官方微博。对内宣传，发挥全媒体资源优势。加强与合作单位的联系，深化选题策划，深入基层，贴近百姓。对外宣传，拓宽发展思路。加大与中央电视台、北京电视台等主流媒体的沟通互动，实现资源的有效对接。打造优势品牌栏目。通过栏目个性化、节目精品化等策略，打造栏目品牌。在提高原有节目量的同时，将精品意识贯穿日常节目制作的始终，不断完善节目评奖机制，通过节目评优、奖评奖励等方法提高节目质量，打造优势品牌。2013年，房山电视台共完成约总时长31249分钟（520.1小时）节目制作，摄制《7.21生命大救援》《科学发展美丽长阳》等专题片、宣传片近100部；录制、包装、剪辑《房山区我的梦 中国梦大讨论活动专题辅导报告会》《驻京中外知名企业投资房山行》等大型活动及晚会30多场。

节日报道及重大活动宣传。以“劳动节”“国庆节”“建党92周年”等重大节日、纪念日为切入点，整合优势资源，策划重大宣传活动，采制了一批主题鲜明、内容深刻、影响力大的专题节目。宣传我区在践行“北京精神”，实现“中国梦”“房山梦”中涌现出来的典型人物、典型事例。

加大民生新闻宣传。推出了《聚焦基层 关注发展》《城管连心桥》等一批民生系列报道，开办了《聚焦环保》《民生 民声》等一批民生挂牌节目及一批专题节目。全年共采编民生类新闻和专题节目1000多条，简讯1460多条。城乡数字广播信息平台共播出民生类新闻和专题报道300条。采取多项措施拯救珍贵历史资料。一是建设数字音像管理系统，将所有音视频资料录入现有大媒资系统，完成节目素材磁带的刻录光盘工作，按档案规范进行存储。二是编纂《房山广播电视55年发展史》，已进入修改统编的阶段。

二、技术工作

安全播出常抓不懈。启动ISO9001认证，确定了以安全播出为核心的质量管理体系建设。加强播出、编辑、录制系统和摄录设备的日常维护，确保系统、设备安全使用。强化安全意识，不断梳理安全播出流程，修订完善安全播出预案，将发生安全播出事故的风险降到最低。2013年，电视台共计播出11016小时。电台播出6570小时。没有出现人为操作造成的播出问题。达到广播电视台三级播出标准。

技术升级稳步推进。高清数字化改造项目分步实施，首先对播出系统进行改造，制定高清播出系统建设方案。城乡数字广播信息平台二期工程通过中期验收。广电传媒网在注重安全的基础上，继续开发网站新功能，丰富宣传内容，提高网站宣传影响力。

三、产业工作

拓宽产业经营市场。主动出击，了解客户需求，全程对接客户的发展战略。策划形式多样的宣传活动，为客户制定适合的、规划性较强的宣传策略。加强重点行业挖掘、重点区域推广和重点客户沟通工作。

实现产业融合升级。整合、共享现有频道资源，最大限度优化配置广告资源，对两台广告实行统一经营、统一价格、统一管理、统一服务，优化了产业发展方式，密切了经营与宣传之间的联动、配合，增加了经营渠道，提高了产业经营水平。

四、队伍建设

组织各类培训近200人次，提高了干部职工的政治思想素质和业务技能。在职工的工作和生活上，不断创新服务意识，提高服务效率，从上传下达、财务管理、人事劳资、车辆保障、营养膳食、安全生产等各个方面，为核心重点工作的顺利开展提供了有力保障，为干部职工创造了舒心、顺心的工作和生活环境。

（北京市房山区广播电视中心）

北京市大兴区广播电视中心概况

北京市大兴区广播电视中心成立于2001年10月，前身是大兴区广播站、大兴县人民政府广播科、大兴县广播电视局。拥有大兴人民广播电台、大兴电视台、中华兴网和大兴手机台。

2013年主要工作：

一、业务宣传

广播电台（FM 98.6）播出总时长6200小时，电视台（CH-47）播出总时长5900小时，大兴资讯台播出总时长5700小时，户外大屏播出总时长1080小时。本着“新闻服务基层，记者下沉一线”原则，电视台记者在全区19个镇街及大的部委单位蹲点，列席A相关会议，搜集新闻线索，开展深入采访，报道蹲点日记。

一系列新的栏目，体现了走转改的成果。电视台在充分调研基础上，开设了《镇街采风》新闻栏目，进一步提升来自最基层的新闻素材在节目中的播出比重，特别是集中反映以镇街为代表的区域性新闻；7月，广播电台开辟新闻栏目《这里是大兴》，让全区人民可以通过“收听”形式了解大兴事儿。这档广播新闻节目同时在南海子、埝坛等几大公园落地后，又延伸到安定等镇街。《爱我新区大讲堂》定位为群众参与性访谈节目，以讲述发生在百姓身边的故事为主，即“零距离接触”全年共录制节目45期。

开展系列报道，将新闻策划作为一项重点工作来抓。全年共策划开展了《中国梦 大兴情》《十八大学习访谈》《美丽大兴 幸福家园》《环境整治及访谈系列》《西瓜节进行时》《我和西瓜有个约会》《知民情 解民忧 为民办实事》《优化工作作风 强化服务意识》等20多个系列报道，加大了对重要新闻和重点新闻的报道力度，如环境整治新闻，推出了镇街一把手访谈。圆满完成重大宣传任务。完成了区党代会、人代会和政协等重大会议宣传任务；还为科博会、桑葚节、梨花节、采摘节等重大节庆活动和植树造林、交通文明、新区一体化、老旧小区改造等重点工作营造良好的舆论氛围。全年共计摄制完成电视专题片24部，总时长252分钟，制作公益广告宣传片11部，制作片头片花24个。

二、服务社会

1.承办中国设计节开幕式。2013中国设计节暨第二届中国设计发展年会由大兴区委、区政府承办，广电中心负责开幕式的筹划、创意和举办工作，推出中国厚重的文化底蕴与现代设计之美相结合的视觉盛宴，整体流程在形式上保留传统并突出设计感，在格调上体现设计之都元素并与国际接轨，在细节上注重主线并彰显大气之美，凸显“设计超乎想象”的魅力和思想。

2.承办企业家联谊会。承办了大兴区企业家联谊会，通过歌舞、诗朗诵、音乐情景剧等文艺演出方式，展示了2012年大兴区的产业成果，展望了2013年的发展方向及规划；借此活动，区委、区政府对全区企业家为大兴区发展所做出的努力以及大兴区总工会为维护职工权益所作出的贡献表示了充分肯定。

3.大兴区委决定召开“中国梦 新区情——五有五提倡工程推进大会”，广电中心承办了这次大会。这次推进大会展现出新区科学发展成就，展示了新区特色文化品牌，特别是深入挖掘南海子和南中轴历史文化，以此为重点丰富并铺垫了新区文化事业根基，带动群众参与文化活动的积极性。

4.加强与相关单位的宣传合作。与区旅游委合作推出了梨花节专题系列、西瓜节专题系列和安定镇桑葚节专题系列，在本台播出的基础上还送往上级台播发，新闻热线电话接到多个询问相关旅游信息的热线，为推动大兴区旅游事业发展作出了贡献。另外还与区政法委、区农委、区妇联、共青团和黄村镇、安定镇、西红门镇、庞各庄镇等单位进行宣传合作，使镇域经济、社会、生态文明等各方面的发展形成规模化宣传态势。

三、基础建设

电视高清数字化建设项目4月份开始进入实施阶段，对所有施工的场地进行了有序整治和清理。从5月初开始配合装修公司在塔楼西侧和1号楼前建了UPS室，并对高清机房进行了墙面的处理，增加三间配音间，安装电缆电线及配电箱，安装配音间内的空调和静电地板；对塔楼四层进行了窗户的更换，增加换气设备，安装电缆电线及配电箱，安装静电地板，并对四层室外进行了防水处理；6月份对2号楼204墙面进行处理，并商定室内承重方案，6月中旬进行加固施工，安装防静电地板。高清数字化建设项目主体工程11月初已经竣工。

（北京市大兴区广播电视中心）

北京市通州区广播电视中心概况

北京市通州区广播电视中心成立于2001年10月。前身是通县广播站、通县人民政府广播科、通县广播电视局、通州广播电视局。现辖通州人民广播电台、通州电视台、大运通州网三个主流媒体。

2013年主要工作：

一、宣传报道质量有新的提升

1．北京城市副中心建设和创建全国文明城区是全区两大重点工作。为此，中心成立专门的报道组，在通州电台、通州电视台常年设置“新城建设进行时”和“创建全国文明城区进行时”两大专栏，及时全面报道各阶段重点项目，全年共播出相关新闻报道200多篇。

2．围绕全区各阶段工作重点，《通州新闻》和相关专题对重大建设及改造工程、平原造林工程、防控禽流感、防汛、安全、大气环境治理、电动出租车便民等民生工程进行不同形式的宣传报道，特别是打击“违法用地、违法建设”的宣传，及时全面有力，形成了强大的宣传声势，发挥区内主流媒体的作用，得到各级领导、相关部门和广大群众的肯定。

3．承办《感动永乐好村民》电视表彰活动，组织20位编导、摄像历时37天拍摄完成10位好村民的感人故事，并用最朴素的电视手法予以展示，整场活动简单直接却让人耳目一新。

4．承办“与文明同行”电视主题活动，采用篇章结构与平行结构结合的创新方法，分为四个篇章，即《古韵悠情》《创城实情》《风雨真情》《燃烧激情》。通州电视台主持人和记者分五组走进乡镇、社区、街道、工地和学校进行采编，圆满完成这一电视主题活动。

二、事业发展实现新突破

1．网络新媒体知名度提升。大运通州网通过开展“两会”独家网络直播、摄影大奖赛以及创建文明城区、“大运通州网运行一周年实践与发展研讨会”等相关系列活动，扩大了网站的影响力。网站注册用户5.8万余人，日均网页点击量13万人次，全年上传新闻4000余条。

2．完成信息化管理系统建设。主要包括前后期设备管理系统、专业设备技术资产条码管理系统、新闻文稿管理系统、办公自动化系统。8月综合业务信息管理系统正式启用，运行效果显著。同时，将管理系统应用在考核激励机制上，并将考勤结果与出勤奖金、年底评优等相结合，进一步规范了管理工作。

3．高清电视转播车投入使用。5月完成转播车招标，12月20日正式投入使用。这辆投资1800多万元的高清电视转播车，拥有8个有线讯道和2路无线讯道，并具有扩展至12讯道以上的容量，可实现体育赛事、文艺节目、重大新闻事件的现场录制、制作，可通过光纤、微波传输进行现场直播。

三、队伍建设迈上新台阶

1．开展科级干部公开竞聘工作。共拿出专题部主任、总编室主任、技术科科长、网络部主任4个正科级职位以及新闻部副主任、办公室副主任、专题部副主任3个副科级职位进行竞聘。经过资格审查、笔试、面试、资历评价、民主测评、组织考察、决定任用等环节，上述7位竞聘者走上领导岗位。

2．干部教育培训有针对性。围绕“新时期电视新闻报道如何创优”、“网络媒体如何发展”举行业务培训，全体员工、记者站、创世华宇公司共141人次参加培训。领导班子及相关业务骨干共31人次参加市委宣传部组织的北京市新时期基层宣传思想文化工作研修班、北京市广播电影电视局组织的区县广电中心领导干部及业务骨干培训班。全体员工95人次参加区人力社保局组织的《践行“北京精神”提高履职能力》公共知识培训。

四、安全工作常抓不懈

在安全管理方面，组织全员消费安全知识培训、制定“一岗双责”制度、值加班管理制度，全年组织安全员、技术人员进行四次安全隐患大排查，对查出的问题登记在案，督促及时整改。为有效检测机房温度湿度，完成 “机房温湿度集中监测及短信报警平台”建设，实现机房温湿度异常时发出声光报警信号，并第一时间告知相关值班人员。全年电视综合频道安全播出4160小时，北京电视台BTV新闻频道通州时段安全播出1643小时，文艺频道安全播出4300小时，电台安全播出6752小时，其中直播730小时。

（通州区广播电视中心）

北京市顺义区广播电视中心概况

北京市顺义区广播电视中心成立于2002年，前身是顺义县广播站、顺义县人民政府广播科、顺义区广播电视局。拥有顺义人民广播电台、顺义电视台、《顺义时讯》报社、视频网站、户外大屏五种媒体。

一、新闻宣传有的放矢，服务经济社会发展

紧紧围绕区委区政府的中心工作，区领导重点关注领域进行宣传报道，有针对性的配发报道。

电台和电视台的《顺义新闻》以及《时讯报社》围绕“四个转型升级”，进行了深入全面的报道，共播出相关新闻700余条，使区域发展思路与工作重点在干部群众当中更加明确，促进了思想的统一和力量的凝聚。三家媒体分别开设专栏，栏目以记者“走基层”的形式，客观反映顺义各个部门和各条战线上的干部职工真抓实干、奋斗不息的精神风貌。围绕环境建设，三家媒体分别开设了《共建美丽顺义》专栏，既理性分析现状，又谈各部门的举措与行动，电视台异地采访后推出的《他山之路》生动报道了浙江宁海等地的浅山经济，为区五彩浅山开发凝神聚力，并在区理论中心组学习中播放；《放飞首都的金丝雀》全面反映区金融产业发展现状，为区人大常委会视察顺义金融产业提供了重要参考。

二、电台打造直播品牌，市民积极参与互动

电台部分节目由原来的五档直播节目改为六档，全新开办了互动点歌交友节目和民生互助节目《大家帮助大家》，这也是在中心组织的创新创意大赛中脱颖而出的作品。新鲜的节目内容逐渐吸引着更多听众关注92.9，成为电台直播节目新品牌。

改版后电台文艺部节目除了做好日常节目之外还利用自己的直播优势，服务区内重点活动。4月20日北京长走大会特别直播“美丽中国，快乐生活”文艺部进行了长达两个半小时的直播。主持人在直播间通过记者连线、与听众互动等方式对长走大会进行了报道。6月10日，第五届北京端午文化节开幕，文艺部再次推出特别直播节目“传承端午情，共圆中国梦”。节目再次通过与听众互动和记者连线的方式报道了端午文化节开幕的盛况，并对文化节各项互动进行了详细介绍。

三、强化节目策划力度，源源不断推出精品

电视台节目部门在进行节目策划时，更多的将视角对准民生，贴近百姓生活，《顺义时空》《情动绿港》等栏目从选题到拍摄、制作都有了细化要求。《国学动漫城》《师说日》等教育类栏目逐渐成为观众的良师益友。电台在直播节目中增设固定的导播岗位，使观众与主持人之间沟通更加通畅，同时通过导播的反馈，节目部门能够及时发现节目问题并作出整改，提升了工作效率和质量；上半年中心监听监看工作变以往的只找问题为如今的发现亮点，提出问题，在中心节目精品化战略上做出了有益尝试。

四、服务区域重大活动，锻炼队伍扩展视野

圆满完成顺义区团拜会、第五届北京端午文化节开幕式、第十一届中国菊展开幕式等大型活动的策划和筹备；制作《顺义脊梁——“中国梦，顺义梦”党建工作实践掠影》全面总结全区一年来党建工作取得的成果，该片在顺义区纪念建党92周年大会中播放；制作完成顺义区教育30年成就总结片，在全区教师节大会上播放，得到了区领导的认可和区教委的称赞。同时制作了《妇联总结片》《农委总结片》《劳动局庭审纪实片》等十余部优质专题片。举办的大型活动及制作的专题片受到了合作单位、社会各界以及区领导的高度评价。在区举办的长走大会、郁金香文化节、啤酒节、环京赛等大型活动中，两台一报新闻专题部门不遗余力开展宣传，分别推出了系列报道和专版，电台适时通过直播节目进行现场连线，使身处活动中的群众参与感更强。尤其在啤酒节期间，转播车团队连续三天奋战在奥林匹克水上公园现场，将啤酒文化广场盛况及时通过现场大屏予以呈现，营造了热烈的现场氛围。

五、加快经营方式转变　创收能力大幅增长

紧抓契机相继建设五条地下通道，经过多次与媒体经营平台沟通，最终取得包括国泰——西单、怡馨家园等5条地下通道媒体资源的产权。截至年底，地下通道内部建设已经完成，灯箱设计也在紧锣密鼓的进行中。同时，相继开发了北京银行、嘉寓集团等广告客户，为进一步开发大客户积累了经验。

六、组织管理更加科学，各项工作有序运转

按照《顺义区科级干部选拔任用工作暂行办法》要求，完成了科级干部竞聘工作，5名同志走上领导岗位；组织了职工代表大会，经职工推荐、测评等环节，选举出了新的职工代表。同时根据《团章》对中心团总支进行了换届选举。

（北京市顺义区广播电视中心）

北京市平谷区广播电视中心概况

平谷区广播电视中心成立于2002年，前身是平谷县广播站、平谷区广播电视局，拥有平谷人民广播电台和平谷电视台。

2013年，《平谷新闻》共播出电视新闻5500条，广播电台播出新闻5500条。在市级以上新闻媒体发稿40多篇，中央电视台《新闻联播》播出1条。制作播出专题节目194期。制作专题片11部，制作播出六期“环境整治专题特别节目”，圆满完成“区委书记讲党课”电视直播工作,共播出了28部电视连续剧872集。中心分别获首都文明单位标兵、人口和计划生育工作先进单位，北京市广播电影电视局信息工作嘉奖单位等9项殊荣。

一、围绕中心、服务大局，全力做好各项宣传报道工作

围绕平谷区委四届五次、六次全会精神加大宣传力度。在《平谷新闻》节目中开设专栏，围绕全会精神先后播出《经济实现平稳较快增长》《城镇化建设迈出坚实步伐》《幸福平谷建设惠及民生》《生态建设卓有成效》《落实全委会精神 加大环境、城镇化建设》《一纵一横 全力打造旅游大乡》《加快建设科教园区 着力构建现代产业体系》等新闻，在全区营造贯彻落实区委全会精神的良好舆论氛围。

围绕北京平谷第十五届国际桃花音乐节宣传报道工作，播出桃花音乐节活动相关新闻120条，在市级以上媒体播发稿件15条，其中中央电视台《新闻联播》中播出1条，专题节目6期。活动中，在新闻报道中大量采用记者出镜、现场采访、同期声、字幕等形式，突出现场感，增强新闻的可视性。通过一系列报道，充分展示桃花音乐节开幕式、迷笛音乐节等重大活动浓厚的现场氛围和宏大的规模，平谷知名度越来越高，乐谷人气越来越旺，生态环境越来越好，彰显世界级品牌活动形象。

围绕庆祝建党92周年活动，当天播出《平谷区“五网直播”区委书记张吉福讲党课》等新闻，将全区党员干部通过电视网络、广播网络、远程教育网络、组工微博网络和移动通讯网络同步收听收看的情况全面、及时地予以报道。同时，先后播出《我区举办社会领域纪念建党92周年暨表彰大会》《党员知识竞赛 增加党性修养》《形式多样庆七一》等相关新闻30余条，号召广大党员干部坚定共产主义信念，结合平谷实际，围绕“一区四化五谷”发展战略，建设“幸福平谷”。

围绕“我的梦 · 中国梦”宣讲活动，《平谷新闻》中先后播出《平谷区理论学习中心组举行“我的梦 · 中国梦”百姓宣讲报告会》《“我的梦 · 中国梦”百姓宣讲团走进军营》《企业唱响中国梦》《百姓的中国梦》《“我的梦 · 中国梦”百姓宣讲团走进社区》等新闻40余条，全面报道宣讲活动。9月份“我的梦 · 中国梦”新闻专栏开播，平均每周4期，从不同的角度表达群众心中的“中国梦”，把学习宣传贯彻党的十八大精神不断引向深入。

围绕加强公民道德典型宣传，《平谷新闻》先后播出《诚信村里结出厚德果》《诚信为本做销售 携手村民共致富》《诚信经营 富裕社民》《诚信人“鲍凤霞”的幸福路》《诚信服务 用爱温暖人心》《诚信计生 诚信为民》《“幸福家庭 诚信农家”创

建活动启动》等新闻10余条。大力宣传报道“业兴于诚，人立于信”的公民道德。

围绕环境秩序整治加大宣传力度，在《平谷新闻》中开设《整治环境秩序 建设美丽平谷》新闻专栏，先后播出《杜绝店外经营 维护城乡环境》《联合执法检查 清理无牌照上路行驶》《集中治理"黑摩的" 查获近百辆》《常态化整治店外经营，有效巩固治理成果》《我区新增183个电动出租车位》等新闻100余条。专题节目拍摄了六期“环境整治特别节目”，曝光和批评了六种违法和不文明行为，呼吁全体市民从自身做起维护城市环境，共建美好家园。

围绕重点工程，在《平谷新闻》中开设“路政服务”新闻专栏，播出《顺平路、平程路提级改造工程抓紧实施》等新闻专题，每周播出三期，从道路改造的目的意义、百姓情绪疏导、道路建成后前景展示、确保行人安全、机动车安全驾驶、施工安全举措等方面，多角度宣传报道，为营造和谐发展环境、推动工程顺利实施发挥了良好作用。

二、加强基础设施建设，实施人防、物防、技防等安全措施，确保安全播出

1.投入33万元更换制、播、存网络的盘阵、服务器和以太交换机，提高设备的完好率，保证了节目制作的正常运行；投资1万元更换了新闻文稿系统的服务器，确保编辑记者采写新闻文稿的顺利运行；投资13万元更新改造弱电系统，提高了办公效率。对广播电视发射机进行维修，对制播存一体网和摄像机等设备进行维修维护，消除故障隐患，增强了安全播出的可靠性；对景台山机房屋顶进行修缮，铺设彩钢瓦，确保雨季来临景台山转播站的安全播出。

2.完成了演播大楼、电视发射塔机房、世纪广场大屏幕避雷检测；定期对灭火器等消防设施进行检测、更新；对消防系统进行水压和吹烟测试，确保了平谷广播电视台、世纪广场大屏幕、电视发射塔、景台山无线转播站的播出安全。

3.成立北京新闻广播“村村通”维护站，对全区96个行政村无线覆盖进行监听、维护、维修，确保不间断安全播出。

三、加强内部管理，安全保障有力

为切实加强和改进干部工作作风，密切党群干群关系，进一步深化机关干部作风建设，结合实际，制定中心改进工作作风、密切联系群众工作的实施方案；从改进文风、会风，规范公务接待等10个方面进行了作风整改。

制定完善作风建设若干规定，从标准、行为规范、制度规定等三方面对员工提出了新的工作目标，规范了日常行为，为深化中心作风建设打下坚实基础。

（北京市平谷区广播电视中心）

北京市怀柔区广播电视中心概况

北京市怀柔区广播电视中心成立于2001年9月。前身是怀柔县广播站、怀柔人民政府广播科、怀柔县广播电视局、怀柔县广播电视中心。拥有怀柔人民广播电台和怀柔电视台。

2013年主要工作：

一、宣传工作

1.中国APEC代表团新闻中心发布2014年APEC会议落户北京雁栖湖后，及时开设《聚焦国际会都》专题节目。以区筹办大型

国际会议为切入点，围绕发展会议会展产业为主题，全方位报道地域风光、资源特色、人文特质、节会资讯等内容，多种举措形成宣传报道合力。

2.精心策划年度主题宣传。围绕广泛关注的“中国梦”“实干兴邦”等理念，推出《实干圆梦》系列新闻报道。通过实干圆梦，树立基层骨干标杆，弘扬社会正气，重视民生促进社会和谐。首批20个各行各业的真抓实干，实现梦想的代表人物事迹于10月份起播出。

3.新闻节目由原来的每周六套增加至七套。依托《怀柔新闻》等载体，围绕全区“环境整治年”，结合“拆违打非”和“环境建设”等阶段工作，大力宣传环境整治十大工程。多角度宣传怀柔文化科技高端产业新区建设的新举措、新进展、新成就。集中报道东区建设、雁栖湖生态发展示范区、中科院怀柔科技产业园等重点项目推进情况，引导市民正确理解、积极参与支持各项重点工程。加大民生新闻、社会新闻报道比重，倡导健康生活方式，对不良现象进行曝光。开辟《新闻简报》《新闻资讯》板块，最大限度地在有效时间内增加新闻信息量。

此外，还对宣传贯彻全区“三会”精神、全区各单位、镇乡学习贯彻十八大精神、111国道2期、怀长路等重点工程以及电影嘉年华、2013年第三届环北京公路自行车职业巡回赛、“汤河川满族民俗风情节”等重要活动，进行了深入解读和及时跟进报道。电视台制作《怀柔新闻》312套，播发本台记者稿件1773篇，通讯员稿件1596篇，专题制作播出493期；电台播出新闻317套，新闻3620条，直播节目148期，专题2905期。

4.以“节目质量提升年”为契机，电台电视台各栏目进行了不同程度的栏目改版、整合和创新实践。停办《周日报道》栏目，与区园林绿化局联合开办《绿美怀柔》专题节目。《法治时刻》新增“警钟长鸣”“反腐倡廉”“法律答疑”三个板块，以“故事服务”的方式，将纪实、写意、说理、普法融于一体。《新视野》以走基层、转作风、改文风为总基调，宣传报道区政治经济、人民生活变化、基层建设发展的大事记。《看事说事》将新闻触角延伸至寻常百姓家，让走基层报道常态化，采制出一批“接地气”“聚人气”的新闻作品。电台开辟科普专题，为群众走科技致富之路提供了有效的服务。《行风热线》完善舆论监督节目的跟踪报道机制，有重点地跟踪解决群众反映问题的处理过程。《文明在身边》栏目新增“文明微点击”板块，讲述发生在市民身边有关道德、文明的人物故事。

5.公益广告制作播出持续增加。不断加大公益广告制作力度，推出了“中国梦”“绿色出行”“倡导读书”等30余条公益广告，播出数量明显增加，彰显电视媒体在引领社会风尚、传播精神文明的积极作用。

6.对外宣传工作取得丰硕成果。全年在市级媒体共播出怀柔方面的新闻、专题253条。特别是《建好国际会都 加快转型发展》《欢乐元宵节怀柔“敛巧饭”又开锅》等一批好新闻在北京新闻中引起凡响。北京电视台以感谢信的方式对怀柔记者站的工作给予表扬。

二、技术保障

1.安全播出工作常抓不懈。全年电视节目播出11565小时，其中，开路发射3518小时。电台节目共播出4644小时。定期研究解决影响安全工作的各项问题。制订高清演播室录制应急方法，完善应急预案和处理机制。进行防非法插播信号演练，高清摄像机使用和发射机技术培训，加强重要敏感时期和节假日期间安全防范工作。完成服务器机房专业空调安装及机房环境监控系统建设，实现主备机自动倒换，解决了机房温度过高危险报警问题。增添电台三个机房、两个演播室、导播间、配音机房、UPS机房及部分楼道的安全监控设备。增加转码服务器，完成媒资平台升级，提高了媒资系统转码效率。严格实施每周二下午播出、发射设备停机检修制度，确保广播电视节目安全播出传输。并在市广电局媒资使用管理专项检查中获好评。

2.事业发展取得新进展。确定长哨营、怀北镇、桥梓镇三个镇先期试点，实施怀柔农村有线广播联网工程，完成57个村的线路施工。完成高清演播室验收及使用培训工作。新闻节目实现高清演播室实景区录制，推进高清播出系统项目前期调研、设计论证、选址及机房装修预算等工作。积极协调推进南山广播电视无线覆盖转播站配套道路建设，10月14日工程竣工。完成南山值守人员引水上山后续工程。努力做好广播电视“村村通”维修和无线覆盖转播站维护工作，完成62个村的小调频无线覆盖工程。

3.广告创收工作保持平衡。虽然受宏观经济影响，流失部分客户，但中心仍千方百计培育新业务增长点，把广告信息填充到节目中，丰富节目内容，满足客户需求，尽可能的令广告收入保持平衡。2013年完成广告创收任务430万元。

三、队伍建设和党风廉政建设

1.着眼于增强党组织的凝聚力战斗力，以“提质增效、聚力发展”为载体，开展主题实践活动。工会、妇委会、团总支联合开展了“节目质量与我的关系”大讨论和“强意识，保安康”登山活动。组织干部职工收看北京电视台《正道沧桑——社会主义500年》电视专题片，参加区“崇尚科学，反对邪教”100题知识竞赛活动。认真组织学习党的十八大精神及区委四届四次会议精神。此外，还有针对性的开展理论学习与业务培训，全年共举办无线发射机维护与使用、小高清摄像机使用、高清演播室的有效运用、公文知识写作等各类培训班近30期，培训人员480人次。

2.深化党建创新活动，开展“组织生活联过、支部生活联搞、党员教育联动”的“三联”活动。以支部为单位，组织党员进社区、进企业、进乡村。最大程度利用双方的党建资源，推动基层党建创新活动。一支部、三支部先后与北广科技营销支部、北京电视台总工办党支部联合开展共建活动，参观渤海镇庄户村小调频试点、新农村建设以及关注南山转播站工程进展。工作中涌现出一大批爱岗敬业、无私奉献的先进分子。播出部副主任金志达获怀柔区“五一劳动奖章”和北京电台评选的“北京榜样”荣誉称号。

3.认真贯彻落实党风廉政建设责任制，党政“一把手”做到了“五个亲自”，班子副职做到了的“三个抓好”制度。层层签订了《党风廉政建设责任书》《重点工程廉洁保证书》和《科级干部廉政承诺书》；结合单位实际制定《广电中心改进工作作风、密切联系群众的实施意见》，制定《党政“一把手”四不直接分管实施细则》，按照决策权、执行权、监督权相互协调、相互制约的原则，对班子成员重新进行了分工，围绕人、财、物和重点岗位，绘制权力运行图，编制职权目录，查找出12个风险点，制定30项防控措施。

4.认真贯彻落实中央八项规定要求，2013年中心“三公经费”支出比2012年同期有了大幅度降低，文风会风有了明显改观，“短、实、新”报道和“多会合一”成为常态。

（北京市怀柔区广播电视中心）

北京市昌平区广播电视中心概况

昌平区广播电视中心成立于2001年10月。前身是昌平县广播站、昌平县人民政府广播科、昌平县广播电视局、昌平区广播电视局。拥有昌平人民广播电台、昌平电视台和昌平广播电视网。

2013年主要工作：

一、紧密围绕全区中心工作，发挥舆论正能量

紧密围绕全区工作大局，共采编制作《昌平新闻312期，采编制作新闻2800余条。其中时政新闻占播发新闻总量的45%；经济、社会民生及生活服务资讯类新闻占播发新闻总量的55%；采编制作各类专题栏目15档，共计1050期。

1.昌平电视台在《昌平新闻》中全力打造主题性新闻系列报道23部。其中为配合全区深度转型的发展思路，先后推出了《聚焦深度转型——记者镇街行》和《聚焦深度转型——产城融合发展》两个系列报道；为配合昌平区第五次优秀社会主义建设者评选表彰，推出了《筑梦人》等系列报道。此外，在《昌平新闻》中陆续播出了《走基层 转作风 改文风》《公共文明引导员》《我的梦 中国梦》《坚持稳中求进 聚焦深度转型》《寄语新学期》《我的暑期生活》《小物件 大变迁》《创建生态文明户》《劳动者风采》等主题性新闻系列报道。

2.精心打造全新专题节目。其中，昌平电视台开播《环保在线》专题栏目，推出了《昌平的碧水蓝天》系列报道，多角度、多层次介绍环保工作，揭露存在的环境问题，截至12月15日，共播出节目36期。另外《百姓话题》《视角》《时空关注》等栏目，以访谈、专题等形式播出有关环境整治、环境保护的节目共26期；《文明昌平》专题栏目，通过对“身边雷锋”先进个人和团队、生态文明户创建、道德楷模等进行宣传报道，截至12月15日，共播出节目18期。此外，在重要的节日及时间节点上，有针对性地制作播出了相关的专题节目。例如在清明节前后，《视角》和《时空关注》栏目分别就如何用现代时尚的形式祭奠逝者、缅怀先人，为清明节劲吹文明清风等内容作了宣传，起到了良好的社会反响。

3.昌平电视台开播《政声民意》专题栏目，邀请区政府各职能部门负责人走进演播室，与广大群众面对面交流，为民排忧解难。截至12月15日，共播出18期；开播《时空关注》专题栏目，围绕构建和谐社会的主题，将镜头对准与百姓生活息息相关的民生、民众、民事话题，全年共播出365期。

4.为更好地加强生产安全和健康安全的宣传，昌平电视台的《百姓话题》《视角》《走进三农》《时空关注》等栏目就“5·12”防灾减灾日、安全生产月、夏季安全、秋冬季防火安全等做了宣传报道；与区安监局合作开办的《平安昌平》栏目，全年共播出52期；从3月份起，与昌平区疾病预防控制中心联合制作了系列访谈节目《百姓话题——健康昌平》，邀请区疾控中心的专家做客演播室，截至12月15日已经录制播出“关注肠道传染病”、“关注H7N9型禽流感”等24期专题访谈。此外，全年播出《科技在我身边》栏目52期，介绍与百姓健康生活息息相关的科普常识。

5.昌平电视台圆满完成了区委四届四次全会、区“两会”、首届北京农业嘉年华、环北京职业公路自行车赛、第八届世界数独锦标赛、第二十二届世界谜题锦标赛、亚洲大学生魔术交流大会、第十届苹果文化节等一系列重大活动的宣传报道任务，为全区各项工作的有序开展提供了强大的精神动力和舆论支持。其中为了配合区“两会”召开，派出多路记者奔赴会场进行深度采访，共采访人大代表、政协委员50多人，制作节目12期。《昌平新闻》推出了《迎接区两会》系列报道。

6.做好电台直播筹备工作，架设民生“电波”桥梁。昌平人民广播电台将栏目定位为“新闻、文化、娱乐”三大类型，近30档节目，形成了整点评书、小说，半点文艺、娱乐的节目格局，全天播音16个半小时。此外，积极参与区内大型活动的转播，历时16天、12个时段，共计25小时，完成转播农业嘉年华节目的工作。

7.发挥网站“第四媒体”优势，做好新媒体宣传工作。昌平广播电视网以专题宣传、系列报道为主线，重点穿插一般节日活动报道，形成了较为丰富的宣传模式。截至12月，共编辑、上传视频新闻及专题节目3200余条（期）；录制、编辑、上传音频节目2500余期（组）；转载各类信息2万余条。

二、加大技术升级力度，建设安全播出“桥头堡”

一是完成全台网一期工程建设，总投入1720万元，主要设备包括核心存储设备、高清编辑工作站、专业级高清摄像机、卫星校时时频服务器；二是召开行政村广播调频发射站运维管理现场会，对27个行政村发射站进行维护保养；三是对《昌平新闻》短信互动平台进行更新升级；四是对18套非编工作站进行了高清非编软件升级；五是对网站专业服务器设备进行更新；六是完成电台改造：重建直播间，更换各录音及播出工作站系统。

以安全播出为重点、以技术保障为基础，修订完善安全播出方案，强化信息技术应用。在市广电局组织的防范非法无线广播电视信号插播演练中，中心在寻找非法信号比赛中，取得查找无线电视、广播信号两个第一。

三、大力加强队伍建设，为广电注入新鲜血液

一是秉承公开、公正、择优的原则，经过面试、笔试、才艺展示，择优录取了业务比较全面、有工作经验的33人，充实了广电队伍；二是开展丰富多彩的培训活动，坚持每周五学习制度，邀请相关专家向职工做了高清摄像机培训、“安全生产月”消防知识培训、交通安全培训、新闻写作与摄影技巧相关专题培训、新入职职工军训等多种形式的培训。

打造基层记者站，延伸宣传触角。在系统分析回龙观和天通苑两大社区的基层舆情、受众现状、媒体生态的基础上，兴建了天通苑和回龙观两个基层宣传记者站。

（北京市昌平区广播电视中心）

北京市密云县广播电视中心概况

北京市密云县广播电视中心成立于2001年，前身是密云县广播站、密云县人民政府广播科、密云县广播电视局。拥有密云人民广播电台、密云电视台和密云广播电视台网站。

2013年主要工作：

一、统筹兼顾，新闻宣传水平再上台阶

《密云新闻》推出了《贯彻落实十八大精神——实事惠民》《美丽密云》《精彩密云》《环境建设进行时》《聚焦平安密云》等系列报道。围绕县委、县政府各个时期的中心工作，突出宣传实施密云生态涵养发展区工作方略、建设“红色密云 绿色密云 金色密云”、县重点工程项目、重要会议活动等。《密云新闻》以服务社会、服务百姓为宗旨，把镜头更多的对准百姓，挖掘各类好人好事及深刻内涵，连续报道了“老哥”的故事。将老崔一家人多年来照顾捡来的“老哥”的点点滴滴，以及“老哥”一家人团聚的动人场景完整地呈现给观众。这组报道在北京电视台、中央电视台播出，展示了密云县的文明风尚。

二、深化拓展，专题报道充分发挥广播电视的服务功能

1.政策解读贴近百姓。《事事关心》栏目陆续播出了《特别节目——重拳出击 拆违打非》《看北京落实“八项规定”招招见实》《度过最严交规“不适期”》等系列节目，进一步加大了对各项新出台政策、法规的宣传力度，起到了引领社会、凝聚人心、稳定社会的作用。

2.服务性节目贴近百姓。经济专题栏目《经济一刻钟》采取多种形式拓宽节目选题来源，进一步增加对城市市民经济生活方面内容的报道，增加思辨性、预测性、分析性选题的报道，不断加强针对性和服务性，及时传递最新的经济信息，包括农机推广、种植养殖等农业信息，实实在在地给农民生活带来便利。应百姓需求，精心策划推出了《教育专线》和《疾控在线》两档专题节目，为百姓的日常生活提供了多方面的服务指导，做到节目与公益事业同行、与百姓同行。

3.文化宣传贴近百姓。《檀州大舞台》栏目推出了《密云文化名人录》专题系列节目，从密云文化名人、文化志愿者、生态文化和人文文化等不同视角，展现了密云县文化事业取得的成就、展现密云文化独有的“品味”。

三、整合资源，凸显广播特色和优势，电台、电视台携手发展

按照密云县有线广播“村村响”工程运营管理方案的要求，整合广播资源，发挥广播特色和优势，对节目内容、形式、播出时间进行了适度调整。节目播出由原来早、中、晚分时段播出，改为从6点30分开始播音至23点40分播音结束。全新推出了《休闲密云》《天地一家》《健康时空》等栏目，同时对《法制传真》《教育园地》《我的社区我的家》《三农有约》《密云经济报道》专题栏目进行精心包装，加大了记者采录音响节目比重，每天播出17小时的广播节目。

四、精心策划、打造品牌，宣传成果引人瞩目

制作了《辉煌2012》《希望小镇穆家峪激情活力潮河湾》《清山碧水 京东明珠太师屯》《密云通航产业从这里起飞》《古北口司马台新村建设巡礼》等17部宣传片用文明健康的形象引领社会风尚，全面提升节目的文化品位。《经济一刻钟》《檀州大舞台》《科普直通车》栏目和《水库五十载 一曲大鼓书》《奉献之歌》《养殖能手成为我市首位农民“碳汇”购买者》分别获“2010年—2012年度北京市广播影视奖”优秀作品；系列报道《老哥的故事》获北京电视台一等奖，《观鸟日记记录生态变迁》在北京台1套分上下集播出，同时被北京台多个频道转播；在北京广播电视奖评比中，新闻专稿《党是农民的主心骨》获二等奖，长消息《农民也能参政议政了》获三等奖。向市台、中央台投稿124篇，新闻采用率大幅提高，仅第一季度就有39条新闻报道在北京电视台新闻频道的各档栏目中播出。

五、立足长远，夯实事业基础，建设工作稳步前行

进一步规范播出机构和网络传输机构安全管理，推行ISO9001安全播出管理体系，保障白土沟转播站和行政村无线发射站点各项安全播出工作，进一步完善了《对应突发事件保

障安全播出》《防汛工作方案》等各项预案、方案。实现了广播电视安全监管规范化、科学化、常态化，确保各系统安全工作落实到位。

六、完善机制，做好队伍建设管理和后勤服务保障工作

充分发挥党组织和群团组织作用，积极开展争创先进基层党组织、学雷锋献爱心、帮村扶户等活动。围绕事业发展和行业特点，组织形式多样，内容多彩社会活动和文体活动，加强干部职工业务培训，大力推进争创“名记者、名编辑、名播音员、名栏目”工程。“请进来、走出去”，内外培训两面抓；建立四级评分制度提升新闻质量；聘请社会监督员对广播电视节目质量和行风建设进行监督；八项评优制度激发团队活力。是用环境凝聚人才、用机制激励人才、用人才保障精品、用人才推出品牌。

（北京市密云县广播电视中心）

北京市延庆县广播电视中心概况

北京市延庆县广播电视中心的前身是延庆县广播站，始建于1958年。2001年成立延庆县广播电视中心。拥有延庆人民广播电台、延庆电视台、延庆县电视转播站、延庆县广播电视记者站、延庆县广播电视服务部。

2013年主要工作：

一、对内宣传凝神聚力重点突出

《延庆新闻》全年制作节目324期，总时长5000余分钟，播发本台新闻近3000条，通联稿件1000余条次。制作各类专题片30余个。《生活全方位》共播出150期，播发社会新闻与专题报道1000余条。电台从每天6:30—22:10共16.5小时不间断播出。中心联办节目共播出节目244期，共计发布服务信息992余条。延庆广播电视网及时更新《延庆新闻》1200条，《生活全方位》640条，访问量已达459642人次。

1.学习宣传贯彻落实党的十八大精神。在电台电视台《延庆新闻》节目中开设“学习宣传贯彻落实党的十八大精神”系列报道。

2.围绕县委政府重点工程加大新闻报道力度，主要有以下几个方面：绿色岗位惠民、绿色发展富民（有机农业、新能源环保产业），重要亮点工作：平原造林、丰富多彩的群众文化活动、具有延庆特色的城镇化建设，围绕绿色发展大事开设专栏，在《延庆新闻》中开设“走近世葡会”专栏，设立倒计时100天宣传牌；配合世界地质公园申办工作，开设专题节目《我家住在世界地质公园》；在《延庆新闻》节目中开设“百姓直通车”专栏，关注民生，发挥媒体舆论监督职能。一年来，先后报道《我县实施平原造林2.6万亩　造林面积居全市首位》《依托独特山水资源　珍珠泉乡全力打造珍珠山水秀美风光》等全县重点工程120余条次。

3.“走转改”教育实践活动一举多得。新闻科、专题科以及延庆电台三个科室联手打造“中国梦　妫川行”记者走基层大型系列报道。已有八个小组三十余名记者入驻香营、珍珠泉、刘斌堡、旧县、千家店、四海、八达岭、永宁、张山营9个乡镇，走村入户，贴近群众，观察基层的发展变化，倾听百姓的细微声音，感悟一线的酸甜苦辣，撰写“记者手记”，采制了《站台小天地　文明大舞台》《长城“卫士”》《小山村里的“年轻人”服务队》等一大批有深度有分量的新闻报道近200条次，分别在两台新闻节目和《生活全方位》中播出。

4.《生态文明大家拍》得到了社会的广泛参与。大家纷纷通过手中的手机，照相机和DV记录下自己身边发现和发生的事和人，每期《生活全方位》都有群众自己拍摄的DV新闻与观众见面，先后有116篇DV新闻登上荧屏。

5.在《生活全方位》节目中增设“百姓大舞台”栏目，为群众提供一个展示才华的舞台，成功录制了8场，已有123组文艺爱好者走上了梦想舞台。还策划录制播出了大学生村官专场和部队专场，这些专业化的表演提高了文艺节目的档次和艺术水平。

6.推出“中国梦”板块。采访对象涉及各个年龄各行各业，他们用直抒胸臆的方式，说出自己的梦想，以及对中国梦的理解，对美丽延庆的热爱。作品在《延庆新闻》节目中作为开放式结尾展播。

7.从1月份开始，电视台每天播出MTV《北京画廊》9次，持续不断的播出，取得了良好的效果。

8.“聚焦美丽延庆”摄影大赛展现延庆之美。与延庆摄影协会联合主办这个栏目，旨在用群众的眼睛发现和表现延庆的美。优秀摄影作品在《延庆新闻》中目前已播出600余幅。

9.围绕县委县政府的中心工作，加大对外宣传的力度，通过与北京电视台等部门积极协调合作，在北京电视台《北京新闻》《北京您早》《晚间新闻报道》《周末好去处》等9档栏目中，先后播发“延庆迎今夏最大降雨”、“享受免费一条龙　延庆骑游成规模”、“又到一年端午节　传统民俗唱主角——延庆放河灯祈福”等新闻共计100余条次。

二、以党风政风行风建设为重点，着力提高队伍素质，推进广电形象再提升着力

1.结合工作实际，细化“改进作风年”实施意见和方案，建立领导小组和专门工作机构，对执行《改进作风年》活动情况进行督查，进一步对重要岗位廉政风险防控管理。扎实推进党务公开工作，全面推进权力公开透明，推进惩治和预防腐败体系建设，提高社会满意度。

2.加强业务培训，提高队伍素质水平。对全体工作人员采取多种方式进行业务培训。邀请专家来中心讲课，派编辑记者到上级台站学习培训，组织中心内部资深摄像记者进行摄像技术知识、新闻采访培训，提升业务水平。同时，在任务量排名公示的基础上实行的“首席记者制”。

3.建章立制，充分调动干部职工工作积极性。建立指纹考勤系统，实行上下班打卡制度，制定人员平时考核工作方案，设计《履职手册》和《量化评分标准》。5月对12名科级干部进行了轮岗。

三、抓好安全生产，确保安全播出工作

一是加强对干部职工的安全教育，促使人人讲安全，天天讲安全，进一步增强干部职工做好安全生产工作的紧迫感和责任感。二是加强对安全隐患的清理排查。对整个办公区域彻底进行了一次消防安全大检查，对存在有安全隐患的部位，切实制定整改方案，积极堵塞安全漏洞。7月11日下午，组织全体员工在单位院内开展了全员消防演习活动。提高了员工安全防范意识，增强自我保护能力，掌握面对突发火灾的应变、逃生技能。三是加强值班监控的防范措施。严格执行值班制度，有效避免失窃及其他安全事故发生。同时，组织技术人员对播出设备进行了一次大检修，要求播出人员严格按规程操作，认真监视、监听图像和伴音质量，保证节目完整、准确，不错播、漏播。全年共维护维修播控、发射设备300余台次，确保了广播电视节目的安全播出。全年电视无线安全转播20542.75小时，广播无线安全转播12829小时，电视安全播出16974.25小时，广播安全播出5381小时。底飞字幕输入编辑播出上千条。

（北京市延庆县广播电视中心）

频率频道

2013年北京市属广电机构频率频道设置情况

北京人民广播电台频率一览表

频率名称	开办时间	播出时间	主要节目栏目设置	新增栏目
新闻广播 FM100.6 AM828	1993年 3月1日	0：00— 24：00	《健康有约》 《新闻晨报》 《新闻热线》转播中央人民广播电台 《新闻和报纸摘要》 《北京新闻》 《气象服务》 《新闻大视野》 《资讯早八点》 《整点快报》 《夹叙夹议》 《议政论坛》 《生态北京》 《警法在线》 《记者视线》 《话里话外》 《新闻天天谈》 《大城小事》 《新闻2013》转播中央电视台 《新闻联播》 《纪实广播小说连播》 《世界纵览》 《新闻故事》	《看世界》 《照亮新闻深处》
城市服务管理广播 FM107.3 AM1026	2005年 3月1日	5：00— 次日0：00	《健康加油站》转播中央人民广播电台、《新闻和报纸摘要》 《七点早新闻》 《市民热线》 《城市零距离》 《安全新干线》 《健康加油站》 《问城时间》 《京城帮帮团》 《社区大舞台》 《1073法律调解室》 《茶余饭后话北京》 《老年之友》 《都市生活汇》 《中国财经60分》 《财富星空》	《家家会生活》 《慧眼识真相》
故事广播 AM603	2009年 1月1日	5：00— 次日0：30	《健康晨曲》 《故事大全》 《知识开讲》 《阳光茶园》 《笑谈古今》 《纪实传奇》 《品读时分》 《读史有学问》 《长书天地》 《娱乐档案》 《人物空间》 《快读时刻》 《今晚拍案》 《故事恳谈会》 《读书俱乐部》 《夜相伴》 《评书大连播》	

续 表

频率名称	开办时间	播出时间	主要节目栏目设置	新增栏目
体育广播 FM102.5	2002年 1月1日	0：00— 24：00	《健康绿洲》 《体育新世界——雄鸡唱晓》 《体育新闻》 《广播体操》 《1025体育纵横》 《数码天下》 《时尚玩家》 《体育新世界——喜鹊登枝》 《百姓健康大讲堂》 《饭点儿说吃》 《体育新世界——金戈铁马》 《体坛夜话》 《星光体育》 《今夜私语时》	《1025动生活》
音乐广播 FM97.4	1993年 1月23日	0：00— 24：00	《美丽清晨》 《记忆的唱片》 《先听为快》 《歌飞扬》 《边走边唱》 《带你聆听》 《永恒的魅力》 《古典也流行》 《欧美音乐杂志》 《午后大道东》 《全球华语歌曲排行榜》 《我的音乐生活》 《就听好歌不听话》 《中国歌曲排行榜》 《爱得更久点》 《国家大剧院》 《男左女右》 《特别创意》 《零点乐话》	《光影传奇》
文艺广播 FM87.6	1994年 4月1日	0：00— 24：00	《午夜拍案惊奇》 《子夜柔情》 《今晚我们说电影》 《天天向上》 《评书连播》 《养生之道》转播中央人民广播电台、《新闻和报纸摘要》 《空中笑林》 《早安北京》 《天下行》 《幽默集装箱》 《健康乐园》 《评书演义》 《笑语欢歌》 《快乐超级旅行》 《小说连播》 《音乐一线牵》 《新音乐风暴》 《娱乐72变》 《白话文艺》 《戏迷乐》 《开心茶馆》 《吃喝玩乐大搜索》 《环球旅行家》 《爱星满天》 《876资讯》 《演艺群英会》 《说学逗唱》 《话说天下》 《广播剧场》 《知道不知道》	《艺海藏家》

续 表

频率名称	开办时间	播出时间	主要节目栏目设置	新增栏目
交通广播 FM103.9	1993年 12月18日	0：00— 24：00	《谜幻时空》《长书连播》 《1039环球音乐航班》 《娱乐大篷车》《音乐旅途》 《一笑堂》《激情岁月》 《1039新闻早报》《交通新闻》 《交通新闻热线》《一路畅通》 《欢乐正前方》《汽车天下》 《警法时空》《旅途》 《警官出行提示》《百姓TAXI》 《1039交通服务热线》 《音乐来了》《行走天下》 《新闻直通车》《蓝调北京》 《1039都市调查组》 《徐徐道来话北京》 《有我陪着你》《1039新闻时刻》	《新闻12点》
外语广播 AM774	2004年 9月17日	6：00— 24：00	《北京英语水平考试系列辅导讲座》 《环球30分》《留学时间》 《感受北京》《英语广播剧场》 《咚咚腔儿》《私房拷贝》 《英语PK台》《名师在线》 《听世界》《小鬼当家》 《英语学习机构合办节目》 《东京音乐广场》《趣味青春英语》 《英语广播剧场》 《澳大利亚广播英语》	《地道英语》
爱家广播 AM927	2009年 1月18日	5：30— 24：00	《任仁好爱范美丽》 《我和健康有个约会》 《健康喜来乐》《快乐合家欢》 《宝贝计划》《装点好生活》 《家里家外》《爱家静夜思》 《毛毛狗的故事口袋》	《成长家训》 《为爱牵手》 《爱家超链接》

续 表

频率名称	开办时间	播出时间	主要节目栏目设置	新增栏目
有线教学广播 FM99.4	2002年 1月1日	6：00— 24：00	《现代汉语》(一) 《现代汉语》(二) 《现代汉字学》 《现当代文学专题研究》 《中国现当代文学名著选讲》 《古代汉语》 《汉语专题2》 《比较文学概论》 《美学专题》 《逻辑学》 《经济应用文写作》 《外国文学》 《非言语交际》 《唐诗宋词选讲》 《老年科学健身》 《老年心理》 《中国古代文学》(上) 《中国古代文学》(下) 《广告经营》和《中国近现代史》 张道真《自学英语》(第一 二 三 四册) 《每日一招说英语》 (10分钟 25分钟) 《空中英语教室》 (初级版 中级版) 《学英语话文明》 《英语300句》 《日语300句》 《德语300句》 《法语300句》 《俄语300句》 《法律知识讲座》 《英语快行线》 《英语2008》	
有线古典音乐广播 FM98.6	2002年 5月1日	0：00— 24：00	《钢琴世界》 《华夏神韵》 《新CD橱窗》 《HIFI时间》 《POPS音乐》 《听室内乐》 《现场魅力》 《交响空间》 《歌舞剧场》 《历史回眸》 《精品收藏》	
有线通俗音乐广播 FM97.0	2002年 5月1日	0：00— 24：00	《柔情主义》 《极限失真》 《另类空间》 《Hot—Pop》 《Rock八九十》 《老歌也疯狂》	
长书广播 FM104.3	2002年 5月	0：00— 24：00	《广播剧欣赏》 《经典戏剧故事》 《武林天下》 《言情小说》 《拍案惊奇》 《小说连播》 《精品小说》 《诺贝尔获奖小说》	
有线戏曲曲艺广播 FM105.1	2002年 5月	0：00— 24：00	《长安大戏院》 《梨园金曲》 《评剧大观园》 《戏剧空间》 《电影录音剪辑》 《空中曲苑》 《地方戏》	

续 表

频率名称	开办时间	播出时间	主要节目栏目设置	新增栏目
欢乐时光广播 FM106.5	2006年9月6日	6:00—24:00	《欢乐无限》《纪实广播小说连播》《幽默集装箱》《娱乐大篷车》《迷幻时空》《百年笑声》《欢乐故事》《娱乐档案》	
怀旧金曲广播 FM107.5	2006年9月6日	6:00—24:00	《经典走四方》《旧单车老情歌》《下一站的回味》《金曲无终点》《音乐在旅途》	

北京电视台频道一览表

频道名称	开办时间	播出时间	主要节目栏目设置	2013年新增节目栏目
BTV北京卫视	1979年5月16日北京电视台开播。2012年1月1日起综合频道标识由“BTV北京”变更为“BTV北京卫视”	06:00—次日06:00	《养生堂》《今日京华》《档案》《身边》《好人故事》《全景对话》《天下收藏》《大戏看北京》《杨澜访谈录》《我是大医生》《我爱中国味》《一起唱吧》《最美和声》（第一季）《光阴》	《杨澜访谈录》《我是大医生》《我爱中国味》《一起唱吧》《最美和声》（第一季）
BTV文艺	1988年12月30日开播	06:00—次日02:00左右	《每日文娱播报》《文娱午报》《笑动2013》《我爱我家》《光荣绽放》《影视风云》《星夜故事》《我家有明星》《春妮的周末时光》《欢天戏地》《文化之约》《古典也流行——国家大剧院周末音乐会》《脱口而出》《音乐风云榜》《最佳现场》《8090说相声》《周末喜乐汇》《笑星撞地球》《今晚80后脱口秀》	《春妮的周末时光》《8090说相声》《周末喜乐汇》《笑星撞地球》《今晚80后脱口秀》

续 表

频道名称	开办时间	播出时间	主要节目栏目设置	2013年新增节目栏目
BTV科教	1999年12月27日开播，其前身为1993年11月1日 开播的以教学节目为主的二十七频道	06:00—次日02:00左右	《法治进行时》《庭审纪实》《大家说法》《现场说法》《第三调解室》《健康北京》《非常记忆》《非常说名》《非常向上》《非常夫妻》《非常接触》《非常父母》《应急》（后改名《非常时刻》《虎口脱险》）《直通科考站》《文化大家》（曾用名《大讲堂》）《晚晴》《我爱中国节》《警法目录》《新纪录》（曾用名《非常时空》等）	《应急》（后改名《非常时刻》《虎口脱险》）《直通科考站》（原《魅力科学》改版）《我爱中国节》
BTV影视	1992年5月4日开播	06:00—次日06:00	无	
BTV财经	2001年7月1日开播	06:00—次日02:00左右	《天下财经之盘面分析》《天下财经之投资者说》《首都经济报道》《经济法眼》《经济法眼之法眼看剧》《经济法眼精编》《财富故事》《理财》《理财特别节目之无底价拍卖》《谁在影响我》《财经锋汇》《成长在北京》《数说北京》《问鼎世界》《拍宝》《财高八斗》《一周财经综述》《财富晚间道》	《财高八斗》
BTV体育	1986年12月30日开播	06:00—次日06:00	《天天体育》《体坛资讯》《足球100分》《节节高升》《体育议起来》《体坛荟萃》《快乐健身一箩筐》《体坛荟萃——篮球风情》《赛事转播》《足球·家》	

续　表

频道名称	开办时间	播出时间	主要节目栏目设置	2013年新增节目栏目
BTV生活		6:00—次日2:00左右	《食全食美》　《美食地图》 《生活2013》　《生活面对面》 《生活调查》　《大城小事》 《生活+》《生活实验室》 《咱爸咱妈的美好时代》 《时尚装苑》　《北京话话北京》 《四海漫游》　《我爱我车》 《幸福厨房》　《健康生活》 《快乐生活一点通》 《快乐周末》　《魅力周末》 《选择》　《生活广角》	
BTV青年	前身为2002年1月1日开播的BTV青少频道。2012年1月1日起调整为青年频道，频道标识变更为“BTV—青年”	6:00—次日2:00左右	《军情解码》　《北京客》 《北京青年》　《书香北京》 《SK状元榜》　《最强阵容》 《青春风格汇》　《青年探秘者》 《青年公益》　《青年榜样》 《谁在说》　《探索》 《青年电影手册》	
BTV新闻	前身为2003年1月1日开播的BTV公共频道。于2011年1月1日推出BTV公共·新闻频道。2012年1月1日起调整为新闻频道，频道标识变更为“BTV—新闻”	6:00—次日2:00左右	《红绿灯》　《红绿灯早间直播》 《京郊大地》（后更名为《美丽乡村》）　《这里是北京》 《北京新闻》　《北京您早》 《晚间新闻报道》　《特别关注》 《新闻热线》　《都市晚高峰》 《锐观察》　《有话就说》 《本周锐评》　《环球时评》 《北京新发现》　《都市阳光》 《人才》　《北京议事厅》 《消费观察》　《党建进行时》 《新闻手语》　《直播北京》 《怎么看》	《党建进行时》 《怎么看》

续 表

频道名称	开办时间	播出时间	主要节目栏目设置	2013年新增节目栏目
BTV卡酷少儿	2004年9月10日开播动画频道。2007年1月1日更名为卡酷动画卫视。2012年1月1日调整为卡酷少儿频道，频道标识变更为“BTV卡酷少儿”	06:00—次日06:00	《幼乐园》《豌豆镇》《闪天下》《男生女生GO》《和自己对话》《卡酷全卡通》《十分开心》《七色光》《谁敢挑战小学生》	《谁敢挑战小学生》
纪实频道	前身为2008年7月30日正式播出的奥运高清频道。2011年7月1日全新推出纪实高清频道。2013年7月，正式更名为“北京电视台纪实频道”	6:00—次日2:00（2013年3月30日开始）	《剧苑》《影事》《昨天的故事》《口述》《全景》《全纪实》《全纪实人物版》《纪录360》《玩转地球》《人文地图》《纪录片影院》	《纪录360》《玩转地球》《人文地图》《纪录片影院》
长城平台北京电视台频道（国际频道）	2004年10月1日开播	每天首播7.22小时24小时滚动播出。	以自制节目为依托，精编具有首都特色和文化品质的各类优秀节目，涵盖资讯 文化 生活 旅游 科技 娱乐等类别。如每天50分钟《北京新闻》国际版	新增编辑类节目《档案》《军情解码》《大戏看北京》《拍宝》《春妮的周末时光》等

北京北广传媒数字电视有限公司频道一览表

频道名称	开办时间	播出时间	主要节目栏目设置
北京之窗主频道	2009.4.30	17:00—17:00	“公益北京”系列节目： 《公益播报》《爱心公益行》 《真情手递手》《彩讯及时通》 《彩票大家玩》《彩票收藏》 《Q逗彩票》 “善聚公益”北京首届公益梦想电视大赛等 “生活资讯”系列节目： 《美食汇》《玩乐集》 《演艺罗盘》
北京之窗首都政务频道	2009.4.30	17:00—17:00	《科技生活》《数说北京》 《健康播报》《百姓就业》
美食特惠（图文栏目）	2010.5.1	17:00—17:00	《美食汇》视频节目的同步图文刊播，推荐热点餐厅，发布美食优惠资讯
旅游精选（图文栏目）	2010.5.1	17:00—17:00	《玩乐集》视频节目的同步图文刊播，介绍各大旅行社的优惠游玩路线和京城游玩项目。
福彩开奖（图文栏目）	2010.9.15	17:00—17:00	福彩公告 北京市福利彩票各个彩种开奖信息
收视指南（图文栏目）	2011.2.18	17:00—17:00	“公益北京”系列节目介绍及收视提示
京视剧场（有线）	2003.9.1	14:00首播8小时，全天24小时轮播	
爱家购物（有线）	2003.9.1	21:00首播24小时，全天24小时轮播	《健康桥》《时尚轩》
动感音乐（有线）	2003.9.1	21:00首播4小时，全天24小时轮播	《华语至尊地带》《谁比我原创》
车迷频道（有线）	2003.11.1	21:00首播5小时，全天24小时轮播	《八卦车坛》《汽车影院》
考试在线（有线）	2003.11.1	16:00首播8小时，全天24小时轮播	《学习法》《高考易错题解析》
优优宝贝（有线）	2004.1.1	21:00首播5小时，全天24小时轮播	《第一宝贝》 《贝因美全球育儿咨询》
四海钓鱼（有线）	2004.1.1	21:00首播4小时，全天24小时轮播	《渔我同行》《游钓天下》
弈坛春秋（有线）	2005.3.18	21:00首播4小时，全天24小时轮播	《美嘉围棋时间》《尖峰对决》

续 表

频道名称	开办时间	播出时间	主要节目栏目设置
环球旅游（有线）	2005.4.8	21:00首播4小时，全天24小时轮播	《魅力世界》《环球览胜》
新娱乐（有线）	2005.7.22	21:00首播4小时，全天24小时轮播	《影视风云榜》《音乐风云榜》
置业（有线）	2005.7.28	21:00首播4小时，全天24小时轮播	《楼市大盘点》《完全装修手册》
戏曲广播（有线）	2003.11.1	全天	《评述联播》《梨园金曲》
爵士音乐广播（有线）	2003.11.1	全天	《爵士经典》《爵士列车》

北京北广传媒移动电视有限公司频道一览表

频道名称	开办时间	播出时间	主要节目栏目设置	2013年新增节目栏目
北广传媒移动电视	2004年5月28日	5:58—23:00	《整点播报》 《路况直通车》——路况直播 《今天提示》 《法制进行时》 《环球财讯》 《剧情推动力》 《北京空气质量播报》 《绿动北京》 《畅行北京》 《百姓就业》 《96310纪事》 《一路同行》 《网事》 《国家大剧院》 《教育新闻》 《乐影磁场》 《环球影讯》 《我家有明星》 《演艺罗盘》 《我的工会我的家》 《中歌榜》 《棒球周刊》 《十分开心》 《体育新闻》 《新华A股收评》 《饭饭团》	《三分钟美食》 《环保达人》 《宝宝团》

北京北广传媒城市电视有限公司频道一览表

频道名称	开办时间	播出时间	主要节目栏目设置	2013年新增节目栏目
北广传媒城市电视	2005年8月1日	6：59—22：00	《城市播报》《体育新闻》 《环球财讯》《今天》 《演艺罗盘》《城市之家》 《我的工会我的家》 《百姓就业》《教育新闻》 《96310纪事》《法制进行时》 《我家有明星》《每日文娱》 《路况直通车》 《剧情推动力》	《环保达人》 《新闻万花筒》 《新闻大考场》 《图览天下》 《光影大视界》

北京北广传媒地铁电视有限公司频道一览表

频道名称	开办时间	播出时间	主要节目栏目设置	2013年新增节目栏目
北广传媒地铁电视	2010年8月10日	5：00—23：30	《新闻地铁报》（一） 《新闻地铁报》（二） 《新闻地铁报》（三） 路况播报—《移动直通车》 《新闻地铁报—体育》 《美食0换乘》《潮流现场》 《国家大剧院》《光影随行》 《中歌榜》《环球影讯》 《美丽俏佳人》《超级访问》 《音乐风云榜》《娱乐现场》 《最佳现场》《微电影》 《剧情推动力》《小羊肖恩》 《请您欣赏》《环球财讯》 《新华A股收评》《生活一点通》 《十分开心》《军情解码》 《评影不离》《地铁春天》	《评影不离》 《地铁春天》

2013年区县广电机构频率频道设置情况

北京市朝阳区广播电视新闻中心频率频道一览表

频道名称	开办时间	播出时间	主要节目栏目设置	2013年新增节目栏目
BTV新闻频道朝阳时段		首播19：30—21：00；重播次日7：30—9：00 12：30—14：00	《朝阳新闻》《一周新闻综述》《朝阳名师讲堂》《走进朝阳教育》《郎威平说》《幸福2+1》《爱车空间》	
朝阳801数字频道	2007年8月	6：00—24：00	《朝阳新闻》《一周新闻综述》《和谐在线》《朝阳名师讲堂》《人口视窗》《聚焦电子城》《地税你我他》《迈向城市化》《走进朝阳教育》《郎威平说》《爱车空间》《幸福2+1》《同在蓝天下》《陪你逛街》《与法同行》	

北京市海淀区新闻中心频率频道一览表

频道名称	开办时间	播出时间	主要节目栏目设置	2013年新增节目栏目
BTV新闻频道海淀时段	2003年1月	首播19：30—21：00；重播次日7：30—9：00 12：30—14：00	《海淀新闻》《海淀教育》《城管视点》《海淀1时间》《红盾时空》《健康海淀》《人口与家庭》《火线》《中国书画鉴赏》《警方在线》《海检播报》《陪你逛街》《消费向导》《文明海淀》《自在海淀》	

续 表

频道名称	开办时间	播出时间	主要节目栏目设置	2013年新增节目栏目
海淀802数字频道	2009年6月	每天早6：30—晚24：30共18个小时	《海淀新闻》《海淀1时间》《海淀教育》《警方在线》《中国书画鉴赏》《影视界》《明天成长》《文明海淀》《法治中国》《中华弟子规》《健康第一线》《郎咸平说》《环保前线》《全民健身舞》《时尚汇》《时尚健康》《乖乖姐姐讲故事》	《中华弟子规》《乖乖姐姐讲故事》

北京市丰台区广播电视中心频道一览表

频道名称	开办时间	播出时间	主要节目栏目设置	2013年新增节目栏目
BTV新闻频道丰台时段	2003年1月	首播 19：30—21：00 重播次日 7：30—9：00 12：30—14：00	《丰台新闻》《聚焦丰台》《人大在线》《政协视窗》《情系银龄》《丰台警方》《丰台教育》《花卉与文化》《成长的天空》《真情零距离》《清风苑》《人口与家庭》《军民一家亲》《丰台经济报道》《幸福生活大讲堂》等	《军民一家亲》《丰台教育》
丰台803数字频道	2009年11月	首播 19：30—00：55 重播次日 6：30—19：30	《丰台新闻》《聚焦丰台》《人大在线》《政协视窗》《清风苑》《真情零距离》《丰台警方》《丰台教育》《丰台故事》《情系银龄》《成长的天空》《花卉与文化》《人口与家庭》《丰台经济报道》《幸福生活大讲堂》《军民一家亲》《法制中国》《环保前线》《金碟时尚》《影视剧场》《移山》等	《军民一家亲》《丰台教育》

北京市石景山区广播电视中心频率频道一览表

频道名称	开办时间	播出时间	主要节目栏目设置	2013年新增节目栏目
BTV新闻频道石景山时段	2002年12月20日	首播 19：30—21：00 重播 7：30—9：00 12：30—14：00	《石景山新闻》《记者视线》《新闻盘点》《生活与信息》《走进演播室》《艺海星光》《教育新视线》《法治聚焦》《娱乐者》《人口视窗》《政协之窗》《区县风采》	
石景山804数字频道	2009年11月9日	6：00—24：00	《石景山新闻》《记者视线》《新闻盘点》《生活与信息》《走进演播室》《艺海星光》《教育新视线》《法治聚焦》《娱乐者》《人口视窗》《政协之窗》《百姓明星》《804影视剧场》《环保前线》《健康第一线》《法制中国》	《工商视点》《石景山服务》《少图花苑》《百姓DV》《未解之谜》《挑战名人墙》

北京市门头沟区广播电视中心频道一览表

频道名称	开办时间	播出时间	主要节目栏目设置	2013年新增节目栏目
BTV新闻频道门头沟时段	2002年12月20日	首播 19:30—21:00 重播次日7:30—9:00 12:30—14:00	《门头沟新闻》《视点关注》《信息高速路》《相约健康》《电视门诊》《京西科技》《京西人口》《工商在线》《永定河文化》	《走遍门头沟》《法制一刻》《廉政经纬》《政法时空》

北京市房山区广播电视中心频率频道一览表

<table>
<tr><th>频率频道名称</th><th>开办时间</th><th>播出时间</th><th>主要节目栏目设置</th><th>2013年新增节目栏目</th></tr>
<tr><td>房山人民广播电台FM107</td><td>1989年9月</td><td rowspan="2">6:00—24:00</td><td rowspan="2">《房山新闻》《FUNHILL时间》
《生活广场》《早安随身听》
《乐动乐轻松》
《天气早知道》《乐活书场》
《体坛快讯》《今天看世界》</td><td rowspan="2">《财经资讯》
《生活驿站》
《音乐好推荐》</td></tr>
<tr><td>房山人民广播电台FM96.9</td><td>2010年7月</td></tr>
<tr><td>BTV新闻频道房山时段</td><td>2003年1月</td><td>7:30—9:00
12:30—14:00
19:30—21:00</td><td>《房山新闻》
《法制与生活》
《健康一点通》
《都市生活》</td><td>《今日关注》
《funhill面对面》</td></tr>
</table>

北京市大兴区广播电视中心频率频道一览表

<table>
<tr><th>频率频道名称</th><th>开办时间</th><th>播出时间</th><th>主要节目栏目设置</th><th>2013年新增节目栏目</th></tr>
<tr><td>大兴人民广播电台频率FM98.6</td><td>1995年1月</td><td>6：25—24：00</td><td>转播中央台和北京电台新闻
《健康与生活》
《这里是大兴》
《娱乐大排档》
《选我喜欢》《资讯BBS》
《播客王国》
《情感魔方》《夜故事》
《评书》等</td><td></td></tr>
<tr><td>BTV新闻频道大兴时段</td><td>2003年1月</td><td>首播
19：30—21：00
重播次日
07：30—09：00
12：30—14：00</td><td>《大兴新闻》《女子别动队》
《爱我新区大讲堂》
《镇街采风》《天天剧场》
《经典剧场》
《社会·大兴——社会关注、经济直通车、医林医道》等</td><td></td></tr>
</table>

北京市通州区广播电视中心频率频道一览表

频率频道名称	开办时间	播出时间	主要节目栏目设置	2013年新增节目栏目
通州人民广播电台FM107.7	1991年12月	6:20—次日01:00	《通州新闻》《走进中年》《靖楠心语》《华彩通州》《运河泛舟》《时尚健康生活》等	《幸福阳光》
BTV新闻频道通州时段	1994年2月	首播 19:30—21:00 重播次日 8:00—9:00 2:30—14:00	《通州新闻》《看通州》《经济生活》《就业保障》《聚焦人口》《健康365》《通州城建》《民政民生》《周末大舞台》《艺术宋庄》等	《小强听说》《经信之窗》

北京市顺义区广播电视中心频率频道一览表

频率频道名称	开办时间	播出时间	主要节目栏目设置	2013年新增节目栏目
顺义人民广播电台频率FM92.9	1998年1月20日	6：25—23：30	转播中央人民广播电台《新闻和报纸摘要》《新闻60分》《燕京书场》《悦耳聆听》《西部往事—广播小说》（首播）《星夜故事》《全球醉IN乐》（直播）《在路上》《新闻60分》《家庭教育大讲堂/人口文化》《越聊越开心》（直播）《京味儿小说》《西部往事—周末版》《百年听书时》《笑谈古今》《新闻60分》《全城都在点》（直播）《大家帮助大家》（直播）《城市心情》（直播）《读书品人生》《健康新生活》《西部往事——广播小说（重播）》	

续 表

频率频道名称	开办时间	播出时间	主要节目栏目设置	2013年新增节目栏目
BTV新闻频道 顺义时段	1994年 9月2日	首播 19：30—21：00 重播次日 7：30—9：00 12：30—14：00	《顺义新闻》《情动绿港》 《顺义时空》《健康有约》 《绿港e站》《是非方圆》 《师说日》《国学动漫城》 《区县风采》《健康班的春天》 《电影藏密》《纪录片》等	

北京市平谷区广播电视中心频率频道一览表

频率频道名称	开办时间	播出时间	主要节目栏目设置	2013年新增节目栏目
平谷人民 广播电台 频率FM89.2	1992年 3月11日	6:30—8:20 11:00—12:00 18:30—19:30	《平谷新闻》《绿谷风采》 《老年文友》《戏曲选粹》 《法制园地》《相声云锦》 《健康》《岁月如歌》《评书》	
BTV新闻频道 平谷时段	2003年1 月1日	首播 19:30—21:00 重播次日 7:30—9:00 12:30—14:00	《平谷新闻》《政府与市民》 《警法在线》《生活周刊》 《旅游新视野》《绿谷农业》 《生活导航》《平谷医疗》 《走进医学》《现代中医》 《药监长廊》《电视剧》等	《绿谷家园》 《健康之窗》

北京市怀柔区广播电视中心频率频道一览表

频率频道名称	开办时间	播出时间	主要节目栏目设置	2013年新增节目栏目
怀柔人民 广播电台 FM101.3	1996年 11月	06:29—15:35 17:29—21:23	《怀柔新闻》《行风热线》 《科普园地》《今日三农》 《快乐游怀柔》《法治时刻》 《文化怀柔》《安全在线》 《文明在身边》《今日三农》 《新视野》《特别报道》 《成长》《健康伴你行》 《音乐无限》《政策导读》 《快乐60分》《故事会》 《空中书场》《生活百事通》 《聚焦国际会都》《健康有约》 《音乐谷》《计划生育》 《明星魔幻秀》《药品边防线》	《生活百事通》 《聚焦国际会都》

续　表

频率频道名称	开办时间	播出时间	主要节目栏目设置	2013年新增节目栏目
BTV新闻频道怀柔时段	2003年1月	首播 19:30—21:00 重播次日 07:30—09:00 12:30—14:00	《怀柔新闻》《生活大观园》《文化怀柔》《安全在线》《文明在身边》《今日三农》《新视野》《健康有约》《绿美怀柔》《怀柔人口》《怀柔环境》《女性时代》《聚焦国际会都》《法治时刻》等 备注：《聚焦国际会都》开播后，《新视野》停播	《聚焦国际会都》《绿美怀柔》

北京市昌平区广播电视中心频率频道一览表

频率频道名称	开办时间	播出时间	主要节目栏目设置	2013年新增节目栏目
昌平人民广播电台FM103.1	1987年7月	6:28—21:32	转播《昌平新闻》《与法同行》《笑口常开》《京剧故事》《汽车音乐时间》《环球旅行家》《电影在歌唱》《今日书场》《音乐忘了时间》《光阴的故事》《耳朵去旅行》等节目	
BTV新闻频道昌平时段	2003年1月	19:30—21:00 7:00—9:00 12:30—14: 00	《昌平新闻》《时空关注》《走进三农》《相约》《真情故事》《百姓话题》《古今昌平》《视角》《法治纪事》	

北京市密云县广播电视中心频率频道一览表

频率频道名称	开办时间	播出时间	主要节目栏目设置	2013年新增节目栏目
密云人民广播电台FM94.1	1989年	6:30—23:30	《密云新闻》《法制传真》《休闲密云》《教育园地》《我的社区我的家》《密云经济报道》《三农有约》《健康时空》《生活广角》《音乐随身听》《评书联播》《广播剧场》《我爱国粹》《娱乐现场》《天地一家》等	

续 表

频率频道名称	开办时间	播出时间	主要节目栏目设置	2013年新增节目栏目
BTV新闻频道密云时段	2003年1月	首播 19:30—21:00 重播次日 7:30—9:00 12:30—14:00	《密云新闻》《事事关心》 《经济一刻钟》《檀州大舞台》 《教育专线》《疾控在线》 《农艺直通车》等	

北京市延庆县广播电视中心频率频道一览表

频率频道名称	开办时间	播出时间	主要节目栏目设置	2013年新增节目栏目
延庆人民广播电台FM 92.8	1997年1月	6:30—22:10	《延庆新闻》《生活导航》 《今日农村》《快乐调频928》 《轻松驿站》《工商进万家》 《大东说消费》《检察在线》 名家讲坛、百家书场 广播剧场、小说连播	《轻松驿站》（改版为《欢乐正能量》）
延庆人民广播电台FM98.8	1997年1月	6:30—22:10	《延庆新闻》《生活导航》 《今日农村》《快乐调频928》 《轻松驿站》《工商进万家》 《大东说消费》《检察在线》 名家讲坛、百家书场 广播剧场、小说连播	《轻松驿站》（改版为《欢乐正能量》）
BTV新闻频道延庆时段	1994年7月1日	19:30—23:30 每天早、中、晚滚动播出三次	新闻类：《延庆新闻》 专题类：《一路平安》 《绿色家园》《妫川说法》 《法庭内外》《金盾之光》 《延庆教育》《卫生新视野》 《检察视点》《水润妫川》 《魅力新农村》 服务类：《天气预报》 《消费风向标》《广告》	无

节目栏目

2013年北京市属广电机构重点节目栏目简介

北京人民广播电台

《整点快报》新闻资讯类栏目。北京电台新闻广播FM100.6、AM828频率2012年7月21日20点播出，时长15分37秒。《整点快报》围绕2012年7月21日北京降下了61年来最大降雨这一事件展开，并进行特别直播，时效性强，反应速度快。作为直播节目，记者连线、录音、文字消息的介绍均是7.21当晚正在发生的新闻。报道围绕暴雨展开，主题鲜明，内容集中。节目播出后，得到了听众来电和来信表扬。该节目获第二十三届中国新闻奖（2012年度）新闻编排一等奖，北京新闻奖三等奖，北京人民广播电台2012年度优秀节目一等奖。责任编辑：亢晓夏；主持人王薇；实习编辑：周丹。

《迎战入冬首场雪　用爱温暖回家路》专题服务类节目。北京电台新闻广播FM100.6、AM828频率2012年11月4日播出，时长6小时30分。2012年11月3日夜间，降雪导致京藏高速大拥堵，延庆与城区交通中断。北京新闻广播打破节目常态，紧急制作了该档特别直播节目。节目始终保持现场连线，即时报道现场情况，呈现了全景式报道。此外，该节目发挥广播优势，引导现场武警及时救助了被困高速路上的一名生病儿童，增添了救人的感人情节。该节目获第二十届中国新闻奖三等奖和中国广播影视大奖。主创人员：北京新闻广播全体人员。

《破解猪肉价格迷局》新闻资讯类节目。北京电台新闻广播FM100.6频率2011年9月播出。该节目从故事切入，把猪肉从养殖源头到百姓餐桌的整个价格形成过程，以百姓语言讲述清楚。记者走访了北京十余家大小养猪场和河北多家养殖场，并多次凌晨前往北京最大的农产品批发市场——新发地，全面调查肉价形成过程，得到鲜为人知的信息，也使报道全面、扎实、客观、可信。节目播出后，受到听众来电和来信表扬。该节目获北京新闻奖二等奖、中国广播影视大奖提名奖。主创人员：席伟航、连新元、刘萤萤、马骏、霍玥。

《新闻热线》新闻资讯类栏目。北京电台新闻广播FM100.6、AM828频率，周一至周日6：10　，时长9分钟（首播）；周一至周日7：25，时长5分钟（重播）。该栏目是北京地区最早的一档通过倾听百姓声音，实现媒体舆论监督的节目。热线记者、编辑根据市民提供的线索迅速赶往现场或联系有关部门调查采访，报道于次日早晨播出。栏目收听率和市场份额在同时段居于前三名。2006年至2010年，该栏目连续三届获北京电台“听众喜爱的名牌栏目”称号；2012年，获北京电台“听众喜爱的优秀栏目”称号；2011—2012年度中国广播影视大奖提名奖。编辑记者：谢先进、郭士荧、秦鲁一、刘畅、高翔、蔡贺涓、吴思、郭倩、弓健、路瑶、左美哲、李天野、陈少阳；主持人：王然、孙佳池、张冰冰、江夏、兆龙、超峰等。

《文化北京万里行》专题服务类节目。北京电台新闻广播FM100.6、AM828频率2012年9月12日至10月7日，在《北京新闻》推出16集录音，在《记者视线》推出7个专题。作为新闻广播“喜迎十八大、记者走基层”的第一批报道，节目组派出15路记者从北京出发，深入上海、深圳、南京等地，并奔赴英国、美国、法国、奥地利、匈牙利等国家，对2012年北京的重大文化盛会、有特色的文化人和文化企业进行长达半年的跟踪采访。“勤于走，善于思”成为该节目的最大亮点。该节目被列入北京广播电视台精品工程，在市委宣传部“走转改”评选中获奖，并获第二十二届北京新闻奖组织策划大奖。项目负责人：林俐；采访记者：唐思萌、贾曼、左天驰、郭雅婧、田甜、刘畅、秦鲁一、霍玥、尚兆民、刘萤萤、章萍、肖佳佳、马骏、韩亮、李独伊。

《大地与坟茔——王宗仁和他笔下的青藏烈士》文学赏析类节目。北京电台故事广播AM603频率2012年12月27日播出，时长25分钟。该节目是对军旅作家王宗仁的长篇散文《大地与坟茔》的广播解读，把文学赏析与作家访谈巧妙融合，播音内容把握准确、生动感人，精湛的音乐选配展现了广播特色，突出了纪实性和欣赏性。播音酒杰、白钢因此作品获2013年度中国播音主持“金话筒”奖及北京广播影视播音作品一等奖。主创人员：关晓松、白钢、酒杰。

《北京的晨练曲》社教类专题节目。北京电台体育广播FM102.5频率2012年3月22日播出，时长10分33秒。随着物质生活日益丰富，北京市民越来越重视身体的锻炼。在北京的各大公园，无论春夏秋冬，每天都有成千上万的人在从事着各种各样的体育锻炼活动。这其中既有跑步、打球等传统活动，同时还有一些蕴含着中国人智慧的新的体育锻炼形式，如跳舞、唱京戏。晨练已经成了北京市民生活的一道风景，成了一个带有时代变迁色彩的缩影。节目从看似平凡的生活图景中发现变化，用最平和的表现手法进行记述和展现，极具广播特色。该节目先后获北京电台2012年“最佳”节目、2010—2012北京市优秀广播影视节目社教一等奖。主创人员：曹力。

《爱的呼唤》综艺类节目。北京电台音乐广播FM97.4频率2012年12月2日播出，时长22分钟。该节目以上海残疾人合唱团在第十一届国际合唱节音乐会上为线索，从多个角度展示残疾人音乐家们对人类作出的重大贡献。他们用音乐诠释多彩的人生，用音乐鼓励人类前行，用真情呼唤着人间的大爱，展示人的尊严，生命的价值。作品中残疾人音乐家波切利、帕尔曼、贝多芬的感人故事扣人心弦，过度巧妙。节目通过一个个典型的极富画面感的音乐、音响和解说描绘了这些残疾人音乐家不朽的艺术形象。上海残疾人合唱团指挥、演员的讲话真实感人，张海迪的发言富有人生的哲理和感悟。丰富的细节使作品波澜起伏，感人肺腑，思想内涵得到升华。该节目在北京电台9个频率播出后，听众们打来电话，纷纷表示他们被残疾人音乐家的故事感动得潸然泪下。该节目获2010—2012年度中国广播影视大奖。主创人员：冯健、张欣、梁言、罗霄笑。

《悲喜评书缘——单田芳的评书人生》综艺节目。北京电台文艺广播FM87.6频率2011年3月6日播出，时长24分59秒。该节目用讲故事的手法记叙一位有传奇故事的评书艺术家。单老的一生命运多舛，他原本对说书这个行当很厌恶，称之为“文明乞丐”，是命运逼迫他走上说书这条路。评书成就了他，也使他在“文革”时尝尽了人间的磨难、屈辱和痛楚，绝望中是评书给他的生活带来了仅有的一丝光亮。整个节目一波三折，跌宕起伏。作品着力在单老历经沧桑之后，奋力“坚守”评书事业上下功夫，用生动的细节，给听众留下深刻的印象。该节目获2011—2012年度中国广播影视大奖。主创人员：张宏、徐北威、陈雅娟。

《另一半中国史》小说连播节目。北京电台文艺广播FM87.6频率、新闻广播FM100.6、AM828频率2012年3月5日开始播出，时长24分/集，共51集。长期以来，中国少数民族历史的通俗文学读物一直难觅踪影，为此，节目组审慎选择了作家高洪雷历时九年创作的《另一半中国史》作为节目题材。该书生动地勾画出中国众多少数民族的历史发展脉络以及对祖国的缔造和发展所作出的巨大贡献。国家民委对该书进行了审读并给予了充分肯定及积极评价；中宣部、中央文明办主办的中国文明网将此书作为“好书”向社会做了推荐。对此书的选编播出，不仅填补了广播长篇连播节目关于少数民族历史的题材空白，并在国家强盛，民族复兴的大背景下，让听众深切感受中华文明的整体辉煌和宏大景观。节目从书中20个章节里遴选出11个史料翔实、细节生动且受众认知程度较高的篇章，为每一篇独立创作片花，连同贯穿全书的总片花一起在作品间穿插使用，使得整部作品既彰显民族个性，又凸显“中国史”的整体性。在文字的编辑上，既保有历史的完整性，又兼顾广播节目的故事性、可听性；在片头、片花、片尾制作及垫乐中，精心编配、使用了多种音响素材，特别是插入了大量有少数民族元素的音响素材，不啻为一场听觉之盛宴。该节目分别在北京文艺广播与北京新闻广播播出，社会反响强烈，颇受好评与赞誉。主创人员：郝卫群、天时、邵军、罗湘萍。

《没有共产党就没有新中国》广播剧。北京电台文艺广播FM87.6频率2011年7月1日至2日首播，第一集28分50秒，第二集26分28秒（共2集）。该剧取材于歌曲《没有共产党就没有新中国》的作者曹火星的生平，是纪念中国共产党建党90周年的献礼之作。20世纪30年代，流亡学生曹火星加入了共产党领导的剧社，得到作曲家冼星海的真传，在基层工作中，他亲历了共产党发起的减租减息运动、民主建设工作，在中共反法西斯宣传中，年轻的曹火星写下了这首后来被广为传唱的《真理之歌》。该剧获2011－2012年度中国广播影视大奖提名奖、2013年第七届北京市文学艺术奖。编剧：沈弘、邵军；导演：胡培奋；主要演员：赵毅、任杰、赵岭等。

《马法官家的二小子》社教类专题节目。北京电台交通广播FM103.9频率2011年12月9日播出，时长22分钟。节目讲述了一段特殊的18年“母子情”的故事。18年前，正受审的犯罪嫌疑人的妻子把仅五个月大的小男婴遗弃在法院，法官马大姐临时代养了这个孩子。而后寻遍孩子的亲戚却都没能把孩子送回去，于是年近5旬的法官夫妇收养了这个孩子。这期节目结构新颖，主持人在二小子参军出发的前夜来到他家为他送行。节目通过几条线索平行交叉、蒙太奇手法展现二小子的身世和家庭故事。节目画面感强，主持人提问精确善意，语言自然亲和，节目内敛涵蓄，注重被采访人的隐私和情感，有思想深度。更重要的是，本期节目没有停留在对法官夫妇人格魅力的描写、对二小子成长的关切上，而是进一步的关注了和二小子有同样身世的“在押服刑人员未成年子女教育抚养问题”的求解上。节目播出后得到了专家和听众的广泛好评。该节目先后获2011年度“北京市广播影视奖”广播社教类的节目一等奖、2010—2012年度“北京市广播影视奖”优秀作品奖、2011—2012年“中国广播影视大奖”提名奖。主创人员：姚博。

《京藏高速暴雪44小时救援行动》新闻专题节目。北京电台交通广播FM103.9频率2012年11月6日播出，时长10分58秒。2012年11月3日晚5点，北京迎来2012年首场降雪。次日凌晨3点半，这场降雪迅速发展为北京52年来未遇的特大暴雪。11月4日清晨6点，数百辆车、1000多人因京藏高速封路被滞留在八达岭山区路段。冒着瞬时7、8级风雪，在50至80厘米深的积雪中，记者用话筒全程记录了连续奋战40多个小时的交警、自发救助旅客的长途车司机、救援行动武警指挥官、全力救助被困人员的武警战士、得到武警帮助的老人和孩童以及外国友人等。在大家的共同努力下，京藏高速上所有被困人员于11月5日下午陆续安全离开了北京路段，没有一人因雪情生病或受伤。节目充分利用场景和同期声，直白、朴素、原生态地展示了警民互助及社会救援的正能量，体现了现代都市媒体在城市突发事件中的应急功能和社会价值。几百名听众通过短信表达了对被困人员和记者本人的关切，评价记者的报道是来自一线的最美的声音。主创人员：张瑞娟、梁和芝。

《“暴雨”中的“及时雨”》生活服务节目。北京电台交通广播FM103.9频率2011年7月24日16：30-19：00播出。2011年7月24日，13年一遇的大雨从下午开始“光顾”北京。在应对恶劣天气有效的应急机制下，北京电台创新节目播出方式进行的一次创新，成功并机直播，及时服务市民出行。原本17:00开通的《一路畅通》节目，提前到16：30开播，并且与新闻广播并机直播。该节目专业记者的连线多，现场信息量大，与听众互动好，节目辟谣做得好，不仅感动了听众，也受到市委、市政府领导的好评。主持人：李莉、郭炜；记者：交通广播黄河、张瑞娟、王玉玲、王敏、姚博、曾珊、张其悦；新闻广播：刘萤萤、王劲清、霍悦、尔康、左天池、秦鲁一。

《交通新闻热线》新闻资讯类栏目。北京电台交通广播FM103.9频率周一至周五7：20—7：30播出，时长10分钟。该栏目十多年来，一直秉承明确的报道方针；选题紧扣交通热点、民生难点；调查务求客观平衡、力促解决；议论意在画龙点睛、举一反三。该栏目充分开拓利用微博、微信等新媒体，使线索采集渠道更多样化，选题进一步贴近听众需求，调查报道更深入全面，每期节目发播路径也初步实现广播多媒体相融合，为实现热线节目的新媒体转型做了有益的探索。栏目的收听率和市场占有率直保持5%和25%左右，在北京广播市场新闻栏目中名列前茅，在听众心目中具有较高的权威度和影响力。该栏目和调查报道多次获北京新闻奖、北京广播影视奖等奖项。主创人员：邢立新、朱来生、程艳、王敏、郑婉乔、王琛琛、朱艳婷、马骁骁、陈鑫、任雪娇、马龙等。

《道不尽的鼓岭情缘》专题节目。该节目是北京电台外语广播《今日北京》栏目2012年12月向海外合作华语电台提供的，除在北京电台播出外，先后在美国洛杉矶1300电台、温哥华中文台、澳大利亚澳华之声广播电台、澳大利亚2AC电台、新西兰华人之声广播电台播出，时长15分钟。节目以2012年2月15日，中国国家副主席习近平在访美期间讲述的一段中美民间友好交往的故事为素材，介绍了这段百年传奇的前后经过。实地采访了故事中的几位关键人物，展现了中国新一代领导人殷切的人文关怀和国际视野，中美两国间源远流长的传统友谊和百年来中国社会的沧桑巨变。该栏目是北京电台深入宣传党的十八大的精神，体现了民族复兴中国梦的深厚内涵。节目获2011—2012年度“中国广播影视大奖”对外类提名奖。主创人员：戴蔚然、吴梅红。

《毛毛狗的故事口袋》作品赏析类节目。北京电台爱家广播AM927频率每日20：00—21：00(首播)；21：00—22：00（重播）播出，周六、日增加《和爸爸妈妈说》板块，22：00—23：00播出。该栏目选取符合儿童兴趣的故事，通过播讲的方式，使儿童听众了解世界、增长知识，突出趣味性；同时展开与儿童教育相关的话题或播出与育儿相关的书籍文章。栏目面向3—6岁儿童及家庭，深受目标听众喜爱，并通过四年的品牌活动，深入北京市幼儿园，积累了大量的人气和知名度。栏目内容得到业内一致好评，获得国家级多项大奖，是北京电台荣誉栏目。节目APP的用户量达到11万，每天收听人群1.2万至1.5万人次，有很好的新媒体听众基础。主创人员：左小群。

《文明，一步之间》公益广告。北京电台新闻、城市、故事、交通、文艺、音乐、体育、爱家九个专业广播，2012年4月播出，时长40秒。该广告截取三段日常生活中常态情景，通过迈出一步的动作，表明良好的秩序需要每个人共同努力，文明并不是件难以做到的事情，其实就在身边，非常简单。该广告获中国广播电视协会公益类广告一等奖、中国广播电视协会单项广告词广告作品奖。创意、编辑：张美华；录制合成：张校茵；演播：夏铭、左小群。

（北京人民广播电台）

北京电视台

《北京新闻》新闻资讯类栏目。BTV北京卫视、BTV新闻（并机播出）周一至周日18:30播出，时长25分钟。该栏目是北京电视台最重要、收视率最高、影响力最大的新闻栏目，以“权威发布政策信息，悉心关怀百姓冷暖”为宗旨，以“准确、及时、严谨、规范”为目标，给观众带来最便捷、最丰富、最关注、最有深度的资讯内容。2013年北京地区平均收视率为7.45%。连续两年获中国新闻奖一等奖，并多次获中国广播电视奖、北京新闻奖、北京市广播影视奖等奖项。主编：陈楠、李光军；责编：谢小岩、田涛、石云、李晓军；主持人：王晔、王小佳、杨硕、聂一菁、马迟、王巍。

《法治进行时》新闻资讯类栏目。BTV科教频道每天12：00播出，时长20分钟。该栏目以独特的新闻视角、“我在现场”的报道方式，解读真实、鲜活的法治案例，具有新闻信息量大、节奏快的特点，在午间时段打造了第一时间发布、独家解读法治案件的信息平台。收视率、占有率和栏目广告创收连续十年在北京电视台所有栏目中稳居前三位。2013年北京地区平均收视率为4.25%，全年广告创收约9300万元。2013年，获中国电视艺术家协会评选的全国名优电视栏目“十大名专栏目”、中国广播电视协会评选的创优现场直播和特别节目类一等奖、创优消息和评论类节目二等奖。制片人：陶继忠；主编：马良、王卓、王建国、刘井元；主持人：王振龙。

《大戏看北京》综艺益智类栏目。BTV北京卫视每周日晚21:26播出，时长90分钟。该栏目植根北京空前繁荣的文化活动、演艺演出市场和优秀电影、电视剧大量涌现的大环境，以深受北京观众关注的影视剧首映、文化演出活动和经典影视剧回眸为节目契机，通过生活化的演播室综艺互动和充满亲和力的演播室访谈反映时代生活。2013年，该栏目市场排位较2012年提升2位，平均排名全国前八位，同时段全国最高排名第二。各类型观众均有所增长，其中以高学历、高收入的年轻观众增长最大。制片人：王旭东；副制片人：孟梦；主持人：王旭东、张栗坤；主编：许茜、张洪亮、景思斯；编导：李晓晨、刘佳、韩特、廖祎蕾、刘冰、刘懿鸽、姜艺、赵宁、赵伟；制片统筹：关楚钰、顾洪东；责编：张琦琦。

《养生堂》专题服务类栏目。BTV北京卫视周一至周日17：25播出，时长60分钟。该栏目以“传播养生之道、传授养生之术”为宗旨，融合中西医文化，以演播室访谈加专题片形式制作的电视日播栏目。栏目突出权威性、实用性、贴近性，普及科学的健康养生知识。从2011年4月开始，栏目收视率一直牢固地占据着全国同时段收视率第一和全国同类节目收视率第一的位置。2013年北京地区平均收视率为2.61%。相继获全国广播电视优秀栏目奖、北京市广播影视奖电视社教类一等奖、第三届《综艺》年度节目奖、“2012—2013中国最具品牌价值电视栏目”、“2013十大名专栏”等多个奖项。制片人：伍立；副制片人：王泓、华剑雄；主持人：刘洪悦、刘婧。

《最美和声》综艺益智类栏目。BTV北京卫视周六22：00播出，时长90分钟（季播节目）。栏目讲述真实存在的超级明星与有着音乐大理想的追梦者之间的故事，由四位明星导师亲自聆听、帮助、寻找选手，通过与选手“和唱”的方式挖掘、培养中国流行乐坛的唱作新势力。栏目第一期就创下北京卫视的收视纪录，播出时始终位列同时段收视排名全国第二位。第一季的全国平均收视达到1.02%，成为2013年卫视大型音乐类综艺节目美誉度最高的节目，实现北京电视台综艺节目收视率的历史性突破。该栏目获2013年度全国优秀广播电视栏目评选“电视综艺品牌栏目”奖项及2013年度“TV地标”中国电视媒体综合实力评选“省级卫视最具创新影响力栏目十强”称号。制片人：牛振青；执行制片人：彭鹏。

《大家说法》专题服务类栏目。BTV科教频道每天12：20播出，时长20分钟。该栏目是一档法治专题栏目，遵循“关注法治进程、聚焦热点事件、剖析法理人情”的栏目定位，致力于运用纪实手法，纪录发生在北京百姓身边的法治事件，追踪当事人亲历案件的全过程，把观众带入当事人最生活化的状态中，对法治事件进行深度剖析，提出警示参考意见，从而达到普法、守法、用法和宣传法律精神的目的。2013年北京地区平均收视率为4.2%。广告创收约8000万元。2013年获首都精神文明建设委员会评选的“第二届首都未成年人思想道德建设工作先进单位”。制片人：钟南南；主编：潘建华、郭玉林、葛宏鹏。

《第三调解室》生活服务类栏目。BTV科教周一至周日12:54播出，时长50分钟。该栏目是一档法制调解栏目，也是全国第一档具备法律效力的电视调解栏目。栏目遵循“坚持依法调解，追求公平正义，倡导理性宽容”的定位，与北京市司法局合作，将人民调解制度引入电视节目，将矛盾双方当事人请入演播室现场调解，并出具人民调解协议书。2013年北京地区平均收视率为2.65%。在2013年中国广播电视协会“全国电视法制节目创优评析”活动中，获“全国十佳栏目”奖。2013年8月28日，在由最高人民法院和司法部联合举办的“全国人民调解工作会议”上，栏目获“全国模范人民调解委员会”称号。制片人：王壮壮。

《特别关注》新闻资讯类栏目。BTV卫视、BTV新闻周一至周日12:00并机播出，时长58分钟。该栏目是北京电视台品牌民生新闻栏目，具有贴近性强、收视率高、影响力大、美誉度好的特点。栏目于2013年完成扩版，从28分钟延展至58分钟，取得时长翻倍，收视不降的佳绩。栏目策划推出的《一辨真伪》成为全国首个以打击网络谣言、澄清事实真相为宗旨的电视新闻专栏。栏目推出的《深度调查》在加强舆论监督力度与深度上有了进一步的提高。《记者时间》板块成为打造个性记者、明星记者的优质平台。《热线速递》板块实现热线新闻的迅速反应，有效反馈，有力推动了群众急难险事的解决。主编：刘晓隽、李颖；编辑：尧弘、段忠俊、陈军、方园、申京辉、王欢、王苒、李颖、孙瑶、吴奕萱、周俊皓；主持人：桑朝晖、曹一楠、王巍、赵彬彬、范奕等。

《一起唱吧》综艺访谈类节目。BTV北京卫视周日晚21：26播出，时长90分钟（季播节目）。每期经典重现三位年代金曲歌手的经历，安排三对真情好友讲述歌手的故事，由一首歌引发对过往岁月的怀念，以及对歌手人生的回顾。节目中有观众熟知的歌曲，又有鲜为人知的故事。从2013年4月开始，《一起唱吧》的收视率一直牢固的占据着全国同时段收视前十的位置，与以往同时段节目相比，收视率提升显著。节目选取的最佳金曲嘉宾走进社区，受到了社区百姓的热烈欢迎。入围北京广播电视台举办的2013年度节目创新奖。主创人员：牛振青，张洪亮、刘虓、徐陶然、杨威；主持人：张栗坤、曹扬。

《北京您早》新闻资讯类栏目。BTV北京卫视、BTV新闻（并机直播）周一至周日7:00播出，时长120分钟。该栏目梳理昨日新闻，预发当日消息，为观众提供一档快捷的新闻时讯，内容包括演播室资讯，实时连线气象局、交管局和机场，为观众提供及时的生活服务信息。特色板块《晨读时光》周一到周五介绍清晨即将上市的各大报纸的新鲜内容，周末还增加周六读书、周日读刊等部分。2013年从日播90分钟增加到120分钟，收视率比2012年明显提升。卫视频道提升10.69%，新闻频道提升8%，33城市提升7.69%。尤其是新增加时段（8:30—9:00），卫视频道提升50.52%，新闻频道提升66.67%，33城市提升18.18%。主编：赵欣、田刚、黄广；编辑：李艳丽、王怡、赵静、管鹤淋、王延军、李铁牛、王金春、刘坤、王大伟、杨蔚芭、李娜；主持人：孙扬、邬晔纬、张默、天旭、方亭、李杨薇、陆放。

《生活2013》新闻资讯类栏目。BTV生活频道周一至周日18:30播出，时长90分钟。该栏目是北京电视台生活频道一档民生资讯节目。恪守民生取向，升级民生新闻；沟通政府、市民，倡导共建北京；以服务为诉求，监督生活中的问题，揭示问题的真相，促进问题的解决。传递人间真情，倡导公益互助。2013年在北京地区平均收视率为1.8%。2013年12月，栏目获由中国电视艺术交流协会颁发的“2013年度十佳优秀名专栏节目”称号。栏目策划的大型公益互动活动“我承诺不闯红灯”“大家帮助大家”“改变2014生活微行动”等，得到观众的踊跃参与和一致好评。制片人：高燕、刘春艳；主编：汤军军、霍毓峰、张璐、于莉、吕军、张楠、杨苗；主持人：高燕、吴冰、阿龙、李向显、秦天；责编：张燕民等。

《谁在说》专题服务类栏目。BTV青年频道周一至周日19：30首播，时长55分钟。该栏目是一档以当事人真实讲述，结合专家分析调解为表现形态，关注青年人心理状态、精神状态与情感生活的大型访谈节目。通过调解家庭矛盾、解决情感困惑，传播主流价值观和社会正能量。栏目注重人文关怀，体现出的情感张力、思想厚度和社会价值得到广泛认可。栏目在感悟中启迪人生，从而达到教育、服务年轻人的目的。栏目曾获全国幸福家庭行动优秀电视节目表彰会优秀节目奖；近几年多次被评为十大网络影响力节目；2013年获青年频道收视贡献奖，收视率多年来稳居北京电视台青年频道第一名。2013年北京地区平均收视率为1.74%，同时段同类型节目收视排名第一。制片人：孔曼莉；主编：张建强、祖思淼、刘喆；责编：马光辉；主持人：王芳、孔曼莉。

《档案》专题讲述栏目。BTV北京卫视周一至周五21:26播出，时长50分钟。该栏目选题广泛而深刻，涉及中外交往和国际关系，包括国际国内已经解密的高等级军事档案、公安档案、安全档案；通过解密档案中的历史秘密，探寻解读各种历史人物和事件的缘由脉络，告诉观众传奇背后的真实故事，将主流价值观用观众喜闻乐见的形式传播给大众。栏目严谨的制作态度使全国政协、中国国家档案局、国家安全局、公安部、中共党史研究室等单位和机构主动提出合作。该栏目获“2013年度两岸四地电视社教栏目四小龙”“2010—2012年度北京市广播影视奖”、中共中央组织部颁发的“全国党员教育电视片观摩交流活动”特别奖等多个奖项。在2013年度全国优秀广播电视栏目推荐表彰活动中获“电视社教品牌栏目”。制片人：吕军；副制片人：黄炜、王红；主持人：谭江海。

《选择》生活服务类栏目。BTV生活频道周一至周五21:42播出，时长45分钟。周六、周日21:20，时长75分钟。该栏目宗旨为“切实关心老百姓情感生活状态，踏踏实实为单身百姓寻找生活伴侣”；服务性强、收视率稳定、影响力大；深受观众喜爱，是百姓生活中的话题节目。每年一度的集体婚礼广受百姓欢迎，每年共接待单身两千余人，服务上镜嘉宾500余人。该栏目是北京电视台最受欢迎的婚恋交友类情感谈话栏目，2013年北京地区平均收视率为1.65%。2012年被国家广电总局评为2012年广播电视创新创优栏目，并受到中宣部副部长、国家广电总局局长蔡赴朝的表扬。制片人：庄庆飏；主编：李雨莎、王青山；主持人：王芳、阎品红、魏羽彤；嘉宾：王为念、王建一、马建、王颖、施刚、胡邓等。

《身边》新闻专题类栏目。BTV北京卫视每周三22:00播出，时长50分钟。该栏目践行“走转改”，坚持用新闻纪录片的纪实手法，关注热点民生新闻。每期节目包括两个新闻热点事件，通过对新闻事件的报道和对新闻当事人的采访，展现人物的传奇经历和百味人生，彰显中国优秀传统价值观和社会正能量。让观众在“走心”中“动情”，从新闻故事中感受身边温暖、人间真情。2013年，栏目多次位列全国省级卫视同时段自制栏目前五名，两次获全国省级卫视自制栏目和同时段收视的双冠军。最高单期收视率达到全国33城市0.99%，本地收视突破4%。2013年获第19届电视纪录片年度栏目奖。制片人：邵晶；记者：秦晓明、储光照、张飒飒、王彦、高笑冉等；主持人：李杨薇。

《每日文娱播报》综艺资讯类栏目。BTV文艺频道周一至周日18:45播出，时长45分钟。该栏目自2002年创办以来，一直把“娱乐价值发现者”作为口号，坚持“文化彰显品味，娱乐创造价值”的理念，坚决摒弃低俗报道，抵制虚假新闻，不八卦、不猎奇、不炒作，不以花边新闻吸引观众眼球，始终坚持客观、真实、及时的新闻观，坚持为观众奉献健康、清新的娱乐节目。栏目全力打造两个重磅板块《独家对话》和《播报大调查》，并且成系列、有主题地播出。《独家对话》是深度挖掘优秀影视剧和文化艺术作品的重要平台，《播报大调查》则以纪实性的方式探访舞台下生活中的明星。除此之外，栏目还推出周末特别策划——周六的“人物通”版和周日的一周娱乐日历加重磅人物。2013年北京地区平均收视率为1.61%，在北京地区所能收看到的同类型文娱资讯节目中名列前茅；栏目创造的经济效益和广告价值，居全国同类节目前列；投入产出比在北京电视台所有栏目中名列前三，树立了优质的品牌形象。获2013年北京电视台优秀栏目奖；2013年10月获“2010—2012年度北京市广播影视奖”优秀作品奖。副制片人：杨行；主编：常群、王春华、徐立、贾乃锐、孟玉、蒋超；责编：肖京文、陈姝燕、徐颖媛、宫璇；主持人：陈阳、陈竞、韦至。

《体坛资讯》新闻资讯类栏目。BTV体育频道周一至周日18:40播出，时长50分钟。该栏目是一档日播体育资讯类节目，突出信息量大、节奏快的特点，旨在为观众呈现更丰富、更全面、更权威的体育消息。同时，栏目还对体坛突发的热点、焦点事件进行深度的追踪报道，强调服务性和互动性。2013年北京地区平均收视率为1.59%，比2012年提升73%。栏目在2013年大胆创新，打破新闻类节目演播室播报的传统形式，抓住重点比赛日契机，将演播室移至比赛现场，取得收视和口碑的双赢，将傍晚时段打造成体育频道收视的新高点。主编：张亚军、杨帆；责编：孙璐、滑小毛、李晓玥、王浴浩；主持人：李鹏、李赜彤、张子希、李雪、张鹏、陆姝等。

《现场说法》专题服务类栏目。BTV科教周一至周日11:30播出，时长25分钟。作为科教频道午间法治时段的首档节目，在遵循电视栏目制作规律的前提下，栏目以单一故事为蓝本，运用影视剧的创作表现手法展示内容。选题均取材于有普法宣传教育意义的真实案例，以反映社会涉法现实生活为主，同时展示北京公、检、法、司系统工作中的突出成绩。栏目设置“律师说法”环节，由知名律师对剧中涉及的法律问题进行专业性的评论和阐释，并为观众提出实用的法律建议。力求做到“百姓身边事，牵动众人心”。2013年，栏目推出真实采访结合戏剧再现的新形式，取得良好反响。2013年北京地区平均收视率为1.45%，在同时段节目中位列前茅。2013年，获中国栏目剧第八届评优年会作品三等奖，中国广播电视协会创优作品奖、创优栏目剧奖。制片人：李玉国。

《庭审纪实》专题服务类栏目。BTV科教周日13:44播出，时长50分钟。该栏目以直播或准直播方式记录北京各级法院审理重大案件的庭审过程，深入探访当事人的庭外境况，就庭审中的法律问题进行解读，普及法律知识，突出“现场意识”理念，成为北京电视台唯一的庭审直播平台。栏目以庭审现场为主、案外故事为辅，用纪录片的手法记录法庭调查、举证质证、法庭辩论、最后陈述等每个庭审环节，引领观众走进庭审现场，了解诉讼程序，使观众产生共鸣、引发观众思考。在庭审结束后，栏目回到案件现场，用客观细致的观察和采访展现案件的全貌，交代案件产生的来龙去脉，有利于社会各界了解法院为司法公正所付出的努力和探索，履行新闻媒体的监督职责。2013年北京地区平均收视率为1.51%，多次入围北京地区收视率前50名，获2013年北京电视台优秀栏目奖。制片人：王晓；主编：安天宇。

《生活广角》生活服务类栏目。BTV生活频道周一至周五22:29，周六、周日22:40首播，时长45分钟。该栏目是一档生活援助类节目，由当事人讲述生活中遇到的难题，表达一个美好的心愿，再邀请专家进行法律援助、心理援助和观点援助等。自2004年开播以来，栏目肩负社会责任和媒体导向意识，已经为千余家庭解决生活难题，提供了法律和心理帮助，实践着“化解家庭矛盾，共建和谐社会”的宗旨，深受百姓的信赖，收视率一直位居同时段前列。制片人：胡海洋；主编：郭敏、孙尧平、刘志全；主持人：魏羽彤、阎品红。

（北京电视台）

北京北广传媒数字电视有限公司

《善聚公益》综艺益智类栏目。2013年1月6日开播，北京北广传媒数字电视《北京之窗》、京视剧场频道、新娱乐频道播出，时长60分钟，每周1期。数字电视与北京市福利彩票发行中心联合推出的公益梦想电视大赛活动。每期邀请两组公益项目登上舞台，设立专家考评团，并根据现场观众投票确定获胜（获得公益金）。栏目全年制作50期，展示公益项目100个，代发福彩公益金100万元。节目获2013年度北京广播电视台节（栏）目创新奖入围奖。主创人员：梁自珍、赵楠楠、谈恒、冯宁。

《剑桥少儿英语》社会考试类栏目。2005年8月开播，2013年北京北广传媒数字电视《考试在线》频道改版播出，时长30分钟，每周7期。栏目以剑桥少儿英语教材为蓝本，由剑桥少儿英语教材作者邱耀德主持和讲解，面向英语初学儿童，融知识与娱乐为一体。其中“剑桥少儿英语跟我学”，为孩子们呈现一个快乐轻松、多元化的英语学习环境，以多种电视形式和教学手段展现英语知识，培养孩子的听说读写的能力。主创人员：刘桂华、张星岫、张元涛、程育。

《冠军宝贝大赛》综艺益智类栏目。2005年8月开播，2013年北京北广传媒数字电视《优优宝贝》频道改版播出，时长30分钟，每周2期。一档亲子互动竞技类栏目，为宝宝搭建通往冠军终点的“星光大道”，让宝宝在游戏和运动比赛中比拼技能，展示宝宝健康的体能。主创人员：徐东、栗小农、张元涛、曾梦蓝。

《钓赛进行时》专题服务类栏目。2006年12月开播，2013年北京北广传媒数字电视《四海钓鱼》频道改版播出，时长60分钟，每周2期。一档竞技比赛钓鱼栏目，报道全国最新钓鱼赛事，辅以专家点评，并请选手畅谈比赛感受，交流经验，使观众感受赛场的乐趣。主创人员：朱文生、张元涛、徐萌。

《音乐风云榜》综艺娱乐类栏目。2004年8月开播，2013年北京北广传媒数字电视《新娱乐》频道改版播出，时长30分钟，每周2期。中国内地唯一的全华语音乐栏目，以打造“中国的格莱美”奖为目标。栏目由北京光线电视制作，自2011年6月在全国100多家电视台每日同步播出以来，受到广大听众和音乐人的好评，成为华语歌曲推广传播的前沿阵地。其中《音乐风云榜》颁奖典礼是扩大全球影响力的重要举措。主创人员：王长田、张元涛、肖台玺。

《风尚车都》资讯类栏目。2004年12月开播，2013年北京北广传媒数字电视《车迷》频道改版播出，时长30分钟，每周1期。该栏目及时报道汽车行业的各种活动、各项赛事,全方位介绍各类新车、名车，国内外汽车厂商在研发和生产过程中的新思维、新举措，汽车使用和保养的相关知识等。主创人员：吴静、张元涛、徐萌。

《华语至尊地带》综艺娱乐类栏目。2004年11月开播，2013年北京北广传媒数字电视《动感音乐》频道改版播出，时长30分钟，每周7期。栏目囊括当红港台艺人的流行金曲，向观众传递港台流行音乐的动态信息，吸引了更多的年轻人成为《动感音乐》频道的忠实观众。主创人员：张元涛、程育。

《冠军宝贝训练营》综艺益智类栏目。2005年8月开播，2013年北京北广传媒数字电视《优优宝贝》频道改版播出，时长30分钟，每周2期。一档传播科学育儿知识的栏目，通过精心设置的各种“训练科目”训练宝宝，打造健康快乐“小冠军”，让宝宝更加健康快乐的成长。主创人员：徐东、栗小农、张元涛、曾梦蓝。

（北京北广传媒数字电视有限公司）

北京北广传媒移动电视有限公司

《环保达人》专题服务类节目。2013年6月17日开播，北京北广传媒移动电视推出的一档全新节目，共22集，每集时长5分钟。节目围绕“为了首都的蓝天碧水”主题，每集挖潜一个社会中的绿色环保人物与事件，从不同侧面报道北京市环保建设方面的典型经验，包括市政、市容、税务、城管、园林绿化等部门的典型事件和优秀人物。主创人员：隗炜、曲丽、孙宇。

《整点播报》新闻资讯类栏目。2011年7月25日开播，2013年北京北广传媒移动电视改版播出，时长5分钟，周一至周日整点播出，每天4档，全天播出13次。该栏目集时政、民生、生活、娱乐、趣闻、自制新闻为一体，充分利用北京各大媒体新闻资源，快速、全面、准确提供最新的集锦信息。主创人员：闫新疆、杨帆、魏丹、孔源源、张妍、马宝骥。

《路况直通车》专题服务类栏目。2010年10月16日开播，2013年北京北广传媒移动电视改版播出，时长3分钟，每天7:27、7:57、8:27、8:57、17:27、17:57、18:27播出。该栏目实时直播北京市早晚高峰路况情况，为出行的人群提供最及时、准确的路况信息、出行指南，栏目播出以来一直受到社会广泛关注。主创人员：腾滕、阎絮、程絮、王琛、悦宁 。

《悠悠团》专题服务类栏目。2012年4月2日开播，2013年北京北广传媒移动电视改版播出，共19集，每集时长3分钟。栏目以“免费带观众畅游北京，悦享生活”为宗旨，观众体验式互动的活动。观众参与互动中，享受到乐趣和实惠，成为移动电视观众的俱乐部。主创人员：程絮、孙宇、莫倩倩。

《饭饭团》专题服务类栏目。2011年10月10日开播，2013北京北广传媒移动电视改版播出，时长3分钟，每天17:00—18:00播出。一档展示中华美食、分享美食的栏目。栏目以“免费带观众试吃，悦享生活”为主题，每期选拔一批美食达人，讲述用餐感受，享受到乐趣和实惠。主创人员：孙为、孙宇。

《宝宝团》专题服务类栏目。2013年3月1日开播，北京北广传媒移动电视播出，共19集，每集时长3分钟。移动电视与各类儿童教育、生活及娱乐机构、场所合作录制。栏目以生动活泼的亲子集体活动为内容，展示丰富多彩的幼儿娱乐和教育。一经播出，便受到观众的青睐， QQ群的粉丝数从0增长到400人。主创人员：悦宇、王琛、孙宇、刘军。

《明星整点报时》公益系列短片。2012年3月12日开播，2013年北京北广传媒移动电视改版播出，共2400集，每集时长30秒钟，全天共播出15次。一部逢整点播出的公益系列短片，每集一个公益主题。2012年上播后，吸引了章子怡、陈建斌、杨立新、王姬等众多一线明星参加。2013年，又邀请北京电视台部分优秀主持人加入其中，共同推行公益理念，打造公益形象。主创人员：庞朔、阎絮、于悦。

《三分钟美食》专题服务类栏目。2013年3月1日开播，北京北广传媒移动电视播出，共60集，每集时长3分钟，每周一至周五滚动播出。一档日播的美食栏目。采用全图文形式，每期3分钟内介绍一道易学菜品的烹饪技巧，引导人们健康饮食，贴近群众，贴近生活。主创人员：庞朔、薛霞、节目部全体。

（北京北广传媒移动电视有限公司）

北京北广传媒城市电视有限公司

《我的工会我的家》专题服务类栏目。2009年2月24日开播，2013年北京北广传媒城市电视改版播出，时长5分钟。城市电视和北京市总工会联合制作的一档职工服务资讯栏目。栏目围绕“工会——职工的家”，通过“工运动态”、“专题报道”和“帮服信息”等对各级工会重点工作进行报道，同时提供招聘信息、劳动合同法、法律援助、工会维权、生活保障等内容。主创人员：赵辉。

《环球财讯》新闻资讯栏目。2011年6月13日开播，2013年北京北广传媒城市电视改版播出，时长3分钟。栏目汇聚新华社国内、国际各分社的经济、财经新闻，以全方位的视角，报道国内外最新的经济“脉动”，进行深度解读。主创人员：魏薇、闫颖。

《城市播报》新闻资讯栏目。2008年12月15日 开播，2013年北京北广传媒城市电视改版播出，时长3分钟、1分钟。该栏目以“好看、实用、服务”为特色，结合新媒体户外播出的特点，选取每日各类新闻资源中的重大新闻事件、重要资讯信息，第一时间发布，随时更新，全天高频次滚动播出。在内容编排上，每条新闻都控制在20秒左右，每条新闻资讯之间加入了新闻标题导视字幕板，更适合户外短暂收视，让观众在30秒之内就可以简单了解到三条标题新闻和一条新闻的简要解读，给受众带来耳目一新的信息集锦。主创人员：闫颖、姜琳、刘颖霄。

《新闻万花筒》新闻资讯栏目。2013年2月1日　开播，2013年北京北广传媒城市电视改版播出，时长3分钟。城市电视与中国新闻网联合制作的一档集纳全国各地以及海外软性新闻、奇闻趣事，风格平实轻松的视频新闻栏目，依托中国新闻社世界各地网络，每期精选6条新闻视频进行综编。内容主要涉及新奇趣闻、人物故事、社会民生、文化娱乐、八方风俗等，节目整体短小精炼、节奏明快，内容丰富。主创人员：黄岚、姜琳。

《新闻大考场》新闻资讯栏目。2013年2月1日　开播，2013年北京北广传媒城市电视改版播出，时长2分钟。城市电视与中国新闻网联合制作的一档形式新颖独特、风格轻松活泼的新闻栏目。该栏目打破传统的主持人口播加视频短片播报新闻的方式，通过虚拟考场中“鹦鹉”监考员给观众“出题抢答”的形式，传递出社会民生类为主的新闻信息。节目配音运用卡通声音的转换，解说词轻松、活泼、接地气。整体节目短小精悍、节奏明快，使观众在轻松的节目氛围中了解热点新闻话题。主创人员：陈晓、王阳。

《图览天下》新闻资讯栏目。2013年2月1日开播，2013年北京北广传媒城市电视改版播出，时长2分钟。城市电视借力同行优质资源、与中国新闻网联合制作的一档图片新闻栏目。该栏目每期4组10余幅图片，通过点滴精彩瞬间，呈现新闻故事，折射社会发展，展现世界万象。主创人员：余瑞冬、余波。

《光影大视界》专题服务栏目。2013年7月1日开播，2013年北京北广传媒城市电视改版播出，时长2分钟，周播“观影指南”栏目。每期播报内容为正在上映或即将上映的电影，内容包含故事梗概、精彩看点、片场花絮、主创专访等。主创人员：杨庭磊、田园。

《96310纪事》专题服务栏目。2011年12月22日开播，2013年北京北广传媒城市电视改版播出，时长10分钟。该栏目以“报道城市管理，倾听百姓心声”为宗旨，主要以行业新闻、热点追踪、案例分析为主，所有新闻报道贴近百姓、平时有趣。通过独特的报道视角、运用生动的表现形式，向广大市民讲述“城管的事”，在与市民互动中力求使市民与政府进行有效地沟通。主创人员：王兵兵、姜丽红。

（北京北广传媒城市电视有限公司）

北京北广传媒地铁电视有限公司

《潮流现场》专题服务类栏目。2011年6月27日开播，2013年北京北广传媒地铁电视改版播出，时长5分钟。一档综合性生活服务类、消费指南类电视栏目，紧密围绕都市生活群体日常消费领域，提供全面资讯服务。主创人员：俞冬慧、陈园园。

《闪天下》动漫类栏目。2011年1月3日开播，2013年北京北广传媒地铁电视改版播出，时长3分钟。栏目以“搞笑脱口秀、时尚的话题、流行的词语”为内容，并以一个个动画短片营造轻松、愉悦的氛围。主创人员：王东、谭中莹。

《十分开心》动漫类栏目。2011年5月16日开办，2013年北京北广传媒地铁电视改版播出，时长5分钟。该栏目作为人们的一种减压爆笑内容，力求适合各个年龄层的观众收看。动画主持人脱口秀全新演绎，雷人的笑话、网络爆笑话题、动画大片，为观众奉上一份开心的电视幽默集锦，让出行的人们感到愉悦。主创人员：王东、田甜。

《环球财讯》新闻资讯栏目。2011年5月31日开播，2013年北京北广传媒地铁电视改版播出，时长5分钟。该栏目围绕国内外重要金融财经大势、国家宏观经济政策等内容，将财税、经贸、投资、消费数据信息汇集一体及时、快速、准确进行报道。主创人员： 孙勇鲁、陈艳琼。

《剧情推动力》生活服务类栏目。2011年9月18日开播，2013年北京北广传媒地铁电视改版播出，时长5分钟。地铁电视与北京电视台联合推出的一档全新节目，作为剧迷们了解电视剧的窗口，抢鲜播出新剧的精彩看点，成为观众与电视剧之间互动的平台。主创人员： 武丰群。

《微电影》短剧类栏目。2012年5月28日开播，2013年北京北广传媒地铁电视改版播出，时长5分钟。地铁电视引进的一档全新节目，内容融合幽默搞怪、时尚潮流、公益教育等主题，有的为单独成篇，有的为系列剧，适合在移动状态和短时休闲状态下观看。主创人员： 李超、陈园园。

《小羊肖恩》动漫类栏目。2011年12月23日开播，2013年北京北广传媒地铁电视改版播出，时长5分钟。该栏目定格动画幽默哑剧，讲述了小农场上一只机智幽默的小羊肖恩和伙伴们写意的田园生活的故事。主创人员： 周文、陈园园。

《生活一点通》生活服务类栏目。2011年5月16日开播，2013年北京北广传媒地铁电视改版播出，时长5分钟。该栏目围绕人们生活中的小发明、小窍门，通过快乐家庭的日常生活一一展现，使观众在轻松诙谐的家庭气氛中，学到简单实用的生活窍门。让生活充满幸福快乐，让生活变得趣味无穷。主创人员：谭中莹。

（北京北广传媒地铁电视有限公司）

2013年区县广电机构重点节目栏目简介

北京市朝阳区广播电视新闻中心

《朝阳新闻》新闻资讯栏目。1995年1月开播，北京电视台BTV新闻频道朝阳时段及朝阳有线801数字频道每晚19：32首播，时长40分钟。该栏目始终围绕区委、区政府的中心工作，坚持正确的舆论导向，坚持“三贴近”原则，关注民生、关注生活，全方位、低角度积极探索，挖掘有价值的新闻事实，朝着反映政府声音、满足百姓需求的方式不断转变报道形式和风格，信息量大、时效性强，受到观众的好评。

《幸福2+1》专题服务类栏目。2009年5月1日开播，双周播栏目，北京电视台BTV新闻频道朝阳时段及朝阳有线801数字频道周日20:19首播，时长30分钟。该栏目设置了你问我答、专家帮帮忙两个板块，每期邀请妇幼保健专家与多位嘉宾共同探讨，从三口之家的健康话题展开，以优生、优育、关爱为着眼点，为生育、母婴等特殊群体营造健康的环境。

《走进朝阳教育之名师名校》专题服务类栏目。2007年开播，一周双播栏目，北京电视台BTV新闻频道朝阳时段及朝阳有线801数字频道每周一、周四 20:00首播，每周二、三、五、六20:00重播，时长15分钟。栏目重点介绍学校办学特色、课程设置、校园文化等方面工作亮点；以人物专题形式，介绍学校教师及背后不为人知的育人故事，展示朝阳区教育发展成果。

《与法同行》专题服务类栏目。2009年10月开播，双周播栏目，北京电视台BTV新闻频道朝阳时段及朝阳有线801数字频道周一20：14首播，周二8：14、13:14重播，时长15分钟。该栏目设置“执法现场”“基层风采”和“司法动态”三个板块。针对居民日常工作生活中经常遇到的各种法律问题，普及法律知识，展示典型案例，营造人人学法、懂法、守法、用法的良好社会氛围。

（北京市朝阳区广播电视新闻中心）

北京市海淀区新闻中心

《海淀新闻》新闻资讯栏目。1995年5月开播，北京电视台BTV新闻频道海淀时段及海淀有线802数字频道每晚19:30播出，时长15分钟。该栏目是海淀区新闻中心的主打新闻栏目，始终围绕区委、区政府的中心工作，坚持把握正确的舆论导向，宣传全区经济和各项社会事业的发展与成就，及时报道老百姓关心的热点问题，在社会上享有良好声誉。

《中国书画鉴赏》生活服务类栏目。北京电视台BTV新闻频道海淀时段及海淀有线802数字频道每周日晚19:40，时长15分钟。该栏目是一档为书画家、书画爱好者提供展示平台的栏目，带领观众回顾书画名家成长的艰辛历程，重温书画名家的艺术成就，并与其交流思想、感悟艺术。该栏目曾获“2012年度北京市优秀广播电视节目”优秀栏目奖和“2010—2012年度北京市广播影视奖”优秀作品奖。

《文明海淀》文化专题类栏目。2012年5月开播，北京电视台BTV新闻频道海淀时段及海淀有线802数字频道每周六晚19：40播出，时长15分钟。栏目贴近百姓生活、树立文明典范，让观众了解海淀的人文资源、历史文化，从而继承发扬文明美德。栏目宣传海淀文明新亮点，展示海淀文明新形象，秉承“举区域之力，聚万众之智，共创全国文明城区”的宗旨，集中报道海淀人民讲文明、树新风、做文明有礼海淀人的新风尚。

《警方在线》法制专题类栏目。2002年5月开播，北京电视台BTV新闻频道海淀时段及海淀有线802数字频道每周日晚20：00，时长15分钟。该栏目是一档警法类电视栏目，包括“警方新闻”“本期视点”“治安播报”等多个板块，是海淀公安服务群众、展示人民警察良好形象的一扇窗口。栏目通过一件件鲜活案例，一个个治安预警提示，深入浅出地向观众剖析违法犯罪成因，揭露违法犯罪手段，传播抵御违法犯罪活动，得到了广大观众的认可和喜爱。

（北京市海淀区新闻中心）

北京市丰台区广播电视中心

《丰台新闻》新闻资讯栏目。1986年12月开播，北京电视台BTV新闻频道丰台时段及丰台有线803数字频道周一至周五19：36首播，时长15分钟。该栏目旨在服务大局，关注民生，快捷播报时政新闻，全方位报道全区政治、经济及社会各项事业的新发展、新成就、新变化。长消息《居民会商，议定社区大事小事》获 2012年度北京市广播影视奖优秀电视栏目三等奖。在北京市残联开展的2012年度首都残疾人事业好新闻评选中，《残疾人技能竞赛看点多》《坚强改变命运撑起一片天空》分获广播电视类作品二、三等奖。在第六届北京市优秀科普作品评选中，《节能达人和他的低碳小屋》获科普新闻类优秀奖。播音员任毅获2012年度北京市广播影视奖电视播音主持二等奖。

《花卉与文化》专题服务栏目。2012年11月开播，北京电视台BTV新闻频道丰台时段及丰台有线803数字频道周日20：22首播，时长15分钟。栏目依托丰台独特的花卉文化优势和历史渊源，对于花卉产业及相关的历史文化、传统传承、地域特色、种植技术等信息进行搜集整理，浓缩提炼，以电视的表现手法进行综合展现，分为“花之园”、“花之艺”和“花之赏”三个板块。栏目不仅反映丰台花卉情况，还介绍其他花卉文化，如顺义的菊花展、中山公园的兰花展、广西横县的茉莉花节等。栏目获中国电视艺术家协会——2013全国电视名优专栏推荐的表彰。

《丰台教育》专题服务栏目。2013年6月4日开播，北京电视台BTV新闻频道丰台时段及丰台有线803数字频道每周四20：10首播，时长15分钟。栏目遵循“真实生动、贴近基层、实用有效”的原则，紧紧围绕丰台教育委员会年度中心工作，以追踪教育热点新闻、宣传丰台名师名校，解读教育方针政策，展示多彩校园生活为主要内容，力求达到展示教学成果，传播教育理念，交流育人经验，服务家长师生的目的。栏目以独特的视角、独具的画面，为全区观众提供着内容实用鲜活、形式丰富多彩、节奏明快简洁的教育信息，拥有一批忠实观众。

《军民一家亲》社教类专题栏目。2013年5月开播，北京电视台BTV新闻频道丰台时段及丰台有线803数字频道每双周日晚20：05首播，时长15分钟。该栏目是丰台区广播电视中心和丰台区双拥工作委员会办公室共同推出，主要讲述驻区党政军民在巩固和发展军政军民团结，促进区域经济社会发展、人文和谐稳定方面的先进事迹。栏目紧紧围绕双拥工作组织策划选题，全年共播出六期，较全面地反映和展示了丰台区双拥工作取得的成绩和亮点。区双拥办组织辖区部队官兵集体收看，对全区深入开展双拥政策法规宣传教育，普及双拥工作基本知识，提高双拥工作的知晓度和影响力起到重要作用。

（北京市丰台区广播电视中心）

北京市石景山区广播电视中心

《法治聚焦》法制专题类栏目。2009年6月开播，北京电视台BTV新闻频道石景山时段及石景山有线804数字频道每周四20:10播出，每周五8:10、13:10重播，时长15分钟。该栏目以普及法律，推进法制建设，维护公众合法权益为宗旨，注重法、德、情的融合，展现政法战线的风采与业绩，突出本地特色，为全区经济社会发展营造了良好的法治环境。栏目主打板块有“直击现场”“举案说法”“法在身边”“法制人物”“警情提示”等。获2010—2012年度北京市广播影视奖优秀作品。

《记者视线》新闻专题栏目。2001年3月开播，北京电视台BTV新闻频道石景山时段及石景山有线804数字频道每晚19：54同时播出，时长15分钟。该栏目是一档新闻深度报道节目，以记者深入一线的采访报道为出发点，以新闻视角对事件进行深入挖掘和点评，彰显电视媒体深度报道的特色。栏目从2001年创办以来，播出了大量涉及教育、文化、医疗、体育、社区街道等领域的深度报道，并对众多重点事件及百姓关注的热点事件进行分析与解读。从2013年栏目再次改版，使用演播室大屏幕等全方位多媒体手段进行制作播出，并由每周一、三、五播出时间改为周一到周五播出的日播栏目。该栏目曾获北京市广播影视奖优秀电视栏目奖。制片人：徐晓洁、穆青、李阳；编导：康小利、刘宇、白莫菊、穆慧、尹星云、王叶玉；主持人：穆青、仲然。

《百姓DV》专题服务类栏目。2012年8月11日开播，石景山有线804数字频道每周日晚19：35播出，时长15分钟。该栏目以展示普通百姓身边人身边事为主要内容，拍摄者均是石景山区DV爱好者，他们当中最大的已经82岁。栏目分为三个板块：身边人身边事，主要是讲述一段DV故事，或人物，或是身边的百姓故事；边走边拍，以DV爱好者们旅行记录为题材，将祖国的大好河山、风土人情展现在镜头里；眼见为实,主要是一些开心、滑稽的DV片断。制片人：张永庆；编导：高佳、刘梦辰；主持人：郭好唯。

《百姓诵读》专题服务栏目。2013年8月开播，石景山有线804数字频道周六晚19：58播出，每周一期，时长12分钟。该栏目是石景山广电中心响应十八大号召，坚持用先进文化引领大众文化，立足区域实际和百姓需求，打造的特色突出、艺术水准较高，群众广泛参与的文化活动品牌栏目。栏目宣传口号为：“诵读经典，品味人生”。作为公益类百姓系列节目之一，栏目的诵读者是喜爱诗歌的群众，突出了百姓参与；通过朗诵经典作品将诗歌美文传递观众，带来美的享受。制片人：张永庆；编导：刘梦辰；主持人：李仓卯。

（北京市石景山区广播电视中心）

北京市门头沟区广播电视中心

《门头沟新闻》新闻资讯类栏目。1995年开播，北京电视台BTV新闻频道门头沟时段每天19:34播出，时长15分钟。该栏目以全区中心工作为报道重点，坚持正确舆论导向，弘扬主旋律，坚持“三贴近”原则，关注民生，服务大局，全面、及时、准确报道发生在门头沟区的新闻事件。2013年栏目再次改版完善，是门头沟电视台收视率最高的一档新闻节目。主创人员：苏燕平、胡金旺、刘越、吴南囡。

《视点关注》专题服务类栏目。2010年7月开播，北京电视台BTV新闻频道门头沟时段每天19:50播出，时长13分钟。该栏目以“配合中心工作，宣传重点建设，多视角的关注身边变化”为宗旨，结合全区重点、中心工作进行政策解读，为群众释疑解惑，搭建政府与群众良性沟通的平台。2013年栏目再次改版完善，是门头沟电视台收视率较高的一档时政性专题节目。主创人员：王幸国、蓝盛斓、张烁、程曼、孙旭冉、刘小虎。

《走遍门头沟》 专题服务类栏目。2013年1月开播，北京电视台BTV新闻频道门头沟时段每天19:05播出，时长15分钟。该栏目一档介绍门头沟区旅游景点、民风民俗、特色产品以及特色小吃的节目，在门头沟电视台收视率较高。主创人员：班书臣、李鹏、杨央、段云朝、李超、黄彬。

（北京市门头沟区广播电视中心）

北京市房山区广播电视中心

一、广播栏目

《FUNHILL时间》 新闻专题类栏目。2012年12月开播，房山人民广播电台FM107、FM96.9频率每日7:40—7:50首播，时长10分钟。该栏目围绕房山区“一区一城”建设，以区内热点新闻事件和为公众所瞩目的热点人物等确定选题，深入挖掘新闻事件和新闻人物背后的故事，通过典型引领，讴歌正气。栏目以记者自采为主，采取录音报道等形式，突出广播节目特色，受到听众的强烈关注。编辑：宋晓方、张佳佳；记者：汪学武、王维佳、李丹、冉迪、赵利国；主持人：朱晶、陶枫、李盼。

《房山新闻》 新闻资讯类栏目。1988年7月开播，房山人民广播电台FM107频率每日7:30—7:40首播，时长10分钟。该栏目全面、广泛、及时地报道发生在房山区的时政、经济、科教、文化、体育、社会等各个领域的新闻资讯，以及广大群众普遍关心、关注的社会热点、难点问题以及与群众生活息息相关的各类民生新闻。栏目通过广播形式覆盖房山地区，面向全区所有听众，讲述发生在百姓身边的大事小情，为听众了解地区发展参与地区建设架起了有效的沟通渠道，深受群众喜爱。编辑：宋晓方、张佳佳；记者：汪学武、王维佳、李丹、冉迪、赵利国、詹捷、王辉、王磊；主持人：朱晶、陶枫、李盼、魏婷婷、陈婷。

《生活广场》 专题服务类栏目。房山人民广播电台FM107频率每日7:50—8:00首播，时长10分钟。该栏目通过链接区内外资讯，如播报路况、区内各类通知通告、招工招聘等信息，介绍生活中的一些常识和种养殖等实用科技信息，帮助解决听众在生活中遇到的困难和问题。栏目集知识性、服务性、可听性于一体，播出的内容与日常生活息息相关，为听众提供贴心实用的资讯。编辑：宋晓方、张佳佳；记者：汪学武、王维佳、李丹、冉迪、赵利国；主持人：陶枫、李盼、 朱晶。

二、电视栏目

《法治与生活》 专题服务类栏目。2012年9月开播，北京电视台BTV新闻频道房山时段每周六晚19:58首播，时长15—20分钟。该栏目分为三个板块，“法治现场”主要关注新近发生的具有一定社会影响力的典型案例或社会热点事件；“法治连线”以公安、消防等单位提供出镜人员为主，进行重点话题的治安播报；“法治剧场”通过制作典型案例的情景模拟剧进行普法宣传。该栏目以案说理，关注民生，传达法治理念，贴近百姓生活，突显房山地方特色，内容主要围绕公安、法院、检察院以及司法局等单位的执法、庭审、普法等工作展开，栏目已连续播出74期。2013年被中国电视艺术家协会评为2013年度“全国十大名优电视栏目”。主编：尹鹏；执行主编：张海莲；编导：孙亚琼、孙静、都琳、李安琦、王颖超、杨子、易维春、田春子；摄像：呼军齐、陈帅、史建聪、宗哲、陈兴。

《房山新闻》新闻资讯类栏目。1988年7月开播，北京电视台BTV新闻频道房山时段每日19：36首播，时长15分钟。该栏目一直担当房山区改革开放、经济发展、社会进步的重要窗口，也是展示房山形象、推介房山资源，外界了解房山的重要媒体平台。2013年以“创品牌、有特色、上水平、争一流”的工作理念，不断加大电视新闻改革力度。精简一般意义的会议新闻，强化主打新闻概念，加大深度报道和资讯新闻报道量。推出《聚焦基层 关注发展》《劳动者》《群众利益无小事》《文明房山 举手之劳》《盘点2013 展望2014》《新春房山行》等一批主题系列报道，在报道区委、区政府的重大决策部署的同时，回应、教育、引导大众关切，传播社会正能量。全新开设《热点聚焦》节目，围绕社会焦点、热点事件进行深度报道和评论，有效提升了主流媒体的社会影响力。主任主编：王超；副主任主编：赵喜斋、刘连梅、安艳峰；记者：李大伟、刘瑜、李硕、王文锋、古亚楠、李宁、田永超、谭硕、郭宇、许士跃、张鸿波、解晋升、赵德良、关欣、李博；播音员：靳海燕、李洋、白娜、阚秋实。

《FUNHILL面对面》专题服务类栏目。2013年1月开播，北京电视台BTV新闻频道房山时段周一、周四、周六20：34首播，时长30分钟。栏目以访谈的形式，深度反映事件背景，翔实讲述事件过程；主题深刻，针对性强，表现手法多样化，具有较强的感染力。节目面向全区，反响良好，具有一定的社会影响力，经常收到热心观众打来的电话。栏目策划：武霞、杨茹；编导：刘卫峰、刘兵兵、付争一、张雪；摄像：李金鹏、李剑锋；主持人：张雪。

（北京市房山区广播电视中心）

北京市大兴区广播电视中心

一、广播栏目

《选我喜欢》生活服务类栏目。2010年7月开播，大兴人民广播电台FM98.6频率周一至周日12：00—13：00播出，时长60分钟。该栏目以生活服务为主要内容，结合当下的流行元素，将广播可视化元素与生活服务信息相结合，帮助听众处理闲置物品，同时在网络音视频播出，打造全国首档可视化闲置物品交换节目。栏目在节目尾声长期提供拼车信息，热心帮助上班族解决出行问题。

《音乐克拉步》综艺益智类栏目。2010年7月开播，大兴人民广播电台FM98.6频率周一至周日17：00—18：00播出，时长60分钟。该栏目旨在展现最全面的流行音乐文化，其内容涵盖港台、内地、日韩和欧美各地区流行音乐，以及摇滚、爵士、独立音乐。节目主要有话题音乐（如世界杯之歌、情歌女王等）、榜单情况介绍（美国billborad榜、台湾G-music榜及英国榜等榜单）、新歌推荐和音乐资讯等，力求更全面、更丰富、更有趣地贴近听众。

《播客王国》专题服务类栏目。2006年5月开播，大兴人民广播电台FM98.6频率周一至周日18：00—19：00播出，时长60分钟。该栏目整合播客、博客和微博，通过筛选播报“博客”和“微博”内容，选取新鲜、时尚、有趣的元素，打造博客也可广播的特色品牌。同时，栏目收集、播放有声音频，给听众搭建一个用声音展示才艺、发表观点的平台，形成大家播、播大家的全新广播形式。节目聚集大众的智慧，内容思想性强，形式新颖独特，颇受听众喜爱。

二、电视栏目

《大兴新闻》新闻资讯栏目。1995年1月开播，北京电视台BTV新闻频道大兴时段周一至周日19：35—19：55播出，时长20分钟。该栏目以时政新闻为主要内容，通过“民本化”处理，突出“我们跟您最近”的节目理念，追求新闻报道更贴近、更迅捷、更生动之效果。栏目重要新闻报道配发“新闻背景”“新闻链接”和“记者感言”等附加内容，以满足受众对资讯的深层次、多样化的需求，使时政新闻更具震撼力和影响力。

《女子别动队》新闻专题栏目，2007年10月29日开播，北京电视台BTV新闻频道大兴时段周一至周日20：00—20：23播出，时长23分钟。该栏目以民生新闻为主要内容，颇具地方特色并融合众多时尚和娱乐元素。栏目推出组合记者品牌概念，把五名集采、拍、编、播于一身的女记者授以“五朵金花”的概念，以打造明星的方式对她们进行大力推介；栏目中使用穿帮手法，通过精心设计、巧妙运作达到预期的品牌推广效果；栏目子板块“手机新闻眼”，其内容均为手机拍摄，在国内率先开创手机记者概念。该栏目记者长期深入基层，创作出大量且有一定社会影响力的新闻作品，曾获首届全国新农村电视艺术节“优秀对农电视栏目”一等奖。

《爱我新区大讲堂》生活服务类栏目。2012年5月开播，北京电视台BTV新闻频道大兴时段每周日20：40播出，时长45分钟。该栏目在形式上力求创新，在国内率先推出了零距离演播室的概念，把访谈现场搬出传统演播室，放到百姓身边，以充分体现与观众的贴近性，拉近与观众的距离。主要内容是用身边人的故事展示新区悠久的历史，讲述新区发展的辉煌成就，描绘新区的美好未来。

（北京市大兴区广播电视中心）

北京市通州区广播电视中心

一、广播栏目

《高行话题》生活服务类栏目。2012年11月开播，通州人民广播电台FM107.7频率每周二、四、六下午15：45播出，时长15分钟。栏目侧重服务百姓，并为广大听众播送社会生活方方面面的话题，内容丰富，选材有趣、亲民，力求贴近现实，贴近生活，贴近通州百姓。节目播出后反响强烈，不少听众通过来电来信与栏目组诉说心里的故事、排解心中的不快以及倾诉当前的困难，栏目组不仅倾听他们的心声，还及时回信替他们排忧解难。主创人员：伍京川、高行。

《时尚健康生活》生活服务类栏目。2008年1月开播，通州人民广播电台FM107.7频率每周二、四、六下午15：30播出，时长15

分钟。节目与通州百姓生活息息相关，内容涉及心里健康、生活常识、亲子教育、情感咨询等相关话题。节目贴近百姓生活，不断收到听众来信，诉说心里故事。通州区广电中心专门安装了热线电话方便听众，街道也对听众反馈进行记录并及时解答问题。主创人员：郑丹、高行。

二、电视栏目

《**通州新闻**》新闻资讯类栏目。1994年2月开播，北京电视台BTV新闻频道通州时段每天19：35播出，时长12分钟。该栏目全面、准确宣传党的路线、方针、政策，紧密围绕区委、区政府重点工作，扎实开展“走转改”活动，关注民生、服务大局，及时、准确报道通州区在建设北京城市副中心过程中发生的新闻事件。2013年全年播出新闻2500多条，当天新闻播出占60%以上。节目时效性强、受众人数广，与观众的切身利益联系紧密，受到区领导和广大群众的好评。主创人员：王雪征、田波、王文君、王治家、吕建杰等。

《**通州城建**》专题服务类栏目。北京电视台BTV新闻频道通州时段每月第三周的周六晚7:45 播出，时长10分钟。该栏目是通州电视台和通州区住建委联办的一档节目，主要反映当前大形势和老百姓关心的内容。栏目特色就是一个字“实”，例如：宣传人物从故事开始，宣传科室工作从事件或是百姓热议的话题开始，由浅入深的渗透宣传；形式上多变，有现场连线这种现场感强的，有人物故事煽情的，也有新闻评论的。总之，每期内容不同，风格形式也不同，使观众始终具有新鲜感，节目的不断创新提高了收视率，受到广大观众的关注和好评。主创人员：云方婕、田晟印、石靖楠。

《**看通州**》新闻专题栏目。2007年9月6日开播，北京电视台BTV新闻频道通州时段每周一晚19:45播出，时长20分钟。栏目围绕区委、区政府的中心工作，关注当下发生的事件和百姓的诉求，为他们提供及时有效的信息咨询。栏目内容包含“记者视点”“通州故事”“聚焦新城”和“本周话题”四个板块，节目“接地气、低视角、说故事”，推出了一系列深受百姓关注和喜欢的节目。主创人员：董继东、张旭东、李晶、李丹、巩羽、马玉、赵佳琼、吴小强。

（北京市通州区广播电视中心）

北京市顺义区广播电视中心

一、广播栏目

《**大家帮助大家**》专题服务类栏目。顺义人民广播电台FM92.9频率每天17:00-18:00播出，时长1小时。节目以听众提出的各种民生类问题为内容主体，在直播中通过多种互动方式与听众进行沟通，同时与相关职能部门合作回复听众提问，最大程度体现广播的实效性和服务性，也突出了服务本地民生的区域优势。栏目日均互动量近百条，给听众最及时的反馈，消除百姓的疑虑，提升相关职能部门的社会公信力，成为顺义百姓与政府部门之间的良性沟通平台。主创人员：张雨欣、肖孟伊、闫云霞、王力力。

《**读书品人生**》专题服务类栏目。顺义人民广播电台FM92.9频率每天21:00—21:30播出，时长30分钟。栏目以“一脉书香，一种人生”为口号，以书籍介绍和人生感悟为结合点，将书籍中体现出的人生感悟自然融合到节目内容中，同时辅以不同的专题节目，为听众打造具有一定文化品位的专题节目。栏目通过和听众交流激发听众阅读的欲望和积极性，在顺义听众中产生较大的影响，很多听众因为收听节目重拾阅读习惯；有些听众因为节目中讲述的故事而感悟，重拾自己的人生目标。主创人员：张雨欣、直守斌。

《全城都在点》生活服务类栏目。顺义人民广播电台FM92.9频率每周一至周五下午15：00—17：00，时长两个小时。栏目中通过互动QQ和手机短信平台的方式来点播歌曲，传递祝福，同时发布交友的信息，为听众带去精神上的轻松和愉悦。主持人蝈蝈和萧萧轻松幽默的主持风格受到听众的喜爱，在听众中享有很高的人气。主创人员：王苹、郭玉洁、直守斌。

二、电视栏目

《顺义新闻》新闻资讯类栏目。1994年9月2日开播，北京电视台BTV新闻频道顺义时段播出，时长12分钟。多年来栏目始终立足顺义发展，充分发挥喉舌功能，影响社会舆论，记录顺义变化，讴歌发展成就，凝聚党心民心，架起政府与群众沟通的桥梁。拥有“dv看环境”“我的故事”“文明红绿灯”等长期子栏目以及“创新实干在基层”“温暖2013”“打造临空经济区建设世界空港城”等临时性专栏。

《情动绿港》专题服务类栏目。2007年12月开播，北京电视台BTV新闻频道顺义时段播出，栏目为周播节目，全年52期，时长10分钟。该栏目是一档民生类专题栏目，坚持落实“三贴近”，深化“走转改”，以平实的视角关注百姓的喜怒哀乐，以生动的故事讲述身边的真情实感，以朴素的风格搭建政府与群众之间的桥梁，具有广泛的收视群体。栏目编导深入农村、企业、社区，报道身边感动的人和事，制作出一大批精良的作品，其中20余部作品获得市级以上荣誉30多项，引起专家学者和社会关注。主创人员：孙艳洁、李东华、李朔峥、郭金玉、袁伯伟、季笑然。

《师说日》专题服务类栏目。2013年4月开播，北京电视台BTV新闻频道顺义时段播出，每期时长30分钟。栏目联合顺义区教育委员会，每期邀请获得北京市紫禁杯优秀班主任、区级优秀工作者、优秀班主任荣誉等名师进入演播室，分享多年教育工作中遇到的故事。通过讲述提示观众，在孩子成长各阶段的各种问题应该以不同的方法引导、点播、教育、帮助，得到广大观众和参与者的好评。据统计，顺广传媒网该栏目页面点击量已近4万次，最高单期节目点击量突破800次。主创人员：张立丽、刘峥、陈广生、郭春祥、王保华、聂振宇。

（北京市顺义区广播电视中心）

北京市平谷区广播电视中心

一、广播栏目

《老年之友》专题服务类栏目。1995年开播，平谷人民广播电台FM89.2频率每周二18:55播出。2013年，栏目内容在贴近老年人生活，关注老年人健康的基础上，又增加了涉老法律法规、增进两代人了解和沟通等内容，丰富了老年人的精神文化生活。主创人员：刘凤娥。

《健康》专题服务类栏目。2010年8月开播，平谷人民广播电台FM89.2频率每周三18：55播出。该栏目以提倡健康的生活方式和养生方法，关注人们的身心健康为宗旨。用通俗易懂的方式把应时应季的健康知识传播给听众朋友们，增强大家的健康意识。2013年，又增加了健康时讯等内容，受到听众的欢迎。主创人员：张赛。

《**绿谷采风**》专题类节目。2006年开播，平谷人民广播电台FM89.2频率每周一18：55播出，时长7分钟。该节目以采撷文明之花，传递致富信息，报道典型人物，展示平谷新貌为宣传宗旨；深层次、多视角报道方方面面的典型人物，让一个个可亲可敬可学的文明使者走进百姓心中，为推动社会文明进步、建设和谐平谷贡献力量。主创人员：王晓明。

二、电视栏目

《**平谷新闻**》新闻资讯栏目。1992年5月开播，北京电视台BTV新闻频道平谷时段每晚19点33分播出，时长15分钟。栏目以本土新闻信息权威发布为基础，着眼于新闻信息服务经济社会发展的要求；及时、准确传递区委、区政府的相关决策和公共信息；关注民生，突出反映社情民意；展现平谷"一区四化五谷"发展形象，满足全区人民享受优质新闻信息服务的需要，具有较强的可视性，得到全区群众的高度认可，是平谷人民喜欢看的电视节目之一。主创人员：贾春节、李肖英、李东亮等。

《**警法在线**》专题服务类栏目。2001年6月开播，北京电视台BTV新闻频道平谷时段每周日晚7:50首播，周一、二重播，时长15分钟。栏目采用纪实手法，叙述发生在百姓身边的警法故事，从而普及法律知识，树立政法机关形象。收视率一直名列前茅，已经成为区普法宣传的一个重要窗口和阵地。主创人员：李晓燕、孙晓光。

《**政府与市民**》专题服务类栏目。2012年7月开播，北京电视台BTV新闻频道平谷时段每周一晚19：50首播，时长25分钟。该栏目是一档大型周播"电视问政"节目，在北京市区、县电视台中首开先河。栏目根据区委、区政府关于"加强法治政府、服务政府、廉洁政府的建设"的精神，利用电视媒体平台开展"阳光政务"。节目采取现场提问的形式，每期邀请一位区政府机构的行政"一把手"在演播厅与二百名市民代表积极对话、真诚沟通，进而释政于民、疏通民意，为民解忧、建立互信。2013年共播出50期，45个政府机构和1万多名平谷市民现场参与了节目，体现出人民群众对政府工作的知情权、参与权、监督权、评判权。节目的筹划和播出，受到区委、区政府领导的关注和指导。主创人员：王学俭、张文海、张春燕、刘斌、王瑞民。

（北京市平谷区广播电视中心）

北京市怀柔区广播电视中心

一、广播栏目

《**科普园地**》生活服务类栏目。2012年7月开播，怀柔人民广播电台FM101.3频率每周二播出。该栏目以关注三农，服务三农为宗旨，依托区域特点服务怀柔广大农民朋友。设置"农广天地""三农热线""农林大讲堂""科技快报"等板块，以活泼明快、通俗易懂的方式成了怀柔地区农民的好朋友。自开播以来，受到了听众欢迎和好评，获2012年度北京市广播影视奖优秀广播栏目奖。

《**成长**》生活服务类栏目。2010年4月1日开播，怀柔人民广播电台FM101.3频率每周四中午12：00播出。该栏目是一档针对未成年人思想道德教育开展的节目，包括"一事一议""青青校园""青少年求助信箱”等板块，就未成年人在成长过程中遇到的问题展开分析，帮助青少年走出困惑。“青青校园”以互动形式邀请青少年走进直播间相互交流，分享精神生活。通过开办《成长》栏目，让全社会给予未成年人更广泛的关注和关爱，引领他们健康生活、茁壮成长。栏目获2011年度北京市广播影视奖优秀广播栏目奖。

《行风热线》专版服务类栏目。2005年5月9日开播，怀柔人民广播电台FM101.3频率每周一、三、五7：23播出。该栏目是北京郊区广播电台中第一个时政类直播节目，由区纪检会、区监察局和区广电中心合办。栏目由区政府64个职能部门主要领导轮流上线，倾听普通百姓在热线电话中提出的问题，直接受理群众投诉，成为百姓与政府间互动、理解与沟通的桥梁，以期达到优化执政环境、督察政府工作的目的。自开播以来，共接听热线电话1480余个，其中对600多个听众反映问题给予满意的答复或解决。曾获2006～2009年历年（华彩杯）北京市广播影视奖优秀广播栏目奖。

二、电视栏目

《聚集国际会都》新闻专题类栏目。2013年10月10日开播，北京电视台BTV新闻频道怀柔时段每周一播出，时长12分钟。该栏目以怀柔区筹办APEC会议为切入点，以怀柔会议会展产业为主题，报道区内节会资讯、人文特质、地域风光、资源特色等内容，设置有“国际会都快讯”“APEC小常识”等板块。

《绿美怀柔》专题服务类栏目。2013年7月5日开播，北京电视台BTV新闻频道怀柔时段每周一播出，时长12分钟。该栏目与区园林绿化局联合开办，主要报道区内园林绿化工作动态，详细介绍重点绿化工程，普及林果常识，解析林业法规政策，倡导绿色生态理念，服务怀柔绿化建设。设置有“园林动态”“绿建直通车”“林业聚宝盆”“绿色达人”“林业百宝箱”“林听树说”等板块。

《怀柔环境》专题服务类栏目。2011年9月13日开播，北京电视台BTV新闻频道怀柔时段隔周周五播出，时长12分钟。该栏目与区城乡环境建设委员会联合开办，主要报道区城乡环境建设委员会的工作动态，宣传相关政策法规，反映城乡市容环境、设施环境、生态环境和秩序环境等“四个环境”建设的成就和经验。

（北京市怀柔区广播电视中心）

北京市昌平区广播电视中心

一、广播栏目

《与法同行》广播专题栏目。2009年1月开播，昌平人民广播电台FM103.1频率每天7:50播出，时长10分钟。该栏目旨在向广大受众普及法律知识，解释法律规则，弘扬社会正气，警示违法行为。节目采取主持人与嘉宾对话的形式，讲述发案经过，追溯犯罪根源，诠释法律法规，点评案例争议，让法制观念深入人心，让知法、懂法、学法、守法成为人们日常行为的规范准则。所有案例均为本区发生的交通违法肇事、夫妻伤害赔偿、网络诈骗等刑事、民事案件。

二、电视栏目

《昌平新闻》电视新闻栏目。1984年9月30日开播，北京电视台BTV新闻频道昌平时段周一至周六19：30首播，次日7：30，12：30重播，时长15分钟。该栏目是北京市郊区县开播最早的一档电视新闻栏目，以报道大事要闻，传播舆情资讯，聚焦昌平发展，关注民生民情为宗旨；总体框架分为时政新闻和民生新闻两大部分，追求时政新闻的严谨性、经济新闻的生动性、社会新闻的思想性。栏目报道及时，内容新颖，提供的信息量丰富全面；在精品新闻思想的指导下，民生新闻报道力度逐步加大，形式创新。

《真情故事》电视专题栏目。2008年3月开播，北京电视台BTV新闻频道昌平时段周一19：50首播，次日早7：50、20：20、周三8：20重播，时长10分钟。该栏目贴近百姓、贴近生活，弘扬主旋律，以人物为主线，讲述人与人、人与社会之间的真情故事；以平民姿态说百姓事、讲百姓话、让百姓说话，重视对生活细节的刻画，展现普通人的内心情感，捕捉他们身上闪跃的人性光辉和生命活力。栏目连续三年获得北京广播影视奖优秀栏目奖，2012年又获得“全国十佳电视栏目奖”，并获2011-2012年度中国最具品牌价值电视栏目。

《古今昌平》电视专题栏目。2008年3月开播，北京电视台BTV新闻频道昌平时段周三19：50首播，次日7：50、周五20：20、周六8：20重播，时长10分钟。该栏目旨在探寻人文古迹，留住文化根脉，传承历史文明，记录今日昌平；通过影像，对昌平六千年来，特别是建县两千多年的历史和文化，进行分系列、多层次梳理，力求让观众对昌平有更多的认识，从而激发大家热爱昌平，建设昌平的热情，让观众朋友对明十三陵以及明朝历史、文化有更加系统深入的了解。截止2012年年底已制作播出122集大型系列片《探秘十三陵》，翻译制作成英文版并刻录光盘；又推出《古城探幽》《塔寺寻踪》《民俗风情》《文物纪事》《六十年回顾》《天下第一雄关》等多个系列。

《走进三农》专题服务类栏目。2012年5月开播，北京电视台BTV新闻频道昌平时段每周五19:50 播出，每周一期，时长10分钟。该栏目是与昌平区农委联合开办的一档对农服务节目，以面向昌平农村、报道昌平农业、服务昌平农民为宗旨。栏目宣传富民政策，传递致富经验，传送致富信息。重点对昌平新农村建设发展过程中涌现出的新人新事及取得的成就进行宣传报道。以实用、亲切、纯朴、自然的节目风格，宣传党的农村政策，报道农村发展变化，推广先进致富经验，为农民致富奔小康提供全方位服务，不仅得到了联办单位的肯定，也受到农民朋友和观众的欢迎。

（北京市昌平区广播电视中心）

北京市密云县广播电视中心

一、广播栏目

《休闲密云》新闻资讯类节目。2012年6月开播，密云人民广播电台FM94.1频率每周一18：00整点首播，次日7:33重播，时长20分钟。该栏目侧重于密云的自然生态环境、历史文化和旅游业发展的宣传，树立青山绿水生态密云的形象，努力为密云的物质文明、精神文明和生态文明建设和打造绿色国际休闲之都营造舆论氛围。栏目开设的“密云生态文明建设”板块，宣传密云生态文明建设的成果，促进了密云旅游业的发展。主创人员：孙竹。

《三农有约》专题服务类节目。2008年6月开播，密云人民广播电台FM94.1频率每周五18：00整点首播，次日7:33重播，时长20分钟。栏目聚焦农业发展、关注农村变化、反映农民生活，为听众随时了解密云的农业发展、农村环境变化和农民致富生活搭建平台。节目采访比重大，音响丰富，深受农民欢迎。主创人员、编辑：张爱红；播音主持：黄晨昭、齐小迎。

《音乐随身听》综艺益智类栏目。2013年开播，密云人民广播电台FM94.1频率每天13：15首播，17：00重播，时长50分钟。栏目定位为播放好音乐，以主持人轻松调侃式的主持风格吸引受众，让音乐点亮你的生活。节目轻松快乐，互动性强。主创人员：张博研。

二、电视栏目

《事事关心》专题服务类栏目。2006年1月开播，北京电视台BTV新闻频道密云时段每周三20:01首播，周四重播。栏日始终以“发生在百姓身边、与百姓生活息息相关的事，就是我们关注的”为宗旨，围绕县委、县政府的中心工作，尤其是为民办实事工程，解读政策、关注民生。栏目口号“事事关心，关心您身边的大事小事”，在密云百姓中耳熟能详，成为密云电视台的名牌栏目，拥有一群固定的收视观众，收视率年年攀升。主创人员、栏目策划：石晓访；责任编辑：吕亚红；编辑：梁爽、郭胤；摄制：张鹏；播音主持：吕亚红、张博研。

《檀州大舞台》综艺益智类栏目。2008年1月5日开播，北京电视台BTV新闻频道密云时段每周五、周六20：01播出，时长30分钟。栏目以“弘扬文化传统，挖掘文化底蕴，展示大众才艺，丰富百姓生活”为宗旨，服务文化建设，实施文化惠民。依托音乐协会、曲艺协会、摄影协会等艺术团体，塑造文艺名人、名家、名品牌，实现文化活动广播电视化。主创人员、栏目策划：孙艳波；编辑：李娜；摄制：姜淼伟、周颖、相飞、曹琦林；播音主持：彭子娇。

《农艺直通车》专题服务类栏目。2013年5月开播，北京电视台BTV新闻频道密云时段每周六晚20:15首播。该栏目是密云电视台与县农业服务中心合作开办的科普栏目，让观众更好的了解县农业的发展，让农艺走进人们的日常生活。一大批农艺专家亮相荧屏，讲解农艺常识，引导知识传播，倡导健康生活，内容贴近百姓。主创人员、策划：石晓访；责任编辑：曹立华；撰稿：王艺潜；摄制：孙征；播音主持：张博研。

（北京市密云县广播电视中心）

北京市延庆县广播电视中心

一、广播栏目

《延庆新闻》新闻资讯类栏目。延庆人民广播电台FM92.8、FM98.8频率周一至周日晚18：00首播，次日早晨7：20、中午11:30重播，时长10分钟。该栏目以宣传党的方针政策，迅速准确及时报道全县物质文明、精神文明、政治文明和生态文明情况为主要内容；充分发挥广播特色，在报道中采取文字、现场报道、录音报道、专题报道等不同形式，增强宣传效果，及时准确传达县委县政府的声音，有较高的收听率和群众关注度，用电波为政府与群众搭建沟通的桥梁，惠及百姓生活。主创人员、编辑：赵才、刘扬、滕薇、王晶、赵倩女；播音：赵才、刘扬、孙斌。

《生活导航》专题服务类栏目。2000年1月开播，延庆人民广播电台FM92.8、FM98.8

频率隔日播出，每周三期。周三为特别节目“大东说消费”，晚18：10首播，次日早晨7：30、中午11:40重播，时长20分钟。该栏目主要为听众朋友们提供生活资讯、健康指南、疑问解答、二手商品买卖信息等全方位的生活服务。栏目以现场报道、短信互动、嘉宾访谈等多种形式，接近与听众的距离，吸引听众参与，成为听众生活的好帮手。主创人员、编辑：滕薇；播音：滕薇、刘冰。

《快乐调频92.8》综艺益智类栏目。2003年开播，延庆人民广播电台FM92.8、FM98.8频率周一至周日晚19：40首播，次日早晨8：30、中午11:30、下午15:00重播，时长60分钟。栏目注重欣赏性、信息性和参与性，既有“我的调频我做主”“音乐故事”“互动话题”“天天点歌台”“娱乐资讯”“广播剧”等形式新颖、听众喜闻乐见的经典板块，也有让听众展示才艺的“搜秀岛”等互动板块。栏目自播出以来受到年轻听众，特别是中学生和大学生的欢迎，他们在微博、微信中互动点播，参与性很强。主创人员、编辑、播音：吴佳羽。

二、电视节目

《一路平安》专题服务类栏目。2007年4月开播，北京电视台BTV新闻频道延庆时段周五、六晚首播，时长10分钟。该栏目是延庆电视台的名牌栏目，已开播18年。始终以服务群众为宗旨，以群众最关心的交通话题、路况、交通秩序，交通执法为工作出发点，从交通安全提示、交通安全教育方面坚持为群众服务，受到群众的欢迎和关注。栏目设有“今日聚交”“第一现场”“尴尬上镜”“宋威说事”“交警风采”等板块，多采用现场报道的形式，增强了栏目真实性和教育性，有较高的收视率和群众关注度，收到良好的社会效果和安全效果。主创人员、主持人及撰稿：宋威；摄像：李梁；后期制作：曹春霞、赵银华。

《魅力新农村》专题服务类栏目。2012年8月开播，北京电视台BTV新闻频道延庆时段周二、三、四、五晚首播，时长10分钟。栏目设有“文化改变生活”“新农村新发现”“乡村合作社”等板块。通过展示新农村建设的成果，为创建县景合一的绿色北京示范区营造良好的舆论氛围。巧妙的板块设计、翔实的服务信息以及固定的受众群体，使栏目更加贴近农村，贴近生活，贴近百姓。栏目把政府出台的政策法规等内容与具体事例融合到一起，架起政府与农民的桥梁；服务三农，反映民声，始终把农民最关心的问题作为出发点，为农民解决最实际的问题，受到农民的欢迎和关注，成为延庆电视台的精品品牌栏目。主创人员、主持人：周阳；摄像及撰稿：谷润峰、刘昱封、王磊、张佳誉；后期制作：曹春霞、赵银华。

《水润妫川》专题服务类栏目。2012年7月开播，北京电视台BTV新闻频道延庆时段周一晚首播，下周重播，时长10分钟。该栏目与延庆县水务局联办，突出水务部门“民生水务、科技水务、生态水务”的工作重点，内容围绕延庆县水务工程建设、水资源“三道红线”管理等水务热点焦点问题，宣传水资源情况。栏目通过电视荧屏展示延庆县水务风采，宣传水利富民工程，提倡节水和净水意识，保护水资源水环境，展示水务职工风采，创建美丽延庆。栏目板块有“水务动态”“工程采风”“蓝剑行动”“水保绿韵”“普法园地”“防汛抗旱”“移民视点”等，成为延庆电视台名牌栏目。主创人员、主持人：周阳；摄像及撰稿：孙纪军、张鹤；后期制作：曹春霞、赵银华。

（北京市延庆县广播电视中心）

产业发展

2013年北京市广播影视产业发展情况

2013年，北京市广播影视总资产906.8亿元，同比增长13.2%。广播影视创收379.55亿元，同比增长46.84%。其中，广告收入169.84亿元，同比增长56.97%；节目销售收入53.81亿元，同比增长22.57%；网络收入44.21亿元，同比增长37.6%；电影票房收入18.6亿元，同比增长15.38%。北京广播电视台创收86.2亿元，其中，北京人民广播电台创收13.76亿元，北京电视台创收36.55亿元，北京北广传媒集团公司创收35.83亿元。全市持有广播电视节目制作经营许可证机构2321家，比上一年增加643家。网络视听节目网站125家。广播影视从业人员4.52万人，比上一年增加5900多人。

电视剧动画片生产交易情况

2013年，北京市在电视剧和动画片的生产上，牢固树立内容为先的理念，加强题材规划、创作引导和资金支持。组建了首都影视精品创作生产领导小组，召开了题材创作会，加大了题材规划和重点剧目的推进力度，制定了《北京市重点题材影视剧（含动画片、纪录片）专项扶持资金管理办法》（试行），努力推出叫好又叫座的影视精品。全年电视剧备案公示313部共10311集，审查成品电视剧87部共2952集；电视动画片备案公示23部共1.65万分钟；创作生产纪录片59部，以上三项均位居全国前列。电视连续剧《打狗棍》热播，创近两年来北京地区和全国收视“双料冠军”。电视剧《誓言今生》《木府风云》《北京青年》获第29届中国电视剧飞天奖一等奖；电视剧《风车》获“五个一工程”奖提名；百集大型动画片《飞越五千年》获美国博班克电影节最佳国际动画短片奖、四川电影节金熊奖。

京产电视剧《誓言今生》
荣获第29届中国电视剧飞天奖一等奖

为推进影视剧和动画片的交流交易，北京市近几年来不断加强交流交易平台建设。2013年3月举办的北京电视节目交易会异常活跃，电视节目实现意向交易50.28亿元。

广播电视广告经营创收情况

2013年，北京市广播电视广告创收面对更加严格的市场管理环境和越发激烈的市场竞争态势，各经营媒体积极应对，多方出击，最大限度地挖掘经营创收潜力，圆满完成了年度创收任务。北京电台为加大广告营销创新力度，增强经营主动性，成立了广播广告营销顾问委员会，有力地推进了客户管理及市场开发，并通过开发碎片化产品、开展活动营销、资源打包整合、提升对接客户能力等多种手段，扩大广告资源，增加广告收入。2013年全台广告创收7.21亿元，完成了既定目标，继续保持全国广播媒体广告创收第一的排名。

2013年11月，北京电台
开始进行2014年度广告招标工作

北京电视台在2013年广告经营中，坚持“客户开发”与“深度融合”的战略和“面向市场”与“统一经营”的原则，采取了三项增收措施：一是统一思想行动，加强广告经营与电视节目开发深度融合。成立了融合对接小组，建立了有效沟通机制，将广告经营与内容生产深度融合，目标一致，协同作战，制作出真正符合市场需求的内容，为广告经营提供坚实的资源保障。二是“走出去”加大客户开发，提升客户服务。领导带头选取重点地区、重点客户进行有效开发，加大资源的推广力度，启动客户分级服务战略。三是积极探索内容营销，创新广告手段。与节目中心密切合作，成功营销《北京电视台春晚》《环球春晚》等特殊项目。针对优质资源进行招标、签约预售，最大限度地挖掘资源价值。同时，努力开发新的广告产品，推出了宝洁广告双屏互动项目“寻宝行动”，推出了综合资讯商务服务类节目《商讯快报》。这些举措的实施，确保了全年广告创收30亿元目标的完成。其中，仅北京卫视就实现广告创收15亿元，比上一年增长26%。

北京电视台2013年广告招商推介会现场

北京北广传媒集团所属的广播电视新媒体以及京郊区县广播电视中心，也都根据各自的媒体特点，发挥优势，积极拓展广告经营，创造了良好的经济效益。

有线电视网络发展经营情况

2013年，北京歌华有线电视公司全面实施“一网两平台”发展战略，加快推进“由传统媒介向新型媒体、由单一有线电视传输商向全业务综合服务提供商”的战略转型，实现了持续快速健康发展。公司2013年度实现营业总收入22.50亿元，保持了稳步增长；实现净利润3.77亿元，较上年同期增加7,934万元，同比增长26.68%。截至2013年年底，公司有线电视用户达到524万户，高清交互数字电视用户达到380万户，个人宽带用户23.8万户，飞视家庭用户26万户，集团数据业务2.5万线。

（一）扎实推进基础网络和技术系统建设。

网络基础设施建设不断加强。双向网络建设累计超过500万户，开通483万户。完成了10个机房的整体搬迁和27个机房的扩容、升级工作，新建成3个机房。160个新建住宅项目向公司申请办理《信号接入证明》，覆盖10.9万户。完成了104项架空线入地工程。

技术研发和系统平台建设有效推进。完成支持400万用户规模的高清交互数字电视平台系统优化扩容，全媒体聚合云服务平台的整体规划和方案设计已经完成。与科大讯飞合作完成了蓝牙语音遥控器的开发工作，目前发放语音遥控器近30万户。实现了部分高清付费节目“按次点播，先收看，后付费”方式。完成iBOSS二期建设，完成远郊用户管理系统（AMS）割接工作，实现了跨区业务受理以及全业务支撑目标。完成了GIS系统二期建设，对资源信息管理系统（MIS系统）进行优化。对现有机顶盒进行优化和软件升级，开机时间由70秒缩减至55秒，提升了用户体验。

（二）全力做好用户发展和高清交互数推工作。

积极做好短信催缴和数字电视用户批量关断工作，确保注册用户数量的稳步增长。克服双向网络规模不断减少、机房改扩建成本不断增加等一系列不利因素，全力推进高清交互推广工作。进一步完善非居民用户数字化推广流程，制定了三星级以上宾馆酒店“DVB+OTT”数字化方案。全年推广非居民用户2.3万端，累计达6.2万端。实现高清交互机顶盒与家庭宽带、付费节目的捆绑销售，全年累计销售高清交互机顶盒1.64万台，标清单向机顶盒10.6万台，销售大卡一体机大卡4780张，销售付费节目包10.8万个。

（三）做大做强高清交互数字电视新媒体。

高清交互数字电视平台播出168个数字电视频道，其中标清146个、高清22个（2013年新增8个）、数字广播16个。在线视频点播节目已达3.8万小时（其中高清节目万余小时）；“时移回看”频道从34个增至69个；各项交互应用30余项；视频点播日点击量突破70万次，电视回看日点击量突破220万次。

2013年12月，歌华有线高清交互平台“华数高清”节目包正式上线

此外，北京歌华有线电视公司还进一步开发、完善广告产品，全年广告收入较2012年有新的增长。2013年，频道收转业务实现总收入同比增长9.2%。为保障高清频道入网，停播了三套平移网保留模拟频道。在交互点播业务方面新增“最爱迪士尼”、“华数高清”2个付费节目包和《巧虎来啦》付费栏目；新上线图书博物馆、公共教育、电视营业厅3个一级栏目，邮储专区、航班查询等5个二级栏目；对北京数字学校等11个栏目进行了改版。

（四）积极推进三网融合相关工作。

一是家庭宽带业务。公司采取各项有力措施，实现家庭宽带业务发展再创新高。推出高清交互机顶盒与家庭宽带捆绑策略，开展了两次宽带升级活动。推出2M、4M、8M、12M、22M共5个系列产品及12种组合营销套餐，并在石景山区开展35M、55M和110M大带宽产品试验。充分利用自有宣传渠道，积极尝试平面报刊、信函直投、网络媒体等第三方宣传渠道。通过缓存、镜像和对等互联等方式，内网使用率由40%增至55%。积极与北京电信合作，取得实质性进展。2013年底家庭宽带用户达到23.8万户，较2012年净增4.4万户。

二是互联网电视业务。公司与百视通合作，于12月初试验推出“歌华宽带电视”业务，面向12M、22M宽带用户在内网进行试验推广。

三是歌华飞视业务。飞视个人业务累计发展用户26万户，推出了飞视跨屏、微信业务和移动短信订购服务。全年建设飞视热点1000余处，累计达1500处。与北京电信合作，在北京南站公共WiFi下同时实现电信上网与飞视服务。开发“家校新时空”教育服务平台并展开推广工作，加强与市教委合作，继续完善北京数字学校课程。

四是集团数据业务。2013年，公司签约多个专网专线项目，开通1000多条线路，累计开通2.5万线。发展IP电话业务800线，累计超过3400线。完成“三网融合云服务平台”中融合通信子系统建设并进行试用，按照客户对无线网络的不同需求，推出了基于有线电视的综合集成等新业务产品。

文化会展演艺活动情况

2013年，北京北广传媒集团所属歌华集团在文化展览、演出以及大型文化活动方面取得重大成果。《匈奴与中原——文明的碰撞与交融》展览以其创新的主题和形式受到广大观众的好评及媒体的关注，包括报刊、网络、电台、电视台等80余家媒体对展览内容及开箱仪式、开幕仪式、馆长导览、教育活动等进行了报道。展览期间开展了公益讲座、公开课、“历史课走进博物馆”等一系列教育活动20余次，均受到参与者的欢迎和好评。《生命之相——安东尼奥·梅内盖蒂本体艺术绘画展》展出了意大利著名心理学家、“本体心理学”的创立者安东尼奥·梅内盖蒂创作的绘画作品80件和展现艺术家创作思路的视频、照片等辅助展品。展览期间开展的视频欣赏、心理学知识讲座、微博互动等活动也受到观众的欢迎，20余家媒体对展览进行了报道。

积极推广文化项目的全国巡展、巡演模式，获得很大成功。“走向现代——英国美术300年”展在沈阳、南昌、广州、郑州、长沙等各站巡展，共接待观众近100万人。“美国当代写实油画展”在大连、天津、武汉、杭州、上海等各站巡展，共接待观众20余万人。

经过几年的努力，歌华集团已初步打造了一系列具有特色的中华世纪坛节庆品牌活动。2013清明节纪念文化先贤活动，礼敬先贤、传承文化，现场吸引了千余名民众参与。六一儿童节的少先队入队活动及海淀区“学雷锋做美德少年”网上签名活动启动仪式，凸显了中华世纪坛在爱国主义教育活动中所发挥的重要作用。中华世纪坛艺术大家营暑期青少年活动，则是国内首个以艺术为主题的暑期少儿营地活动……十几项独具匠心的主题活动连续开展，涵盖音乐、美术、文学、影视、手工艺、传统文化等众多艺术领域，为3岁至12岁的儿童提供了一个与多种艺术全方位、近距离接触的乐园。2013年中秋诗会吸引了来自中国大陆、港澳台地区和海外近30位诗人及部分首都青少年登台表演，各级领导、首都高校、周边军区及企事业单位代表1200余人出席活动，取得了良好的社会反响。

此外，由北京歌华文化发展集团等单位共同承办的“永远的雷锋”大型主题展览在社会各界产生了积极反响，共吸引14.4万人次前来参观，创造了良好的社会效益。

（北京市新闻出版广电局、北京广播电视台）

新媒体

北京广播电视台直属新媒体发展情况

2013年，北京广播电视台新媒体继续通过资源整合，完善产业链，进一步推动数字付费电视、移动电视、城市电视、地铁电视、鼎视传媒电视、手机电视以及数字广播、网络广播电视台等业务的发展，包括新媒体节目栏目建设，增强了新媒体的传播力度。

一、数字付费电视

数字付费电视由北京北广传媒数字电视有限公司承办。自2003年开办以来，继续发挥“北广传媒数字电视节目集成平台”的优势，为数字电视用户提供视频、广播、数据业务等三大类内容，开办频道数量在全国数字电视节目运营商中位于前列，搭建完善的家庭信息平台，内容构架已形成体系。

视频服务：开办自办付费电视频道《京视剧场》《爱家购物》《动感音乐》《车迷频道》《考试在线》《优优宝贝》《四海钓鱼》《弈坛春秋》《环球旅游》《新娱乐》《置业》11套，数字音频广播频道2套，其中覆盖全国6套，覆盖北京5套，每个频道每天24小时循环播出。

音频服务：开办戏曲广播、爵士音乐广播等2套付费广播频道。

数据服务：北京之窗和电视节目信息服务。运营《北京之窗》数据业务服务，以多路视频轮播、图文页面查询的播出形式，设置“公益北京”、“首都政务”和“生活资讯”2个电视系列节目和4个图文栏目，为市民提供政务公开、公共管理、生活消费等实用服务信息指南。通过歌华有线网络平台每周上载的数字电视及广播节目指南共182套，为用户提供详实准确的节目信息。

2013年，利用《北京之窗》平台，继续联合北京市福利彩票发行中心开办“公益北京”系列节目，推出《善聚公益》公益梦想电视大赛活动。该活动除在数字电视“北京之窗”播出外，还通过数字电视《新娱乐》频道播出，在移动电视、地铁电视播出节目预告和花絮，在北京晚报和新浪网开辟宣传专栏。该活动全年有100个公益项目登上舞台，代发福利彩票公益金100万元，受到中国青少年基金会、市残联、市妇联、市总工会、市社团办、市社区服务中心、市志愿者服务指导中心等数十家机构的大力支持和积极参与，获得良好的社会效应。

二、移动电视

移动电视由北京北广传媒移动电视有限公司承办。自2004年开播以来，积极挖掘广电系统内多种文化产业资源，形成完整的视听节目传输网络，充分发挥自身传播优势，努力成为政府管理的公共信息平台、城市管理的应急平台和百姓生活的资讯平台，服务政府公共管理，服务市民精彩生活。每天播出17小时，终端屏幕 2.4万块。

移动电视采用世界先进的数字电视技术，利用北京DS－48和DC－22单频网发射两套无线数字信号，实现地面数字设备实时接收电视节目。已在中央电视塔、京广中心、名人广场、491发射台、建设了一主三辅4个数字发射机站，形成有效覆盖北京市区六环内的数字单频网，日覆盖受众超过1300万人次。全年移动电视安全播出6009小时，地铁电视频道安全播出6205小时，完成各项重大转播10余次，单频网安全传输和安全播出零事故。

2013年，是移动电视“二次创业”的启航之年。根据“创新驱动创业，管理提升效能”的总体方针，紧紧围绕“创新”和“管理”两条主线，较好的完成各项任务。出台《北广传媒移动电视节目制作规范》，对节目制作进行深入的研究和规范，在全国移动电视行业自制首部季播情景短剧《秀逗爱生活》，实现移动电视节目史上的首次输出。开发日播节目《三分钟美食》，与搜狐美食、贝太厨房、美食天下、爱奇艺《美食美客》等6家网站联系合作，制作《饭饭团》《悠悠团》《宝宝团》系列节目59期，举办线下活动10次，参与节目录制观众700余人次，官方微博粉丝近1.2万人，官方网站视频点播次数超过2万次。制作《将环保进行到底——你我身边的环保达人》，传播正能量。在各级节目评选中，共有36件作品获奖。技术改造与创新方面，积极配合新媒体制播中心建设，国标单频网前端系统启动数据广播系统的调试工作。策划组织“激情凝聚 圆梦北京——2013北京CTD街舞大赛”，以活动创新树品牌。持续改进ISO9001质量管理体系，持续强化绩效管理引导作用，将质量管理、内审工作与绩效管理有机的有效结合。

三、城市电视

城市电视由北京北广传媒城市电视有限公司承办。自2005年开播以来，作为政府公共信息发布和城市应急预警平台，担负着政府政令、城市信息、城市预警等社会公共信息传播任务，旨在为大众提供更加完备、更加方便、随时随地的资讯服务。每天播出15小时，终端屏幕0.75万块。

城市电视建有楼宇电视联播网、户外大屏电视联播网，由中央电视塔为主发射塔统一发射无线信号，全网络终端同步接收，实时播放，在实现国标转换的同时，城市电视终端更新为32寸PAD式设计，实现画面分区域播出，并通过数据广播技术实现个性化播出等特点，满足不同的受众需求。

楼宇电视联播网终端分布在北京市政府机关、金融系统、医疗系统、商业系统、教育系统等数十个行业，是唯一获准进入政府机关、国有企业总部等渠道的户外电视媒体。截至12月31日，全网共拥有楼宇小屏终端7462屏，每日受众500万人次。户外大屏电视联播网是一个户外LED大屏幕电视的联网播出平台，共集合9处10块LED大屏幕，分布于城区重要商业地点和人流聚集区。

2013年，城市电视进一步加强节目建设和技术创新力度，推动事业可持续发展。播出节目分为新闻资讯、新闻专题、服务信息三大类，由自办栏目、合作及引进栏目两部分构成，同步转播中央电视台《新闻联播》《北京新闻》。

技术改造和创新上，城市电视国标转换4000余台，数据广播的前端搭建完毕，实现数据推送业务的实际应用，标志着城市电视逐步脱离传统媒体，向着新媒体运营商的方向迈出坚实的一步。城市电视大屏自主设计和架设的远程视频及环境监控系统，提高安全等级，实现故障即时发现，及时维修。

四、地铁电视

地铁电视由北京北广传媒地铁电视有限公司承办，自2008年开播以来，以地铁交通运营和传媒资源为依托，努力打造成为政府公共信息平台、城市应急预警平台、乘客生活资讯平台和企业广告宣传平台。每天播出18.5小时，终端屏幕2.17万块。

地铁电视节目播出时间与地铁运营时间同步编制的电视节目，主要是通过地铁线路上的列车车厢、站台和站厅内的电视终端来接收、播放。地铁电视公司在歌华大厦投资建设了独立的节目播控中心，并独家经营地铁电视广告业务（包括地铁电视节目的策划、制作、代理、发布等）。

2013年，北京北广传媒地铁电视有限公司继续加大地铁电视的建设和信号覆盖的力度，在原有线路1、2、5、8、10、13号线的基础上，又为亦庄线、昌平线、房山线、15号线引入了地铁电视信号，又开通8号线二期北段、10号线二期，列车车厢、站台站厅内的地铁电视终端屏总量达到21705块。在节目制作上不断创新，按照“短、平、快”的原则，在原节目均为引进节目的基础上，增加集成、自制节目，集成、自制节目已经占播出节目的70%。在完成日常的播出任务同时，对全国“两会”、芦山地震、中央电视台和北京电视台春晚等重大活动、突发事件进行实时、并机转播3140分钟。完成双方股东及合作单位约120余条新闻采集工作，播放北京市委宣传部、各委办局及双方股东的宣传片近200个，高频次播出各行业推选出的典型人物等相关内容300余次，滚动发布烟花爆竹安全、雾霾、大风等各类文字预警字幕200余次，新增《评影不离》合作栏目和《全国两会快讯》集成栏目。

2013年，双天线输入车载专用机顶盒获国家知识产权局授予的“实用新型”专利；在中广协会交宣委中国移动电视分会进行的“2012年度中国移动电视节目创优评析评审会”中，地铁电视获得主持人三等奖、长消息二等奖、短消息三等奖、论文一等奖。在由中国人民大学、复旦大学等10所国内顶级新闻学院联合主办的中国传媒大会上，地铁电视获得“金长城传媒奖·2012中国最具影响力移动电视”称号。 在《第六届中国品牌媒体高峰论坛》上，地铁电视获“2012-2013年度中国最具营销实效移动电视”奖，总经理阎伟力被评为“2012-2013年度中国品牌媒体创新人物”。年内，向北京广播电视台和地铁集团双方股东各分红600万元，累计分红2200万元。

五、鼎视数字电视

鼎视数字电视由鼎视数字电视传媒有限公司承办，自2005年运营以来，向全国数字电视用户家庭提供付费电视节目。

2013年，鼎视数字电视共集成传输34套数字付费频道、8套购物频道、7套高清卫视频道，代理发行10套数字电视购物频道，付费频道销售业务在全国落地销售区域224个，覆盖用户13052.72万户，占全国现有数字电视用户15862.3万户的82.3%；电视购物频道发行业务在全国落地区域122个，共计用户12221万户，占全国现有数字电视用户15862.3万户的77%。

传输的34套数字专业频道有：《四海钓鱼》《收藏天下》《证券资讯》《家庭健康》《时代家居》《时代美食》《时代出行》《时代风尚》《碟市》《职业指南》《家庭理财》《车迷》《新娱乐》《环球旅游》《人物》《考试在线》《快乐宠物》《优优宝贝》《财富天下》《家政》《电子体育》《数码时代》《中国气象》《音像世界》《美食天府》《百姓健康》等26个数字付费频道。同时还为《快乐购物》《央广购物》《优购物》《时尚购物》《风尚购物》《家有购物》《家家购物》《环球购物》《中视购物》《好享购》等10个数字电视购物频道提供集成传输及发行业务。传输的7套数字高清卫视节目有：北京卫视、湖南卫视、深圳卫视、广东卫视、黑龙江卫视、山东卫视、湖北卫视。

六、CMMB手机电视

CMMB手机电视由北京中广传播有限公司承办，自2009年开播以来，承担移动多媒体广播项目（CMMB）在北京地区的建设和运营。

CMMB手机电视采用中国自主研发的移动多媒体广播（CMMB）技术，通过自身运维的多媒体广播覆盖网向在北京地区的手机、PDA、MP4、GPS、笔记本电脑等小屏幕接收终端传送高质量广播电视节目和提供数据增值服务。内容上实现对CCTV-1、CCTV-5、CCTV-新闻、北京卫视、精彩电影、睛彩北京、中央人民广播电台、中国国际广播电台视听节目的传送。截至2013年底，CMMB手机电视累积发展双向终端用户100.47万户，在网付费用户31.49万户，新增单向终端用户10万户，正常运行的CMMB大功率站点17处。

CMMB手机电视开办的“睛彩北京”频道，是北京地区手持电视的第一个自办频道，每天播出18小时，开设有《睛彩城事》《天天体育》等21个核心栏目，还运用专门制作的页面及时发送政府的应急信息。

2013年，该频道策划直播亚冠、中超、CBA各类热点赛事超过120场。同时，并根据节目源特点，先后对频道内《开心一刻》《睛彩金声》等栏目进行小幅调整，优化节目构成。积极与风行网、56网探讨合作，已将《超级访问》《微播江湖》《音乐下午茶》等版权节目作为内容储备。

七、网络广播电视

网络广播电视系北京网络广播电视台BRTN（简称北京网络台），由北京广播电视台主办，是北京广播电视台整合旗下18家单位力量、共同创建的“以宽带互联网、移动通信网等新兴信息网络为节目传播载体的新兴形态广播电视播出机构”，于2013年建成并试播。由北京电视台具体承办。

北京网络台有四个新媒体业务平台，分别是北京网络广播电视台网站（www.brtn.cn）、北京IPTV、“BTV大媒体”等移动客户端、BTV微平台。

1.**北京网络广播电视台网站**（www.brtn.cn）。经过两年多的建设，于2013年9月全面完成网站基础建设，通过近三个月内部测试（试播），以“北京时间，全球共享”为口号，利用北京电视台内容资源与品牌资源，以台网交互与创新应用为核心，推出全新焦点新闻聚合方式“我在现场”，建立内容产品经理管理机制与外协机构管理机制，2014年1月8日正式上线。

2.**北京IPTV**。于2013年2月开始试商用，通过两次大规模平台扩容，频道总量扩充到106路，累计新增内容超过3万小时。

3. **BTV大媒体移动客户端**。“BTV大媒体”与电视节目、BRTN网站“我在现场”打通，聚合BTV节目和最新现场资讯，通过客户端上传的UGC视频可为各平台提供内容。“BTV大媒体”APP产品是北京网络台布局移动互联网的业务重点。

4.**BTV微平台**。由BTV新浪微博、BTV腾讯微博、BTV腾讯微信公众号、腾讯微视共同构成。截至3月30日，BTV新浪官微粉丝接近303万，BTV微信公众号粉丝数超过15万，日互动量上万，在微平台上北京电视台的品牌影响力已经形成。北京网络台创新微平台管理，对BTV全台微博展开矩阵化管理，共汇集各频道、栏目、主要主持人等1360个微博账号，组成微博矩阵，遇重大事件和重要任务全台统筹，一键发布，形成推广合力。同时还与市政府“北京发布”关联，重大信息联动发布。

2013年，北京网络广播电视台还提出“大媒体”战略，建立“一云、多屏、多桥”的运营机制。“一云”指的是在后台建立涵盖“云媒资库”和“云用户库”的“私有云计算中心”，一方面为旗下所有媒介提供内容支持，另一方面汇聚所有平台的用户信息；“多屏”指的是BRTN通过旗下各业务平台；“多桥”指的是包括“BTV大媒体”移动客户端及周边APP在内的智能终端产品矩阵。“1个品牌（BRTN）+4个平台(PC端、电视、微博微信、移动客户端)+ 12个产品项目组”的运营模式初步形成。

（北京广播电视台办公室）

北京电台新媒体发展情况

一、菠萝网络电台

北京人民广播电台菠萝网络电台（bolo.rbc.cn）于2011年于7月8日正式上线。菠萝网络电台拥有北京电台9套无线广播、15套有线调频广播的600余档直播、回放节目，网友可根据个性化需求，在这个庞大的音频资料库自由定制节目，形成自己的专属电台。每个专属电台都具备与广播节目同步更新的功能，网友还可以通过菠萝台的互动功能对每个菠萝台进行评论或推荐。

菠萝网络电台是全国唯一支持多路广播节目混排、自定义各节目播放时间且节目内容时时更新的网络电台，所搭建的全新个性化网络音视频分享平台，将广播节目的选择性收听转化为主动收听，将传统广播节目与网友个人创意相结合，从而激发网友的参与热情和创作激情。

2013年9月，北京广播网《菠萝派》栏目上线。栏目形式创新，围绕网络热点，以独特视角、轻松诙谐的风格解读市民关心的事儿。同时，结合移动新媒体推出相关衍生产品——全国首个声形联动的科技公仔“菠萝娃”，将手机客户端与定制玩偶合为一体，使用户获得身临其境的感觉。此款声形联动产品的“声”来自于“宝贝故事”苹果手机客户端，收录北京电台主持人播讲的故事；“形”是菠萝网络电台的毛绒玩偶形象。手机用户通过下载“宝贝故事”客户端，在故事播放过程中选择“切换到玩偶模式”后，将手机放入菠萝娃“口”中，就可以轻松获得一个会讲故事的菠萝娃，满足儿童听故事的需求。年内，菠萝网络电台获国家新闻出版广电总局科技创新一等奖。注册用户（菠萝蜜）数量16万人，超过150万人收听过菠萝台，总点击量460多万次，创建个性菠萝台7000多个。

二、数字广播“听立方”

数字广播“听立方”是一种新型的广播接收机（简称“听立方”），由北京人民广播电台悦龙数字广播传媒科技有限责任公司自主研发，用于接收北京数字广播播发的节目。

“听立方”支持全新的推送式广播服务，在信号良好的情况下，每天开机1个小时即可收到超过600分钟的音频节目，并为用户提供点播收听、节目收藏等功能，使“听立方”成为用户专属的个性化节目库。同时，“听立方”还能接收推送式广播播发的图文节目和北京数字广播转播的北京人民广播电台和中央人民广播电台的实时音频广播，还可以存储160个小时的音频节目，使听众轻松建立专属于自己的个性化节目库，真正做到我听我做主。北京数字广播每天下发的节目时长达30多个小时，内容包括中文流行、欧美金曲、相声曲艺、有声小说、胎教早教、科教养生、英语教育、金融证券、新闻资讯等多个方面。“听立方”2.8吋彩色触摸屏便于操作，体积小巧可以随身携带，还具备FM转发功能和AUX连接线，便于听众在车内或家中利用音响欣赏。“听立方”获2011年第二十届北京国际广播电影电视设备展览会BIRTV产品奖。

2013年，“听立方”完成新一代终端的研发工作，配合生产厂商针对新终端进行系统软件架构的设计并协助开发，并对新终端进行为期两个月的实际使用测试，通过收集实际使用环境下的运行数据对终端提出完善意见。“听立方”在参加2013年第二十二届北京国际广播电影电视设备展览会、北京电台听众喜爱的主持人评选活动中，与听众进行面对面的交流、让听众现场体验数字广播，扩大了数字广播的影响力。

三、北京交广传媒

北京交广传媒系北京人民广播电台开办的新媒体之一，也是“公众服务信息平台”，由北京交广传媒有限公司进行运营。

2013年，北京电台交广传媒1039“易打车”手机客户端应用推广和推进取得较好的进展。1039交通志愿者招募活动作为北京交广传媒有限公司2013年度的重点项目，在第三季度已向全市出租车司机免费发放带有1039“易打车”司机端的手机超过1万部，到第四季度，以此庞大的司机群体作为依托的“易打车”客户端投入使用，不仅方便市民打车出行并提高出租车的运营效率，还能及时收到公共信息，发挥出“公众服务信息平台”应有的作用。

截至年底，北京交广传媒已接受北京各出租车公司司机申请30000余人次，共发放1039客户端手机18000余部。在上级单位的大力支持下，北京交广传媒还参与多项产品、技术项目评选活动，获得2013BIRTV产品、技术及应用项目评选活动中获得应用项目奖。该奖项由BIRTV2013组织委员会及中央电视台《现代电视技术》杂志授予，是国内唯一广播电台获奖的产品。公司运营的新媒体机、活动及自驾游、金融服务等三大核心业务成果得到扩散性的传播。此外，在不同主题活动参与过程中，公司精心策划了丰富的有奖互动活动，成功吸引了众多1039粉丝及广大受众朋友们的关注和参与，为品牌及产品的口碑营销奠定基础。

（北京人民广播电台）

北京电视台新媒体发展综述

2013年，北京电视台新媒体发展取得实质性突破的一年。新媒体基地投入使用，四大业务平台齐头并进，大力推进台网融合，有力促进了新媒体业务快速成长。

新媒体基地投入使用。基地集应用展示、演播制作、播出监控系统、私有云中心及办公于一体，成为国际领先的高科技工作基地，为下一步建设北京大媒体和本台全媒体战略发展打下基础。年内，基地共接待国家新闻出版广电总局、北京市委宣传部等上级领导部门、新华社等媒体机构和各类商业机构参观调研220批次、2500人次，对全国广电媒体建设新媒体产生良好的示范作用。

新媒体业务发展迅速。北京广播电视台主办、北京电视台承办的北京网络广播电视台（BRTN）网站年底正式上线。北京IPTV利用宽带有线电视网的基础设施，以家用电视机作为主要终端电器，通过互联网络协议来提供包括电视节目在内的多种数字媒体服务，年内正式放号，投入试商用，频道总量扩充至106路，累计新增内容超过3万小时。BTV手机电视是北京电视台倾力打造的手机新媒体，2013年全新改版。移动互联网业务推出多款智能客户端软件，BTV手机电视 APP产品矩阵逐步构建。微博微信平台影响力进一步扩展，BTV新浪官方微博粉丝数达265万，影响力排名全国电视台官方微博第六，BTV微信公众平台粉丝数达16万。全台数百个微博的矩阵式管理平台初步搭建，实现重大节目和活动推广的统筹联动、一键发布。

多领域台网深度融合。成立新媒体发展中心，建立适应融合发展的组织结构和管理机制，加强了对全台新媒体版权的统一管理。充分发挥新媒体优势，积极探索重大突发事件新媒体直播及全媒体报道，IP化全媒体演播室投入使用，实现观众与节目现场的深度互动。

（北京电视台）

北京电视台手机电视业务取得新进展

北京电视台手机电视由所属京视中信公司承办并运营，面向全国电信用户提供手机电视收费服务。

2013年，BTV手机电视克服牌照缺失的困难，采取措施，突破北京地域的限制与上海网达软件有限公司合作，形成中国移动全网计费点代计费合作模式。同时，依托新一代高速3G网络技术，节目资源更丰富，画质更高，不仅有精心剪辑的精彩点播节目，还有BTV独家的品牌栏目，更有BTV的7套电视节目直播，各项业务取得新进展。

1.继续开展中国电信天翼视讯业务。BTV手机电视于2012年接入中国电信天翼视讯全网业务，接入业务名称为“BTV产品包”，全网独立计费点，包月费用8元/月，单条点击费用1元/条。“BTV产品包”共有2路直播，分别为北京卫视频道、北京生活频道。BTV北京卫视频道于2013年12月接入天翼视讯综艺频道。在完成自有业务“BTV产品包”的同时，也为天翼视讯“全能看”业务提供每日精选节目，并为天翼视讯垂直频道提供定制节目，垂直频道分别为：生活频道、娱乐频道、法制频道、音乐频道、传奇频道、综艺频道。在天翼视讯平台定期举办营销活动，线上线下与用户进行互动，为新老用户赠送礼品，增加用户的使用黏性。在中国电信天翼视讯平台主要收入类型为信息费，2013年天翼视讯平台收入逾百万元。

2.建立中国移动全网计费点代计费通道。BTV手机电视与上海网达软件有限公司开展合作，由上海网达软件有限公司提供技术服务，制作带有中国移动全网计费点的手机客户端（仅限于安卓平台）。为此，在牌照缺失的情况下也可以在中国移动进行全网的计费业务服务。

3.BTV手机电视发展业态。截至2013年12月，共拥有4个自主运营平台（北京移动、中国电信、中国联通、北京联通），2个手机客户端（IOS、安卓），2家合作CP（央广、北京联通手机报）。直播平台包括：卫视、文艺、生活、新闻公共4路。点播节目分为：娱乐，生活，体育，影视，音乐，北京，专题焦点等板块。安卓与IOS客户端以及3GBTV客户端共有8路直播，分别是：卫视，文艺，科教，影视，财经，生活，青少，新闻公共。点播节目大致分为：娱乐，生活，体育，影视，音乐，北京，专题焦点等板块。

为央广提供影视频道和生活频道直播，设立BTV专区提供点播节目包括：《法治进行时》《光荣绽放》《每日文娱播报》《时尚装苑》《天天影视圈》《笑动2013》

《周末喜乐汇》《大戏看北京》等。为移动搞笑垂直频道提供的节目包括：《笑动2013》《周末喜乐汇》《明星欢乐汇》等。与联通产创部合作，创办联通视频多媒体杂志，每期设置13条节目，包括新闻、娱乐、生活、专题等，每月24期。BTV手机电视每月转码制作成36000—40000条手机视频文件，制作1800—2000条节目，2—3个营销专题。

（北京电视台）

北京歌华有线电视网络股份有限公司“歌华飞视”业务发展情况

北京歌华有线电视网络股份有限公司基于高清交互机顶盒网关功能，采用Wi-Fi无线网络技术和融合网元，在全国率先推出自主研发的“歌华飞视”业务，实现有线电视网络向无线覆盖的延伸，使广播电视视频服务从单一电视机终端向各类智能终端扩展，形成家庭、公共场所电视服务无处不在的创新视频服务模式。该项目获2011年BIRTV应用项目大奖。

2013年，推出“飞视跨屏”“飞视多屏看”“飞视微信”“飞视安防”（flycam）“飞视热点”等产品，用户已有26万户。“飞视”热点累计超过1500个（其中，公司自建热点129个，与北京移动合作部署热点1079个，为300个数字文化社区提供文化热点服务），被北京市经信委纳入无线城市统计范畴，基本实现广播电视网络Wi-Fi创新价值向效益价值的转化。

飞视跨屏。基于高清交互机顶盒的Wi-Fi与DLNA功能，通过用户智能终端上的飞视客户端，实现本地资源（智能终端本机存储与飞视拍摄的图片、音视频或机顶盒连接的U盘、移动硬盘内容）与网络视频从小屏跨屏投递到机顶盒连接的电视屏的跨越服务。2013年9月16日，歌华“飞视跨屏”业务正式上线，丰富了“高清交互机顶盒看电视、用电视、玩电视”的内涵。

飞视多屏看。利用高清交互机顶盒+Wi-Fi无线接入技术，将电视服务（直播、点播、回看）从大屏延伸到小屏（电脑、平板电脑、智能手机），产品特征是“高清晰、无缓冲、免流量、时尚、便捷”。

飞视微信。处于试运行阶段，用户只需通过微信关注“歌华飞视”公众号，就能在手机上收看电视直播节目。该服务免费提供10个央视频道、8个北京电视台频道和75个地方城市频道。

飞视安防（flycam）。发挥高清交互机顶盒网关功能与内网资源优势，采用Wi-Fi与摄像头无线连接，为智能终端用户在各种互联网环境下提供的远程家庭安防服务，既可支持远程实时调看安防视频并制定拍照策略，也可远程控制摄像头云台旋转，且具备语音对讲提醒功能。“飞视安防”（flycam）于2013年12月试验成功。

飞视高校校园网。已在北京农学院、北京信息科技大学、中国地质大学、北京大学医学部、北方工业大学、教育部办公楼、北京市教育考试院、北京海淀教育信息中心等8所教育机构部署。截至2013年年底，覆盖5万用户，用户累计登录次数250万次，时长218万小时。

（北京歌华有线电视网络股份有限公司）

北京市网络视听节目产业发展情况

2013年，北京市互联网等信息网络视听节目产业，呈现以下几个特点和趋势：

一、OTT业务高速增长

OTT即互联网公司越过运营商，发展基于开放互联网的各种视频及数据服务业务，强调服务与物理网络的无关性。2012年时，随着小米盒子、乐视盒子等机顶盒类产品的出现，众多视频网站自主的机顶盒类OTT产品如雨后春笋相继面世。2013年，国家新闻出版广电总局印发《关于促进主流媒体发展网络广播电视台的意见》，受此文的鼓励，各大互联网企业除推出各类机顶盒产品之外，互联网电视类OTT产品也渐渐浮出水面。

2013年5月开始，乐视网相继发布超级电视X60、S40、S50等互联网电视产品；9月，爱奇艺电视开始发售；10月，小米电视开始发售。除去这些传统视频网站的OTT产品之外，联想等IT产业巨头也加入互联网电视类等产品的竞争。

年内，互联网企业生产、销售包括电视在内的硬件产品已经成为一个趋势，包括硬件、操作系统、视频点播服务等在内的全产业链整合明显加快。

二、连续出现并购、收购案

2013年5月，连续第二年出现大型并购、收购案。百度宣布以3.7亿美元收购PPS视频业务，根据收购计划，PPS视频业务与百度已有视频业务和爱奇艺合并。爱奇艺创始人兼CEO龚宇宣布此消息时称，合并后的新爱奇艺“将会成为中国网络视频第一大公司”，“在用户数量、使用时长、涵盖面上，我们都会全面超越竞争对手，成为行业绝对老大。”业内普遍认为这件并购案是继2012年优酷土豆合并后，互联网视听产业又一重大收购、并购消息。

三、视听栏目发展迅速

年内，各大视频网站正版影视剧热度不减，自制网络剧、微电影和娱乐视听栏目发展迅速，继续重金购买正版影视剧、栏目版权。优秀影视剧不仅在院线和电视上取得较好收视，在互联网上也引发收视热潮。除此之外，2013年搜狐网、乐视网、爱奇艺等一线视频网站均大力发展自制网络剧、微电影和娱乐视听栏目。

（北京市新闻出版广电局
网络视听节目管理处）

北京市信息网络视听节目机构一览表

序号	许可证号（备案号）	开办单位	网站名称	登录地址
1	0105089	北京广播电视台	北京网络广播电视台	www.brtn.cn
2	0105094	北京华奥星空科技发展有限公司	华奥星空	www.sports.cn

续 表

序号	许可证号（备案号）	开办单位	网站名称	登录地址
3	0103032	中广亚广播信息网络有限公司	中广网	www.catv.net
4	0104053	北京在线九州信息技术服务有限公司	天天在线	www.116.com.cn
5	0104054	北京歌华有线数字媒体有限公司	无	无
6	0104056	北京千龙新闻网络传播有限责任公司	千龙新闻网	www.qianlong.com
7	0105081	北京歌华文化发展集团	新视界	www.dvod.com.cn
8	0105082	北京新浪互联信息服务有限公司	新浪网	www.sina.com.cn
9	0105087	北京联合网视文化传播有限公司	联合网视	www.uitv.com
10	0105079	北京市海淀区有线广播电视网络信息有限公司	海宽网络	www.hdonl.cn
11	0105093	北京雷霆万钧网络科技有限责任公司	tom网	www.tom.com
12	0105097	乐视网信息技术（北京）股份有限公司	乐视网	www.letv.com
13	0107195	中共北京市委干部理论教育讲师团	“宣讲家”网站	www.71.cn
14	0108231	北京光线易视网络科技有限公司	E视网	www.ewang.com
15	0108246	北京优朋普乐科技有限公司	优朋影视	www.voole.com
16	0108251	北京网罗天下生活科技有限公司	100度享乐网	www.100du.com
17	0108258	迈视（北京）网络传媒技术有限公司	迈视网	www.maxtv.cn

续 表

序号	许可证号（备案号）	开办单位	网站名称	登录地址
18	0108259	北京搜狐互联网信息服务有限公司	搜狐网	www.sohu.com
19	0108265	北京动艺时光网络科技有限公司	时光网	www.mtime.com
20	0108272	网乐互联（北京）科技有限公司	看吧宽频	www.kan8kan.com
21	0108270	北京时越网络技术有限公司	悠视网	www.uusee.com
22	京备AVSP2008014	顺义区广播电视台	顺广传媒	www.bjsytv.com
23	0108271	新传在线（北京）信息技术有限公司	新传宽频	www.nubb.com
24	0108267	酷溜网（北京）信息技术有限公司	酷6网	www.ku6.com
25	0108268	北京六间房科技有限公司	六间房	www.6.cn
26	0108275	北京青年报网际传播技术有限公司	北青网	www.ynet.com
27	0108274	北京搜房科技发展有限公司	搜房网	www.soufun.com
28	0108278	北京智汇游信息技术有限公司	17173	www.17173.com
29	京备AVSP2008015	北京市大兴区广播电视台	中华兴网	www.zhhxw.com
30	0108283	合一信息技术（北京）有限公司	优酷网	www.youku.com
31	0108284	北京万方数据股份有限公司	万方数据	www.wanfangdata.com.cn
32	0108290	北京风行在线技术有限公司	风行网	www.funshion.com
33	0108292	北京中视互动科技发展有限公司	中视互动网	www.citv.cn
34	0108291	北京捷报互动科技有限公司	捷报网	www.jeboo.com

续　表

序号	许可证号（备案号）	开办单位	网站名称	登录地址
35	0108296	北京网尚文化传播有限公司	网络院线（VV8）	www.vv8.com
36	0108297	北京合众天下网络技术有限公司	Ystyle.cn时尚奢侈品	www.ystyle.cn
37	0108298	北京暴风科技股份有限公司	客户端软件名称：暴风影音	www.baofeng.com
38	0108309	北京勤能通达科技有限公司	勤能影视圈	www.tvquan.cn
39	0108308	北京华艺汇龙网络科技有限公司	艺通网	www.etoote.com
40	0108319	北京晨报社	北京晨报	www.morningpost.com.cn
41	0108325	北京摩苍科技发展有限公司	摩视网	www.moonstv.com
42	0108330	三纪讯通科技股份有限公司	天使网	www.zgangel.com
43	0109343	同方股份有限公司	清华同方学堂	www.edu—sp.com
44	0109355	北京闪联互动网络科技有限责任公司	闪联视听网	www.leyuan.com
45	0109359	北京华星互联文化传播有限公司	如意影视网	www.165tv.com
46	0109360	互动在线（北京）科技有限公司	互动在线	www.hudong.com www.hoodong.com
47	0109362	北京酷我科技有限公司	酷我音乐网	www.koowo.com
48	0109376	北京天空世纪信息技术有限公司	天空宽频	www.tvsky.tv
49	0109368	北京三进宇通通信设备有限公司	三进宇通音乐网	www.rock3g.cn
50	0109369	北京橙天华音音乐制作有限公司	歌歌网	www.isongsong.com

续 表

序号	许可证号（备案号）	开办单位	网站名称	登录地址
51	0109377	北京文国网络技术有限责任公司	文国网	www.veduchina.com
52	0109379	北京空中信使信息技术有限公司	空中网	video.kong.net
53	0109380	华友世纪通讯有限公司	哈哇网	www.hawa.cn
54	0109388	赛尔网络有限公司	校园梦网	www.cdream.com.cn
55	0109389	北京卡酷传媒有限公司	北京卡酷动画卫视网	www.kaku.tv
56	0109390	中传视友（北京）传媒科技有限公司	视友网	www.cuctv.com
57	京备AVSP2009016	昌平区广播电视台	昌平广播电视网	www.cprt.com.cn
58	0109404	北京和讯在线信息咨询服务有限公司	和讯网	www.hexun.com
59	0109405	北京华通京信通信技术有限公司	腾空网	www.tengkong.com
60	0109406	北京网高网络科技有限公司	财界网	www.17ok.com
61	0109500	北京飞宇电脑技术有限公司	飞宇网	www.feiyu.com.cn
62	0110515	北京汉高华网络科技有限公司	我要达达	www.hlxservice.com
63	0110516	北京百度网讯科技有限公司	百度	www.baidu.com
64	0110517	北京北纬通信科技股份有限公司	北纬30度	www.bw30.com
65	0110524	金银岛（北京）网络科技股份有限公司	金银岛	www.315.com.cn
66	0110525	北京中录国际文化传播有限公司	中录宽频	www.zlvod.cn
67	0110531	北京新东方迅程网络科技有限公司	新东方在线	www.koolearn.com

续　表

序号	许可证号（备案号）	开办单位	网站名称	登录地址
68	0110534	北京科普兰德科技有限公司	颐家家居	www.e-jjj.com
69	0110535	北京华思维泰克科技有限公司	雅库网	www.hsoft.com.cn
70	0110536	北京偶偶网络科技有限公司	偶偶网	www.ouou.com
71	0110537	北京梦之窗数码科技有限公司	糖豆网	www.tangdou.com
72	0110538	北京巨鲸音乐网络技术有限责任公司	巨鲸音乐网	www.top100.cn
73	0110542	北京中润互联信息技术有限公司	中润网	www.8169.com
74	0110543	北京易车信息科技有限公司	易车网	www.bitauto.com
75	0110544	北京爱奇艺科技有限公司	爱奇艺	www.iqiyi.com
76	0110545	北京掌讯远景数码信息技术有限公司	北京掌讯	www.handinfo.cn
77	0110549	粉娱（北京）科技发展有限公司	粉娱网	www.fenyucn.com
78	0110550	北京新网视信传媒科技有限公司	橙果网	www.chengo.com.cn
79	0110551	优活联盟（北京）科技有限公司	优活联盟	www.yoholm.com
80	0110552	北京智德典康电子商务有限公司	中关村在线	www.zol.com.cn
81	0110553	北京车之家信息技术有限公司	汽车之家	www.autohome.com.cn
82	0110554	北京富华创新科技发展有限责任公司	金融界投资理财网	www.jrj.com.cn
83	110556	北京新媒视讯科技有限公司	星语心愿	www.xinpindao.com
84	0110557	北京艾斯凯国际民族文化传播有限公司	中民网视	www.cewtv.com

续 表

序号	许可证号（备案号）	开办单位	网站名称	登录地址
85	0110562	北京雷盟盛通文化发展有限公司	V族网	www.vzuu.com
86	0110563	游艺星际（北京）科技有限公司	哈啪咪	www.hapame.com
87	0110567	北京优视米网络科技有限公司	优米网	www.umiwi.com www.52flw.org
88	0110568	北京一天连讯信息技术有限公司	画娱网	www.hydiy.cn
89	0110569	北京赛鸽天地广告有限公司	赛鸽天地	www.rpw.com.cn
90	0110576	原上草网络信息技术(北京)有限公司	原上草	www.igroot.com
91	0110413	北京宽客网络技术有限公司	宽客网	www.yinyuetai.com
92	0110416	北京国泰东方信息技术有限公司	库客数字音乐图书馆	www.kuke.com
93	0110533	共青团北京市委员会信息中心	青檬网络	www.qmoon.net
94	0110418	北京豆网科技有限公司	豆瓣网	www.douban.com
95	0110424	芝麻开门网络数字技术（北京）有限公司	芝麻开门网	www.zmkm.org.cn
96	0110426	北京凯铭风尚网络技术有限公司	YOKA时尚网	www.yoka.com
97	0110427	掌中微视（北京）科技有限公司	微视网	www.kinpower.com.cn
98	0110428	北京康隆盛科技有限公司	乐看	www.lekan.com
99	0110437	北京太极国际体育发展有限责任公司	太极体育网	www.21tjsports.com
100	0110438	北京世纪超星信息技术发展有限责任公司	超星图书馆	www.superlib.com

续 表

序号	许可证号（备案号）	开办单位	网站名称	登录地址
101	0110446	北京天方金码科技发展有限公司	天方听书网	www.tingbook.com
102	0110447	中国国安文化传媒投资有限公司	国安文化传媒网	www.guoanmedia.com
103	0110448	北京世纪中彩网络科技有限公司	中彩网	www.zhcw.com
104	0110452	北京中童联合资讯服务有限公司	中童在线	www.looklook.cn
105	0110453	大地时代文化传播(北京)有限公司	大地传播	www.dadifilm.com
106	0110460	北京君合百纳通信技术有限公司	联合体育网	video.opahnet.com
107	0110461	北京宇晨亿荣网络科技有限公司	酷燃网	www.krcom.cn
108	0110471	北京《瑞丽》杂志社	瑞丽女性网	www.rayli.com.cn
109	0110475	北京天天宽广网络科技有限公司	酷米网	www.kumi.cn
110	0110484	北京红番茄联众通信技术有限公司	艺人网	www.300hu.com
111	0110581	北京万企科技有限公司	中国企业网	www.cew.cn
112	0110582	北京联想调频科技有限公司	联想阳光在线	www.lenovo.net
113	0110583	北京瑞奥视科技有限公司	瑞网	www.today365.com.cn
114	0110587	完美世界（北京）网络技术有限公司	完美时空	www.wanmei.com
115	0110588	北京清大世纪教育投资顾问有限公司	清大学习吧	www.eee114.com
116	0110594	中体彩彩票运营管理有限公司	竞彩网	www.sporttery.cn

续 表

序号	许可证号（备案号）	开办单位	网站名称	登录地址
117	0111605	工控网（北京）信息技术股份有限公司	工控网	www.gongkong.com
118	0111612	华录出版传媒有限公司	东东007	www.dongdong007.com
119	0111614	新星出版社有限责任公司	声动网	www.singdoo.com
120	0111622	国家大剧院	国家大剧院官方网站	www.chncpa.org
121	0111624	北京荣信天诚科技有限公司	看视界	www.1iptv.com
122	京备AVSP2008012	北京市房山区广播电视台	房山广电传媒网	www.funhillmedia.com
123	0112632	北京市可持续发展促进中心	北京科技视频网	www.bjscivid.net
124	0108269	京华时报社	京华网	www.jinghua.cn
125	0113658	北京卓众出版有限公司	第一工程机械网	www.d1cm.com

（北京市新闻出版广电局
网络视听节目管理处）

技术

2013年北京市广电局技术管理工作综述

一、安全播出

2013年，北京市广播电影电视局技术管理以安全播出为重点，着力加强广播电视安全播出体系建设，实现了重大节日、重要活动期间安全播出零事故。

（一）做好日常安全播出工作

按照安全播出管理体系运行要求，定期组织召开安全播出例会，传达学习国家新闻出版广电总局和北京市委、市政府的指示精神，通报安全播出工作情况，分析安全播出形势，部署下一阶段的安全播出工作。年内，举办四期《安全播出管理规定》及其实施细则培训班，全市各播出传输单位300余人次参加培训，进一步提升安全播出保障能力。组织开展防范非法无线信号插播、转播站安全播出事故应急处置调度、安全播出事故处置等4次应急演练，并结合信号场强仪及信号测向仪等专业设备的技术培训开展演练，提高各单位应急处置能力，熟练掌握专业设备操作使用技能。年底，制订安全播出管理体系审核计划和方案，组织开展全市安全播出管理体系年度审核工作，找出安全播出管理中存在的问题，并督促各单位认真整改。

（二）确保重要保障期安全播出

在各重大节日、重要活动等保障期前，按照国家新闻出版广电总局和北京市委、市政府安全保障有关要求，印发通知，开展自查检查、发预警信息，确保安全播出保障工作落实到位。重要保障期期间，领导靠前指挥，加强值班。

（三）开展全市网络信息系统检查

按照国家新闻出版广电总局和北京市公安局要求，从7月开始到年底，对全市各播出传输单位重要信息系统进行自查检查，和市公安局组成联合检查组对北京歌华有线电视网络股份有限公司等重要网络信息系统进行检查，确保网络信息系统安全。

（四）编制《广播电视安全播出管理工作手册》

为加强广播电视安全播出管理，推进安全播出管理工作实现精细化、体系化、标准化，安全播出运行工作实现规范化、科学化、常态化，市广电局编制了《广播电视安全播出管理工作手册》，指导安全播出管理工作。

（五）开展非法播出信号监测和调查

与北京市无线电管理局密切配合，对北京地区接收到的非法广告播出信号进行监测和现场调查，并将有关情况报告国家新闻出版广电总局。同时，与北京市无线电管理局建立信息通报机制，及时开展非法广播信号的调查处置工作。

（六）落实地下管线隐患排查整改

按照北京市市政市容委2013年对地下管线开展隐患排查整改的统一要求，开展广播电视地下管线隐患排查整改，并定期听取汇报，落实整改，确保传输安全。

（七）做好有线电视服务“两会”保障工作

在北京市和全国“两会”期间，提前谋划，制定工作方案和应急预案，落实隐患排查整改，圆满完成会议驻地有线电视服务保障工作。按照北京市政府的要求，组织北京歌华有线电视网络股份有限公司对近两年服务保障工作进行梳理，修订完善《北京市服务保障全国党代会和全国“两会”工作指南》。

（八）配合做好APEC会议区域有线电视保障工作

按照北京市政府办公厅关于服务保障APEC会议的统一部署，做好雁栖湖生态发展示范区广播电视服务保障各项准备工作。多次赴现场实地考察，并组织北京电视台、歌华有线公司等单位到建设工地与建设单位对接，保证广播电视工程随项目主体工程配套施工。

二、广播电视公共服务

（一）继续推进农村有线广播工程建设

2013年有线广播工程列入北京市政府新农村建设折子项目，涉及昌平、怀柔、延庆10个乡镇217个行政村。相关区县文委、广电中心克服工期紧、施工难度大等困难，于12月底通过工程项目竣工验收。6月底完成密云县8个乡镇141个行政村的有线广播工程建设。

（二）加强转播站和调频广播发射站运行维护

建立广播电视设备运行维护资金申报使用、设备巡修巡检、转播站日常管理例会等制度；通过招标引入社会专业公司承担转播站设备维护工作；进一步细化岗位职责，强化安全播出管理，完成全年广播电视转播任务。

（三）完善市区两级广播影视媒体资产管理共享交换平台管理制度

北京电视台与14个区县广电中心之间、各区县广电中心之间实现互联互通和资源共享，提高节目内容利用率。同时，解决突发事件信息的应急传递，进一步提高了公共服务成效。

（四）加大农村广播电视技术人员培训

组织有关厂家，对有线广播设备、直播卫星接收设备、转播站和行政村发射站设备进行二次巡检维修。举办无线发射设备技术培训、有线广播工程技术人员培训、乡镇广播员培训等，参训人员达150余人。

三、科技管理

举办技术培训班。举办“高新技术培训班”，邀请广电行业专家授课，系统内单位技术人员参加培训。举办“2013年北京市广播电视（传输系统）技术能手培训和竞赛”，40名技术人员参加培训和竞赛，选拔推荐第一名参加国家新闻出版广电总局广播电视（传输系统）技术能手竞赛。

开展技术类评奖工作。完成2013年广播电视节目技术质量奖评选工作，对全市各级广播电视机构报送的36个广播参评节目、58个电视参评节目进行客观指标测试和主观评价，评选出23个优秀广播节目和37个优秀电视节目。

组织科技项目鉴定。邀请新闻出版广电总局等单位有关专家，对北京电视台、歌华有线公司和顺义广电中心等单位的11个科技项目进行专家技术鉴定。

申报科技项目。按照北京市科委2013年第二批市级科技计划绿色通道项目申报工作要求，组织全市广电系统各单位积极申报，结合“十二五”时期科技发展建设规划的具体内容，重点推荐了北广科技公司“推动北京边远山区电视文化产业普及与覆盖应用技术实验”和北京歌华有线电视网络股份有限公司“符合NGB标准的网关型家庭融合业务终端研发”两个项目。

完成总局科研项目。“北京市广播影视媒体资料共享模式的研究和应用”是北京市广电局承担的国家新闻出版广电总局科研计划项目，成立了专门项目组，完成了项目工作报告、技术报告、用户报告和调查研究报告，正待总局验收。

开展“十二五”规划中期评估。在全市广电系统开展《北京市“十二五”时期广播影视科技发展规划》的中期评估工作，掌握“十二五”时期广播影视科技进展情况及区县电视台高清化建设情况，以加快“十二五”时期广播影视科技发展和区县电视台高清化建设进程。

开展课题调研。按照党的群众路线教育实践活动的统一部署，组织开展《发挥政府引领作用，促进广播影视文化与科技融合》的课题调研，通过调研，了解广电行业高新技术应用和科技创新情况，分析广播影视科技创新存在的问题，提出了推动广播影视科技创新的对策建议。

开展区县节目技术质量点评。组织两期广播电视节目技术质量点评会，邀请业内技术专家对优秀作品的客观指标和主观评定进行点评，以提高区县广播电视节目制作水平。

四、三网融合工作

三网融合业务有序开展。IPTV业务于2013年2月开始试商用，截至10月底，IPTV用户发展到4万户；有线电视网络双向网覆盖用户约475万户，歌华有线宽带接入用户22.3万户，“歌华飞视”用户22.3万户。

向总局汇报工作进展情况。5月29日，局长李春良带领局科技处、北京电视台等相关人员赴国家新闻出版广电总局，就IPTV工作进展情况向总局网管司领导进行汇报。司领导对北京市三网融合总体工作给予肯定。

定期召开三网融合工作协调会。召开了第七次副组长会议，明确IPTV业务开始试商用的时间、要求；定期召开IPTV业务开展工作会，对IPTV试商用中的有关问题进行沟通，并对安全播出、适度宣传和规范公平有序的市场环境等方面提出要求。

赴江苏调研。为学习南方城市三网融合工作经验，组织局相关处室、监测中心、北京电视台赴江苏调研。

督促北京电视台完成IPTV集成播控平台的测试验收准备。按照国家新闻出版广电总局关于IPTV集成播控平台的建设要求，督促北京电视台完成IPTV集成播控平台验收测试环境的建设，并报请总局验收。

组织监管平台建设研讨会。为推进全市IPTV监管平台的建设，组织召开北京市三网融合IPTV监管平台建设专家研讨会，与会专家一致认为，全市必须加快建设IPTV监管平台，加强IPTV节目的安全监管，确保信息安全。

五、有线电视工作

（一）推进高清交互数字电视推广工作

2012—2013年推广任务为120万户，截至2013年底，已完成高清交互数字电视用户380万户。

召开会议部署任务。3月21日，局高清推广工作监管小组组织召开全市2012—2015年高清交互机顶盒推广工作会，总结前期高清推广工作情况，并对四年的推广工作提出要求。高清推广各成员单位通力合作，克服困难、全力实施，确保这项惠民工程圆满完成。

加强协调解决问题。监管办公室严格履行监管职责，积极推进高清交互机顶盒推广工作，每月检查推广进度，每季度召开工作组会商会，向各区县通报推广情况，及时协调解决推广中遇到的问题。

市级补助资金及时拨付。2013年机顶盒市级资金3.08亿的采购指标资金下达到北京市广电局，纳入政府采购预算。北京广播电视台按照工作职责，履行政府采购程序完成2013年50万台机顶盒的采购工作。为保证政府资金合理合规支付，与北京广播电视台、中标厂商签订资金支付协议，履行支付程序。

（二）推进农村有线电视入户工作

对北京市十个远郊区县农村有线电视入户情况进行广泛深入的调研，选择近郊、远郊、平原、山区等不同情况的区县实地入户调查、走访农户，并与当地有线电视维护管理人员和镇、村负责人座谈，听取各方意见和建议，反复与北京歌华有线电视网络股份有限公司进行分析和研究，与北京市民政局、北京市新农办进行交流，对645个低收入村的所有收视维护费进行补贴，以保障这些地区的农民看好电视。

（三）推进有线电视验收工作

加强新建住宅小区有线电视网络的验收工作，截至11月24日，受理完成验收122项，与2012年同比增长205%（去年全年验收40项），保障全市有线电视网络建设规范有序。针对验收过程中出现的验收项目地址与建筑施工许可证地址不符的新问题，向北京歌华有线电视网络股份有限公司了解情况，会同北京市广播电视监测中心与局政策法规处共同研究，对验收申请材料进行完善补充，有效解决了验收过程中出现的问题。

（四）完成市“医养结合”试点项目的有线电视接入工作

组织北京歌华有线电视网络股份有限公司对双井恭和苑老年社区有线电视网络进行勘察调试，并协助社区对网络进行整改，按照社区要求免费提供了30台标清单向机顶盒。

六、支援建新疆和田广电技术建设

为做好新疆和田地区对口援建工作，满足和田地区广电系统技术培训需求，北京市广电局积极与新疆和田指挥部沟通，在北京举办和田地区广电系统技术培训班。根据20名培训人员的工作岗位情况和业务学习需求，分为六个业务小组深入到北京电视台新闻中心、科教中心、制作部、总编室等相应部门进行全程跟班培训；同时做好少数民族人员饮食起居的后勤服务工作。

（北京市新闻出版广电局科技处）

2013年北京电台技术工作情况

2013年，北京人民广播电台以安全播出为重点，不断加强技术设备的更新和改造，强化技术管理和服务，圆满完成各项工作任务。

一、加强技术保障，安全播出无事故

2013年，北京电台不断加强技术保障工作，确保了全台9套开路广播全年安全播出69694小时，同时，15套有线调频广播和16套数字广播和DAB广播中的4套多媒体视频广播、17套数字音频广播也实现了安全播出。

为安全播出，北京电台对技术系统不断进行升级改造，设备的科技水平不断提高，加之对维护工作的重视，全年四个季度经测试，所有播出通路运行技术指标均达到甲级标准。

通过卫星、光缆、ISDN和电话线路等传输方式完成台内、外大型实况转播、录播154场次，包括：北京市两会、北京市党代会、《城市零距离》市民对话一把手系列节目、《两会直通车》、上海国际汽车博展会、沈阳第十二届全国运动会、国际园林博览会、北京交通广播20周年台庆晚会等。完成每年例行的高考、中考、高中会考英语听力试题录制、播出的技术保障工作。 完成音乐广播多次转播或录播境内、外大型音乐会的技术支持工作。

保障所有录制机房、音频工作站系统、采访机及话筒，以及电台所有会议扩声设备的技术保障和维护。完成台外录音、扩声125场次、会议室扩声122场次、多轨录音217场次。

二、技术建设和改造项目

1．**播出系统建设和改造项目**。故事广播播出机房和交通广播播出机房技术系统升级改造工程，分别于6月18日和11月26日完

成并投入使用；更新改造主控UPS，增加四台新UPS，两台用于工艺电，两台用于非工艺；完成对数字矩阵与模拟矩阵系统升级，包括数字矩阵和模拟矩阵服务器、矩阵CPU板卡及软件系统的升级工作；完成新闻广播播出机房防静电系统改造；完成播出机房停播告警器软件升级工作。

2．**计算机软硬件及网络系统建设和改造项目**。2013年，完成除新闻广播外其他8个专业广播的音频制播系统升级工作；确定新软件的网络结构、服务器的使用数量、数据备份方案、数据迁移及应急预案。新制播软件上线前，在技术楼3层、4层完成模拟环境的搭建、安装、调试工作。在协助监理公司测试软件的同时，就迁移方案中涉及到的各专业广播切换时的相应预案，以及在所有专业广播全部上线后，主、备服务器之间，主、备用数据库之间的切换进行重点测试；在新音频制播系统的搭建中，完成安装、调试工作；部分完成了制作站、播出站的更新工作和制作系统人员库、节目库的迁移工作。在音频制播系统更新过程中，在保证平稳过渡的同时，完成技术楼网络机房综合业务网服务器到主楼二层机房的搬迁工作。部分完成网络机房布线系统的改造工作，为新播出系统设备的安装提供了空间。部分完成播音主持部等部门所需软件的需求采集工作；完成北京电台外出转播系统一期的开发及二期需求的采集工作，并在沈阳全运会的转播中首次应用了转播专用播出软件；完成北京电台员工信息采集系统软件的开发、人员信息的采集工作，完成了基础信息平台与人事软件、保卫系统的接口工作。电子签章系统二期开发即将完成。根据电台业务发展的需要，完成了电台QQ的架构建设、人员库的导入、账号发放及安装工作。完成总编室、体育广播、外语广播、办公室装修搬家的网络接入工作。完成故事广播、交通广播新改造直播机房的网络接入工作。完成全台计算机及周边设备的维护工作，网络机房更新服务器40台，增加存储阵列10台，更新台式计算机近120多台，便携笔记本60余台，打印机48台；完成对网络设备、应用软件、数据库的维护工作。

3．**录制、扩声系统建设和改造项目**。完成40套采访机的购置、调试、设置工作；安装调试30台笔记本工作站及70套桌面音频工作站；完成体育广播、外语广播办公室装修搬家录制设备安装工作；完成新音频制播软件（X1系统）的工作站安装、测试共计320台。

4．**传输发射系统建设和改造项目**。更换主控机房至皂君庙发射台107.3MHz E1切换器、光模块和电源模块；维修皂君庙发射台100.6MHz备发射机天线、至BTV上星用备光端机和主用音频合路器；维护电台至气象局光缆路由，其间与中央广播发射塔、北京电视台等多部门协作，解决该光缆路由衰减大、传输故障等问题；完成25层卫星天线的改造，更换后的中星6B固定天线，提高了中国之声信号质量，同时，安装了自动寻星天线，目前天线控制器中存储了10颗常用通信卫星，可根据需要选择接收卫星下行信号；更换北京电台至中央广播发射塔SUB4光缆路由，该路由从北京电台经北京电视台新址走北三环至苏州街（北京电视台旧址），最后到中央广播电视发射塔。经光时域反射仪（OTDR）测试，该组光缆（共4条）总长35.1km，衰减14－15dB，该光缆已投入使用，北京电台至中央广播电视发射实现分别独立的主备传输路径；改造21层微波机房的配电系统，将100.6MHz、107.3MHz功放、激励器等重点播出设备改到独立的工艺电上，并将双路供电交叉互备；完成电台在中央广播电视发射塔设备机柜的改造，将传送至中央广播电视发射的6路信号减少为3

路，并加入微波信号的自动投入，改造的最终结果为SUB3、SUB4和微波信号的自动选择切换。完成对北京广播大厦转播通路的测试，校准了通路电平，解决了通路设备失真的问题；804发射台机房安装发射机远程集中监控系统，实现对重点部位实时监控和发射机自动倒备机功能。

三、技术管理与服务

重新修订并完善了质量管理体系中技术方面的管理规定及相关文件，编写《北京电台制作播出系统管理规定》，为部分工作流程修订作业指导书；通过计算机进行管理，采用自主研发软件系统的技术服务热线电话，全年共受理报修电话1366次；每月从北京电台约210个独立节目中选取72个节目进行监听考评，对节目技术质量评分并定期公布排名情况，此项工作的实施，得到各专业广播的高度重视，促进了播出节目技术质量的提高，使得北京电台节目的播出质量在一个比较高的质量平台上平稳运行；继续为数字音频广播（DAB）业务提供技术支持。

四、技术培训与考核

技术部门内部组织完成各种业务培训28次，300余人次接受培训；对新员工进行了录音技术、外出采访设备操作及编辑器使用的培训；对主持人、值班员进行上机操作培训；对各专业广播录音师和节目制作中心专业录音师、编播人员进行有针对性的培训。开展了针对音频软件系统升级的培训、考试工作，包括节目制作、音频编辑器应用、权限分配、资源分配、用户管理等，8个专业广播、节目制作中心、总编室、广告经营部、DAB、媒体资源和版权部的814人次接受培训。

（北京人民广播电台总工办）

2013年北京电台数字化“制播存”一体网应用情况

北京电台数字化、网络化建设从1998年开始，到2013年历经十六年。随着广播电台多元化的发展，对音频制播系统的稳定性、灵活性有了更高的要求。2013年年初，北京电台对新制播系统的网络结构、服务器的使用数量、数据备份方案、数据迁移及应急预案进行了测试和确认。到2013年年底，完成除新闻台、有线调频广播外的所有频率制播软件的升级工作。

在软件升级过程中，新播出系统使用全新的服务器搭建。为保证新旧制播系统的平稳过渡，采用新旧播出站并行的方式，新制作网依靠原有的音频设备进行逐步改造，升级后的制播网络进行初步的分离。

在新播出系统中，各直播间的播出工作站仍为一主一备的工作方式，通过播出交换机访问节目存储服务器，每天通过预读节目单，拷贝节目到本地，定时与节目存储服务器进行比对，及时进行内容更新。在此次升级过程中，8个直播间及主控机房共更新22台播出工作站和一播四服务器。

在新制作系统中，打破原来以各频率为单位的节目存储方式，既节约设备成本，又简化人员的管理。录制工作站负责全台的节目、标头、广告、素材、资料等音频数据的录制，通过制作网交换机访问节目数据服务器及资料库，上传或调用音频数据。年内，增加或更新工作站100余台，录制工作站总数量近300台。

存储方面，在SAN结构的基础上，增加

本地磁盘和阵列镜像方式进行数据存储，既保证数据的安全，又增加应急应对设备故障的途径。更新后的存储阵列共有10台，容量约110TB，负责存储9个系列台、公共库音频数据及音频素材。

(北京人民广播电台技术中心)

2013年北京电台传统音频广播节目覆盖情况

北京人民广播电台制作的16套传统音频广播节目，分别采用无线调频广播、无线中波调幅广播、无线数字音频广播DAB、卫星广播DVB-S、有线调频广播、有线数字广播DVB-C、互联网广播的方式进行播出。具体情况见下表：

节目频道名称	播出频道参数				
	无线广播			有线广播	
	中波广播	调频广播	数字音频广播DAB	有线调频	有线数字DVB-C
新闻广播	828kHz	100.6MHz	新闻广播	90.4MHz	301
城市服务管理广播	1026kHz	107.3MHz	城管广播	91.9MHz	302
故事广播	603kHz		故事广播	89.1MHz	303
体育广播		102.5MHz	体育广播		304
交通广播		103.9MHz	交通广播	95.6MHz	305
文艺广播		87.6MHz	文艺广播	93.8MHz	306
音乐广播		97.4MHz	音乐广播	94.6MHz	307
外语广播	774kHz		外语广播	97.8MHz	311
爱家广播	927kHz		爱家广播	92.7MHz	316
古典音乐广播			古典音乐	98.6MHz	308
通俗音乐广播				97.0MHz	309
有线教学广播				99.4MHz	310
长书广播			长书广播	104.3MHz	312
有线戏曲曲艺广播				105.1MHz	313
欢乐时光广播			欢乐时光	106.5MHz	314
怀旧金曲广播			怀旧金曲	107.5MHz	315
新闻广播和城市服务管理广播上星播出，播出平台参数为中星6B、C波段、垂直极化、频率3951MHz、符号率9520、纠错方式3/4、PID为1、音频ID为257、左声道为新闻广播节目、右声道为城市服务管理广播节目。					
互联网用户可以登录www.rbc.cn在线实时收听全部16套广播节目					

一、无线调频广播覆盖

1．交通广播、文艺广播、音乐广播三套调频立体声节目分别使用103.9MHz、87.6MHz、97.4MHz三个频率在中央广播电视发射塔播出，发射功率为10千瓦。如果使用车载接收机或手持接收机在室外接收，在北京市行政区划内的平原地区都能进行良好接收。

2．新闻广播、城市服务管理广播、体育广播三套调频单声道节目分别使用

100.6MHz、107.3MHz、102.5MHz。三个频率在皂君庙发射台播出，发射功率分别为200瓦、100瓦和3千瓦，同时100.6MHz在建国门外北京电台进行同步调频发射。由于天线高度低和发射功率小，故采用单声道模式播出，使用车载接收机或手持接收机，在市区六环路内室外都能良好接收，在北京市行政区划内的平原地区接收效果也能达到可听的水平。

2010年经过对调频100.6MHz同步调频发射系统信号传输分配设备进行升级改造，以及对同频覆盖网络各站点运行参数进行反复测试调整，使得城区皂君庙、建国门两个站点与远郊五个“村村通”转播站同步工作的精确性和稳定性大大提高，使得调频100.6MHz在全市行政区域内的覆盖效果改善明显。尤其在延庆、房山、密云、怀柔的深山区接收调频100.6MHz的信号远远好于中央发射塔发射的其他10kW调频信号。

3. 为使新闻广播和城市服务管理广播真正达到无线覆盖“村村通”，2011年，北京市广电局组织实施“行政村公共广播信号无线覆盖工程”，针对北京市边远、深山等广播覆盖盲区，在门头沟区、房山区、大兴区、平谷区、通州区、顺义区、怀柔区、昌平区、密云县、延庆县等十个区县的570个行政村，新增“北京新闻广播”调频100.6MHz、“城市服务管理广播”调频107.3MHz两套节目的小功率补点覆盖，结束这些行政村长期收不到调频广播的历史。

二、中波调幅广播

北京人民广播电台中波广播全部在804发射台进行发射，其中新闻广播828kHz、城市服务管理广播1026kHz采用50千瓦功率发射，故事广播603kHz、爱家广播927kHz采用25千瓦功率发射、外语广播774kHz采用10千瓦功率发射。如果使用车载接收机或使用手持接收机在室外进行接收，在北京市郊区的平原地区接收效果良好，在城区内上述五套节目也能达到可以收听的水平。由于接收地点周围出现强电磁干扰信号，无法正常收听的情况也时有发生。中波发射台位于东北四环外，受信号穿越高大密集建筑影响，中波广播的接收效果四环外强于四环内，城东、城北好于城西、城南。

三、无线数字音频广播DAB

数字音频广播DAB是当今先进的广播技术，目前在北京有15个发射站点，包括中央广播电视发射塔、亚运村名人广场、国家广电总局491发射台、北京广播大厦发射站点、顺义广电中心、大兴广电中心和房山、延庆、怀柔、密云、平谷五个“村村通”高山发射站点以及房山城关、密云城关、怀柔城关、通州城关四个区县城区发射站点。

覆盖范围和接收质量远远好于调频广播，从市区到卫星城再到远郊山区信号覆盖无缝衔接，可同时解决17套广播节目、四套多媒体节目、1039公共信息服务以及推送式数字广播服务等多媒体数据业务的同步覆盖，真正实现信号城乡一体化覆盖，成为北京地区覆盖效果最好的无线广播覆盖系统。

四、有线广播覆盖

北京电台全部16套广播节目通过有线调频广播或有线数字广播的方式在歌华有线电视网络中传送。

有线调频广播均采用立体声模式播出，信号稳定，不受外界干扰，如果接入音响的调频天线端口，节目的收听质量非常好。

有线数字广播需要使用有线数字机顶盒接收，由于采用256Kbps高码率播出，声音完全可以达到CD质量。

五、互联网实时音频广播

北京人民广播电台16套广播全部接入北京广播网。听众只要登陆北京广播网（网址：www.rbc.cn）都可以在线实时收听。

（北京人民广播电台总工办）

2013年北京电视台技术发展情况

2013年，北京电视台技术发展情况主要有以下五个方面：

一、高清技术能力占比提升至60%

截至2013年年底，高清第二期工程项目招标基本完成，约80%的项目完成建设实施，累计支付款项占总金额的70%，近50%的项目完成测试验收。高清二期项目的建设增强了北京电视台高清节目的制播能力，提高了高标清兼容节目制播网络的系统健壮性，并于6月实现BTV体育频道的高标清同播，使北京电视台成为除央视外播出高清频道最多的电视台。经过两期高清工程项目的建设，高清系统设备、技术能力占比达到60%以上。

二、网台技术系统完成建设投入运行

网台技术系统包括IPTV集成播控平台、北京网络广播电视台网站BRTN、基础网络安全平台、内容生产服务平台、云计算支撑平台共5个项目，经过两年多的建设实施，整体项目于9月全部完成，12月完成验收。其中，IPTV播控平台于2月开始试播，直播信号已增加到百余路，引入CNTV、百事通、优酷等高清视音频点播文件数万小时，并积极拓展增值业务类型的试用。

三、办公信息化加速推进

继续推进办公信息化进程，自2012年新台址办公区开通无线网络以后，相继在2013年6月、11月开通新台址技术区、苏州街老台址的无线网络，实现全台两地的无线网络全覆盖；OA系统2013年推出设备购置、设备维修、因公出访审批、人事转单、中层干部离京请销假、通讯业务申请共7项应用；并应用虚拟化技术搭建办公环境以节约后台资源，在生活节目中心试用虚拟办公电脑桌面。

四、形成一定的3D电视节目生产力

购置的3D转播车、四讯道3D EFP、3D节目编辑设备陆续投产，形成采、编、审的工作流程，培养一支技能完整的3D电视节目创作队伍，有效支撑起节目生产任务。节目产出主要供“中国3D试验频道”播出，每天送播1小时首播节目，全年累计送播365小时。其中包括《2012时尚大典》《2013环球春晚》和《2013春节晚会》《CBA全明星赛》《CBA篮球联赛季后赛》等主要节目。此外，还参与由国家新闻出版广电总局、中央电视台、上海电视台牵头的国家科技支撑计划项目《立体影视内容产业关键系统研发集成与服务示范》。

五、科研和评奖

全台技术工作共获得各类奖项130余项，包含国家级奖项32项。其中主要包括2013年度金帆奖分项奖若干、综合大奖第三名、国家新闻出版广电总局科技创新一等奖3个、中国立体（3D）影视作品最佳、优秀各1个、电视美术灯光设计工程奖4个等。此外，北京电视台承担的国家新闻出版广电总局科技司“基于高标清全台网络化制播体系管理维护模式的研究与实践”科研项目，历时一年半时间，于12月顺利完成，验收鉴定得到业界专家认可。

（北京电视台）

北京电视台2D／3D高清转播车投入使用

北京电视台2D/3D转播车为广播电视技术应用领域。主体为电视转播车及2D/3D高清转播制作系统。属于转播制作的综合性工程。

由北京电视台和索尼（中国）有限公司

联合设计和实施，是国内电视台第一个大型的3D现场转播系统，为后续的3D项目起到示范作用，也让北京电视台走在全国前列，实现与国际快速接轨。该车的设计定位为：2D/3D系统兼容，结构设计创新、系统集成灵活、工作环境和北京电视台其他高清转播车保持风格的延续性。满足BTV制作新需求的同时，为3D播出做技术和人才准备。

项目从2010年上半年开始调研，于2012年5月制造完成并投入使用，为2012年开通的3D频道提供3D电视节目源。它可以完成独立的2D或3D高清电视节目的制作，并具有进行2D和3D高清电视节目的同播功能。整车系统和布局设计，充分考虑3D层和转播工位增加带来的挑战，利用小车体大平台的设计理念，实现2D和3D转播同处一车的高效性，已经成为北京电视台新的节目制作平台。

该项目是国内第一个大型的2D/3D高清节目制作转播车，系统为8+2+2讯道，具有完全独立的3D信号通道，配置5套3D摄像机通道支架，3D制作工位和技术调整工位互换，可以完成2D或3D高清电视节目的制作，2D/3D系统兼容，可切换，适应2D、3D、2D/3D同播三种转播制作模式；具备水平支架、垂直低角度、垂直高角度和水平/垂直支架兼容拍摄模式，建立3D拍摄/制作流程和方法。

项目有所创新，达到国内领先水平，建成以来完成了包括环北京职业公路自行车赛 2D录制播出，中国时尚大典、北京电视台环球春晚、北京电视台春节联欢晚会和CBA季后赛的3D录制播出等重大活动的转播任务，有较好的社会和经济效益。

（北京市新闻出版广电局科技处）

北京电视台基于云架构的全媒体新闻生产平台建成

北京电视台以新址建设启用为契机，全面推动数字化改造，网络化节目制播体系于2009年1月投入使用。系统以数字化为基础、网络化为核心，在“采、编、播、存、管”的整个电视工艺流程中，全面实现“前期数字化、制作网络化、播出硬盘化、存储数据化、管理科学化”五大目标。

根据2009年5月北京市有关决定，北京电视台于当年9月28日与央视及其他省市共9个电视频道实施高标清同播。与此同时，北京电视台前瞻性地把握高清化这一行业发展趋势，积极开展现有网络化节目制播体系的高清化改造设计规划工作。至2011年底，北京电视台已经完成全制播网台高清化改造工作，以此为基础，深挖系统潜力，通过新技术的引入和开发，提升技术系统的服务水平。作为业务系统重点的高清新闻制播网络系统在这次改造过程中充当了排头兵的角色。新闻节目制播业务具有突发性强、响应时间快、报道时间短等特点，因此，技术系统的改造主要面向适应这几方面的需求。

该项目基于私有云平台的软硬件架构，构建新一代“私有新闻云平台”+“多应用”+“多终端”的全媒体新闻生产平台，主要功能模块包括新闻线索汇聚云、3G综合业务支撑、新闻编辑应用云、远程文稿、新闻内外场联动及其支撑等模块，全面扩展了传统新闻制播网络的外延生产能力。

该项目利用互联网和3G网络平台，开发互联网信息智能挖掘引擎，实现互联网信息及多格式素材的自动入网，丰富新闻生产的内容来源，同时借用智能分析技术对内容进行深度智能分析，使发现高价值内容更加容易。同时将互联网内容生产环节引入流程监控，加强了新闻从发生到播出的全流程管理；通过建立3G综合业务支撑平台，实现信号和文件的智能调度和灵活的权限控制；采用虚拟化技术的远程文稿系统实现了新闻生产向台外的延伸，提高新闻的时效性。

该项目利用硬件虚拟化技术构建新闻私有云辅助节目生产平台，制订开放的接口规范，满足采用不同技术开发的多种应用和终端的接入需要。在技术上有所创新，达到国内领先水平，建成以来运行稳定可靠，产生较好的社会和经济效益。

（北京市新闻出版广电局科技处）

歌华有线“飞视热点”业务上线

2013年，北京歌华有线电视网络股份有限公司开发的“飞视热点”业务于9月正式上线，丰富了“高清交互机顶盒看电视、用电视、玩电视”的内涵。

“飞视热点”无线覆盖是充分利用广泛覆盖的有线电视网络，充分发挥有线电视网络的政府公信优势、网络覆盖优势、用户规模优势、终端普及优势、技术先进优势、传输安全优势、业务易于拓展优势、固网无线结合八大优势，具有广电特色、有线与无线结合、广播与交互融合的三网融合创新举措，开阔了广电运营商在新的政策、市场及竞争环境的发展思路，营造了广电与电信企业优势互补、共同发展的合作空间。

“飞视热点”业务可满足用户多终端无线上网服务、同时便捷地收看电视的新需求，将广播电视服务由家庭用户扩展到移动人群，提升传统广播电视主流媒体的传播力、影响力。

该项目基于有线电视HFC网络和IP WiFi技术实现WLAN的覆盖，将有线电视广播服务从电视机扩展到IP接入和WiFi接入的智能终端，运营成本低，使用方便简单，实现具有特色服务的终端无线应用，保证电视节目的高清晰度。

该项目在有线电视网络上利用cable modem双向接入网关设备，在终端区域扩展连接WiFi AP，实现支持本地转发功能的无线网络覆盖服务；利用MPE多协议封装技术，实现IP over DVB的广播传输流媒体，在不占用cable modem互联网带宽情况下提供直播互联网服务；利用网元设备用户标识和位置信息，区分不同客户和不同区域的网元设备，指定从前端广播推送不同的信息内容到不同的网元设备里，为客户提供个性化的内容。

该项目总体架构开放，支持传统媒体和网络新兴媒体的音视频资源平滑引入，适配IOS、Android和Windows等主流操作系统的各种智能移动终端，实现飞视电视直播、视频点播、本地资讯浏览和无线互联网接入管理等服务功能，满足无线城市热点覆盖的普遍性需求。

该项目在技术上有所创新，达到国内领先水平。运行以来，系统稳定可靠，项目模式引起国内广电企业和相关行业的广泛关注和认可，市场应用产生很好的社会效益和经济效益，拓展了有线电视网络运营商在无线网络服务领域的市场发展空间，具有推广和应用价值。

（北京市新闻出版广电局科技处）

2013年歌华有线公司新技术开发及应用情况

2013年，北京歌华有线电视网络股份有限公司围绕有线电视安全传输和网络信息安全、高清交互新媒体平台建设和三网融合相关工作，开展技术交流，加强新技术开发及应用创新。

一、有线电视安全传输和安全播出情况

完成党的十八届三中全会、全国“两会”及春节、“十一”等重要保障期安全传输保障工作，确保有线电视网络系统的安全运行。全年组织三次全面隐患排查工作，解决各类问题32项；坚持日常培训与演练制度化，组织岗位培训1063人次、演练798人次；完成总前端动力环境扩容改造；开展三次安全工作大检查，5期消防培训和消防安全抽查活动。

同时，高度重视高清交互数字电视安全播出工作，严格落实节目安全播出流程规范、应用维护流程规范、安全播出应急措施等制度，执行专人专岗12小时值班、24小时带班制度，对重点节目实行重点保障，确保全年零事故。

二、高清交互数字电视平台技术研发和平台建设

完成支持400万用户规模的高清交互数字电视网络及系统的优化与扩容建设，完成全媒体聚合云服务平台的整体规划和方案设计；完成高清交互平台与科大讯飞广电语音云对接并实现语音遥控功能，用户通过语音指令即可实现频道切换、应用接入、音量控制、节目查询等多项功能操作，用户体验大大提升；开发视频支撑项目（VSP）系统，实现部分高清交互点播应用多区合一、缩短开发周期、降低运维成本。

三、科技项目管理工作及成果

完成10项科研项目的立项工作。其中，有4项由科技部、国家新闻出版广电总局等单位牵头，分别是向科技部申报的“NGB总体技术研究及系统测试”、“NGB内容分发交换和互联互通关键技术研究与应用示范”和“跨区域互动电视媒体应用聚合云服务总体架构及关键技术研究”项目，向北京市文化创意产业办公室申报的“北京大样本收视数据研究中心”项目；公司内部的项目有6项，分别是“全媒体聚合云服务平台”“办公自动化系统二期项目”“数据网络运维管理系统”“统一广告管理系统”“数据网络综合监控系统”和“HFC网管系统建设”项目。正在开展及完成的项目包括：完成科技部项目互动新媒体网络示范工程建设第九子课题验收材料的编写和现场验收工作；对《民用建筑通信及有线广播电视基础设施设计规范》和《有线电视工程施工和验收规范》进行修订。

四、自主知识产权管理工作及成果

完成6项专利和4项计算机软件著作权的申请工作，取得1项实用新型专利、4项计算机软件著作权。向海淀区申报了“海淀区2013年支持核心区自主创新和产业发展专项资金”。

五、机顶盒研发及升级工作

研究机顶盒相关产品的发展趋势，针对市场需求研发一款较小尺寸的高清交互机顶盒，正式启动酒店专用机顶盒的研发工作，制定新型架构网关型机顶盒的技术规范。

完成HMT-2200系列机顶盒（约220万台）的软件升级工作。升级后用户可利用机顶盒内置CM开通宽带业务，可通过语音操作实现频道切换、节目查询、天气查询、航班查询和栏目跳转等功能。同时，对主流机

型机顶盒进行优化升级，开机时间由70秒缩减至55秒，大幅提升了用户体验。

六、高清交互应用开发情况

完成“益民书屋”“智慧金顶街”“图书博物馆”等高清交互应用的开发上线工作。其中，“益民书屋”是2012年北京市政府为民办实事工程之一，栏目提供及时的公益读书活动和丰富优质的影视节目内容，将优质的电子书籍及丰富的视频文化资源免费呈现给首都广大用户。“智慧金顶街”资讯栏目是歌华有线公司与石景山区合作推出的首个社区资讯栏目，为金顶街用户提供智能、便捷、安全、绿色的新媒体社区生活服务，进一步提升社区管理及服务信息化水平。“图书博物馆”是中央文化企业国有资产监督管理领导小组办公室“数字文化传播示范基地”项目，该应用为电视用户提供书籍、报纸、杂志等大量文化资源的语音阅读服务，能够满足各类人群的多样化阅读需求。

（北京歌华有线电视网络股份有限公司）

2013年数字电视公司技术工作情况

2013年，北京北广传媒数字电视有限公司完成北京广播电视台数字有线电视播出系统和鼎视节目集成平台升级改造。

数字有线电视播出系统根据国家广电总局《安全播出管理规定》（62号令）进行设计搭建，在设计结构上将具备更高的安全播出等级，实现系统级备份。在国内首家采用ASI码流和SDI基带双制式播出方式，其中ASI码流播出方式具备50套标清和8套高清节目的播出，SDI基带播出方式具备2套标清和4套高清的播出能力。采用多级备份冗余和多级感知报警机制，实现系统的高安全播出；采用分布式实时多任务调度、多调度、多播出机制、双流通信机制等有效的规避了传统ASI播出系统中节目切换时的黑场、静帧、马赛克现象，提供高质量播出；同时新建技术平台支持多屏同播技术，并预留交互电视开发接口。

鼎视集成平台新建技术系统在北京广播电视台指导下，自主设计并集成建设，实现6路高清节目码流和6路标清节目码流的集成，同时支持多路卫视节目远程加密，符合业务需求。在技术架构上，系统采用分布式架构模块化设计，可输出主、备、辅三路信号，信源信号和输出信号采用智能码流切换器保护，没有单一溃点。系统架构合理，主备配置完整，符合国家广电总局（62号令）关于安全播出的要求。对信源、集成输出、卫星回传信号进行监测。自主设计开发多款安全播出相关软件，可实现对本地和远程设备的统一监管。同时使工作流程标准化，便于应急处理，符合安全管理要求。

（北京北广传媒数字电视有限公司）

2013年城市电视公司技术工作情况

2013年，北京北广传媒城市电视有限公司圆满完成安全播出任务，全年无重大事故，并对全国两会、北京市新一届领导见面会、雅安地震、“神十”上天等重大事件和社会热点事件进行转直播。年内，城市电视的重点技术工作——“国标转换”项目进入尾声，国标机换装4000余台，数据广播的前端搭建完毕，实现数据推送业务的实际应用，基本完成广告互斥及个性化播出的既定目标，2014年初即可上线试运营。“国标转换”项目的成功，标志着城市电视逐步脱离传统媒体，为下一步媒体和受众的双向互动打下基础，向着新媒体运营商的方向迈出坚实的一步。

城市电视大屏实现全年播出无事故，并完全自主设计和架设的远程视频及环境监控系统。这套系统通过架设在户外LED大屏相对方向的监控设备通过无线定向传输技术将图像传送至机房，与机房内的温湿度、视频监控设备的信号一同传输回中心控制机房，即可远程实施监测户外大屏的播出情况，大大提高安全等级，实现故障即时发现，及时维修的目的。这套系统的上线，配合大屏本身的远程控制系统，使户外LED大屏真正实现无人值守，大大提高工作效率。

（北京北广传媒城市电视有限公司）

2013年顺义区广电中心应急有线广播远程物联管控平台建成

2013年，顺义区广播电视中心建设应急有线广播远程物联管控平台建成使用，成为区委、区政府建立的遇自然灾害和突发事件下应急指挥平台。该平台能够将全区98条街道，400余公里，近5000只有线广播音柱，形成集中与分散式管控。该项目具体功能如下：

1．采用国内先进技术，集安防监控和有线应急广播于一身，利用物联网技术和光纤网络，通过对广播电台的二级播放站进行应急启动定点定向广播系统改造，同时实现对设备及环境、安全的远程管控，为政府向公众提供具有逢灾时紧急警告——应对行为指导、处理局部重大突发事件功能的应急信息发布平台，提供一种快速、科学、有针对性的技术手段，同时保证广播电视网络及设备的安全运行、防止非法插播。

2．由感知模块、传输模块和智能处理模块组成，利用远程监控网络的资源和基于IP电话的声音链路控制技术完成并保障应急广播的功能；同时由于远程监控网络具有数据加密、独享传输通道、VPN防火墙屏蔽的特点，使得定点应急广播的启动控制和广播内容的安全性得以保证。

3．将传感器网络信息接入、汇聚和传输整合为嵌入式一体化机。感知监控平台使用嵌入式网关进行数据处理算法和数学模型分析，可以对传感网运行进行预测性分析和数据量业务优化，提出具有预测性的见解，减少带宽占用；也可接纳并处理来自传感网应用的现场采集处理装置（包括现有所有类型的探测传感终端），对底层数据进行采样处理和传输。采集到的数据主要包括：GPIO开关量、ADC模拟量、串口信息等。同时，引入嵌入式网关实现双向数据协议转换、优化处理算法及应用模型。利用窄带数据通信网络构建监控子网，将包括视音频的数据实时传送到监控中心。

4．整合传感器接口、应用及管理到统一管控平台，实现智能化管理。主要通过构建的数据通信网络、智能物联网网关、系统软件（使用应用层的拥塞控制算法）等组成管控系统，实现系统管理、拓扑管理、故障管理、性能管理、安全管理、管理数据库、数据采集、语音采集、视频监控、配置管理、远程控制（调节摄像头、电源开关、弱电开关）、海量数据传输等模块化功能，还可以实现系统的远程登录。

5．基于IP电话的声音链路控制，具备完善的防插播功能。该方案突破距离的限制，将分布在远程各个地区的网络服务器、末端现场检测、控制设备、播出设备，通过系统平台、利用VPDN通信网络与中控机房建立声音通道连接，实现时时声音广播和监听。

该项目运行稳定可靠，在重大活动及关键时候多次启用应急广播，获得相关单位的好评。

（顺义区广播电视中心）

2013年房山区广电中心技术工作情况

2013年，房山区广播电视中心加强技术建设和技术管理工作力度，安全播出和高清数字化改造项目并举，技术工作取得新成绩。

1.安全播出常抓不懈。启动ISO9001认证，确定基于安全播出为核心的质量管理体系建设。加强播出、编辑、录制系统和摄录设备的日常维护，确保系统、设备安全使用。强化安全意识，不断梳理安全播出流程，修订完善安全播出预案，将发生安全播出事故的风险降到最低。房山电视台无线和有线频道全年共计播出11016小时。房山人民广播电台全年播出6570小时，没有出现人为操作造成的播出问题，达到广播电视台三级播出标准。

2.技术升级稳步推进。高清数字化改造项目分步实施，首先对播出系统进行改造，制定高清播出系统建设方案。城乡数字广播信息平台二期工程通过中期验收。房山广电传媒网在注重安全的基础上，继续开发网站新功能，丰富宣传内容，提高网站传播的影响力。

（房山区广播电视中心）

电 影

2013年北京市电影发展情况综述

2013年，北京市大力实施电影精品工程，不断扩大市场规模，完善电影公益放映保障机制，积极推进电影节展交流活动，电影市场管理取得新成效，电影事业产业发展实现新跨越。

一、电影创作生产

为繁荣电影创作，推动精品生产，由北京市委宣传部和北京市广播电影电视局联合印发《北京市重点题材影视剧（含动画片、纪录片）专项扶持资金管理办法（试行）》，进一步完善和加大对影视精品的支持力度，变等作品支持为推作品创作，建立了促精品生产的新机制。组织召开电影创作工作座谈会，制定《北京市重点题材影视剧（含动画片、纪录片）专项扶持资金管理办法》实施细则，组建专项资金管委会，规划2013—2015年度重点创作影片。重点推动《徽班进京》《北京媳妇》《北京时间》《千手观音》《定都北京》等重点影片及剧本创作。大力协调《一代宗师》《启功》《无问东西》《北京爱情故事》《小建的合唱团》《守望的花朵》《洒满阳光的路上》《北京遇上西雅图》等影片的申报奖项、宣传推广、资金扶持等事项，组织2010—2012年北京市广播影视奖评奖工作，《一九四二》《人在囧途之泰囧》《桃姐》《飞越老人院》《边境风云》《万箭穿心》等影片获奖。

在一系列政策措施的促进下，北京地区电影创作呈现出创意活跃、类型丰富、佳作不断、持续繁荣的良好态势，电影作品艺术质量进一步提升，类型化、多样化的创作格局进一步巩固。北京市创作生产的电影《致我们终将逝去的青春》《中国合伙人》《警察故事2013》等影片，注重主流文化价值与观众欣赏需求相结合，实现了思想性、艺术性、观赏性的有机统一，十多部影片票房过亿元，赢得良好市场业绩。北京的电影生产数量和票房影片数量、影片的票房贡献率，继续居全国领先地位。

2013年，依据《电影管理条例》《电影剧本（梗概）备案、电影片管理规定》等相关文件精神，北京市电影剧本（梗概）备案807部，生产电影222部。

二、影院建设

北京市广播电影电视局以促进电影市场大繁荣大发展为指针，进一步建立和完善促进市场发展的政策与措施，加大推动发展的力度，加强市场发展调控，促进首都电影市场合理布局、科学发展。进一步修订《北京市多厅影院建设补贴管理办法》，完善补贴申报、审批程序，加大对郊区影院建设的支持力度，限制城区影院建设的局部过度密集，促进影院建设的合理布局。继续支持多厅影院建设、国产影片放映，进一步鼓励规模影院、优质影院建设，鼓励影院增加场次、吸引观众，加大国产影片放映和观影力度。为实现上述目标，全年共向14家符合条件的新建多厅影院发放新建补贴2705万元，向32家影院返还先征后返电影专资2860万元，向30家影院返还国产影片放映上缴专资653万元，同时给予65家影院数字机购置补贴1663万元，共支持影院70余家，支持金额近8000万元。截至12月底，全市共有影院150家，隶属院线20条；有银幕820块，座位14.1万个；放映电影137.69万场，观影人次

4250.3万人次，票房18.6亿元。北京的人口银幕比和人均观影次数居全国首位，影院票房继续保持全国城市领先地位。

为推进全市影院细分化市场发展，推动主题影院建设，以补贴支持方式，在影院中推出主题形式的影片放映，带动细分市场发展，满足不同观众的个性化观影需求。

三、节展管理

第三、四届北京电影节“天坛奖”评奖正式启动。1月至4月，北京市广播电影电视局全力组织了第三届电影节评奖工作，从56个国家和地区的531部影片中选出了11个国家的15部入围影片，整个选片工作水准专业、遴选客观、程序规范，影片具有广泛的国际代表性。组建了以俄罗斯著名导演尼基塔·米哈尔科夫为主席的国际评奖委员会，进行首次“天坛奖”评奖工作，评选产生了11个奖项，中国影片《一九四二》获得最佳影片奖。

从7月开始，又积极筹备第四届北京国际电影节“天坛奖”评奖工作。借鉴第三届评奖经验，早入手、早启动，组建评奖工作团队，制定工作方案，及时选定邀片代理公司，发出邀请函和章程，开展评委邀请工作。

按照市政府和市委宣传部的统一部署，继续开展电影惠民活动。在首届北京文化消费惠民季期间，分别在影院和流动放映系统组织了以近年北京优秀影片为主的电影惠民展映活动。共有47家影院进行了10天优惠展映，接待观众6万余人；300个流动放映队送电影到基层1500场，有17万人次观看展映。此次展映活动突出了“北京影片、惠民放映、基层为主”等特点，受到群众的普遍好评。

2013年，北京市广播电影电视局还加强对北京举办的各电影节、电影展、电影周活动的审批管理，先后审查审批了第二十届大学生电影节方案、第九届北京青少年公益电影节方案、“2013北京民族电影展”方案、“2013北京科普电影周”方案、“2013北京青年电影展”方案等，加强对这些节展活动举办过程的监督和管理。

四、中外交流

5月，组织“北京电影罗马展映”活动，观众的观影热情、影迷的热烈交流、电影界对合作的强烈愿望，都留下了深刻印象，取得良好效果。

罗马展映成功后，北京市广播电影电视局又谋划了“北京电影北美展映”活动，对展映的地点、时间及活动安排进行了精心设计。在多方协商、协调的基础上，选定在好莱坞的TCL中国大剧院举办“北京电影北美展映”活动，11月1日至3日，“北京电影北美展映”活动在美国洛杉矶举办，先后举行了冯小刚手印礼、“北京电影北美展映”首映式、北京影视日、北美影视之夜等活动，展映了冯小刚的7部影片。活动受到好莱坞中外各界人士的广泛关注，中国驻洛杉矶总领馆、洛杉矶市政府官员，冯小刚、张国立、唐国强、徐帆、邓婕和100多位影界人士，120余家媒体记者出席，洛杉矶各大媒体对活动进行了报道，美国ICN电视联播网直播了冯小刚手印礼。冯小刚影片展也形成热点，平均观影率超过90%，许多场次出现爆场现象，中美电影界的交流更传达了双方合作的强烈愿望，产生了广泛的国际影响。

在大力推动北京电影走出去的同时，北京市广播电影电视局积极欢迎世界各国、各地区的电影来北京展映，促进中外电影交流。年内，先后有俄罗斯、新西兰、土耳其、德国、塞尔维亚、台湾、香港等10余个国家和地区的电影节展在北京举办，提升了北京电影业的国际化水平和影响力。

（北京市广播电影电视局电影管理处）

2013年北京市电影公益放映情况

2013年，北京市广播电影电视局以完善公益放映服务保障机制，提高群众满意度为核心，着力在公益放映保障机制和方式上进行调整完善。

一是加大改革创新力度。改变供片方式，推行观众选片、基层申报、院线按需供片的新方式；改进公益放映场次安排方式，变计划指标为基层自认自调，在总量不变的情况下，由区县和放映单位根据实际需求，自报自调放映场次，提高公益放映实效性；改变公益放映组织形式，各区县提出符合自身实际的电影公益放映具体组织方式，集中人力财力组织精品电影和新电影放映，使群众通过公益放映欣赏到优质影片。

二是加大管理监督力度。建立分级保障、分层考核的绩效评价体系，进一步细化各级政府和相关部门的公益放映职责，逐级落实保障责任，承担考评结果。深入到10个区县、26个村镇，摸清一线情况；召开区县座谈会，专题研讨解决办法；远赴甘肃、湖南、张家口地区学习考察；在此基础上，提出全面加强电影公益放映工作的意见和建议。完成4264套放映设备20余类10万余组数据摸底统计工作，建立详细台账；依托国家数字节目中心电影公益放映管理平台，初步实现了电影公益放映信息化管理。

三是加大服务保障力度。以“进社区、进工地、进军营、进学校、进福利院所”为重点，在重要节日和重要活动期间，积极组织主题放映活动。元旦、春节、“六一”“十一”“两会”等时期，先后组织了6个专题展映活动；扎实开展“惠民月”活动，向农村、社区提供了一大批农民群众喜爱的戏曲、农村题材、贺岁和儿童影片，广受赞誉。落实国家新闻出版广电总局赠送电影公益场次安排，为青少年放映中宣部推荐的50部优秀影片共计400场，弘扬民族精神和时代精神。1月至10月份，电影公益放映14.9万场，观影人次865.8万人次，国产新片放映率明显提高，观影效果进一步改善，公益放映水平继续位居全国前列。

（北京市广播电影电视局电影管理处）

2013年北京市电影公益放映情况一览表

（含惠民季数据）

序号	区县	场次（场）			观影人数（人）	放映影片部数
		固定影厅	流动放映	小　计		
1	东城区	0	915	915	30277	111
2	西城区	0	529	529	28784	50
3	朝阳区	4191	2391	6582	250132	100
4	海淀区	3722	1612	5334	465285	80
5	丰台区	2437	1075	3512	199894	102

续 表

序号	区县	场次（场）			观影人数（人）	放映影片部数
		固定影厅	流动放映	小 计		
6	石景山	0	0	0	0	0
7	房山区	18381	1686	20067		84
8	门头沟	9596	2063	11659	1158682	90
9	延庆县	16770	1123	17893	921909	101
10	昌平区	11955	1220	13175	484971	91
11	平谷区	11851	1005	12856	830363	105
12	大兴区	16815	619	17434	536573	87
13	通州区	22065	898	22963	962398	214
14	密云县	14961	1519	16480	1192750	58
15	怀柔区	12782	909	13691	433332	106
16	顺义区	16835	1250	18085	1402741	96
17	燕山		290	290	29000	40
合 计		162361	19104	181465	10221250	

（北京市广播电影电视局电影管理处）

2013年北京市影院公映影片情况一览表

序号	片名	类型	国别
1	@在一起	2D	国产
2	“绑架”大明星	2D	国产
3	101次求婚	2D	国产
4	201314	2D	国产
5	4B青年之4楼B座	2D	国产
6	81号农场之保卫麦咭	2D	国产
7	啊朋友还钱	2D	国产
8	爱，很美	2D	国产
9	爱·回家	2D	国产
10	爱爱囧事	2D	国产
11	爱别离	2D	国产
12	爱拼北京	2D	国产
13	爱情不NG	2D	国产

续 表

序号	片名	类型	国别
14	爱情碰碰撞	2D	国产
15	爱情银行	2D	国产
16	爱神	2D	国产
17	暗恋99天	2D	国产
18	巴啦啦小魔仙	2D	国产
19	白狐	3D	国产
20	百万爱情宝贝	2D	国产
21	百星酒店	2D	国产
22	宝贝快跑	2D	国产
23	暴躁天使	2D	国产
24	暴走吧，女人	2D	国产
25	北京遇上西雅图	2D	国产
26	北漂鱼	2D数码	国产
27	被偷走的那五年	2D	国产
28	笔仙2	2D	国产
29	蝙蝠别墅	2D	国产
30	波鲁鲁冰雪大冒险	3D	国产
31	不二神探	2D数码	国产
32	不肯去观音	2D	国产
33	不要迷恋姐	2D	国产
34	步步追魂	3D	国产
35	残团	2D	国产
36	超级经纪人	2D	国产
37	沉默的夏天	胶片	国产
38	冲锋号	2D	国产
39	冲锋战警	2D	国产
40	初恋未满	2D	国产
41	厨子戏子痞子	2D	国产
42	春天的狂想	2D	国产
43	唇唇欲动	2D	国产
44	刺客	2D	国产
45	刺夜	2D	国产
46	大明劫	2D	国产
47	大明猩	3D	国产
48	大片	2D数码	国产
49	大叔:我爱你	2D	国产
50	到阜阳600里	胶片	国产
51	盗剑72小时	2D	国产

续 表

序号	片名	类型	国别
52	狄仁杰之神都龙王	3D	国产
53	帝国秘符	2D	国产
54	电梯惊魂	2D	国产
55	东方中国梦	2D	国产
56	毒战	2D	国产
57	房间里的舞蹈	2D	国产
58	非常幸运	2D	国产
59	非秀不可	2D	国产
60	分手合约	2D	国产
61	粉红女郎之爱人快跑	2D	国产
62	愤怒的小孩	2D	国产
63	风暴	3D	国产
64	疯狂的导演	2D	国产
65	浮云	2D	国产
66	钢琴木马	2D	国产
67	高铁英雄	2D	国产
68	告诉他们，我乘白鹤去了	2D	国产
69	隔窗有眼	2D	国产
70	公主的诱惑	2D	国产
71	功夫侠	2D	国产
72	功夫战斗机	2D	国产
73	宫锁沉香	2D	国产
74	孤岛惊魂2	2D	国产
75	古镇凶灵	2D	国产
76	拐杖	2D	国产
77	光的棍	2D	国产
78	光辉岁月	2D	国产
79	诡拼车	2D	国产
80	诡魇	2D	国产
81	诡婴吉咪	3D	国产
82	滚拉拉的枪	胶片	国产
83	花漾	2D	国产
84	回到爱开始的地方	2D	国产
85	火焰山历险记	2D	国产
86	激战	2D	国产
87	记忆望着我	2D	国产
88	今天明天	2D	国产
89	金刚王·死亡救赎	2D	国产

续 表

序号	片名	类型	国别
90	金太狼的幸福生活	2D	国产
91	禁忌游戏之迷藏	2D	国产
92	警察故事2013	3D	国产
93	静静的嘛呢石	2D	国产
94	囧人之越挠越痒	2D	国产
95	开心超人	数码2D	国产
96	控制	2D	国产
97	快乐大本营之快乐到家	2D	国产
98	魁拔之大战元泱界	3D	国产
99	昆塔·盒子总动员	2D3D	国产
100	来历不明	2D	国产
101	乐队	胶片	国产
102	雷锋的微笑	2D	国产
103	雷锋在1959	2D	国产
104	冷瞳	2D	国产
105	猎仇者	2D	国产
106	临终囧事	2D	国产
107	刘老庄八十二壮士	2D	国产
108	楼	2D	国产
109	孪生密码	2D	国产
110	罗西与莫妮卡之骊靬情	2D	国产
111	洛克王国 圣龙的心愿	2D	国产
112	落经山	2D	国产
113	绿草地	2D	国产
114	绿林大冒险	2D3D	国产
115	玛德2号	2D	国产
116	盲探	2D	国产
117	美姐	数码2D	国产
118	门巴将军	2D	国产
119	梦幻岛	2D	国产
120	梦幻飞琴	2D	国产
121	模特魅影	2D	国产
122	摩登年代	2D	国产
123	目标战	2D	国产
124	南泥湾	2D	国产
125	逆光飞翔	2D	国产
126	逆袭	2D	国产
127	柠檬	2D	国产

续 表

序号	片名	类型	国别
128	牛胆神偷	2D	国产
129	怒放2013	2D	国产
130	女蛹	2D	国产
131	飘落的羽毛	2D	国产
132	千锤百炼	2D	国产
133	潜艇总动员3—彩虹宝藏	2D3D	国产
134	亲·爱	2D	国产
135	青春雷锋	2D	国产
136	青春派	2D	国产
137	青春小说	2D	国产
138	倾城	2D	国产
139	全城高考	2D	国产
140	全民目击	2D	国产
141	让熊猫飞	2D	国产
142	人间蒸发	2D	国产
143	人再囧途之泰囧	胶片	国产
144	赛尔号之战神联盟	3D	国产
145	三月情流感	2D	国产
146	扫毒	2D	国产
147	杀戒	2D	国产
148	少女灵异日记	2D	国产
149	神奇	2D	国产
150	神奇	3D	国产
151	圣诞玫瑰	2D	国产
152	圣龙骑兵大冒险	2D	国产
153	石榴树上结樱桃	2D	国产
154	石器时代之百万大侦探	2D	国产
155	时光恋人	2D	国产
156	私人订制	2D	国产
157	四大名捕2	2D3D	国产
158	她们的名字叫红	2D	国产
159	太极侠	2D	国产
160	太阳脸	2D	国产
161	太阳总在左边	2D	国产
162	逃出生天	2D3D	国产
163	特殊身份	2D	国产
164	天机——富春山居图	2D3D	国产
165	天台爱情	2D	国产

续 表

序号	片名	类型	国别
166	天之恩赐	2D	国产
167	甜蜜十八岁	2D	国产
168	甜心巧克力	2D	国产
169	铁血娇娃	2D	国产
170	听见下雨的声音	2D	国产
171	同谋	2D	国产
172	团圆	2D	国产
173	危情营救	2D	国产
174	我爱的是你爱我	2D	国产
175	我爱灰太郎2	2D	国产
176	我的老婆是只猫	2D	国产
177	我的美丽王国	2D	国产
178	我的男男男男朋友	2D	国产
179	我的影子在奔跑	2D	国产
180	我和神马查干	2D	国产
181	我为相亲狂	2D	国产
182	我想和你好好的	2D	国产
183	无人区	2D	国产
184	无用	2D	国产
185	午夜火车	2D	国产
186	午夜微博	2D	国产
187	西游降魔篇	2D3D	国产
188	喜剧王	2D	国产
189	喜羊羊与灰太狼之喜气羊羊过蛇年	2D	国产
190	夏日示爱	2D	国产
191	萧红	2D	国产
192	小等	2D	国产
193	小神来了	2D	国产
194	小时代	数码2D	国产
195	小时代：青木时代	2D	国产
196	小小飞虎队	2D	国产
197	校车	2D	国产
198	校花诡异事件	2D	国产
199	笑功震武林	2D	国产
200	辛巴达历险记2013	2D	国产
201	新长征路上的立体交响	3D	国产
202	幸福快递	2D	国产
203	雪落牤牛河	2D	国产

续 表

序号	片名	类型	国别
204	寻找智美更登	2D	国产
205	阳光留守	2D	国产
206	杨光的快乐生活	2D	国产
207	野草莓	2D	国产
208	叶问—终极一战	2D	国产
209	夜幕惊魂	2D	国产
210	一场风花雪月的事	2D	国产
211	一代宗师	2D	国产
212	一路狂奔	2D	国产
213	一路顺疯	2D	国产
214	一夜惊喜	2D	国产
215	一座城池	2D	国产
216	益西卓玛	2D	国产
217	意外的恋爱时光	2D	国产
218	咏春小龙	2D	国产
219	有人赞美聪慧，有人则不	2D	国产
220	有种	2D	国产
221	越来越好之村晚	2D	国产
222	越位者	2D	国产
223	早见，晚爱	2D	国产
224	枕边有张脸	2D	国产
225	正骨	2D	国产
226	郑和1405—魔海寻踪	2D3D	国产
227	止杀令	2D	国产
228	制服	2D	国产
229	致命闪玩	2D	国产
230	致我们终将逝去的青春	2D	国产
231	中国好声音之为你转身	2D	国产
232	中国合伙人	2D	国产
233	忠烈杨家将	2D	国产
234	终极大冒险	2D3D	国产
235	周恩来的四个昼夜	2D	国产
236	咒·丝	2D	国产
237	自行车	2D	国产
238	007大破天幕杀机	2D	进口
239	2013巴西电影节	胶片	进口
240	2013德国电影展	2D	进口
241	2013欧盟电影展	2D	进口

续 表

序号	片名	类型	国别
242	2013塞尔维亚电影展	数码2D	进口
243	2013土耳其电影周	2D	进口
244	2013西班牙电影周	2D	进口
245	5个新娘	数码2D	进口
246	5月天诺亚方舟	3D	进口
247	阿嬷的梦中情人	2D	进口
248	爱情的捉弄	2D	进口
249	巴黎淘气帮	2D	进口
250	百家乐翻天	2D	进口
251	宝米恰恰	2D	进口
252	背水一战	2D	进口
253	被解救的姜戈	2D	进口
254	变身超人	2D	进口
255	草原战士	2D	进口
256	超人：钢铁之躯	3D*数码*3D	进口
257	赤警威龙	2D	进口
258	赤焰战场2	2D	进口
259	穿越火线	2D	进口
260	大野狼和小绵羊的爱情	2D	进口
261	地心引力	2D3D	进口
262	独行侠	2D	进口
263	夺宝联盟	2D	进口
264	夺命追踪	2D	进口
265	疯狂原始人	3D	进口
266	钢铁侠3	2D3D	进口
267	怪兽大学	3D	进口
268	海啸奇迹	2D	进口
269	骇战	2D	进口
270	虎胆龙威5	2D	进口
271	环太平洋	3D	进口
272	会飞的小精灵	数码2D	进口
273	霍比特人：意外之旅	3D	进口
274	饥饿游戏2：星火燎原	2D	进口
275	极乐空间	2D	进口
276	极速蜗牛	3D	进口
277	间谍	数码2D	进口
278	劫案迷云	2D	进口
279	结婚那件事	2D	进口

续 表

序号	片名	类型	国别
280	金蝉脱壳	2D	进口
281	金刚狼2	2D3D	进口
282	惊天魔盗团	2D	进口
283	惊天危机	2D	进口
284	精灵旅社	3D	进口
285	巨人捕手杰克	3D	进口
286	蓝精灵2	2D	进口
287	狼少年	2D	进口
288	老人	2D	进口
289	了不起的盖茨比	2D3D	进口
290	雷神2：黑暗世界	3D	进口
291	魔境仙踪	3D	进口
292	母亲	2D	进口
293	男式女子足球队	2D数码	进口
294	逆世界	3D	进口
295	女倾慕者	2D数码	进口
296	乔布斯	2D	进口
297	萨米大冒险2	2D*数码*3D	进口
298	森林战士	3D	进口
299	杀人犯	2D	进口
300	生化危机5：惩罚	3D	进口
301	生死足球赛	2D	进口
302	圣诞树2	2D	进口
303	石头	数码2D	进口
304	双雄	2D	进口
305	私奔B计划	2D	进口
306	斯大林格勒	2D3D	进口
307	速度与激情6	2D	进口
308	特警判官	3D	进口
309	特种部队：全面反击	3D	进口
310	铁娘子：坚固柔情	2D	进口
311	王牌情敌	2D	进口
312	网络情缘	2D	进口
313	我会守着你	数码2D	进口
314	我童年的天空	2D	进口
315	侠探杰克	2D	进口
316	香港电影展	2D	进口
317	心战	2D	进口

续 表

序号	片名	类型	国别
318	星爸客	2D	进口
319	星际迷航：暗黑无界	3D	进口
320	寻宝者	2D	进口
321	野人传奇	胶片	进口
322	遗落战境	2D	进口
323	勇闯16街区	胶片	进口
324	战争狂人	2D	进口
325	致命黑兰	2D	进口
326	重返地球	2D	进口
327	侏罗纪公园	3D	进口
328	追踪长尾豹马修	2D	进口

（北京市广播电影电视局电影管理处）

2013年北京市电影院一览表

按：截至2013年年底，北京市拥有电影院线20条，新增影院15家，影院总数达150家（其中在营业139家）；新增银幕94块，银幕总数达820块，人口银幕比和人均观影次数居全国首位，影院票房继续保持全国城市领先地位；新增观影座位1.26万个，座位总量达14.1万个，IMAX影厅5个。全年累计放映电影137.69万场，比上年增加17.82万场；观影人次4250.3万人次，比上年增加497.69万人次；电影票房收入18.6亿元，比上年增加2.48亿元。

全市影院名称、地址、订票电话或联系电话等情况列表如下：

东城区

序号	电影院名称	地址	座位数	订票电话或联系电话	银幕数（块）
1	北京市电影公司影联东环电影城	东城区东中街9号东环广场B座地下1层	374	64185938	4
2	长虹电影院	东城区隆福寺街75号	716	64050915	6
3	东城区图书馆会议中心	东城区交道口东大街85号	521	64042764	1
4	东四工人文化宫	东城区隆福寺街47号	700	84028490	4
5	北京影联百丽宫影院有限公司	东城区金宝街88号6～7层	808	85185804	5
6	万国城百老汇电影院有限公司	东城区东直门香河园1号院北区4号楼	394	85185804	3
7	北京中影联安乐新东安影院	东城区新王府井大街138号新东安市场6层	985	65281898	8

续 表

序号	电影院名称	地址	座位数	订票电话或联系电话	银幕数(块)
8	中影恒乐新世纪影院有限公司	东城区东长安街1号东方广场地下1层、2层及夹层	831	85186778	6
9	北京横店影视电影城	东城区王府井大街253号王府井百货8楼	527	65231588	6
10	北京站电影院	东城区北京站大楼综合楼内	106	85236159	1
11	花市影联百老汇影院有限公司	东城区崇外大街18号国瑞购物中心首层、地下1～2层	1011	67171338	8
12	北京搜秀影城有限公司	东城区崇外大街40号搜秀城9层	686	51671220	5

西城区

序号	电影院名称	地址	座位数	订票电话	银幕数(块)
1	北京地质礼堂	西城区西四羊肉胡同30号	1280	66178928	4
2	北京青年宫电影城	西城区西直门南小街68号	1042	66152207	5
3	红楼电影院	西城区西安门大街156号	547	66036309	3
4	胜利电影院	西城区西四东大街55号	576	66160370	2
5	首都华融影院	西城区西单北大街131号大悦城购物中心9～11层	1722	66018177	14
6	新影联首都时代电影城	西城区长安街88号首都时代电影城地下一层首都时代电影城地下1层	811	83913644	4
7	西城区工人文化宫	西城区月坛南街24号	456	68583461	4
8	新街口电影院	西城区西直门内大街69号	352	62256713	2
9	北京华业伟成文化发展有限公司	西城区西单北大街180号西单文化广场B1层4D	146	66011347	1
10	北京市工人俱乐部	西城区虎坊路7号	1446	63533121	4
11	大观楼影城	西城区大栅栏街36号	482	63030551	3
12	北京市广安门电影院	西城区白广路8号	791	63521766	4
13	中华电影娱乐宫	西城区天桥市场85号	937	63037361	8
14	邦克实业公司鑫荣文化俱乐部	西城区白纸坊街16号	581	63540984	1
15	北京金融街影院有限责任公司	西城区金融大街18号地下一层	504	66222046	6
16	北京耀莱腾龙国际影城管理有限公司马连道电影院分公司	西城区马连道路25号新年华生活购物广场5层	817	63252722	7

朝阳区

序号	电影院名称	地址	座位数	订票电话	银幕数(块)
1	中国电影博物馆	朝阳区南皋路9号	1191	64348100	6
2	UME国际影城安贞店	朝阳区北三环东路36号安贞桥环球贸易中心3期商场一层	1399	58257733	10
3	UME国际影城双井店	朝阳区东三环中路65号富力广场5～6层	1362	59037171	9
4	北辰实业集团公司北京剧院	朝阳区安慧里三区10号	1225	64910516	4
5	北京博纳优唐国际影城	朝阳区朝外大街三丰北里2号楼地下1层	1161	65510888	7
6	北京朝阳剧场	朝阳区东三环北路36号	1684	65068116	4
7	朝阳区文化馆影剧院	朝阳区朝外小庄金台路17号	740	85993958	4
8	北京传奇时代影城	朝阳区朝阳公园路6号蓝色港湾国际商区SA-42	1089	59056868	8
9	世纪东都国际影城有限公司	朝阳区东四环中路195号华腾新天地（法国天地）5层	1193	87952960	7
10	北京枫花园露天电影院	朝阳区亮马桥路21号	1500	64319993	6
11	金典苹果派电影院有限公司	朝阳区黄渠东路二号院14号楼会所一层102	593	61128877	4
12	北京电影家俱乐部(金鸡百花影城/影协电影院)	朝阳区北三环东路22号	910	64216409	7
13	北京劲松电影院	朝阳区劲松中街404号	839	67709306	4
14	世界城星美国际影城	朝阳区金汇路8号B1层02室	1408	85907677	11
15	万达国际电影城CBD店	朝阳区建国路93号北京万达广场B座3层	1538	59603399	9
16	望京星美国际影城	朝阳区望京街9号望京国际商业中心A座4层	1130	59203788	7
17	北京新影联阳光电影城	朝阳区安立路68号阳光广场北门首层	487	64896314	5
18	中关美嘉欢乐影城有限公司朝阳分公司	朝阳区三里屯路19号B1	1500	64176118	8
19	木偶艺术剧院有限责任公司	朝阳区安华西里一区甲1号	752	64254847	3
20	北京市紫光影城	朝阳区朝外大街10号(蓝岛西区5～6层)	1034	65992229	10
21	北京新影联华谊兄弟影院有限公司	朝阳区广顺北大街16号华彩商业中心B1F	1737	57620493	20

续 表

序号	电影院名称	地址	座位数	订票电话	银幕数(块)
22	北京嘉裕金逸国际电影城有限公司朝阳分公司	朝阳区朝阳北路101号大悦城商场8层DD01号	1424	82486806	7
23	北京希杰星星国际影城有限公司	朝阳区湖景东路11号新奥购物中心地下一层	1172	84260800	8
24	北京橙天嘉禾三里屯影城管理有限公司	朝阳区工人体育场北路甲2号裙房4层403-2单元	86	85715566	3
25	中国科技馆影院	朝阳区大屯北路5号	1600	59041542	4
26	北京跃活世纪文化传媒有限公司	朝阳区北苑路42号四层	627	84939887	6
27	北京奥斯卡国际影城有限公司	朝阳区工体东路20号5层502	768	65936538	6
28	北京新影联天宝国际影城	朝阳区祁家裕子8号健翔大厦地下一层	1691	82994949	15
29	北京百丽宫影院有限公司国贸店	朝阳区建国门外大街1号国贸商城三期地下一层3B120	592	85351808	5
30	北京今典比如影院管理有限公司	朝阳区京顺路111号	423	64304175	4
31	北京万达国际电影城有限公司望京店	北京市朝阳区望京西路41号NOVO广场C座6层	576	84844742	6
32	北京数字光魔影院管理有限公司望京DMC国际影城	朝阳区望京新城A3区宝星生活广场5层1号	1130	64319608	6
33	北京市曙光影剧院	朝阳区化工里5号	159	85993950	2
34	四川卢米埃影业有限公司北京卢米埃影院分公司	朝阳区芳草地北巷2号侨福芳草地购物中心地下1层112号、地下2层229号	459	59792396	5
35	北京高高山国际影城	朝阳区汤立路201号院6号楼一层F-102、F-103	203	64127668	3
36	北京今典今通苑影城管理有限公司	朝阳区京通苑30号楼L307	780	62218877	6
37	北京希杰星星国际影城有限公司将台分店	朝阳区酒仙桥路18号四、五层	975	84372230	7
38	北京橙天嘉禾凤凰城影城管理有限公司	朝阳区曙光西里甲5号院24号楼L311、L312	656	56383227	5
39	鲁信影城北京立水桥店	朝阳区立清路7号院地下一层	525	84671861	6

续 表

序号	电影院名称	地址	座位数	订票电话	银幕数(块)
40	北京嘉华福瑞影院管理有限公司	朝阳区姚家园路甲一号活力东方奥特莱斯购物广场四层	1047		9
41	广东大地影院建设有限公司朝阳电影放映分公司	北京市朝阳区阜安西路11号楼合生麒麟新天地2层大地数字影院	564		6
42	北京沃美影城管理有限公司	北京朝阳工体东路20号百富国际大厦1号楼30层	1266		8
43	保利影业投资有限公司北苑影城	北京市朝阳区清河营南街7号院3号楼−1层−101、−102、−102−1	1139		6

海淀区

序号	电影院名称	地址	座位数	订票电话	银幕数(块)
1	北京UME华星国际影城	海淀区双榆树科学院南路44号	1457	82111601−106/107	7
2	国安剧院	海淀区花园东路甲16号	1178	62026328	4
3	北京国图音乐厅	海淀区中关村南大街33号	1256	88545611	2
4	海淀剧院	海淀区中关村大街28号	1244	82611996	3
5	海淀区工人文化宫	海淀区万柳华府北街2号	664	82568328	5
6	时代今典影视投资有限公司	海淀区文慧园北路9号今典花园9号楼空间蒙太奇大厦2层	424	62229238	6
7	北京今日时代数字影院有限公司	海淀区西翠路5号今日家园8号楼F101室	200	88283459	4
8	北京嘉裕金逸国际电影城	海淀区中关村大街19号新中关购物中心地下1层	868	82486818	7
9	北京华诚美映影院有限公司（上地美麟影城）	海淀区农大南路1号院上地华联购物中心4层	871	62667799−700	5
10	五道口工人俱乐部	海淀区成府路23号	683	62329810	3
11	北京名翔国际影院管理有限公司（星美国际影城）	海淀区远大路1号金源时代购物中心5层	2025	88878696	9
12	中美美嘉欢乐影城中关村店	海淀区中关村大街15号中关西区购物中心E区三层	1615	59863777	8
13	（北京中影电影有限责任公司）中影电影院	海淀区新外大街25号	709	62215069	3
14	北京耀莱国际影城管理有限公司	海淀区复兴路69号华熙乐贸5层	3500	65187281	17
15	北京嘉禾万贸影城管理有限公司	海淀区巴沟路2号万柳购物中心5层	1123	4000080888	6

续 表

序号	电影院名称	地址	座位数	订票电话	银幕数(块)
16	北京嘉华美瑞影城管理有限公司	海淀区学清路甲8号圣熙8号购物中心五层	1410	82732228	7
17	北京今典四道口影院管理有限公司	海淀区四道口2号三层北侧	952	62115530	7
18	北京嘉裕金逸国际电影城有限公司海淀分公司	海淀区建材中路6号新都购物广场一层	872	82936580	6
19	洛阳新华角川国际影城有限公司北京大钟寺分公司	海淀区北三环西路甲18号	1202	68432655	8
20	北京博纳晶品影院管理有限公司	海淀区复兴路51号北亚国际中心四层04—06、五层05—19	810	88178880	6
21	洛阳新华角川国际影城有限公司北京清河分公司	海淀区宝盛北里西区28号楼五层、六层	813	68432655	5
22	希界维（北京）国际影城有限公司	海淀区清河中街68号华润五彩购物中心二期项目7层	1285		7
23	北京橙天嘉禾吉彩影城管理有限公司	北京市海淀区玉海园五里22号配套商业楼（玉兴园）地下1层、地上1—4层	1341		7
24	广东大地影院建设有限公司北京海淀电影放映分公司	北京市海淀区悦秀路99号通厦公元99	500		4

丰台区

序号	电影院名称	地址	座位数	订票电话	银幕数(块)
1	保利万源影城	丰台区东高地万源西里航天万源广场5楼	560	68751195	4
2	丰台青少年剧场	丰台区西四环南路86号	938	63814286	4
3	观唐佳影电影放映有限公司（糖人街影院）	丰台区六里桥华源一街2号楼B1层	206	63333755	3
4	北京正华佳宇商城有限公司	丰台区政馨园三区5、6号楼—1层	482	87686335	10
5	保利影业投资有限公司北京马家堡影城	丰台区南三环西路16号1楼	1285	87578532	7
6	北京博纳汇鑫影院管理有限公司	丰台区蒲黄榆28号	1230	67699909	11
7	北京阳光星美国际影院管理有限公司	丰台区成寿寺路2号	1143	67698585	9

续 表

序号	电影院名称	地址	座位数	订票电话	银幕数(块)
8	北京摩威秀科技有限公司	丰台区政馨园三区5号楼2层商业东区	6	87640188	1
9	北京华谊兄弟环球影院管理有限公司	丰台区马家堡东路101号院10号楼F6	1588	56530888	13
10	中影国际影城北京千禧街店	丰台区靛厂路千禧购物街4号楼中影国际影城	2301		17
11	北京中鼎兆通信息科技中心电影放映分中心	北京市丰台区大瓦窑新丰路甲1号1层	30		1

石景山区

序号	电影院名称	地址	座位数	订票电话	银幕数(块)
1	古城电影院	石景山区古城南路15号	700	68874790	5
2	万达国际电影城石景山店	石景山区银河大街鲁谷万达商业广场娱乐楼三层及夹层	1650	68663399—807	10

门头沟区

序号	电影院名称	地址	座位数	订票电话	银幕数(块)
1	门头沟区影剧院	门头沟区新桥大街12号	968	69842686	1

房山区

序号	电影院名称	地址	座位数	订票电话	银幕数(块)
1	良乡影剧院	房山区良乡拱辰大街31号	998	69353905	1
2	洛阳新华角川国际影城有限公司北京房山分公司	房山区良乡北关西路14号华冠购物中心5层电影院	512	69351155	4
3	房山区燕山影剧院	房山区燕山岗南路3号	1426	69344034	1
4	北京燕山文化活动中心	房山区燕山岗南路东一巷2号	915	81330657	1

大兴区

序号	电影院名称	地址	座位数	订票电话	银幕数(块)
1	大兴区影剧院	大兴区黄村西大街15号	1456	69242269	3
2	洛阳新华角川国际影城有限公司北京大兴分公司	大兴区黄村火圣庙商业中心E座5层	1225	81297050	7
3	北京保利国际影城绿地缤纷城店	大兴区黄村镇金星西路3号及3号院3号楼4层07商铺	1355	80255600	8

续 表

序号	电影院名称	地址	座位数	订票电话	银幕数(块)
4	北京嘉华美映影院有限公司	大兴区旧宫镇小红门路39号	773	58310528	6
5	北京华星空影院管理有限公司	北京市大兴区西红门镇京良路10号3F—006	1445	80258288	8

通州区

序号	电影院名称	地址	座位数	订票电话	银幕数(块)
1	通州区电影院	通州区西塔胡同1号	654	69542229	4
2	西部牛仔汽车影院有限公司	通州台湖镇创业园路8号	1500	51001617	4
3	北京博纳天时影院	通州区杨庄北里天时名苑14号楼F4—01	550	56351916	5
4	北京百尚乐园玩具设备租赁中心有限公司	通州区马驹桥镇	131		2

顺义区

序号	电影院名称	地址	座位数	订票电话	银幕数(块)
1	顺义区影剧院	顺义区新顺北大街3号	1169	69424348	2
2	北京博纳顺景影院管理有限公司	顺义区新顺南大街18号	1236	60406016	10
3	CGV国际影城北京金街店	顺义区新顺南大街8号1幢华联金街购物中心4层	1056		7

平谷区

序号	电影院名称	地址	座位数	订票电话	银幕数(块)
1	平谷区影剧院	平谷区平谷镇府前街3号	1028	89999522	2

怀柔区

序号	电影院名称	地址	座位数	订票电话	银幕数(块)
1	北京炫影丽声电影放映有限公司	怀柔区富乐大街8号一层(怀柔区图书馆)	403	69643376	1
2	北京银虹电影城有限公司	怀柔区青春路15号(亿万达商厦四层)	446	69627035	5

密云县

序号	电影院名称	地址	座位数	订票电话	银幕数(块)
1	密云大剧院	密云县鼓楼西大街1号	1238	69020899	2

昌平区

序号	电影院名称	地址	座位数	订票电话	银幕数(块)
1	回龙观星美国际影城	昌平区回龙关镇西大街111号华联3层	1011	80771188	6
2	万达龙德电影城	昌平区立汤路186号龙德广场5层	2082	84844742	9
3	北京中影环银电影城有限公司(中影国际影城北京永旺店)	昌平区北清路1号永旺国际商城购物中心3F	1343	80700848	8
4	大地影院发展有限公司北京昌平分公司	昌平区水库路平菓岭假日广场四楼	963	80100211	5
5	北京东方明美影院管理有限公司昌平国际影城	昌平区鼓楼南大街6号佳莲时代广场4层	641	51654966	4
6	首都电影院昌平店	昌平区南环路10号院1号楼金隅万科广场地上8层L8001	1264		9
7	保利影业投资有限公司北京龙旗广场影城	北京市昌平区黄平路19号院3号楼3层	1330		7

延庆县

序号	电影院名称	地址	座位数	订票电话	银幕数(块)
1	圣世苑培训中心影剧院	延庆县城东外大街71号	1189	69102121	1
2	广东大地影院建设有限公司北京延庆电影放映分公司	延庆县延庆镇妫水北街39号1幢H座一层	523	87129439	3

北京市经济技术开发区

序号	电影院名称	地址	座位数	订票电话	银幕数(块)
1	北京大料国际影院有限责任公司	亦庄经济技术开发区文化园东路6号	1161	67859009	6

(北京市广播电影电视局电影管理处提供)

电 视 剧

北京电视剧制作发行情况综述

2013年，北京市电视剧制作发行机构全面贯彻落实党的十八大、十八届三中全会和全国宣传思想工作会议精神，紧密围绕“中国梦”主题，始终坚持“二为”方向、“双百”方针，立足原创、当代、北京的创作原则，充分发挥首都人才资源优势，深度研究首都文化现象、文化事件、文化元素，电视剧产量稳步增长，质量显著提高，涌现一批思想性、艺术性、观赏性相统一的精品佳作，取得良好的艺术成就和社会效益。

一、基本情况

2013年，北京市共有影视制作机构2160家，其中持电视剧制作许可证（甲种）的单位21家。全年电视剧备案公示313部、10216集，分别占全国的31%和29%；取得电视剧制作许可证（乙种）共有87部2782集电视剧；共审查92部3131集；取得发行许可证的电视剧87部、2952集，分别占全国的19%、19%。审查通过的电视剧中，现实题材51部1689集，分别占总比例的60%、58%，其中当代题材47部占55%（当代都市题材39部，当代其他题材3部，当代青少题材2部，当代军旅题材1部，当代涉案题材2部）；现代题材4部占5%（现代其他题材3部，现代青少题材1部）；历史题材33部1202集，分别占总比例的39%、41%，其中近代题材25部占29%（近代革命题材18部，近代传奇题材4部，近代其他题材3部）；古代题材8部占9%（古代传奇题材3部，古代神话题材2部，古代其他题材1部，古代武打题材2部）。重大题材1部16集，分别占总比例的1%、1%。

2013年全年电视动画片备案26部。1258集17772分钟。取得发行许可证的电视动画片19部1746集19297分钟。

二、推优及获奖情况

经北京市广播电影电视局审查通过向国家新闻出版广电总局及社会推荐7部优秀电视剧作品，分别是《原乡》《说书人》《老有所依》《兵王》《无贼》《爱情最美丽》《格子间女人》。

有7部作品获得第29届飞天奖，其中一等奖3部：《誓言今生》《木府风雨》《北京青年》；二等奖2部：《火蓝刀锋》《妈祖》；三等奖2部：《全家福》《独生子女的婆婆妈妈》。

有10部作品获得第七届北京市文学艺术奖，分别是《媳妇的美好时代》《黎明之前》《永不磨灭的番号》《我是特种兵》《北京青年》《风车》《火蓝刀锋》《劝和小组》《民兵葛二蛋》《正者无敌》。

有6部作品获得2013年度国家新闻出版广电总局推荐优秀电视动画片，分别是《熊小米系列》《西游记的故事》《魁拔》《果果骑侠传》《兔侠传奇》《快乐家年华》。

三、精品创作生产情况

为贯彻落实党的十八大精神，鼓励创作更多反映人民主体地位和现实生活、群众喜闻乐见的优秀影视作品，北京市委宣传部与北京市广播电影电视局联合制定下发《北京市优秀影视剧（含电视动画片）剧本扶持专项资金管理办法》和《北京市重点题材影视剧（含动画片、纪录片）专项扶持资金管理办法》。按照以上两个办法，北京市广播电影电视局于2013年下半年共组织进行四次“优秀剧本和重点题材影视剧”的评选工作，经专家评审论证并报北京市委宣传部审核，最终确定17部电视剧、2部动画片、1部纪录片给予资金扶持。获资金扶持作品主要是：电视剧《北平无战事》《岁月如金》《老有所依》《十送红军》《爱情最美丽》《咱们结婚吧》《青年医生》《为了明天》等，动画片《果果骑侠传》《寻找英雄—小淘气长征记》，纪录片《宋之韵宋词》。

四、海外宣传及推广情况

海外宣传推广始终坚持“请进来”与“走出去”相结合、以“走出去”为主的原则，牢牢抓住“中华文化热”在国际社会不断升温的极好时机，加大走出去步伐，不断强化北京影视传递“中国梦”的对外宣传工作。通过参加法国戛纳电视节、班芙国际媒体节、亚洲电视节等海外节展活动，“北京影视传递中国梦”的主题活动得到节展主办方和海外节目购置方的充分肯定。通过参加国际节展这一平台，不但实现中国优秀传统文化的海外传播，同时也让北京的优秀影视企业收获很好的经济收益，全年共有31部电视剧销售到美国、加拿大、英国等欧美国家以及韩国、马来西亚、越南等亚洲国家，实现交易额约760万美元。

（北京市新闻出版广电局宣传管理处）

北京市电视剧和动画片制作发行许可证目录

2013年北京市广电局《国产电视剧发行许可证》目录

序号	剧名	集数	制作单位	题材	发行许可证号	发证日期
1	说好不流泪	36	中视联盟文化投资（北京）有限公司	当代都市	(京)剧审字（2013）第001号	2013/1/14
2	新神探联盟之包大人来了	38	北京响巢国际传媒股份有限公司	近代传奇	(京)剧审字（2013）第002号	2013/1/14
3	谁是爸爸	30	北京国宇凤凰影视文化传播有限公司	当代都市	(京)剧审字（2013）第003号	2013/1/14
4	笑傲江湖	42	华夏视听环球传媒（北京）有限公司	古代武打	(京)剧审字（2013）第004号	2013/1/14
5	推拿	31	北京禾谷川影视文化传媒有限公司	当代都市	(京)剧审字（2013）第005号	2013/1/14
6	老米家的婚事	32	北京鑫宝源影视投资有限公司	当代都市	(京)剧审字（2013）第006号	2013/1/29

续 表

序号	剧名	集数	制作单位	题材	发行许可证号	发证日期
7	迷中局	32	立卓兴宇影视传媒广告（北京）有限公司	近代传奇	（京）剧审字（2013）第007号	2013/1/30
8	狼烟	40	海润影视制作有限公司	近代革命	（京）剧审字（2013）第008号	2013/1/30
9	迷城	28	御嘉世星影业（北京）有限公司		（广剧）剧审字（2013）第005号	2013/1/11
10	民国奇事	50	北京东方飞云国际影视策划有限公司	近代其他	（京）剧审字（2013）第009号	2013/2/1
11	接班女婿	28	北京诚成时代国际文化发展有限公司	当代都市	（京）剧审字（2013）第010号	2013/2/4
12	老爸回家	35	完美世界（北京）影视文化有限公司	当代都市	（京）剧审字（2013）第011号	2013/2/4
13	新编辑部的故事	40	北京电视艺术中心有限公司	当代都市	（京）剧审字（2013）第012号	2013/2/4
14	星光都市	24	北京华诚传媒有限公司	当代都市	（京）剧审字（2013）第013号	2013/2/28
15	兰陵王	46	北京东王文化发展有限公司	古代传奇	（京）剧审字（2013）第014号	2013/2/22
16	返航	33	唐龙联盟文化传播（北京）有限公司		（广剧）剧审字（2013）第009号	2013/2/4
17	独有英雄	34	北京小马奔腾壹影视文化发展有限公司		（广剧）剧审字（2013）第010号	2013/2/6
18	武工队传奇	42	海润影视制作有限公司	近代革命	（京）剧审字（2013）第015号	2013/3/18
19	钢的琴	39	北京华联时代影视发展有限公司	当代都市	（京）剧审字（2013）第016号	2013/3/27

续 表

序号	剧名	集数	制作单位	题材	发行许可证号	发证日期
20	薛丁山	40	北京依泓之信文化传媒有限公司	古代武打	(京)剧审字(2013)第017号	2013/3/27
21	谁解女人心	32	光延时代(北京)文化传媒有限公司	当代都市	(京)剧审字(2013)第018号	2013/3/29
22	说书人	34	北京小马奔腾壹影视文化发展有限公司	现代其他	(京)剧审字(2013)第019号	2013/4/7
23	渗透	34	北京电视台	近代革命	(京)剧审字(2013)第020号	2013/4/8
24	爱的相对论	34	海润影视制作有限公司	当代都市	(京)剧审字(2013)第021号	2013/4/8
25	原乡	31	北京国立常升影视文化传播有限公司	现代其他	(京)剧审字(2013)第022号	2013/4/7
26	艾乐乐的罗曼蒂克	35	海润影视制作有限公司	当代都市	(京)剧审字(2013)第023号	2013/4/8
27	玉魂	34	北京长城博纳影视文化有限公司	近代传奇	(京)剧审字(2013)第024号	2013/4/8
28	独生子	36	北京泰合百联传媒广告有限公司	当代都市	(京)剧审字(2013)第025号	2013/4/11
29	小菜向前冲	20	北京星银河文化传播有限公司	当代青少	(京)剧审字(2013)第026号	2013/4/24
30	潜龙翻江	30	北京中新世纪文化传媒有限公司	近代革命	(京)剧审字(2013)第027号	2013/4/24
31	海峡	36	北京金英马影视文化有限责任公司	现代其他	(京)剧审字(2013)第028号	2013/4/28
32	朝霞红满天	4	北京影视研修学院	当代青少	(京)剧审字(2013)第029号	2013/4/28

续 表

序号	剧名	集数	制作单位	题材	发行许可证号	发证日期
33	麻姑献寿	26	北京中视精彩影视文化有限公司	古代神话	(京)剧审字(2013)第030号	2013/4/28
34	环保局长的故事	23	北京利群影视文化发展有限责任公司	当代都市	(京)剧审字(2013)第031号	2013/4/28
35	女人帮	36	北京电视艺术中心有限公司		(广剧)剧审字(2013)第号	2013/4/1
36	枪械师	40	北京金英马影视文化有限责任公司	近代革命	(京)剧审字(2013)第032号	2013/5/2
37	正阳门下	36	大前门（北京）文化艺术有限公司	当代都市	(京)剧审字(2013)第033号	2013/5/3
38	迷局1931	34	北京康乾光澍影视投资有限公司	近代其他	(京)剧审字(2013)第034号	2013/5/9
39	结婚，你想好了么	37	时代宝船影视制作(北京)有限公司	当代都市	(京)剧审字(2013)第035号	2013/5/10
40	伏弩	30	华昌传媒（北京）有限公司	近代革命	(京)剧审字(2013)第036号	2013/5/23
41	辣妈俏爸	34	北京艺百合影视制作有限公司	古代传奇	(京)剧审字(2013)第037号	2013/5/23
42	小两口	32	北京阳光盛通文化艺术有限公司	当代都市	（广剧）剧审字（2013）第029号	2013/5/22
43	向着胜利前进	45	海润影视制作有限公司	近代革命	(京)剧审字(2013)第038号	2013/6/6
44	你是我的亲人	35	北京圣田嘉禾文化传媒有限公司	当代其他	(京)剧审字(2013)第039号	2013/6/8
45	爱的秘笈	30	北京东方天星文化传媒有限公司	当代都市	(京)剧审字(2013)第040号	2013/6/8

续 表

序号	剧名	集数	制作单位	题材	发行许可证号	发证日期
46	青春不够用	20	北京大汉天下传媒有限公司	当代都市	(京)剧审字(2013)第042号	2013/6/17
47	龙门镖局	40	北京小马奔腾壹影视文化发展有限公司	古代其他	(京)剧审字(2013)第043号	2013/6/28
48	义者无敌	32	北京中联华盟文化传媒投资有限	近代革命	(京)剧审字(2013)第044号	2013/6/27
49	今夜天使降临	36	北京金色池塘影视文化有限公司	当代都市	(京)剧审字(2013)第041号	2013/7/1
50	猎狼人	30	北京天雨视觉文化传媒有限公司	近代革命	(京)剧审字(2013)第045号	2013/7/3
51	失恋33天	28	北京金盛信马影视文化有限公司	当代都市	(京)剧审字(2013)第046号	2013/7/30
52	恋歌	26	海润影视制作有限公司	当代都市	(京)剧审字(2013)第047号	2013/7/31
53	兵王	31	北京汇滢电视制作中心有限公司	当代军旅	(京)剧审字(2013)第048号	2013/7/31
54	暗警	35	北京兄弟时代影视文化传播有限责任公司	当代涉案	(广剧)剧审字(2013)第036号	2013/7/23
55	穿越火线	26	海润影视制作有限公司	当代都市	(京)剧审字(2013)第049号	2013/8/1
56	铁血尖刀	36	北京金天地影视文化有限公司	近代革命	(京)剧审字(2013)第050号	2013/8/16
57	世界上的另一个我	36	北京春秋风云影视策划有限公司	当代都市	(京)剧审字(2013)第051号	2013/8/28
58	邻居也疯狂	32	万达影视传媒有限公司	当代都市	(京)剧审字(2013)第052号	2013/8/29

续 表

序号	剧名	集数	制作单位	题材	发行许可证号	发证日期
59	女人三十朱冬花	30	中艺华光影视传媒有限公司	当代都市	(京)剧审字(2013)第053号	2013/9/2
60	兵临村下	34	海润影视制作有限公司	近代革命	(京)剧审字(2013)第054号	2013/9/2
61	老有所依	41	北京鑫宝源影视投资有限公司	当代都市	(京)剧审字(2013)第055号	2013/9/2
62	英雄联盟	45	海润影视制作有限公司	近代革命	(京)剧审字(2013)第056号	2013/9/11
63	家宴	42	北京东方飞云国际影视策划有限公司	当代其他	(京)剧审字(2013)第057号	2013/9/13
64	情锁民国	14	北京东方飞云国际影视策划有限公司	近代其他	(京)剧审字(2013)第058号	2013/9/16
65	憨妻的都市日记	32	北京展卓明玉影视文化传媒有限公司	当代都市	(京)剧审字(2013)第059号	2013/9/16
66	诱惑	36	北京电视艺术中心有限公司	当代都市	(京)剧审字(2013)第060号	2013/9/27
67	爱的保镖	40	北京星美嘉映影业有限公司	当代都市	(京)剧审字(2013)第061号	2013/9/27
68	七九河开	34	北京泰合百联传媒广告有限公司	当代其他	(京)剧审字(2013)第062号	2013/10/8
69	不曾逝去的岁月	30	北京大唐辉煌传媒股份有限公司	近代革命	(京)剧审字(2013)第063号	2013/10/8
70	天仙配后传	35	北京中视精彩影视文化有限公司	古代神话	(京)剧审字(2013)第064号	2013/11/1
71	幸运兔精灵	40	北京天星亿源影视文化传播有限公司	现代青少	(京)剧审字(2013)第065号	2013/11/1

续 表

序号	剧名	集数	制作单位	题材	发行许可证号	发证日期
72	无贼	48	北京华谊兄弟娱乐投资有限公司	当代都市	(京)剧审字(2013)第066号	2013/11/14
73	瓦氏夫人	30	北京泽言影视传媒有限公司	古代传奇	(京)剧审字(2013)第067号	2013/11/12
74	爱的多米诺	35	北京大唐辉煌传媒股份有限公司	当代都市	(京)剧审字(2013)第068号	2013/11/21
75	刀客家族的女人	45	华视影视投资（北京）有限公司	近代传奇	(京)剧审字(2013)第069号	2013/11/27
76	解救	38	北京上院星河文化发展有限公司	近代革命	(京)剧审字(2013)第070号	2013/11/27
77	冲天炮	37	海润影视制作有限公司	近代革命	(京)剧审字(2013)第071号	2013/11/27
78	侠探高飞	30	海润影视制作有限公司	近代革命	(京)剧审字(2013)第072号	2013/12/6
79	男媒婆	32	唐德国际文化传媒有限公司	当代都市	(京)剧审字(2013)第073号	2013/12/11
80	真情永恒	27	北京金英马影视文化有限责任公司	当代都市	(京)剧审字(2013)第074号	2013/12/13
81	红色	53	北京世纪伙伴文化传媒有限公司	近代革命	(京)剧审字(2013)第075号	2013/12/20
82	梦想在线	29	北京瑞格嘉尚文化传播有限公司	当代都市	(京)剧审字(2013)第076号	2013/12/24
83	格子间女人	32	完美世界（北京）影视文化有限公司	当代都市	(京)剧审字(2013)第077号	2013/12/24
84	我们家的微幸福生活	45	北京中北电视艺术中心有限公司	当代都市	(京)剧审字(2013)第078号	2013/12/24

续 表

序号	剧名	集数	制作单位	题材	发行许可证号	发证日期
85	爱情最美丽	41	北京国立常升影视文化传播有限公司	当代都市	(京)剧审字(2013)第079号	2013/12/26
86	往日情怀	36	北京华谊兄弟娱乐投资有限公司	近代革命	(京)剧审字(2013)第080号	2013/12/26
87	刘少奇的故事续集	15	北京电视艺术中心	重大革命	总局发证	
总计87部2952集						

(北京市新闻出版广电局宣传管理处)

2013年北京市广电局《电视剧制作许可证(乙种)目录》

序号	许可证号	电视剧名称	集数*分钟	制作机构
1	01643	傻妞归来	35集*45分	北京天星亿源影视文化传播有限公司
2	01644	爱的保镖	30集*45分	北京星美嘉映影业有限公司
3	01645	麻辣主播	30集*45分	北京中广华君影视文化有限公司
4	01646	琉璃镇	30集*45分	北京中亚影视文化传媒中心
5	01647	格子间女人	30集*45分	完美世界(北京)影视文化有限公司
6	01648	女人三十朱冬花	25集*45分	中艺华光影视传媒有限公司
7	01649	罗龙镇女人	42集*45分	北京北广传媒影视有限公司
8	01650	赤影传说	30集*45分	青年电影制片厂
9	01651	红色	45集*46分	北京世纪伙伴文化传媒有限公司
10	01652	契丹王朝	32集*47分	乌兰哈达(北京)影业有限公司
11	01653	北平无战事	40集*42分	和力辰光国际文化传媒(北京)有限公司

续 表

序号	许可证号	电视剧名称	集数*分钟	制作机构
12	01654	老沈家的育龄时代	30集*45分	北京小马奔腾壹影视文化发展有限公司
13	01655	十送红军	30集*45分	北京小马奔腾壹影视文化发展有限公司
14	01656	男左.女右	26集*45分	北京佳人乐国际影视投资有限公司
15	01657	爆米花	30集*45分	北京幸福影视有限公司
16	01658	青春驿站	30集*45分	北京华影文轩影视文化有限公司
17	01659	阳光警察	30集*45分	北京缘鑫国际文化传媒有限公司
18	01660	远山的太阳	30集*45分	北京红布衫文化发展有限公司
19	01661	我家的小精灵（第一季）	20集*22分	北京声汇影联国际文化传媒有限公司
20	01662	瓦氏夫人	30集*45分	北京泽言影视传媒有限公司
21	01663	海芙蓉	30集*47分	北京中亚影视文化传媒中心
22	01664	大红店	30集*45分	北京长城博纳影视文化有限公司
23	01665	烽火常德	46集*45分	北京密贴夏国际影视传媒有限公司
24	01666	金色漩涡	30集*47分	北京广电影视传媒有限公司
25	01667	蜜月岛	50集*22分	北京星泓世纪文化发展有限公司
26	01668	红门兄弟	30集*45分	北京五橙文化传媒有限公司
27	01669	我的宝贝	32集*45分	北京光彩世纪文化艺术有限公司
28	01670	远山的土楼	30集*45分	北京红布衫文化发展有限公司
29	01671	解救	30集*45分	北京上院星河文化发展有限公司
30	01672	南下支队	35集*45分	华影神韵（北京）文化艺术传媒有限公司
31	01673	花儿，少年	30集*45分	北京映华天地影视文化传媒有限公司

续 表

序号	许可证号	电视剧名称	集数*分钟	制作机构
32	01674	后生可畏	30集*45分	中视合利（北京）文化投资有限公司
33	01675	坐88路车回家	30集*45分	北京晶美星空国际文化传媒有限公司
34	01676	追求幸福的日子	30集*45分	北京利群影视文化发展有限责任公司
35	01677	福山恋	26集*45分	北京中视北方影视制作有限公司
36	01678	紫禁城	40集*45分	北京蓝月星光文化发展有限公司
37	01679	老爸老妈的情史	30集*45分	北京中博世纪影视传媒有限公司
38	01680	希望之城	30集*45分	北京金逸盛典文化传播有限责任公司
39	01681	移动的枪口	30集*47分	北京新世邦文化传媒有限公司
40	01682	中华雄狮之黄飞鸿	40集*45分	盛世燎原（北京）国际影视投资有限公司
41	01683	全城爱恋	30集*45分	乐视网信息技术（北京）股份有限公司
42	01684	冰酒窝	30集*43分	北京世纪伙伴文化传媒有限公司
43	01685	意外的成人礼	30集*40分	北京东方今鸣文化传媒有限公司
44	01686	爱情上上签	30集*45分	北京热麦国际传媒有限公司
45	01687	百湖之恋	24集*45分	北京拾壹侠影业有限公司
46	01688	我的中国心	30集*45分	北京红布衫文化发展有限公司
47	01689	芙蓉锦	40集*45分	北京捷成时代文化传媒有限公司
48	01690	未婚爸爸	36集*45分	北京捷成时代文化传媒有限公司
49	01691	八零婚约	36集*45分	北京华夏金马文化传播有限公司
50	01692	九零后妈	36集*45分	北京华夏金马文化传播有限公司
51	01693	幸福稍后再播	26集*45分	北京墨泉文化传播公司

续 表

序号	许可证号	电视剧名称	集数*分钟	制作机构
52	01694	给幸福下订单	35集*46分	北京星光联合传媒有限公司
53	01695	一个人战争	30集*45分	北京圣田嘉禾文化传媒有限公司
54	01696	新北京人在纽约	23集*47分	海蓝汇（北京）国际影视文化有限公司
55	01697	因为是你	20集*40分	北京博纳中天国际文化传播有限公司
56	01698	各个击破	24集*45分	北京太阳花开影视文化有限公司
57	01699	天使的微笑	30集*45分	北京环亚美视传媒有限公司
58	01700	天高云淡	30集*45分	中视非凡（北京）国际影视文化传媒有限公司
59	01701	阳光不休假	24集*45分	北京世纪乐成文化传媒有限公司
60	01702	生死血符	40集*45分	邦起（北京）文化投资有限公司
61	01703	急诊室的故事	30集*45分	完美时空（北京）影视文化有限公司
62	01704	翻手为云覆手雨	40集*45分	北京小马奔腾文化传媒股份有限公司
63	01705	伙伴夫妻	40集*45分	北京世纪伙伴文化传媒有限公司
64	01706	邻居的诱惑	26集*45分	北京金天地影视文化有限公司
65	01707	美妙的奇遇	36集*45分	可米必富影视文化（北京）有限公司
66	01708	美妙的情缘	36集*45分	可米必富影视文化（北京）有限公司
67	01709	追求幸福日子	30集*45分	北京利群影视文化发展有限责任公司
68	01710	镖门	30集*45分	容丞和悦（北京）影视传媒投资有限公司
69	01711	范仲淹知青州	30集*45分	龙慧方照国际影业（北京）有限公司
70	01712	如果不曾爱过你	35集*45分	北京阳光盛通文化艺术有限公司
71	01713	战地医院	30集*47分	北京百年华盛影视文化传播有限公司

续　表

序号	许可证号	电视剧名称	集数*分钟	制作机构
72	01714	樱桃红之袖珍妈妈	40集*45分	北京东泽影视文化有限公司
73	01715	青春无敌	20集*45分	北京中惟国际文化传媒有限公司
74	01716	兄妹情仇	32集*45分	北京万恺通文化传媒有限公司
75	01717	当婆婆遇上妈之欢喜冤家	46集*45分	北京东方在扬文化传播有限公司
76	01718	我们的生活	30集*45分	华影艺源（北京）文化传媒有限公司
77	01719	谭鑫培	30集*45分	北京红色世纪影视文化传播有限公司
78	01720	恋上你，爱上我	35集*45分	北京韶华映像文化传媒有限公司
79	01721	黑凤凰	40集*45分	龙腾艺都（北京）影业投资有限公司
80	01722	姿娘	30集*45分	北京红色世纪影视文化传播有限公司
81	01723	火红的黄土地	30集*45分	华昌传媒（北京）有限公司
82	01724	今夜天使降临2	30集*45分	北京金色池塘影视文化有限公司
83	01725	执着的追踪	25集*45分	时代宝船影视制作（北京）有限公司
84	01726	天下师	30集*45分	北京红布衫文化发展有限公司
85	01727	我的青春道馆	30集*45分	北京龙采正和文化传媒有限公司
86	01728	把爱带回家	60集*45分	北京博方文化传媒有限公司
87	01729	梦想	23集*45分	北京宝生利文化产业投资管理有限公司
合计2782集				

（北京市新闻出版广电局宣传管理处）

2013年北京市广电局《国产电视动画片发行许可证》目录

片名	集数	分钟	长度	制作单位	审查单位	许可证号	发证时间
义方电视学堂	1015	10	10150	北京义方天下教育科技有限公司	北京市广播电影电视局	（京）动审字（2013）第001号	2013/3/1
快乐东西5	60	10	600	北京其欣然影视文化传播有限公司	北京市广播电影电视局	（京）动审字（2013）第002号	2013/3/6
竹兜和朋友们	63	4	252	北京爱竹兜文化发展有限公司	北京市广播电影电视局	（京）动审字（2013）第003号	2013/3/7
布奇乐乐园	60	30	1800	外语教学与研究出版社有限责任公司	北京市广播电影电视局	（京）动审字（2013）第004号	2013/3/12
小鼠和大象的创意（61—90）	30	14	420	北京张琦动画制作有限公司	北京市广播电影电视局	（京）动审字（2013）第005号	2013/5/16
中华弟子规（61—181）	120	13	1560	北京妙音动漫艺术设计有限公司	北京市广播电影电视局	（京）动审字（2013）第006号	2013/5/16
西游记的故事	26	11	286	北京金丁美奇动画有限公司	北京市广播电影电视局	（京）动审字（2013）第007号	2013/5/30
天天好孩子（53—104集）	52	12	624	北京万豪天际文化传播股份有限公司	北京市广播电影电视局	（京）动审字（2013）第008号	2013/7/5
生日梦精灵（79—104集）	26	13	338	恒大动漫产业有限公司	北京市广播电影电视局	（京）动审字（2013）第009号	2013/7/5
果果骑侠传（19—26集）	8	14	112	恒大动漫产业有限公司	北京市广播电影电视局	（京）动审字（2013）第010号	2013/7/9
魁拔（1—13集）	13	11	143	北京青青树动漫科技有限公司	北京市广播电影电视局	（京）动审字（2013）第011号	2013/7/24
糖果总动员（1—52集）	52	12	624	北京万豪天际文化传播股份有限公司	北京市广播电影电视局	（京）动审字（2013）第012号	2013/8/29

续 表

片名	集数	分钟	长度	制作单位	审查单位	许可证号	发证时间
飞越五千年(21—50集)	30	12	360	北京卡酷传媒有限公司	北京市广播电影电视局	(京)动审字(2013)第013号	2013/9/6
摩比传说	32	12	384	北京学而思网络科技有限公司	北京市广播电影电视局	(京)动审字(2013)第014号	2013/10/21
蛙蛙学校	52	10	520	北京电影学院	北京市广播电影电视局	(京)动审字(2013)第015号	2013/10/28
果果骑侠传(27—40集)	14	14	196	恒大动漫产业有限公司	北京市广播电影电视局	(京)动审字(2013)第016号	2013/10/28
兔侠传奇(1—52集)	52	11	572	北京世纪彩蝶影业有限公司	北京市广播电影电视局	(京)动审字(2013)第017号	2013/11/13
魁拔(14—30集)	17	11	187	北京青青树动漫科技有限公司	北京市广播电影电视局	(京)动审字(2013)第018号	2013/11/13
幸福四合院	26	6.5	169	北京金麟基业文化发展有限公司	北京市广播电影电视局	(京)动审字(2013)第019号	2013/11/13
合计	1748		19297				

(北京市新闻出版广电局宣传管理处)

部分电视剧制作机构作品统计表

北京电视艺术中心有限公司

剧名	集数	出品单位	联合出品单位	制片人	编剧	导演	主要演员
诱惑	36	北京广播电视台、北京电视艺术中心有限公司北京北奥影视传媒有限公司、北京舍得文化有限公司、盛典文化影视基金	同出品单位	张 斌 李 东 杨雨佳	杜佳诺	温成林	立威廉(新加坡) 黄圣依 杨 子 陈 炜 廖学秋 姬麒麟

剧名	集数	出品单位	联合出品单位	制片人	编剧	导演	主要演员
刘少奇的故事续集	16	北京电视艺术中心有限公司、海军政治部电视艺术中心、海上丝路国际影视文化传媒(北京)有限公司	同出品单位	杜依依 赵文波	黄峥 温文	王保华	郭连文 俞　颖

北京中北电视艺术中心有限公司

剧名	集数	出品单位	联合出品单位	制片人	编剧	导演	主要演员
我们家的微幸福生活	45	北京中北电视艺术中心有限公司	——	杨群	费明	庞好	郭凯敏 王丽云 陶　红 杨　议 阎　娜 田小洁 何赛飞

北京北广传媒影视有限公司

剧名	集数	出品单位	联合出品单位	制片人	编剧	导演	主要演员
姥爷的抗战	34	北广传媒影视有限公司、上海颁德影视有限公司	上海颁德影视有限公司	刘国华 傅奇琪	鲍光满	蒋钦民	王学圻 蒋勤勤 李子雄
女汉子	41	北广传媒影视有限公司、上海馨润影视有限公司	上海馨润影视有限公司	刘国华 周　鸿	罗卉	张伟国 袁晓满	苗　圃 黄维德 赫子明 李子雄

北京紫禁城影业有限责任公司

剧名	集数	出品单位	联合出品单位	制片人	编剧	导演	主要演员
同门	40	西安富安影视文化有限责任公司、浙江华谊兄弟影业投资有限公司、北京紫禁城影业有限责任公司	同出品单位	田琳 张蕾	黄剑东	姚晓峰	张涵予 任　重 刘奕君 谢　园

续 表

剧名	集数	出品单位	联合出品单位	制片人	编剧	导演	主要演员
创业伙伴欢乐多（原名：互联网的那些人和事）	30	北京紫禁城影业有限责任公司、一鸣影视传媒（上海）有限公司、寰亚时代影视文化（北京）有限公司	同出品单位	张鸣鸣 许建海	张鸣鸣 曾　丹	彭湛晖	张　词 张　萌 康思赫 李妍锡 韩　啸

北京电视台

剧名	集数	出品单位	联合出品单位	制片人	编剧	导演	主要演员
渗透	34	北京电视台	北京电视台、重庆润视影视传播有限公司、北京泓映视盛文化传播有限公司、中视传媒股份有限公司、北京华影文轩影视文化有限公司、陕西西影电视节目经营有限责任公司	曹力宁	钱滨	虎子	沙　溢 陈　瑾 曹炳琨 于　越 张佳宁

海润影视制作有限公司

剧名	集数	出品单位	联合出品单位	制片人	编剧	导演	主要演员
英雄联盟	45	海润影视制作有限公司	同出品单位	张　彦 张小军 徐　健	周　萌 王莹菲	林建中（台湾）	王挺、王珂 谢孟伟、胡洋 谢承均（台湾） 周楚楚、魏炳桦 傅天骄 张天霖（台湾） 刘圆媛、张凯 孙宁、陈迪

续 表

剧名	集数	出品单位	联合出品单位	制片人	编剧	导演	主要演员
侠探高飞	30	海润影视制作有限公司	同出品单位	刘勇	李正虎 杨东之	隋晓东 张景坤	奇道、董维嘉 张承、张曦文 张艺宁 马德钟、袁满 张豌、李保民 刘　威
兵临村下	34	海润影视制作有限公司	海润影视制作有限公司、贵州广播电视台、北京华夏盛禾文化传媒有限公司、成都市广播电视台、广东南方电视台	蒋译霆	刘海静	焦晓雨	曹云金 李雨泽 林伊婷 姜　帆 孙　杨 高　斯
舞乐传奇	42	中央电视台、中共云南省委宣传部 、缅甸国家影视管理局、云南广播电视台、云南广电传媒集团有限公司、海润影视制作有限公司、云南润视荣光影业制作有限公司	中央电视台电视剧管理中心、云南广电传媒集团有限公司、海润影视制作有限公司、云南润视荣光影业制作有限公司	蒋晓荣	王倦	于荣光	秋瓷炫 林更新 于荣光 赵文瑄 唐国强 苏倩薇 孙　玮
辣妈正传	38	海润影视制作有限公司 新丽传媒股份有限公司	同出品单位	黄澜	秦雯	沈严	孙俪、张译 明　道 邬君梅 张晨光 朱茵、奚美娟 秦沛、潘虹 杨　昆

续 表

剧名	集数	出品单位	联合出品单位	制片人	编剧	导演	主要演员
吉祥天宝	40	海润影视制作有限公司、天娱传媒	海润影视制作有限公司谭路璐工作室	谭路璐	杨硕	元德	赵丽颖 金起范 朱梓骁 元 华
红箭	36	海润影视制作有限公司、西安海润影视制作有限公司、江苏艺星影视文化传播有限公司、中天龙（北京）影视文化有限公司、河北壹正影视制作有限公司	西安海润影视制作有限公司、江苏艺星影视文化传播有限公司	翟树理	田 然 马晓雨	陈亚洲 张磊	刘钧、孙岚 修 庆 吕佳蓉
我要当八路	42	海润影视制作有限公司、江苏海润影视制作有限公司	同出品单位	张小军 徐 健	孟相仲 冯 珺 孙 璇	林建中（中国台湾）	王新、谢孟伟 胡洋、魏炳桦 周楚楚 谢承均(台湾) 张凯、张少华 高虎、王珂 李勤勤 张双利
犀利仁师	34	海润影视制作有限公司 浙江东阳稻草熊影视文化有限公司	海润影视制作有限公司、浙江东阳稻草熊影视文化有限公司、海润影视制作有限公司吴奇隆工作室、上海龙人影视传媒有限公司、无锡海润盈峰股权投资基金合伙企业（有限合伙）	张小军 蔡清珠	韩佩贞 陈文娟 周碧辉	黄纬杰	吴奇隆(台湾) 刘诗诗 叶祖新 霍政谚 吴映洁(台湾) 寇振海 岳跃利 潘仪君(台湾) 魏春光、康磊 霍建华(台湾) 郑佩佩(香港)

续 表

剧名	集数	出品单位	联合出品单位	制片人	编剧	导演	主要演员
东江英雄刘黑仔	41	海润影视制作有限公司、江苏海润影视制作有限公司	江苏海润影视制作有限公司	阎旻	汪海林	谭俏	王　雷 贾　清
假如幸福来临	40	海润影视制作有限公司、陕西文化产业投资控股（集团）有限公司	同出品单位	魏鉴	徐磊	邵警辉	殷　桃 李东学 宋春丽 何赛飞 刘雨鑫 娟　子
怒放	38	海润影视制作有限公司、电广传媒文化发展有限公司海宁北辰影视文化传媒有限公司	同出品单位	蒋晓梅 彭晓林 李　铁 刘　峰	聂欣	刘新	林永健 李　曼 宋允浩 柯伯龙 刘金山
回马枪	40	海润影视制作有限公司、江苏海润影视制作有限公司	海润影视制作有限公司连奕名工作室	连奕名	李昂	连奕名 李　印 谢　涛	连奕名 邵　兵 赵子慧 林　威 曹卫宇
向着幸福前进	42	海润影视制作有限公司、江苏海润影视制作有限公司	同出品单位	张小军 徐　健	陈冰	林建中（台湾）	吴奇隆（台湾） 唐于鸿、王新 周韦彤、胡洋谢 孟　伟 迷你彬（台湾） 张天霖（台湾）

续 表

剧名	集数	出品单位	联合出品单位	制片人	编剧	导演	主要演员
百里夜刀	40	海润影视制作有限公司、北京丹洋兄弟文化传媒有限公司、寰润太禾（北京）文化传播有限公司、百悦中齐（北京）文化传媒有限公司	海润影视制作有限公司、百悦中齐（北京）文化传媒有限公司、海南柯瑞影业有限责任公司	赵浚凯	李　昂 王晓丹	赵浚凯	王　挺 丁志诚 王奎荣 钱勇夫 午　马 郭昊伦
追捕	30	海润影视制作有限公司	海润影视制作有限公司	刘勇	武小勇 海　峰	李大强 杨朗从	黑子、侯梦莎 郭涛、王俊彭 陶洋、王大奇 延翔
失婚男女	36	海润影视制作有限公司 上象星作影视文化投资有限公司	海润影视制作有限公司	赵会南	任增超	沈　严 刘海波	赵会南 黄志忠 姚芊羽 张经纬 倪大红 方子哥 杨　青 贾晓晨 马灿灿

北京华谊兄弟娱乐投资有限公司

剧名	集数	出品单位	联合出品单位	制片人	编剧	导演	主要演员
无贼	48	北京华谊兄弟娱乐投资有限公司、浙江华谊兄弟影业投资有限公司	无	彭三源	彭三源	丁黑	张国强 殷　桃 孙海英 曹炳坤
往日情怀	36	北京华谊兄弟娱乐投资有限公司、浙江华谊兄弟影业投资有限公司	无	吴晓	陈欲航	高升中	许亚军 李泰兰（韩国） 赵文瑄（台湾）

北京鑫宝源影视投资有限公司

剧名	集数	出品单位	联合出品单位	制片人	编剧	导演	主要演员
老米家的婚事	32	北京鑫宝源影视投资有限公司、上海宝宏影视文化传媒有限公司、完美世界（北京）影视文化有限公司	北京电视台完美世界（北京）影视文化有限公司、上海宝宏影视文化传媒有限公司	彭晓林	崔洁	赵晨阳	宋丹丹 张洪杰 傅　晶 傅　迦 王　阳 周冬齐 姜　妍 张秋歌 朱　茵
老有所依	41	中共北京市委宣传部、北京市广播电影电视局、北京鑫宝源影视投资有限公司、上海宝宏影视文化传媒有限公司、完美世界（北京）影视文化有限公司	北京鑫宝源影视投资有限公司、上海宝宏影视文化传媒有限公司、完美世界（北京）影视文化有限公司	彭晓林	陈彦	赵宝刚 侣皓吉吉	刘　涛 张　铎 马迎春 刘　蓓 奚美娟 吕　中 王倩一 乔振宇 苏延石 徐松子 高景文

北京光线传媒股份有限公司

剧名	集数	出品单位	联合出品单位	制片人	编剧	导演	主要演员
天狼星行动	40	光线传媒	中广基经、广东华夏	周亚平 万　荣	瞿明 杜波 侯咏 万荣	李小亭	周知、苏瑾 蓝盈莹、王唯
新闺蜜时代	36	光线传媒	东阳盟将威	高群书	某小丫	潘镜承	张歆艺 蒋欣、童瑶

北京京都世纪文化发展有限公司

剧名	集数	出品单位	联合出品单位	制片人	编剧	导演	主要演员
大清宝典	45	北京京都世纪文化发展有限公司	——	梁秋平 陶玲玲	张建伟	尤小刚	迟　帅 舒　畅 孙　逊 邬靖靖 吴若莆 周庭伊 李成儒 石小群 王耀庆 程晓燕 赵　煊 赵志瑶 吕　中
我和我的他们	36	北京京都世纪文化发展有限公司	——	陶玲玲	杜诗筠	陶玲玲	陈小艺 许亚军 万妮恩 杨子骅 戚九州

北京小马奔腾壹影视文化发展有限公司

剧名	集数	出品单位	联合出品单位	制片人	编剧	导演	主要演员
说书人	34	北京小马奔腾壹影视文化发展有限公司	西安小马腾飞影视文化发展有限公司、北京小马奔腾文化传媒股份有限公司、本山传媒	赵博	杨捷	楼健	小沈阳 赵本山 李立群 伍宇娟 吴　健 毕　畅
龙门镖局	40	北京小马奔腾壹影视文化发展有限公司	中央电视台 安徽广播电视台	宁财神	宁财神	王　勇 宁财神	袁咏仪 郭京飞 钱　芳 李　倩 张瑞涵 刘冠麟 杨皓宇 傅家缘

北京国立常升影视文化传播有限公司

剧名	集数	出品单位	联合出品单位	制片人	编剧	导演	主要演员
原乡	31	北京国立常升影视文化传播有限公司	中共重庆市委宣传部	马保华 周亚平 杨善朴 林炳坤	陈文贵	张国立 罗长安	张国立 陈宝国 奚美娟 冯恩鹤 马少骅
爱情最美丽	41	北京国立常升影视文化传播有限公司	北京中金源 上海亲仁传奇影视传媒 西安奥金百	张国立	侯镇宇	张国立	张国立 蒋雯丽 马思纯 刘　立 李明启 白志迪

完美世界（北京）影视文化有限公司

剧名	集数	出品单位	联合出品单位	制片人	编剧	导演	主要演员
老爸回家	35	完美世界（北京）影视文化有限公司	华语大业传媒	李波	李青 张静	斗琪	刘　威 杨　紫 吴　冕 张一山 庹宗华 彭　玉 张子枫
格子间女人	32	完美世界（北京）影视文化有限公司	希世纪影视 上海蓝色火焰 深圳腾讯	沈京京	欧阳琴书	蒋家骏	唐　嫣 吴卓羲 莫小棋 李承炫 韩　张 刘浠希

2014年北京市推优及相关电视剧简介

《原乡》

31集海峡题材情感电视连续剧。2013年出品，2014年3月12日央视一套黄金档首播。北京国立常升影视文化传播有限公司出品。该剧讲述去台老兵与故乡亲人之间日夜思念、隔海相望的感人故事，更是对他们曲折的归家路进行了悲情的记录。功夫不负有心人，在他们多年的不懈奋斗之下，老兵们也终于圆了自己的“回家”梦。编剧：陈文贵，导演：张国立、罗长安，主演：张国立、陈宝国、奚美娟、冯恩鹤、马少骅。2013年北京市广播电影电视局向国家新闻出版广电总局和社会推优剧目之一。

《说书人》

34集年代传奇电视连续剧。2013年7月15日辽宁、河南、新疆卫视首播。北京小马奔腾壹影视文化发展有限公司、西安小马腾飞影视文化发展有限公司、北京小马奔腾文化传媒股份有限公司、本山传媒联合出品。该剧是一部全面展现说书艺人生活的年代传奇剧目，故事从抗日战争到抗美援朝，一直发展到改革开放，时间跨度五十载，将一个大时代的悲欢离合浓缩在了一位民间艺人的一生经历中，展现了个体人物在历史变迁中的挣扎与沉浮。编剧：杨捷，导演：楼健，主演：小沈阳、李立群、吴健、邢宇菲、赵本山、倪大红等。2013年北京市广播电影电视局向国家新闻出版广电总局和社会推优剧目之一。

《老有所依》

41集都市情感电视连续剧。2013年11月18日浙江、东方、天津、北京卫视首播。北京鑫宝源影视投资有限公司、上海宝宏影视文化传媒有限公司、完美世界(北京)影视文化有限公司联合出品。该剧所讲述的故事，是现实形态下每个人都正字面对或即将面对的问题——养老问题。在当今老人赡养问题已成为社会的热点问题，孝道的传承更是赋予了新的意义，这是关于新一代青年面对养老问题时所具有的坦然心态、坚强意志和乐观精神的故事。编剧：陈彦，导演：赵宝刚、侣皓喆，主演：刘涛、张铎、乔振宇、王倩一、刘蓓、吕中、奚美娟等。2013年北京市广播电影电视局向国家新闻出版广电总局和社会推优剧目之一。

《兵王》

31集当代军旅消防题材电视连续剧。2013年8月央视首播。北京汇莹影视有限公司出品。该剧是国内首部全景式展示消防官兵战斗生活的长篇电视剧，成功塑造了一群真实可信、血肉丰满的消防英雄形象，真实反映了当代消防官兵的励志、成长与奋斗，宣扬了不畏艰险、赴汤蹈火的职业精神，充分展现了公安消防部队长期以来忠诚可靠、服务人民、竭诚奉献的卫士风采和在灭火战斗、抢险救援中的英雄本色。编剧：谢思兵，导演：王明军，执行导演：白楠，主演：郑奇、宋轶、闫庆元、陈健飞等。2013年北京市广播电影电视局向国家新闻出版广电总局和社会推优剧目之一。

《无贼》

48集当代都市情感电视连续剧。2013年12月20日北京、陕西、湖北、江西卫视首播。华谊兄弟娱乐投资有限公司、彭三源工作室出品。该剧将犀利的笔触伸向社会现实，涉及离异家庭、问题少年、网瘾、犯罪、教育、贫富悬殊等种种社会问题，以聚焦社会边缘群体——刑满释放的窃贼，真实地表现了社会底层人物的感情，家庭与婚姻，以及他们这一特殊群体在社会中拼搏的艰辛和受到的社会歧视。最终他们经过重重考验，终于找到了生活目标，发现了生活的意义，传达了一种在逆境中奋勇向上的精神和力量。同时，该剧重在用真诚、温情将警匪矛盾化解掉，表达了“只要心中无贼，就能天下无贼”的美好愿望。编剧：彭三源、耿旭红、朱艳，导演：丁黑，主演：张国强、殷桃、孙海英、许娣、曹炳琨、贾青等。2013年北京市广播电影电视局向国家新闻出版广电总局和社会推优剧目之一。

《爱情最美丽》

41集当代都市情感电视连续剧。2013年出品，北京国立常升影视公司、北京中金源、上海亲仁传奇影视传媒、西安奥金百联合投资拍摄，北京国立常升影视公司出品。该剧以小人物的视角讲述了两个家庭的亲情故事。剧中独自抚养女儿长大的单身老爸马锦魁，为了女儿婆家的要求，必须得赶紧给他的宝贝女儿马晓灿找个“妈”，踏上了征婚的道路，演绎一场都市时尚爱情故事。编剧：侯镇宇，导演：张国立，主演：张国立、蒋雯丽、马思纯、刘立。2013年北京市广播电影电视局向国家新闻出版广电总局和社会推优剧目之一。

《格子间女人》

45集当代都市情感电视连续剧。2013年出品，完美世界影视、希世纪影视、上海蓝色火焰、深圳腾讯联合出品。该剧主要聚焦于奋斗在外企中的精英女性，全面展现现代都市“三高”职业女性爱情和事业的真实状态。原著：舒仪，编剧：欧阳琴书，导演：蒋家骏，艺术指导：高希希，主演：唐嫣、吴卓羲、莫小棋、李承炫、刘浠希、韩张、张熙媛。2013年北京市广播电影电视局向国家新闻出版广电总局和社会推优剧目之一。

《渗透》

34集近代革命、谍战题材电视连续剧。北京电视台、重庆润视影视传播有限公司等2013年联合出品。2013年12月在北京、辽宁、吉林卫视热播。该剧讲述抗战胜利前夕，国民党军统特训班留级生许忠义被迫到即将开赴东北的中共军队卧底，期间被中共军队首长的言行仁义所感化，对中国共产党有了新的认识，决心向中共军队自首。经考察，中共军队决定利用他在经济、战略方面的天赋，派潜回国民党沈阳军统站为中共军队提供急需的战略物资。许忠义利用国民党内部的窘迫处境和战后厌恶内战、贪婪的心理巧施妙计，为中共军队提供大量急需的物资，同时在国民党军统内部站稳了脚跟。许忠义在国民党军统的老对手齐公子也来到沈阳。齐公子屡屡使出致命招数，却每每被化解于无形。敌人制定了险恶的“渗透”计划，许忠义找到一个万全的破解办法，将敌人击败。编剧：钱滨，导演：虎子，主演：沙溢、陈瑾、曹炳琨、于越、张佳宁等。

《刘少奇的故事续集》

16集重大革命题材电视连续剧。北京电视艺术中心有限公司、海军政治部电视艺术中心、海上丝路国际影视文化传媒（北京）有限公司等2013年联合出品。该剧讲述中华人民共和国成立后，党和国家领导人刘少奇工作和生活中几个感人至深的故事，从不同的侧面展示刘少奇实事求是、勤政为民、调查研究、心系百姓的人民公仆形象，展现他全心全意为党分忧、为国尽责、为民贡献的无产阶级革命家风范。全剧分为“南巡途中”“林区之行”“家事风波”“出访风云”四个相对独立的故事，情节曲折、生动感人，观众可以看到刘少奇作为党和国家领导人严肃庄重的一面，也可以看到他作为一个丈夫、父亲柔情似水的一面，还可以看到他在国事、家事发生矛盾时情感激烈冲突的一面，从而受到深深的心灵震憾和正气熏陶。编剧：黄峥、温文，导演：王保华，主演：郭连文、俞颖等。

《诱惑》

36集当代都市题材电视连续剧。北京广播电视台　、北京电视艺术中心有限公司、北京北奥影视传媒有限公司等2013年联合出品。该剧根据瑛子长篇小说《爱情的诱惑》改编，围绕实习医生夏薇展开，讲述她在遭受感情重创之后，带着母亲来到江州治病，后来她不知不觉中一步步地陷入一场因世仇与天诺集团两位公子争夺亿万遗产的暗战之中。编剧：杜佳诺，导演：温成林，主演：立威廉（新加坡）、黄圣依、杨子陈炜、廖学秋、姬麒麟等。

《我们家的微幸福生活》

45集当代都市题材电视连续剧。北京中北电视艺术中心有限公司2013年出品。该剧将视角集中在一个家庭、几种观念的矛盾冲突上，把现代人的思想观念通过特定的人物真实的展现出来。主要讲述一个矫情的空巢老妈和她四个儿女的故事，虽然看似人物众多，但是每个角色都代表着现实生活中的一种人，每个人的故事都能带给观众新鲜感。编剧：费明，导演：庞好，主演：郭凯敏、王丽云、陶红、杨议、阎娜、田小洁、何赛飞等。

书报刊出版

2013年北京市广播影视书报刊一览表

表 1　　公开出版物(报刊类)

类别	报刊名称	主管单位	主办单位
周报	《北京广播电视报》	北京广播电视台	北京广播电视报社
周报	《北京广播电视报·人物周刊》	北京广播电视台	北京广播电视报社
周刊	《北京电视》周刊	北京广播电视台	北京广播电视报社
周报	《新广播》报	北京人民广播电台	北京人民广播电台
周刊	《音乐周刊》	北京人民广播电台 京报集团	北京广播公司
年刊	2013《北京广播影视年鉴》	《北京广播影视年鉴》 编委会	北京市广播 电影电视局
年刊	2013《北京电视台年鉴》	北京电视台	北京电视台

表 2　　公开出版物（图书类）

类别	书籍名称	主管单位	作者	出版单位
图书	《北京电视台发展 研究文集》（2011年卷）	北京电视台	北京电视台 编著	中国广播电视 出版社 出版时间：2012.9
图书	《电影：文化力与影响力—— 2012中国（北京）电影学术年会 成果汇编》	中国电影 博物馆	中国电影博物馆 和北京大学艺术 学院联合编著	中国电影出版社 出版时间：2013.9
图书	《2011重点影片研究》	中国电影 博物馆	中国电影博物馆 和北京师范大学 艺术与传媒学院 联合编著	中国电影出版社 出版时间： 2013.12
图书	《变革与发展——中国电影产业 新世纪十年》	中国电影 博物馆	中国电影博物馆 和中国人民大学 舆论研究所联合 编著	中国电影出版社 出版时间： 2013.12
图书	《北京广播影视发展研究文集 (2012年)》	北京市广播 电影电视局	北京广播电影电 视研究中心汇编	北京出版社 出版时间：2013.2

续 表

类别	书籍名称	主管单位	作者	出版单位
图书	《北京广播发展研究文集（2009—2012）》	北京人民广播电台	席伟航主编	中国广播电视出版社 出版时间：2013.11
图书	《广播新视点（2008—2013）》	北京人民广播电台		中国广播电视出版社 出版时间：2013.11

表 3　　内部出版物

类别	报刊名称	主管单位	主办单位
月刊	《北京广播影视》	北京市广播电影电视局	北京市广播电影电视局 北京市广播影视协会
半月刊	《宣传业务》	北京人民广播电台	北京人民广播电台总编室
半月刊	《听众反映专辑》	北京人民广播电台	北京人民广播电台总编室
月刊	《电视文摘》	北京电视台	北京电视台总编室
月刊	《影博·影响》	中国电影博物馆	中国电影博物馆
月刊	《北京广播影视研究》	北京市广播电影电视局	北京广播电影电视研究中心

2013年北京市广播影视书报刊简介

《北京广播电视报》

《北京广播电视报》创刊于1979年9月，是面向家庭，以导听导视为主的全方位的生活服务型周报。近几年来，报纸的内容不断进行调整，强调报纸要在为党的新闻事业服务、为广播电视事业服务的总原则下，强化为总台及所属单位的服务意识与服务自觉性。提出报纸要为主持人和编辑记者成名成家服务；要为提高广播电视节目收听收视率服务；要为听众、观众选择和认知广播电视节目服务。内部服务与市场运作相结合，找到广播电视报生存发展之路。报纸基本读者定位为广播电视

北京广播电视报
春节 特刊
明星 名嘴的春节美食
特刊导读
宋祖英 崔健 李玉刚
为您今年逛庙会支招
中老年康乐号七彩云南豪华软卧空调旅游专列四月开行
畅游昆明石林 大理丽江 腾冲热海 西双版纳 洛阳牡丹 龙门石窟 重庆武隆 天坑三桥
报名电话：65270967 65270966

《北京广播电视报》2013年第6期封面

的听众、观众。在充分发挥全面满足读者听广播看电视需要的节目预告功能之外，对其中的重点节目和重点内容进行补充延伸报道，增加报纸的实用性、可读性；此外，报纸的《健康周刊——健康双行线》以其服务于家庭和百姓健康的特色而受到读者的喜爱。4开40—48版。

《北京广播电视报·人物周刊》创办于2003年8月，其主要内容为：报道新闻中的人物和人物中的新闻，用故事解读人生，在人生中寻觅故事。介绍真善美的情操感染人，揭示奋斗进取的精神鼓励人，挖掘不为人知的故事讲述给人，暴露丑陋劣质的人生经历警示人。4开28版。

（北京广播电视报社）

《北京电视》周刊

《北京电视》周刊创刊于1998年7月，是一本集文化、娱乐、消费生活于一身的进入大众家庭的杂志，同时是具有中国特色的电视收视精选手册。杂志封面上TVE三个英文字母就是英语“电视精选”的缩写。《北京电视》周刊的内容以收视热点、独家娱乐报道、情感故事、传奇揭秘、时尚生活几方面为主，具备非常明显的可读性、耐读性和很高的传阅率。4开56页。

（北京广播电视报社）

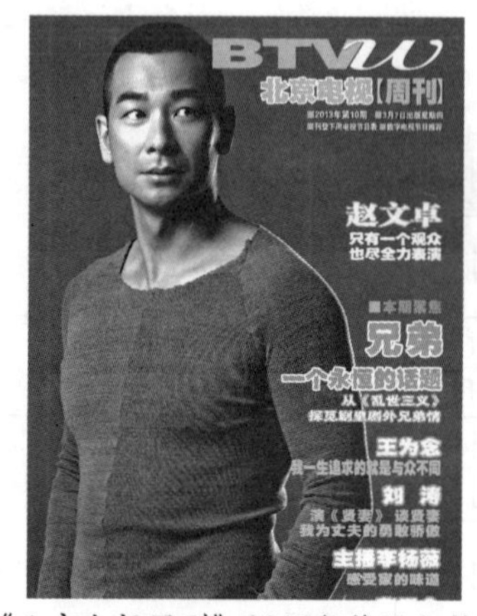

《北京电视周刊》2013年第10期封面

《新广播》报

《新广播》报
让版面活起来

2014年，《新广播》报将在现有基础上，通过重点版面、专栏的重新打造和包装，让报纸的内容更加生动，版面样式更加活跃。

头版

特别报道版

互动版

动态版

服务版

秀场版

《新广播报》版面介绍

《新广播》报2006年1月9日创刊，是北京人民广播电台投资出版的一份周报。《新广播》报的办报目的是为实现声波与平面媒体的立体传播，进一步提高北京电台的社会影响力，更好地服务听众，并为北京电台的广告客户提供落地服务。主要内容为报道听众所关心的北京电台的动态消息、重点报道活动，推介重点广播节目，介绍广播新技术、新发展，展示广播精品节目，介绍广播人台前幕后的故事，刊登听众对广播电台节目、报道活动的互动评议，以及依托广播节目内容的生活服务资讯等。下设主要版面有：“要闻”“台内台外”“话筒前后”“民生服务”“栏目风采”“一周节目预告”“车友出行”“栏目集萃”“听友天地”“文化娱乐”“秀场时空”等。

《新广播》报全彩印刷，8开24版，每周日出版。在北京五环路内200余家中石化、中石油加油站等处免费赠阅，并实行电话订阅送报上门，2013年度发行量每期8万份。

（北京人民广播电台）

FM97.4《音乐周刊》

FM97.4《音乐周刊》由北京广播公司投资，北京人民广播电台出品。国内统一刊号CN11-0191，全彩色豪华纸张印刷，8开44页，公开出版，全国发行。该刊于2004年3月24日创刊，已有10年历史。内容上与FM97.4北京音乐广播携手互动，做到文字与广播相互补充、相互延伸。遵循“时尚音乐资讯大全，青年娱乐消费指南”的编辑定位，锁定音乐目标，主打音乐特色，做好每篇文章，营造品牌周刊。并配合北京音乐广播举办“北京流行音乐典礼”颁奖活动，历年还特别推出“中歌榜特刊”。

《音乐周刊》2013年第298期封面

该刊由北京广播公司旗下的北京蓝火花音乐文化传播有限公司经营，是北京电台的报刊运营公司，2013年继续做好音乐广播、中歌榜及电台节目和广告的内容生产、落地发行和读者服务。

同时利用周刊丰富的原创文图内容，拓展了与多家电子媒体的合作，开辟包括手机阅读在内的移动阅读的新平台。目前周刊在移动、联通、电信等中国三大通讯网络及苹果iPhone、iPad及龙文期刊网、阅读网、人人网等都有内容传播。

（北京人民广播电台）

2013《北京广播影视年鉴》

2013《北京广播影视年鉴》是由北京广播影视年鉴编委会编纂（北京市广播电影电视局主持，北京广播电视台、北京人民广播电台、北京电视台、中国电影博物馆、区县文委及广电中心等协编）的一部资料工具书，创刊于2005年，每年编纂一卷，由中国广播电视出版社公开出版发行。

《北京广播影视年鉴》以马克思列宁主义、毛泽东思想、邓小平理论、“三个代表”重要思想、科学发展观为指导，坚持实事求是的编辑方针，贯彻“贴近实际，贴近生活，贴近群众”的编纂原则，全面反映北京市广播影视的基本情况和发展变化风貌，客观记述上一年全市广播

2013《北京广播影视年鉴》封面

影视业的新情况、新资料，为广播影视研究、决策服务，为广播影视大发展大繁荣服务。

2013年《北京广播影视年鉴》版为第9卷，共有16个栏目：图片、专项纪事、概况、频率频道、节目栏目、新媒体、技术、电影、电视剧、书报刊出版、受众调查、组织机构、获奖作品、经验、统计、大事记等。全书 65.8万字，发行1200册。国内书号：ISBN 978-7-5043-7088-4。

（北京市广播电影电视局史志办）

《北京广播影视》

《北京广播影视》是由北京市广播电影电视局和北京市广播影视协会主办的内部刊物，创刊于1988年。原称《北京广播电视研究》（季刊），1994年更名为《北京广播电视》（双月刊），2007年1月改版为《北京广播影视》（月刊）。

期刊定位为北京市广播电影电视局机关刊物和北京市广播影视协会学术期刊；是北京市广播电影电视行业的政策指导、经验交流、学术探讨的平台。期刊内容具体包括：1.宣传广播电影电视领域的政策，重点介绍北京广播影视界和全国动态；2.国内外广播影视理论探索与研究成果；3.北京市主要媒体单位（含北京人民广播电台、北京电视台及区县媒体单位）和影视改革探讨及工作经验交流；4.优秀广播影视工作者事迹及作品推广。期刊全彩色印刷，刊物为大16开72页，一年出版12期，每月一期。

2013年全年《北京广播影视》共编印12期，稿件300余篇，照片800余张，总字数百万余字。

（北京市广播影视协会秘书处）

《宣传业务》

《宣传业务》是由北京人民广播电台总编室主办，旨在促进台内外业务学习、交流的内部刊物。创刊于1992年1月15日。半月刊、标准16开。到2013年共编印24期。刊物下设栏目：专家评议、业务漫谈、探索与研究、体会与心得、听众论坛、业务动态等。

《宣传业务》作为北京人民广播电台的内部业务刊物，既是业务交流的园地，也是学术、理论探讨的阵地。办刊20年来，北京电台广大采、编、播人员及各相关职能部门紧密联系工作实际，全方位开展业务交流、学术探讨，撰写了许多优秀的理论文章。

（北京人民广播电台）

《听众反映专辑》

《听众反映专辑》由北京人民广播电台总编室主办，听众服务中心负责编辑出版，是北京电台反馈听众意见的内部刊物。该刊1984年创刊，半月刊、标准16开。截止到2012年12月，已出版582期。2012年全年出版42期（《听评月专辑》18期），约100万字。

刊物遵循“精说成绩、细挑毛病、善提建议、建言献策”的方针，客观反映听众意见，登载听众对北京电台节目的意见和感受，为北京电台与听众沟通起到了桥梁作用，为北京电台调整节目、提高节目质量提供了积极、客观的参考。2013年刊物以专业广播分类设置栏目，如“新闻广播”“城市服务管理广播”等，还刊登从热线、论坛、短信平台渠道反馈的“听众服务热线摘编”“论坛摘编”“短信精选”栏目，还不定期刊登“正音正字”“听友交流”“广告”等栏目。

（北京人民广播电台）

《电视文摘》

《电视文摘》杂志创刊于1998年1月1日，由北京电视台主管、总编室主办，属内部出版刊物。办刊宗旨是荟萃信息精华，浓缩真知灼见。2007年底，该刊从内容编辑、栏目定位、版面设计等方面进行了改版。刊物的主要内容有：动态传真——电视界重要会议、重大改革举措、频道栏目建设以及经营管理等方面的最新动态；理论研究类——媒体改革探索、发展战略研究、节目经营管理、频道栏目理论文章及部分受众包括专家学者对电视发展、建设的建议和评论；业务指导类——电视台具有影响的节目策划、运作、选题和广告经营发展方面的经验；人物介绍类——电视从业人员成长过程、创业经历、个性特点和开拓精神；海外信息类——世界各国电视行业的发展现状、机构设置、管理模式及最新节目动态。刊物为月刊，大16开，64页，每期印制500册。

（北京电视台总编室）

《影博·影响》

《影博·影响》（中国电影博物馆馆刊）是中国电影博物馆主办的电影类综合性内部刊物，其宗旨是传播电影文化，拓展电影博物馆公共文化职能，开展电影文化教育和科普教育，服务博物馆观众和行业人士，为电影观众、爱好者和业界搭建沟通桥梁。

为把握电影发展脉搏，关注业界发展动态，围绕热点文化现象，2013年陆续推出“培养优秀电影人才”“国内外电影节的发展变迁与前景展望”“网络影评现状透视”“国产动画电影流变”“喜剧电影的中国式表达”“新世纪儿童电影发展”“渐行渐远的胶片时代”等系列专题进行深度剖析。同时，邀请严敏、周星、司若、刘藩、朱玉卿等20余位专家就“冲奥”、畅销书改编电影、上半年票房迅速增长原因、贺岁档等热点话题进行探讨。

加强与电影业界人士的联系与交流。刊物保持对于蓝、丁荫楠、陆柱国、杨在葆等老影人的关注，还采访、报道了中坚力量和新生代影人，例如高群书、徐克、陈力、滕华涛、王竞、徐峥、郝杰等导演，摄影师吕乐，王希钟、白丽君等化装师，白百何、吴秀波、宋佳、沈傲君、刘桦、梁静等演员，以及侯克明、李东、于冬、苏晓、钟丽芳等共计60余位电影业界人士，受访人数较2012年增加了20%。

重视扩大刊物的信息量，突出博物馆特

色。重点报道中国电影博物馆主办的、已纳入北京国际电影节的探寻电影之美高峰论坛——国际电影化装造型论坛活动，以及2013年中国（北京）电影学术年会、全国少年儿童才艺展示活动、电影大讲堂、社会大课堂、公益观影团等馆办的特色活动和品牌活动。

加强影评人俱乐部建设，继续与《人民日报》文艺部开展合作。积极吸纳社会各阶层的影评人，特别是注意进一步吸引高端影评人参加活动，助推形成更加客观、公正、公益、健康的观影评论氛围。

注重搭建好公益宣传推广平台，宣传电影公益事业。举办了“2013年度影人公益行动观众推举”结果发布暨研讨交流活动。活动宣布了经观众问卷调查推举，并经活动专家委员会复审通过的2013年度十大影人公益行动名单，濮存昕、张国立、邓婕、李冰冰等影人榜上有名。此外，活动还宣布了十项提名活动名单，并围绕影人做公益的现状、问题等议题展开研讨。电影业界、学界、公益机构的领导、专家学者，影人和社会各界人士、观众代表，以及《人民日报》《中国文化报》《中国艺术报》《中国电影报》、中央人民广播电台、中央电视台电影频道、北京电视台、新华网等20余家主流媒体记者，近百人参会。

2013年，《影博·影响》月发行量为4000册，其中固定读者群已超过80%。许多业界人士和影人普遍认为，《影博·影响》作为电影历史文化知识传播平台、电影业界与观众联系平台、学术研究与观点讨论平台、馆内信息与业界动态发布平台、与读者互动沟通的平台等方面的功能进一步加强。

（中国电影博物馆）

《北京广播影视研究》

《北京广播影视研究》月刊是由北京市广播电影电视局主管、北京广播电影电视研究中心主办的广播影视研究性内部期刊。2009年8月由原广播影视《信息参考》发展而来，以“开拓广电研究领域、探索行业发展规律”为宗旨，设有专稿特载、发展环境、公共服务、产业促进、行政管理、科技交流、区县论坛、境外瞭望、学术动态、观点摘编和小辞典等栏目。2011年9月改版，栏目设置更改为“特别刊载”“节目创新”“公共服务”“产业发展”“境外观察”“观点摘编”。2011年12月，列入宣传系统编发一级内刊建议名单。

（北京广播电影电视研究中心）

《北京广播影视发展研究文集(2012年)》

《北京广播影视发展研究文集(2012年)》是由北京市广播电影电视局主管、北京广播电影电视研究中心汇编、北京出版社出版的理论研究性图书。从2012年3月至2013年2月间的北京广播电影电视局课题成果、科学发展观调研报告、处级以上干部理论文章和学刊发表的文章中，优选、编辑了来自局、中国电影博物馆、北京广播电视台、区县广电中心的最新优秀研究成果及多项重大课题，总计74篇63万字，共印刷1200册。该书分上下册，含重点课题篇、广播篇、电视篇、新媒体篇、影视剧篇、产业篇、技术篇、管理篇等八部分，较系统地反映了北京广播影视业的发展状况和研究水平。

（北京广播电影电视研究中心）

《北京广播发展研究文集（2009—2012）》

《北京广播发展研究文集》

《北京广播发展研究文集（2009—2012）》于2013年11月由中国广播电视出版社出版，主编席伟航，责任编辑景兵、崔海丰，编辑王春美、葛文婕。该书将北京人民广播电台2009至2012年间的研究成果逐一梳理，集结成册，从多个角度呈现了广播电台员工日常工作中的经验积累、体验心得、业务探索、创新实践与理论思考。共收录文章近百篇约60万字，分为“重点课题”“业务研究”“专题调研”“数据分析”四部分，很好地展现了北京电台的发展研究阶段性成绩。

（北京人民广播电台总编室）

《广播新视点（2008–2013）》

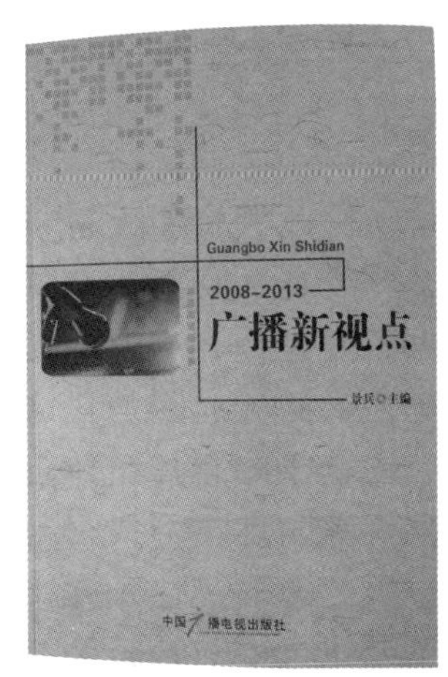

《广播新视点》

《广播新视点（2008–2013）》于2013年11月由中国广播电视出版社出版，主编景兵，副主编崔海丰，编辑王春美、葛文婕、王岚岚。该书汇聚了北京人民广播电台广播研究中心资讯内刊《传媒动态》之“研究提醒”专栏五年来的内容。选题涵盖宏观环境、行业动态、新媒体发展、受众分析、品牌营销等多个层面。分“新理念”“新举措”“新媒体”“新思考”“新趋势”五个类别展示给读者。内容充实、语言精练、视角独特，倡导的是“短、新、实”的清新文风和求真务实的调研风气，力求研究工作“走转改”，接地气。

（北京人民广播电台总编室）

《北京电视台发展研究文集》（2012年卷）

《北京电视台发展研究文集》（2012年卷）于2013年10月首次由中国广播电视出版社正式出版，主要辑录了2012年全台干部职工的实践探索与理论研究，共73篇文章，总字数约65万。该书内容分为专稿、编播心得、品牌营销、创新求索、传媒科技、媒体融合、经营管理、记者手记等九个版块。文集由台领导班子成员亲自把关，10余名来自各部门同志精心选稿，确保了文章内容紧扣时代特点、业界动向和BTV发展主题，观点科学、论述有力、事实准确、文字流畅。

2010年下半年开始，《北京电视台发展研究文集》迄今共推出四卷，总字数逾200万，已成为北京电视台全体职工理论学习、业务研讨和思想交流的重要平台。文集的编撰和出版工作得到了上级领导的关注和肯定，获得了全台干部职工的支持和好评。《北京电视台发展研究文集》（2012年卷）诞生于“大数据”、“全媒体”勃兴之时，是BTV人理论联系实际，助力科学发展的具体体现，寄寓了积极的创新意识和自觉的探索意识，彰显了着眼大局，立足实际；广泛学习，深入思考；高效执行，持续创新的BTV精神。

（北京电视台办公室）

《电影：文化力与影响力——2012中国（北京）电影学术年会成果汇编》

中国电影博物馆和北京大学艺术学院联合编著的《电影：文化力与影响力——2012中国（北京）电影学术年会成果汇编》于2013年9月由中国电影出版社正式出版。全书49万字，共收录论文39篇，海内外的知名电影专家、文化学者以及来自一线的电影从业者分别从“电影：文化力与影响力”“电影的文化建构与文化传播”“中国电影产业发展与影响力提升”“电影的文化碰撞与国际合作”等多个角度，对当下中国电影文化力与影响力的建构、提升进行了深入的分析和论述。此外，为完整再现年会当天思想交锋的盛况，该书还对年会的研讨观点进行了摘选和精编。专家认为，在中国电影业飞速发展、世界电影发展格局不断变化的当下，该书紧扣电影的文化力与影响力展开论述，体现了鲜明的时代感和理论前瞻性。

（中国电影博物馆）

《2011重点影片研究》

中国电影博物馆和北京师范大学艺术与传媒学院联合编著的《2011重点影片研究》于2013年12月由中国电影出版社正式出版。全书40万字，共收录文章65篇，主要分为两大类：一类是从2011年的票房、艺术性和媒体关注等角度，遴选出《金陵十三钗》《建党伟业》《功夫熊猫2》等15部有代表性的国内外重点影片，展开重点研究。主要内容包括如下三项：一是对影片的基本信息进行全面梳理。二是从影片的视听语言（包括摄影、声音和音效设计、视觉特效）、投资宣发分析（投资和预期、营销、发行放映）等角度，形成单片分析报告。三是从艺术性的角度，对影片作的一次艺术评析。四是在这15部影片的基础上，从全年的影片整体创作、电影市场整体分析等角度，形成一篇综合分析报告。另一类是选取《让子弹飞》《赵氏孤儿》《飞天》《钢的琴》等20部影片，从《影博·影响》影评人观影评论、定量数据分析等角度，作专题分析。

（中国电影博物馆）

《变革与发展——中国电影产业新世纪十年》

中国电影博物馆和中国人民大学舆论研究所联合编著的《变革与发展——中国电影产业新世纪十年》于2013年12月由中国电影出版社正式出版。全书20万字，涉及各类图表共计70张；从中国电影市场发展概括、中国电影制片业发展、中国电影分销渠道、中国电影市场票房、中国电影市场观众观影行为、中国电影政策改革等六个方面，梳理了进入新世纪、特别是2003年产业化改革以来，中国电影市场的发展脉络，将重要时点上的事件或代表性产品进行案例分析，总结出中国电影市场发展的规律性结论，并对市场相关主体提出有针对性的意见和建议。

（中国电影博物馆）

受众调查

2013年北京人民广播电台收听调查分析报告

一、北京广播市场发展情况

2013年北京广播市场收听率与去年同期相比下降0.768个百分点，跌至4.983%。在听众规模方面，平均每天有429.7万人收听广播，比2012年增加5.6万人。人均收听时长为每天140.1分钟，比2012年减少6.6分钟。

2013年听众在家收听率为2.893%，而平均每天在家收听广播的人数为258.5万人，比2012年增加3.2万人；听众平均每天的收听时长为135.1分钟，比2012年减少5分钟。车上收听率为1.686%，与2012年同期相比下降0.306个百分点。平均每天有175万人在车上收听广播，较2012年增长了1.5万人；人均收听时长为116.3分钟，比2012年减少了8分钟。

二、北京广播市场三大台竞争情况

北京广播市场主要是北京人民广播电台、中央人民广播电台、中国国际广播电台在竞争。2013年，北京人民广播电台的市场份额达到70.376%，与2012年的72.397%相比下降2.021个百分点。中央人民广播电台市场份额从2012年的18.910%升至2013年的21.555%，上升2.645个百分点，涨幅达到13.99%。中国国际广播电台2013年市场份额出现回落，跌至5.874%，跌幅为9.96%。

2013年北京广播市场主要电台平均市场份额

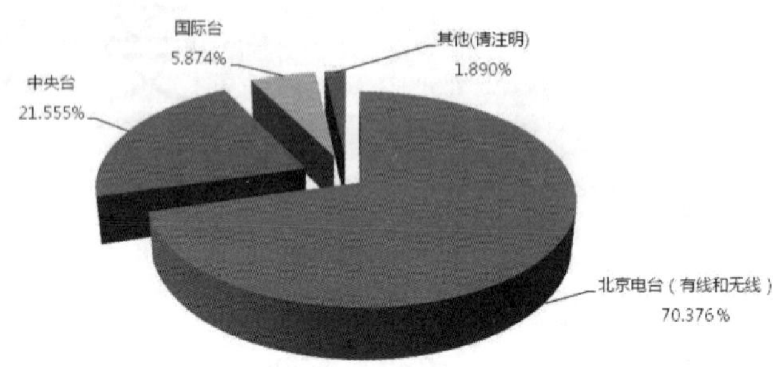

从听众规模来看，2013年北京人民广播电台的听众规模达到335.1万人，比2012年增加0.4万人；中央人民广播电台听众规模为120.8万人，比2012年增加7.8万人；中国国际广播电台听众则从2012年的37.2万人下降到2013年的35.4万人。

从听众人均收听时长来看，2013年北京人民广播电台为126.4分钟，比2012年减少了8.2分钟；中国国际广播电台的人均收听时长为99.8分钟，比2012年减少9.2分钟；中央人民广播电台人均收听时长达到107.4分钟，比2012年增加3.3分钟。

三、北京广播市场各频率竞争态势

2013年，北京人民广播电台交通广播市场份额再创新高，达到十年来的最高值，市场份额超过三成，达到30.411%，比2012年上涨了0.390个百分点。北京人民广播电台文艺广播依然稳坐市场份额排名第二的位置，但市场份额继续下降，从2012年的16.257%降至2013年的15.658%。

中央人民广播电台的中国之声2013年强势回归第三位，市场份额上涨3.021个百分点，达到8.829%。因此，北京人民广播电台的新闻广播和音乐广播排名依次下滑一位。排名第六至第十一位的六个频率，市场份额均有不同程度的下降，但是排名与2012年保持一致。

其它上涨势头较快的频率还有中央人民广播电台的都市之声，市场份额上涨0.791个百分点，达到1.849%；排名上升三位，排至第十二。此外，北京人民广播电台的外语广播排名上升两位，排至第十七；北京人民广播电台的城市服务管理广播排名上升一位，排至第十三。

2012-2013年北京广播市场20个频率市场份额变化情况（%）

频道	2013年	2012年	差值	2013年排名	2012年排名	排名变化
北京人民广播电台交通广播	30.411	30.021	0.390	1	1	→
北京人民广播电台文艺广播	15.658	16.257	-0.599	2	2	→
中央人民广播电台第一套节目中国之声	8.829	5.628	3.201	3	5	↑
北京广播电台新闻广播	8.333	8.572	-0.239	4	3	↓
北京人民广播电台音乐广播	6.880	7.645	-0.765	5	4	↓
中央人民广播电台第三套节目音乐之声	4.163	4.623	-0.460	6	6	→
北京人民广播电台体育广播	3.454	4.154	-0.700	7	7	→
中央人民广播电台第二套节目经济之声	2.887	3.538	-0.651	8	8	→
中央人民广播电台第九套节目文艺之声	2.571	3.271	-0.700	9	9	→
中国国际广播电台环球资讯广播	2.371	2.466	-0.095	10	10	→
中国国际广播电台劲曲调频	2.130	2.453	-0.323	11	11	→
中央人民广播电台第四套节目都市之声	1.849	1.058	0.791	12	15	↑
北京城市服务管理广播	1.501	1.441	0.060	13	14	↑
中国国际广播电台轻松调频	1.373	1.605	-0.232	14	13	↓
北京人民广播电台故事广播	1.071	1.855	-0.784	15	12	↓
中央人民广播电台娱乐广播	0.766	0.560	0.206	16	16	→
北京人民广播电台外语广播	0.460	0.220	0.240	17	19	↑
中央人民广播电台第十套节目老年之声	0.342	0.229	0.113	18	18	→
北京人民广播电台爱家广播	0.190	0.352	-0.162	19	17	↓
中国高速公路交通广播	0.148	0.003	0.145	20	20	→

（数据来源：索福瑞北京地区广播收听数据）

四、北京台听众构成

北京人民广播电台2013年男女听众比例为54.6%：45.4%，近两年变化不大。2013年，在听众的年龄构成上，40岁以下的听众有所下降；41-50岁的听众比例上升了1.9个百分点，超过了总人数的1/4；51岁以上人群上升了2.2个百分点，比例达到34.2%。听众的收入阶层进一步优化，低收入听众下降7.7个百分点，而中高收入听众比例持续上升。收入2001-3000元的听众比例上升至33.4%，占总人数的1/3；收入3001-5000元和5001-8000元的群体占比分别上升4.9和2.3个百分点，达到26.4%和9.1%；收入8000元以上的高收入人群也有小幅上涨，达到4.9%。在听众的职业构成上，公务员和白领阶层是占比最多的群体，占比上升8个百分点，达到31.3%；退休人员占比上升2.4个百分点，达到26.5%。另外，听众的受教育程度近年来持续提高。2013年，接受过高等教育的听众比例上升0.9个百分点，达到22.7%。

（北京人民广播电台广播发展研究中心）

《北京遇上西雅图》观众问卷调查报告

一、问卷调查基本情况综述

与排满大片的贺岁档相比，3月向来被认为是电影淡季，而在继《观音山》《桃姐》等影片之后，2013年3月21日上映的《北京遇上西雅图》以上映三日票房5000万的良好态势颇具黑马之相。这部讲述“拜金女”与“落魄叔”的爱情喜剧类型片，由拥有庞大粉丝群的汤唯、吴秀波主演，上映以来在口碑方面几无“差评”，创下近年国产爱情片奇迹。在豆瓣网上，观众评分达8.1分，高出同档上映的所有电影。课题组以问卷的形式，具体了解观众的观影行为及对该片的评价。

本次问卷调查的执行工作于2013年3月21日至23日在万达影院（CBD店）、博纳国际影城（万寿路店）、中国电影博物馆展开，共回收有效问卷117份（其中90份来自普通观众，27份来自《影博·影响》影评人俱乐部成员，以下简称影评人）。

回收样本的基本情况如下：性别方面，女性观众的比例（63.3%）显著高于男性（35.6%），可见本片更受女性观众喜爱；年龄构成方面，20岁至29岁观众占比达74.4%，30岁至39岁观众占比达13.5%；学历层次方面，主要为本科学历背景，大学本科的观众占67.8%；职业分布方面，学生群体占25.6%，其次是机关或企事业负责人，占比15.6%，商业或服务业人员占比10.0%。从基本情况中可以发现，观看本片的观众多为青年群体，他们的学历水平相对较高，多是高校学生或城市白领，属于爱情类电影的主要消费人群。

二、观众对《北京遇上西雅图》的观影行为分析

1.获取影片信息的途径：网络是最主要的渠道，口碑传播也有显著的效果。

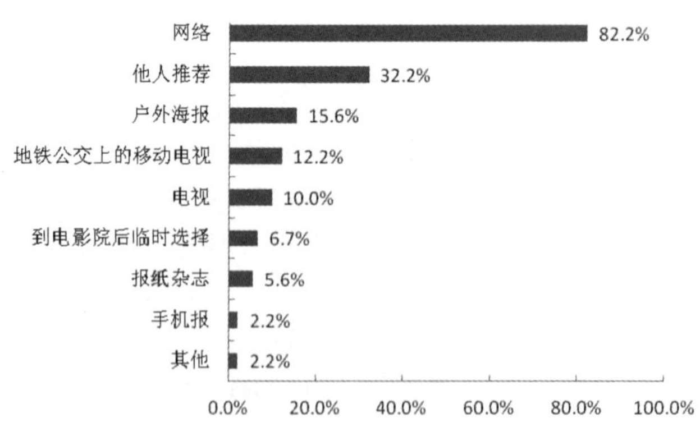

调查显示，超八成观众（82.2%）通过网络渠道获取影片信息。在影片上映前和上映期间，网络一直是该片主要的宣传阵地。其次，选择因他人推荐来观看影片的观众比例达32.2%，占第二位，可见该片形成了较为良好的口碑效应，为影片的持续火爆奠定了坚实的

观众基础，这得益于影片上映前遍布全国十多个城市的大量试映会。此外，户外海报、移动电视及家庭电视的宣传效应也值得重视，通过这些渠道了解影片的比例都不低于10.0%。

2.网络分布途径：时光、豆瓣等电影网站，以及微博是最主要的网络宣传渠道。

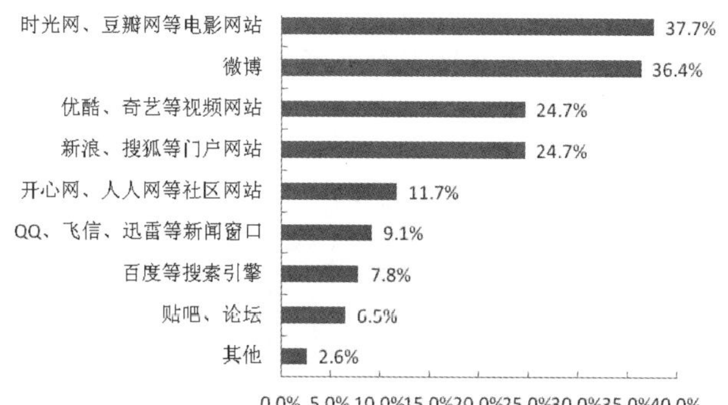

在通过网络渠道了解影片信息的观众中，一个较为显著的特点是接近四成的受访者（37.7%）是通过时光网、豆瓣网等专业电影网站获得该片信息的，这类网站提供着权威的电影资讯和专业的影评，由此使观众有较高的忠诚度和明确的观影意图，进而带动影片的口牌效应。其次，作为近年来的新兴媒体，微博的宣传力度与电影网站几乎持平，观众选择比例达到35%以上，可见社交媒体的宣传效能不容小觑，裂变式的传播方式给电影宣传带来新的机遇。此外，优酷、奇艺等视频网站和新浪、搜狐等门户网站，凭借其强大的信息整合能力也为本片的宣传做出不小的贡献，有近四分之一的受访者选择了这两个渠道。

3.观影的主要原因：演员阵容是最具吸引力的因素。

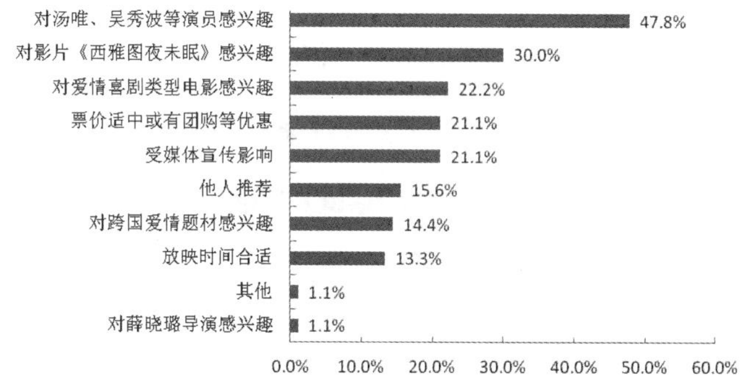

近五成观众（47.8%）是出于对影片的演员阵容感兴趣而选择观看：素有“文艺女王”之称的汤唯、最受观众喜爱的男演员吴秀波、“国民媳妇”海清，以及从艺二十多年的买红妹，堪称是一个吸引眼球的演员组合。而影片向经典致敬的宣传卖点也收获良好的影院效应，30.0%的观众因为对经典影片《西雅图夜未眠》感兴趣而走进影院。同时，本片作为爱情类型片的精准定位、媒体平台的宣传配合以及适当的优惠活动也是吸引观众观看的重要因素。

三、观众对《北京遇上西雅图》的评价

1.观影前的预期：半数观众表示对影片很期待。在观看之前，50%的观众表示对影片非常期待，40%的观众表示“只是随便看看”，另有10%的观众对影片没有期待。

2. 观看后与预期的比较：四成观众认为影片效果好于预期。

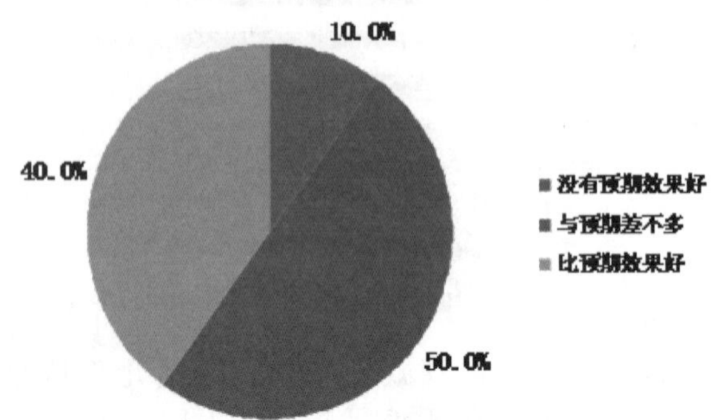

在观看之后，40%的观众认为电影比预期要好，50%的观众认为电影与预期差不多，只有10%的观众认为影片没有预期效果好。

3. 实际花费与愿意支付比较：观众愿意多付8.44元观影。

《北京遇上西雅图》的票价为40元左右，调查中观影用户平均每张影票实际花费为35.82元，基本相符，这是因为部分用户具有影院的会员卡或者团购优惠，节省了部分费用。就愿意为影片支付的价格而言，愿意为《北京遇上西雅图》单张票价支付44.26元，高于用户实际花费8.44元，说明观众觉得电影票价物有所值。

4. 对影片人物角色的评价：Frank给观众留下的印象最深。

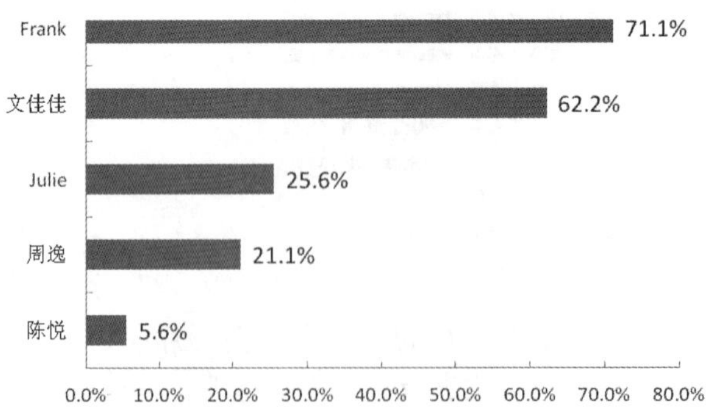

调查结果显示，超七成观众对“Frank”这个角色印象深刻。在影片中，Frank是一个从操手术刀变成握方向盘的落魄男人，遭遇中年危机，面临人生低谷，但这位看上去木讷老实的“落魄叔”却受到大多数观众的青睐。“败金女”文

佳佳曾经是美食杂志编辑，对爱情充满了像电影《西雅图夜未眠》一样的浪漫幻想。在西雅图的月子中心待产的时间里，逐渐感受到爱的真谛，最终找到自己"Mr.right"，有62.2%的观众对这个伶牙俐齿、物质第一的泼辣女孩印象深刻。Julie作为Frank的女儿，以刁钻机灵的形象出现，对于影片中两位主角的爱情也是锦上添花，也给25.6%的观众留下了深刻的印象。

5. 对影片印象最深之处：吴秀波塑造的"落魄叔"形象

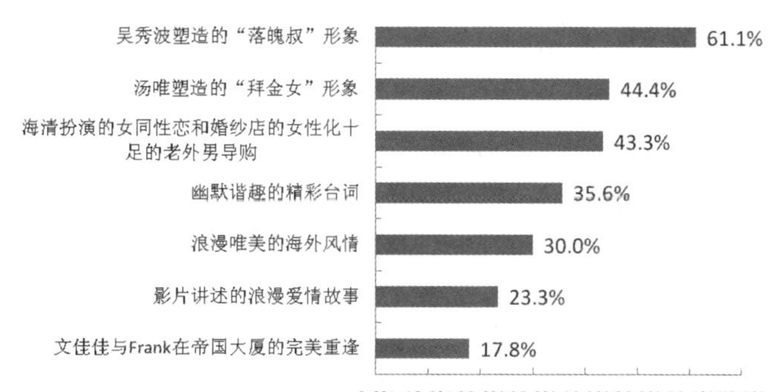

在对影片的整体感受中，61.1%的观众对吴秀波塑造的"落魄叔"印象非常深刻。在影片中，吴秀波一改以往俊朗的造型，蓄着胡须，演绎一个生活在西雅图的落魄中年人，他用好男人的体贴包容打动着观众的心。跟吴秀波一样，汤唯在片中也颠覆以往的造型，塑造出一个直爽活泼、勇敢坚强的银幕形象，给观众带来眼前一亮的惊喜。此外，海清扮演的女同性恋和婚纱店的女性化十足的男导购，以及影片诙谐幽默的精彩台词也同样令观众印象深刻（分别为43.3%和35.6%）。

6. 影片各项指标评价：演员表演最受好评。

表1 《北京遇上西雅图》各项指标评分（满分10分）

观众评分			影评人评分		
排名	指标	平均得分	排名	指标	平均得分
1	演员表演	8.0	1	演员表演	8.2
2	台词	7.8	2	导演功力	8.0
3	故事情节	7.7	3	台词	7.9
4	影片题材	7.7	4	影片题材	7.8
5	导演功力	7.4	5	故事情节	7.7
6	思想内涵	7.0	6	音效	7.5
7	音效	6.7	7	思想内涵	7.4
8	特效	5.6	8	特效	6.3

普通观众与影评人对演员的表演都给予了最高的评价，在其他方面的的评价则各有侧重。其中，观众对台词和故事情节、影片题材这三个方面的评分也较高，评分都在7.5分以上；影评人则认为影片在导演功力、台词、影片题材、故事情节等方面也做得不错，评分也都在7.5分以上。

7．影片"四性"比较：观赏性评分最高。

表2 《北京遇上西雅图》各项指标评分（满分10分）

观众评分			影评人评分		
排名	指标	平均得分	排名	指标	平均得分
1	观赏性	7.3	1	观赏性	8.3
2	艺术性	6.8	2	艺术性	7.6
3	思想性	6.6	3	思想性	7.4
4	知识性	6.4	4	知识性	6.9

在评分中，普通观众和影评人的评分比较一致，影片的观赏性评分排名第一，说明俊男美女的组合和异国的美景风情为影片增加了较强的视觉展现力。总体来看，这是一部给观众带来温馨愉快的视听效果的影片，但是在艺术性、思想性和知识性方面，仍有较大提升空间。

8．同类型影片比较：《北京遇上西雅图》颇受好评 高于平均分。

表3 同类型影片综合评价（满分10分）

观众评分			影评人评分		
排名	影片	平均得分	排名	影片	平均得分
1	《失恋33天》	8.1	1	《那些年，我们一起追的女孩》	8.2
2	《那些年，我们一起追的女孩》	8.0	2	《北京遇上西雅图》	8.0
2	《北京遇上西雅图》	7.8	3	《失恋33天》	7.9
4	《志明与春娇》	7.7	4	《志明与春娇》	7.8
5	《单身男女》	7.2	5	《单身男女》	7.6
6	《非常完美》	6.9	6	《101次求婚》	7.3
7	《101次求婚》	6.5	7	《非常完美》	7.0

在观众和影评人对同类题材影片的评分中，影片《失恋33天》《那些年，我们一起追的女孩》《北京遇上西雅图》位于第一梯队，高于同类型影片的平均分；影评人对《北京遇上西雅图》的评价高于普通观众，略逊于《那些年，我们一起追的女孩》，排名第二。

9．近期上映影片比较：《北京遇上西雅图》领先于同期上映的其他影片。

表4 同期上映影片的综合评价（满分10分）

观众评分			影评人评分		
排名	影片	平均得分	排名	影片	平均得分
1	《北京遇上西雅图》	7.8	1	《北京遇上西雅图》	8.0
2	《爱情银行》	7.7	2	《逆世界》	7.2
3	《生化危机5：惩罚》	7.6	3	《虎胆龙威5》	6.3
4	《虎胆龙威5》	7.4	4	《生化危机5：惩罚》	5.8
5	《逆世界》	7.2	5	《爱情银行》	5.0

在观众和影评人对同期上映影片的评价中，影片《北京遇上西雅图》都排名第一。这说明该片在同期上映的影片中处于第一方阵，颇受好评。

结语

这部主打“对的人”主题的爱情电影，已成为观众“对的选择”。明确的市场定位，成功的口牌营销，更重要是电影本身上乘的制作质量，使该片上最终以5.19亿人民币在内地电影市场收官；打破了这个档期国产影片的沉闷，也在以男性观众为主要目标人群的欧美大片中为广大观众带来一次男女皆宜的温馨体验。从选剧本、选角色，再到后期宣传，《北京遇上西雅图》或许可以为国产类型片开创一个成功的模式。

（中国电影博物馆研究部课题组）

2013年北京电视台《环球春晚》的调查与分析

《环球春晚》是北京电视台原创的春晚品牌，彰显了北京作为国际化大都市的气度和视野。2013年已经是《环球春晚》的第四届。本届春晚提出了“世界城市、汇聚梦想”的口号，整台晚会分为“行在环球春晚”“听在环球春晚”“爱在环球春晚”三个篇章，传递“你在世界在”“你停世界宽”“你笑世界暖”的三个主题。与此同时，2013年的《环球春晚》不但是传统《环球春晚》意义上的“世界文艺之窗”，还大胆创新引入“梦想汇聚”的新概念，以打造全球华人的梦想家园。调查显示，这台晚会不仅做到让国内观众“身在北京，共享世界风”，更让世界观众感受到“天下一家，幸福共享”之情。

一、锁定“放眼全球”的受众定位，打造具有“时代气息”的融合品格

2013年《环球春晚》以“世界城市，汇聚梦想”为主题，以中国新春佳节为时间点，让世界各国顶级艺术形式及表演者汇聚《环球春晚》这个“梦想的大舞台”，展示梦想、实现梦想，同时，在开拓海外文艺新境界的基础上，打造全球华人的梦想家园。

本届春晚由来自法国的朱利安、来自加拿大的大山、来自美国的梅林同北京电视台的著名主持人姜华、春妮、孔杰共同主持。六位主持人用英语、法语和汉语等不同语言渲染气氛，从一开场就凸现出晚会的国际属性和全球视野。接着，雅尼演奏的《圣托里尼》和《夜莺》重现了雅典卫城和紫禁城雅尼音乐会的经典；法国香颂天后Berry唱出了法国唯美的浪漫；英国最成功的男声团体BLUE演绎了代表作《All Rise》；将笑话讲入白宫的中国人黄西把他的《美国·事》搬上春晚；德国蓝调天后Sarah Connor在真实与虚拟之间华丽演唱著名歌曲《最后一支舞》。整台晚会可谓星光璀璨、众星云集，以世界一流演员打造世界一流节目，提升了晚会的国际化水准。

同时，“青年气质”是这届《环球春晚》演员阵容的最大特点。不论是内地的张靓颖、韩庚，还是香港艺人潘玮柏、台湾艺人林宥嘉、或者最为当红的加拿大籍华人歌手曲婉婷等，他们都是新生代偶像，兼有亮丽的外形、青春的气质和精湛的才艺，他们韶华芳韵、活力四射的表演成为2013年《环球春晚》富有创意、品位时尚、前卫流行的诸多特质的重要组成部分，向世界观众展现了中国的青春风采。

为了避免语言不同和文化差异，避免国外高品质节目在中国舞台不受垂青的现象，本届春晚通过精心的设计，力求找到

中国和国际的连接点。除了主持人的中外混搭组合之外，中西文化的交流与融合的特色贯穿整场晚会。继七人澳大利亚皇家竖琴表演组合演奏中国歌曲《滴答》让人眼前一亮后，不同形式的中西“反串”、多文化融合的节目层出不穷，让人目不暇接。内地歌星沙宝亮和法国香颂女王Berry共同演绎了唯美情怀的《玫瑰人生》，极尽蓝调爵士乐魅惑之感；蒙古族歌手和以色列国宝级天后Miri Mesika先是一起用汉语演唱《鸿雁》，赢得惊呼一片，接着二人又用蒙古语、阿拉伯语混合对唱合作演出，在中外晚会舞台上都是头一回；加拿大钢琴家Roger Lord和中国年轻小提琴家王霄合作了中国名曲《彩云追月》；而来自五大洲的草根歌手组成的五洲唱响乐团更是中外融合的典范，他们和老北京风味的黑祥子人体活雕塑一起，演绎了RAP原创中文曲目《南锣鼓巷》，唱尽北京风土人情。最令人流连忘返的莫过于德国武馆和山东莱州武校一起合作的《中外功夫梦》，德国的中国武术行家表演了斧、钺、钩、戟各样武器，而武当第16代传人则上演了名扬海内外的太极拳……多样组合、多元呈现让《环球春晚》成为真正寰宇意义上的“最炫世界风”。

二、节目编排张弛有度，整台晚会高潮迭起

本届春晚以《五洲欢聚》作为开篇，融合了中国的京剧元素、西班牙的弗朗明戈、巴西的桑巴舞、印度传统舞、非洲托宁鼓和乌克兰水兵舞，并和潘玮柏青春震撼的《翻转地球》相得益彰，以宏大开场唱响了《环球春晚》的激情号角，把观众的情绪一下子调动了起来。接下来唯美的七竖琴和经典的《歌剧魅影》给大家带来美的享受；而之后的法国著名哑剧演员朱利安·高拓走上舞台，又为观众带去了欢声笑语。

与开篇歌舞相呼应，晚会在五洲欢腾的气氛中上演“行在环球春晚”“听在环球春晚”“爱在环球春晚”三个篇章。节目进行将近1小时，影子舞《跟我一起去旅行》掀起了一个不小的高潮。节目以一块巨大的幕布，用影子的形式，用黑白光影描绘五彩生活。来自亚洲、欧洲、非洲等地四十余名演员借助光影的效果，让观众身不离座位，眼不离舞台，就能领略到世界各地的气息，感受各种文化的魅力。美国的自由女神像、法国的凯旋门等全球标志性建筑，澳洲袋鼠、南非雄狮、泰国大象等各地代表性动物惟妙惟肖，尽收眼底。观众在笑声、掌声和惊叹声中不知不觉走遍了世界各个角落。接下来的英国男声合唱团BLUE在舞台上边唱边舞演绎的代表作《All Rise》，虽然是虚拟的场景，却在精彩与怀旧的音乐声中迅速升温晚会气氛，将现场氛围燃烧到了沸点。

此后四个国际家庭——英国夫妇江森海、中国夫妇张昕宇和梁红、中英联姻爱新觉罗·启迪夫妇、及韩美联姻赵守镇夫妇登上舞台，他们职业、身份、背景各异，也都曾走遍千山万水，天南地北。最终北京这座开放包容的世界城市，吸引着他们最终选择这里作为他们的归宿地和落脚点。他们作为居住在北京的跨国家庭，在《环球春晚》的舞台上展示了民族融合、价值认同、感情共鸣的别样风情。

和谐温暖引发全球观众的共鸣。《天下一家》的唱响更演绎“和而不同、相容共生”的世界情怀，这个环节为晚会：推波助澜，起到了唱响主题的作用。最后，谭晶一席红装为观众深情演唱《世界》，将祝福送给世界各地的朋友，而本届晚会的主题曲《我爱你》将全场推向了最高潮——无论国籍与肤色，抛开语言与疆界，我爱你是永远不变的主题。整场晚会高潮迭起，安排合理得当，让观众能在时而享受，时而开怀，时而怀旧，时而热情澎湃的情绪中，最大限度的发挥欣赏效果，精彩在有张有弛的进度中令人应接不暇却也轻松自在。

晚会采用各国大使推荐本国特色节目的方式，代替主持人报幕，成为《环球春晚》在编排上的一大创新。这样的编排突出了国际间交流这一概念，一方面由大使来推荐本国的表演艺术家，体现了北京卫视打造高端节目的意识，对节目和演员的重视程度，驻外大使代表了各国的国家形象，用这种仪式感极强的呈现形式推广和介绍表演艺术家和节目，能够有效地保证了节目的高品质和高质量，提高了节目的可看性；另一方面打破以往观众对驻外大使的神秘感，在舞台上推荐本国的艺术和文化，更能够体现天下一家的和谐气氛，虽然大使们是带有浓重口音的中文与观众进行沟通，却并没有疏离感，而是更能够让观众感到亲切和真诚。

魔术家与主持人春妮的互动串场是晚会的另一个有趣的环节。法国朱利安·高拓幽默哑剧串场表演串场自然，尤其是第二段他与主持人春妮的相互配合，不仅活跃了现场气氛，而且具有原创性和趣味性。

三、晚会以非语言类节目为主，为观众减少了沟通障碍

作为一台中外明星同台、中外文化交融、中外明星荟萃的大型综艺晚会，2013《环球春晚》考虑到本场晚会多种国籍、多种语言和多文化背景的观众群体，整场晚会都以歌舞、魔术、哑剧表演等非语言类节目为主，减少了不同国籍观众的沟通障碍。

其中中英双语的语言类节目黄西脱口秀《美国往事》，不仅表演者黄西有着国际背景，脱口秀内容亦与各国文化紧密相关，更融合了中西方的多种幽默方式，引发了观众共鸣，避免了表演者自说自话、观众如坠云雾之中的尴尬。

在非语言类节目中，魔术表演的分量大大增加，中国魔术师傅琰东和波兰魔术师亚森·陆平上演了精彩纷呈的中外魔术大对决，弥补了由于缺少语言类节目导致的趣味性节目不足的状况。尤其是波兰魔术师亚森·陆平《变椅子》这个节目的表演与参加央视春晚的刘谦风格迥然不同，亚森的表演没有更多话语，更像是在小剧场中的表演，通过音乐节奏的变化，用简单的提示牌，魔术师和助手的表情来传递信息。魔术虽然简单，但更具特色，也契合了跨国语言交流的晚会主题。

同样，法国哑剧大师朱利安·高拓表演了“无声胜有声”，突破了语言壁垒和文化障碍，各国观众都看得懂、笑得出。

歌舞类节目的选择和安排上体现出了晚会“全球手拉手”的主题，演出人员的组成十分“国际化”。除中国的表演者外，晚会还安排了英国天团乐队Blue、加拿大环保音乐人Matthew Lien、德国蓝调天后Sarah Connor、法国香颂天后Berry等为晚会带来自己的金曲和传唱全球的知名曲目，另外还有古典与时尚结合的“七人澳大利亚皇家竖琴表演组合”、以色列国宝级天后Miri Mesika、加拿大钢琴家Roger Lord、由东盟中心推介的国家级非物质遗产泰国木偶戏等共有14个国家的歌手、舞蹈团队、器乐、杂技、木偶等演员参与了《环球春晚》的演出，这些海外著名艺术家们的表演不仅使海外观众倍感亲切、陶醉如归，也令中国观众大开眼界。

四、舞美设计创新立意，为节目锦上添花

在调查中，多数观众认为，《环球春晚》在视觉呈现方面开创了多项先河，其中，不设实景舞美，而利用投影、灯光等技术手段营造出亦真亦幻的舞美效果更是出人意料，为演员留出了最大限度的表演空间。

本届晚会借助高科技力量，结合当下时尚元素，运用3D全息等高科技舞台手段，集结全球最新锐的特效视觉技术及节目包装形式，为观众打造了一场空前的创意盛宴。在节目内容上，利用全息追求真假结合，达到亦真亦幻的效果。比如大使乘坐专机来到舞台、宇宙飞船驾临星球引出明星等新奇别致的呈现都营造了前所未有的视觉奇观。

在《环球春晚》的舞台上，全息与立体投影技术的结合是非常成功的，大量运用的视觉呈现技术，让《环球春晚》在坚持中外文化交流、中外演员同台的传统特色之余，增添了时尚感、科技感，营造出“隔空对话”的神奇效果，为晚会增添了耀眼夺目的光彩。

《环球春晚》的灯光和舞台背景选择了以蓝色为主的冷色调，因为这台晚会是一档同时面向中外观众的节目，不能只照顾中国观众的审美习惯而忽略海外观众，于是选择了大气、时尚，同时符合中西方审美标准的整体色调，灯光、背景美轮美奂，颇具国际气场。

五、播出画面构图层次分明，拍摄构思细致雕琢

本届《环球春晚》的画面整洁流畅，主次分明，并有较强的层次感。如费翔、朱桦联袂出演的音乐剧《歌剧魅影》选段中，画面主体在不停的变化之中，并在人物表情的捕捉、不同景别的切换中，使节目更具艺术性与审美性。

六、加强新媒体合作，实现台上台下互动

观众反映，新媒体平台不但能提供晚会节目的素材和演员，更能在节目播出过程中，让更多的观众参与到节目的讨论之中，增加节目的互动性，使《环球春晚》真正成为全球共庆的一场盛会。

在晚会节目策划阶段，北京卫视推出了“我@神曲征集”活动，精选出多首年度流行度高、传唱度广、模仿度热、点击率多的“神曲”作为表演曲目，通过微博进行全球神曲模仿达人征集，先后有几十个国家、十几万中外民间草根达人报名参加活动，最后通过网络投票的方式，票数最高的三组参赛者在《环球春晚》上进行表演。这种活动，为《环球春晚》进行了预热与造势。在晚会播出过程中，开通了网络直播，微信、微博等多个新媒体平台，为《环球春晚》的网络观看、线上互动提供了多样的选择。

《环球春晚》中滚动字幕内容主要是介绍外国表演者的个人背景和表演内容或舞美效果所使用的新技术，不仅能帮助电视观众快速熟悉表演者和表演内容，拉近表演者和电视观众的距离，同时也使观众一边享受《环球春晚》的视听盛宴，一边丰富知识、增长见闻。

在《环球春晚》播出之后，北京电视台BTV在线的官方主页上还推出《环球春晚》专题主页，将所有节目放到网络平台上，这不仅能弥补电视线性传播模式所带来的缺陷，还能与网友实现互动，倾听受众的意见和建议。

（北京市广电局、中国传媒大学
北京广电节目专家评议研究课题组）

组织机构

北京市广播电影电视局

领导成员：

党组书记、局长：李春良

党组成员、副局长：臧增祥

副局长：杨培丽

党组成员、纪检组长：王立平

党组成员、副局长：丁百之

党组成员、副局长：王霞

党组成员、副局长：韩昱

巡视员：洪兵

副巡视员：赵志勇

内设机构：

办公室(安全监管办公室)、政策法规处（产业促进处）、宣传管理处、电影管理处、传媒机构管理处、网络视听节目管理处、科技处（三网融合协调处）、计划财务处、组织人事处；另设机关党委、工会；市纪委监察局驻市广电局纪检组监察处

部室主任：

办公室（安全监管办公室）主任：李伟

副主任：刘民武、洪华中

政策法规处（产业促进处）处长：单志忠

副处长：李国新

宣传管理处处长：韩云升

副处长：石东正、柴成

电影管理处处长：王健

副处长：王海楠

传媒机构管理处处长：马德献

副处长：谢杰

网络视听节目管理处处长：丁梅

副处长：夏斐、许立国

科技处（三网融合协调处）处长：陈煜

副处长：安凭、张春彦

计划财务处处长：秦华

副处长：张秋生、杨燕春

组织人事处处长：秦固生

副处长：解楠

机关党委专职副书记：杨春青

工会副主席：王学理

纪检监察处处长：刘学文

地址：北京市朝阳区建外大街14号

邮编：100022

电话：010-85012233

网址：www.bjrt.gov.cn

北京市广播电影电视局工会

领导成员：

副主席：王学理

工会委员会委员：王学理、李伟、于娟娟

工会经费审查委员会主任：秦华

工会经费审查委员会委员：路梅、于娟娟、杨俊霞

下属工会单位：

北京音像资料馆工会、北京市广播影视作品审查中心工会、北京市广播电影电视局信息中心工会、北京市广播电视监测中心工会、北京市广播电影电视局后勤服务中心工会、北京国际影视交流中心工会

地址：北京市朝阳区建外大街甲14号

邮编：100022

电话：010-85013302

北京市广播电影电视局离退休人员管理服务中心

领导成员：

主　任：钱富奎

副主任：郑兵

地址：北京市朝阳区建外大街甲14号

邮编：100022

电话：010-85013313

北京市广播电影电视局后勤服务中心

领导成员：

主　任：王晶

副主任：邵顺荣、杨子君

内设机构：

综合科、房管科、保卫科、车管科

地址：北京市朝阳区建外大街甲14号

邮编：100022

电话：010-65159939、010-85013321

传真：65159939

北京市广播电影电视局信息中心

领导成员：

主　任：郑新梅

副主任：路梅

地址：北京市朝阳区建外大街甲14号

邮编：100022

电话：010-65157503

北京市广播电视监测中心

领导成员：

主　任：魏利明

副主任：朱祥锋、吉春

内设机构：

综合科、监测科、安播科、技术科、网管科

地址：北京市朝阳区建外大街14号

邮编：100022

电话：010-65155241

北京音像资料馆（北京广播电影电视研究中心）

领导成员：

馆长：袁正领（兼研究中心主任）

副馆长：韩浩（兼研究中心副主任）

段燕燕（兼研究中心副主任）

内设机构：

办公室、资料部、制作部、研究部、史志部

地址：北京市东城区安乐林路18号

邮编：100075

电话：010-87258004

北京市广播影视作品审查中心

领导成员：

主　任：智黎明

副主任：周红颜、刘文东

内设机构：

办公室、电视剧审查科、电影审查科

地址：北京市朝阳区建外大街14号

邮编：100022

电话：010-85012285、85012245

北京国际影视交流促进中心

领导成员：

主　任：黄培

副主任：崔岩、杨志平

内设机构：

办公室、评奖展映部、项目协调部、宣传推广部、接待安保部

地址：北京市朝阳区建外大街甲14号

邮编：100022

电话：010-85014679

北京市广播影视协会第六届理事会、监事会

领导成员：

会　　长：杨淑琴

副 会 长：何桂芝、宋春华

秘 书 长：智黎明

副秘书长：孙巍、史椰森、何拥军、周红颜

监 事 长：王立平

监　　事：秦华、石鸿印

《北京广播影视》主编：杨淑琴、张晓爱

执行主编：胡亚利

内设机构：

秘书处、《北京广播影视》编辑部

地址：北京市朝阳区建外大街14号

邮编：100022

电话：010-85012430、85012429

北京电影协会

领导成员：

会　长：刘洪鹏

副会长：于冬、马月庆、王健、王长田、邓永宏、叶宁、许建海、陆遥、高军、燕羽

秘书长：闫于京
监事长：刘学文
地址：北京市朝阳区建外大街甲14号
邮编：100022
电话：010-85013326
传真：010-85013326

中国电影博物馆

领导成员：

馆长、党委副书记：杨永安

党委书记、副馆长：陈志强、韩凯（2013年2月调离）

党委副书记、纪委书记：李米莉

副馆长：李志斌、邢建毅（2013年2月调离）

内设机构：

办公室、财务部、组织人事部、保障部、保卫部、研究部（馆刊编辑部）、活动管理部（网络信息中心）、藏品部、社会教育部、展陈部、影院部、开发部（基本建设办公室）、服务督查和质量检查部。

部室主任：

办公室主任：许鹰
副主任：孙丽
财务部主任：白俊峰
组织人事部主任：冯雪梅
保障部主任：李志斌（兼）
保卫部主任：曹加辛
副主任：林青
馆刊编辑部副主任：高宁
展陈部主任：米兆田
开发部副主任：王小华、赵晓清
影院部副主任：谢野、马懿
藏品部主任：张树新
社会教育部副主任：齐英
服务督查和质量检查部主任：张浙
地址：北京市朝阳区南影路9号
邮编：100015
电话：010-64311588（办公室）
010-84355959（总机）
010-51654567（服务咨询电话）
传真：010-64311588（办公室）
网址：www.cnfm.org.cn

北京广播电视台

领导成员：

党委书记：刘志远

党委副书记、台长兼北京电视台党委书记、台长：王晓东（2013年11月去世）

党委副书记、常务副台长兼北京人民广播电台党委书记、台长：汪良（2013年4月免职），席伟航（2013年 4 月任现职）

党委副书记、副台长兼北京电视台党委书记、台长：赵多佳（2013年9月任现职）

副台长兼北京歌华文化发展集团党委书记、董事长：王建琪

纪委书记、工会主席兼北京北广置业有限公司、北京北广传媒地铁电视有限公司董事长：王伟

副台长兼北京歌华有线电视网络股份有限公司党委书记、董事长：郭章鹏

副台长兼鼎视数字电视传媒有限公司董事长、北京中广传播有限公司副董事长：苏仁先

内设机构：

党委办公室、办公室、研究发展部、运营管理部、媒体管理部、技术部（技术资源运行中心）、法律事务部、财务部、纪检监察部、审计部、人力资源部、工会办公室

部门领导：

党委办公室：主任：杨秀英

副主任：蔡廷杰

办公室：主任：张常珊

副主任：李增明、李剑

研发部：主任：石鸿印

副主任：石群峰

运营管理部：主任：陈乐天

副主任：曹军（正处级）

媒体管理部主任：金鹏

副主任：耿雪梅、李洪兴（兼团委书记）

技术部（技术资源运行中心）：主任：王建

法律事务部：主任：孙辉

财务部：主任：余维杰

副主任：姜春海

纪检监察部：主任：侯召国

副主任：林松雪

审计部：主任：刘惠

人力资源部：主任：孟庆存

副主任：刘晓辉

工会办公室：主任：罗霄

地址：北京市朝阳区建外大街14号

邮编：100022

电话：010—85012020

传真：010—65157259

网址： www.bmn.net

北京人民广播电台

领导成员：

台　长：席伟航（聘期自2013年4月27日，北京广播电视台常务副台长兼）

总编辑：王秋（聘期自2013年9月16日）

常务副台长：陈晓红（聘期自2013年12月17日）

总工程师：常青（聘期至2013年3月6日）

党委副书记：赵泽勤

副总编辑：陈晓海、张松华、李秀磊（聘期自2013年4月12日）、边建（聘期自2013年4月12日）

副台长：秦晓天

内设机构：

办公室（保卫部）、总编室（新媒体编辑部）、党委办公室（纪检监察审计办公室）、人事部、计财部、广告管理部、播音主持管理部、工会、技术中心（总工办）、网络媒体中心、媒体资料和版权部、804发射台、广播发展研究中心、节目制作中心、新闻台、城市服务管理台、故事台、体育台、音乐台、文艺台、交通台、外语台、爱家台、广告经营部（属北京广播公司内设机构，负责电台广告经营）

部门主任：

办公室：主任：李晓晖

副主任：任怀珠、付昱、李琳

总编室：主任：孙巍

副主任：范晓茜

党委办公室、纪检监察审计部：主任：许秀玲（聘期自2013年1月24日）

纪检副书记：陈云

副主任：平建学

人事部：主任：周燕玲（聘期自2013年1月24日）

副主任：游良婕（兼培训中心主任）、

孙超、李静

计财部：主任：陈春梅

副主任：李淼、吕放

广告管理部：主任：陈晖

副主任：张秋萍

播音主持管理部：主任：张树荣

副主任：王佳一（聘期自2013年3月29日）

工会：主席：牟燕文

副主席：张丽

技术中心：主任：郭励（兼总工办主任）

副主任：刘爽、张旭（兼总工办副主任）、谷会敏

网络媒体中心：主任：蔡明可（聘期至2013年12月12日）

副主任：边江、刘彤

804发射台：台长：张国强

副台长：邓亚程、王春平

广播发展研究中心：主任：景兵（聘期自2013年3月19日）

副主任：崔海丰（聘期自2013年4月2日）

媒体资料和版权部：主任：张苹（聘期自2013年2月5日）

副主任：徐学军（聘期自2013年2月5日）、马兴（聘期自2013年7月28日）

节目制作中心：北京电台台长助理兼主任：李捷

副主任：吕雪瑞

新闻广播：台长：罗湘萍

副台长：张红力、李哲勇

城市服务管理广播：台长：李革

副台长：张晶宇

故事广播：台长：李唯唯（聘期至2013年12月12日）

副台长：孟庆煜

体育广播：台长：边建（聘期至2013年4月11日）、蔡明可（聘期自2013年12月13日）

副台长：张友信

音乐广播：台长：陈京英

副台长：郑晓慧

文艺广播：台长：唐琮（聘期自2013年3月19日至2013年12月12日）、李唯唯（聘期自2013年12月13日）

副台长：王为（聘期自2013年7月31日）

交通广播：台长：李秀磊（聘期至2013年4月11日）、唐琮（聘期自2013年12月13日）

副台长：罗霄兵 、延安

外语广播：台长：纪烈鸿

副台长：陈雪瑾

爱家广播：台长：傅珊珊（聘期自2013年3月19日）

副台长：王伟（聘期自2013年3月27日）

广告经营部：主任：郑金诗

副主任：李康、陆彤、罗燕萍

地址：北京市朝阳区建外大街14号

邮编：100022

电话：65159125

网址：www.rbc.cn

北京电视台

领导成员：

党委书记、台长：赵多佳（北京广播电视台副台长兼）

党委副书记、常务副台长：窦晓东

党委副书记、纪委书记：彭司海

总工程师：田方

副总编辑：朱江

副台长：王澎

副台长：李岭涛

副总编辑：艾冬云

副总编辑：徐滔

内设机构：

党委办公室、办公室、监察审计办公室、人事部、保卫部、计划财务部、工会办公室、行政部、基建办公室、研究发展部、总编室、广告部、经营管理部、新媒体发展中心、总工程师办公室、制作部、播出部、动力部、技术设备管理部、转播传送部、信息网络管理部、卫视节目中心、新闻节目中心、海外节目中心、文艺节目中心、科教节目中心、财经节目中心、体育节目中心、生活节目中心、青少年节目中心、影视剧中心、纪实频道节目中心、动画节目中心

内部机构：

艺委会、史志办、老干部工作办公室

(注：青少年节目中心、海外节目中心，在台内合并为青少·海外节目中心)

部门领导：

党委办公室副主任（主持工作）：赵国旗

副主任：孙书明

办公室主任：宋莲

副主任：秦新春、王昕

总编室主任：史椰森

副主任：张冬林、高譪、何蔚

总工程师办公室副主任（主持工作）：林平

研究发展部主任兼新媒体发展中心主任：蒋虎

研究发展部副主任：马克燕、宁文茹

监察审计办公室副主任（主持工作）：周久兰

工会办公室党支部书记：钱毅

工会副主席：孟传妍

人事部主任：杨建忠

副主任：李迎军

计划财务部主任：孙成刚

副主任：汪红、王京梅

行政部主任：王开平

副主任：纪勇、卢英锁、姚大禹

保卫部主任：钟强

副主任：赵修明、马世飞

广告部副主任（主持工作）：张晓耕

广告部副主任：刘泓、赵峥铮

基建办公室主任：程云泽

副主任：张宇青、朱晓宇

经营管理部主任：孙洪斌

副主任：买剑平、齐学耕

卫视节目中心副主任：杨东、张丽、李利影、牛振青

新闻节目中心副主任兼新闻编辑部主任：张庆

新闻节目中心新闻编辑部副主任：王毅、周永萍

新闻节目中心副主任兼要闻采访部主任：徐京玲

新闻节目中心要闻采访部副主任：张晓鲁

新闻节目中心副主任兼社会新闻采访部主任：丁晓阳

新闻节目中心社会新闻采访部副主任：袁朴

新闻节目中心副主任兼新闻评论部主任：刘民

新闻节目中心副主任兼新闻专栏部主任：黄瑨

新闻节目中心新闻专栏部副主任：史月光

新闻节目中心副主任兼综合管理部主任：郝洪

新闻节目中心综合管理部副主任：李大功

青少年节目中心副主任（主持工作）：袁子勇

海外节目中心副主任：严崴

青少年节目中心副主任：李文升、刘虎

文艺节目中心主任：李兰

副主任：潘全心、齐建彤、朱礼庆

科教节目中心主任：杜研

副主任：张宾、陈晔、王勇

影视剧中心主任：张恒

影视剧中心副主任、北京紫禁城影业公司副总经理（兼任）：曹力宁

影视剧中心副主任：郭跃进、严澍

财经节目中心主任：宗燕红

副主任：岳民、宗昊、蓝霖

体育节目中心主任：焦少波

副主任：邱大卫、宋健生、王少华

生活节目中心主任：赵彤

副主任：刘学军、任友红、白艳军

动画节目中心主任：张帆

副主任：杨晓轩、曾伟京

纪实频道节目中心主任：陈大立

副主任：曹征、赵波

新媒体发展中心副主任：赵志成、张红

北京电视台副总工程师：毕江

播出部副主任（主持工作）：王方

播出部副主任：刘宏亚、王立冬、金强

制作部主任：郑星

副主任：鲁高潮、王浩、程军

转播传送部主任：王喆

副主任：朱雨稼

动力部主任：王晓龙

副主任：刘颖

技术设备管理部副主任（主持工作）：刘晓光

副主任：章泽群、戴巧玲

信息网络管理部主任：周旭辉

副主任：李湧

艺术委员会主任：刘冰

艺术委员会党支部书记：赵福明

史志办公室主任：冯平

副主任：闫军才

老干部办公室主任：刘绍芬

北京卡酷传媒有限公司总经理：李果

副总经理：高扬

北京京视传媒有限公司总经理：马宏

北京电视产业发展集团总经理：霍胜

北京紫禁城影业有限公司总经理：许建海

北京儿童艺术剧院股份有限公司总经理：刘方平

行政部主任助理：李雅涛

影视剧中心主任助理：于金伟

地址：北京市朝阳区建国路甲98号

邮编：100022

电话：010-85336688（总机转）

传真：010-85338000

网址：www.btv.com.cn

北京歌华文化发展集团

领导成员：

党委书记、董事长：王建琪（北京广播电视台副台长兼）

总经理：李丹阳

副董事长：姜建秋

副董事长、党委副书记、纪委书记：苏春华

党委副书记、工会主席：黄光显

副总经理：葛立智、陈工、张莉、黄春雷

总经理助理：石海燕、周卫东、曾辉、王昱东

内设机构：

集团办公室、党委办公室、人力资源办公室、计划财务办公室、企业管理办公室、研究宣传办公室

部门领导：

集团办公室：主任： 杨志华

副主任： 牛海云、焦宁

党委办公室：主任：杨志华（兼）

人力资源办公室：主任：朱会东

计划财务办公室：主任：秦玉良

企业管理办公室：主任：陈工（兼）

副主任：肖红、李雪

研究宣传办公室：主任：陈工（兼）

直属机构

北京歌华文化中心有限公司

董事长：姜建秋（兼）

总经理：高颖

党总支书记：张滨

北京歌华投资中心有限公司

董事长：苏春华（兼）

总经理：黄春雷（兼）

党总支书记：周卫东

歌华文化贸易中心

董事长：李丹阳（兼）

总经理：王昱东（兼）

党总支书记：黄光显（兼）

地址：北京市东城区北小街青龙胡同1号歌华大厦14层

邮编：100007

电话：010—84186060

传真：010—84186001

网址：www.gehua.com

北京歌华有线电视网络股份有限公司

领导成员：

党委书记、董事长：郭章鹏（北京广播电视台副台长兼）

党委副书记、副董事长、总经理：卢东涛

党委副书记、纪委书记、工会主席：张家祥

监事会主席：黄广泉

副董事长：马健

常务副总经理：王振华

副总经理：吴瞻民、康朝晖、吴铭（2013年5月8日任）

董事、总会计师：胡志鹏

市场运营总监：罗小布

总工程师：何拥军

董事、副总经理、董事会秘书：梁彦军

总经理助理：王奇之、唐文伟（2013年1月7日任）、曾春（2013年1月7日任）

内设机构：

董事会办公室、党委办公室、工会办公室、稽核管理部、总经理办公室、综合管理部、人力资源部、财务部、法务部、信息部、客服中心、市场营销部、规划设计部、传送部、设备器材部、计划建设部、维护管理部、总工办、网管中心、安全保卫部、战略发展部、数据业务部、媒资运营部、营帐中心。

另设：城中、朝阳、海淀、丰台、石景山、门头沟、房山、大兴、通州、顺义、昌平、怀柔、密云、平谷、延庆15个分公司；及北京歌华有线工程管理有限责任公司（2013年6月17日前原名为北京视宽新创有线信息工程有限责任公司）、歌华有线数字媒体公司、北京歌华益网科技发展有限公司、涿州歌华有线电视网络有限公司、歌华有线投资管理有限公司、北京歌华益网广告有限公司6个子公司。

部门领导：

副总工：刘磊、李焕平（2013年7月23日退二线免去副总工职务，继续任党委委员）、吴建林、石江明、支百山

副总经济师：田秋

党委办公室：主任：黄卫京

副主任：杨云、朱慧珍（2013年6月21日任）

工会办公室：主任：赵国庆

稽核管理部：主任：王奇之（兼）

副主任:余孝纬

董事会办公室：主任：傅蕾红

副主任：于铁静

总经理办公室：主任：梁彦军（2013年1月15日兼）

常务副主任：刘严（2013年1月21日任）

副主任：丁颖磊（2013年1月21日任）

综合管理部：主任：陈慕风（2013年1月15日任）

副主任：张宁（2013年1月15日任）、张为尧（2013年1月21日任）

人力资源部：主任：方丽

副主任：李云鹏、王晓芳（2013年7月10日任）

法务部：主任：彦宏

财务部：主任：王琰

副主任：居冬辉

信息部：主任：刘夫涛（2013年7月23日任）

副主任：孙灵芝（2013年6月21日任）、王霍南（2013年12月12日任）

客服中心：主任：钱正（2013年1月15日任）

首席顾问：熊英（2013年1月15日任）

副主任：江庆红、闫宝利（2013年6月21日任）、邹玉华（2013年9月10日任）

市场营销部：主任：韩霁凯（2013年7月23日任）

常务副主任：陈锋

副主任：王苑苑

规划设计部：主任：黄枫（2013年7月23日任）

常务副主任：黄国安（2013年7月23日任）

副主任：顾志强（2013年1月21日任）

传送部：主任：王厚信

副主任：耿玉树（2013年7月23日退二线免职）、黄美莹、徐长江、葛运平、李军炜（2013年9月10日任）

设备器材部：主任：于海旺（2013年1月21日任）

副主任：张建新（2013年7月23日退二线免职）、白莹、杨楠（2013年7月10日任）

安全保卫部：主任：李洪

常务副主任：曲伟

计划建设部：主任：唐文伟（2013年3月27日兼）

副主任：满全安

维护管理部：主任：赵宏伟

常务副主任：刘建平（2013年7月23日任）

副主任：于金生（2013年7月10日任）

战略发展部：主任：黄铁军（2013年7月23日任）

数据业务部：主任：成锐

副主任：时晨阳(2013年7月23日任)、史言(2013年12月12日任)

媒资运营部：主任：姜宏志

副主任：张婕、钟军、赵文(2013年12月12日任)

营帐中心：主任：孙景红

副主任：吴春燕

网管中心：主任：卢春梅

副主任：王野秋、魏柏林

总工办：主任：曾春（兼）

副主任：林霖、沈彤

城中分公司：总经理：潘铭

副总经理：贾文杰、石连成

朝阳分公司：总经理：鞠维铭（2013年1月21日任）

副总经理：孟宇明、李秀珍（2013年1月21日任）

海淀分公司：总经理：刘宇明（2013年1月21日任）

副总经理：贺磊、马鑫（2013年5月15日任）

丰台分公司：总经理：王军（2013年9月10日任）、陆野（2013年9月10日退休）

副总经理：冯玉国（2013年7月23日退二线免职）、叶海星（2013年9月10日任）、刁立军（2013年9月10日任）

石景山分公司：总经理：王刚（2013年1月7日任）、卞素霞（2013年1月15日退休）

副总经理：王彬（2013年7月26日任）、周晓平（2013年7月26日任）

大兴分公司：总经理：田秋（2013年3月19日兼，徐继春于2013年3月19日退休）

常务副总经理：郑林（2013年7月26日任）

房山分公司：总经理：李昌俊

副总经理：赵寿强

通州分公司：总经理：石江明（2013年8月2日兼）

党支部书记：刘存明（2013年8月2日退二线免去总经理职务）

常务副总经理：宋宝贵（2013年7月23日任）

门头沟分公司：总经理：吴建林（2013年8月2日兼）

党支部书记：贺春义（2013年8月2日退二线免去总经理职务）

副总经理：王芃军

延庆分公司：总经理：王国庆（2013年11月12日任）

党支部书记：许文学（2013年11月12日退二线免去总经理职务）

副总经理：王芳（2013年11月26日任）

顺义分公司：总经理：王志亚

副总经理：王晓光、李庆江（2013年7月23日任）

昌平分公司：总经理：高巍（2013年8月2日任）

党支部书记：李仲英（2013年8月2日退二线免去总经理职务）

常务副总经理：刘芳（2013年7月23日任）

副总经理：汤军（2013年7月23日任）

怀柔分公司：总经理：綦继东（2013年4月2日任）

副总经理：黄宇东（2013年6月21日任）

平谷分公司：总经理：李明生（2013年8月2日任）

党支部书记：姜体兴（2013年8月2日退二线免去总经理职务）

常务副总经理：权晓宇（2013年9月10日任）

密云分公司：总经理：郭国林（2013年8月2日任）

党支部书记：白宝林（2013年8月2日退二线免去总经理职务）

副总经理：仉福江（2013年7月23日任）

北京歌华有线工程管理有限责任公司：董事长：王振华（兼）

总经理：支百山（2013年1月21日兼）

常务副总经理：黎江（2013年7月10日任）

副总经理：卓志祥（2013年1月15日任）

北京歌华有线数字媒体有限公司：董事长：吴瞻民（兼）

总经理：刘光华

涿州歌华有线电视网络有限公司：董事长：马健（兼）

总经理：王法文

常务副总经理：周彭生（2013年6月21日任）

副总经理：赵守礼、王景辉、孙广智

地址：北京市东城区北小街青龙胡同1号歌华大厦7层

邮编：100191

电话：96196

网址：www.bgctv.com.cn

北京歌华有线电视网络股份有限公司
城八区用户服务站一览表

序号	营业厅名称	联系地址	联系电话
1	小街桥	东城区北二环青龙胡同1号歌华大厦一层北门东侧	59260712 59260713
2	夕照寺	东城区夕照寺街绿景馨园东区13号楼B 座一层	67133543 67153090
3	南小街	西城区西直门南小街133号西派国际公寓底商A101	66118961 66118962
4	南华里	宣武区南华里10号楼底商	83161795 83161796
5	团结湖	朝阳区六里屯西里3号院（朝阳区广电新闻中心院内）	65080901
6	劲松	朝阳区劲松三区328楼营业厅（海文大厦西侧加油站营业厅院内）	67788247
7	管庄	高碑店街道朝阳路67号院财满街8号楼三层0301室	85752086
8	香河园	朝阳区柳芳北里小区10号楼后平房临甲10号歌华有线 (三元西桥国展向西，燕丰商场十字路口向南300米路西)	64644409
9	望京	朝阳区望京街道望京西路首开知语城312号楼底商106号 (地铁13号线望京西下车往东800米)	64973232
10	清河	海淀区清河小营桥（G6辅路）向北500米第一个路口向东200米， 福美苑小区底商	59260400 59260401
11	北太平庄	海淀区新外大街19号楼京师大厦1层105房间	62200390 62200392
12	花园村	海淀区花园村8号楼1层	68356311 68356322
13	五棵松	海淀区西四环中路39号万地名苑1层	59260438 59260439
14	海淀路	海淀路50号北大资源楼东楼一层1117室	59260470 59260471
15	方庄	丰台区南三环方庄紫方园六区四号楼106号	87646048
16	云岗	丰台区长辛店街道北关外2号（原第二水泵厂销售门市部）	83863521
17	马家堡	丰台角门18号枫竹苑2区1号楼名流未来大厦103室	87592055
18	科技园	丰台区科学城恒富中街2号院1号楼1188号	63789858
19	卢沟桥	小屯西路109号院6号楼底商	83738836
20	古城	石景山区十字路口西北角古城大街75号院（西景长安大厦底商）	88927567
21	首钢	石景山区苹果园路临26号（首钢建筑集团办公楼对面）	88719708

北京电视艺术中心有限公司

领导成员：

董事长、总经理：张平

艺术总监：郑晓龙

创作总监：李晓明

运营总监：张斌

项目总监：宋志鹏

内设机构：

总经理办公室、计财部、发行部、企划部、剧本创研中心、技术部、演艺经纪部、导演工作室、编剧工作室

下属单位：

北京电视艺术中心音像出版社有限公司

地址：北京市海淀区皂君庙甲2号

邮编：100098

电话：010-59865825

传真：010-62115814

网址：www.btac.cn

北京中北电视艺术中心有限公司

领导成员：

董事长：杨群

总经理：陶玲玲

副总经理：刘沙

内设机构：

办公室、财务部、经营部、宣传部、制作部、总编室（创作部）

地址：北京市朝阳区建外大街14号

邮编：100022

电话：010-65150607

传真：010-65150607

邮箱：zb01@zbtvart.com

网址：www.zbtvart.com

北京广播电视报社

领导成员：

社　长：李浩

总编辑：张彪

工会主席：宋杰

内设机构：

办公室(组织人事部、研发部)、财务部、总编室、《北京广播电视报》编辑部、《北京广播电视报·人物周刊》编辑部、《北京电视》周刊编辑部、广告管理部、发行中心

地址：北京市东城区安乐林路18号

邮编：100075

电话：010-67117161

传真：010-67134365

网址：www.bgtv.com.cn

北京音像公司

领导成员：

总经理：颜丙利

副总经理：王颖

内设机构：

企划出品部、节目制作部、技术工程部、财务部、办公室

地址：北京市东城区安乐林路18号

邮码：100075

电话：010-67262518

传真：010-87268961

电子信箱：bavc@bavc.com.cn

网址：www.bavc.com.cn

北京瑞特影音贸易公司

领导成员：

总经理：何公明（兼北广传媒数字电视有限公司董事长、总经理）

内设机构：

办公室、财务部、市场部、工程部

地址：北京市朝阳区建外大街14号

邮编：100022

电话：010-65155284/ 65159086

传真：010-65155285

北京广播电视台服务中心

领导班子：

主　任：郭长征

副主任：褚天元

副主任：常斌

副主任：张业京

总工程师：于进军

内设机构：

办公室、财务部、物业管理部、设备工程部、开发经营部、餐饮部、皂君庙办公区、丰台歌华有线总部基地办公区

下属企业：

北京广视华融经贸中心（法定代表人：郭长征）

北京声屏苑培训中心（法定代表人：郭长征）

地址：北京市朝阳区建国门外大街14号

邮编：100022

电话：010-85012302

传真：010-65150630

北京北广传媒数字电视有限公司

领导成员：

董事长、总经理：何公明（兼北京瑞特影音公司总经理）

副总经理：艾禾

总经理助理兼办公室主任：张磊
市场总监：张元涛
财务总监：秦敏
播出部总监：曾平
数据部总监：梁自珍

内设机构：

办公室、财务部、播出部、市场部、节目部、数据部

地址：北京市海淀区皂君庙甲2号
邮编：100098
电话：010-56317887
传真：010-56317980
网址：www.bjdtv.com

北京北广传媒移动电视有限公司

领导成员：

董事长、总经理：罗晓军
副总经理：许新德、张楠

内设机构：

办公室、财务部、市场运营部、节目部、播出部、技术研发部、经营管理部

地址：北京市东城区北小街青龙胡同1号歌华大厦A座809室
邮编：100007
电话：010-59260500
传真：010-59260501
网址：www.bj-mobiletv.com

北京北广传媒影视有限公司

领导成员：

董事长、总经理：刘亚辉
副总经理：郭涛、张光北

内设机构：

办公室、财务部、策划部、制作部、发行部、演艺经纪部

地址：北京市东城区北小街青龙胡同1号歌华大厦B座821室
邮编：100007
电话：010-59260180
传真：010-59260181
邮箱：bamc_tv@bamc.com.cn

北京北广传媒城市电视有限公司

领导成员：

董事长：张学朝
总经理：罗艳红
副总经理：高宇轩

内设机构：

办公室、财务部、技术部、工程部、大屏部、小屏部、节目部、广告部

地址：北京市东城区东直门北小街青龙胡同1号歌华大厦A801室
邮编：100007
电话：010-59260088-8000
传真：010-59260066
客户专线：4007000086
网址：www.citytv.com.cn

北京北广传媒地铁电视有限公司

领导成员：

董事长：王伟

总经理：阎伟力

副总经理：满向阳

内设机构：

办公室、财务部、技术部、运营管理部、节目部

地址：北京市东城区北小街青龙胡同1号歌华大厦A座818室

邮编：100007

电话：010—62232209

传真：010—62232209

鼎视数字电视传媒有限公司

领导成员：

总经理：蔡恒平

营销总监：王健

财务总监：秦敏

技术总监：曾平

内设机构：

总经理办公室、营销中心、财务部、技术部、行政中心

地址：北京市东城区东直门北小街青龙胡同1号B820室

邮编：100007

电话：010—59260099

传真：010—59260138

网址：www.topv.com.cn

北京北广置业有限公司

领导成员：

执行董事：王伟（北京广播电视台纪委书记兼）

总经理：裴成虎

副总经理：张克英

内设机构：

办公室、财务部、前期部

北京北广传媒集团有限公司授权管理单位：

北京影视城管理中心

北京现代电视艺术发展公司

北京东方艺苑物资仓储服务中心

地址：北京市朝阳区建外大街14号

电话：010—64325207

传真：010—64325207

邮箱：sr6567@163.com

北京中广传播有限公司

领导成员：

总经理：张树桐

副总经理：陈炳岩、柳家旺

内设机构：

综合部、市场部、技术部、节目部、广告部

地址：北京市朝阳区南皋路129号4号楼
邮编：100015
电话：010-65900262
传真：010-65900262-8099

北京紫禁城影业有限责任公司

领导成员：

董事长：赵多佳
总经理、书记：许建海
副总经理：曹力宁、钱重远

内设机构：

办公室（财务部）、电影部、电视剧部、第一创作室、电视节目部、演艺经纪部

地址：北京市西城区北三环中路乙6号伦洋大厦901室
邮编：100120
电话：010-62019597、62014931
传真：010-62019597、62014931
网址：www.fcmovie.com

北京市东城区文化委员会

领导成员：

党委副书记、主任：李承刚
党委书记、副主任：王伟东
副主任：郑亚东、骆桦、魏瑞峰、曾珊
副书记：刘进
纪委书记：杨春兰
工会主席：付东亮
行政执法队队长：杨勇

内设机构：

党委办公室、监察科、办公室、公共文化事业科、文化市场管理科、文物管理科、综合审批科、演艺产业发展促进科、人事科、财务科

直属单位：

东城区文化委员会行政执法队、东城区第一文化馆、东城区第二文化馆、东城区第一图书馆、东城区第二图书馆、东城区文物管理所、北京市袁崇焕祠文物保管所、北京市文天祥祠文物保管所、东城区第一图书馆会议中心、北京市钟鼓楼文物保管所、北京王府井古人类文化遗址博物馆、东城区羊市口文化站、东城区花市电影院、东城区天坛南里文化娱乐中心、东城区文化馆剧场、北京燕京评剧团、北京包装资料馆、北京东方国际文化交流中心

地址：北京市东城区崇文门外大街7号正仁大厦二段
邮编：100062
电话：010-67091091、67091092
传真：010-67091093
邮箱：dcqwhw@163.com

北京市西城区文化委员会

领导成员：

书记、副主任：张云裳
主任、副书记：孙劲松（兼区委宣传部副部长）

纪检组长：李海霞

副主任：李兵、孟盼、吕丹、赵晓波、侯志伟、古杨利

行政执法队队长：董伟民

工会主席：王来明

内设机构：

办公室、政策法规科、公共文化科、非物质文化遗产科、文化产业科、文化市场管理科、文物科、财务审计科、党群工作办公室、人事科、监察科

直属机构：

西城区文化执法队、西城区第一文化馆、西城区第二文化馆、西城区第一图书馆、西城区第二图书馆、西城区青少年儿童图书馆、西城区文物保护研究所、西城区文物管理处、北京历代帝王庙管理处、北京李大钊故居管理处、北京宣南文化博物馆管理处（北京长椿寺管理处）、西城区非物质文化遗产保护中心、西城区社会文化管理所

地址：北京市西城区后广平胡同26号

邮编：100035

电话：66561230 传真： 66561231

网址：wenhua.bjxch.gov.cn

北京市朝阳区文化委员会

领导成员：

书　记：李洋

主　任：黄晓伟

纪委书记：吕玫

副主任：徐伟、倪遥远、马骏

行政执法队队长：吴刚

内设机构：

办公室、文化科、文物管理科、出版发行管理科、电视音像管理科、组宣人事科、财务基建科、文化行政执法队

地址：北京市朝阳区东三环北路36号

邮编：100026

电话：010-65014855

传真：010-65086844

网址：www.risingsun.org.cn

北京市海淀区文化委员会

领导成员：

书　记：刘建朝

主　任：陈静

副主任（行政执法队队长）：邱文忠

纪检组组长：张树杰

副主任：齐艳艳、柳阑

内设机构：

办公室、组织宣传科、公共文化科、审批管理科、法制督察科、文物科

下属执法机构：文化行政执法队

下属事业单位：

海淀剧院、区电影管理处、区评剧团、区文化馆、区图书馆、区文化保护中心（博物馆）

地址：北京市海淀区颐和园路12号区政府综合办公楼

邮编：100080

电话：010-82617811

网址：whw.bjhd.gov.cn

北京市丰台区文化委员会

领导成员：

书　记：周衔临

主　任：王虹

副主任：宋晓春、刘颖

行政执法队队长：李正平

内设机构：

办公室、文化科、文物科、文化市场管理科（出版发行科、版权科）、组织人事科

所属行政执法机构：文化行政执法队（下设办公室、一分队、二分队、三分队）

下属事业单位：

文物管理所、图书馆、文化馆

地址：北京市丰台区西四环南路64号

邮编：100071

电话：010-83811361

传真：010-83811360

北京市石景山区文化委员会

领导成员：

书　记：翟培新

副主任：郭明（文联主席兼）、刘跃华、董聪慧、杨光

纪委书记：郑彬

执法队长：王援朝

内设机构：

办公室、文化科、文物科、市场科、组织人事科、监察科

地址：北京市石景山路18号

邮编：100043

电话：010-68607158

传真：010-88680857

北京市门头沟区文化委员会

领导成员：

书记、主任：闫洪亮

副书记：董国岭

副主任：巩旭东、刘向阳

执法队队长：李军朝

副处级调研员：张银星

内设机构：

办公室、文化科、文物科、文化市场科、计划财务科、政策法规科、纪检监察科、文化行政执法队

直属单位：

文化馆、博物馆、图书馆、影剧院、电影发行放映服务中心、文物事业管理所、文化创意产业促进中心

地址：门头沟区门头沟路8号

电话：69843315

传真：69860988

邮编：102300

北京市房山区文化委员会

领导成员：

主　任：李立新

副主任：马京云、刘开平、郝金英

行政执法队队长：苏文江

纪检组长：姜品英

工会主席：陈光

内设机构：

办公室、文物科、文化科、市场科、行政执法队

地址：北京市房山区良乡西潞南大街甲12号

邮编：102488

电话：010-69352012、69352106

传真：010-69352106

网址：whw.bjfsh.gov.cn

北京市大兴区文化委员会

党组成员：

党组书记、主任：王健

副主任：石铭远、马宪颖、郝泽宏

执法队队长：周武军

内设机构：

办公室、人事教育科、文化文物科、文化市场管理科、文化执法队、内审科、监察科

直属单位：

图书馆、文化馆、文物所、影剧院、新华书店

地址：北京市大兴区兴华大街3段15号行政服务中心16层

邮编：102600

电话：010-81296732

传真：010-81296734

网址：www.dxwh.gov.cn

北京市通州区文化委员会

领导成员：

主任、书记：杜德久

副书记：赵益富

副主任：杨根萌、王绮茜

纪检书记：李瑞红

执法队长：贾海科

（原副主任刘升调任通州区城管监察局）

内设机构：

办公室、财务科、文化市场管理科、公共文化科、政工科、文化执法队（下设法制科、执法一队、执法二队）

直属单位：

通州区文化馆、通州区图书馆、通州区博物馆、通州区文物管理所、通州区电影管理中心、新华书店

地址：北京市通州区中仓街道车站路27号

邮编：101100

电话：010-80574354

传真：010-80574674

北京市顺义区文化委员会

领导成员：

书记、主任：王颖

副主任：高源、黄海鹏、陈永祥、王宏、赵保东

党组成员：高源、陈永祥、王宏、赵保东、孟云会、张建国、张永山

工会主席：杭志强

内设机构：

办公室、政工科、计划财务科、文化文物管理科、文化市场管理科、著作权（广播电影电视）管理科

管理单位：

文化委行政执法队、文化创意产业促进办公室、文化创意产业服务中心

直属单位：

文化馆、图书馆、文物管理所、北京焦庄户地道战遗址纪念馆、影剧院、电影放映服务中心、新华书店

地址：北京市顺义区光明南街拥军路

邮编：101300

电话：010-69443669

传真：010-69443757

网址：www.wenhw.bjshy.gov.cn

北京市平谷区文化委员会

领导成员：

书记、主任：王振国

纪检书记：张东胜

副主任：逯艳敏、王振红

执法队长：闫建华

副调研员：刘东彪

内设机构：

办公室、政工科、文化文物科、市场科

直属单位：

文化行政执法队、图书馆、文化馆、博物馆、文物管理所、上宅文化陈列馆、电影发行服务中心、影剧院、新华书店

地址：北京市平谷区府前西街1号

邮编：101200

电话：010-69962871

邮箱：bgs2871@163.com

北京市怀柔区文化委员会

领导成员：

主　任：吕晓国

书　记：陈宝明

副主任：郭大鹏、刘岩、田正科、王冠蘅

执法队长：曾春根

纪检组长：鲍云贤

工会主席：武学兵

调研员：焦安琦

副处待遇：彭春伶

内设机构：

办公室、政工科（监察科）、文化科、演艺活动服务中心、行政许可和服务科、行

政执法队

直属企事业单位：

文化馆、图书馆、博物馆、电影发行放映服务中心、文物管理所和新华书店

地址：北京市怀柔区迎宾北路7号

邮编：101400

电话：010-69623483

传真：010-69633250

网址：www.hrwh.gov.cn

北京市昌平区文化委员会

领导成员：

主任、副书记：刘全新

书　记：李志武

副书记：贾月林

纪委书记：王勇

副主任：杨广文、李爱武、胡南

工会主席：史功岐

执法队队长：刘庆华

内设机构：

办公室、文化科、文物科、市场科、监察科

直属单位：

文化行政执法队、文化馆、图书馆、文物管理所、电影发行放映管理处、影剧院、新华书店

地址：北京市昌平区府学路10号（昌平区图书馆博物馆大楼）

邮编：102200

电话：010-69742257

传真：010-80110182

网址：http://cpwhw.bjchp.gov.cn/

北京市密云县文化委员会

领导成员：

主　任：李洪仕

副书记：邓德喜

副主任：李冬雨、胡淑英

行政执法队队长：李卫革

纪检组长：李向红

工会主席：柴军

内设机构：

党政办公室、文化活动指导科、文化市场管理科、文化行政执法队

直属单位：

文化馆、图书馆、文物管理所、大剧院、电影中心、新华书店

地址：北京市密云县西门外大街2号

邮编：101500

电话：010-69041925

传真：010-69085706

北京市延庆县文化委员会

领导成员：

主　任：刘永强

书　记：马健壮
调研员：韩金辉、程金龙
副主任：孙立民、王燕青、刘满利
纪检书记：赵万江
行政执法队队长：王燕青（兼）
副调研员：杨喜元

内设机构：

政办室、财务审计科、文化科、文物科、文化市场管理科、文化行政执法队

直属单位：

文化馆、图书馆、电影发行放映管理处、文物管理所、新华书店、后勤服务中心

地址：北京市延庆县高塔街57号
邮编：102100
电话：010-69182872

北京经济技术开发区社会发展局

领导成员：

开发区工委委员、管委会副主任，分管社会发展局工作：王合生
社会发展局局长：郑海涛
社会发展局副局长（正处级）：张小戎
社会发展局副调研员：李庆彬
社会发展局分管广电工作人员：王娜、郑浩

地址：北京经济技术开发区荣华中路15号
邮编：100176
电话：010-67885647
传真：010-67880347
网址：http://sfj.bda.gov.cn/cms/

北京市朝阳区广播电视新闻中心

领导成员：

中心主任：　潘竞
党委书记：孙帅
副主任：洪剑斌、李昕宇
专职副总编：王曦

内设机构：

办公室（保密科）、总编室、人事科、财务科、资料室、新闻科、采访科、报纸编辑科、要闻内参科、有线电视技术科、有线电视社会新闻科、有线电视播音编辑科、有线电视专题科、朝阳传媒影视技术服务中心

地址：北京市朝阳区六里屯西里3号
邮编：100026
电话：010－65025172
传真：010－65022498
网址：http://www.chynews.cn

北京市海淀区新闻中心

领导成员：

中心书记、主任：王言敏
副主任：张文明、张庆洁、刘德兴

内设机构：

办公室、人事科、财务科、总编室、编辑制作部、新闻采访一部、新闻采访二部、专题

部、技术播出部、播音主持部、动漫制作部、媒资室、事业发展部、特刊部、要闻部

地址：北京市海淀区西四环北路11号海淀区政府第二办公区

邮编：100195

电话：010－88437116

传真：010－88487250

网址：www.hdonl.com

北京市丰台区广播电视中心

领导成员：

党组书记、主任：何岳飞（区委宣传部副部长兼）

副主任：李皙、卢劼、李三鹏

内设机构：

办公室（人事科）、财务科、总编室、新闻部、社会教育部、专题部、制作部、广告部、技术播出部、新媒体部

地址：北京市丰台区西四环南路64号

邮编：100071

电话：010－63821570

传真：010－63814362

网址：www.bjftrt.com.cn

北京市石景山区广播电视中心

领导成员：

主　任：魏志安

副主任：刘长成、贺启公

内设机构：

总编室、新闻部、节目部、广告专题部

技术播出部、经营部、办公室、党务办公室

地址：北京市石景山区古城大街61号

邮编：100043

电话：010－68849799

传真：010－68840434

北京市门头沟区广播电视中心

领导成员：

党组书记、主任：宋奇

副主任：王幸国、苏燕平、班书臣

内设机构：

办公室、总编室、新闻部、专题部、制作部、播出部、广告部、电台

地址：北京市门头沟区新桥大街36号

电话：69843348

传真：69843348

邮编：102300

北京市房山区广播电视中心

领导成员：

书　记：吕井财

副书记、主任：路建华

副书记、纪委书记：于海军

副主任：朱惠强、武宏、马琳

内设机构：

办公室、总编室、时政要闻部、社会新闻部、电视专题部、电视文艺部、广告经营部、电台直播部、电台专题部、网络运营部、评审培训部、新媒体建设部、技术科、播出部、财务科、人事科、后勤事务部、安保部、事业发展部、监察科（内设）

地址：北京市房山区良乡西潞南大街6号

电话：010－69374235

传真：010－69370104

邮编：102488

邮箱：FTVbangongshi@163.com

北京市大兴区广播电视中心

领导成员：

书记：陈立军（区委宣传部副部长兼）

主任、副书记：王志刚

副主任：胡亚军、王雪征、王小利

总工程师：蔺淑萍

副调研员：孙万良

内设机构：

办公室、总编室、新闻部、专题部、评论部、电台编辑部（2013年7月成立）、技术科、 播出部、网络部、财务科、广告部、工会

地址：北京市通州区新华西街1号

邮编：101149

电话：010－69545860

传真：010－69545860

邮箱：tzgdbgsh@126.com

北京市通州区广播电视中心

领导成员：

书记：陈立军（区委宣传部副部长兼）

主任、副书记：王志刚

副主任：胡亚军、王雪征、王小利

副调研员：孙万良

内设机构：

办公室、总编室、新闻部、专题部、评论部、电台编辑部（2013年7月成立）、技术科、播出部、网络部、财务科、广告部、工会

地址：北京市通州区新华西街1号

邮编：101149

电话：010－69545860

传真：010－69545860

邮箱：tzgdbgsh@126.com

北京市顺义区广播电视中心

领导成员：

党委书记、主任：黄海鹏

副主任：李素华、杨文武(纪检书记)、张海泉

内设机构：

中心：办公室、政工科、财务科

广播电台：综合部、新闻部、专题部、文艺部

电视台：新闻部、专题部、文艺部、总编室、技术部、新媒体部、广告部、媒资管理部

《顺义时讯》报社：办公室、采编部、事业发展部

地址：北京市顺义区拥军路4号

邮编：101300

电话：010－69466677

传真：010－69463670

邮箱：sytv1994@yahoo.cn

北京市平谷区广播电视中心

领导成员：

主　任：龚士宏

书　记：王久武

副主任：于刚

内设机构：

办公室、政工科、财务科、总编室、新闻科、专题科、播音科、播出科、技术科、文艺科、广告科、后勤事务科

地址：北京市平谷区旧城街8号

邮编：101200

电话：010－69961255

传真：010－89983716

邮箱：guangdianzhongxin@163.com

北京市昌平区广播电视中心

领导成员：

党委书记、主任： 刘晓梅

党委委员、纪委书记：王洪

党委委员、副主任、工会主席：刘大宾

党委委员、副主任：王纲

总工程师：王少冲

常务副台长：王江萍

内设机构：

办公室、政工科、总编室、财务科、事业科、广播电视台、广播电视节目制作中心、广播电视网络信息管理中心、昌北音像广告中心、永安城影视传媒中心

地址：北京市昌平区南环东路1号

邮编：102200

电话：010－69746088

网址：www.cprt.com.cn

北京市怀柔区广播电视中心

领导成员：

主　　任：刘晓红 （2013年5月调离）

　　　　　刘剑（2013年6月调入）

党组书记：常金壮

副主任：刘金凯、杨桂霞

工会主席：赵海清

内设机构：

办公室、政工科、监察科、总编室、编辑部、新闻部、外宣部、专题部、文艺部、电台部、广告部、广播影视制作部、技术部、播出部、汤河口分站

地址：北京市怀柔区府前街19号

邮编：101400

电话：010－69632646

传真：010－69644232

邮箱：gdzx@bjhr.gov.cn

北京市密云县广播电视中心

领导成员：

书记、主任：孙明朝（县委宣传部副部长兼）

副书记、副主任：王慧平

副主任：鲁崇保、陈宝国

内设机构：

办公室、人事科、财务科、党办室、差转台、广播电台、总编室、节目制作科、技术科、新闻科、播音科、经济科、社教科、法制科、广告文艺科、音像资料室、行政事务科

地址：密云县西大桥路18号

邮编：101500

电话：010－89095645 010－89096037

传真：010－89095645

邮箱：mydt4531@sina.com.cn

北京市延庆县广播电视中心

领导成员：

书　记：郭东亮

副书记：李桂霞

主　任：郭东亮

副主任：李桂霞、贺农林、季晓冰、张树清

内设机构：

办公室、人事科、财务科、总编室、新闻科、专题科、广播科、社教科、广告科、文艺科、技术科、播控科

直属单位：

延庆县电视转播站、延庆县广播电视记者站、北京市延庆县广播电视服务部

地址：北京市延庆县高塔街73号

邮编：102100

电话：010－69103462

传真：010－69103462

网址：www.yqgd.cn

北京光线传媒股份有限公司

领导成员：

法人代表：王长田

内设机构：

总裁办、财务部、证券事务部、人力行政部、法务部、品牌部、采购部、电视事业部、光线影业、艺人经纪部、运营中心、英事达&包装工作室、新媒体

地址：北京市东城区和平里东街11号3号楼3层

邮编：100013

电话：010－64516000

传真：010－84222188

网址：http://home.netandtv.com

华谊兄弟传媒股份有限公司

领导成员：

法人、董事长兼首席执行官：王中军

总　裁：王中磊

副总裁：胡明

内设机构：

电影事业部、电视剧事业部、娱乐营销事业部、艺人经纪事业部、影院事业部、音乐事业部、新媒体事业部、华谊时尚、实景娱乐以及游戏业务板块、财务部、人力资源及行政部、法律部、集团公关部

签约：冯小刚、顾长卫等著名导演。华谊兄弟电视剧事业部总裁杨善朴带领旗下制片人庄立奇、彭三源、吴晓、张海东、葛卫东、郝琳、刘毛毛、张弘组成9个电视剧制作工作室；收购浙江常升、浙江永乐影视

地址：①北京市朝阳区朝外大街18号丰联广场A座908室

地址：②北京市顺义区天竺温榆河楼台段

邮编：100020/101312

电话：010－65805800/64579338

传真：010－65881518/64571299

网址：www.huayimedia.com

海润影视制作有限公司

领导成员：

董事局主席：刘燕铭

海润影视制作有限公司总裁：赵智江

海润影视制作有限公司副总裁：赵浚凯

张小军

总监级负责人：

制作总监：蒋晓梅

发行总监：常君艾、陈迪、张培

文学总监：孙允亭

新媒体总监：张春雨

财务总监：陈艳

法务总监：王文彬

行政总监：王存林

内设机构：

总裁办、发行部、法务部、文学部、宣传策划部、财务部、新媒体事业发展部、信息档案管理中心、行政部

地址：北京市朝阳区北苑媒体村天畅园3号楼1、2层

电话：010-64897799

传真：010-64935440

邮编：100107

网址：www.hairunmedia.com

金英马影视文化股份有限公司

领导成员：

董事长：刘文侃

总经理：滕站

常务副总经理：刘建立

副总经理：侯丽娟、耿双双、陈志康

内设机构：

总经理办公室、影视制作中心（含8个工作室）、经纪拓展部、品牌战略合作部、公关企划部、品牌运营部、对外联络部、财务部、行政部、法务部

地址：北京市朝阳区北四环中路6号华亭嘉园E座23层
邮编：100029
电话：010－82858715/16
网址：www.jymys.com

北京京都世纪文化发展有限公司

领导成员：

董事长：尤小刚
副总经理：牟晓春、董煊、尤文铮

内设机构：

经营部、宣传部、演艺经纪部、影视基地、办公室、财务部

地址：北京市东城区广渠门外广渠家园名敦道商厦4号楼1206室
邮编：100022
电话：010－67110812、67177299（传真）
邮箱：jd01@jdshiji.com
网址：www.zjdtv.com

北京鑫宝源影视投资有限公司

领导成员：

总经理：丁芯
常务副总：王小柱
副总经理：王驿、邰薪羽
财务总监：赵雅丽
艺人总监：刘红梅
宣传总监：焦红艳
总经理助理：焦云飞

内设机构：

办公室、财务部、制片部、编辑部、演艺经理部、宣传部、发行部、公关广告部

地址：北京市朝阳区北苑路86号院311号楼
邮编：100101
电话：010－57805288
传真：010－57561288

（注：组织机构统计截至2013年底）

获奖作品

2012年度北京市优秀广播电视节目评选获奖作品

（节目、报刊类）

一、广播类作品

广播新闻（25个）

一等奖（4个）

专题：京藏高速暴雪44小时救援行动

北京人民广播电台　张瑞娟、梁和芝

长消息：“农技通”手机为农民提供有力技术保障

大兴区广电中心　房晓鹏、袁媛、王开余、李静、杨朝杰

长消息：刘刚雨夜救人

房山区广电中心　汪学武、王侠、张佳佳、冉迪

长消息：护林防火的瞭望者

昌平区广电中心　张金鑫、王莹、张士冬

二等奖（8个）

消息：市民关注新一届领导人亮相对未来充满信心

北京人民广播电台　霍玥

评论：食品安全面前，专家要有道德底线，监管部门不能“躲猫猫”

北京人民广播电台　刘畅、谢先进

连续报道：北礼士路女子突陷热水坑致死事件追踪

北京人民广播电台　秦鲁一

节目策划：文化北京万里行

北京人民广播电台　林俐、罗湘萍、李哲勇、张红力、唐思萌

短消息：40分钟打通生命专线

延庆县广电中心　吴佳羽

评论：山村有必要安装健身器械吗？

怀柔区广电中心　李晓红、冀莹

短消息：村委会告区政府违规　区长出庭败诉

平谷区广电中心　张云辉、吴滨滨

短消息：一年三茬菜 增收近万元

顺义区广电中心　丁越、季元媛

三等奖（13个）

短消息：代表呼吁代表会场控烟

北京人民广播电台　章维

消息：京港澳高速上演生死救援 房山小伙刘刚舍小家救大家

北京人民广播电台　郭雅婧

消息：只“看病”不“治病”，预约挂号显尴尬

北京人民广播电台　高傲

专题：温暖雪中情

北京人民广播电台　马骏、田甜

连续报道：急救车被堵拉警报无车避让，3公里走了40分钟伤者死亡

北京人民广播电台　王琛琛

新闻编排：整点快报

北京人民广播电台　亢晓夏

新闻访谈：怎样让流浪儿童有个家

北京人民广播电台　章维、曹宇、赵爽

现场直播：“中国龙，通南北”——京广高铁全线通车特别直播

北京人民广播电台　李秀磊、罗霄兵、延安、邢立新
朱来生、赵楠、王敏、戚天

短消息：农宅“穿新衣”农民过暖冬

房山区广电中心　王磊、王雨佳、李盼

长消息：兴寿草莓“种”出红火日子

昌平区广电中心　张金鑫、王莹、张士冬

长消息：全程纪实系统让农民也能参政议政了

密云县广电中心　黄晨昭、金芙蓉

长消息：“田间学校”里收益多

顺义区广电中心　季元媛、丁越

长消息：姐姐，有你在我们不再孤单

通州区广电中心　王文君、李丹

广播社教（18个）

一等奖（4个）

公众性节目：北京的晨练曲

北京人民广播电台　曹力

知识性节目：北京湿地，“肾”的功能如何发挥

北京人民广播电台　章维、张锋

特别节目：地球日连线地球

北京人民广播电台　总编室及九台一网集体创作

连续系列报道：第二届怀柔十大道德模范——孝老爱亲 葛丽
第二届怀柔十大道德模范——助人为乐 穆家安
第二届怀柔十大道德模范提名奖——敬业奉献 樊福林
怀柔区广电中心　集体

二等奖（5个）

对象性节目：为了那片绿
北京人民广播电台　李锐

知识性节目：时间的故事
北京人民广播电台　宏玖

特别节目：寻找失落的文明
北京人民广播电台　北京交通广播集体

新闻专稿：城市美容师的一个早晨
大兴区广电中心　房晓鹏

新闻专稿：翻山越岭送光明
延庆县广电中心　王振兴

三等奖（9个）

对象性节目：生命不止，创新不息
北京人民广播电台　于晓丹

对象性节目：从两本绘本看学龄前儿童的性教育
北京人民广播电台　左小群

公众性节目：推着妈妈去旅行
北京人民广播电台　李锐

公众性节目：中国看守所调查
北京人民广播电台　宏玖

公众性节目：新肝宝贝
北京人民广播电台　孟洋、王琛琛

公众性节目：《鸟乐》——聆听自然的声音
北京人民广播电台　徐帅

新闻性专稿：愚公绿山
房山区广电中心　王维佳、李丹、王小原、张佳佳

新闻性专稿：党是农民的主心骨
密云县广电中心　金芙蓉、黄晨昭

系列报道：台湖镇土地的变迁
通州区广电中心　赵旭飞、赵卓鹏、李岳、汪松阳

广播境外播出（4个）

一等奖（1个）

专题：道不尽的鼓岭情缘

北京人民广播电台　戴蔚然、吴梅红

二等奖（1个）

特别节目："感动非洲的中国人"特别节目

北京人民广播电台　纪烈鸿、洪新、李伊、刘兴宇、张琦、王异戈

三等奖（2个）

专题：大萌子的相册

北京人民广播电台　赵梓童

专题：跨越太平洋的交响

北京人民广播电台　刘兴宇、杨洋
孙刚、麻宁

广播优秀栏目（8个）

新闻广播：《新闻热线》　北京人民广播电台
交通广播：《1039交通服务热线》　北京人民广播电台
文艺广播：《话说天下》　北京人民广播电台
体育广播：《激情赛场》　北京人民广播电台
外语广播：《Touch Beijing》（感受北京）　北京人民广播电台
《我的讲述 我的故事》　昌平区广电中心
《农广天地》　怀柔区广电中心
《读书品人生》　顺义区广电中心

广播播音（10个）

一等奖（2个）

播音作品：《大地与坟茔》——王宗仁笔下的青藏烈士

北京人民广播电台　白钢、酒杰

播音作品：暴雨之后说英雄

顺义区广电中心　张雨欣、直宁斌、焦英杰

二等奖（3个）

广播主持：孔子学院风波背后

北京人民广播电台　朱秦

主持作品：作曲家王晓锋的音乐世界

北京人民广播电台　于允

广播播音：房山新闻

房山区广电中心　薛君孝、张佳佳

三等奖（5个）

主持作品：对话莫言

北京人民广播电台　刘慧

播音作品：童话《蚯蚓的日记》

北京人民广播电台　左小群

播音作品：1039新闻早报

北京人民广播电台　赵楠、张楠

广播播音：新闻大视野

北京人民广播电台　滕欢、刘佳

播音作品：姥姥眼中的橡皮擦

通州区广电中心　石靖楠

广播文艺（11个）

一等奖（2个）

文学节目：文学专题《骤雨惊雷六十年》

北京人民广播电台　郝卫群、张美华、杨洋

音乐节目：爱的呼唤

北京人民广播电台　冯健、张欣、梁言、罗霄笑

二等奖（3个）

文学节目：长篇历史故事《另一半中国史》

北京人民广播电台　邵军、罗湘萍、郝卫群、天时、周海燕

音乐节目：天鹅之死

北京人民广播电台　赵爽、王卓

综艺节目：我们走在大路上——纪念毛泽东《在延安文艺座谈会上的讲话》发表70周年

北京人民广播电台　才涛、罗兵、小晏

三等奖（6个）

音乐节目：我们的黄河

北京人民广播电台　刘慧、梁言

音乐节目：永恒的记忆

北京人民广播电台　赵爽、梁言、罗霄笑

娱乐节目：任仁好爱范美丽

北京人民广播电台　浩齐、左丽

娱乐节目：新醉酒之后

北京人民广播电台　王为、闻峰

广播剧：机器人轶事

北京人民广播电台　杨丹、房喆楠、宋明、张杰、刘露

广播广告节目：没事儿走两步 系列（2篇）

北京人民广播电台　夏铭、孟孟、左小群

二、电视类作品

电视新闻（43个）

一等奖（9个）

长消息：郭金龙在房山区察看灾情

北京电视台　陈星、刘永康、赵金春

长消息：11岁女孩捐献器官 挽救5人重获新生

北京电视台　贾湧强、雷志军

新闻专题：穿越湖底的巨龙

北京电视台　史月光、颜匀、王娟、张轶朕

现场直播：雨中进行时——7.21北京特大暴雨大型直播

北京电视台　艾冬云、张庆、丁晓阳、胡阳、陈钢、励嘉霖

系列报道：卡惠民生——小卡见证北京十年发展

北京广播电视台　张楠、王莹、薛霞、程絮、王琛
杨帆、刘军、王宇、赵韫、李信扬、侯超

专题：拉萨的北京交警

北京广播电视台　张楠、王莹、王琛、侯超

短消息：全球首个戊肝疫苗在昌平诞生

昌平区广电中心　王颖、李娜、杨志来

长消息：特大暴雪夜 千人大转移

延庆县广电中心　刘剑、张树清

长消息：北务镇菜农蔬菜交易零成本

顺义区广电中心　郑彧森、张德旭

二等奖（13个）

短消息：北京科学家首解乙肝之谜

北京电视台　李烨、刘靖

长消息：北京市严查名人故居 确保文物安全

北京电视台　邓耀明、蔡晶晶

新闻评论：经适房为何变身出租房

北京电视台　国培源、成强、马亮、茂森

新闻专题：风雪同行 感动北京

北京电视台 陈晶磊、张辉

组织策划：基层看变化 喜迎十八大

北京电视台 艾冬云、张庆、王毅、周永萍、陈楠
李光军、刘非非、谢小岩、石云、田涛

长消息：北京市叫停奥数和升学挂钩

北京广播电视台 张雪、赵韫、付磊

系列报道：我的小康计划

北京广播电视台 张楠、王莹、王琛、曲丽、刘军、闫新疆、孙为
杨帆、程絮、薛霞、王莹莹、李信扬、侯超

专题：让温暖在候车厅蔓延——张润秋

北京广播电视台 李超毅、张然

长消息：郭金龙在文博会现场与大兴百姓视频互动

大兴区广电中心 郑伟、吴迪、黄河

长消息：人民的好所长-李方洪

房山区广电中心 张海莲、王宏飞

长消息：“生物特工”赤眼蜂

密云县广电中心 张晓娜、戴琪果

长消息：5吨重特巨型旧轮胎获新生

怀柔区广电中心 冀莹、孟阳

短消息：顺义区开设首家植物诊所

顺义区广电中心 陈婕、朱明福

三等奖：21个

短消息：北京首款自主品牌轿车北京牌今上市

北京电视台 金蕾、黄海宁、王晓龙

短消息：关注退伍季——三军仪仗队：泪洒退伍仪式

北京电视台 颜葵、龚飞

长消息：北京捐赠爱心车 京台和平之旅启动

北京电视台 徐京玲、陈星、樊煜、尹磊、代依艳、王知律、王志胜

长消息：眼里有房心里有底 通州首创重点村“先建后拆”新模式

北京电视台 徐京玲、马国颖、吴静、王晓龙

长消息：丁宁 伦敦的哭与笑

北京电视台 孙璐、金巍

系列报道：一个新闻记者的7.21

北京电视台 颜葵、张鹏雷

系列报道：创新驱动中关村

北京电视台 马国颖、李烨、张丽丽、贾元真、王晓龙、陈静岩

系列报道：党在百姓心中

北京电视台　杜研、张宾、李冰、冷威、郑兵、杨凡

新闻专题：一碗面条引出的致富村

北京电视台　颜匀、王娟、党寻婧

新闻访谈：聚焦歼-15航母舰载机成功完成起降训练

北京电视台　张苏、崔笑田、吴筠、李娜 、年占

专题：城管队员宋志刚的小康计划

北京广播电视台　张楠、王莹、王琛、侯超

专题：真情相待每一天

北京广播电视台　阎絮、闫育军、高志鹏

专题：坚守十余载 扮靓第二故乡

北京广播电视台　许新德、赵韫、夏勇

专题：扎根京郊山区的清华人——许铁成

北京广播电视台　赵克沙、朱丹、张然

长消息：居民会商，议定社区大事小事

丰台区广电中心　侯明

长消息：搬迁后的幸福：棚户区居民生活大变样

门头沟区广电中心　何依峰、王正

长消息："金剪子"剪遍五省 新农民吃上技术饭

延庆县广电中心　佟慧义

长消息：这里的考试讲"诚信"

平谷区广电中心　邱小光 、张云辉

长消息：爱心传递人间大爱

朝阳区广电新闻中心　张锐锋、肖磊

长消息：困难面前不离不弃 相亲相爱一家人

通州区广电中心　王丽丽

长消息：疏堵结合引摊入市 苹果园菜市场搬家记

石景山区广电中心　杨国栋、康小利

电视社教（32个）

一等奖（7个）

专题片：北京11.4暴雪首都武警抢险救援纪实

北京电视台　张苏、崔笑田、李娜、郝丽、路之逾、张丰烁

系列片：10集大型人文纪录片《人民的艺术》

北京电视台　赵多佳、朱江、艾冬云、袁子勇、王淳华、卢晓南、王振

系列片：苏联解体——8.19事件内幕

北京电视台　吕军、黄炜、胡杰、许璐 、赵廉

系列片：生命缘

北京电视台　徐滔、张丽、刘书含、赵菲菲、刘彪、陈芊潼、韩靖
李潇、王彦、邵晶、肖映峰、吴犁犁、李强、王振、徐岩

专题片：用“心”重塑生命的“大医”

北京广播电视台　李超毅、张然、段红蕊、白宝林

专题：7.21生命大救援

房山区广电中心　李中华、武宏、巴金鹏、郭伟、王猛、温鸿雁

系列报道：科学发展 成就辉煌

怀柔区广电中心　集体

二等奖（10个）

长纪录片：一瓶也不能少

北京电视台　王彦、焦建康

专题片：80后为何当上掏粪工

北京电视台　晨曲、马国庆

专题片：难忘我们的青春岁月（下集）

北京电视台　杨子云、李春颂、左博、许佳多、苑静华、曾珍

专题片：近距离

北京电视台　李丽君、王悦、陈欢

系列片：京西大搬迁

北京电视台　吴犁犁、赵菲菲、　刘书含、闫一可、王振、李强、张剑锋

专题片：陈荣超：捐资助学之路

北京广播电视台　罗晓军、张楠、王莹、程絮

专题片：笔墨梨园泛书香

北京广播电视台　甄跃、吴静、杨冀胤

专题：《直击暴雨》特别直播节目

大兴区广电中心　米雪梅、刘聪聪、黄河、王剑秋、王靓、于国庆

专题：“校长妈妈”王丽娟

昌平区广电中心　张易柳、王江红、王强、刘洋

专题：严老师和她的老年芭蕾舞蹈队

顺义区广电中心　李素华、陈学森、罗颖、袁伯伟

三等奖（15个）

短纪录片：北京最帅公交司机的一天

北京电视台　徐凌雪、王紫健

专题片：景泰蓝厂，这里的精彩静悄悄

北京电视台　李欣、张妍、张晓达、国嘉

专题片：区长应诉

北京电视台　司健、经春、张颖、李晓惠、吾同、王雪冰

专题片：赵葆秀——德艺双馨 璀璨人生

北京电视台　林斐、王天凤

专题片：90后掌柜的豆汁人生

北京电视台　颜匀、王娟、刘紫昀

系列片：1974南海风云

北京电视台　杨东、吕军、黄炜、王红、刘晓彤、吴志勇

特别节目：《北京情怀》特别节目

北京电视台　艾冬云、张庆、周永萍、胡阳、陈钢、刘玉叶

特别节目：《雷锋·身边》北京卫视大型主题节目

北京电视台　徐滔、牛振青、李志兵（峙冰）、华剑雄（华健雄）
陈小健、赵然、王杨、王旭东、张栗坤

专题片：不走寻常路的创业者

北京广播电视台　白宝林、邵帅、张然

短纪录片：黑色艺术的追梦人

北京广播电视台　李超毅、张然、段红蕊、白宝林

专题片：真情手递手——减压俱乐部里的年轻人

北京广播电视台　王彤羽、王丹

专题：妈妈

门头沟区广电中心　连烁

系列报道："风雪通行 温暖妫川" 11.3暴雪系列报道

延庆县广电中心　冯亚玲

专题：军旗下的通州儿女

通州区广电中心　吴小强、高玉强

连续报道：石景山区抗击"7.21"特大自然灾害连续报道(三集)

石景山区广电中心　新闻部集体

电视境外播出（4个）

一等奖（1个）

境外播出：华人三高——让中国音乐问鼎世界

北京电视台　严葳、沈澜、高晰

二等奖（1个）

境外播出：伊泉——骑行在北京

北京电视台　严葳、沈澜、高晰、姜力

三等奖（2个）

境外播出：“水立方杯”海外华裔青少年中文歌曲大赛颁奖晚会

北京电视台　姜华、石涛、吕凌、吕品、罗向楠

境外播出：中国好功夫之实战咏春拳

北京电视台　徐剑、袁磊、薛炜

电视优秀栏目（12个）

《养生堂》　北京电视台

《锐观察》　北京电视台

《军情解码》　北京电视台

《咱爸咱妈的美好时代》　北京电视台

《都市晚高峰》　北京电视台

《畅行北京》　北京广播电视台

《96310》　北京广播电视台

《真情零距离》　丰台区广电中心

《中国书画鉴赏》　海淀区新闻中心

《相约》　昌平区广电中心

《魅力新农村》　延庆县广电中心

《科普直通车》　密云县广电中心

电视播音与主持（13个）

一等奖（2个）

电视主持：日本所谓“国有化”钓鱼岛 意欲何为？

北京电视台　罗旭

电视主持：《解读十八大 憧憬新怀柔》第五期

怀柔区广电中心　赵明霞

二等奖（4个）

电视主持：重症肝病的回天术

北京电视台　刘婧

电视主持：北京情怀

北京电视台　聂一菁

电视主持：丰台新闻

丰台区广电中心　任毅

电视主持：滕王阁序

通州区广电中心　王姝、老唐

三等奖（7个）

电视主持：《风雨同舟众志成城》——雨中进行时特别直播

北京电视台　马迟

电视主持：都市晚高峰

北京电视台　孙扬

电视主持：《北京新闻》

北京电视台　王业、王小佳

电视主持：《成长在北京》——无线开关，无限财富

北京电视台　李杰

电视主持：海淀新闻

海淀区新闻中心　范杰

电视主持：退休老人的快乐生活

昌平区广电中心　李康

电视主持：朝阳新闻

朝阳区广电新闻中心　张锐锋、田爽

电视文艺（16个）

一等奖（4个）

综艺节目：光影流金第二届北京国际电影节开幕式

北京电视台　集体

综艺节目：2012北京电视台春节联欢晚会

北京电视台　集体

综艺节目：天涯共此时——“卢沟晓月”2012中秋晚会

北京电视台　孙仝、毕鲁克、姜力、殷鹤鸣、刘昊雪、孙慕君、郭妍

综艺节目：美丽乡村——2012北京最美的乡村主题晚会

北京电视台　王淳华、郝洪、朱晓、乔卫、郑军、尹兴军

二等奖（4个）

综艺节目：2012年BTV环球春晚

北京电视台　集体

综艺节目：“北京之夜”2012两岸城市文化互访系列——北京文化周开幕晚会

北京电视台　孙洪信、辛宁、斯蕾、任卫新

综艺节目：唱响中国——平谷演唱会

北京电视台　王丽萍、秦峥、乔卫、李兰、潘全心

综艺节目：永远跟党走

北京电视台　于守山、叶蔚宁、姜力、曹翀宇

三等奖（8个）

综艺节目：2012 BTV网络春晚

北京电视台　高文曦

综艺节目：清明·咏怀——第五届北京清明诗会

北京电视台　辛宁、斯蕾、乔卫、刘莹、王倩倩

综艺节目：童乐六一——我们一起成长

北京电视台　集体

综艺节目：8090说相声总决赛

北京电视台　刘枫、冯肃然、曹扬

广告节目：《播撒绿色 让地球更美》植树节系列宣传片

北京电视台　陈晔、罗丽红、竺锦、庞恺、薛润洁、杨杰、金晓丽、王海卫

广告节目："爱生活，每一天"系列形象宣传片

北京电视台　赵彤、任友红、李璐

广告节目：马布里下象棋

北京电视台　刘茹、刘欧、周海川、郑磊、谭亮、李毅

文艺节目：《爱心雨花》北京首届老年才艺大赛年度总决赛暨颁奖典礼

北京广播电视台　梁自珍、赵南南、黄晨、周正

三、广电报刊类作品

一等奖：（1个）

通讯：婆妈剧中争斗为何被放大？

北京广播电视报　集体（张晶等）

二等奖：（4个）

通讯：小喇叭依然响亮

北京广播电视报 集体（陈文等）

通讯：王苗，BTV"红绿灯"摄像的一天

北京广播电视报　冷梅

通讯：我来陪陪您

北京广播电视报　程戈、常江

评论：莫让破烂登堂入室

北京广播电视报　张琳

三等奖：（7个）

通讯：荧屏母亲感动我们

北京广播电视报　集体（王青等）

通讯：广播电视助相声崛起

北京广播电视报　集体（鄢利平等）

通讯：电视剧“谁来伺候妈”让我们思考谁来伺候妈

北京广播电视报　夏茂平、李雄峰、程戈、马丽、朱子

通讯：知青，无法尘封的记忆

北京广播电视报　郭大志、夏茂平、朱子、常江、马丽

通讯：电视热线到底有多热

北京广播电视报　程戈、马丽

通讯：BTV报道后火了的那人、那店、那地方

北京广播电视报　程戈、朱亚芹、马丽、郭大志、常江、戴武

评论：血色的思考

北京广播电视报　张光

（北京市广播影视协会）

注：获得“2012年度北京市优秀广播电视节目奖”作品名单不再在各单位获奖名单中体现。

2010—2012年度
北京市广播影视奖优秀作品一览表

一、电视节目

我国自主研发的超大规模数控机床首次投入使用　北京电视台
2010年的第一场大雪　北京电视台
上海世博会宣传报道　北京电视台
《特别关注》　北京电视台
《这里是北京》　北京电视台
《天下财经》　北京电视台
金话筒传递的力量　北京电视台
和你在一起　北京电视台
追忆钱伟长　北京电视台
《吴玉禄和他的孩子们》　北京电视台
《2010北京电视台春节联欢晚会》　北京电视台
《2010北京电视台环球春晚》　北京电视台
《月上紫禁城——网络中秋晚会》　北京电视台
《碧水润京华——密云水库建成50周年主题晚会》　北京电视台
《警法目录》——拆弹专家王百姓　北京电视台
中国大陆首条自主建设最高世代液晶面板生产线投产　北京电视台

北京告别91年钢铁生产历史	北京电视台
我的中国心	北京电视台
《档案》	北京电视台
《每日文娱播报》	北京电视台
《体坛资讯》	北京电视台
《笔墨春秋》第一集《呐喊》	北京电视台
石清华　300个孩子一个爸	北京电视台
文化北京	北京电视台
生命缘	北京电视台
《江森海一家的胡同情》	北京电视台
《2011北京电视台春节联欢晚会》	北京电视台
《2011北京电视台环球春晚》	北京电视台
《党在百姓心中》北京市庆祝中国共产党成立90周年主题晚会	北京电视台
《卢沟晓月乐动中秋》2011北京月亮歌会	北京电视台
《探梦天宫——天宫一号目标飞行器发射直播特别节目》	北京电视台
11岁女孩捐献器官挽救5人重获新生	北京电视台
穿越湖底的巨龙	北京电视台
《雨中进行时——“7·21”北京特大暴雨》大型直播	北京电视台
《养生堂》	北京电视台
《锐观察》	北京电视台
《军情解码》	北京电视台
《咱爸咱妈的美好时代》	北京电视台
《都市晚高峰》	北京电视台
北京“11·4”暴雪首都武警抢险救援纪实	北京电视台
人民的艺术	北京电视台
《档案》——“苏联解体——‘8·19’事件内幕”	北京电视台
《身边》——“生命缘”	北京电视台
《华人三高——让中国音乐问鼎世界》	北京电视台
《光影流金第二届北京国际电影节开幕式》	北京电视台
《2012北京电视台春节联欢晚会》	北京电视台
《天涯共此时——“卢沟晓月”2012中秋晚会》	北京电视台
《2012北京最美的乡村主题晚会》	北京电视台
日本所谓“国有化”钓鱼岛意欲何为	北京电视台
《北京新闻》	北京电视台
《法制进行时》	北京电视台
《身边》	北京电视台
《和自己对话》	北京电视台
免费“法律诊所”进农村解疑答惑为农民	昌平区广电中心

《真情故事》	昌平区广电中心
昌平苹果在全国率先实现“零农残”	昌平区广电中心
90岁老人珍藏16张选民证	昌平区广电中心
昌平红色记忆	昌平区广电中心
全球首个戊肝疫苗在昌平诞生	昌平区广电中心
《相约》	昌平区广电中心
《和谐在线》栏目——我的职业是村官	朝阳区广电新闻中心
《同在蓝天下》	朝阳区广电新闻中心
大兴区西红门镇推行村庄社区化管理	大兴区广电中心
农民笑着走向城市	大兴区广电中心
大兴新闻	大兴区广电中心
《丰台故事》	丰台区广电中心
《真情零距离》	丰台区广电中心
《中国书画鉴赏》	海淀区新闻中心
“牛—蚯蚓—树”：循环农业让农民受益	怀柔区广电中心
科学发展成就辉煌	怀柔区广电中心
解读十八大憧憬新怀柔第五期	怀柔区广电中心
《京西风景线》	门头沟区广电中心
《经济一刻钟》	密云县广电中心
水库五十载一曲大鼓书	密云县广电中心
《檀州大舞台》	密云县广电中心
《科普直通车》	密云县广电中心
《法治聚焦》	石景山区广电中心
顺义区保障性住房实现1:1配售	顺义区广电中心
《情动绿港》	顺义区广电中心
约定	顺义区广电中心
北务镇菜农蔬菜交易零成本	顺义区广电中心
《一路平安》	延庆县广电中心
特大暴雪夜千人大转移	延庆县广电中心
《魅力新农村》	延庆县广电中心
修车老人徐士银	北京广播电视台
绿色交通：还自行车路权	北京广播电视台
《出行导航》	北京广播电视台
社区里的天使	北京广播电视台
《党员在身边》系列报道	北京广播电视台
多种方式解决出行“最后一公里”	北京广播电视台
《整点播报》	北京广播电视台
卡惠民生——小卡见证北京十年发展	北京广播电视台

拉萨的北京交警	北京广播电视台
《畅行北京》	北京广播电视台
《96310》	北京广播电视台
用“心”重塑生命的“大医”	北京广播电视台
《用夕阳余晖照耀教育沃土》	北京广播电视台

二、广播节目

外省市声势浩大北京组团招聘，留京不再是毕业生绝对选择	北京人民广播电台
莫让垄断形成腐败“黑洞”	北京人民广播电台
追星逐月——对话航天大师孙家栋	北京人民广播电台
《新闻2010》	北京人民广播电台
《市民热线》	北京人民广播电台
《今晚拍案》	北京人民广播电台
《任人好爱范美丽》	北京人民广播电台
《广播之友》	北京人民广播电台
有你真好	北京人民广播电台
大地妈妈易解放	北京人民广播电台
畅行新北京	北京人民广播电台
英雄儿女	北京人民广播电台
传奇拧老太	北京人民广播电台
特别节目：中加走过四十年	北京人民广播电台
主持作品：求求你，表扬我	北京人民广播电台
高晓松成为醉驾入刑以来最高量刑第一人	北京人民广播电台
微博打拐，见证公民力量的成长	北京人民广播电台
请跟我回家	北京人民广播电台
《新闻天天谈》	北京人民广播电台
《中国财经60分》	北京人民广播电台
《交通新闻热线》	北京人民广播电台
《中国歌曲排行榜》	北京人民广播电台
《家里家外》	北京人民广播电台
家政公司总经理和他的“爹妈”们	北京人民广播电台
母亲的希望	北京人民广播电台
马法官家的二小子	北京人民广播电台
马兰的琴声	北京人民广播电台
伟大的转折	北京人民广播电台
一列绿皮火车带来的希望	北京人民广播电台
他们是真诚面对信仰的人——阳和平教授回忆父亲母亲的故事	北京人民广播电台

京藏高速暴雪44小时救援行动	北京人民广播电台
《新闻热线》	北京人民广播电台
《1039交通服务热线》	北京人民广播电台
《话说天下》	北京人民广播电台
《激情赛场》	北京人民广播电台
《感受北京》	北京人民广播电台
北京的晨练曲	北京人民广播电台
北京湿地，“肾”的功能如何发挥	北京人民广播电台
地球日连线地球	北京人民广播电台
骤雨惊雷60年	北京人民广播电台
爱的呼唤	北京人民广播电台
道不尽的鼓岭情缘	北京人民广播电台
《大地与坟茔》——王宗仁笔下的青藏烈士	北京人民广播电台
木厂村成为北京首个领取林权证的村庄	昌平区广电中心
《与法同行》	昌平区广电中心
《心情追忆》——《用生命点亮青春》	昌平区广电中心
护林防火的瞭望者	昌平区广电中心
《我的讲述我的故事》	昌平区广电中心
大兴区探索保障性住房新思路让闲置回迁房“变身”公租房	大兴区广电中心
村民卖瓜难微博来救援	大兴区广电中心
“农技通”手机为农民提供有力技术保障	大兴区广电中心
“7.21”生命大救援	房山区广电中心
刘刚雨夜救人	房山区广电中心
全国第一个取得独立民事主体资格的业主大会在怀柔诞生	怀柔区广电中心
《成长》	怀柔区广电中心
《农广天地》	怀柔区广电中心
第二届怀柔十大道德模范——孝老爱亲葛丽	怀柔区广电中心
奉献之歌	密云县广电中心
养殖能手成为我市首位农民碳汇购买者	密云县广电中心
《人之初》	顺义区广电中心
说身边小事做顺义好人	顺义区广电中心
《读书品人生》	顺义区广电中心
暴雨之后说英雄	顺义区广电中心
《新城故事》	通州区广电中心
我有一双隐形的翅膀	通州区广电中心
为农民的责任意识叫好	延庆县广电中心
《今日农村》	延庆县广电中心

三、广播电视节目技术类

《2011年北京电视台春节联欢晚会》	北京电视台
《保护大湿地》	北京电视台
2011年度标清《北京新闻》	北京电视台
2011年度高清《北京新闻》	北京电视台
《首展启蒙的艺术》	北京电视台
《环球春晚》	北京电视台
标清《2012 北京电视台春节联欢晚会》	北京电视台
2012年标清《北京新闻》	北京电视台
2012 BTV网络春晚	北京电视台
《北京精神》片头	北京电视台
《2012北京电视台春节联欢晚会》片头	北京电视台
高清《2012 北京电视台春节联欢晚会》	北京电视台
买房夫妻	北京电视台
特别关注	北京电视台
大家庭	北京电视台
春华秋实——北京电视剧辉煌30年主题晚会	北京电视台
2012年意大利足球超级杯赛	北京电视台
环绕声片花《早安北京》	北京人民广播电台
北国之春	北京人民广播电台
唐毫舍序曲	北京人民广播电台
专题《时间的两边》	北京人民广播电台
专题《悲喜评书缘》	北京人民广播电台
片花《外语广播宣传》	北京人民广播电台
《黄河》	北京人民广播电台
广播剧《暗战》	北京人民广播电台
《最后的猎人》	北京人民广播电台
《新麻辣姻缘》	北京人民广播电台
《稻香村——记忆篇》	北京人民广播电台
《她— 》	北京人民广播电台
《英雄儿女》	北京人民广播电台
广告《我要》	北京人民广播电台
专题《又见评书人》	北京人民广播电台
广告《校长来了》	北京人民广播电台
京西风景线片花《如诗如画门头沟》	门头沟区广电中心
顺义新闻	顺义区广电中心
交通安全公益广告	延庆县广电中心

四、电影

《一九四二》 华谊兄弟传媒股份有限公司
《人在囧途之泰囧》 北京光线影业有限公司
《桃姐》 博纳影业集团有限公司
《飞越老人院》 大盛国际传媒（北京）有限公司
《边境风云》 北京小马奔腾影业有限公司
《万箭穿心》 北京今典影业有限公司
《神探亨特张》 北京缘鑫国际文化传媒有限公司
《冰雪11天》 博纳影业集团有限公司
《跑出一片天》 一九零五（北京）网络科技有限公司
《十二生肖》 北京耀莱国际文化产业投资有限公司
《钢的琴》 完美世界（北京）影视文化有限公司
《杨善洲》 北京紫禁城影业有限责任公司
《惊沙》 紫禁城影业有限公司
《失恋33天》 北京华美时空文化传播有限公司
《毒战》 海润影业有限公司
《第一书记》 北京紫禁城影业有限责任公司
《我们天上见》 北京中联华盟文化传媒投资有限公司
《山楂树之恋》 北京新画面影业公司
《剑雨》 北京小马奔腾壹影视文化发展有限公司

五、动画电影

《魁拔》 北京青青树动漫科技有限公司

六、电影纪录片

《无与伦比的辉煌》 北京市广播电影电视局

七、电视剧

《黎明之前》 北京电视台
《金婚风雨情》 北京电视艺术中心
《媳妇的美好时代》 北京电视台
《婚姻保卫战》 北京鑫宝源影视投资有限公司
《爱在苍茫大地》 北京中联华盟文化传媒有限公司
《永不消逝的电波》 北京唐德国际文化传媒有限公司
《不如跳舞》 北京国立常升影视文化传播有限公司
《水浒传》 北京吉祥如意影视策划有限公司
《老牛家的战争》 北京鑫宝源影视投资有限公司
《猎人笔记之谜》 北京中北电视艺术中心有限公司
《我是特种兵》 北京小马奔腾壹影视文化发展有限公司
《永不磨灭的番号》 北京电视台

《雪花那个飘》 北京电视台
《人到四十》 北京源合圣影视文化发展有限公司
《师傅》 北京唐德国际文化传媒有限公司
《风车》 北京北广传媒影视有限公司
《中国 1945》 北京国立常升影视文化传播有限公司
《夏妍的秋天》 北京星光集团、北京星光联合传媒
《你是我兄弟》 北京电视台
《北京青年》 北京鑫宝源影视投资有限公司
《五湖四海》 北京北广传媒影视有限公司
《正者无敌》 北京中联华盟文化传媒投资有限公司
《民兵葛二蛋》 北京小马奔腾壹影视文化发展有限公司
《火蓝刀锋》 北京星梦工场文化传媒有限公司
《连环套》 北京华谊兄弟娱乐投资有限公司
《麻辣女兵》 完美世界(北京)影视文化有限公司
《铁血男儿夏明翰》 北京星光联合传媒有限公司
《妈祖》 北京网连八方文化传媒有限公司
《木府风云》 海润影视制作有限公司

八、电视动画片

《侠岚》 北京若森数字科技有限公司
《生日梦精灵》 恒大动漫产业有限公司
《小喇叭之抱抱熊365晚安故事》 央广江通（北京）文化传播有限公司
《星游记》 北京卡酷传媒有限公司
《文字国历险记——浩昊三战怪怪城》 北京浩昊科技发展有限公司
《我们小孩有力量》 北京卡酷卫星频道有限公司

九、电视纪录片

《马文与中国大熊猫》 北京中联华盟文化传媒投资有限公司
《货币》 北京木子合成影视文化传媒有限公司
《公司的力量》 北京三多堂传媒科技有限公司
《空中看北京》 北京市广播电影电视局
《人民大会堂》 北京电视台纪实高清频道
《红色传奇》 北京大陆桥文化传媒集团
《末代皇帝——溥仪》 北京大陆桥文化传媒集团
《光影如歌——谢铁骊》 北京雷禾文化传媒有限公司
《地球档案》 荣阳华斐（北京）文化传播有限公司

十、文章

我们在红色中收获感动 北京广播电视报社

2010—2012年度
北京市广播影视奖创优先进个人

（以姓氏笔画为序）

北京广播电视台创优先进个人

马迟、于晓丹、牛力、王萌、王敏、王新华、石悦、刘畅、刘洪悦、刘慧、刘军、刘燕伟孙仝、李超毅、张锋、张苏、张瑞娟、张硕、杜伟、李烨、杨洪、杨行、周东红、宓鸿、孟孟、金蕾、罗旭、俞恺、赵蕾、柏松、赵爽、贺西平、郝卫群、秦晓明、章萍、黄炜、梁言、曹漫、曾伟京、楚孝义、戴蔚然。

区县广电中心创优先进个人

王颖、石晓访、刘剑、李鹏、杨涛、罗燕东、郑彧淼、高梅、谢博识、聂淑芳。

影视剧类创优先进个人

王忠磊、孔笙、冯小刚、刘江、刘阔、孙红雷、吕乐、宋佳、李立功、李雪健、李幼斌、赵宝刚、张国立、张嘉译、张猛、吴秀波、陈宝国、陈国星、武寒青、郑晓龙、徐帆、凌立、高满堂、黄渤、谢猛军、鲍晶晶、颜丙燕、滕华弢。

注：获得“2010—2012年度北京市广播影视奖优秀作品奖”的作品名单不再在各单位获奖名单中体现。

（北京市新闻出版广电局宣传管理处）

2013年北京广播电视节目技术质量评比获奖名单

广播类

节目名称	类别	单位	主要完成人	奖励等级
环绕声《新闻特写》	环绕声	北京人民广播电台技术中心	曹漫、马笑宇	一等奖
交通安全公益广告	广告	延庆电台	李永生 高成红、杨涛	一等奖
广告《我要》	广告	北京人民广播电台技术中心	孟孟、杜丰	一等奖
专题《又见评书人》	语言—专题	北京人民广播电台技术中心	董珂、于立良	一等奖

续 表

节目名称	类别	单位	主要完成人	奖励等级
广告《校长来了》	广告	北京人民广播电台技术中心	张碧宁、杜丰	二等奖
片花《娱乐72变》	片花	北京人民广播电台技术中心	孟孟、董珂	二等奖
歌曲《褪色的记忆》	音乐—声乐—通俗	北京人民广播电台技术中心	曹漫、程春	二等奖
单弦《北京的桥》	曲艺	北京人民广播电台技术中心	贺西平	二等奖
七月泛舟	语言—艺术	顺义区广播电视中心	高嵩、王艳丽 赵福艳	二等奖
新闻专访《北京知青》	语言—新闻	北京人民广播电台技术中心	王爱义	二等奖
广播剧《毛毛狗之迷途的小星星》	广播剧	北京人民广播电台技术中心	傅博、董珂	二等奖
京剧曲牌《监酒令》选段	戏曲	北京人民广播电台技术中心	于立良	三等奖
绿色出行公益广告	广告	顺义区广播电视中心	高嵩、王进松 刘金耀	三等奖
无伴奏合唱《周围只是大草原》	音乐—声乐—美声	北京人民广播电台技术中心	陈小斌	三等奖
FunHill时间	片花	房山区广播电视中心	石可、李岩峰	三等奖
我爱你，中国的鲜花港	语言—艺术	顺义区广播电视中心	高嵩、王进松、 刘金耀	三等奖
H7N9公益广告	广告	顺义区广播电视中心	高嵩、王艳丽、 刘金耀	三等奖
为了不曾逝去的手足情	语言—专题	通州区广播电视中心	李凡凡、宫宝文	三等奖
戈登太子	戏曲	通州区广播电视中心	宫宝文、赵坤	三等奖

续 表

节目名称	类别	单位	主要完成人	奖励等级
FunHill时间	语言—专题	房山区广播电视中心	刘玉迎、刘振明	三等奖
你永远都是我的掌上明珠	语言—专题	通州区广播电视中心	周思思、王建国	三等奖
片花《新音乐风暴2013》	片花	北京人民广播电台技术中心	马笑宇	三等奖
我喜欢	片花	房山区广播电视中心	熊京生、李岩峰	三等奖

电视类

节目名称	类别	单位	主创人员	奖励等级
2013北京电视台春节联欢晚会	标清综合文体	北京电视台	周旭辉、陈超 孟晴、秦冬阳 孙海林、张骞	一等奖
2013北京电视台春节联欢晚会	高清综艺	北京电视台	姚银壮、张志杰 杨宣军、翟小辉 王海晨、薄非	一等奖
2013北京电视台春晚片头	视频图形制作片头	北京电视台	贺文林、欧阳三明 薛晓东	一等奖
我们的故事第4集	标清专题	北京电视台	赵晨、高亚美 贺佳、王辉	一等奖
买房夫妻	高清电视剧	北京电视台	杜艳红、吴显 王鹏、康维海 刘顺平、杜伟	一等奖
京郊大地片头	视频图形制作片头	北京电视台	朱丽、洪贺、武晓雪	一等奖
2013环球春晚	高清声音综艺	北京电视台	吴铮、范强、余勇平 蒋红艳、李铎 王翔	二等奖
北京公园群众文化活动巡礼	标清专题	北京电视台	柏晓维、杨宝 王敏敏、牛强	二等奖
特别关注	标清新闻	北京电视台	周东红、白爱华 润博、宋峥	二等奖

续　表

节目名称	类别	单位	主创人员	奖励等级
大家庭	高清电视剧	北京电视台	楮存、李琳 孙红伟、李长云 石峰、曹杰	二等奖
春华秋实——北京电视剧辉煌30年主题晚会	高清综艺	北京电视台	戴巧玲、张宁 张帆、刁旺、阳华 张伟	二等奖
北京味道	高清专题	北京电视台	张晖、欧茁、杨涛 丁辰	二等奖
2013环球春晚	高清综艺	北京电视台	张鹏程、邓乐 王笑林、张博 王永文、岳海霞	二等奖
顺义新闻	标清新闻	顺义电视台	视频：高梅、乔聪 音频：王学刚 灯光：朱广鹏	二等奖
2012年意大利足球超级杯赛	高清体育	北京电视台	王喆、叶志云 冉晓峰、刘畅 李沛、安贵江	二等奖
临空崛起	标清专题	顺义电视台	视频：高梅、乔聪 音频：王学刚 灯光：朱广鹏	二等奖
今日京华	高清专题	北京电视台	陈鹭、王梦羽 李澎、陈奇	二等奖
我是单靖雅	标清专题	顺义电视台	视频：乔聪、高梅 音频：王学刚 灯光：周可维	三等奖
石景山区2013年军民春节联欢会	标清综合文体	石景山区广播电视中心	张金勇、刘红波 孙磊、隗合民 丁一、张艳阳	三等奖
谁动了我的节日	视频图形制作动画片	北京电视台	梁建华、刘苹 陈磊、郭世九	三等奖
红绿灯	标清新闻	北京电视台	孙一鑫、丁燕 何吴炳、尹颉君	三等奖
房山新闻	高清新闻	房山区广播电视中心	许亚辉、冯明耀 杨建国、张华 王猛	三等奖

续　表

节目名称	类别	单位	主创人员	奖励等级
运河清风	标清片头	通州区广播电视中心	高宝森、宫宝文 郭兴魏、杨国栋	三等奖
“11.3抗击暴雪”	标清专题	延庆电视台	李永生、高成红 杨涛、苑佳	三等奖
法治与生活	标清专题	房山区广播电视中心	熊京生、冯明耀 穆晓凤、张华	三等奖
房山电视台改版宣传片	视频图形制作片头	房山区广播电视中心	刘瑜、冯明耀	三等奖
看通州	标清专题	通州区广播电视中心	赵佳琼、李晶 赵坤、张丽莉	三等奖
昌平新闻	标清新闻	昌平区广播电视中心	冯晓龙、刘庆娟 任苑、冯敏	三等奖
相约“情深意长歌不倦——访声乐教育歌唱家鲁祖立”	标清专题	昌平区广播电视中心	冯晓龙、刘庆娟 任苑、冯敏	三等奖
房山区2013年新年音乐会	标清综合文体	房山区广播电视中心	冯明耀、杨建国 李岩峰、卢双庆 张峻杰、武逸洋 张华、牛雪锋	三等奖
早安房山	标清新闻	房山区广播电视中心	冯明耀、石可 穆晓凤、牛雪锋	三等奖
延庆新闻	标清新闻	延庆电视台	高成红、曹春霞 杨涛、林晓玉	三等奖
感动永乐好村民	标清专题	通州区广播电视中心	赵旭飞、李岳 赵坤、高宝森	三等奖
精品赏析	标清片头	通州区广播电视中心	高宝森、宫宝文 王建国、张丽莉	三等奖
2012年人大专题片	标清专题	房山区广播电视中心	杨建国、刘玉迎 李岩峰、卢双庆	三等奖
百姓话题—“皓月当空话团圆”	标清专题	昌平区广播电视中心	冯晓龙、陈宁 王方圆、崔淼	三等奖
通州新闻	标清新闻	通州区广播电视中心	王文君、吕建杰 赵坤、王建国	三等奖

（北京市广播电影电视局科技处提供）

2013年北京人民广播电台获奖作品一览表

奖项名称	获奖作品	体裁	届数	奖项等级	获奖部门及人员
中国新闻奖 北京新闻奖	7月21日20点 《整点快报》	新闻编排	23届 22届	一等奖 三等奖	新闻广播 亢晓夏
中国新闻奖 中国广播影视大奖	迎战入冬首场雪 用爱温暖回家路	现场直播	23届 2011—2012 年度	三等奖 广播大奖	新闻广播集体
中国广播影视大奖	高晓松成为醉驾入刑以来最高量刑第一人	消息	2011—2012 年度	广播大奖	城管广播 高波
中国广播影视大奖	爱的呼唤	音乐节目	2011—2012 年度	广播大奖	冯健、张欣 梁言 罗霄笑
中国广播影视大奖	悲喜评书缘—— 单田芳的评书人生	戏曲曲艺节目	2011—2012 年度	广播大奖	张宏、徐北威 陈雅娟
中国广播影视大奖	“破解猪肉价格迷局” 系列报道	消息	2011—2012 年度	广播提名	席伟航、连新元 马骏、霍玥 刘莹莹
中国广播影视大奖	微博打拐，见证公民力量的成长	评论	2011—2012 年度	广播提名	城市广播 董婉苏 张锋
中国广播影视大奖	马法官家的二小子	专题	2011—2012 年度	广播提名	交通广播 姚博
中国广播影视大奖 北京新闻奖	京藏高速暴雪44小时 救援行动	专题	2011—2012 年度22届	广播提名 一等奖	交通广播 张瑞娟 梁和芝
中国广播影视大奖	暴雨中的“及时雨”	现场直播	2011—2012 年度	广播提名	交通广播集体
中国广播影视大奖 北京新闻奖	新闻热线	栏目	2011—2012 年度 22届	广播提名 二等奖	新闻广播集体
中国广播影视大奖 北京新闻奖	道不尽的鼓岭情缘	对外广播新闻节目	2011—2012 年度 22届	广播提名 二等奖	外语广播 戴蔚然 吴梅红
中国广播影视大奖	另一半中国史	长篇连播	2011—2012 年度	广播提名	文艺广播 邵军 郝卫群 新闻广播 罗湘萍 天时
中国广播影视大奖	雨中的树	原创歌曲	2011—2012 年度	广播提名	音乐广播 王卓
中国广播影视大奖	没有共产党就没有 新中国	广播剧	2011—2012 年度	广播提名	文艺广播 沈弘 邵军

续 表

奖项名称	获奖作品	体裁	届数	奖项等级	获奖部门及人员
北京新闻奖	文化北京万里行	节目策划	22届	组织策划奖	新闻广播 林俐 罗湘萍、李哲勇 张红力、唐思萌
北京新闻奖	百姓关注新一届领导人亮相，对未来充满信心	消息	22届	二等奖	新闻广播 霍玥
北京新闻奖	食品安全面前，专家要有道德底线，监管部门不能“躲猫猫”	评论	22届	二等奖	新闻广播 刘畅 谢先进
北京新闻奖	怎样让流浪儿童有个家	新闻访谈	22届	二等奖	城管广播 章维 曹宇、赵爽
北京新闻奖	代表呼吁代表会场控烟	短消息	22届	三等奖	城管广播 章维
北京新闻奖	京港澳高速上演生死救援房山小伙刘刚舍小家救大家	消息	22届	三等奖	新闻广播 郭雅婧
北京新闻奖	只“看病”不“治病”，预约挂号显尴尬	消息	22届	三等奖	城管广播 高傲
北京新闻奖	温暖雪中情	专题	22届	三等奖	新闻广播 马骏 田甜
北京新闻奖	北礼士路女子突陷热水坑致死事件追踪	连续报道	22届	三等奖	新闻广播 秦鲁一
北京新闻奖	“中国龙，通南北”——京广高铁全线通车特别直播	现场直播	22届	三等奖	交通广播 李秀磊 罗霄兵、延安 邢立新、朱来生 赵楠、王敏 戚天等

（北京人民广播电台）

2013年度北京电视台获奖作品一览表

奖项名称	获奖作品	体裁	届数	奖项等级	部门
中国新闻奖	雨中进行时——7.21北京特大暴雨	电视直播	20届	一等奖	新闻
四川电视节“金熊猫”奖	《飞越五千年》	动画片	2013	最佳国产电视系列动画片	北京卡酷传媒有限公司

续 表

奖项名称	获奖作品	体裁	届数	奖项等级	部门
四川电视节“金熊猫”奖	《星游记》	动画片	2013	国际动画作品提名奖	北京卡酷传媒有限公司
中国广播影视大奖	《北京告别91年钢铁生产历史》	消息	2011—2012年度	广播电视节目大奖	新闻中心
中国广播影视大奖	《经适房为何变身出租房》	新闻	2011—2012年度	广播电视节目大奖	新闻中心
中国广播影视大奖	《雨中进行时——7•21北京特大暴雨大型直播》	新闻	2011—2012年度	广播电视节目大奖	新闻中心
中国广播影视大奖	《生命缘——生命中的第一次拥抱》	专题	2011—2012年度	广播电视节目大奖	卫视中心
中国广播影视大奖	《军情解码》	栏目	2011—2012年度	广播电视节目大奖	青少•海外中心
中国广播影视大奖	《11岁女孩捐献器官挽救5人重获新生	新闻	2011—2012年度	广播电视节目奖提名奖	新闻中心
中国广播影视大奖	《瓜田何以变成挖沙场》	评论	2011—2012年度	广播电视节目奖提名奖	新闻中心
中国广播影视大奖	《雨中进行时》(2011)	现场直播	2011—2012年度	广播电视节目奖提名奖	新闻中心
中国广播影视大奖	《人民的艺术》	专题	2011—2012年度	广播电视节目奖提名奖	新闻中心
中国广播影视大奖	《笔墨春秋——呐喊》	专题	2011—2012年度	广播电视节目奖提名奖	科教中心
中国广播影视大奖	《华人三高——让中国音乐问鼎世界》	对外电视新闻	2011—2012年度	广播电视节目奖提名奖	青少•海外中心
中国广播影视大奖	《2012年北京电视台网络春节联欢晚会》	电视综艺节目	23届	广播电视节目奖“星光奖”大奖	文艺节目中心
中国广播影视大奖	《2013环球春晚》	电视歌舞节目	23届	广播电视节目奖“星光奖”大奖	青少•海外中心

续　表

奖项名称	获奖作品	体裁	届数	奖项等级	部门
中国广播影视大奖	《人民的艺术》	电视纪录片	23届	广播电视节目奖“星光奖”大奖	新闻中心
中国广播影视大奖	《光荣绽放》	电视文艺栏目	23届	广播电视节目奖“星光奖”大奖	文艺节目中心
美国博班克国际电影节	《光荣绽放》	动画短片	5届	最佳国际动画短片奖	北京卡酷传媒有限公司
中国电视剧飞天奖	独生子女的婆婆妈妈	长篇电视剧	29届	三等奖	影视剧中心
北京影视春燕奖	麻辣教师	短篇电视剧	17届	最佳短篇电视剧奖	动画节目中心
北京影视春燕奖	2011北京电视台环球春晚	综艺节目	17届	最佳综合电视文艺节目	青少·海外中心
北京影视春燕奖	光荣绽放	栏目	17届	最佳电视艺术栏目	文艺中心
北京影视春燕奖	水穿街巷话玉河	电视艺术片	17届	最佳电视艺术片	新闻中心
北京影视春燕奖	人民大会堂	长篇电视纪录片	17届	最佳长篇电视纪录片奖	纪实频道中心
北京影视春燕奖	国风	短篇电视纪录片	17届	最佳短篇电视纪录片奖	文艺中心
北京影视春燕奖	12345北京市非紧急救助服务热线公益广告	电视广告片	17届	最佳电视广告片奖	总编室
北京影视春燕奖	BTV龙年系列春晚节目宣传推广及舆情调研	网络视听作品	17届	首届北京网络视听春燕奖最佳作品推广奖	网络编辑室
北京影视春燕奖	幸福中国 最美北京——庆祝中国共产党成立90年	网络视听作品	17届	首届北京网络视听春燕奖最佳作品编辑奖	网络编辑室

续 表

奖项名称	获奖作品	体裁	届数	奖项等级	部门
北京影视春燕奖	2011BTV网络春晚	单项奖	17届	最佳电视文艺节目导演奖	青少·海外 李雪萍
北京影视春燕奖	党在百姓心中——北京市庆祝中国共产党成立90周年主题晚会	单项奖	17届	最佳电视文艺节目主持奖	王旭东
北京影视春燕奖	2012年北京电视台春节联欢晚会	单项奖	17届	最佳电视文艺节目摄像奖	文艺 姜力
北京影视春燕奖	2010世界杯直播	单项奖	17届	最佳电视文艺节目美术奖	制作部舞美科 杨硕
北京影视春燕奖	辛亥	单项奖	17届	最佳电视纪录片编导奖	新闻 吴群
北京影视春燕奖	人民大会堂	单项奖	17届	最佳电视纪录片摄像奖	纪实频道 俞恺
北京影视春燕奖	人民大会堂	单项奖	17届	最佳电视纪录片录音奖	制作部录音科 姚银壮
北京影视春燕奖	2010北京电视台动画春晚—卡酷年	单项奖	17届	最佳电视美术片形象设计奖	北京卡酷传媒有限公司 曾伟京
北京影视春燕奖	2012北京电视台春晚《中华欢腾夜 幸福一家亲》	单项奖	17届	最佳电视文艺节目化装奖	制作部 形象设计科
北京新闻奖	基层看变化 喜迎十八大	组织策划	22届	组织策划奖	新闻
北京新闻奖	郭金龙在房山区察看灾情	长消息	22届	一等奖	新闻
北京新闻奖	11岁女孩捐献器官挽救5人重获新生	长消息	22届	一等奖	新闻
北京新闻奖	雨中进行时—7.21北京特大暴雨	现场直播	22届	一等奖	新闻
北京新闻奖	穿越湖底的巨龙	新闻专题	22届	二等奖	新闻
北京新闻奖	北京科学家首解乙肝之谜	短消息	22届	二等奖	新闻

续 表

奖项名称	获奖作品	体裁	届数	奖项等级	部门
北京新闻奖	经适房为何变身出租房	新闻评论	22届	二等奖	新闻
北京新闻奖	风雪同行 感动北京	新闻专题	22届	二等奖	新闻
北京新闻奖	《锐观察》	栏目	22届	二等奖	新闻
北京新闻奖	北京市严查名人故居确保文物安全	长消息	22届	三等奖	新闻
北京新闻奖	北京首款自主品牌轿车北京牌今上市	短消息	22届	三等奖	新闻
北京新闻奖	关注退伍季——三军仪仗队：泪洒退伍仪式	短消息	22届	三等奖	新闻
北京新闻奖	北京捐赠爱心车京台和平之旅启动	长消息	22届	三等奖	新闻
北京新闻奖	一个新闻记者的“7•21”	系列报道	22届	三等奖	新闻
北京新闻奖	创新驱动中关村	系列报道	22届	三等奖	新闻
北京新闻奖	党在百姓心中	系列报道	22届	三等奖	科教
北京新闻奖	聚焦歼–15航母舰载机成功完成起降训练	新闻访谈	22届	三等奖	青少·海外
北京新闻奖	华人三高——让中国音乐问鼎世界	外宣	22届	三等奖	青少·海外
2013年全国春节文艺晚会及春节特别节目评选	2013年BTV卡酷少儿动画春晚	文艺晚会	2013年	春节特别节目优秀作品	动画
2013年全国春节文艺晚会及春节特别节目评选	2013年春节特别节目相亲相爱一家人之“影视风云”	文艺晚会	2013年	春节特别节目优秀作品	文艺
2013年全国春节文艺晚会及春节特别节目评选	2013“美丽乡村”晚会	文艺晚会	2013年	春节文艺晚会优秀作品	新闻

续 表

奖项名称	获奖作品	体裁	届数	奖项等级	部门
2013年全国春节文艺晚会及春节特别节目评选	2013年北京电视台环球春晚	文艺晚会	2013年	创新作品（创新奖、一等奖）	青少·海外
2013年全国春节文艺晚会及春节特别节目评选	2013年北京电视台环球春晚	文艺晚会	2013年	春节特别节目好作品（三等奖）	青少·海外
纪录·中国创优评析	飞翔的翅膀	新闻	7届	二等节目	纪实频道
“‘央视纪录频道杯’促进纪录片繁荣发展的实践探索与理论思考”征文评选	从《舌尖上的中国》看国家认同的意识形态构建	论文	2013年	优秀奖	新闻团体中心于烜
中国动漫金龙奖	开心超人	动画电影	10届	最佳动画电影奖	动画
“动漫北京”民族原创动漫形象大赛	功夫梨园	动画长片	2届	动画长片类第二名	动画
全国电视宣传片暨文艺节目包装评优	“家”系列宣传	频道（台）形象宣传片	2013年	二等创优荧屏导视奖	总编室
全国电视宣传片暨文艺节目包装评优	“节气”宣传片系列	栏目（节目）形象宣传片	2013年	三等创优荧屏导视奖	总编室
全国电视宣传片暨文艺节目包装评优	“爱·北京”系列宣传片	频道ID类形象宣传片	2013年	二等创优荧屏导视奖	总编室
全国电视宣传片暨文艺节目包装评优	庆祝奥运代表团凯旋晚会	栏目（节目）收视宣传片	2013年	三等创优荧屏导视奖	总编室
“‘宁波广电杯’广播电视与文化大发展大繁荣”征文活动评选	电视内容产业的全媒体转型及增值运营模式初探	论文	2013年	一等奖	文艺 宋毅
全国电视民生类节目推荐表彰活动	健康北京	栏目	2012年度	2012年度电视民生栏目社会影响十强	科教

续 表

奖项名称	获奖作品	体裁	届数	奖项等级	部门
2012年度第四批优秀国产动画片	《飞越五千年》	动画片	2012年度	优秀国产动画片	北京卡酷传媒有限公司
北京市文学艺术奖	《星游记》	动画片	2012年度第7届	优秀作品	北京卡酷传媒有限公司
厦门国际动漫节“金海豚”奖	《飞越五千年》	动画片	6届	最佳电视系列动画片金奖	北京卡酷传媒有限公司
北京广播电视台创新节(栏)目奖	《春妮的周末时光》	栏目	2013	栏目创新奖——金奖	文艺
北京广播电视台创新节(栏)目奖	《谁敢挑战小学生》	栏目	2013	栏目创新奖——金奖	北京卡酷传媒有限公司
北京广播电视台创新节(栏)目奖	《书香北京》	栏目	2013	栏目创新奖——银奖	青少·海外
北京广播电视台创新节(栏)目奖	《BTV2013卡酷少儿频道动画春晚》	节目创新	2013	节目创新奖——金奖	动画
北京广播电视台创新节(栏)目奖	《芦山地震特别节目报道》	节目创新	2013	节目创新奖——银奖	新闻
北京广播电视台创新节(栏)目奖	《BTV2013环球春晚》	节目创新	2013	节目创新奖——银奖	青少·海外
北京广播电视台创新节(栏)目奖	《高速路上的险境》	节目形态创新	2013	节目形态创新奖	科教
北京广播电视台创新节(栏)目奖	《北京味道》	节目形态创新	2013	节目形态创新奖	生活
北京广播电视台创新节(栏)目奖	《节节高升》	节目形态创新	2013	节目形态创新奖	体育
北京广播电视台创新节(栏)目奖	《2012年环北京职业公路自行车赛》	节目制作创新	2013	节目制作创新奖	体育
北京广播电视台创新节(栏)目奖	《2013北京电视台春节联欢晚会》	节目制作创新	2013	节目制作创新奖	制作部
北京广播电视台创新节(栏)目奖	《直通科考站——神十、蛟龙系列报道》	主题宣传创新	2013	主题宣传创新奖	科教

奖项名称	获奖作品	体裁	届数	奖项等级	部门
北京广播电视台创新节(栏)目奖	《北京公园群众文化活动巡礼》	主题宣传创新	2013	主题宣传创新奖	文艺
北京广播电视台创新节(栏)目奖	《从一大到十八大》	主题宣传创新	2013	主题宣传创新奖	卫视
北京广播电视台创新节(栏)目奖	《生活2012》	栏目	2013	入围奖	生活
北京广播电视台创新节(栏)目奖	《一起唱吧》	栏目	2013	入围奖	卫视
北京广播电视台创新节(栏)目奖	《水乡古镇的戏剧梦》	节目创新	2013	入围奖	纪实高清频道
北京广播电视台创新节(栏)目奖	《房山长沟大墓发掘进行时》	节目形态创新	2013	入围奖	新闻
北京广播电视台创新节(栏)目奖	《无底价拍卖——文玩杂项巧淘宝》	节目形态创新	2013	入围奖	财经
北京广播电视台创新节(栏)目奖	《军情解码》	节目制作创新	2013	入围奖	制作部
北京广播电视台创新节(栏)目奖	《第三届北京国际电影节开幕式》	节目创新	2013	入围奖	青少·海外
北京广播电视台创新节(栏)目奖	《绿色的召唤》	主题宣传创新	2013	入围奖	新闻
全国电视戏曲节目“兰花奖”评析活动	《戏天戏地》——端午话白蛇（下半年）		九届 2012—2013	三等奖	文艺
全国电视戏曲节目“兰花奖”评析活动	《戏天戏地》——红楼相亲（上半年）		九届 2012—2013	一等奖	文艺
全国电视戏曲节目“兰花奖”评析活动	《戏天戏地》——红楼相亲（上半年）		九届 2012—2013	最佳节目创意单项奖	文艺
全国电视戏曲节目“兰花奖”评析活动	《戏天戏地》——红楼相亲（上半年）		九届 2012—2013	最佳编导单项奖	文艺（马欧 刘昊雪）

续 表

奖项名称	获奖作品	体裁	届数	奖项等级	部门
全国电视戏曲节目“兰花奖”评析活动	《北京评剧票友段位评授段大典》		九届2012—2013	二等奖	文艺
优秀3D电视作品	《2012中国职业篮球全明星赛正赛》	体育/转播类	2012年度	最佳节目奖	
优秀3D电视作品	《2012中国职业篮球全明星赛正赛》		2012年度	立体艺术奖	
优秀3D电视作品	《2012年北京电视台春节联欢晚会》	综艺/动画类	2012年度	优秀节目奖	
“‘兰州广电杯’深化‘走转改’提升影响力”征文评选	《坚持“走转改”加强指导性》	论文	2013年	优秀奖	艺委会王晓路
“‘宁波广电杯’广播电视与文化大发展大繁荣”征文活动评选	《谈三农栏目在新形势下的创新》	论文	2012年	优秀奖	艺委会王晓路
星光电视文艺论文评选	《从〈舌尖上的中国〉看国家认同的意识形态构建》	论文	2013年	二等奖	新媒体中心于烜

（北京电视台）

2013年度北京电视艺术中心有限公司获奖作品一览表

奖项名称	获奖作品	体裁	届数	获奖等级	获奖部门及人员
北京影视春燕奖	《甄嬛传》	古装宫廷剧	第17届	十佳电视工作者最佳导演奖	郑晓龙

（北京电视艺术中心有限公司）

2013年度北京紫禁城影业有限责任公司获奖作品一览表

奖项名称	获奖作品	体裁	届数	奖项等级	获奖部门及人员
北京市文学艺术奖	第一书记	主旋律—人物传记	第七届	市级奖项	出品方
北京市文学艺术奖	杨善洲	主旋律—人物传记	第七届	市级奖项	出品方
第十五届中国电影华表奖优秀故事片奖提名	飞越老人院	现实体裁	第十五届	国家级奖项	出品方

（北京紫禁城影业有限责任公司）

2013年度北京北广传媒影视有限公司获奖作品一览表

奖项名称	获奖作品	体裁	届数	奖项等级	获奖部门及人员
北京市文学艺术奖	《风车》	电视剧	第7届		
中宣部“五个一工程”奖提名	《风车》	电视剧			
北京广播影视奖创优先进个人奖	《风车》	电视剧			孔笙、小宋佳
“2010—2012年度北京市广播影视奖”优秀作品	《风车》《五湖四海》	电视剧			
北京影视“春燕”奖“十佳电视工作者”			第7届		刘国华
北京影视“春燕”奖最佳摄像奖	《风车》	电视剧	第7届		孙墨龙、李雪

（北广传媒影视有限公司）

2013年度北京广播电视报社获奖作品一览表

奖项名称	获奖作品	体裁	届数	奖项等级	获奖部门及人员
全国省级广播电视报好新闻奖	买红妹借戏走出生活阴影	专访	22届	一等奖	刘颖

续 表

奖项名称	获奖作品	体裁	届数	奖项等级	获奖部门及人员
全国省级广播电视报好新闻奖	婆妈剧中争斗为何被放大？	通讯	22届	一等奖	张晶、陈文 刘颖、冷梅 王青、鄢利平
全国省级广播电视报好新闻奖	本报报道后他3天找到失散50年的战友	消息	22届	一等奖	陈文
全国省级广播电视报好新闻奖	暴风雪中的广播电视记者	通讯	22届	二等奖	冷梅、陈文
全国省级广播电视报好新闻奖	莫让破烂登堂入室	评论	22届	二等奖	张琳
全国省级广播电视报好新闻奖	王苗，BTV“红绿灯”摄像的一天	专访	22届	三等奖	冷梅
全国省级广播电视报好新闻奖	王雪纯：给小崔当拐棍，挺好！	专访	22届	三等奖	鄢利平
全国省级广播电视报好新闻奖	生死时段	评论	22届	三等奖	张光
中国广播电影电视报刊协会好新闻奖	买红妹借戏走出生活阴影	专访	2012年度	三等奖	刘颖
中国广播电影电视报刊协会好新闻奖	暴风雪中的广播电视记者	通讯	2012年度	三等奖	冷梅、陈文
中国广播电影电视报刊协会好新闻奖	莫让破烂登堂入室	评论	2012年度	三等奖	张琳
北京市新闻期刊奖	电视热线到底有多热	通讯	2012年度	一等奖	马丽、程戈
北京市新闻期刊奖	迎接十八大专版	版面	2012年度	二等奖	程戈
北京市新闻期刊奖	叛徒怎么活的那么自在	评论	2012年度	二等奖	张光
北京市新闻奖	本报报道后他3天找到失散50年的战友	通讯	2012年度	三等奖	陈文

（北京广播电视报社）

2013年度北京北广传媒移动电视有限公司获奖作品一览表

奖项名称	获奖作品	体 裁	届 数	奖项等级	获奖部门及人员
北京新闻奖	《多种方式解决出行“最后一公里”》	新闻专题	第21届	三等奖	王莹莹、赵韫 刘军、李信扬
北京新闻奖	《卡惠民生—小卡见证北京十年发展》	新闻专题	第22届	二等奖	张楠、王莹 薛霞、王琛 程絮、杨帆
北京新闻奖	《拉萨的北京交警》	新闻专题	第22届	三等奖	张楠、王莹 王琛、侯超

（北京北广传媒移动电视有限公司）

2013年度北京市昌平区广电中心获奖作品情况一览表

奖项名称	获奖作品	体裁	届数	奖项等级	获奖部门及人员
第六届中国品牌媒体高峰论坛颁发的2012—2013中国最具品牌价值电视节目	《真情故事》		第六届		昌平电视台专题部
金长城传媒奖·2013中国最受观众喜爱电视栏目	《真情故事》				昌平电视台专题部
中国电视艺术家协会颁发的“全国电视十大名专栏奖”	《古今昌平》				昌平电视台专题部

（北京市昌平区广电中心）

2013年度北京市房山区广播电视中心获奖作品一览表

奖项名称	获奖作品	体裁	届数	奖项等级	获奖部门及人员
中国新闻奖	“7.21生命大救援”	电视专题	23届	二等奖	巴金鹏、王猛 温鸿雁、郭伟
北京新闻奖	“7.21生命大救援”	专题报道	22届	一等奖	巴金鹏、王猛 温鸿雁、郭伟 李中华、武宏

（北京市房山区广播电视中心）

2013年度北京市丰台区广播电视中心获奖作品情况一览表

奖项名称	获奖作品	体裁	届数	奖项等级	获奖部门及人员
中国电视艺术家协会2013全国电视名优专栏	《花卉与文化》	电视栏目	2013年度	优秀栏目	丰台区广播电视中心 成锦艳等

（北京市丰台区广播电视中心）

2013年度华谊兄弟传媒股份有限公司获奖作品一览表

获奖作品	获奖名称
电影《西游降魔篇》	第20届北京大学生电影节最佳观赏效果奖提名
电影《十二生肖》	1.第15届华表奖最佳合拍片奖 2.第32届香港电影金像奖最佳新人提名（张蓝心） 3.第32届香港电影金像奖最佳剪辑提名（邱志伟） 4.第32届香港电影金像奖最佳动作设计奖（成龙 何钧） 5.第50届金马奖最佳动作设计（成龙 何钧 成家班） 6.第20届北京大学生电影节最佳男主角提名（成龙） 7.第20届北京大学生电影节最佳新人提名（张蓝心） 8.第20届北京大学生电影节最佳观赏效果奖提名 9.2013年华鼎奖最佳电影提名 10.2013年华鼎奖最佳导演奖（成龙） 11.2013年华鼎奖最佳动作指导奖（成龙 何钧） 12.2013年华鼎奖最佳新人奖（张蓝心） 13.2013年华鼎奖最佳男主角提名（成龙） 14.2013年华鼎奖最佳电影音乐奖提名（妙手空空）
电影《一九四二》	1.第15届华表奖优秀故事片奖 2.第15届华表奖优秀电影技术奖 3.第15届华表奖优秀剧作奖（刘震云） 4.第15届华表奖优秀导演奖（冯小刚） 5.第15届华表奖优秀电影摄影奖：吕乐《一九四二》 6.第22届金鸡百花电影节最佳摄影（吕乐） 7.第22届金鸡百花电影节最佳录音（吴江） 8.第22届金鸡百花电影节最佳编剧（刘震云） 9.第22届金鸡百花电影节最佳男主角（张国立） 10.第22届金鸡百花电影节评委会特别奖

续 表

获奖作品	获奖名称
电影《一九四二》	11.第22届金鸡百花电影节最佳导演提名 12.第22届金鸡百花电影节最佳影片提名 13.第22届金鸡百花电影节最佳美术提名 14.第32届香港电影金像奖最佳两岸华语电影奖 15.第50届金马奖最佳男配角奖（李雪健） 16.第50届金马奖最佳改编剧本奖提名（刘震云） 17.第50届金马奖最佳摄影奖提名（吕乐） 18.第50届金马奖最佳视觉效果提名（常洪松） 19.第50届金马奖最佳美术设计奖提名（石海鹰） 20.第50届金马奖最佳造型设计奖提名（叶锦添） 21.第31届伊朗曙光旬国际电影节（Fajr International Film Festival）最佳剧本奖。 22.第20届北京大学生电影节最佳电影奖 23.第20届北京大学生电影节最佳导演提名（冯小刚） 24.第20届北京大学生电影节最佳编剧提名（刘震云） 25.2013年华鼎奖最佳导演奖提名（冯小刚） 26.2013年华鼎奖最佳编剧提名（刘震云） 27.第4届“中国影协杯”优秀电影剧本奖（刘震云） 28.第7届北京市文学艺术奖
电影《太极1从零开始》	1.第32届香港电影金像奖最佳新人提名（袁晓超） 2.第32届香港电影金像奖最佳服装设计提名（叶锦添） 3.第32届香港电影金像奖最佳美术设计提名（叶锦添） 4.第32届香港电影金像奖最佳动作设计提名（洪金宝） 5.2013年华鼎奖最佳动作指导奖提名（洪金宝） 6.2013年华鼎奖最佳新锐导演奖提名（冯德伦）
电影《太极2英雄崛起》	2013年华鼎奖最受媒体欢迎电影歌曲奖（张玮）
电影《画皮II》	1.第32届香港电影金像奖最佳两岸华语电影提名 2.第20届北京大学生电影节最佳观赏效果奖提名
电影《爱》	1.第32届香港电影金像奖最佳两岸华语电影提名 2.2013年华鼎奖最佳女配角奖提名（舒淇）
电影《逆战》	1.第32届香港电影金像奖最佳电影提名 2.第32届香港电影金像奖最佳导演提名（林超贤） 3.第32届香港电影金像奖最佳女配角提名（金燕玲） 4.第32届香港电影金像奖最佳剪辑提名（钟炜钊） 5.第32届香港电影金像奖最佳动作设计提名（林超贤、钱嘉乐、黄伟辉、吴海堂）

（华谊兄弟传媒股份有限公司）

2013年度海润影视制作有限公司获奖作品一览表

奖项名称	获奖作品	体 裁	届 数	奖项等级	获奖部门及人员
电视剧“飞天奖”长篇电视剧一等奖	木府风云	古装	29届	一等奖	海润影视制作有限公司
电视剧“飞天奖”长篇电视剧二等奖	断刺	现代	29届	二等奖	海润影视制作有限公司
四川电视节“金熊猫”奖评委会特别奖	木府风云	古装	第十二届	评委会特别奖	海润影视制作有限公司
“金熊猫”奖国际电视剧评选活动长篇电视剧类入围奖	铁血使命	现代	第十二届	入围奖	海润影视制作有限公司
第七届北京市文学艺术奖	劝和小组	当代	第七届	文学艺术奖	海润影视制作有限公司
2012年度十佳女演员奖				中央电视台首届	孙俪
2012年度评委会特别推荐女演员奖				中央电视台首届	孙俪
2012年度特别突破男演员奖				中央电视台首届	于荣光
金马奖	毒战	现代	50届	最佳电影、最佳导演、最佳原著剧本、最佳剪辑四项提名	
亚洲电影大奖	毒战	现代	第七届	入围最佳影片、编剧、剪辑三项大奖	
美国在线影评人协会奖	毒战	现代		入围最佳影片、最佳外语片、最佳剪辑三项提名	
香港电影金像奖	毒战	现代	第32届	入围最佳导演提名	
香港电影评论学会	毒战	现代	第20届	获最佳导演、最佳编剧奖	
首届伦敦国际华语电影节	毒战	现代		最佳女配角	黄奕

（海润影视制作有限公司）

2013年度北京鑫宝源影视投资有限公司获奖作品一览表

奖项名称	获奖作品	体裁	届数	奖项等级	获奖部门及人员
2013年中日韩电视工作者论坛优秀电视剧奖	《北京青年》				
飞天奖长篇电视剧奖	《北京青年》		第29届	一等	
飞天奖优秀导演奖	《北京青年》				赵宝刚
飞天奖长篇电视剧奖提名	《青瓷》		第29届		

（北京鑫宝源影视投资有限公司）

典型经验

《交通新闻热线》开播10年经验总结

北京电台交通广播《交通新闻热线》栏目2003年1月开播，已走过10个年头。10年间，《交通新闻热线》已成长为北京听众喜爱的名牌栏目，连续多年收听率稳定在6%左右，市场占有率稳定在25%左右，均位居北京广播市场前列。究其原因，得益于编辑记者自觉地践行了党的群众路线：线索来自群众反映，选题紧扣群众疑难，调查务求深入实际，点评强调实事求是。

选题务应群众急需，紧扣交通热点、民生难点

《交通新闻热线》栏目每年接到听众热线电话上万个，这些热线大致可分为三类：一类是城市交通突发事件，比如交通事故、燃气泄露、路面塌陷、地铁故障、火情水情等；二类是城市交通出行中的矛盾或问题，比如道路失修、井盖缺失、黑车宰客、黄牛倒票等；三类是听众个人、家庭或朋友碰到的重大疑难问题，比如出租司机子女患大病急需救治、"驴友"探险迷失急需救援、巨款丢失在公交车上急盼找回等等。《交通新闻热线》栏目调查播出的各类选题总数多达3000多个。每个热线选题的确定都要对数十条各类线索的反复比较、鉴别与筛选，以确保选题所揭示的是群众呼声相对集中、影响面相对较大的城市交通热点问题，或听众迫切需要帮助解决的疑难问题。比如，《京广桥辅路塌陷》《大望路路面塌陷》《"11 · 3"暴雪京藏公路抢险救援》等，数千个来自基层群众的意见建议，通过热线的传播而成为公众议题，引起政府有关部门重视，使问题逐步得到妥善解决。再如，有关"出租司机疲劳运营问题"的报道促使有关部门出台一系列提高司机生活待遇的政策；有关"农民工司机三险缺失问题"的报道促使有关部门加大对公司保险合同的监管力度；有关"公交车为何缺乏吸引力"系列报道帮助催生出"快速公交线路"和"公交专用道"；数十个子女患重病的困难出租司机家庭，通过热线平台的呼吁得到社会公众的救助。

调查务求群众视角，直击现场，客观翔实

《交通新闻热线》自开播之日起，几乎每期都要播出一个深度热线调查。所谓深度，就是要把一个听众反映的较有普遍性的矛盾或问题由点到面调查清楚，由现象到本质分析到位。为此，记者每接到一个热线选题，都需完成五个基础步骤：

（1）实地查勘体验现场，确认听众所反映问题的具体情况；

（2）采访直接当事人或至少3名以上目击者或相关人，通过他们的直接感受描述问题的影响范围和程度；

（3）采访问题分管部门或责任方，求证其对问题的知晓程度、解决方案及解决日程；

（4）采访问题所涉领域的专家学者，从第三方角度给出解决问题的意见和建议；

（5）播出后待机回访现场和当事人，核实问题到底真的解决了，还是又被挂起来了。

10年来，从《交通新闻热线》栏目中播出去的热线调查，绝大部分满足了这5条基本要求。记者们为此付出了极大的辛苦：或冒着被打的危险暗访城铁13号线沿线吆五喝

六的黑车车主，或顶着风雪调查延庆康庄治超检查站磅秤中的猫腻，或彻夜守候在海淀区偏僻的农村等待违规渣土车的出现，或蒙住眼睛感受盲人乘坐公交车的不便之处……细致入微的调查采访、鲜活的现场音响、形象的群众语言、入木三分的分析解剖，使得一篇篇热线报道客观实在，情景交融，生动感人。

编辑点评意在举一反三，力促解决问题

《交通新闻热线》在10年前开播时，就采取了"深度调查+编辑点评"的组合方式。编辑点评以记者调查的事实为由头，或平和，或激越，或直面以对，或曲径通幽，或以情动人，或以理服人。既呼应群众心声道出了客观报道难以阐明的微言大义，又亮明媒体观点和态度，提醒有关部门尽快解决相关问题。

一些部门和单位事后表示，热线调查让他们知道了有这样的一档子事儿，有时候，恰恰是后面那几句点评，像猫爪子一样挠得部门领导心里直别扭，于是问题很快就得到协商解决了。比如，离着居民小区2公里的公交站牌，第二天就移到小区门口了；嗓子得肿瘤哑了，还得拉活儿挣车分儿的女司机，没过几天就被公司"恩准"可以不扣风险抵押金顺利交车了；十几座长途车站早已过时的投诉电话号码曝光后没过几天就赶紧更新了。

（北京人民广播电台 邢立新）

《马兰的琴声》讲述一个生动的故事

由北京人民广播电台音乐广播播出的专题音乐节目《马兰的琴声》获得第十四届中国广播文艺音乐节目一等奖。这部作品自然纯朴、立意深刻，以真实为出发点，给人以内在的震撼和感动，将语言、音乐、音响塑造成一幅幅生动的画面。它以鲜活的人物形象，深刻的思想内涵，鲜明的价值取向，呈现了邓小岚高尚的人格魅力和无私奉献的精神，得到了听众的好评。

平凡中闪耀着真善美的人性光芒

在河北省革命老区阜平县，有一座叫马兰村的小村庄，寂静的山村里经常传出小提琴、手风琴、电子琴和吉他等乐器演奏的美妙旋律。演奏这些乐器的都是马兰村的孩子们，教他们演奏乐器的老师叫邓小岚。

邓小岚的父亲邓拓是中国新闻史上的一代英才。他曾担任《人民日报》总编、社长。战争年代，他带领晋察冀日报社在马兰村战斗、生活了很多年。邓小岚是在马兰村长大的，对这片土地有着特殊的感情。她退休以后，一心想了却心中的夙愿——回马兰村看望养育过她的乡亲们。

邓小岚说她第一次到马兰小学时想和孩子们一起唱首歌，可是孩子们什么歌都不会唱。马兰村的孩子们没有人教他们唱歌，对乐器了解得更少。于是，邓小岚萌生了一个想法，要为孩子们做点儿什么。看着破旧的学校，她发动弟弟妹妹们集资4万多元盖了七间校舍，又把家里人用过和朋友们捐来的小提琴、手风琴、电子琴、吉他等乐器带到了马兰村。吹拉弹唱全能的邓小岚在爱人的支持下，节衣缩食，一年3万元的退休金，她把两万元用在了马兰村孩子们的身上。

邓小岚是一位普通的共产党员，但她对马兰村的这份感情，展现了她丰富的内心世界，十分真实、感人，平凡中闪耀着真善美的人性光芒。

让听众在真实、真诚、真情中感动

这部作品以真实为出发点，描绘了邓小岚对老区人民的深厚情谊和她的情感世界，给人以内在的震撼和感动。这部作品的感人力量源自事实本身，邓小岚坚持了八年，用音乐对孩子们进行心灵的感召和人格的重塑。

邓小岚的讲话十分自然朴素，没有什么豪言壮语。她说："因为这儿音乐教育基本上是空白的，没有人教他们，所以小孩唱歌也很少，唱的音也不准。看到那种情况，确实心里酸酸的。"这段采访，让人感到真实、真诚，没有一点儿虚伪的成分，平淡中流淌出耐人寻味的情愫，真实中留下令人咀嚼回味的余地。

马兰村的孩子们非常喜欢邓小岚。一位8岁的小女孩，她质朴的话到现在都让人难以忘怀："小提琴特别好听，我喜欢小提琴。邓老师对我特别好。"就是这短短的几句话，令人心颤。专题音乐节目的魅力就是真实，很多人听节目时会潸然泪下，如果故事不真实是不会打动人的。

最让人感动的是邓小岚给学生们上课时的情景。这些孩子们最初连哆、唻、咪都不认识，现在他们竟然能拉出贝多芬的《欢乐颂》。这些成绩，完全是邓小岚一片真情换来的。她手把手地教孩子们识谱拉琴，一句一句地教孩子们唱歌。她经常就住在马兰村。从北京到马兰，每次进出她都要坐火车、换乘长途汽车，去一趟就要8个小时。来来往往，邓小岚坚持了八年。

这些感人的故事不可能不打动听众。邓小岚不为名不为利，在她心里，马兰村永远是那样亲近。她对马兰村的孩子们充满了爱，就像家里的亲人一样，那样纯洁、深沉。

鲜活的人物形象、深刻的思想内涵

专题音乐节目《马兰的琴声》讲述的是邓小岚帮助马兰村的孩子们学习音乐的故事，没有什么波澜壮阔的内容。但通过邓小岚的故事，人们看到实实在在的邓小岚，体会到故事背后所蕴藏的思想内涵。

在节目中有一段对邓小岚的采访，她是这样说的："我就希望音乐给他们的生活带来快乐，让他们不会有苦闷的时候。另外，我也希望有一些孩子能够在音乐方面深造，更希望有一些读师专、读师范大学学习音乐，回来再教以后的孩子。这样这个事情就延续下去了。"

一分耕耘，一分收获。在邓小岚精心指导下，马兰村孩子们的演奏、演唱水平有了很大的提高，音乐让他们长了见识。原来他们都怕见生人，现在能落落大方地登台表演。他们也有了自己的音乐梦想。在马兰小学音乐教室的墙上，人们能够看到世界著名音乐家贝多芬、莫扎特的画像，还有这样一句话：音乐是人类最美的语言。

邓小岚用人类最美的语言启蒙了老区的孩子们。她用音乐对孩子们进行心灵的感召和人格的重塑，让他们的生活充满阳光，充满快乐，充满希望。

在节目最后用邓小岚的话来结束："中国千百万农村的儿童这一块儿是个大大的空白，要多多关注农村的孩子，他们也应该和城市的孩子同样享受音乐带来的快乐。"

专题音乐节目《马兰的琴声》结构完整、构思精巧，富有画面感和感染力。它摒弃了模式化的教化手法，用生动的故事来讲述，以鲜活的人物形像、深刻的思想内涵感动着听众，平淡之中见精神，平凡之中见高尚，平和之中见内涵，是一部来自生活的广播佳作。

（北京人民广播电台　冯健）

爱家广播《毛毛狗的故事口袋》孩子们特喜欢

《毛毛狗的故事口袋》栏目是北京人民广播电台爱家广播的一档儿童节目，受众定位是3～6岁的学龄前儿童及他们的家长。该节目2009年1月开播，内容是给小朋友讲故事、说儿歌，也穿插生活的各种知识；形式上采用故事加配乐，知识加音乐、音效，小听众发短信等等。在播出时间、栏目设置、故事选取、选题、音乐音效使用上，都力求符合孩子收听习惯，尊重孩子接受能力，并用健康、积极、充满爱的观点引导孩子。

"故事化"增加节目可听性

《毛毛狗的故事口袋》栏目，讲故事是最主要的内容，其他内容，比如知识、常识、对孩子的提醒等都是用故事的形式呈现。主持人小群姐姐用了"约定"的说法，好像在跟孩子勾勾手指头做了个游戏，让孩子每天都记得"听完故事就睡觉了"是毛毛狗、小群姐姐和小听众三个人之间的约定，是要遵守的。这种将孩子带入"节目所呈现的故事情境"的方式非常有效，很多爸爸妈妈反映"孩子会非常遵守约定，按时睡觉"。

为了让孩子们更容易接受生活知识，节目主持人常常用讲故事的方式来讲知识。"每天教你一点点"是一个典型的传递知识的小栏目，但小群姐姐从来不直接用"百科辞典"的方式来解释知识，而是把知识变成有情节的故事。比如节目主题是"数数"，"1～10"的数字。小群姐姐就采用了一首《小兔子做游戏》的儿歌，让孩子像听故事一样"跟着小兔子边做游戏边数数"。

"贴近性"使节目融入孩子生活

《毛毛狗的故事口袋》栏目以孩子的生活规律作为节目选题策划的"节点"，既"服务"也"引领"孩子。做家长的人都知道，孩子的生活有着自己显著的特点，季节交替时的"生病高峰期"、开学前后的"作息混乱期"、每年一次的"入园过渡期"、令人头疼的"幼小衔接期"……对一档儿童节目来说，这些比"过节"、"纪念日"、"政治事件"重要得多。而节目对选题的策划、内容的重心选择也都是紧紧围绕着这些"孩子的特有节律"进行的。比如"听，春天来了"、"树叶为什么掉下来"、"我们去玩雪"……，包括了季节的知识，也包括给孩子的生活细节提醒。

一位父亲曾经说："一次，两岁多的女儿走在街上，突然指着房檐下的遮雨棚说，打雷下雨的时候要躲在这里，不能躲在树下面。"父亲惊讶地问她怎么知道的，她说："是《毛毛狗的故事口袋》里面说的。"其实，栏目播出过的故事里并没有怎样躲避雷雨的内容，但在涉及雷雨的故事之后，主持人加上了几句如何躲雨、如何防雷击的话，孩子很容易就记住了。

"重细节"提高节目质量

《毛毛狗的故事口袋》栏目注重以丰满生动的细节，持续为孩子"造梦"。每期1小时的节目使用的音乐永远在十几种以上，还有很多音效的使用，这使得节目的声音元素丰富。主持人斟酌每段音乐音量的大小，注重音乐和人声的搭配，使节目听起来更加完整流畅，对孩子有持续的吸引力。

儿童节目另一个重要细节就是要说"孩子听得懂的话"。儿童故事的来源是书本，是书面语言，从书面语言向口语转化的过程需要大量的改动。这些改动包括语序改动、用词改动以及生动的播讲。比如在播出故事《狮子和臭鼬》中，有一句话："臭鼬身上臭烘烘的，大家都唯恐避之不及。"播讲时被改成："臭鼬身上臭烘烘的，大家一见了它就要远远地躲开。"这样孩子们就能听懂了。节目的核心价值是通过故事给孩子"提供快乐，感受美好"，语文学习可以是潜移默化的，但绝不能影响了孩子听的乐趣。主持人小群姐姐凭借较强的声音形象塑造能力，把故事里的众多人物演绎得生动可爱。家长们因此常常会问："真的只有你一个人在讲故事吗？我还以为有很多人呢。"当然，这种问题孩子很少问，因为他们觉得，在故事里说话就是小猫、小狗、小鸭子。

（北京人民广播电台　左小群）

让节目沉浸在人文情怀里

北京电台故事广播《人物空间》栏目制作的《请跟我回家》获得了"2011年第二十二届中国新闻奖"广播访谈一等奖。节目真实展现那些不为人知的中国远征军老兵的境况和心愿，再现身在异国他乡的远征军老兵们的内心痛楚，通过与被访者——"老兵回家"公益活动的发起人孙春龙的对话唤起更多人对历史的尊重、对人性的尊重。

一、以故事细节讲述人文情怀

2011年是中国远征军出国作战70周年，如何才能更好地体会70年来那些流落在异国他乡的远征军老兵对家国的情怀，节目选取了由被访人孙春龙讲述的两个令人印象深刻的人物故事。第一个故事是说老兵李锡泉，最初和他说要帮他找家时，他一脸漠然，不是不想回家，而是回家的心早就死掉了。而当孙春龙燃起了他这种希望的时候，我们就会发现他的那种迫切。后来李锡泉回家的时候，带了一本中国地图册，这本中国地图册是他20多年前在缅甸买的。孙春龙说了这样一个细节，当他翻到湖南那一页时，眼泪一下就出来了，湖南那一页是被翻得最烂的。这个故事将一个想家老人的剪影立现眼前，什么想家的话语都不如其动人，老人真的是把想家的愿望隐藏在心里多年了。

还有一个故事是讲老兵王芝平，当把他接回河南老家时，当地镇上领导给他送去了两样东西，一包黄土，另外是一瓶黄河的水。把这包黄土递给他时，他抓了一把直接塞到嘴里面去，旁边有人赶快给他递瓶矿泉水漱口，他直接拿矿泉水把土咽了下去。这个故事听得人非常惊讶，也听得人非常震撼。没有人可以穿越历史的硝烟再回去看看当年的他是怎样义无反顾地扛枪出国作战，又是因为什么而最终流落他乡，那种为国家、为民族抛头颅洒热血的坚定与不能回家与亲人团聚的悲凉形成了极大的反差，表面看是老兵对家乡的思念，实则激发起听者想要为他们做点什么的人文情怀。

二、以制作手段渲染人文情怀

音乐向来是广播节目中能够增加感染效果的一种有力工具，以音乐来凸显人情、人性和人的追求。在《请跟我回家》节目中，歌曲《松花江上》的旋律贯穿始终，为人文情怀搭建了一座可供温情降落的场馆，以音乐来体现人文情怀的诉求。

节目从中国远征军老兵杨建达的珍贵录音切入——"我的家在东北松花江上，那里有我的同胞，还有那衰老的爹娘……"带有口音的演唱首先便将听众带入到一个疑问的情境中，他是谁？他为什么要唱这首歌？这首歌对于他来说有什么特殊的意义吗？紧接着主持人的话语便在这样的歌声背景下将疑问一一揭晓："唱歌的人名叫杨建达，这样的歌声在这位87岁老人的心头回荡了70年。1941年，《中英共同防御滇缅路协定》在重庆签订。为保卫中国西南大后方，组建了中国远征军赴滇缅抗击日寇。杨建达便是其中一员。战后因为种种原因，像他一样滞留在异国他乡的远征军老兵数量无法统计。"短短几句便将时代背景、老兵境遇表露无疑。再加入孙春龙的一段讲述更是紧密联系起了歌曲与老人的关系：两年前去采访杨建达时，他就唱了这首《松花江上》。在孙春龙看来，这完全就是老人自己的写照。这首歌是1936年东北军流亡的时候创作的，"九一八"之后，国土大片沦丧，每一个人在那一刻都觉得自己是东北人。通过讲述音乐的创作背景，可以在渲染情怀前给听者做好有效的铺垫。

在讲述完创作背景后，再加入一段老人的唱歌录音——"哪年哪月才能够回到我那可爱的故乡……"如果说最初听者还满脑子疑惑而对音乐没感觉时，经过了这一段讲述后就对歌声有了完全不同的倾听心境。再者，以音乐继续切回到访谈，既然他们如此想家，那孙春龙接下来就谈谈如何帮助这些老兵回家，这样的设计也很自然、流畅。

节目最后选择结束在重温老兵杨建达的歌唱声里——"我的家在东北松花江上……"只不过在出现了这一句过后是混入了一个多声部的、以流行音乐元素编配的、以现代音乐人演绎的版本《松花江上》，以一唱多和的形式唤起更多人对历史、对人性的尊重，以这样的手法来表明我们这代人会更加坚定老兵保家卫国的信念，继续捍卫祖国的领土尊严与完整的决心。

另外，除音乐这种常规的制作手段之外，在访谈中停顿的恰当运用，亦会增加节目的人文情怀色彩。孙春龙在讲故事时，动情处眼中会有泪水涌出，但作为一个男人，作为一个职业记者他还是控制住自己的情绪在平实的叙述着——"我一页一页地翻这本地图册，当翻到湖南那一页时，我的眼泪一下就出来了，为什么呢？湖南那一页是被翻得最烂的一页。（此处设置停顿约3秒）什么都不用说，你一切都明白了，一个老人想家的时候只能看着这本地图册。"这3秒在一般的节目中都会让人惊慌，是卡壳还是空播，但此刻被故意用在了这里，拉开与后面话语的距离，为的是充分留给听众想象的空间，是怎样的一种想念？又翻烂到了什么地步？甚至在那几秒间，眼前或许会出现一位年迈老人以颤颤微微的手沾着口水、眼含热泪的去翻看的画面……广播的画面感营造出来时，需要的就是给听者的情感以充分的发酵时间，而恰当的停顿往往可以将这样的人文情怀展现到极致，达到"此时无声胜有声"、"于无声处听惊雷"的效果。

三、以多种视角感受人文情怀

节目选取了2011年度的一个重大题材。但好的题材只是成功了一半，题材的优势要真正成为绝对的优势，靠的是创新，是对人性的深入挖掘，是对人文情怀的关照。节目《请跟我回家》中就试图开拓视角，引发更多的共鸣。

中缅印大战历时三年多，中国投入兵力总计40多万，立下赫赫战功，中国远征军为了祖国的荣誉浴血奋战，由于政治、贫困等种种原因流落异国他乡。孙春龙做的就是要让他们回到祖国怀抱，在他们迟暮之年，感受到他们用鲜血和生命保卫过的国家对于他们的礼遇和尊重。按常理说，这样一位人士的行为应该会得到很多人的支持，包括媒体热情的宣传。但节目中不走寻常路，不谈太多的鲜花和掌声，而是在对话过程中刻意设计问题、深入其内心，使人讲述出真实的一面：圆了很多老兵梦想的孙春龙从来就没有为做这件事情自豪和得意过。在他看来，做得越多，就越没有这种成就感在，他觉得自己是在还债，因为这些事情是每一个人都应该去做的事情，只是被我们所遗忘、淡忘。

选择这样的角度可以让当下的人们反省自己在做公益活动时的初衷和态度，不着痕迹凸显节目中的人文情怀。很多人都认为现在幸存的这些老兵是幸运的，因为他们能得到我们对他们的关爱。但从另外一个角度来讲，我们是幸运的，还有这样的一些老兵可以让我们表示救赎。正因为有这些老兵在，我们才是幸运的，如果这些老兵不在，我们就没有机会了，这是我们的幸运。

四、以别样真情激荡人文情怀

节目里对话的嘉宾是一位原《瞭望东方》社会调查部主任主笔，如果单从其一心扑在公益事业上，如何全情投入帮助老兵回家来展开也未尝不可，但后期剪辑时特意注重留住了其人性挣扎的一面："我做这个事情，包括我的家人很多都不支持。包括我的孩子，和他接触非常少，有时候都觉得对他非常歉疚……"正是存在着这样的真实因素，才更显得对话者孙春龙的执著和坚定，更加能够让他的这一份人文情怀彰显其感染力。也试图通过这样的设计达到"情能激情"的目的，以如此的真情来告诉更多的朋友：理想不能泯灭，无论遇到什么困难，如果每个人都是行动者，身体力行地去帮助别人，那我们就会享受到非常美好的生活。

谈到这里不得不说，身为著名记者的孙春龙确实以他富有情感的话语营造了一个人文的情感场，激起听者的积极情感，带动听者的情感体验，以绵绵春雨般的讲述，起到"润物细无声"的效果，拨动听者的心弦，产生心灵的强烈共鸣。

五、以辅助语言提升人文情怀

一部优秀的广播访谈作品，除却与访谈对象有良好互动沟通下的现场录音外，在后期制作里如果适当加入其他辅助性的语言也会为节目增色不少，尤其想要提升节目整体的人文情怀来说，作用就会更加凸显。

借用电视节目中惯常使用的"画外音"运用到广播节目《人物空间》里，是笔者从2009年担任节目制作人就一直坚持的方式。具体做法是，分析受众收听心理，以7分钟左右为一段落，以"画外音"的讲述自然隔开，除了承上启下的用意之外，更多赋予了其展现人文情怀的效用。把人物对过去的理解、对当下的考量、对未来的设计以观察者的角度进行解读、延展，使其拥有更多符合节目气质的感觉。同样，在《请跟我回家》中，最初、包括很长一段时间都是孙春龙一人在做着帮老兵回家的活动，但希望有更多人加入其中，希望有更多人开始尊重生命、关注个人，希望能够唤醒更多人的责任意识，所以用"画外音"的方式给予孙春龙以特别的肯定，小角度、大用意——而立之年的他，并非是"中国远征军"那段历史的亲历者，只是以一个70后晚辈的身份，与今天的国家和同胞一起抚慰一段远去的历史，告诉那些曾经为民族浴血奋战、又在历史夹缝中饱受委屈的老兵，祖国和人民从来没有忘记和抛弃他们。因此，我们说"老兵回家"的价值就不仅仅在于对人性的尊重，更在于对历史的尊重。谢春龙带这些老兵回家，谢谢春龙让我们感到了祖国的温暖、人性的温暖，懂得了光荣，来自于梦想和对良知的坚守。

在这样辅助语言的提升下，让听者在情感碰撞中获得认同感、崇敬感，激起对高尚、美好、难能可贵的人和事物品性的尊敬、仰慕、向往之情，人文情怀也得到了淋漓尽致的表达，虽然不着"情怀"二字，却也足以让人印象深刻。被人文情怀浸润过的辅助语言，可以很好地呼应节目的主旨，让节目焕发出生命的光彩，彰显出生命的张力。

（北京人民广播电台　刘慧）

《家国情 长相忆》感人至深

北京电视台于2013年4月1日至4日推出4期清明特别节目《家国情 长相忆》。该节目分别以"菊香书屋 草色伴书香"、"西花厅的海棠花又开了"、"幽兰吐秀自含芳"、"宋庆龄 追寻生命的纯真"为题，缅怀开国元勋的非凡人格，追思革命领袖鞠躬尽瘁为国为民的高尚情怀。节目的成功之处在于：

延续既有品牌特色，风格更为鲜明突出

2013年清明期间的4期节目，延续了2011年"七一"为庆祝建党90周年而开辟的"家国情"系列节目品牌。节目选题上，围绕开国元勋人物进行讲述，邀请这些伟人日常生活的见证者来回忆和讲述老一辈革命家工作、生活中的感人事情，从具体细节入手展现他们在普通生活和工作中彰显出的非凡人格、严于律己的作风和鞠躬尽瘁为国为民的精神。

在"家国情 长相依"系列品牌下，清明4期节目又有自己的特点，除第四期节目外，前三期节目开始的镜头切入，或从背后大屏幕照片入手，或从主持人身边的道具开始，进而主持人入镜点名节目主题。相似的节目开场在保持了各期特点之外，也鲜明地体现出清明系列节目独有的风格——追忆与思念的主题。虽然主题人物的选择与之前节目有些类似，但讲述内容的侧重点有了明显区分，更多了追忆、怀念的情绪表达。例如在《菊香书屋 草色伴书香》这期节目中，蒋含雨、彭淑清夫妇讲述了自己与毛泽东主席合影的前后故事，并展示了他们收集保存的毛主席物品，深切地表达了对已故伟人的思念。

实物展示睹物思人，拉近情感距离

清明系列节目的一大特点就是通过细节彰显伟人生活中的普通人一面，在很大程度上能使观众的情绪产生共鸣。在这种生活化的讲述基础上，清明系列节目通过照片、VCR资料来展示嘉宾讲述故事中的真实物品，增强节目的感染力、说服力和直观性。如第三期节目《幽兰吐秀自含芳》中，朱德元帅的嫡孙朱和平带来了延安为朱老总贺寿时的条幅、朱德元帅家的记账本、元帅在最后一次视察海军舰艇后提笔写下的"革命到底"字幅，还有由康克清同志口述、朱和平将军写下的遗嘱和发黄的信封，以及上交衣物的收据等。主持人和朱将军在讲述朱德元帅生平故事的同时，把相关的物品展示给现场观众。这些珍贵物品的展示大大拉近了观众和伟人的距离，使节目更具感染力和说服力。第四期节日《宋庆龄 追寻生命的纯真》中，跟随宋庆龄生活20多年的隋永清女士身着宋庆龄送她的衣服上场，将宋氏姐妹情深的故事鲜活地表达了出来。隋女士在讲述宋氏父母深爱女儿的故事时，展示了宋母仓促中没有为其准备好的嫁妆——一块尚未绣好的菊花衣料。在现场，嘉宾讲述衣料背后的故事细节，情绪饱满；主持人则细致地展示了精致布料的细节和未绣好的部分。这些展示，不但让观众了解了宋氏家庭成员间的感情，而且，更加感受到宋庆龄追随孙中山投身革命的决然态度。

层次丰富，细节动人

清明期间的4期特别节目，内容层次丰富，借助嘉宾讲述、史料播放、实物展示、VCR采访录像等多种手段，展现了主题人物对工作、对同事、对家人、对下属的方方面面，给观众留下了生动、立体、鲜活的伟人形象。如第一期节目《菊香书屋 草色伴书香》分别讲述了毛泽东主席学生时代平易近人、心系土地、关注农民、生活简朴、渴望与人民在一起、对家人的愧疚和思念、重病中坚持接见慕名而来的外宾、处理国内外重大事件……环环相扣，层层推进，呈现毛泽东身为农民儿子的质朴、身为父亲的舐犊情深、身为主席的为国为民、身为世界主要发展中国家领导人的国际影响力，从不同方面彰显了一代国家领导人的人格魅力。第二期节目《西花厅的海棠花又开了》先后讲述了周总理和邓颖超夫妇给生育后的工作人员送鸡、二人的书信传情、生活上互相关心、工作中严守纪律、总理患病最后阶段带病坚持工作、总理逝世后邓颖超的情绪表达、总理骨灰撒向中华大地以及邓大姐对总理的追忆等。从整个节目的讲述中，观众可以感受到总理夫妇相濡以沫和为革命、为祖国献身的高尚节操，以及工作人员对他们的热爱和怀念。第三期节目《幽兰吐秀自含芳》从延安群众为朱老总庆生日入手，讲述年轻的朱德如何抛弃富庶的高官生活投身革命、建设时期如何自降工资生活简朴、怀念妻子伍若兰、对母亲的愧疚、要求儿子降级转业、死后家人遵从其遗愿为国家建设贡献所有积蓄和仅有的贵重物品等。通过节目，一个为人民投身革命，对母亲、妻子感情细腻内敛，对子女从不溺爱，对国家鞠躬尽瘁的有血有肉、平凡而伟大的开国元帅的形象鲜活地呈现出来。第四期节目《宋庆龄 追寻生命的纯真》讲述了宋庆龄离家追随孙中山、对家人的思念、和孙中山生活往事的回忆、对革命的支持、对工作人员的照顾、与总理的友情、怀念家人盼望祖国统一等。国母的坚强、慈爱和面对爱人时的羞涩甜蜜，对家人的款款深情都得到了很好地表述。

多位嘉宾交叉讲述，增强生动性

节目邀请多位嘉宾，从不同角度讲述，增加了节目的丰富性。如在第一期节目中，节目组请来与毛泽东合影的蒋含雨、彭淑清夫妇讲述伟人对一对普通夫妇的影响，表达了普通民众追忆毛主席的情怀。除此之外，还找来了毛泽东的生活管理员吴连登，从与伟人朝夕相处的工作人员角度讲述毛主席的生活细节，使观众能真切感受到毛主席对普通百姓的影响。第二期节目邀请在周总理夫妇身边工作的两位嘉宾：赵炜侧重讲述邓颖超大姐的故事，高振普则侧重讲述周总理的生活细节。在讲述周总理逝世后把骨灰撒向大海的情节时，高振普详细描述了在飞机上撒骨灰的细节，而赵炜则着重讲述邓大姐的情绪释放。交叉的叙述方式把同一时间下不同空间发生的故事共同展现出来，更加生动真实地把全国人民对周总理去世的悲痛展现得淋漓尽致。第三期节目中，除了朱老总嫡孙的讲述之外，节目组还借助VCR采访资料展示了在开国大典上被朱老总帮助的前苏联记者对于老人的评价，以及保健医生回忆朱德批评厨师加菜的故事。

节目衔接流畅，主持人引导自然

4期节目各自涵盖不同的内容，但各部分之间衔接流畅，这与节目中间VCR的插入和主持人的引导分不开。节目开场后主持人由物及人，从身边的照片和道具引入主题人物介绍。随后嘉宾入场，主持人适时提问，一步步引导嘉宾围绕伟人家国情怀这一主题全面展开。整个过程中，主持人积极融入嘉宾感情，又很好地把握自己的情绪，流畅自如地引导话题逐层递进，推动节目内容顺利进入下一环节。如第一期节目中，一对夫妇讲述完与毛主席的故事之后，节目中插入视频配以解说，“这份幸运已经让很多人羡慕了，而接下来我们请到的这位嘉宾则更加令人尊敬。”这样自然地把一对夫妇和即将出场的嘉宾有机的串联了起来。第二期节目中，讲到做鞋师傅连夜为周总理赶制布鞋时，主持人说，“我相信那一夜他们都是含着泪或者流着泪在给周总理赶制这双鞋的。”两位在现场的嘉宾不断点头连声说：“对对对，是这样的。”高振普讲到周总理逝世后他在飞机上撒总理骨灰的细节，主持人接道："我看到现场的很多很多观众都已经是泣不成声了，其实周总理的离世，最悲痛的是邓颖超大姐……"之后话题顺理成章转入周总理辞世后邓大姐的三哭。第三期节目通过VCR资料提出开国大典为何没有朱德总司令身影？进而引出家人以及前苏联记者讲述的朱老总如兰花般不与人争艳、时时以他人为重的品格。在讲到朱德对土地热爱的时候，主持人说："相信很多孩子都读过《朱德的菜园》的文章……"引入朱老总在中南海种地，主持人并问嘉宾："当时那块地，您也跟着一块种了吗？"嘉宾随后很有感触地讲述了与朱德一起种地的过程。第四期节目在讲述宋庆龄离家追随孙中山先生时，主持人问到："下这样的决定离开父母也是内心特别痛苦的一个抉择吧？"后面嘉宾回答说："对。"然后讲述了晚年宋庆龄回忆这段故事，流露出宋庆龄对家人、对父母的愧疚，从中也能看出她在小家和国家之间作抉择时一心为国的付出。

（北京电视台）

《国学开讲》系列节目呈现六大亮点

北京卫视从2013年2月18日开始播出《国学开讲——范曾教授讲国学》系列节目，特邀中国当代著名学者、书画家、诗人范曾主讲。范曾教授不但将国学经典的真正含义向观众娓娓道来，而且每期都回答观众提出的问题，运用国学的古老智慧，结合自己的生活经历和感悟，架起国学智慧与当代人需求的桥梁。该节目呈现六大亮点：

立意高远，是一个重建中国人文化自信的好节目

创办《国学开讲》节目，主创人员有两个层面的思考：一是中华文化经典是始终值得中国人骄傲和沿袭的宝贵思想，它应当成为电视媒介传播的重要内容之一；二是现实中，中国大陆人近些年表现出来的"浮躁"、"急躁"、"功利"的多种情绪，将通过学习国学的过程，学习古人关于"天、地、人"关系的阐述，排解、舒缓、解决现实中的各种心态问题。

《国学开讲》节目的播出，也是一个重建中国人文化自信的信号。原《中国日报》记者胡亦南说，反抗外来强者在历史上对吾国吾民的蹂躏，有赖于自信自强的民族精神和游刃有余的强者风范，而不是在弱者身上肆意宣泄的流民鄙俗。打倒我们面前的"鬼子"或许容易，但继续打倒我们心中的"鬼子"却任重道远，这就需要我们的文化不自信。《国学开讲》的播出，国学精神的广泛传播，将会给每个乐于学习的人提供打倒自己心中"鬼子"的思路、方法和思想工具。

与以往同类节目相比，从有到好

央视的《百家讲坛》推出的系列节目，其中很多内容即与"国学"相关，这是"电视国学"从无到有的第一个阶段。

北京卫视的《国学开讲》可以称得上是电视国学"从有到好"发展的第二个阶段。因为在节目立意、录制形式、传播方式上，《国学开讲》均较前期"国学"节目有了一定的改观和提升。一是改换了曾经的章回小说、说书人的形态开讲国学，而是在现场由主持人与主讲嘉宾对话，又有观众现场聆听与提问。二是系统展示了"国学"的整体性。比如：20集中，有1集简介（国学大观），1集《易经》（《易经》解析），3集孔子（孔子其人、孔子仁政、何谓君子），2集老子（老子其人、老子哲思），3集庄子（庄子其人、庄子环中说、庄子的本真之性），2集佛学（忏悔词、《心经》《妙法莲华经》，2集《孟子》（孟子的性善与性恶、孟子的仁义礼智之思），1集《大学》，1集《中庸》，4集诗词书画（诗词欣赏、书法艺术的欣赏之道、中国画之美、中西绘画比较）。虽然，这些内容只不过是"国学"中很小的一部分，但特别适合现时观众学习。三是每期节目开篇的"以霜雪之洁求其品，以岱宗之高求其志，以潭壑之深求其学，以大地之博求其德"的吟颂形式与"国学"所讲述的内容极为相配，显示了主创人员的用心。

根据传播对象需求与接受程度，设计国学与现实的互动环节

北京卫视的《国学开讲》栏目设计了一个非常重要的环节：现场观众与主讲嘉宾互动。这一环节的设计，将"国学"经典中的思想通过观众的一个个问题与嘉宾的对答，融入到了现实生活中。比如：在第10集讲佛学中的经典《心经》时，主持人考虑到了观众对于《心经》的陌生，于是在提问时说："我们在座的观众朋友都是从红尘中来，如果愿意，请跟大家分享一下：你现在的烦恼是什么？"这时一位北京吉利大学的学生说："我觉得我现在就是一个纠结体。因为我是一个女孩子，将来总要为人妻。作为女人应该是学的简单一点、单纯一点，在老公的事业上给他以强大的动力。"主讲范曾对这一问题的回答也很机智、幽默。他说："女子很多，我不能够给每一个女子提供我的帮助。可是我可以讲一点就是以平常心来对待自己的婚姻。既不要过高地要求，也不要使自己的爱情世俗化，要善于耐心地等待，不要急于求成。"其实这一回答看似与当期节目所讲的《心经》无关，其实是对《心经》中"心无挂碍"的一个具体而现实的阐释。

观众反应：国学将成为"养心"良剂

《国学开讲》一经播出，便引发了媒体的关注和网民的热议，在新浪微博上，一位名为"朗诵表演李昱老师"说："刚看了范曾大师的讲座《国学开讲之诗词之韵》精彩！大师推荐的两本书刘熙载的《艺概》和王国维的《人间词话》，已在网上买下，以便更好地享受这近代文、词圣宴。"名为"七好女人"的微博说："每周末回看北京卫视的《国学开讲》，太享受了。国学博大精深，范曾先生言简意赅，融会贯通，让观众用极短的时间领略圣贤哲理之精髓，从治国兴邦到修身养性，句句皆令人受益。感谢北京卫视，感谢范老！"一名为"禧果"的网友讲得更为深刻："最近每天都在追看非常好的节目。这几年开始痴迷中国的传统文化，也一直在回想读书时似乎根本没有渠道真正接触到的国学。全世界没有任何一个国家像我们，恨不得把英文当母语来教，甚至给一出生的婴儿制造英语环境。我很喜欢'民族的就是世界的'这句话，当你做好自己的时候，世界的大门自然就会打开。"

经典话语，印象深刻

在《国学开讲》节目中，主讲人范曾教授的讲课非常生动，非常深刻，给观众留下了难忘的印象。如在讲到人不能有过高的物质追求时，范曾讲到："物质的追求无穷极，我们最好是甘其食、美其服、安其居、乐其俗就可以。"这一点恰恰是现在很多人心灵中最需要的一个点拨。他还在第一期节目中着重谈到："为己之学，实为利他"的学习目的。他说："孔子讲古之人学为己。而今之人学为人，我是一个为己之学，为了自己快乐，而这种为己之学，会使你的学养不断地丰富，使你的身心不断地净化，那你的为己之学，它就渐渐地趋近一个终极的目标——就是利他。"学习的目的到底是什么？周恩来的"为中华之崛起而读书"的话语曾经激励过几代人，但在当下更多的人在离开学校后慢慢变得失去了学习的目标。除了功利性的“考大学、考研、国考”外，能够持续不断地为了给养心灵的读书和主动学习者变成了少数人的自觉意识。但是，功利和有近期目标的读书很难持久，而孔子的“为己之学”的思想，才真正能够鼓励大家多读书、读好书、向内看，更深刻地明白自己的心之所向。

通篇贯穿电视国学“启蒙”思想，教授学习方法

3月2日的《北京日报》刊登了题为《范曾：学国学要有“赤子”之心》的文章，对他心目中的“开讲”做了补充。其中提到范曾认为自己的讲授只为“启蒙”，“引导人们回归传统国学，找回属于自己内心的一片安宁，汲取支持自己不断向前的恒久力量。”他认为，学习国学的方法，在于“阅读经典”，因为“电脑等新媒体新技术，让国学成了网络上的只言片语，拒绝阅读原典，也让很多人与国学的乐趣失之交臂”。一定要以古人之心来体物，一定要以古人之舌言情，这样才是原来文本的意思，而不是用古人的文本来解释自己的东西。他同时认为：“从读书方法来讲，选准重点很重要，过去中国文人床头四本书——《史记》《汉书》《庄子》，还有《楚辞》。为什么是这四本书，因为它们文笔都非常好，《庄子》是诸子里文字最优美的，而对儒学的论著。我先论孔子《论语》和《孟子》，再谈《大学》《中庸》，剖析孔子之仁与孟子之义。”这一番言论其实是告诉观众，《国学开讲》不过是一个引子，而带入门后，一切修行在个人。个人的国学修行应当阅读经典。

（北京电视台）

大型文献纪录片《梦的家园》亮点多

大型文献纪录片《梦的家园》以中国动画电影90年发展历史为题材，用生动的电视手法对中国动画片的发展成果进行了系统梳理。该片以时间为轴，因“梦”开局，以“梦”收官，抓住中国动画电影艺术发展史这条主线，辅以中国动画电影产业发展这条次要线索，同时关注了中国动画电影的相关艺术元素，可谓是对中国动画电影90年发展历程的全景式扫描。

中国动画的主要作品有1000多部，纪录片精选其中具有代表性的100多部作品，其中不乏一些收藏在影像博物馆中的早期作品，在呈献给广大观众的同时，也借此机会整理编纂出那些珍贵的影像，向中国动画致敬。该片共8集，分别是《梦开始了》《岁月留痕》《新的跨越》《水墨重生》《歌声飞扬》《赋音传神》《痴人追梦》《放飞梦想》。这部大型文献纪录片彰显以下亮点：

口述历史保留珍贵记忆

《梦的家园》作为追忆中国90年动画片史的纪录片，历史性是其特点之一。该片采用口述历史的方式，搜寻中国动画创作的原始资料，以几代动画工作者的口述为叙事的主要载体，最大程度为观众呈现经典动画作品创作过程中最真实、最鲜活的故事，再现中国动画人在开创、探索中国本土动画的历程中所经历的酸甜苦辣。

为此，创作团队走遍中国，寻找中国动画各时期的亲历者，不仅为中国动画的创作史留下了珍贵的原始资料，也是对老一辈中国动画人的一次抢救性采访。如跟随万籁鸣制作《大闹天宫》时只有24岁的严定宪回忆了万老圆梦的过程，以及后来导演制作《小蝌蚪找妈妈》时反复实验的过程。常光希回忆了为创作《草原英雄小姐妹》而去内蒙古采风的过程，以及学习西方前期配音模式制作《宝莲灯》的故事。戴铁郎讲述了他从废纸篓中找回《黑猫警长》草稿、自己动手剧本改编、请小朋友帮忙造型设计等创作过程。

紧扣中国动画人追梦和圆梦主题

《梦的家园》作为大型电视文献纪实片，记录的是中国历代动画人的追梦、圆梦历程。8集纪录片紧扣追梦和圆梦主题，观看全片就像坐上一架时光机，穿梭于不同的场景、人物、事件中，在喜悦和感动中跟中国动画一起兴奋、一起紧张、一起坚守、一起欢呼，被片中一代代造梦人的追求与拼搏震撼着。动画是人们心中最美好的梦的投射，中国动画90年所构筑的“梦的家园”，不只是几代人的梦，更是全民族最纯真梦想的体现。每一个动画创作者的幕后故事，每一段经典动画形象产生的过程，对观看纪录片的每一个人来说都给予了榜样的力量。

该片展示的100多部作品大都具有划时代的意义。其中很多作品对各个时期的思潮都有不同角度的折射。民国时期的作品带有抗日救亡的召唤，新中国成立初期的作品呼唤劳动人民积极参与生产建设的精神，20世纪60年代的作品试图探索中华民族的特色，80年代的作品展示了一个逐渐开放、多元化的中国，21世纪以后的作品选材更广、制作更精代表了当代中国动画人的表达欲望。

该片选取了不同的切入点展现作品独特的艺术魅力和时代特色。以中国动画经典作品（特别是新中国成立以后）的创作过程回顾为叙事基础，以动画产业发展的阶段性特点为叙事线索，在几代动画人的集体记忆中寻找中国动画的成长印记。老一代动画人克服资金不足的困难，苦苦探索；当代动画人信念坚定，痴痴追梦；更有喜欢动画的儿童带着最美好的纯真参与动画创意的采集、动画配音甚至是画面制作的过程，在动画中放飞他们最纯真的梦想。

该片包含的就是动画人最初的最久的梦——中国的动画曾经拾级而上依稀瞥见艺术顶峰的绚丽，中国的动画人曾经浓墨重彩巧手点染出让世界惊奇的中国气派，动画人的心灵更是听凭着童真的召唤，让那些最初的梦生出中国式的根茎和枝桠，传承过往又与时俱进、生生不息地延展成一个时代的精神风貌。

在中国90年的动画发展道路上，不光有那些创制经典的老动画人的孜孜以求，当代动画人也怀有同样的热情痴迷于动画，他们创作得精心、真诚、不遗余力，让关注中国动画的人看到了它的未来和希望。

多角度、全方位记录中国动画发展历程

该片以动画人的梦为线索，每一集从不同的角度诠释了中国动画人90年的追梦、圆梦历程，全方位记录中国动画发展历史，展示中国动画在艺术创作、人才培养等领域的丰硕成果。

第1集《梦开始了》以手工制作到二维电脑技术到三维数字技术的技术变革为线索，概述了中国动画90年的发展历程。从万氏兄弟的《铁扇公主》讲起，老一代人用双手描绘带有中国传统特色的美术电影形象，新一代人则利用高科技在20世纪80年代和21世纪到来的时候分别创造了两次创作高潮。

第2集《岁月留痕》从《草原英雄小姐妹》入手，讲述了新中国成立早期，动画在弘扬道德风尚方面发挥的作用。而随着中国的开放，动画的投资模式也有了新的变化，从《宝莲灯》开始，正式走上了市场运作道路。

第3集《新的跨越》则记录了新时期动画片史上两次巨大的转折，第一次是在20世纪80年代后，受外国动画片带动，国内动画遍地开花，改变了上海美影厂一家独大的局面；第二次是2004年，国家出台文化产业激励政策，以《喜羊羊和灰太狼》为代表的动画新生力量蓬勃兴起。

第4集《水墨重生》介绍了至今仍属于保密项目的中国水墨动画技术，以及在此基础上发展的水墨剪纸动画艺术，凸显了中国动画中的中国特色。

第5集《歌声飞扬》和第6集《赋音传神》则分别从配乐和配音两个在动画片中举足轻重的角度来记录中国动画的发展历程。

第7集《痴人追梦》记录了一批当代的动画人用心去追求自己的动画梦。

第8集《放飞梦想》则把视角放到了动画最主要的收视群体——儿童身上，他们的赤子之心给了创作人员最好的创意，逐渐兴起的儿童动画教育更是动画界的希望。

纪录片的8集，选择了八个具有独创性的角度，从中国动画技术的研发到动画作品的运营，从内容到取材创作、到配音配乐的完成，从成年动画人的执著到儿童的动画梦想，从各个方面全方位地记录了中国动画的90年，呈现中国动画的光影魅力。

挖掘人物故事　凸显主题

该片从观众熟悉的角度切入，挖掘动画人背后的故事，呈现其追梦、圆梦的创作经历及心路历程，起到凸显主题的作用。该片每一集的结构各有特色，每一集的话题不是直接切入，而是由一个相关故事、或者一首广为传颂的歌曲导入。如《梦开始了》由齐白石创作《蛙声十里出山泉》的故事开端引出把国画变动画的话题，《岁月留痕》从《美丽的草原我的家》引出《草原英雄小姐妹》的创作过程。

纪录片通过采访动画人，充分挖掘那些尘封已久的幕后创作故事，通过具有细节感的线索设计，以动画创作人和观众的不同视角，充分挖掘人物故事。该片有丰富的影像资料内容，包括经典作品的经典片段、对动画人的访问、对不同观众的采访、早期访谈录像、动画人采风创作的资料等。在充满时代感的影像中，还原温暖的童真记忆，探寻放飞梦想的家园，以点带面、由浅入深，在文献性、故事性和艺术性中达到最佳观感的平衡与统一。

突出表现中国动画的民族特性

该片从多个角度突出表现了中国动画的民族特性，着重展示中国动画的民族特色和中国风味。这种民族特色体现在动画片中的传统文学、戏曲艺术、以及水墨画剪纸等中国美术的应用，凸显了中国动画人对中国传统文化在动画中的延伸的追求。

早期的《铁扇公主》借鉴了迪士尼的动画元素，但是取材于中国古典文学，让观众用一种新奇的方式体验了传统的故事。经典作品《大闹天宫》在创作过程中邀请著名的京剧表演艺术家“南猴王”郑法祥示范猴戏，把京剧的精髓融到动画片中。《小蝌蚪找妈妈》是中国特色动画艺术的极致，让中国传统的水墨画动起来，把齐白石老人笔下栩栩如生的蝌蚪、虾等形象搬到荧幕上，创造了最具中国特色的民族动画。而在中国动画技术从手工进步到数字化之后，数字制作的水墨画《桃花源记》依然震撼。在当代的动画作品中，依然不缺这种中国特色，比如《卖猪》就是取材于贾平凹回忆困难时期的小说，成片的风格从画面颜色到元素设计，都透露出一股浓浓的西北气息。纪录片在展现经典作品的同时，也再现了传统动画制作的手法与工艺，力求将传统的民族动画技艺真实细腻地展现给观众。

中国动画从创始初期就与传统民族艺术元素紧密相连。随着近年来数字化技术的迅猛发展，传统的动画制作手法几乎完全被新媒体技术替代，水墨、剪纸、皮影、木偶等民族工艺所呈现出来的动画效果也逐渐被电脑特效取而代之。但不变的是中国动画人在作品中对中国传统艺术特性的表达。

采访对象范围广泛，同期声等内容丰富

该片讲述的是和中国动画有关的梦，是创造动画和欣赏动画的人共同的梦。因此，该片采访对象范围广泛，既有万籁鸣、钱家骏、特伟、严定宪、常光希、戴铁郎等国产动画的主创人员，他们是中国动画追梦、圆梦的生力军；也有李扬、陈佩斯、范伟、周华健、小柯等动画配乐和配音工作者，他们用声音和音乐诠释和丰富着动画片中的角色；还有鞠萍、何云伟、李菁名人和普通百姓对动画的童年记忆。同期声是纪录片起叙事作用的声音元素中最重要的一部分。同期声、动画作品的原声、动画音乐等丰富了纪录片的内容。该片的主题曲是音乐人小柯量身定做的——“好人最终会赢的，坏人总会败的，说谎鼻子会变长的，憨厚的总是个胖子，去努力总会有收获，懒惰的人会挨饿，只要善良就一定会快乐。”简单的句子、简单的旋律，唱出的是动画片中包含的最质朴的价值观，这也是最打动观众的地方。

综艺节目《一起唱吧》受到观众好评

北京电视台北京卫视频道继2012年推出大型季播综艺节目《一见你就笑》之后，2013年又推出全新季播综艺节目《一起唱吧》。该节目特点突出，亮点频现，受到观众好评。

综艺节目的本土创新

在当下众多的综艺节目中，人们不得不面对一个尴尬的现状：全国有五成以上的综艺节目都是引进海外版权，比如，湖南卫视根据韩国音乐节目改编的《我是歌手》，以及根据美国《X元素》研发的《中国最强音》和脱胎于英国节目的《超级男声》；浙江卫视全力打造脱胎于荷兰《The Voice》的《中国好声音》和植根于英国《Tonight’s the tonight》的《中国梦想秀》；而东方卫视则推出了植根于英国版权的《中国达人秀》和脱胎于荷兰《Sing It》的《我心唱响》；辽宁卫视的《激情唱响》引自英国的《X FACTOR》，东南卫视的《欢乐歌唱团》源于英国同名原版节目。中国的综艺节目缺乏自主研发能力，缺少本土创新力已经成为不争的事实。

在这种背景下，北京卫视推出的《一起唱吧》具有一定的开创意义，从节目形态与内容上看，这完全是一档本土原创类节目。它突破了音乐类综艺节目固有的程式化编排特点，以不拘一格的结构形态演绎了顶尖音乐人与音乐发烧友之间的情感互动，与其他卫视季播类音乐综艺节目相比较，《一起唱吧》无疑具有独特的品牌价值。在节目形态上，它将演唱、表演、模仿、竞技等多种元素融为一体，奉献了一档全新的音乐类综艺大餐。

《一起唱吧》的成功还在于，它充分挖掘了北京的文化资源，吸纳全国顶级优秀音乐人，以歌友会的形式，让顶级音乐人与他们的朋友们一起畅谈人生，用记忆中的好歌品味时代。每期节目都邀请一位顶尖级的音乐人和其好友，以栗坤、曹杨、阿杰为主持人，邀请陈佩斯、朱时茂为特约嘉宾，联袂上演音乐人生的品鉴盛典。其既有讲述音乐人生故事的往事钩沉，也有歌声旋律的时代记忆，还有那些让歌友欢呼雀跃的惊喜欢呼。它与以往的歌友会最大的不同在于，它用一种娱乐性、戏剧性的方式，配合主持人与众多嘉宾之间的互动挖掘了音乐人生的精彩故事。它既是火爆的，又是醇香的；既是深情的，又是雀跃的；既有滑稽搞笑的一面，又有情动心声的表白。

音乐人现场的倾情演绎

《一起唱吧》所邀请的歌星大都是在国内具有较高知名度的乐坛人物，编导抓住音乐人身上的亮点，贯穿于整个节目中。如第一期杨坤专场，编导以杨坤第33场演唱会为主题，充分挖掘杨坤编曲的才能，使其连唱《站台》《无所谓》《空城》《月亮可以代表我的心》《那一天》《穷浪漫》《里约热内卢》等12首歌曲，引发全场千人合唱，气氛热烈、场面火爆。第三期，韦唯以独特的嗓音演绎了《亚洲雄风》《命运不是辘轳》《和从前不一样》《爱我中华》等11首经典歌曲，引发现场所有观众的怀旧情愫。她曾经红透大江南北，她曾演唱了四届全运会会歌，参加了奥运会、亚运会、世博会的开闭幕式，是中国歌坛的代表。总是在成功中带给大家惊喜的韦唯，在沉寂一段时间后首次亮相荧屏，完整立体地展现了自己的演唱与生活，其用“回眸经典”、“一路走来，兄妹情深”、“孩子，让生活充满希望”回顾了一位勇敢而多情女子走过的人生历程。而其三个孩子的助阵，更是平添了几分亲情。第八期蔡国庆专题，《365个祝福》《北京的桥》《同一首歌》等老百姓们耳熟能详的歌曲在绚丽的舞台上被重新演绎，为大家打造一场视听盛宴。而一段《周总理来到少年宫》的珍贵音频重现，成为节目的一大惊喜，带大家穿越岁月，回味美好的时光。

艺术的讲述音乐人生

《一起唱吧》还邀请了诸多嘉宾一起艺术化地讲述人生中的悲欢故事。讲述方式既有陈佩斯、朱时茂的插科打诨，也有歌手至爱亲朋的真情诉说，同时，还配以影音介绍的小片以及音乐DJ的现场ROB告白等。多样化的艺术方式讲述音乐人的人生历程，观众与他们一起分享人生悲欢喜乐。如在第一期杨坤回想自己走上歌坛的历程，其用了“隔空对唱”这样的艺术形式，表达内心对音乐领路人已故旧友陈琳的怀念与感恩。生死两相隔，当主持人栗坤问起杨坤内心对陈琳是一种怎样的感情，杨坤的声音有些哽咽，他努力地调整着自己的情绪，回忆着与陈琳交往的点点滴滴。情至真处，杨坤隔着一块巨型LED显示屏，与画面中的陈琳一同合唱了《两个人的世界》。在天籁和谐的歌声中，很多人为杨坤内心的这份真情而感动。再如《韦唯：女人如歌》那期，当韦唯的三个孩子用自己创作的歌曲现场为母亲演唱的时候，韦唯眼中闪烁着美丽的母爱之光，三个孩子的歌词唱出了韦唯这些年的无悔付出和所承受的情感之痛，同时，也唱出了一位母亲的坚强内心和深沉母爱。

饱含朋友深情的温暖阐述

《一起唱吧》邀请来的特殊嘉宾，基本都是与音乐人相交多年的知心朋友，无论是杨坤的朋友胡军，汪峰的知己白岩松，还是齐秦的忘年之交沙宝亮，他们都是与节目的主角之间有着诚挚的友谊。这些特邀嘉宾与音乐人之间有着共同的人生记忆，他们不仅讲述与音乐人相交的往事，更是其歌声的欣赏者和品鉴者。

比如，《汪峰：春天里》那期，白岩松作为汪峰的知音，其对汪峰歌唱生涯做出了三个阶段的总结。他认为汪峰的第一阶段是鲍家街43号，中央音乐学院时期，代表作品是《晚安北京》，表现了一位音乐人的社会良知；第二个阶段是从《花火》到《勇敢的心》，这期间包括流行一时的《飞得更高》《春天里》等歌曲，表达了歌者内心的焦虑和苦闷；第三个阶段是充分表达的时期，汪峰在一个专辑中创作了26首歌曲去表达内心的诉求，其中《光明》是让白岩松怦然心动的歌曲。作为歌手的知己，白岩松对汪峰的定位是“伤感的理想主义者，敏感的诗人，用歌唱面对和关注现实的知识分子”。这是白岩松第一次参加综艺类节目录制，他以他独有的冷静、深刻的方式评价着朋友汪峰。

同样，还是这期，赵宝刚作为汪峰歌曲的发烧友也首次在荧屏上开嗓，他与汪峰一同合唱了《北京北京》《存在》等歌曲，并坦言正是因为听了汪峰的《北京北京》才有了《北京青年》这部电视剧作品。无论是白岩松还是赵宝刚，都是因为音乐才使得他们成为了好朋友，也正是音乐，让他们彼此看到了内心那个满含真情，满含正义的汪峰。在韦唯那期，本来作为娱乐元素出场的陈佩斯、朱时茂由于与韦唯之间的朋友交情，反而成了讲述韦唯故事的叙述者，陈佩斯与韦唯共同追忆了陈强，韦唯也讲述了与陈强、陈佩斯父子交往的感人往事，两人水到渠成地合唱了《兄妹开荒》。而后，韦唯又将一首《英雄赞歌》献给了天下伟大的父亲们。尤其是节目组还准备了韦唯三个孩子的小塑像，以陈佩斯、朱时茂两位舅舅的名义送给外甥，更使节目充满了浓浓的人情味。

多种形式的超级模仿秀

《一起唱吧》里的模仿，不仅是草根对明星的模仿，还有主持人对歌星的模仿，嘉宾对歌星的模仿，甚至加入了竞技的元素。比如韦唯那期，端庄的栗坤也参与到模仿中，她穿着皮衣皮裤，戴着80年代流行的大耳环，与装扮成刘欢模样的主持人曹杨一起唱着《亚洲雄风》走上舞台。尔后又插播当年韦唯演唱的MTV与模仿秀相对照，在这样的模仿中，人们看到的不仅仅是歌迷对偶像的简单模仿，还包括年轻人对上一个时代歌声记忆的模仿，还原了那个年代的服装造型和舞蹈动作造型，将记忆追溯到韦唯红极一时的岁月中，营造了热烈的现场氛围。

再如孙楠那期，编导抓住了孙楠“高音王子”的特点，不仅请来了台湾的高音王信与之同台献艺，彼此模仿各自的歌曲，同时，还选拔了几位粉丝外加陈佩斯、朱时茂一起模仿飙高音，增加了不少欢乐。

笑星戏剧性的搞笑演绎

用陈佩斯、朱时茂这两位资深小品演员来客串嘉宾从形式上看并不算创新，但是，从具体的表现方式上看，人们不得不认可编导的独具创意。两位资深笑星不仅充当了主持人的角色，同时，他们更是节目的表演秀的组成部分。无论是在《韦唯：女人如歌》中的民歌对唱，还是在《孙楠：不见不散》中陈佩斯的惊艳高声《我的太阳》，都提升了节目的艺术品位。而他们两位的表演天赋还在于一唱一和中，以朋友的身份讲述音乐人的故事人生。比如，在齐秦那期，朱时茂以陈佩斯为参照物，讲了齐秦的三个方面的缺点，第一是要名片，第二是迟到，第三是打高尔夫球技差。尔后两人又上演了竞争齐秦美国演唱会的特约嘉宾的表演，互相比试老板扮相，陈佩斯以传统地主的形象出现，而朱时茂则扮成了上海滩中的黑帮老大。同样的竞技在杨坤那期也曾表现过，两人为了争夺杨坤第33场演唱会的嘉宾，在舞台上飙歌，由此引发了现场50人欢唱团的出场，也引发了其与杨坤、胡军组合之间的互相飙歌，从1980年的流行音乐一直唱到90年代。而蔡国庆那期，陈佩斯、朱时茂以蔡国庆曾经主演过的电影《唐伯虎点秋香》现场重现，笑翻全场。

《城南新事》用故事展现城南变化

从2013年3月18日起，北京卫视在《北京新闻》中每日播出7分钟系列报道《城南新事》，以“城南行动计划”第一阶段（2010—2012）目标实现和第二阶段（2013—2015）方案公布为契机，用一个个小故事，展现“城南行动计划”带给普通市民的大变化，进而展示近几年北京市在城区规划、产业升级、生态治理等多方面的成就，以及未来城南的发展蓝图。

故事化叙事让变化更具体、更真实

系列报道没有采用今夕图片对比、数字图标罗列的简单方式展示城南变化，而是通过居住在城南的北京人讲述发生在自己身上的故事，具体说明城南变化带给自己的感受。开篇《陈万福的梦想照进现实》，用一直生活、工作在永定河边的二七车辆厂退休工人陈万福对永定河碧波荡漾的怀念，对永定河断流干涸的痛心，体现出一个“老北京”对永定河的爱，而当他执著为永定河治理建言献策终于变成“城南行动计划”中一个个被落实的科学规划时，那种欣喜溢于言表，老伴儿笑言：“他老是操心那条河，也不操心我。”《孔令鹏的幸福生活》描绘了一个90后房山小伙在家门口实现的汽车梦，从往返100多公里到顺义汽车城工作到因父亲生病不得不放弃梦想回家务农，从应聘落户房山的长安汽车公司当一名技术工人到成为公司中年龄最小的工程师，再到贷款买房、买车、接父母到身边生活、谈朋友，小伙子两年间的四喜临门为“城南行动计划”加快产业结构升级，在房山发展高端制造产业的规划方案作了一个生动有力的注释。

“连续剧”编排让报道更生动、更贴心

系列报道采用上下集编排、每两期一个主题、每个主题又相互关联的连续报道模式，将“城南行动计划”的多个方面用故事串联起来。如第一集《陈万福的梦想照进现实》中，陈万福到北京园博园建设工地找到永定塔总设计师纪怀禄，谈自己对永定塔的设计思路。第二集就播出《永定塔上的父子兵》，讲述“清华派”老纪和“留洋派”小纪在永定塔设计上的较劲，两集主题衔接得很紧凑。在《开往春天的地铁》中，上集讲大兴青年赵学大学毕业后成为大兴线地铁司机，并以地铁为鹊桥，找到了家住顺义的女友；下集讲家住皇城根的5号线地铁乘务员杨倩百般不愿意被调往亦庄线工作，却在两年间改变了看法，决定和男友定居亦庄，享受城南发展的成果。两个地铁职工的命运与南城地铁发展带来的变化息息相关，轨道交通和路网结构的规划成果自然不言而喻。系列报道播出的9期五个故事，涉及生态治理、产业升级、基础设施建设、传统文化保护等方面，使观众从故事中了解了“城南行动计划”中各个项目的落实情况，并从随后介绍的2013—2015第二阶段新规划中知晓了城南的发展前景，从而更加明白北京市政府发展城南的决心和行动力。

（北京电视台）

《幸福厨房》倡导健康生活方式

《幸福厨房》是北京电视台生活频道推出的一档互动厨艺比赛节目，于每周日晚19点30分播出。节目以“关爱家人、为爱而战”为核心内涵，选手与亲人、朋友结队参加进行厨艺展示，讲述情感故事，在小厨房缩影大生活，号召人们回归家庭、关爱亲人，传达积极健康的家庭观、生活观。

主题鲜明，功能性强

《幸福厨房》每期节目中均设立一个贴近生活、契合时令的主题，选手以该主题为指导进行厨艺展示。如，考虑到渐入夏季，大量生鲜食品开始进入北京地区市场，4月28日节目以“一百元吃海鲜”为题，向观众介绍了当前北京市场上物美价廉的海鲜及其做法，贴合观众实际生活。5月12日适逢“母亲节”，节目以“为妈妈做一顿饭”为主题，邀请几位厨艺达人向观众展示了如何为母亲做出一桌美味又营养的饭菜。同时还在厨艺展示之余，和场内观众一起畅谈母亲与厨房的故事，倡导观众理解母亲的辛劳，多为母亲分忧的理念。同时作为一档厨艺类节目，《幸福厨房》在进行厨艺比赛的同时，更注重为观众介绍生活实用技能。考虑到观众多为上班族时间紧张，节目一般选择早餐10分钟之内、正餐20分钟之内即可完成的快手家常菜进行介绍。针对生活中经常出现剩余食材不知如何处理的现象，节目开辟了“超市食品大改造”环节，向大家介绍对隔夜饭等常见剩余食材如何在保证健康营养的基础上进行加工的方法。这些环节契合了观众实际需求，突出了节目的生活服务类功能。

倡导健康生活方式

《幸福厨房》注重向观众传达营养和健康均衡摄取的理念。节目邀请营养专家，对展示的每一道菜肴均给出营养方面的建议，指出选手在加工食材过程中存在的破坏食物营养的做法。如在早餐后厨艺环节比拼之前，先邀请专家向观众介绍长期不吃早餐的危害性和可能导致的疾病，营养充足的早餐标准等知识。节目针对食材的不同营养价值，向相关人群进行健康提醒：如“一百元吃海鲜”专题中，特别提醒海鲜存在大量的嘌呤物质，有痛风等疾病的人群应当慎食，而对于普通人群海鲜则是非常健康的食物。

（北京电视台）

北广传媒城市电视《环球财讯》特色鲜明

北广传媒城市电视《环球财讯》栏目依托新华社新华08财经新闻平台，为城市电视观众提供了简短精辟的财经新闻汇集。该栏目时长3分钟，单条新闻长度在30秒至40秒之间，以财经类新闻的播报为主，采用解说词配合画面的形式，体现出“短、平、快”的风格。

结构紧凑，节奏感较强

该栏目的总体时长仅3分钟，除个别的超长新闻外，大部分单条新闻都保持在30秒至40秒的长度，且内容之间衔接迅速连贯，节目整体结构比较紧凑，在有限时间里实现了内容的最大化。并且，简短的单条内容设置，为栏目实现整体的较快节奏感奠定了基础。

视阈广阔，专业性突出

该栏目的一大特征就是将财经新闻视野放之全球，搜索并播报国内、国外的重大财经新闻，具备一定的国际化选材能力。并且，在栏目中，播报的内容专业性较强，出现了较多只有在专业财经新闻中才会出现的名词、数据等，可以体现出栏目主创人员较高的财经专业素质。

注重可视化，表现力较强

该栏目的表现方式多为画面配合解说词，选取符合该主题的画面来配合新闻内容，这充分体现出栏目主创人员对于可视化的追求。同时，还注意将缺少画面素材的财经新闻内容配合百姓熟悉的日常画面，有助于观众对于内容进行较为直观的理解。栏目中运用标题、唱词字幕、重点信息字幕的手段，放大、强化了重点信息，注重视觉化的表达，方便在缺少安静环境的城市媒体环境中进行视觉观赏。

以事实为基础

该栏目对于财经新闻信息的呈现较为全面，依托新华社的内容平台，数据翔实，素材真实，内容的可信度较高。并且，该栏目采用无主持人的形式，直接播报，简洁明了，最大限度将信息直接传递给观众，提供第一手的、新鲜的财经信息。

（北京北广传媒城市电视有限公司）

交流合作

北京市广播影视对外交流合作情况

2013年11月，北京市广播电影电视局在美国洛杉矶举办北京影视日活动，图为中国电影导演冯小刚进行手印礼

2013年，北京市广播影视系统坚持“走出去”与“请进来”相结合，加强“境外节展活动、打造北京交流平台、节目内容及传输业务、探索文化贸易方向、做好来访接待、办好外宣节目”的力度，注重出访实效，对外交流合作取得丰硕成果，进一步推进了广播影视“走出去”工程。

一、推进影视剧境外参展活动

北京市广播电影电视局全年出访团组11批39人次，北京广播电视台全年出访团组9批38人次，组织市属广播影视机构参加欧美等国家影视节展及相关活动近10余次，展出一批优秀影视作品，扩大了交流合作路径，提升了北京广播影视业的国际化水平和影响力。参加境外节展及相关活动主要情况是：

5月17日至19日，北京市广播电影电视局组团参加国际电影制片人协会2013年会员大会，与罗马电影节主席马克·穆勒先生等商议北京电影罗马展映、北京电影节与罗马电影节合作等事项。

5月21至27日，北京市广播电影电视局在意大利举办北京电影罗马展映活动，展映电影《黄金大劫案》《人再囧途之泰囧》《失恋33天》三部六场，主持了展映观影座谈会。同法国伟邦奇电影公司总裁路易斯·德蒙·祖先生进行会谈，就举办北京电影巴黎展映的意向交换意见。

6月9日至12日，北京市广播电影电视局组团赴加拿大参加班芙国际媒体节并举办主题为“北京影视传递中国梦”的“北京日”活动，为北京影视走出去搭建平台。来自全球30个国家的2000余位电视台和影视制作公司代表与北京的影视机构进行深入交流，活动取得了很好的国际文化传播效益。

6月25日至29日，北京市广播电影电视局组团参加第35届莫斯科国际电影节，与中国驻俄罗斯大使馆文化处合作举办“北京国际电影节招待会暨合作签约仪式”。

7月初，北京市广播电影电视局组团赴芬兰拜访赫尔辛基国际电影节组委会，为第四届北京国际电影节海外形象宣传、影片邀请、项目合作打下基础。

8月31日，北京市广播电影电视局组团参加第70届威尼斯国际电影节，在威尼斯举行了第四届北京国际电影节隆重的推介会。威尼斯电影节主席阿尔贝托·巴贝拉以及来自各大洲的著名导演、制片人，欧美各大电影公司高层等近300多名电影业界人士出席活动。

9月18日至25日，北京市广播电影电视局组团赴第61届圣塞巴斯蒂安国际电影节，在其产业指导手册上投放北京国际电影节宣传梗概，拜访圣塞巴斯蒂安国际电影节主席及西班牙电影协会宣传推广部门负责人等，为第四届北京国际电影节邀请优秀影片；与马德里中国文化中心合作举办“北京国际电影节推介会暨欢迎酒会”，邀请中西电影相关机构、中外媒体出席。

10月4日至13日，北京电视台组团携自制动画作品赴法国参加戛纳电视节，同时参加行业论坛。

11月1日至3日，北京市广播电影电视局组团赴美国洛杉矶组织开展“北京电影北美展映”活动，包括冯小刚手印礼、冯小刚电影作品展等内容。同时组织了“北京影视日”活动，推出“北京影视星光灿烂”主题节目，组织了中美影视交流活动，宣传推介了北京优秀影视作品和北京国际电影节。展映活动受到在好莱坞的中外各界人士的广泛关注，中国驻洛杉矶总领馆、洛杉矶市政府的官员以及100多位影界人士、120余家媒体记者出席。洛杉矶各大媒体都对展映活动进行了报道，美国ICN电视联播网进行了直播。

11月7日至8日，海润影视制作有限公司组织电影《对不起，我爱你》在纽约联合国总部举办全球首映礼，主创人员先后出席纽约大学及哥伦比亚大学见面会暨导演座谈会。

11月11日至18日，北京紫禁城影业有限责任公司组团参加由“中英文化创意产业协会”主办的第五届英国万像国际华语电影节交流活动。随后赴意大利参加罗马电影节，并对电影项目的制作发行进行商务洽谈。

二、打造北京地区交流合作平台

在北京地区交流合作平台建设上，重点打造北京国际电影节、北京电视节目交易会，包括北京国际摄影周、世界数独锦标赛等项目，取得在京交流合作新成果。

1.扩展北京电视节目交易会功能。3月31日至4月2日，由北京市广播电影电视局、怀柔区政府联合主办，首都广播电视节目制作业协会承办、怀柔区文化产业发展促进中心协办的第12届北京电视节目交易会举行（原称“首都电视节目推介会”）。2013年，交易会更名为北京电视节目交易会，功能扩展为发挥融资、交流、学术和交易等项。参展机构由首都拓展到全国，由境内拓展到海外，交易产品由电视剧拓展为以电视剧为主，纪录片、动画片、海外栏目等电视节目的全方位展示，节目类型多样、产品丰富。除国内机构外，还吸引26家海外栏目制作机构参展，交易作品23部1223集，是历届交易会展出海外节目最多的一次。

2.全力办好第三届北京国际电影节。4月16日至4月23日，由国家广播电影电视总局和北京市人民政府主办，国家广播电影电视总局电影管理局和北京市广播电影电视局承办的第三届北京国际电影节举办。第三届北京国际电影节围绕“展示　推介　交易　交流”主题，搭建综合服务平台。参加电影节的中外电影机构800余家，其中55家境外媒体参与报道节展事宜，有56个国家和地区的531部影片报名参赛，经遴选，11个国家的15部影片入围提名。中外机构实现签约项目27个，签约总额87.31亿元，比上届增长65%，成为在京国际化电影交流合作的高端平台。

3.推进在京外国电影展映活动。在大力推动北京电影走出去的同时，积极欢迎世界各国、各地区的电影来北京进行展映活动。北京市广播电影电视局为各项国际电影节展提供咨询服务、简化申报、快速审查等一系列方便措施，有力的支持了境外电影节展的在京举办。全年先后有俄罗斯、新西兰、土耳其、德国、塞尔维亚等10余个国家和地区的电影节展在北京成功举办，促进了中外电影交流，提升了北京电影业的国际化水平和影响力。

4.举办多种国际文化交流活动。北京广播电视台充分利用北京国际摄影周、北京国际设计周、第8届世界数独锦标赛和第22届世界谜题锦标赛等国际交流活动，广泛接触国际文化和传媒机构，扩大北京广播影视的影响力。如9月26日，北京歌华文化发展集团承办的北京国际设计周吸引了来自20多个国家和地区的近2000名设计师和近百家设计机构参加，参与报道的国际媒体超过50家，《纽约时报》《华尔街日报》《卫报》、路透社、安莎社、国际著名设计专业刊物《墙纸Wallpaper》杂志等均派记者来京。10月24日，由北京歌华文化发展集团承办的北京国际摄影周吸引了20多个国家和地区的200余位国际摄影大师、专业摄影机构、新闻机构代表参加，86位摄影家拍摄了“北京瞬间”。11月9日，由中华世纪坛数字艺术馆(CMoDA)和北京互象动画联合主办的第二届中国独立动画电影论坛在中华世纪坛数字艺术馆举办。论坛分为“竞赛单元”和“展映单元”，来自中国内地、中国香港、立陶宛、英国、冰岛等国家和地区的140部影片在活动期间展映。10月12日，由北京广播电视台承办的第8届世界数独锦标赛，来自35个国家和地区的271名数独和谜题选手参赛，同时，吸引一批中外媒体报道此事。

三、开展节目内容及传输业务交流合作

3月13日至28日，北京电视台组团赴巴西考察巴西世界杯赛场、采访世界杯组委会，赴古巴国家电视台进行交流，寻求合作机会。

6月至11月间，北京电台举办“听大使讲故事，回首‘和平共处’外交路”系列采访报道活动，分五批赶赴肯尼亚、摩洛哥、墨西哥、古巴、美国、加拿大、俄罗斯等一批具有代表意义的国家进行境外采访，记者和主持人重走旧址，听新、老大使回顾历史，重新体会和感受并记录下当代人自己对“和平共处五项原则”的认识，在采访中随时发回现场连线报道，制作系列专题节目在交通广播进行播出。

6月10日至15日，北京歌华有线电视网络股份有限公司赴韩国考察韩国LG公司、韩国CJ集团等企业电视购物技术平台以及智能电视终端等新一代数字电视技术并进行研讨，同时就运营层面进行具体交流。

6月19日至30日，北京歌华有线电视网络股份有限公司赴欧洲与德国BLANKOM公司、荷兰太平洋宽频带通讯公司及英国Segnet公司进行有线网络技术及付费电视业务交流考察，并进行高层合作洽谈。

7月3日至14日，北京电台体育广播组团赴巴西、阿根廷及墨西哥进行2014年世界杯前期筹备工作考察，与当地体育机构和媒体人座谈交流。

8月20日至31日，北京电视台组团分别赴阿联酋、南非、香港，分别与当地电视媒体就双方在电视节目和业务合作方面进行交流会谈。

8月23日至9月5日，北京电视台组团赴俄罗斯直播采访报道2013莫斯科国际航展。

四、利用接待来访开展交流合作

北京市广播影视充分利用与外国使节、外国驻京机构高管接触方便的条件，把做好接待来访作为开展对外交流的重要渠道。据统计，北京市广播电影电视局全年接待来访

团组5批15人次，北京广播电视台接待来访团组33批278人次。来访团组主要来自美、欧、亚、太和非洲等国家，交流洽谈节展合作、影视交易、拍片以及技术引进等事项。具体情况是：

4月14日，美国电影艺术与科学学院主席霍克·考齐（Hawk Koch）一行4人专程到中国电影博物馆参观访问，双方就电影交流和举办有关奥斯卡等方面的展览进行探讨。

4月23日，英国广播公司（BBC）政策与战略总监约翰·泰德、研究与发展部总监马修·波斯特盖特、未来媒体及BBC网站首席运营官安迪·康罗伊一行到北京广播电视台参观访问，就全媒体时代下广播电视发展进行了交流探讨。

2013年4月，北京广播电视台与国外专家探讨广播电视发展课题进行交流

4月25日，以乌克兰记协主席奥列格·纳利瓦伊科为团长的乌克兰新闻代表团一行5人，在中国记协国际联络部的陪同下，到北京电台进行友好访问。双方围绕专业人才的培养和新媒体发展等话题，进行探讨和交流。

6月18日，美国纽约中文电视总裁蒋天龙一行到北京电视台参观访问，双方就创意节目合作、外宣节目影响力等方面进行座谈交流。

6月25日，埃塞俄比亚、马达加斯加等11个非洲国家广播电视台高管访问团到北京歌华有线电视网络股份有限公司考察，参观歌华有线新业务体验厅和总前端机房后，双方就广播电视发展方向、面临的机遇与挑战以及资本合作进行交流洽谈。

6月28日，法国电影局主席埃里克·戛兰多（Eric Garandeau）和法国电影联盟主席让-保罗·萨罗米（Jean-Paul Salomé）一行到北京市广播电影电视局访问，会谈中，双方就两国电影市场的现状，政府如何扶持、促进艺术电影的制作和发行达成以下电影交流合作意向：进一步推进电影合拍；加大人才交流培养的力度；通过北京国际电影节的平台，进一步推进中法电影艺术界的资源共享等。

8月7日，圣马力诺共和国外交大臣姜弗朗科·泰伦齐一行4人到北京电台参观访问，双方就进一步加强文化交流、打造媒体影响力等方面进行交流洽谈。

8月13日，国家广电总局干部研修学院领导陪同泰国、越南、老挝、马来西亚等东盟国家媒体管理者数字化趋势培训班学员一行14人到北京市昌平区广电中心参观、调研。

8月14日下午，韩国釜山市市长许南植及随行10人到北京市广播电影电视局访问，就电影产业政策、电影产业发展，以及北京国际电影节与釜山国际电影节进一步合作进行探讨，并表达两个电影节结为友好电影节的意愿。

8月21日，东帝汶通讯和公共媒体的国家秘书、广电规划部和广电工程部主任到北广传媒移动电视公司考察交流，双方就如何开展合作进行探讨，并达成合作意向。

8月27日，美国职业棒球大联盟北京代表处到北广传媒移动电视公司访问，双方就引进播出体育资讯类栏目《棒球周刊》事宜进行交流洽谈。

9月16日，英国WPP集团首席执行官Martin Sorrell爵士一行到北京电视台参观访问，就中国电视业发展、广告经营及如何应对新媒体趋势等问题进行座谈。

9月24日，委内瑞拉人民政权文化部副部长哈维·萨拉比亚一行到中国电影博物馆参观访问，双方就电影资料收藏、放映领域的经验进行了交流。

10月23日，津巴布韦2013年媒体人员研修班到北京电视台参观访问。研修班成员包括20名新闻官员和资深记者、编辑等，就新媒体发展、内容生产与技术保障融合等问题座谈交流。

10月23日，俄罗斯沃银德克资本创始人、合伙人格列勃·费季索夫一行到电视台参观访问，双方就中俄两国传媒业、电视业发展，传统媒体与新媒体融合等问题座谈交流。

11月1日，澳大利亚广播电视公司（ABC）董事会主席詹姆斯·斯比格曼、总裁马克·斯科特及ABC高层代表团到北京电视台参观访问，双方沟通已合作项目的进展情况，对未来在各领域开展合作表示期待，将进一步落实战略合作备忘录所签署的内容。

11月28日，韩国江源道信息文化振兴院院长朴兴寿一行到中国电影博物馆参观访问，双方在交流座谈中表示希望加强往来，发挥各自优势，寻求合作。

五、办好外宣节目扩大国际影响力

2013年5月，北京电台与第二外国语学院留学生开展交流活动

进一步加强与海外广播电视主流媒体的合作，国际传播覆盖与影响不断扩大。4月份，北京广播电视台组织北京电台、电视台首次与西方主流媒体展开全面战略合作，与业务覆盖46个国家和地区的澳大利亚广播公司（ABC）在英语新闻播出、互办电视节、合拍纪录片、大型活动等签署战略合作备忘录，包括人员交流等多方面开展深度交流，为听观众、网友提供更加丰富的跨文化传播类的视听节目。

北京电台策划制作的300集反映北京风貌的纪录片《北京印象》将通过普罗派乐卫视向欧洲45个国家播出；与韩国首尔特别市TBS电台签署合作协议，每周相互提供5分钟社会热点或经济文化方面的电话连线节目一次；外语广播频率与联合国电台等继续保持良好的合作关系，radio774、网络电台、海外合作电台三个平台继续联动播出。

北京电视台与美国中文电视英语频道深度合作，每天向纽约观众播出1小时优秀品牌节目；关注中外交流热点，制作《雅安地震中的熊猫》《胡同学校》等30多条英文新闻在美国中文电视英语频道日常新闻中播出；依托重点项目推动双向文化交流与文化“走出去”，举办海外华裔青少年中文歌曲大赛，与澳大利亚、南非、法国、日本等境外团队合作完成《双城记——北京&堪培拉》等多部高品质纪录片；与联合国副秘书长一行就如何增进互通、加强合作、搭建平台等议题进行交流探讨；与瑞典BONNIER广播集团洽谈纪录片项目合作及北京电视台节目在欧洲落地事宜；与法国达高动漫集团就原创动画、

2013年，美国中文电视英语频道播出北京电视台制作的《雅安地震中的熊猫》

节目制作进行洽谈；与尼日尔新闻媒体人员在电视节目制作、广电系统国际合作、广电业务发展等方面探讨合作事项；继续用好长城平台、加拿大城市电视台、黄河台等海外平台，多渠道传播北京声音，对外总播出时间近7000小时。

同时，北京电视台积极拓展海外市场，与加拿大、美国、迪拜等国媒体就电视版权销售达成意向性共识。

六、探索广电制播和文化贸易产业发展方向

3月25日至28日，北京歌华文化发展集团和香港信德集团联合组团访问新加坡，围绕国家对外文化贸易基地（北京）建设暨天竺综合保税区文化保税园，考察新加坡自由港、专业艺术品物流公司HEL UTR ANS，与机构负责人沟通了解新加坡艺术品物流、保税仓储、政策支持等方面情况。

6月，北京歌华文化发展集团派员随市贸促会团组前往英国、法国、匈牙利、捷克宣传推介第八届中国北京国际文化创意产业博览会。

10月11日，北京市广播电影电视局组团访问澳大利亚广播公司、澳洲广播电影电视学院和新西兰圣瞻影业公司、WETA电影制作室等影视机构，与澳大利亚、新西兰影视同行洽谈了在广播影视制播产业，包括人才培训、学术交流和北京国际电影节等方面的合作，学习影视拍摄基地的建设、运作经验，达成一些合作共识和交流意向。

（北京市新闻出版广电局、
北京广播电视台）

北京市广播影视对台港澳交流合作情况

2013年，北京市广播影视系统继续保持与台港澳同行的交流合作关系，注重实效，促进了两岸三地广播影视的繁荣发展。主要情况是：

年初，北京市广播电影电视局为台港澳影视机构来京展映活动，加大支持力度，在咨询服务、简化申报、快速审查等出台一系列方便措施，促进了台湾、香港地区有关电影机构在北京举办电影节展。

3月18日至19日，海润影视制作有限公司和华谊兄弟传媒股份有限公司组团参加第37届香港国际电影节，海润出品的电影《毒战》19日隆重首映。华谊兄弟传媒股份有限公司出品的电影《画皮Ⅱ》20日首发预告片，定于6月28日全面公映。

5月7日至13日，北京歌华文化发展集团两岸文化创意人才服务基地项目团队主要成员，随民革中央中华中山文化交流协会代表团，赴台湾参加第四届两岸青年创新创业论坛。期间，拜会了台湾国民党荣誉主席连战、吴伯雄等台湾知名人士，并就两岸文化创意产业合作和人才交流进行沟通；考察了台湾多家文化创意产业机构，与机构负责人围绕中华世纪坛世界艺术中心、两岸文化贸易服务中心项目及两岸文化创意人才服务基地建设等进行交流；听取台北文创产业联盟就“两岸设计人才养成计划”项目的策划报告，与原台师大副校长、台湾文化创意产业联盟理事长林磐耸就该项目的具体实施方案进行了研讨。

6月19日，“澳门大学传播系学生北京交流团”一行30人到北京电视台参观访问，并就内容生产、节目创意及高清电视技术等方面进行座谈。

6月24日至8月16日，2013年度中国科协“紫荆计划”香港大学生共11人来北京电视台实习。实习的香港学生分别来自香港理工大学、香港中文大学、香港教育学院。

7月3日，北京电台召开2013年度中国科协港台大学生暑期实习活动欢迎仪式。实习的11名大学生分别来自港台4所知名高校。这是北京电台第7次参加中国科协主办的这项公益活动，积极搭建这个沟通交流的平台，让两岸三地的年轻人进一步了解内地组织机构的管理模式，体验内地的文化氛围，体会到祖国大陆人民的亲情和友爱，感受到祖国的强大和发展。

7月8日至12日，北京歌华文化发展集团派员随北京市贸促会团组赴澳门参加第二届北京·澳门合作交流洽谈会。

7月17日，北京歌华文化发展集团“两岸文创人才服务基地”首个人才服务项目——“两岸设计人才养成计划”项目签约暨启动仪式在京举行。“两岸设计人才养成计划”由歌华集团和中华中山文化交流协会共同发起成立的，国台办授牌的大陆第一家面向两岸文化创意产业人才的服务机构——北京两岸文创人才发展中心负责组织实施，将通过连结两岸设计类人才、院校、企业，搭建一个从学生到设计师乃至国际设计大师的成长平台，形成覆盖引进、开发、培育、孵化、聚集两岸文化创意设计专才的人才服务全链条。

8月29日，台湾财团法人公共关系基金会访问团与北京广播电视台座谈交流新媒体建设情况，双方分析了台湾与北京新媒体发展存在的差异，交流了经验。

11月15日，北京电台举办第一届京台广播发展与合作交流会，并与台湾中华广播商业同业公会签署合作意向书，为京台两地广播业的深入交流合作奠定基础。

12月27日至30日，北京紫禁城影业有限责任公司组团赴台湾与相关影视机构负责人及导演、制片人交流，洽谈电影《下班抓紧谈恋爱》《坠入爱河》等项目的合作事宜。

（北京市新闻出版广电局、
北京广播电视台）

统 计

2013年广播电视播出机构及节目开办情况一览表

项目	单位	数量
一、机构情况	—	—
市级广播电视台	座	1
区县广播电视台	座	10
区县广播电视站	座	4
乡镇广播电视站	座	34
企事业广播电视站	座	12
二、开办广播电视节目情况	—	—
公共广播节目	套	25
其中：市级	套	16
区县级	套	9
付费广播节目	套	2
公共电视节目	套	26
其中：市级	套	12
区县级	套	14
对外电视节目	套	1
付费电视频道	套	11

2013年北京市广播电视播出情况一览表

指标名称	单位	合 计	市级	区县
广播播出	—	—	—	—
公共广播节目	套	25	16	9
播出时间	小时	172870	123172	49698
播出自制节目时间	小时	137129	102808	34321

续 表

指标名称	单位	合 计	市级	区县
付费广播节目	套	2	2	—
播出时间	小时	15330	15330	—
电视播出	—	—	—	—
公共电视节目	套	26	12	14
播出时间	小时	126983	94924	32059
播出自制节目时间	小时	60402	39755	20647
电视剧播出数	部	455	425	30
	集	15629	14534	1095
付费广播节目	套	11	11	—
播出时间	小时	96360	96360	—
对外广播节目	套	1	1	—
播出时间	小时	8744	8744	—

2013年广播电视节目制作情况一览表

项　　目	单位	广播节目	电视节目
制作广播电视节目时间	小时	116172	133945
新闻咨询类	小时	14281	11111
专题服务类	小时	27489	50578
综艺类	小时	35157	19681
广播（电视）剧	小时	4215	21792
广告类	小时	15774	7313
其他类	小时	19256	23470
广播（电视）剧部数	部	126	87
广播（电视）剧集数	集	637	2952

注:此表的统计范围是指各类广播影视节目制作机构。

2013年北京市广播电视播出传输情况一览表

项目	单位	2013年
中短波转播发射台	座	1
	千瓦	160
调频转播发射台	座	17
	千瓦	40.95
电视转播发射台	座	15
	千瓦	99.3
广播综合人口覆盖率	%	100
电视综合人口覆盖率	%	100
有线广播电视传输干线网络总长	万公里	17.64
有线广播电视用户数	万户	524.59
高清交互数字电视用户	万户	380.00
付费数字电视用户数	万户	11.42
农村有线广播电视用户数	万户	72.11
农村有线广播电视入户率	%	63.87
总人口	万人	2069.3
农村总人口	万人	258.1
总户数	万户	509.3
农村总户数	万户	112.9

2013年北京市广播影视创收总收入情况一览表

单位：亿元

项目	2013年	2012年	增减额	增速（%）	占总创收收入（%）
总计	379.55	258.47	121.08	46.84%	100.00%
1.广告收入	169.84	108.19	61.65	56.98%	44.75%

续　表

项目	2013年	2012年	增减额	增速(%)	占总创收收入(%)
其中：广播广告收入	9.44	10.93	−1.49	−13.63%	2.49%
其中：电视广告收入	80.48	48.39	32.09	66.32%	21.20%
2.广播电视节目销售收入	53.81	43.90	9.91	22.57%	14.18%
3.有线广播电视收视费	10.67	10.04	0.63	6.27%	2.81%
4.付费数字电视收入	0.62	0.47	0.15	31.91%	0.16%
5.三网融合业务收入	8.70	7.50	1.20	16.00%	2.29%
6.电影票房收入	18.60	16.12	2.48	15.38%	4.90%
7.其他创收收入	117.31	72.25	45.06	62.37%	30.91%

北京市广播影视创收收入构成图

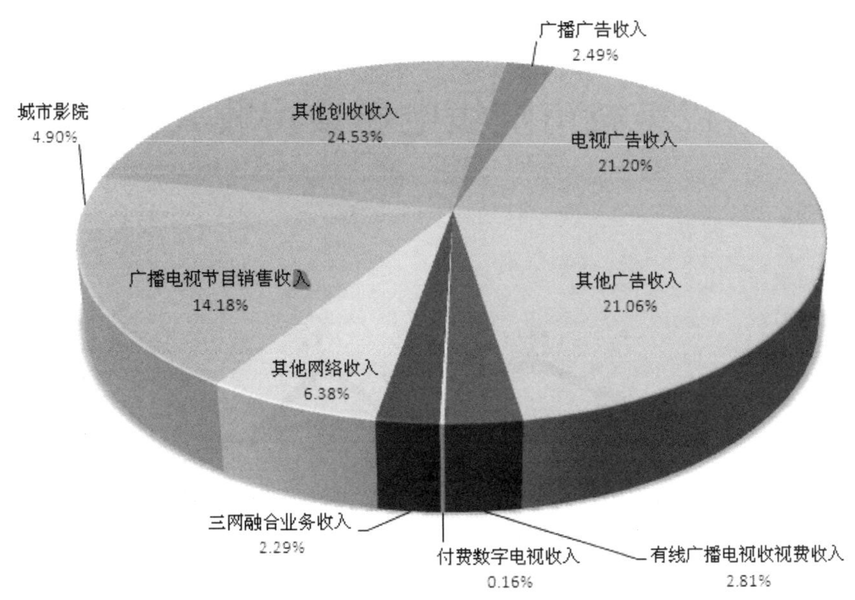

2013–2012年电影基本情况对比一览表

项目	计量单位	2013年	2012年	增(减)量(±)	增(减)比率(%)
电影院线数量	条	20	17	3	17.65
电影院数量	家	150	135	15	11.11
银幕数	块	820	726	94	12.95
其中：IMAX巨幕	块	5	5	0	0.00
影院座位数	万个	14.1	12.84	1.26	9.81
院线放映场次	万场	137.69	119.87	17.82	14.87
院线票房收入	亿元	18.6	16.12	2.48	15.38
院线观众人数	万人次	4250.3	3752.61	497.69	13.26
公益电影放映场次	万场	18.03	21.64	−3.61	−16.68
流动放映场次	万场	1.93	2.19	−0.26	−11.87
固定放映场次	万场	16.1	19.45	−3.35	−17.22
公益电影观影人次	万人次	1021.82	1314.33	−292.51	−22.26
流动放映观众人次	万人次	173.81	215.99	−42.18	−19.53
固定观众人次	万人次	848.01	1098.34	−250.33	−22.79

2013年与2012年城市院线电影票房收入对比示意图

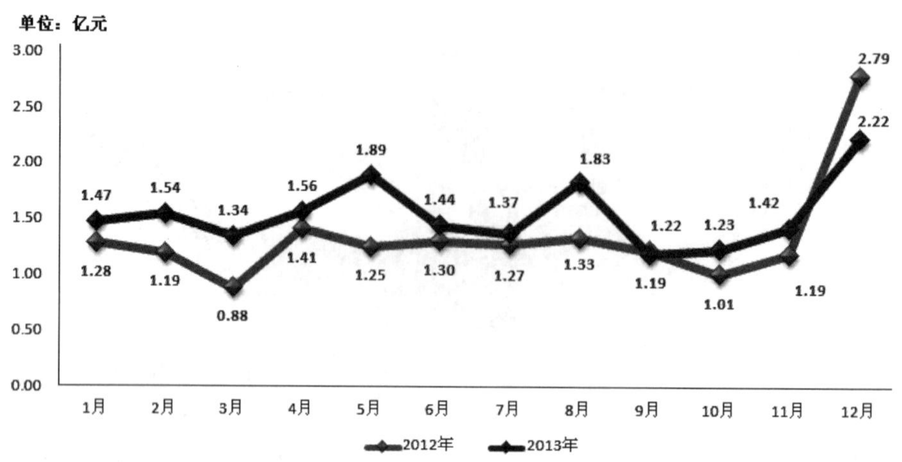

2013年北京市广播电视主要指标在全国排位情况一览表

项目	单位	全国总量	北京市	排位数	北京市所占比重(%)
资产总额	亿元	8919.67	906.80	1	10.2%
增加值	亿元	1572.42	105.93	4	6.7%
广播电视创收收入	亿元	3242.77	360.95	1	11.1%
其中:广告收入	亿元	1387.01	169.84	1	12.2%
有线电视收视费收入	亿元	437.87	10.67	14	2.4%
节目销售收入	亿元	180.62	53.81	1	29.8%
有线电视用户数	万户	22893.80	524.59	19	2.3%
数字电视用户数	万户	17159.69	434.44	16	2.5%
制作广播节目时间	万小时	739.12	11.62	24	1.6%
制作电视节目时间	万小时	339.79	13.39	9	3.9%
制作电视剧	部	441	87	1	19.7%
	集	15770	2952		18.7%
制作电视动画片	部	358	19	5	5.3%
	分钟	204731.5	19297		9.4%
电视剧出口量	部	243	40	1	16.5%
	集	11180	1529		13.7%
电视剧出口额	万元	9,249.77	2,289.57	2	24.8%
从业人员	万人	84.43	4.52	5	5.4%

2013全国省级电台广告收入前十排名一览表

单位名称	广告收入（亿元）	2013年排序	2012年排序
北京人民广播电台	8.89	1	1
上海人民广播电台	5.43	2	2
天津人民广播电台	4.76	3	3
浙江人民广播电台	4.14	4	5
广东人民广播电台	3.93	5	6
黑龙江人民广播电台	3.40	6	8
山东人民广播电台	3.11	7	9
陕西人民广播电台	3.09	8	4
江苏人民广播电台	2.72	9	7
湖北人民广播电台	2.54	10	11

2013全国省级电视台广告收入前十排名一览表

单位名称	广告收入（亿元）	2013年排序	2012年排序
湖南电视台	76.63	1	3
上海电视台(含东方电视台)	47.50	2	1
江苏电视台	46.66	3	2
浙江电视台	41.34	4	4
安徽电视台	31.48	5	7
北京电视台	31.36	6	5
广东电视台（含南方电视台）	23.51	7	8
山东电视台	23.39	8	6
四川电视台	14.14	9	10
辽宁电视台	12.93	10	13

2013年北京市广播电视节目交易情况一览表

项目	单位	数量
全年广播电视节目销售收入	亿元	53.81
其中：电视剧销售收入	亿元	30.36
全年电视剧制作投资额	亿元	44.86
全年动画电视制作投资额	亿元	2.59
广播电视节目进出口总额	万元	13566.54
进口总额	万元	7169.88
出口总额	万元	6396.66
广播电视节目进出口量	小时	9563
进口量	小时	4743
出口量	小时	4810

（北京市新闻出版广电局政策法规处提供，
统计　吴彤）

人 物

2013年北京市广播影视人物简介

李春良（1962— ）

北京市新闻出版广电局党组书记、局长。河北高阳人。中共党员，研究生学历，博士学位，高级记者。1984年7月毕业于北京广播学院电视系，同年分配到北京电视台工作，历任记者、制片人、专题部副主任、新闻评论部主任。1999年11月任北京市有线广播电视台副总编辑，2000年12月任北京市广播电视局党组成员、副局长，2009年3月任北京市广播电影电视局党组成员、副局长，2010年2月任北京市广播电影电视局党组书记、局长，2014年1月任现职。

刘志远（1961— ）

北京广播电视台党委书记。北京人。中共党员，硕士研究生学历。1981年7月参加工作，1986年8月任顺义县团委副书记，1992年2月起先后任顺义县赵全营乡党委副书记、总公司副经理、经理，张喜庄乡党委书记、顺义区高丽营镇党委书记、区劳动和社会保障局党组书记，2002年4月起先后任顺义区委常委、宣传部长，区委常委、政法委书记、宣传部长，2007年12月任北京北广传媒集团党委书记，2010年5月任现职。

席伟航（1964— ）

北京广播电视台党委副书记、常务副台长兼北京人民广播电台党委书记、台长。安徽合肥人。中共党员，中国人民大学新闻学院新闻专业在职博士研究生毕业，文学博士，高级编辑。1987年到北京日报社工作，先后担任《北京日报》财贸新闻记者、编辑，总编室编辑，《北京晚报》经济新闻中心主编；1999年创办加拿大华文新闻周报《东方时报》；2000年创办北京千龙网；2003年在英国卢顿大学媒体与艺术学院学习，获媒体管理硕士学位；2004年起先后担任北京市政府新闻办公室副主任，北京市互联网宣传管理办公室常务副主任，北京发行集团总经理、党委副书记；2010年5月任北京人民广播电台总编辑、党委副书记；2013年5月任现职。

赵多佳（1955— ）

女，北京广播电视台党委副书记、副台长，北京电视台党委书记、台长。中共党员，高级记者，毕业于首都师范大学，哲学学士。1982年起历任北京人民广播电台记者、主持人、新闻台副台长、经济台台长、副总编辑、常务副总编辑、北京北广传媒集团副总经理、北京电视台总编辑等职务，2013年9月任现职。北京市第十次党代会代表、第十二届北京市政协委员，享受国务院政府特殊津贴。中国电视艺术家协会副主席、北京电视艺术家协会副主席。曾分别获得全国德艺双馨电视艺术工作者、北京市优秀新闻工作者、北京市爱国立功标兵、北京市宣传系统优秀共产党员、中国广播电视协会“百优”理论工作者等称号。2010年参与策划创作的新闻纪录片《人民大会堂》获中国纪录片领域最高奖《记录·中国》一等奖和中国广播影视大奖。2012年直接参与策划北京电视台大型新闻直播《雨中进行时——7.21北京特大暴雨大型直播》，获第23届中国新闻奖一等奖。

石秀冬（1971— ）女，2013年中国播音主持“金话筒奖”获得者。播音名芳华。河北唐山人。中共党员，大学学历，记者、主持人。现任北京人民广播电台节目制作中心社会部副主任，北京电台爱家广播《老年之友》节目制作人。1993年任唐山经济台主持人，曾主持新闻、音乐等节目。2005年11月调入北京人民广播电台，编辑主持《老年之友》《京城帮帮团》等节目。2008年被评为北京市先进思想政治工作者。2009年，采制的《坚持拍摄鸟巢六年的老人》节目获第19届中国新闻奖广播访谈类别二等奖。2010年，被评为全国优秀新闻工作者、北京市宣传系统优秀共产党员。

徐春妮（1978— ）女，2013年全国“五一劳动奖章”获得者。北京电视台文艺节目中心主持人，北京市青联委员。上海人。中共党员，大学学历，2000年毕业于北京广播学院播音系。曾担任北京奥运会吉祥物全球发布、火炬全球发布、歌曲全球发布，北京电视台春节晚会、网络春晚、中秋晚会、元宵晚会、国庆晚会、时尚大典、新年音乐会、北京国际电影节开闭幕式、北京国际电视周开幕式等全国和北京市重大活动和晚会的主持人，以及《春妮的周末时光》《五星夜话》《星夜故事秀》和《SK状元榜》等多个重点栏目的主持人。曾获得2006中国播音主持“金话筒奖”、第21届全国电视“金鹰奖”优秀主持人奖、2010年华鼎奖综艺节目最佳女主持人奖、春燕奖最佳主持人奖等多项政府和全国、北京市的重要奖项。荣获北京十大青年，北京五四青年奖章和北京十大志愿者，北京市三八红旗手，北京市优秀新闻工作者等荣誉称号。还被北京奥组委选为雅典奥运会和北京奥运会火炬手。

罗旭（1982— ）2013年度中国播音主持“金话筒奖”获得者。北京电视台节目主持人。福建厦门人。中共党员，国家一级播音员，中国电视艺术家协会会员，毕业于中国传媒大学播音系。先后主持国际新闻《世界报道》、新闻访谈《天下天天谈》等栏目，主持的《军情解码》获2011－2012年度中国广播影视大奖。2009年起连续四年主持北京电视台春晚，主持过教育部、北京市庆祝建党90周年大型晚会及《奥运火炬接力百日直播》《龙的传人》等多种类型节目。北京电视台“十佳主持人”、连续两届“观众喜爱的优秀主持人”，2010－2012年度北京市广电系统表彰“创优先进个人”、2013年被评为北京电视台优秀共产党员。2011年所著论文获全国主持人论文评选“金笔奖”一等奖，2012年世界地球日被全国绿化委、国家林业局授予“绿色中国公益大使”，2012年公派赴美国加州大学洛杉矶分校UCLA 进修，获该校《国际记者和双语主持人证书》，2013年获中国电视艺术家协会评选的“十佳电视主持新星”。

李兰（1960—　）女，满族，第七届全国德艺双馨电视艺术工作者。北京电视台文艺节目中心主任。中共党员，大学学历，国家一级导演。主要从事大型文艺晚会、系列活动、特别节目的组织、策划、导演工作，多次荣获国家及北京市各种艺术大奖，是北京市文艺百人工程及“四个一批”人才。导演、创作、组织的《灿烂今宵》《走向辉煌》《五星红旗》《北京相声小品邀请赛》《北京申奥成功文艺晚会》《北京电视台中秋晚会》《北京电视台春节联欢晚会》等多个节目作品分别获得了星光奖、春燕奖、“五个一工程”奖、北京电视奖、金鹰奖等奖项。在灾害面前，运用多年的经验，积极参加创作各种公益晚会，导演了《爱心融化冰雪》，参加主创了《团结一心　抗击非典》《玉树不倒　感恩祖国》《“善行天下”慈善晚会》等。

大事记

2013年北京市广播影视大事记

1 月

1月1日　北京人民广播电台2013年节目全新改版播出：9个专业广播频率推出《看世界》《照亮新闻深处》等17档新节目；新闻广播着力加强新闻时效性和权威性，关注百姓声音，通过多种节目形态实现新闻的全覆盖；交通广播发挥快速、持续报道的优势，加大重要会议、重大活动、重要文件的策划报道和反馈；体育广播突出频率专业性，实行全天新闻谈话节目和赛事直播；文艺、城市服务管理等6个专业广播新增的12个节目也都突出自身特色和服务理念。

1月1日　北京电视台从2012年12月31日晚开始的跨年直播—《与梦齐飞》圆满完成，北京市发改委副主任、新闻发言人赵磊，北京市社科院社会所研究员张耘，清华大学知名公共管理学者丁兆林与北京电视台评论员一起，结合多路记者实时现场连线，梳理2012年北京经济社会民生等多个领域的大事、要事与成就，解析2013年北京市委、市政府各项工作开门红的决策依据和谋篇布局。

1月2日　北京卫视新闻播出量名列省级卫视新闻日播量第一，与调整前相比增加26%。

1月2日　北京卫视《养生堂》策划的5集系列节目《中国人该怎么吃》开始播出，单期收视均位列全国同时段第一，第四期的收视最为引人注目，全国收视率达到1.04%，北京地区收视率达到4.25%，创该栏目收视新高。

1月5—7日　北京市广播电影电视局副局长丁百之率队分别到大兴区广电中心、北京华韵尚德国际文化传播有限公司、四达时代集团、蓝海天扬影视文化（北京）有限公司、北京若森数字科技有限公司就广播电视产业发展、惠民演出和推动“走出去”项目等方面进行调研，听取了相关单位情况汇报，征求对局工作的意见和建议，并对发展中遇到的困难进行了解并帮助解决。

1月6日　北京北广传媒数字电视有限公司正式推出《善聚公益》公益梦想电视大赛活动。活动挖掘一批相关组织或居民的公益事迹并制作《善聚公益》系列节目，通过数字电视播出，部分精彩节目也将在北广传媒移动电视、北广传媒地铁电视等平台播出。活动历时一年，全年制作节目50期，展现公益梦想与项目100个。

1月6日　北京人民广播电台新闻媒体栏目——交通广播“一路畅通”商标首次被北京市认定为北京市著名商标。

1月7日　北京广播电视台召开2013年第一次台领导班子联席会，传达全国宣传部长会议、全国广播影视工作会议、市委十一届二次会议、全市经济工作会议和市委宣传部部长办公扩大会议精神，通报2013年全台经营工作会议筹备情况、市委宣传部文化创新发展专项资金2013年预算项目申报情况和《2012—2015年度高清交互机顶盒推广实施方案》，研究部署加强公益广告的策划、制作和刊播工作，讨论通过《北京广播电视台2013年公益广告工作方案》，对春节前的重点工作也进行部署。会议还研究了党建和干部问题。党委书记刘志远主持会议，台领导班子成员、北京电视台和台总部有关部室负责人参加会议。

1月11日　北京人民广播电台举行第二届“京都球侠”评选颁奖仪式。马布里获最受关注的“人气王”奖，金志扬获终身荣誉奖。“最受球迷喜爱的足球、篮球、排球运动员奖”分别由徐亮、马布里和曾春蕾获得北京金隅女篮和金隅男篮还获2012年度特别贡献奖。

1月11日　中宣部副部长、国家广电总局局长蔡赴朝在北京市广播电影电视局呈报的2012年工作总结和2013年工作要点的请示上作出批示，肯定局在2012年唱响时代主旋律、打好主动仗、壮大首都广播影视整体实力等方面取得优异成绩。

1月11日　北京电视台科教节目中心召开受聘专家座谈会，选聘29名法学专家作为科教节目中心特约法学专家参与节目策划、接受记者采访，为每期节目提供权威的解读。

1月11日　北京市广播电影电视局局长李春良、副局长庞微等与电影《徽班进京》(暂定名)的编导夏钢、邹静之等进行座谈。

1月11日　北京广播电视台召开2013年度影视工作创新与发展研讨会。会议对影视创新发展提出要求：题材创作要符合主流价值观，要坚持正确的导向，符合“二为”方向及“三贴近”的创作原则；广播影视制作机构要重视人才的培养，不断启用、培养新人；对合理的产业结构要研究分析。

1月12日　中国电影博物馆与中国艺术研究院影视研究所联合举办“2012年度影人公益行动观众推举结果发布暨研讨交流”活动。电影业界、学界、公益机构的领导、专家学者，影人和社会各界人士、观众代表，以及《人民日报》等20余家主流媒体记者近百人参会。

1月13日　北京北广传媒地铁电视有限公司在由中国人民大学、复旦大学、北京大学、清华大学、厦门大学、中国传媒大学、武汉大学、华中科技大学、暨南大学、南京师范大学等10所国内顶级新闻学院联合主办的中国传媒大会上，获“金长城传媒奖·2012中国最具影响力移动电视”称号。

1月14日　北京歌华有线电视网络股份有限公司高清交互平台“益民书屋”栏目正式上线。“益民书屋”能够提供电子书籍、期刊的在线阅读服务，是2012年北京市政府为民办实事工程之一。

1月16日　北京市广播电影电视局局长李春良主持召开区县广播电视宣传工作座谈会，对2013年的工作提出要求，针对工作情况进行座谈和交流。会上14个区县广电中心主要负责人签署电视剧播放协议书。副局长庞微和局相关部门负责人参加。

1月16日　北京人民广播电台举办《如何释放广播语言的艺术魅力》的业务培训，40余名员工参加培训。

1月18日　北京电视台BTV2013环球春晚以“世界城市、汇聚梦想”为口号，利用裸眼3D全息投影成像等先进技术和唯美视听效果为观众带来非凡审美享受，于大年初二晚19:30在北京卫视播出。BTV2013旅游美食春晚以独特创意现场展示北京、中国、世界各式美食，定于节前一周北京卫视黄金时段播出。“美丽乡村”2013大型主题晚会由北京市委农委与北京电视台联合主办，于2月13日（大年初四）在北京卫视黄金时间播出。

1月18日　北京人民广播电台交通广播开发建设的1039路况信息智能采集系统正式运行一个月，每日收到的路况信息志愿者提供的路况信息超过1000条，基本覆盖北京市内各个区域，智能终端每10秒定时上传信息，每日采集信息超过10万条，进一步提升了北京交通广播“路况信息”来源的及时性、准确性和全面性。

1月19日　北京市广播电影电视局局长李春良主持召开国产电影《人再囧途之泰囧》

座谈会，北京市委宣传部副部长张淼等出席会议。该片上映37天，票房累计12.31亿元，观影人次累计超过3800万人次，超越《阿凡达》成为国内电影观影人次冠军。影片也成为首部票房突破10亿的国产影片，超越《泰坦尼克号3D》成为2012年度票房冠军。

1月21日　北京人民广播电台组织新媒体知识培训，邀请网络媒体中心主任蔡明可介绍新媒体的发展趋势，i-report（报表编辑软件）、潘多拉电台等新媒体技术的运用，北京广播网的新功能等内容。

1月22日—25日　北京电视台在北京市“两会”期间播出大型电视财经论坛节目《点击年关键》。

1月26日　北京市广播电影电视局和首都影视产业联盟组织首都影视界百余名代表赴大兴区青云店镇开展2013年首都影视界春节大拜年活动，众多首都著名影视艺术家、导演、编剧献上新春祝福，近千名群众参加了活动。

1月29日　北京市广播电影电视局组织召开2013年北京市广播影视工作会，局长李春良做工作报告。北京市委常委、宣传部长、副市长鲁炜出席会议，对2013年工作提出“突出六个重点、完善六个体系”的要求。六个重点：认真学习贯彻十八大精神，唱响时代主旋律，加强热点难点问题引导，改进文风；高水平举办第三届北京国际电影节；推出更多精品力作；建好影视文化功能区；大力发展新媒体；推动首都影视走出去。完善六个体系：个性化服务体系；安全播出体系；文化惠民体系；广播影视产业发展体系；技术创新体系；人才支撑体系。

1月29日　北京人民广播电台召开2012年度获奖人员表彰暨首席聘任大会，台长汪良及台领导班子成员参加大会并颁奖。共有19个集体、51名个人获得34项荣誉称号，130件（项）节目、广告、课题研究报告、技术成果等计237人次获奖。

1月30日起　北京广播电视台做好雾霾天气舆论引导的宣传报道工作。北京电台新闻广播、城市服务管理广播、交通广播和北京电视台卫视频道、新闻频道及时跟进市委市政府有关部门督查重污染日应急措施的落实情况，播出交通出行及卫生防护提示。其他专业广播和电视频道也积极做好引导工作。北京电视台主要频道加挂滚动“霾黄色预警标识”、“大雾黄色预警标识”等字幕，所有频道从1月30日起 24小时滚动播出公益宣传片《应对严重空气污染，我们在行动》，每日累计播出近90次，根据天气情况和领导指示增加播出频次。此外，电视台、移动电视、城市电视滚动字幕信息，提醒市民做好防范工作。

1月30日、31日　北京电视台2013BTV春节联欢晚会在北京电视台大剧院完成录制，定于2月10日（农历大年初一）19：35在北京电视台卫视频道和文艺频道同步播出。晚会以“爱在北京 · 幸福共享”为主题，对“中国梦”“美丽中国”等概念进行独具匠心的解读。

1月31日　北京电视台全面完成（1+8）规划体系（2013—2015）的编制工作。该体系包括《北京电视台发展规划》《北京电视台内容生产规划》《北京电视台技术发展规划》《北京电视台广告经营规划》《北京电视台产业发展规划》《北京电视台新媒体与传统媒体融合发展规划》《北京电视台干部人才队伍建设规划》《北京电视台组织文化建设规划》《北京电视台反腐倡廉建设规划》。

1月　北京市广播电影电视局联合市安监局、市消防局、市质监局对全市部分影院、广电中心、高山转播站和部分农村数字影厅进行节前安全工作检查，听取相关单位情况汇报，并对检查发现的问题要求相关单位予以整改。北京市广电局副局长王霞和相关处室负责人参加检查。

1月　北京北广传媒移动电视有限公司获全国广播电影电视系统先进集体荣誉证书。该奖由人力资源社会保障部和国家广播电影电视总局评选颁发。

1月　北京电视台引进的亚洲第一辆具备3D节目制作功能的高清电视转播车正式投入使用，该车可做到2D视频信号与3D视频信号互不干扰，同时切换播出。

1月　北京电视台第六届《2013 BTV卡酷少儿动画春晚》被列入首批“国家动漫品牌建设和保护计划”动漫创意项目，推出全新的“1+5+1”模式，从腊月廿三到除夕进行七天大连播。

1月　北京电视台“爱之声”助盲有声读物CD光碟首发式举行，中国残联副主席王乃坤在现场向北京电视台颁发特别贡献奖。

1月　北京北广传媒数字电视有限公司与首都精神文明办、北京市民政局联合主办的“善聚公益”北京首届公益梦想电视大赛正式启动。大赛活动系列节目于2013年1月起播出，全年制作节目50期，展现公益梦想与项目100个。

1月　北京人民广播电台、北京电视台对北京市“两会”进行全媒体报道。北京电台、电视台采用网站、官方微博、微信等新媒体手段对市“两会”进行全方位报道，推出两会新闻9期，包含文字报道29篇，新闻图片20张，独家音频报道10篇，视频新闻4期，其中绝大部分为原创。北京电视台启动“三屏联动”策略，除传统的电视节目报道以外，全天24小时在“BTV在线”、官方微博、微信等新媒体平台进行同步报道。

1月　北京歌华有线电视网络股份有限公司、北京北广传媒数字电视有限公司全力做好北京市“两会”安全传输保障工作。“两会”期间，歌华有线认真执行重要保障期各项工作部署，全面加强巡查维护、安全防范、值班值守和应急调度，重点加大北京会议中心周边光、电缆线路巡查、值守力度。数字电视对机房播出设备、传输线路、供电UPS设备等进行全面检查，确保设备运行正常，保证播出安全。

1月　北京电视台“描绘美丽中国大型文化艺术活动”启动。该活动作为2013年BTV春节联欢晚会重要主题活动之一，由北京电视台、中国画院、首都博物馆共同主办，活动还把国内18位国画大家集体创作完成的15米画卷展现在晚会舞台上。

1月　北京电视台完成高、标清媒资系统高清二期系统升级工作。升级后的系统具有四个特点：以贴合用户的使用习惯为目标；将媒资系统存储的资料进行有效性校验和双写备份，并进行异地保存；具备图片文件和纯音频资料的归档、回调能力；通过支持全新的主题管理、完善离线管理、提供关键业务统计报表等功能，丰富系统管理手段。

1月　北京市人力社保部和国家广电总局授予北京市广播电影电视局科技处（三网融合协调处）、北京歌华有线电视网络股份有限公司、北京北广传媒移动电视有限公司、北京市大兴区广播电视台为“全国广播电影电视系统先进集体荣誉称号”；授予王佳一（北京广播电视台播音主持管理部主任助理）、王晔（北京广播电视台新闻中心播音科科长）、付德顺（北京市密云县北庄镇文化服务中心职员）为“全国广播电影电视系统先进工作者”称号。

2　月

2月1日　北京市广播电影电视局召开首都广播影视“走出去”工作座谈会。市委常委、宣传部长、副市长鲁炜出席并讲话。鲁炜充分肯定北京广播影视“走出去”工作取得的优异成绩，要求各企业要抓住机遇，增强民族的担当意识和责任意识，依靠广播影视精品和良好的传输渠道，扩大市场份额，充当广播影视“走出去”的排头兵。市有关部门要加强服务，从推精品、优化政策环境、加强资金扶持等方面，加强对走出去企业的服务和保障。国家广电总局国际合作司司长马黎、市委宣传部副部长张淼、副巡视员王珏，市外宣办主任王惠，市广电局局长李春良、副局长丁百之等参会，四达时代等9家首都广播影视“走出去”重点企业负责人参会并共同研究探讨了“走出去”工作情况，谋划了下一步的发展思路。

2月5日　时任中共北京市委常委、宣传部长、副市长鲁炜参加北京广播电视台领导班子民主生活会。

2月5—15日　中国电影博物馆举办“阖家欢　庆新春”2013年新春系列活动。活动由“年度精彩”“阖家欢庆新春”主题活动、“中国电影博物馆正式对外开放六周年答谢观众活动”和“电影音乐展示欣赏活动”等四部分组成，共有8780人次的观众参与活动。

2月6日　北京广播电视台纪委书记王伟一行到北京北广传媒城市电视有限公司检查安全工作。

2月7至4月21日　北京歌华文化发展集团所属中华世纪坛及澳门民政总署辖下的澳门艺术馆主办的《观我——一个中国人的影像人生》展览赴澳门巡展。

2月10日　中国电影博物馆“馆藏大件物品存展”在临展大厅向公众开放。参展展品包括各种规格的电影放映机，大型歌舞史诗《东方红》演出时使用的幻灯机，在周恩来总理的关怀指导下研制生产的、曾在香港回归时拍摄使用的电瓶灯等电影器材以及电影道具等馆藏品共计37件套（53件）。

2月19日　北京市广播电影电视局召开专题会议，研究部署推动首都电影繁荣发展相关举措。会议要求采取切实有效的措施，深入整合首都电影资源：着力抓好《定都北京》《徽班进京》等精品创作生产；进一步培育和繁荣电影市场；切实提高公共文化服务水平，为低收入群体服务；积极探索惠民观影长效化机制；创新电影走出去的载体和方式，组织国际电影展映，加大对国产影片走出去的译制扶持；充分发挥北京电影协会、首都影院联盟在行业发展中的作用。

2月20日　北京市广播电影电视局召开反腐倡廉建设工作会。局长李春良出席会议并讲话，局领导班子成员及局机关各处室、局属事业单位副处职以上领导干部参加会议，局政风行风特邀监督员代表及7名局党风廉政特邀监督员代表应邀列席会议。会议强调，领会新精神，把握新要求，要提高严格遵守党章的认识，提高维护党的政治纪律、宣传纪律重要性的认识，提高对中央反腐决心的认识，提高对反腐倡廉形势的认识。提高执行力，确保党风廉政建设责任制落实。改进作风，树立良好风气。

2月21日　北京歌华有线电视网络股份有限公司发布2012年度业绩快报，营业总收入和净利润稳步增长，实现营业总收入22.02亿元，比2011年同期增加3.05亿元，增幅为16.06%；归属于上市公司股东的净利润为2.94亿元，较2011年同期增加1536万元，同比增长5.51%；基本每股收益为0.2775元。

2月22日　中宣部副部长孙志军到北京歌华有线电视网络股份有限公司调研，北京广播电视台党委书记刘志远、郭章鹏做工作汇报。孙志军希望歌华有线在承担公共文化服务的同时，积极探索增值业务创收模式，努力实现公司持续健康快速发展。

2月23—24日　北京电视台3D实验小组首次赴广州进行2013CBA全明星赛全系统3D现场拍摄，并取得成功。后期制作完成后将在中央电视台3D频道播出该赛事。

2月25—26日　北京广播电视台召开

2013年工作会议，深入学习贯彻党的十八大和市第十一次党代会精神，全面贯彻落实市委、市政府和市委宣传部、市广电局的工作要求，全面总结2012年工作，深入分析当前面临的形势，安排部署2013年重点工作任务。台党委书记刘志远作工作报告，台纪委书记王伟作思想政治工作报告。台领导班子成员，台属单位领导班子成员，党、政、工、团等部门负责人及台总部中层干部共160人参加会议。

2月27日　北京市广播电影电视局副局长丁百之率相关部门负责人赴中国广播电视协会进行调研。中国广播电视协会四个专业委员会主要负责人参加了座谈。调研就如何聚拢首都影视行业优质资源，为推动首都影视精品创作服务以及繁荣首都影视产业事业发展进行深入研究和讨论。

2月28日　北京市委常委、宣传部长、副市长鲁炜到中华世纪坛审看由首都精神文明建设委员会主办，北京市委宣传部、中国社会福利基金会学雷锋基金管委会和北京歌华文化发展集团共同承办的“永远的雷锋”大型主题展览布展工作，对展览筹备工作给予充分肯定。

2月28日和3月1日　北京市广播电影电视局召开市属重点视听节目网站管理工作会，重点部署全国“两会”期间网络视听节目内容安全工作。会议要求严防有害信息网上传播，营造健康向上的网络舆论环境，严禁传播政治有害、淫秽色情及低俗等信息，严禁转播境外广播电视节目。副局长臧增祥出席会议并讲话。

2月　北京电台、北京电视台2013年春节大联欢活动共推出八台春节晚会，丰富首都人民节日文化生活，受到广泛好评，晚会在北京卫视平均收视率达到9.39%。

2月　春节期间，北京北广传媒移动电视有限公司联合全国31家移动电视单位制作新年贺岁片，并汇总编辑合成制作一档时长15分钟的贺岁联播片，在公交车电视、地铁电视、楼宇电视、出租车电视上相继播放，共计播出18,726.9分钟。

3　月

3月1日　中组部党员教育中心副主任雷光华、二处处长生秀红，中央党史研究室宣传教育局副局长薛庆超，中央党史研究室原副主任章百家，中央档案馆保管部主任许卿卿，市委组织部副部长闫成等领导与北京电视台总编辑赵多佳共同审看反映中国共产党党员代表大会历程的系列特别节目《从一大到十八大》。该节目由中组部、中央党史研究室、中央档案馆、北京电视台合作推出，由《档案》栏目组制作。

3月1日　北京市广播电影电视局召开党风廉政特邀监督员工作会。会议通报了关于印发特邀监督员名单的通知和管理办法，为20名新聘特邀监督员颁发了聘书，选举了监督小组组长和副组长。局党组书记、局长李春良出席会议并讲话。

3月5日　中国电影博物馆举办“榜样的力量　向雷锋同志学习”为主题的电影音乐展示欣赏活动，共有500余人次的观众参与。

3月5日　北京人民广播电台故事广播与中国青少年发展基金会、北京歌路营教育咨询中心等机构合作启动“新一千零一夜”公益项目，精心录制选编国内外优秀故事，制成光盘、磁带在3月至12月期间供西部乡村学校播放。

3月6日　北京市三网融合协调小组召开第七次副组长会议。市政府有关部门领导和北京市广播电影电视局领导出席会议。北京市IPTV业务于2012年7月6日进入用户上线测试以来，试点单位相互配合，在技术准备、内容组织与加载、运营团队建设等各个层面已经完成测试和试商用准备工作，并于春节后开始试商用。

3月7日　北京市广播电影电视局副局长杨培丽一行七人赴北京华韵尚德国际文化传播有限公司开展专题调研。调研中，就如何鼓励和支持民营企业走出去进行深入的交流。

3月7日　北京人民广播电台向140多名在2012年积极收听节目、撰写评议稿件获奖的听众，以及《新广播》报“赶上了好时候 喜迎十八大　说说心里话”征文奖的听众颁发奖杯、证书、奖金。

3月7日　北京广播电视台副台长兼歌华有线董事长郭章鹏一行到中关村科技企业数码视讯集团调研考察，与数码视讯集团就三网融合、广播电视技术、业务合作等进行交流。同日，郭章鹏接待上海东方有线公司总经理一行来访，围绕节目内容共享、版权集中采购、网络互联互通及有线网络运营等内容进行交流，达成初步合作意向。

3月8日　北京广播电影电视局副局长丁百之率局宣管处一行到房山区广播电视中心调研。

3月10日　第三届北京国际电影节北京展映泰国影展启动仪式暨观影活动启动。泰国驻华大使韦文·丘氏君、老挝驻华大使宋迪·本库及其夫人应邀参加此次活动，当日展映影片《我是爱神》。

3月11日　北京国际电影节组委会正式公布主竞赛单元“天坛奖”入围影片。“天坛奖”从56个国家和地区的531部影片中评选出15部主竞赛单元入围影片，涵盖11个国家。15部影片为：《一九四二》(中国)、《万箭穿心》(中国)、《远大前程》(英国)、《钓鱼的日子》(阿根廷)、《亲人之间》(德国)、《父辈足迹》(亚美尼亚)、《求主垂怜》(加拿大/法国)、《少女洛荷》(澳大利亚)、《移情失控》(法国)、《过失杀人》(荷兰)、《德国朋友》(德国)、《受之有道》(伊朗)、《献给爱妻的歌》(英国)、《B级片之王》(墨西哥)、《今夕何夕》(法国)。

3月7—31日　北京紫禁城影业有限责任公司与北京联纵影视文化传播有限公司联合为中宣部党建网的2集纪录片《身边的感动》制作完成并播出。

3月9日　中国电影博物馆“电影大讲堂”举办“中国电影的国际坐标”讲座。中国电影海外推广公司总经理周铁东担任主讲，为到场的119名高校学生、会员和热心观众讲述中国电影与世界电影的关联、中国电影投身全球电影市场的发展历程、定位，以及未来将向世界展示和宣传中国电影的途径。

3月12日　北京市广播电影电视局召开2013年政务网站工作会议，通报2012年局政务网站考核情况，并对2013年工作进行部署。副局长杨培丽参加会议并讲话。

3月12日　北京广播电视台副台长苏仁先与新华社北京分社副社长宗焕平一行座谈，就新媒体领域的合作进行探讨。

3月15-5月底　由北京市委宣传部、北京市委讲师团、北京电视台联合首都社科理论界权威专家学者共同打造的大型电视系列片《正道沧桑——社会主义500年》于3月15日开始播出。该片共50集，每集15分钟，以五百年来社会主义发展历程中的重要事件、重要人物、重要思想为核心内容，揭示了社会主义从空想到科学、从理论到现实，以及社会主义在中国的发展阶段和历史必然。这部电视片播出后在社会上反响强烈，被中央组织部、中央宣传部列为党课教材在全国推广，并在中央电视台播出。

3月15日　北京歌华有线电视网络股份有限公司有线电视注册用户数量突破500万户。

3月18日　北京人民广播电台城市服务管理广播年度大型系列直播访谈节目“市民对话一把手”正式启动。自即日起至5月中旬，将邀请17位委办局和16位区县“一把手”通过广播与市民交流。2013年的访谈节目由医药改革、民生保障、生态环境和城乡发展等四大主题构成。

3月19日　北京市广播电影电视局副局长杨培丽带队赴北京数码视讯集团进行调研。调研组听取了企业发展情况汇报，考察了智能终端及OTT业务、CMMB及地面数字电视系统、云转码、超光网整体解决方案和全IP互动点播解决方案VOD等广电行业领先技术项目。调研组指出，局将继续在行业政策及具体项目上与企业保持双向沟通，扶持企业发展，使龙头企业更好的辐射全行业，为北京广电产业发展做出更大贡献。

3月19日　北京市广播电影电视局召开部分单位二轮修志工作会议，总结通报二轮修志总体情况，部署下一阶段工作。局巡视员洪兵主持会议，对未完成二轮修志工作的单位提出具体要求。

3月19—22日　北京北广传媒移动电视有限公司应中国数字电视标准国外推广工作组邀请，赴古巴首都哈瓦那出席由中国数字电视国家工程实验室（北京）与古巴国家电信研究院联合主办的第一届中国——古巴数字电视国际论坛。

3月21日　北京国际电影节组委会办公室与法国、加拿大、澳大利亚、亚美尼亚、阿根廷、墨西哥、荷兰七个国家驻华大使馆官员及工作人员举行会谈，围绕推进“天坛奖”入围影片拷贝和主创邀请等事宜深入交换意见，并达成共识。北京市广播电影电视局副巡视员赵志勇及市外办、电影节组委会办公室有关负责人参会。

3月21—23日　鼎视数字电视传媒有限公司携26套数字专业频道、7套卫视高清频道、10套数字电视购物频道和1套VOD产品（空中幼儿园），参加第二十一届中国国际广播电视信息网络展览会（CCBN2013）。

3月22日　国家新闻出版广电总局传媒机构管理司对北京市县乡广播电视服务体制机制建设进行调研。调研组就区县广电行政部门、播出机构、传输机构、乡镇广电机构的职责定位、关系布局、体制机制等内容进行调研座谈，分别听取局、部分区县文委、广电中心及歌华有线公司的情况汇报，并实地考察昌平区广电中心、昌平崔村镇广播电视站。北京市广播电影电视局副局长王霞主持调研座谈会，介绍了北京市区县、乡镇广播电视服务体制机制建设情况，并陪同实地考察。

3月23日　北京市广播电影电视局举办第二次“首都影视精品创作沙龙”，重点围绕如何有效利用中央各影视行业协会优势资源，加强交流协作，寻求合作项目，建立长效合作机制，共同为首都影视精品创作贡献力量展开交流。

3月23日　电影《大碗茶》入藏中国电影博物馆。馆党委书记陈志强接受片方捐赠的数字拷贝、海报、服装、道具等相关物品45件套并颁发捐赠证书。

3月23日　中国电影博物馆和《人民日报》文艺部联合举办《北京遇上西雅图》影评人观影评论活动。国家新闻出版广电总局电影剧本中心副主任苏小卫，《北京遇上西雅图》导演、编剧薛晓路应邀参加活动，与30余名影评人俱乐部成员围绕观影感受等话题展开讨论。

3月28日　北京市广播电影电视局组织召开北京市2013年卫星电视整治工作部署会，市委宣传部、市委610办、首都综治办、市经信委、市旅游委、市国家安全局、市工商局、北京海关、市文化市场行政执法总队、市公安局治安总队、市城管执法局及各区县文委相关负责人参会。

3月28日　北京市广播电影电视局召开媒资共享平台运行维护工作会议，总结部署工作。会议要求维护单位切实做好媒资共享平台运行维护保障工作，北京电视台和各区县广电中心分别汇报平台使用情况。

3月29日　北京市广播电影电视局召开网络剧、微电影创作工作座谈会，新浪等5家网站分别介绍2013年的自制计划和重点拍摄题材，并希望政府能够给予扶持。座谈会要求网络剧、微电影必须坚持正确导向，自觉遵守法律法规和社会道德，积极传播主流价值，充分发挥引领时尚、服务社会、推动发展的积极作用。

3月30—31日　北京人民广播电台推出2013年首都全民义务植树特别直播节目——“为了碧水蓝天、共建美丽北京”，围绕“中国园林博览盛会创新绿化”“小区居民美化家园添新绿”等六大主题，派出8路记者深入各植树点进行采访报道，共发稿30多篇，直播连线10次；3月31日，再次播发十余篇专稿，并向中央电台供稿一篇，全面宣传了首都全民义务植树活动。

3月30日　第24期公益影展观影团——《止杀令》主创见面会活动在中国电影博物馆2号影厅举办。该片导演王坪和主演耿乐应邀参加活动，与中央戏剧学院学生及影博会员共百余观众进行热烈的交流。

3月31−4月2日　由北京市广播电影电视局、北京市怀柔区人民政府共同主办，首都广播电视节目制作业协会承办、怀柔区文化产业发展促进中心（影管中心）协办的“2013年北京电视节目交易会”举行。来自全国各地及海外、港澳台地区234家电视剧制作机构490余部16713集电视剧作品，19家动画片制作机构的40余部2558集动画片作品，22家纪录片栏目制作机构的63部4105集纪录片以及26家海外栏目制作机构的23部1223集优秀作品参展。交易会平台得到更名升级，展会规模不断拓展，产品类型更加丰富，实现交易总额50.28亿元（含意向）。

3月　北京市广播电视监测中心3月份共监测广播节目信号31套（60路）26433.58频时，电视节目信号175套（958路）661327.94频时，发现广播、电视播出及传输异态31频次，通过预警信息发布平台收发预警信息37条。其中，全国“两会”期间共监测广播信号12790.44频时、电视信号309426.21频时，确保了“两会”期间广播电视安全、稳定播出。

3月　北京人民广播电台、北京电视台以及北广传媒各新媒体单位积极做好全国“两会”服务保障工作，各单位全面排查风险点，从舆论导向、节目生产、播出传输、值班带班等方面进行安排部署，确保两会安保工作落实到位。

3月　北京电视台深入开展“城南行动计划”报道工作。“两会”期间，电视台以卫视频道播出新闻专题《城南新观察》，BTV在线、官方微博和微信也将“城南行动计划”的内容在网民中普及，展开互动。

3月　北京电视台加强食品安全报道工作，推出三项举措：进一步加强与政府部门协作沟通，报道好食品药品监管部门的改革调整工作，在政府与群众之间搭建沟通桥梁；强化责任意识，直面食品安全热点问题，稳妥把握食品安全问题报道，杜绝恶意炒作等引起公众恐慌的现象；加强科普宣传，邀请专家学者通过多角度的调查手法，帮助观众树立科学健康的饮食观。

4　月

4月1日　第三届北京国际电影节组委会办公室召开现场运行指挥部会议，北京市委常委、宣传部长、副市长鲁炜出席会议并讲话。北京市广播电影电视局局长李春良汇报电影节筹备进展与总体运行情况，介绍现场运行指挥部的主要职能和任务。鲁炜要求，要把目标定位为世界一流电影节，要有新观念、新措施、新认识、新标准、新力度，使电影节规格更高，影响更大，涉及面更广。

4月1日　北京歌华有线电视网络股份有限公司个人宽带用户突破20万户。

4月1日　“北京电视剧之夜”表彰晚会在北京会议中心举行。由北京电视艺术中心有限公司出品的《甄嬛传》获“2012年度观众喜爱的优秀电视剧”，北京电视艺术中心有限公司荣获“2012年度优秀电视剧制片机构”。北京市委常委、宣传部长、副市长鲁炜出席北京电视节目交易会2012年度优秀电视剧荣誉表彰典礼“北京电视剧之夜”并会见部分演职人员。市委宣传部副部长张淼，市广电局局长李春良、副局长丁百之等领导参加。

4月2日　北京歌华有线电视网络股份有限公司高清交互平台“博展视界”栏目正式上线。该栏目是歌华有线与清新视界（北京）科技有限公司合作推出的基于高清交互电视平台的多媒体展示展销平台，为企业提供会展招商、品牌互动推广、产品深度包装及整合营销等服务，为广大用户提供“用电视”在家参观各类展会、享受会展促销优惠及便捷在线预定、预约等全新互动体验。

4月3日　著名美术教育家徐悲鸿夫人、全国政协原常委廖静文等中华文化名人的亲属和来自学校、机关、企事业单位、社团组织的社会各界代表1500余人在中华世纪坛参加“2013清明节礼敬文化先贤”主题活动。

4月7日　由北京人民广播电台和北京市委农村工作委员会、北京市交通委路政局共同主办的第二届北京最美乡村路活动正式启动。该活动以“走上最美乡村路、升级幸福好生活”为主题，既展现新农村建设的成就，也为市民郊游出行提供有价值的选择方案，同时也是交通广播采编播人员走进一线、开展走转改的成果展示平台。本届活动以引起听众郊游愿望为节目制作目标，突出不同地区的季节特点和“郊游出行”的指导价值，全面提升节目的服务性。

4月8日　北京人民广播电台和中国广播电视协会联合主办的第六届“赢在创意”全球华语广播栏目大赛正式启动。

4月9日　北京歌华有线电视网络股份有限公司以1.4亿元收购贵州省广播电视信息网络股份有限公司4.8%的股权。

4月11日　中央人民广播电台台长王求一行到北京广播电视台调研。

4月12日　北京广播电视台召开2013年度经营工作会议，总结经验，查找问题和不足，提出创新与发展计划，部署年度经营具体工作和效益增长目标。

4月中旬　北京广播电视台新媒体启动“寻找身边的环保达人”大型主题环保活动，移动电视、城市电视、地铁电视联合启动。该活动立足百姓视角，面向社会征集环保线索，评选出在改善大气污染、水污染、垃圾分类、环境卫生、节水节电、节能减排、绿色出行等方面具有创造性的环保举措和长期致力于坚持环保行动的环保达人，并制作系列节目，每集5分钟在新媒体平台播出。

4月15日　北京北广传媒移动电视有限公司召开2013年股东会，审议通过移动电视2012年财务决算、2013年财务预算方案、2012年年度权益分派及公司关于变更部分董事的议案。截至2012年年底，移动电视已实现连续三年分红，分红总额达3700万元。北京广播电视台党委书记刘志远出席会议并讲话。

4月16日　北京市和国家新闻出版广电总局领导郭金龙、蔡赴朝、王安顺、张丕民、鲁炜等在北京饭店会见“天坛奖”评委：俄罗斯著名导演尼基塔·米哈尔科夫，加拿大多伦多国际电影节艺术总监卡梅隆·贝利，英国导演协会主席艾维尔·本杰明，澳大利亚著名制片人杰夫·布朗，中国著名电影摄影师、导演顾长卫，韩国著名电影导演、制片人姜帝圭，中国著名电影导演、监制张一白。北京市广电局局长李春良向与会领导和评委简要汇报电影节举办情况。郭金龙致欢辞欢迎各位评委的到来，并简要介绍了北京市经济文化和电影发展状况。双方就中外电影交流合作等方面进行了探讨。

4月16—22日　第三届北京国际电影节主竞赛单元“天坛奖”评奖活动在北京市政府宽沟招待所举行。本届“天坛奖”国际评委会主席尼基塔·米哈尔科夫（俄罗斯），携卡梅隆·贝利（加拿大）、艾维尔·本杰明（英国）、杰夫·布朗（澳大利亚）、顾长卫（中国）、姜帝圭（韩国）、张一白（中国）等六位评委，从15部“天坛奖”入围影片中评选出各类奖项如下：最佳影片奖：《一九四二》（中国）；最佳导演奖：凯特·休特兰《少女洛荷》(澳大利亚）；最佳男主角：特伦斯·斯坦普《献给爱妻的歌》(英国）；最佳女主角：颜丙燕《万箭穿心》（中国）；最佳男配角：瓦哈格·西蒙恩《父辈足迹》(亚美尼亚）；最佳女配角：海伦娜·伯翰·卡特《远大前程》（英国）；最佳编剧奖：保罗·安德鲁·威廉姆斯《献给爱妻的歌》(英国）；最佳摄影奖：亚当·阿卡波《少女洛荷》(澳大利亚）；最佳音乐奖：瓦哈格·海拉佩恩《父辈足迹》(亚美尼亚）；最佳视觉效果：《一九四二》(中国）；评委会特别奖：《求主垂怜》(加拿大）。

4月16—23日　第三届北京国际电影节期间，“北京展映”活动精选260部中外佳作，在北京30余家影院、学术机构进行集中展映；“电影市场”吸引800余家中外公司和机构，近4000位业内人士参与，实现签约项目27个，签约总额87.31亿元人民币；“电影魅力·北京论坛”精心组织　“中外电影合作论坛”和“电影与科技论坛”，吕克·贝松、陈可辛、基努·里维斯、保罗·哈尼曼、西罗·库泽、恰克·科米斯奇、谌鸿翔等12位业内精英在论坛上分享经验；“精彩在沃·电影嘉年华”在奥林匹克公园中心区和怀柔区星美今晟影视城设置会场，吸引百万人次参与其中。

4月16—23日　中国电影博物馆举办“传递正能量·助力中国梦”——百部爱国主义教育影片选作展，从中宣部、中央文明办、教育部、文化部、国家新闻出版广电总局、共青团中央等部门联合推荐的100部爱国主义教育影片中，精选出《小兵张嘎》《开天辟地》等55部影片为观众公益放映，电影观众7846人次。

4月16日　第三届北京国际电影节嘉年华启动仪式在奥林匹克广场举行。北京市委常委、宣传部长、副市长鲁炜在致辞中肯定此项活动秉持公益办节、服务办节、开放办节的宗旨，形成良好的电影文化氛围，充分体现“国际水平、中国特色、北京风格”，成为一个全新的公共文化服务品牌，必将为北京建设全国文化中心和“东方影视之都”发挥积极作用。

4月16日　第三届北京国际电影节开幕式——奇幻光影秀《天人合一》在天坛公园祈年殿举行。开幕式发布天坛奖奖杯。电影节天坛奖共设10个奖项。共有56个国家和地区的531部影片报名参赛，经遴选，11个国家的15部影片入围提名。评委会以投票方式产生10个天坛奖奖项。中外电影机构800余家，国内外嘉宾3000余人，205家境内媒体、55家境外媒体共1036名记者参与报道，直接参与电影节的人数突破100万人次。

4月18日　由北京国际电影节组委会和中国电影博物馆主办、中国电影电视技术协会化装专业委员会协办的“探寻电影之美高峰论坛——国际电影化装造型论坛”在中国电影博物馆开幕。论坛以“电影化装造型的艺术与技术”为主题，国内外电影化装造型大师王希钟、列纳德·英格曼(美)、姜大英(韩)、朱莉·达特内尔（英）等从幕后走到台前，交流分享创作理念、技巧与经验。

4月18日　由中国常驻日内瓦代表团、联合国日内瓦办事处、电影频道节目中心和中国电影博物馆共同主办的第四届联合国中文日主题活动——“中国电影108年”展览在日内瓦的万国宫开幕。中国驻瑞士大使刘振民、联合国日内瓦办事处总干事托卡耶夫，以及来自俄罗斯、美国、巴基斯坦、孟加拉、蒙古、哈萨克斯坦等国常驻代表以及当地中文爱好者共350余人参加当日的活动。

4月19日　中国电影博物馆举办“国际化装造型论坛电影大讲堂”，由中国电影电视技术学会化装专业委员会于喜媚主持。主讲嘉宾包括香港和内地资深影视造型专家关莉娜、刘影、李卓卓、王乃鹏、徐家华、王小莛、郭淑仪。参与大讲堂的嘉宾还有多位中国资深化装师、行业专家学者和一线工作者。

4月20日　北京广播电视台全面启动四川雅安抗震救灾报道。地震发生后，北京电台、电视台迅速成立“4·20”雅安抗震救灾报道临时指挥部，启动新闻直播应急机制，制订节目编排方案，部署安全播出、信息报送、后勤保障等工作，组成近60名记者的报道团队分批赶赴灾区一线进行现场报道。移动电视，城市电视，地铁电视等各播出平台直播灾情和抗震救灾情况，加大对“北京支援灾区行动”的报道力度，停播所有娱乐节目，同时配以宣传片传递正能量。北京广播网、BTV在线、各播出平台的官方微博和微信加强与公众互动，引导舆论导向。

4月21日　第三届北京国际电影节“中外电影合作论坛”在国家会议中心举行，国家新闻出版广电总局副局长张丕民和北京市委常委、宣传部长、副市长鲁炜参加中法合拍电影《狼图腾》签约仪式，并与电影主创人员合影。总局电影局局长张宏森以及国际著名导演和制片人吕克·贝松、陈可辛、基努·里维斯、保罗·哈尼曼等分别发言。北京市政府副秘书长侯玉兰、市委宣传部副部长张淼、市广电局局长李春良等参加论坛。

4月22日　北京人民广播电台推出音视频直播特别节目《美丽中国—倾听世界的声音》，电话连线国外新闻机构记者和公益环保人士，了解不同国家应对不同历史阶段环境问题的观念、做法和经验，并与听众就全市生态文明和城乡环境建设问题进行互动。北京广播网、DAB数字多媒体、BBC英伦网、联合国电台中文网、澳洲广播电台中文网、美国洛杉矶1300电台和新西兰华人之声电台也对该节目进行同步直播。

4月23日　为寄托对四川雅安地震遇难同胞的哀思，中国北京第三届电影节将“红毯仪式”改为蓝毯仪式。海内外300余位电影明星、导演、各界知名人士踏上蓝毯。闭幕式暨颁奖典礼由“发现东方”“拥抱电影”“开启未来”三个篇章组成。“月光女神”莎拉·布莱曼，倾情演绎奥斯卡金像奖影片《毕业生》的主题曲《斯卡布罗集市》，以及《歌剧魅影》选段；周杰伦与成龙联袂表演的《功夫》、于魁智与徐帆的混搭组合《天坛映画》、杂技《春花烂漫》、歌舞《功夫》等惊艳全场。伴随着精彩纷呈的文艺节目，首届“天坛奖”国际评委偕同吕克·贝松、基努·里维斯、张艺谋、成龙、刘德华、林志玲等中外嘉宾，揭晓并颁发“天坛奖”十大奖项和评委会特别奖。

4月23日　北京人民广播电台文艺广播和北京市园林绿化局正式建立战略合作伙伴关系，启动北京“公园风景区绿色播报”信息平台。

4月23、24日　北京广播电视台举办“全媒体时代下的广播电视发展”专题培训，邀请英国广播公司（BBC）政策与战略总监约翰·泰德、研究与发展部总监马修·波斯特盖特、未来媒体和BBC网站首席运营官安迪·康罗伊讲授BBC全媒体发展理念、新媒体时代下的节目创新等内容，并与参会者进行互动交流。

4月23日　第三届北京国际电影节圆满闭幕。国家新闻出版广电总局副局长张丕民、童刚，北京市委常委、宣传部长、副市长鲁炜，北京师范大学党委书记刘川生、光明日报总编何东平、北京市电影家协会主席张和平等领导出席闭幕式暨颁奖晚会。本届电影节共评出首届“天坛奖”十大奖项，《一九四二》等影片及主创人员分别获奖，吕克·贝松、张艺谋、成龙、基努·里维斯等国内外著名电影人为获奖影片颁奖。

4月24日　北京人民广播电台、北京电视台与澳大利亚广播公司签署战略关系合作备忘录，将分别在互换英语节目、人员交流等方面与澳大利亚广播公司展开深度合作。两台领导席伟航、赵多佳分别与澳大利亚广播公司签署合作备忘录。

4月25日　北京广播电视台建立广播电视预警信息发布机制，与市气象局、应急办成立的市突发事件预警信息发布中心（以下简称“市预警中心”）联合下发《关于进一步做好广播电视预警信息传播工作的意见》，旨在简化审批环节，建立预警信息快速播发“绿色通道”。电台、电视台、歌华有线、移动电视、城市电视、地铁电视、中广传播将通过滚动字幕信息、发送电视邮件等方式发布由市预警中心提供的权威、有效的市突发事件预警信息。

4月　中央人民广播电台台长王求一行到丰台区广播电视中心调研，区委宣传部、区广电中心负责人陪同调研。

4月　四川省雅安地震后，北京人民广播电台、北京电视台迅速成立“4·20”雅安抗震救灾报道临时指挥部，启动新闻直播应急机制，制定节目编排方案，部署安全播出、信息报送、后勤保障等工作，组成近60名记者的报道团队分批赶赴灾区一线进行现场报道。

5　月

5月2日　北京歌华有线电视网络股份有限公司高清交互数字电视平台“智慧金顶街”资讯栏目正式上线，为石景山区金顶街用户提供智能、便捷、安全、绿色的新媒体社区生活服务，进一步提升社区管理及服务信息化水平。

5月7日　北京人民广播电台年度大型系列直播访谈节目“市民对话一把手”圆满结束。3月18日至5月7日，共邀请17位委办局“一把手”和16位区县长参与直播节目，解答疑问，解决问题，受到市民的积极参与和广泛好评。

5月8日　北京市广播电影电视局召开重点持证网站管理工作会，新浪、搜狐、优酷、酷6、乐视、爱奇艺等16家网站相关负责人参加会议。会议传达国家新闻出版广电总局关于互联网电视管理工作会议精神，对本市开展互联网电视业务专项整治工作进行部署。对网络视听节目存在的问题，以及开展“净网行动”，包括做好网络剧、微电影等网络视听节目备案工作，进一步重申有关管理要求。

5月10日　北京市广播电影电视局组织召开打击卫星设施黑市销售活动专项行动部署会。会议传达近期中央、市委、市政府关于加强境外卫星电视节目管理工作指示精神和要求；通报近期北京市卫星电视整治工作情况，并将此项专项行动列入到年度重点工作。副局长王霞及市经济和信息化委、市工商局、市国家安全局、市城管执法局、市文化市场行政执法总队等主管领导和责任部门负责人参加会议。

5月14—15日　北京市广播电影电视局召开电视剧审查委员会工作会。会议通报第一季度电视剧审查情况，传达国家广电总局《关于2013年第一季度全国电视剧审查工作情况的通报》，研讨一季度所审电视剧出现的倾向性问题及重点案例，并对审查意见的书写作进一步的规范。部署关于进一步加强影视审查工作、促进北京影视精品生产的相关措施与要求。副局长丁百之及电视剧审委等有关人员参加。

5月15日　北京歌华有线电视网络股份有限公司开通“歌华有线96196”新浪微博，将通过微博平台进行服务信息发布和用户咨询投诉受理，及时妥善回应用户诉求，打造全方位、立体式客户服务新模式和新平台。

5月21日　北京市委常委、宣传部长李伟到北京广播电视台调研，实地察看电台、电视台工作场所，看望慰问一线干部员工。北京广播电视台党委书记刘志远作工作汇报。市委宣传部王海平、严力强、张成刚等领导参加调研。

5月22日　北京电视台体育高清频道正式进入歌华有线高清网络传输，是继北京卫视、文艺频道之后第三个实现高标清同播的频道。

5月23日　北京歌华有线电视网络股份有限公司高清交互平台“图书博物馆”栏目正式上线，为广大用户提供书刊杂志近300本、音视频类节目200余个，并每周进行更新。同时，借助科大讯飞智能语音技术，实现书籍、报纸、杂志等内容的语音阅读服务。“图书博物馆”项目是中央文资办“数字文化传播示范基地”项目。

5月24日　由国台办举办的全国省市台办主任培训班成员一行30余人到北京歌华文化发展集团考察调研，参观了歌华艺苑、歌华设计中心，了解歌华天竺文化保税园规划，两岸文化创意人才服务基地建设发展等情况，就加强京台两地文化创意产业交流与合作进行交流。市委宣传部副巡视员、市文促中心主任梅松介绍本市文化创意产业发展情况和京台文创交流合作概况。北京广播电视台副台长兼歌华集团董事长王建琪陪同调研。

5月26日　由北京市委宣传部主办，北京市文化局及北京电视台承办的“爱我家　唱我家　我的北京我的家”活动总决赛暨颁奖典礼圆满落幕，评选出三甲歌手和“最受群众喜爱的歌曲”。

5月27日　中共中央政治局委员、北京市委书记郭金龙，北京市委副书记、市长王安顺，北京市政协主席吉林等市领导到市非紧急救助服务中心调研，并走进北京电视台新闻节目中心《12345需求与反馈》栏目演播室，对栏目予以肯定，就“私装地锁”话题和市民亲切交流。

5月29日　中共北京市委常委、宣传部长李伟到北京市广播电影电视局调研，并查看广播电视监测中心。

5月　北京电视台利用虚拟化技术搭建虚拟化平台，分批次将正在运行的10余个系统和应用陆续迁移到虚拟化平台，测试情况良好，为台内虚拟化技术探索出一条发展之路。

5月至6月　北京市广播电影电视局委托北京市广播影视协会组织承办2013年全国影视烟火《爆破工程技术人员安全作业证》资格考试工作取得成功。此次考试，是在全国行业内第一次组织的资格认证考试。

6　月

6月1日　北京歌华文化发展集团参加“第二届京交会签约仪式暨成果发布会”及“北京主题日”。就歌华天竺文化保税园与苏富比集团、香港信德文化投资有限公司等9家国内外机构分别签署战略合作、合资等7份协议，签约额达7亿元。其中，歌华集团与苏富比集团签署合作意向书，计划于2014年在北京引进国际顶尖艺术品博览会TEFAF。

6月4日　北京市广播电影电视局副局长

杨培丽带队赴西京文化传媒（北京）股份有限公司，对西京公司全资收购英国普罗派乐卫视的运营现状、传播内容和形式、作品翻译、人才建设等进行调研，详细了解了西京公司着力打造的《对视》《CHINA–EURO ART SHOW》《魅力中国》等栏目的开播、收视情况，如何解决海外项目经营所面临的问题和困难，征求了企业对局服务工作的意见和建议，探讨了成立北京广播影视走出去合作组织相关事宜。

6月8日　中共中央政治局常委、中央书记处书记刘云山在北京市调研时，到北京歌华文化发展集团、北京歌华有线电视网络股份有限公司和北广传媒新媒体等单位考察。

6月8日　北京电视台首次通过手机“报料”系统回传的新闻素材“修桥坍塌，居民通行困难”在新闻频道《特别关注》中播出。

6月8日　北京人民广播电台制定《突发公共事件应急报道的补充规定》。按照北京市权威部门发布的突发公共事件预警信息发布的级别，严格规范各专业广播及北京广播网突发公共事件报道安排，遵循快速反应、及时报道，真实准确、客观公正，把握大局、统筹安排，把握节奏、保持理智，讲求艺术、注意技巧的原则，从大局着眼，积极引导舆论。

6月11日　由北京市广播电影电视局主办，以“北京影视传递中国梦”为主题的加拿大班芙国际媒体节“北京日”活动成功举办。参加活动的有来自30个国家50多个影视媒体机构的2000余位代表。副局长丁百之表示，将借助班芙国际媒体节这一平台，加强与北美影视界的合作，让北京影视融入更多的国际元素，与世界影视融合交汇，传递“中国梦”。班芙国际媒体节主席对北京影视代表团的到来表示热烈欢迎，对“北京日”活动的成功举办给予高度评价，并期待与北京影视公司寻求长期、深层次的合作。

6月11日　北京人民广播电台新闻广播推出“神舟十号”系列报道，交通广播完成3个小时的“神舟十号”发射全程直播。移动电视等新媒体在完成对飞船发射实时转播的同时，集成播出相关新闻内容，实时滚动“神舟十号”各阶段任务及时间的字幕信息。北京电视台依托“中国梦”，配合制作三版公益宣传片，在全台各频道高频次播出，取得良好的宣传效果。

6月14日　北京市广播电影电视局举办重点持证视听节目网站编辑、审核人员培训班，近30家网站的60余名编审人员参加培训。重点围绕文艺、娱乐、科技、财经、体育、教育等专业类视听节目和电影、电视剧审核的主要方法、要素及常见问题聘请业内专家进行讲解，明确淫秽色情、低俗以及血腥暴力等视听节目的审核标准，对净化网络视听节目环境，深入开展“净网”行动将起到积极的促进作用。

6月14日　北京广播电视台与北京市委宣传部研究室、顺义区委宣传部、顺义区委研究室、天竺综保区共同研究天竺文化保税园项目建设，确保文化保税区项目建设顺利推进。北京广播电视台党委书记刘志远主持会议，市委宣传部和顺义区委以及天竺综保区和歌华文化发展集团相关负责人参加会议。

6月20日　北京歌华有线电视网络股份有限公司新入网“CCTV–3综艺高清”“CCTV–5体育高清”“CCTV–6电影高清”“CCTV–8电视剧高清”“湖北卫视高清”“山东卫视高清”及“天津卫视高清”7套高清频道。歌华有线网内共传输22套高清频道。

6月24日　北京人民广播电台策划推出以“中国梦”为主题的大型系列报道“国人自述·我的梦”，通过人物自述的形式，讲述各地群众圆梦的故事。

6月25日　北京市广播电视学会召开换

届大会，并同时更名为“北京市广播影视协会”。选举产生协会第六届理事会成员、监事会成员、常务理事，会长杨淑琴，副会长何桂芝、宋春华，监事长王立平，监事秦华、石鸿印，秘书长智黎明，副秘书长孙巍、史椰森、何拥军、周红颜。北京广播影视协会更名换届后，由学术团体变为行业组织，要在原学会理论研究、学刊编辑、节目评奖和业务培训的基础上，发挥好维权自律的新职能，为推动首都广播影视繁荣发展贡献力量。

6月25日　非洲11国（埃塞俄比亚、马达加斯加、马拉维、毛里求斯、莫桑比克、塞舌尔、塞拉利昂、苏丹、坦桑尼亚、桑给巴尔、津巴布韦）国家广播电视台高层访问团以及国家新闻出版广电总局研修学院、中国仪器进出口（集团）公司相关领导一行到北京歌华有线电视网络股份有限公司参观访问，并就广播电视未来发展方向、面临的机遇与挑战以及资本合作进行交流。

6月25日　北京市广播电影电视局副局长臧增祥一行到通州区广电中心考察大运通州网运行情况。

6月25—28日　北京市广播电影电视局对2012年密云有线广播“村村响”工程进行竣工验收。该项工程涉及8个乡镇141个行政村，验收组检查8个乡镇广播站，随机抽检28个行政村进行检验测试，并开展用户满意度调查，抽检结果全部合格。

6月28日　北京市广播电影电视局副局长韩昱率调研组就广播电视安全播出、防汛安全工作赴密云县调研。调研组实地察看了位于不老屯镇白土沟村的北京广播电影电视局密云转播站，向站内值守的工作人员送去防汛物资。查看了站内广播电视发射系统和供配电系统，详细了解安全播出、调频广播、无线覆盖转播等运行情况，对安全播出保障工作给予肯定，希望中心继续扎实做好安全播出保障工作，完善管理机制，提高应急处置能力，确保广播电视安全播出。

6月28日　北京市广播电影电视局局长李春良会见法国电影局主席埃里克·戛兰多（Eric Garandeau）和法国电影联盟主席让-保罗·萨罗米（Jean-Paul Salomé）一行。会谈中，双方就两国电影市场的现状，政府如何扶持、促进艺术电影的制作和发行进行沟通，并达成多项合作意向：进一步推进中法两国电影合拍；加大两国人才交流培养的力度；通过北京国际电影节进一步推进中法电影艺术界的资源共享等。

6月28日　北京北广传媒城市电视有限公司举行捐赠湖南省绥宁县贫困山区200台电视机仪式。北京广播电视台副台长苏仁先，北广传媒城市电视有限公司董事长张学朝、总经理罗艳红、副总经理高宇轩及湖南省绥宁县民政局局长申和平、慈善会办公室主任吴鹏辉参加捐赠仪式。

6月30日　“影博·影人专题展——银幕诗人丁荫楠”主题活动在中国电影博物馆举行揭幕仪式，丁荫楠导演与嘉宾和观众一起参观展览，并参加“论人物肖像电影的风格——丁荫楠导演作品座谈会”。其间，丁荫楠导演还将自己电影创作过程中的手稿及物品共计607件捐赠给中国电影博物馆。

6月30日　北京歌华有线电视网络股份有限公司完成城区范围个人宽带业务的免费升级工作（2M升4M，4M升6M，10M升15M），共计超过17万户。

6月　北京电视台全力做好“中国梦”宣传报道：策划推出“中国梦”主题宣传片，积极营造“共筑中国梦想”的舆论氛围；策划推出一系列与“中国梦”感人故事主题相关的大型电视系列片、专题片，增强干部群众道路自信、理论自信、制度自信；在新闻节目中深入宣传首都各条战线为实现“中国梦”贡献力量的生动实践和成功经验；各档品牌栏目结合定位，围绕“中国梦”展开策划，报道梦想的故事，诠释梦想的力量。

6月　北京电视台多条新闻被中央电视台采用。1—6月，北京电视台向中央电视台报送新闻共2707条，被采用500余条。其中，《百姓宣讲　用我的梦编织中国梦》《北京应对雾霾天气》等71条被《新闻联播》采用。

7　月

7月1日　北京人民广播电台推出群众路线教育实践活动主题宣传报道，开设“从群众中来到群众中去”、“听民意解民难，一把手在基层”等专栏，相关部门负责人做客直播间，了解听众对部门工作作风的意见。

7月1日　北京人民广播电台城市服务管理广播与市医管局合作推出系列直播访谈节目“市民对话市属医院一把手”，邀请21家北京市属公立医院“一把手”做客直播间，与市民聊健康，话医改。

7月1日　联合国副秘书长彼得·朗斯基—蒂芬索、联合国副秘书长办公室主任Jaya Dayal一行到北京电视台参观访问。时任北京电视台总编辑赵多佳与客人就增进互通进行交流。市委宣传部、市外办及电视台相关负责人参加。

7月1日　北京歌华有线电视网络股份有限公司“高清交互基础设施建设及应用工程项目”获国家广电总局2012年度科技创新奖一等奖，“歌华有线边缘机房VOD信号集中监测系统”、“开放式交互电视元数据接口转换系统”、“基于NGB智能家庭的物联网和系统关键技术研究及试验”（参与完成）等项目获二等奖。

7月2日　北京歌华有线电视网络股份有限公司高清交互平台“邮储专区”栏目上线，开创客户通过高清交互平台宣传推广的新模式。

7月3日　北京市广播电影电视局韩昱副局长一行到怀柔区广电中心和汤河口南山转播站调研。

7月4日　北京电视台体育频道正式采用高清网系统制作。高清网系统改善了演播模块，提高了安全级别和演播室内素材的快速编辑播出能力，新建一套完整的“体育外场系统”，可实现和台内生产网的远程交互编辑。

7月5日　北京市广播电影电视局副局长臧增祥、杨培丽带队赴爱奇艺公司开展网络视听产业专题调研。

7月8日　北京歌华有线电视网络股份有限公司完成2012年度利润分配，按照向全体股东每10股派发现金红利1元（含税）的利润分配方案，共派发现金红利1.03亿元，其中支付控股股东北京北广传媒投资发展中心现金红利4769.19万元，支付其他股东现金红利5577.51万元。

7月9日　北京人民广播电台启动城市服务管理广播频率调整工作，打造“全新的、在同城媒体中有竞争力的城市广播”，以“找到定位、找到目标听众、与新媒体紧密结合”为手段。

7月15日　北京人民广播电台第六届“节目创新大赛”评选揭。《公益最亮音》等6件作品获“开放式节目创新奖”，《边走边唱》等6件作品获“节目听觉包装创新奖”。

7月15日　北京人民广播电台受众实验室启用，邀请由热心听众及高校师生组成的近60人评审团，听评第六届“赢在创意”全球华语广播栏目大赛的入围作品。

7月16日　北京广播电影电视研究中心于召开“北京市国有广播影视企业发展政策需求研究”课题启动会，正式成立课题组，确定研究计划，并就有关问题进行讨论。

7月17日　北京市广播电影电视局组织召开北京市电影管理六方联席会议暨区县电影发展和管理工作座谈会，总结交流上半年电影发展和管理工作情况与经验，印发《2013年下半年电影发展和管理工作意见》，对下半年工作进行部署。市公安局、市国家安全局、市工商局、北京海关、文化执法总队、各区县文委主管领导及电影许可、市场监管、公益放映方面的负责人参加会议。

7月18日　北京卫视独家首发中国奥委会官方形象宣传片仪式北京电视台新址宽敞明亮的一楼大厅举行。国家体育总局宣传司司长、中国奥委会新闻宣传部部长张海峰与北京电视台常务副台长窦晓东共同以“击缶”的特殊形式启动宣传片首发。

7月18日　江西广播电视台台长杨玲玲到北京歌华有线电视网络股份有限公司考察调研，北京广播电视台副台长兼歌华有线公司董事长郭章鹏、歌华有线公司总经理卢东涛在调研会上分别介绍情况。

7月20日　北京电视台首次引进国外版权模式，推出大型电视音乐季播栏目《最美和声》。《最美和声》首期节目在京收视率居全国省级卫视节目同时段第二。

7月22日　北京歌华文化发展集团“秦皇岛·歌华营地”2013年暑期在北戴河正式开营，为期一个半月。该营地是歌华北戴河国家文化融合创新区的前期序幕项目。

7月22日　北京市广播电影电视局召开党的群众路线教育实践活动动员大会，局党组书记、局长李春良作动员部署，市委督导组第二十六组组长董颖讲话。会议强调，一要统一思想认识，紧密联系实际，切实增强搞好党的群众路线教育实践活动的责任感和使命感。二要突出实践特色，重在解决问题，确保党的群众路线教育实践活动取得成效。三要加强组织领导，精心谋划安排，完成好党的群众路线教育实践活动的各项任务。要切实落实责任，发挥支部作用，搞好统筹兼顾，做到两手抓、两不误、两促进。董颖同志从领导重视、方案可行性等方面肯定了局前期准备工作，并对下一步开展教育实践活动提出了要求。一是全面掌握中央和市委的要求，贯彻“照镜子、正衣冠、洗洗澡、治治病”的总要求，聚集作风建设，以整风精神开展批评和自我批评，坚持领导带头，注重建立长效机制。二是扎实开展好实践活动，要把理论武装放在首位，保持良好精神状态，采取务实管用措施。三是扎实搞好督导工作，紧紧依靠局党组开展工作，认真履行督导组职责。

7月23日　北京广播电视召开党的群众路线教育实践活动动员大会，台党委书记刘志远作开展党的群众路线教育活动动员部署报告。市委督导组第二十六组组长董颖强调要充分认识开展群众路线教育活动的重大意义，切实把思想统一到中央、市委的精神和要求上来；要正确把握中央、市委的总体部署和要求，切实加强对群众路线教育活动的组织领导；要紧密结合实际，切实把这次党员群众路线教育活动落到实处。会议由席伟航主持。台教育实践活动领导小组成员，台属各单位领导班子成员、党办主任、党务干部，两代表一委员以及总部机关全体党员共140余人参加会议。

7月23—26日　北京市广播电影电视局举办区县广播电视台台长媒体运营与管理培训班。国家新闻出版广电总局相关领导就广电播出机构的运营与管理、政策法规、技术创新等内容进行授课。

7月30日　北京市广播电影电视局举办市属新批广播电视节目制作机构管理培训会，对制作机构的资金注入、节目制作、经营销售以及办理广播电视节目制作经营许可证变更、延续、注销、业绩审核等提出了明确要求。

7月　北京电视台推出全媒体互动日播微栏目《快乐一夏》，在各频道高频次播出。该栏目在全媒体演播室录制，以宣传各频道暑期特别节目、大型活动为主。

7月　北京紫禁城影业有限责任公司参加在北京展览馆举办的中国国际影视节目展及秋季首都电视节目推介会，与各国电视台、电视剧制作公司建立联系，并以设置展位和举行看片会的形式宣传、发行自制电视剧《同门》与《创业伙伴欢乐多》。

8　月

8月1日　北京市广播电影电视局召开电影《徽班进京》剧本创作第一次研讨会。会议听取电影剧本创作理念和影片创作理念的汇报，就电影剧本创作进行讨论，并于会后修改完善。市委宣传部副部长张淼、副巡视员王珏，局长李春良、副局长丁百之，安徽省委宣传部副部长郎涛、安徽局副局长马雷，著名编剧邹静之、导演夏钢以及安徽省委宣传部、安徽省广电局、北京市广电局、北京联盟影业相关负责人及影片主创人员参会。

8月1日　北京歌华有线电视网络股份有限公司有线电视节目收看服务正式纳入营业税改增值税改革范围。

8月2日　北京人民广播电台举办第六届"赢在创意"全球华语广播栏目大赛颁奖典礼。本届大赛面向全球征集作品，共收到参赛作品185件，《静言的朋友圈》《海阳现场秀》两件作品分获原创类和创新类金奖。

8月2日　北京电视台开始"微纪录"短片《中国梦——365个故事》的摄制，该片共365集。

8月2日　北京紫禁城影业有限责任公司成立演艺经纪部，倪大红成为首位签约演员。经纪部为倪大红签下《谋圣鬼谷子》《失婚男女》《镖门》《乞丐大掌柜》《锋刃》等多部影视剧。

8月4日　由北京广播电视台和北京数独运动协会等单位共同主办的中盟天隆森林杯2013中国数独锦标赛举行。本年度赛事设立11个分赛区，共有762名数独爱好者同一时间、同一赛题比赛。

8月8日　北京市广播电影电视局召开信息网络视听节目服务管理培训会，128家视听节目服务持证网站有关负责人参加。会议印发《北京市优秀网络视听节目和网络服务单位奖励资金管理办法》（试行）和《北京市网络视听节目服务管理办法》（试行）两个规范性文件，要求各网站贯彻执行。

8月8日　由国务院侨办、全国青联、北京市政府共同主办，北京电视台等多家单位承办的2013年海外华裔青少年中文歌曲大赛颁奖晚会在水立方举行，来自18个国家的42位华裔青少年歌手演唱中文歌曲。国务院侨办主任裘援平，北京市委领导牛有成、李伟出席并颁奖。

8月8日　北京人民广播电台"2013北京榜样"大型评选活动启动，40位候选人通过公众投票，选出2013年十大"北京榜样"。时任北京电台常务副台长王秋在启动仪式上致辞。

8月8日　北京广播电视台与团市委、北京市文化局等单位共同主办、北京北广传媒移动电视有限公司承办的"激情凝聚，圆梦北京"—2013北京CTD街舞大赛在奥林匹克公园启动。赛事历时一个月，分设北京、厦门两大赛区。

8月9日　北京歌华有线电视网络股份有限公司高清交互数字电视平台电视营业厅实现宽带业务自助开通功能。

8月9日　北京市广播电影电视局和北京广播电视台联合举办广播电视宣传管理工作培训会，邀请国家新闻出版广电总局宣传管理司司长高长力做《广播电视节目管理与创新创优》讲座，对广播电视节目创新及监管进行详细讲解。

8月9日　由北京市委宣传部、北京电视台等主办的"情定运河·梦圆北京"首届北京七夕文化节开幕式暨七夕歌会在通州运河公园举行。市委常委、宣传部长李伟等领导及3000余名观众参加。

8月14日　韩国釜山市市长许南植及随行10人到北京市广播电影电视局交流，就电影产业政策、电影产业发展，以及北京国际电影节与釜山国际电影节进一步合作进行探讨，并表达两个电影节结为友好电影节的意愿。局副巡视员赵志勇以及相关部门负责人志参加座谈。

8月15日　北京市委常委、宣传部长李伟的歌华天竺文化保税园调研，强调要加强保税区规划建设；从实际政策需求出发，吸引符合条件的文化企业入驻；采取多渠道融资手段，积极争取市文投资金支持；加大北京国际文化艺术保护中心、北京彩色宝石交易所的建设，为市文化艺术品保税业务搭建平台。市委宣传部常务副部长王海平，市委宣传部副部长张淼，市文资办主任、党委副书记周茂非，顺义区委副书记、代区长、天竺综保区管委会主任卢映川，天竺综保区管委会副主任李燕凌，北京广播电视台刘志远、王建琪等领导参加座谈。

8月16日　北京视协网络视听节目服务行业分会和北京电视台主办“台网高管对话：多屏时代视频资源的开发利用”交流活动。北京电视台、优酷土豆、搜狐视频、爱奇艺、乐视网、北京电信、光线传媒等机构代表进行交流。

8月18日　北京市人大常委会主任、北京数独运动协会名誉会长杜德印为中国数独锦标赛冠军颁奖。

8月19日　电视剧《北平无战事》举行新闻发布会。该剧是由和力辰光国际文化传媒（北京）有限公司和北京儒意欣欣影业投资有限公司为迎接建国65周年联合投资摄制的40集近代革命题材电视剧，被列为2013年北京市委宣传部和北京市广播电影电视局的重点影视剧目。

8月20日　北京北广传媒移动电视有限公司启动2013年度终端更新工作，并完成首批200辆车安装。

8月20日　北京广播电视台副台长苏仁先在第二十二届北京国际广播电影电视设备展览会上指导城市电视展台布展。

8月21—24日　北京广播电视台以整体形象亮相第二十二届北京国际广播影视设备展览会，北京电台、北京电视台等7家单位集中展示广电技术最新成果。歌华飞视在展会上推出微信公共服务平台并开辟“BIRTV2013”视频专区。国家新闻出版广电总局副局长田进到北京广播电视台展区了解新媒体互动融合设备及建设情况。

8月21日　数字电视国家工程实验室相关人员陪同东帝汶广电代表团到北京北广传媒移动电视有限公司进行考察。

8月22—24日　2013中国国际影视节目展在北京展览馆举行。北京电视艺术中心携带《新渴望》《头牌》《负2代的幸福生活》《杀尽豺狼》《诱惑》《铁道卫士》《那年有匪》等多部电视剧作品参展。

8月22—23日　北京广播电视台召开领导干部大会，传达学习全国宣传思想工作会议精神，重点传达习近平和刘云山、刘奇葆同志的重要讲话精神。党委书记刘志远要求全台认真学习领会会议及领导讲话精神，紧密结合全台实际情况，找准工作切入点和着力点，用以指导工作。台领导班子成员、各单位领导班子成员以及台总部机关中层干部100余人参加会议。8月23日，台总部、电台、电视台分别召开若干会议，对党员干部进行传达学习。

8月23日　北京市广播电影电视局召开专题会议，传达学习中央领导在全国宣传思想工作会上的讲话。党组书记、局长李春良要求：要从如何坚持正确舆论导向，发挥好“四位一体”收听收看监管作用；如何加强影视内容的创作生产，发挥首都优势引领影视精品创作；如何加强以互联网为代表的新媒体监管，鼓励优秀的网络视听节目创作生产；如何加强广播影视公共服务体系建设，进一步增强传播力影响力；如何加强对广播影视机构的管理，特别是对民营影视机构监管；如何加强电影市场监管，依法规范电影活动的开展；如何做好广播影视行业知识分子工作，发挥好他们的聪明才智；如何进一步转变政府职能，改革创新发展等方面进行深入思考，细划工作任务和项目，拿出具体举措。

8月23日　北京电视台在南非开普敦首次举办“中国纪录片日”推介暨中国纪录片展映活动。推介发布会后，主办方展映了中国纪录片《变暖的地球》和《梅兰芳》。

8月26日　北京市副市长杨晓超到北京市广播电影电视局调研，要求市广电局要进一步强化公共服务职能，继续推动公共文化事业发展；加快文化产业发展。

8月29日　北京市委书记郭金龙到北京电视台调研，参观了《书香北京》演播室、新闻制作机房和新闻高清演播室，与编辑、记者、主持人、嘉宾和观众亲切交流。郭金龙要求北京电视台充分发挥“首善媒体”的责任，围绕热点问题和市民关切的问题做好节目。

8月29日，中共中央政治局委员、中央书记处书记、中央宣传部部长刘奇葆到中国电影博物馆调研。

8月29日　北京市广播电影电视局组织北京地区19家影视制作单位负责人研讨2014年北京影视题材规划，以推动影视精品的创作生产。

8月30日　北京市副市长、北京代表团团长杨晓超到沈阳全运会主新闻中心慰问北京市广电报道团队，参观北京人民广播电台、北京电视台在沈阳全运会广播电视中心搭建的前方直播间。

8月30日　北京市广播电影电视局副局长杨培丽带队赴优酷土豆集团进行网络视听产业专项调研。

8月30日　北京市广播电影电视局副局长王霞主持召开接收境外卫星电视节目管理专题调研座谈会。市国家安全局相关部门、10家接收境外卫星电视节目单位、北京境外卫星电视节目代理服务机构负责人以及局相关处室人员参加会议。与会人员围绕进一步加强境外卫星电视节目管理、确保安全播出进行交流，并就推进境外卫星电视节目高清化、探索收视费与宾馆饭店客人入住率挂钩、防止节目盗版侵权等问题进行研讨，提出建设性的意见建议。

8月30日　北京电视台纪实高清频道改版更名为“BTV纪实频道”。此次改版包括建立频道视觉识别系统、增加全天播出时长、调整节目编排、扩充节目内容等。

8月31日至9月3日　北京歌华有线电视网络股份有限公司与科大讯飞合作推出的“语音遥控器”在海淀区中科院青年公寓进行试点发放及用户体验跟踪回访，受到用户好评。语音遥控器利用语音识别、云计算、蓝牙等新技术实现机顶盒功能的扩展，方便用户操作。用户可通过“语音指令”实现频道切换、节目查询、天气查询、航班查询和栏目跳转五个基本功能。

8月　北京歌华有线电视网络股份有限公司获国家新闻出版广电总局批复，获准建立下一代广播电视网（NGB）融合业务平台实验室。实验室按照“三网融合”的发展要求，发挥公司在网络、用户等方面的优势，开展NGB融合新业务创新研究。

8月　北京广播电视报社将《人物周刊》部分内容上网，扩大《人物周刊》的影响力和销售效果。报社承接的北京中广传播有限公司“CMMB睛彩手机报”同时上网。

8月至9月　北京北广传媒移动电视有限公司承办的“激情凝聚，圆梦北京——2013北京CTD街舞大赛”取得成功并播出。

9　月

9月1日　北京公交集团定制公交平台上线运营，北京北广传媒移动电视有限公司顺利搭载定制公交，再次拓展受众覆盖范围。

9月3日　北京市广播电影电视局副局长韩昱带领课题组到门头沟区广播电视中心就“北京市广播电视公共服务城乡一体化建设研究”课题进行调研交流，调研组全面了解区县广播电视节目编排、经费投入、体制机制等方面的情况以及相关政策需求和建议，了解了广播电视公共服务城乡一体化建设发展中面临的情况和问题，为制定相关政策提供参考。

9月3日　“中国名家画北京”主题创作活动作品展在中华世纪坛开幕。展览共展出113幅以京城风韵和民俗人情为主题的作品，以不同的画风展现北京独特的城市风貌。

9月4日　北京广播电视台副台长兼歌华集团董事长王建琪陪同北京海关关长高融昆一行到北京文化保税区调研。

9月5日、6日　北京市广播电影电视局组织开展党的群众路线活动集中学习教育和党课辅导。局党组书记、局长李春良围绕《深入学习贯彻党的群众路线，进一步促进北京广播影视新发展》进行党课辅导。

9月10日　北京歌华有线电视网络股份有限公司高清交互平台“北京数字学校”栏目改版。此次改版对全部在线课程进行重新整合，开通了新专区，新增上下学期选择，优化界面设计，方便用户更加快速点看课程内容。

9月11日　北京市广播电影电视局副局长杨培丽一行到昌平区广电中心进行安全检查。

9月11日　北京市广播电影电视局副局长韩昱带队赴大兴区文委和广电中心就推进“北京市广播电视公共服务城乡一体化建设”和“北京国有广播影视企业发展政策需求研究”两个课题进行调研。

9月12日　北京市广播电影电视局纪检组长王立平带领检查组到房山区检查广电系统安全工作。

9月12—16日　2013年度北京广播电视台节（栏）目创新奖终评会召开，36件作品参与终评。经专家评委与观众评委共同投票，最终评选出19件作品，9月16日起，拟获奖作品名单在台官网进行公示。副台长苏仁先参加终评会。

9月15日　北京歌华有线电视网络股份有限公司成功开通农商行手机银行缴费渠道，可缴纳公司及个人宽带、付费电视点播业务费用。

9月16日　北京广播电视台承办的全国广播电视台首届宣传管理创新创优论坛在京举行，各省市、省会城市广播电视台的总编室、研发部负责人和专家学者70余人出席论坛。

9月16日　北京歌华有线电视网络股份有限公司“歌华飞视”跨屏业务上线。飞视用户可将智能终端本机存储与飞视拍摄的图片、音视频或机顶盒连接的U盘、移动硬盘内容跨屏投递到机顶盒连接的电视上，实现小屏到大屏的观看。

9月17日　北京市广播电影电视局召开北京网络视听节目服务协会成立大会，大会审议通过《北京网络视听节目服务协会章程》，选举产生协会执行机构和负责人。

9月22日　北京北广传媒地铁电视有限公司在由中国人民大学、复旦大学、北京大学等10所知名院校新闻传播学院主办的第六届中国品牌媒体高峰论坛上，获“2012—2013年度中国最具营销实效移动电视”奖，公司总经理阎伟力被评为“2012—2013年度中国品牌媒体创新人物”。

9月23日　北京市广播电影电视局为做

好新疆和田地区对口援建工作，在北京为新疆和田地区举办广播电视系统技术培训班取得成功。培训班共20名学员，分为6个业务小组深入到北京电视台新闻中心、科教中心、制作部、总编室等相应部门进行全程跟班培训。

9月23日　北京瑞特影音贸易公司与部分在京的境外频道代表就境外卫星电视在京的落地推广、销售政策、市场现状、政策环境、打击盗版等内容进行交流。

9月26日　北京人民广播电台第六届“魅力社区”评选活动颁奖，产生十大“魅力社区”和十个“魅力社区单项奖”。本届评选自申报社区较上届增长近三成，覆盖全市16个区县。

9月26日　由北京歌华文化发展集团承办的2013北京国际设计周开幕活动举行。设计周由颁奖仪式、设计大奖铭牌镶嵌仪式、设计之路、项目推介交流和参观展览等系列活动组成。

9月28日　北京歌华有线电视网络股份有限公司与北广高清公司、美国迪士尼影业合作推出的“爱在迪士尼”高清付费双语点播节目专区在高清交互数字电视平台上线。该专区定位3岁至14岁儿童，全年提供800集节目。

9月29日　北京市委常委、宣传部长李伟到北京电视台新媒体发展中心调研。李伟指出，北京广播电视台要坚定不移地发展新媒体，争取北京网络广播电视台网站和IPTV尽早上线；要大胆探索市场化道路，更大范围地统筹资源，建立更大的全媒体平台。

9月　北京歌华有线电视网络股份有限公司从北京市通信管理局正式申领“固定网国内数据传送业务”“国内因特网虚拟专用网业务”“呼叫中心业务”三项电信业务经营许可证书。

10　月

10月9—11日　北京电视台举办第一期马克思主义新闻观教育培训班，全台近千名采编播人员参加培训。

10月12日　由北京北广传媒地铁电视有限公司联合北京地铁公司宣传部共同制作的5分钟新栏目《地铁春天》在地铁电视节目中亮相。该节目是地铁电视公司自制节目，主要宣传地铁公司的劳动模范和先进人物。

10月14日　北京电视台台长赵多佳主持召开编前会，传达学习北京市委常委、宣传部长李伟等领导的指示精神，要求坚持“网台融合、全台办网”的工作思路，尽快完成北京网络广播电视台、IPTV系统正式上线和商用工作。

10月14日　北京歌华有线电视网络股份有限公司高清交互数字电视平台“航班查询”栏目上线。

10月16日　北京北广传媒数字电视有限公司承办的“爱心社区行，共筑中国梦”——朝阳区来广营乡朝来绿色家园公益活动取得成功。

10月16日　北京电台举办“2013北京榜样”专家评审会，并根据专家意见结合网络投票，产生10名“2013北京榜样”和10名提名人物。“2013北京榜样”投票人数超44万人次，广泛传扬社会正能量。

10月17日　2010-2012年度北京市广播影视奖表彰会召开。本次参评作品共有938件，涵盖广播影视行业的所有节目类型，经过评选，来自北京广播电视台、区县广电中心和社会影视制作机构的267件作品、79位个人获奖。

10月18日　由世界智力谜题联合会、北京广播电视台等主办的第八届世界数独锦标赛、第二十二届世界谜题锦标赛在昌平区闭幕。来自35个国家和地区的269名选手参与本届赛事，中国代表队获4枚金牌。

10月21—22日　由中国广播电视协会、北京广播电视台指导，中广协交宣委移动电视分会主办，北广传媒移动电视、城市电视、地铁电视共同承办的第六届“中国移动电视高峰论坛”在北京召开。来自全国移动电视行业的40余家会员单位及供应商代表共计100余人在移动电视“出生”十年之际齐聚北京，就行业发展的诸多问题进行深入研讨交流。同时，由中国广播电视协会主持编撰的全面记录中国移动电视行业十年发展的历程的《2013中国移动电视发展报告》亮相论坛。

10月24日　由文化部、北京市政府主办，北京歌华文化集团等单位承办的“北京国际摄影周2013”在中华世纪坛开幕。摄影周主题为“摄影·聚焦世界”，包括系列展览、摄影讲堂等四大部分，40余项活动，通过摄影的视角展现北京当代风貌和人文精神。

10月25日　北京市广播电影电视局副局长王霞一行到民营广播影视节目制作公司调研。

10月29日　2013年度北京地区广播电视编辑记者、播音员主持人资格考试结束。组织编辑记者1537人，播音员主持人477人，共2014人参加考试，设置66个考场。最终，有864人通过编辑记者考试，211人通过播音员主持人考试。

10月30日　北京紫禁城影业有限责任公司下属西安紫禁城影视公司在西安曲江挂牌成立。

10月30日　北京北广传媒城市电视有限公司又一块自建的户外LED大屏——春平广场大屏幕正式验收并试播出。

10月31日　北京电视艺术中心有限公司与获得第16届中国电影金鸡奖最佳男主角提名的邵兵正式签约，并成立“邵兵工作室”。签约后的首部作品是邵兵参与剧本创作、首次担任导演的温情剧《一起长大》。

10月31日　北京市广播电影电视局召开顺义区广电中心应急有线广播远程物联集成管控平台技术鉴定会。鉴定委员会对项目技术水平、应用成果和取得的社会、经济效益给予肯定。该平台实现有线广播和应急广播功能，在重大活动及关键时期将发挥重要作用。

10月31日　北京歌华有线电视网络股份有限公司高清交互平台“电视回看”应用增加10套高清频道（分别是CCTV—1综合、CCTV—3综艺、CCTV—5体育、CCTV—6电影、CCTV—8电视剧、BTV北京卫视、湖南卫视、浙江卫视、江苏卫视和CHC高清电影），“电视回看”频道达到69套。

10月底　北京人民广播电台文艺广播与北京市园林绿化局搭建“公园风景区绿色播报”信息平台，与各区县园林绿化局、100多家公园风景区建立信息播报员机制，为游客提供及时服务。

10月　北京电视台IPTV业务启动平台扩容。这是IPTV业务自2013年2月试商用以来规模最大的一次平台扩容，在电影、电视剧、动画片、专题等节目门类上加大上线力度。

10月　北京电视台《北京新闻》栏目改进采编作风成效显著：延伸和拓展时政新闻报道内容，以短评、动画图解、配发报道等形式烘托报道主题；加大对民生的关注；通过在政策新闻等报道中以准确、鲜明、生动的动画替代资料画面等形式提高新闻表现力。

10月　北京市广播电影电视局和北京市广播影视协会组团赴澳大利亚、新西兰访问考察。考察团洽谈两地广播影视采制播出、人才培训、学术交流和北京国际电影节等方面的合作，学习影视拍摄基地建设和运作的经验，达成一些合作共识和交流意向。

11　月

11月2日　北京市广播电影电视局局长李春良出席在美国洛杉矶举办的“北京影视日”活动，著名演员张国立、邓婕及中国驻洛杉矶总领事馆车兆和参加。

11月6日　北京电视台承办的第十六届华北地区电视技术协作会举行，围绕技术合作项目进行洽谈，评选出5大类158个电视节目技术奖项。

11月6日　北京歌华有线电视网络股份有限公司与北京电信WiFi合作在北京南站上线。用户通过智能终端搜索带有“free WiFi-nanzhan”字样的SSID（局域网名称），即可免费观看到歌华飞视服务。

11月6日　北京北广传媒城市电视有限公司协同办公平台及客户关系管理系统项目启动，该项目可进一步提高公司办公效率，步入科学管理的新阶段。

11月7-10日　第八届中国（北京）国际文化创意产业博览会举办。广播影视展馆设置27个展位，汇集广播电台、电视台、广播影视内容制作、新媒体、金融服务等30余家国内知名机构，全方位展示北京广播影视改革发展成就。展览期间，现场举办项目签约、项目推介、新片发布等互动体验活动，签约金额达3.15亿元。

11月7日　北京人民广播电台与英国普罗派乐卫视签署合作协议。由北京广播网制作的300集反映北京风貌的纪录片《北京印象》，将通过普罗派乐卫视向欧洲45个国家播出。

11月9日　由北京人民广播电台和英国普罗派乐卫视联合主办的第二届国际大学生新媒体文化节落幕，共有50余所高校的千余名学生参赛。第三届国际大学生新媒体文化节同时启动。

11月11-18日　北京紫禁城影业有限责任公司总经理许建海受邀参加由中英文化创意产业协会主办的第五届英国万象国际华语电影节交流活动，随后赴意大利参加罗马电影节，并对电影项目的制作发行进行商务洽谈。

11月13日　北京市广播电影电视局召开领导班子专题民主生活会。市委宣传部常务副部长王海平、副巡视员吕钦，市委第26督导组组长董颖及市广电局领导班子参会，局机关各处室、局属事业单位的负责人列席会议。局党组书记、局长李春良代表局领导班子作对照检查发言，局班子成员作个人对照检查发言，与会人员开展批评与自我批评，围绕作风建设进行了深刻的自省和全面的反思，检查遵守党的政治纪律的情况，查找“四风”方面存在的问题，并深入剖析问题产生原因，明确努力方向和整改措施。董颖对市广电局教育实践活动前一阶段的工作给予肯定，并就做好下一步工作提出明确的意见。王海平对局民主生活会表示肯定。

11月13日　北京人民广播电台台长席伟航率50名员工来到河北阜平县马兰小学开展一年一度的“一帮一”公益回访活动，为帮扶对象送去书籍和学习用品，并进行家访。

11月13日　北京人民广播电台为首届“声音达人秀”活动颁奖，公布20强选手及6项大奖的名单。本届活动历时5个月，全国各地500余人参赛，征集作品1130件。

11月13日　北京电视台完成中国首档大型军事题材明星真人秀栏目《防务精英之星兵报到》制作。该栏目定于12月28日起每周六晚在北京卫视黄金档播出，10位文体明星将亲历真实的部队体验和军事挑战，展现硬朗的真血性及团队战友间的真性情。

11月13日　北京市广播电影电视局组织召开局政务网站工作会议，通报局政务网站栏目运行维护、信息更新的统计情况，并就做好局政务网站考评工作进行部署。

11月15日　北京市广播电影电视局召开广播影视“走出去”节目对接座谈会。会上，8家“走出去”企业介绍各自海外传播节目需求方向及相关合作案例；北京电台、北京电视台分别介绍相关节目资源，并就进一步推进北京广播影视走向世界，提升国际竞争力和影响力进行了探讨，达成了共识。副局长杨培丽参加会议，要求两台与企业要进一步认清形势，增进共识，发挥各自优势，加强合作，推动北京广播影视“走出去”取得更大的成绩。

11月15日　由北京人民广播电台承办的第一届京台广播发展与合作交流会举行。会上，电台与台湾中华广播商业同业公会签署合作意向书，双方商议将定期举办京台广播发展交流会，建立人员交流、沟通联系机制，加强广播节目交流与合作等事宜。电台还与台湾台中广播电台签署合作协议。

11月17日　时任北京广播电视台副台长、北京电视台台长赵多佳一行到第十二届四川国际电视节考察学习，并到“北京国际纪实影像创意产业基地（BIDC）”联合展台参观。

11月18日　北京电视台启动“2013我最喜爱的北京旅游美食评选活动”，并宣布成立包括18家媒体在内的“北京旅游美食媒体联盟”。

11月18日　北京市广播电影电视局召开北京电视台科技项目技术鉴定会。鉴定委员会主任由总局科技委副主任杜百川担任，成员由国家新闻出版广电总局、中国电影电视技术学会和市广电局等单位专家组成。会议听取了北京电视台关于“多通道智能化业务数据安全交换平台”“制播网运维管理系统”“媒体内容管理与共享体系”“基于云架构的全媒体新闻生产平台”“多终端发布高标清播出监测平台”和“2D/3D高清转播车”等六个项目建设、应用有关情况汇报，实地查看了项目运行情况。鉴定委员会对项目技术水平、应用成果和取得的社会、经济效益给予充分肯定。

11月18日　北京歌华有线电视网络股份有限公司与北京市教委签署《北京数字学校课程资源传播服务协议》。根据服务协议，市教委向歌华有线公司支付2012、2013年度北京数字学校课程资源传播服务费3000万元。

11月19日　北京市广播电影电视局局长李春良、副局长丁百之带队赴影片《太平轮》(暂定名)、《只差一步》外景地看望剧组，问候片场工作人员，并分别向两部影片导演吴宇森、赵宝刚了解影片拍摄情况和档期意向。《太平轮》是一部以抗日战争为背景的情感类影片，是市广电局2014年重点扶持影片。

11月20日　北京电视台举行2014年广告招标会，近20家企业参与《养生堂》《私人订制》《防务精英之星兵报到》《档案》4档北京卫视优质节目的招标竞购，竞标总额超过2亿元。

11月21日　北京电视台加盟北京地区网站联合辟谣平台，并在新闻频道《特别关注》中推出辟谣栏目“一辨真伪”，对热门“谣言”和传闻予以科学揭示。

11月25日　北京紫禁城影业有限责任公司、新影佳映（北京）电影公司、全聚德集团出品的电视剧《乞丐大掌柜》在北京怀柔影视基地开机。

11月26日　北京歌华有线电视网络股份有限公司高清交互数字电视平台“朝阳教育”栏目上线。

11月28日　北京市广播电影电视局副局长杨培丽带队赴市科委专题调研广电科技融合发展工作。双方进行了深入交流，在加强产业项目信息沟通、加强产业联盟间学习交流、支持广电领域申报科技项目、支持影视基地发展等方面达成一致意见。

11月　北京广播电视台掀起报道党的十八届三中全会精神高潮。通过在电台、电视台的新闻栏目推出《学习宣传贯彻十八届三中全会精神》等专栏，展开分析解读，并做好国内外各大媒体对三中全会反响的摘播工作；充分利用微博、微信等平台征集话题，设置热点讨论，通过《新闻天天谈》《锐观察》等品牌节目对群众关切内容进行延伸报道；联手委办局共同制作《中关村·创新引领未来》等系列节目，反映全市各单位学习贯彻的实践；策划推出《助力中国梦·展望新生活》等系列宣传片，传递改革信心；各品牌栏目根据栏目定位，策划推出《春江水暖破冰行》《北京面孔》等特别节目。

11月　北京电视台承办的2013“青春的纪录”环太平洋大学生微纪录作品大赛揭晓。大赛从61所高校的435部作品中，评选出30部优秀作品、1部评委会大奖作品、3部评委会嘉奖作品、6部评委会荣誉作品等奖项。

11月　北京电视台纪实频道制作的文献纪录片《笔写京华60年》在中广协会信息资料委员会2013年度优秀论文及第三届节目制作奖评选中获节目资料制作奖二等奖。该片记录了《北京日报》从创刊到发展的60年历程。

11月　北京国际纪实影像创意产业基地联合7家纪录片机构举办“握手四川·相约北京”签约仪式暨项目推展活动。基地将承接第四届北京国际电影节纪录片单元全部评选和推荐工作，打造国家级纪实产业全媒体运营平台。

11月　中央群众路线教育实践活动督导组到北京市非紧急救助服务中心12345调研，对北京电视台参与制作的活动专题介绍片给予高度评价。北京电视台“听民意、解民忧”特别报道9月推出，邀请相关职能部门领导接听市民电话，现场解答群众诉求，并跟踪报道问题解决的全过程，推动解决群众反映强烈的突出问题40余件。

11月　北京歌华有线电视网络股份有限公司获评AAA级（最高级）信用等级，并成功申报“海淀区2013年支持核心区和产业发展专项资金”。

12　月

12月2日　北京电视台新闻频道以“摒弃交通陋习、安全文明出行”为主题，推出大型直播互动节目《生命灿烂》，并首次应用4G回传技术进行现场直播，为全国首例。4G TD-LTE移动网络数据传输技术使演播室接收到的背包输出信号图像清晰，画面流畅，画面传回主观质量明显优于3G传输质量，前后方网络画面延迟由3G回传时的10秒降至4秒，使前后方主持人与记者间的沟通更加顺畅，新闻直播质量明显提高。

12月4日　北京人民广播电台与韩国首尔TBS电台签署合作协议，每周相互提供5分钟以上的电话连线节目一次，内容为介绍本周各自国家及城市的社会热点或经济文化活动。

12月5日　北京歌华有线电视网络股份有限公司高清交互平台“华数高清”节目包正式上线。该节目包分精品大片、高清剧集、高清电影、高清纪实、高清综艺5类，为高清视频点播节目增加新亮点。

12月6日　北京市广播电影电视局召开“三网融合”工作培训会。会议邀请相关部门专家就“三网融合”新媒体发展、“三网融合”发展现状与趋势以及三网融合监管的法律问题等方面进行讲解。

12月10日　北京电视台召开2014年春节联欢晚会策划方案汇报会，北京市委宣传部常务副部长王海平等领导听取春晚筹备情况的汇报，对2014春晚的整体结构，立意角度和素材选取给予肯定并提出要求。

12月11日　由北京电视艺术中心出品的36集都市情感剧《女人帮》登陆YouTube，与浙江卫视实现同步首播，成为北艺中心首次尝试国外新媒体平台实现全球网络独家同步热播的电视剧。

12月12日　由首都精神文明建设委员会办公室指导、北京电台新闻广播主办的年度大型人物评选活动“2013北京榜样”颁奖。该活动经广大市民投票，结合专业评审团的评审意见，李银环等10人获“2013北京榜样”称号。

12月12日　北京市广播影视协会科技工作委员会成立，并召开第一次工作会。

12月13日　北京市属部分新闻单位和文艺院团领导到北京电视台新媒体中心参观，并就传统媒体发展方向和新媒体建设路径、北京电视台大媒体理念内涵与战略布局、北京网络广播电视台平台建设和运营思路进行座谈。

12月14日　北京人民广播电台举行第六届“听众喜爱的主持人”大型评选活动颁奖仪式。北京广播电视台常务副台长、北京电台台长席伟航等台领导出席，并为投票获奖听众颁奖。该活动9月29日启动，共举办5场大型地面推广活动，收到有效选票24万余张。

12月16日　北京歌华有线电视网络股份有限公司高清交互平台幼儿教育付费栏目“巧虎来啦”上线。

12月18日　北京市广播影视协会在通州会议中心召开区县工作委员会第一次会议。会议通过协会区县工作委员会工作条例，选举产生委员会主任、副主任、执行副主任及委员人选，部署了委员会2014年工作活动计划。

12月19日　北京市广播电影电视局组织召开2013年党风廉政建设责任制专项检查工作总结会。局领导及局机关各处室负责人参加会议，两名局党风监督员代表列席会议。局机关各处室负责人汇报了落实党风廉政建设责任制、推进惩防体系建设任务完成情况，各分管局领导进行点评。会议要求：深化认识，正确把握坚持党风廉政建设责任制的重要意义；狠抓落实，着力推动党风政风行风建设深入发展；加强领导，确保党风廉政建设责任制落到实处。

12月19—20日　北京广播电视台召开2014年经营工作会。会议听取了台属单位2013年度经营预算及重点工作完成情况、2014年经营预算及经营重点工作计划的汇报，对工作完成情况进行现场考核评分。对2014年经营工作提出具体要求：要仔细研究探讨工作计划和思路，完善预算，做好下一步的预算审核和经营任务的制定工作；要跟上时代发展的步伐，深入研究市场和用户需求，加快内部融合，加大创新力度，在变革时期做好产业的转型调整，增强竞争实力。

12月20日　北京市广播电影电视局与北京市委讲师团宣讲家网站合作组建《网编大讲堂》培训团，调查一线编审人员的培训需求，确定培训课题，在培训内容、形式、效果上起到参谋作用。

12月24—25日　北京市广播电影电视局分三次召开全市广播电视节目制作经营机构工作会议，传达上级关于节目制作经营管理精神，部署工作。

12月24日　北京广播电视台举行2013年节（栏）目创新奖表彰大会，共表彰《春妮的周末时光》等36件获奖作品。

12月27日　北京市广播电影电视局召开全市持证视听网站工作会议，传达上级关于持证视听网站管理精神，部署工作。

12月27日　北京歌华有线电视网络股份有限公司与中国农业银行北京分行合作开展的“智慧农行”网络服务项目启动。

12月29日　北京市委宣传部常务副部长王海平一行赴怀柔影视基地探望北京紫禁城影业公司电视连续剧《乞丐大掌柜》摄制组。

12月29日　北京电视艺术中心在国家新闻出版广电总局主办的中国国际广播影视博览会上，获《中国电视》专业评审会评选的

"行业领跑机构"奖。

12月31日　新组建的北京市新闻出版广电局和北京市版权局挂牌。

12月　北京市广播影视协会科技工作委员会和区县工作委员会成立并分别召开第一次工作会，会议审议通过了两个工作委员会"工作条例"，确定了主任、副主任、委员名单人选，并对2014年的工作思路进行讨论与部署。

12月　北京电视台承担的国家新闻出版广电总局《基于高标清全台网络化制播体系管理维护模式的研究与实践》科研项目通过专家验收鉴定。该项目提出一套适合国内制播网发展的运维管理体系架构。

12月　北京电视台新闻直播互动节目《生命灿烂》首次应用4G回传技术进行现场直播。经测试，演播室接收图像清晰，画面流畅，前后方网络画面延迟由10秒延时降至4秒，前后方主持人与记者间的沟通更加顺畅。

12月　北京电视台承担的国家新闻出版广电总局《基于高标清全台网络化制播体系管理维护模式的研究与实践》科研项目通过专家验收鉴定。

2013年北京市区县广播影视大事记

1　月

1月1日　房山电视台一档以新闻资讯、服务信息、民生话题为一体的早间新闻资讯栏目《今日关注》开播。该栏目由原《早安房山》栏目改版而成。节目宗旨：深入报道房山区在发展建设中的热点、焦点和动态，言大家事、说百姓话、服务市民生活。节目首播时间：每日上午8:12，重播时间：次日上午8:09、下午13:09，节目时长20分钟。

1月3日　房山电视台推出一档全新电视新闻访谈节目《funhill面对面》。该栏目由原《午后真谈》栏目改版而成。栏目宗旨：讲述新闻事件、挖掘新闻背景、关注新闻热点、贴近百姓生活。节目内容包括信息类、民生类、对象类访谈。节目首播时间：周一、周四、周六上午8：37，次日重播时间：上午8:34、下午13：34，节目时长30分钟。

1月9日　为迎接昌平区委四届四次全会、昌平区"两会"召开，昌平电视台在《昌平新闻》中推出"迎接区两会""回望2012""我的2012"等系列报道。

1月21日　房山区广播电视中心举办以围绕"合作、发展、共赢"为主题的"2013年战略合作伙伴新春联谊会"。会上，中心通过动态视频等形式向客户宣传电视台全新改版栏目及广告经营部门的服务方向、服务准则，为共同合作、发展、共赢创造平台搭建桥梁。

1月22日　平谷区广播电视中心新开办的专题栏目《幸福平谷》开始播出，时长10分钟，反映平谷区在"一区四化五谷"建设过程中所取得的进展和成效。原《旅游精点》《希望田野》《生活周刊》分别改版为《幸福平谷——旅游新视野》《幸福平谷——绿谷农业》《幸福平谷——人口与发展》，成为《幸福平谷》栏目的子板块。

1月25日　由顺义区委宣传部、区文化委员会、区文联、区广播电视中心、板桥创意天承管委会联合举办的"板桥创意天承杯"顺义区第十五届春联征集大赛圆满落下帷幕。大赛共评出一等奖1名、二等奖3名、三等奖10名、优秀奖20名。部分获奖作品于春节期间在顺义电视台、顺义人民广播电台、顺义时讯等媒体上进行展播和刊登。

1月25日　顺义区广播电视中心举办“村里这些事”征文获奖村官座谈会，30名获奖大学生村官代表交流“村里这些事”和创作体会。征文活动由顺义区委宣传部、顺义区广播电视中心举办，内容包括新农村建设、村域经济发展、就业创业故事、和谐家庭、奇闻趣事等，集中体现“爱国 创新 包容 厚德”的北京精神。全区有302名村官参加征文活动，共收到征文297篇。

1月29日　昌平区广播电视中心邀请专家对昌平电视台一线新闻记者70余人进行专业技术培训。专家就高清摄像机的功能、取景、构图、技巧、聚焦等问题进行讲解和答疑交流。

1月　由朝阳区委宣传部、朝阳区精神文明建设办公室、朝阳区文化委员会、朝阳区广电新闻中心和北京金色羽毛文化传播中心联合摄制的电视系列剧《楼上楼下》在朝阳有线电视播出，该剧共完成拍摄100集。

1月　昌平电视台完成《古今昌平——探秘十三陵》系列中、英文版光盘制作。《古今昌平——探秘十三陵》系列共122集。该系列片对十三陵的历史脉络和丰厚的文化底蕴进行了系统、全方位地宣传报道。2013年初，栏目组对该系列片重新整理编辑，制作完成中、英文版的光盘母盘。

1月　昌平电视台《古今昌平》栏目完成“天下第一雄关”系列节目制作。《古今昌平》栏目自完成122集大型系列片《探秘十三陵》之后，从2012年5月开始，又推出“天下第一雄关”系列，到2013年1月9日已播出35集。

2　月

2月1日　“爱心在传递”慈善晚会在石景山区广播电视中心隆重举行。市区领导、石景山区各委办局、爱心企业代表、驻区部队代表和社会各界爱心人士参加活动，晚会现场，17家爱心企业捐赠善款1660万元。

2月18日　昌平电视台《视角》《走进三农》栏目对第二届北京昌平兴寿草莓庙会各项活动以及昌平的草莓产业进行深入宣传。

2月20日　昌平电视台在《古今昌平》栏目中开播《古今昌平——文物·往事》系列，围绕昌平区博物馆馆藏文物以及散落在民间的文物，按照年代、类别挖掘梳理文物背后的历史和文化内涵以及传说故事。该系列片计划制作60集。

2月　昌平电视台《视角》《走进三农》《农民课堂》《时空关注》栏目从不同角度对如何防控H7N9禽流感进行集中宣传。

2月　海淀有线电视开播“聆听民生足音”栏目，集中报道海淀区2013年在民生领域取得的新成就。

3　月

3月3日　昌平电视台与昌平区疾病预防控制中心联合制作的系列访谈节目《百姓话题——健康昌平》开播。区疾控中心的专家陆续做客演播室，为观众介绍疾病预防知识。栏目每期20分钟，隔周日晚7：30首播。

3月11日　《密云新闻》开设“环境建设进行时”子栏目，集中报道密云县围绕生态涵养发展区工作方略和“三个走在前列”奋斗目标，开展城乡环境综合整治，改善城乡面貌和人居环境，建设绿色家园的工作情况及各部门、镇街围绕环境整治工作开展的治脏、治乱、拆违等系列活动。

3月15日　石景山区广播电视中心在《石景山新闻》开设主题板块“安全身边事”，讲解如何注意身边的安全。同时，还开设“健康身边行”“建设美丽石景山”等主题板块，解读日常的健康小常识。

3月18日　房山区广播电视中心邀请原中心老领导宋春华、高原、孙泽、李曼玲同志就《房山广电发展史》编纂方案举行座谈会。此次编纂工作将呈现房山广电55年来不断壮大、发展的历程，挖掘和展现广电人艰苦奋斗、服务大局的精神风貌。

3月　昌平电视台《真情故事》《视角》等栏目加大学雷锋活动及典型人物的宣传力度，倡导文明、积极向上的社会风气。

3月　大兴区广播电视中心启动“中国梦·大兴情”大型系列活动，图说大兴手机拍大兴、视说大兴视频采风、音说大兴一句话描绘大兴未来、文说大兴征文竞赛等活动为群众参与开设端口，最大限度地让各界人士参与进来，发现和传播身边的感动。

3月　通州区广播电视中心《看通州》板块“每周话题”改版，推出新闻谈话节目，并相继播出《通州新移民》《“国五条”引发的思考》等内容。

3月　密云电视台《密云新闻》播出“捡来的老哥”系列报道。记录西户部庄村村民崔钢林一家人16年无常照顾走失智障聋哑人王世久以及王世久通过众人的帮助最终一家团聚的事迹。这组报道还在北京电视台、中央电视台播出。

3月　顺义电台开办互动点歌交友节目《全城都在点》、民生互助节目《大家帮助大家》两档直播节目。《大家帮助大家》是一档生活服务资讯类的民生互助直播栏目。《全城都在点》是一档长达两个小时的点歌交友节目，通过QQ和手机短信平台和听众进行实时互动，点播歌曲、传递祝福、结交朋友。

3月　海淀区新闻中心创新新闻业务交流模式，建立采编QQ群，充分运用新技术手段架起记者和编辑即时交流平台，促进网上在线业务讨论交流。

3月　怀柔区广播电视中心《法制时刻》栏目新增“与法同行”“警钟长鸣”“法制资讯”“法律答疑”四个板块，以普法宣传、震慑犯罪、帮扶弱势为宗旨，更好地普及法律知识。

3月至5月　昌平区广播电视中心全面报道首届北京农业嘉年华活动。昌平电视台推出《缤纷农业嘉年华》《科技农业嘉年华》《体验农业嘉年华》《参与农业嘉年华》《聚焦农业嘉年华》等系列报道；制作专题节目16期（其中《相约》1期、《走进三农》3期、《农民课堂》7期、《视角》2期、《时空关注》2期、《真情故事》1期），从不同角度对农业嘉年华进行了报道。此外，派出5名记者协助北京电视台进行农业嘉年华现场直播。昌平广播电视网制作专题网页，对“首届北京农业嘉年华”进行联动报道。

4　月

4月3日　昌平电视台与区环保局联合打造的《环保在线》栏目开播，每周三晚在《时空关注》栏目中首播，每期5分钟。《环保在线》以“建设美丽昌平，我们在行动”为宗旨，意在通过多角度、多层次全面介绍国家环保模范城区创建工作，报道大气、水、固体废弃物、噪声、辐射等环境问题，号召广大群众积极关心、参与环保，为建成“天蓝、地绿、水清、宁静”的美丽昌平做出努力。

4月7日　昌平电视台与区纪委纠风办公室联合制作的电视访谈栏目《百姓话题——政声民意》播出。栏目隔周的周日首播，每期20分钟。环保、旅游、民政、安监、人保等各职能部门负责人陆续走进演播室，与广大群众面对面交流，为民排忧解难。

4月9日　昌平电视台与区文明办联合打造的《文明昌平》栏目开播，隔周的周二晚在《时空关注》栏目中首播，每期5分钟。《文明昌平》通过“身边雷锋”先进个人和团队、生态文明户创建、道德楷模、文明交通绿色出行等系列报道，努力营造社会各界共同关注、支持、参与精神文明建设工作的良好氛围。

4月10日、11日　中央人民广播电台台

长王求到密云县广播电视中心和丰台区广播电视中心进行调研。

4月16日　密云县县委书记汪先永到北京市广播电影电视局密云白土沟转播站进行安全播出检查。

4月16至5月8日　平谷区广播电视中心圆满完成桃花音乐节报道任务。在桃花音乐节期间，累计派编辑、记者、主持330多人次，播出新闻120多条，专题节目10期，向市级以上新闻媒体报送稿件11条。播出《美丽平谷——最美桃花海》公益宣传片四版88次，播出开幕式实况录像一次。

4月19日　石景山有线电视围绕第四届京西消费节的3个系列活动，开播电视栏目《青青与溜溜》，共计31期。节目以主持人青青和卡通形象溜溜诙谐幽默的配合，加上丰富的多媒体运用，介绍京西消费节期间的活动亮点，在保留了原有节目特色的同时，加大信息量，增加知识性、趣味性，内容清新、活泼，主题鲜明。

4月20日　顺义人民广播电台在2013春季北京顺义长走大会期间，推出直播两个半小时的"美丽中国，快乐生活"节目。

4月27日　由朝阳区广播电视新闻中心组织的区新闻宣传工作培训班开班。在培训活动中，国内公关专家董关鹏为全区320余名宣传干部、新闻通讯员做题为《全媒体时代的突发事件与舆论引导》的专题报告。

4月　朝阳区广播电视新闻中心陆续在朝阳报头版和电视栏目《朝阳新闻》中分别开设"美丽朝阳，环境先行"专栏和板块，重点报道在拆违控违、垃圾、游商、小广告、黑车和道路遗撒的治理，大气、水污染治理，绿化景观建设，落实门前三包和加强流动人口管理等工作中的亮点、经验举措。同时，制作《镜头对准死角》电视曝光专题片，为区委、区政府的决策提供依据。

4月29至5月1日　平谷区广播电视中心在区举办的"中国乐谷——2013北京迷笛音乐节"活动中，累计派出记者23人次，播出平谷新闻18条，制作专题《旅游新视野》一期。

4月　海淀区新闻中心开展"文明铺就幸福路"大型系列专题报道，重点宣传海淀区创建全国文明城区取得的成绩和经验，营造和谐创建氛围。

4月　海淀区新闻中心开辟大型专题《绿海淀》报道，全面盘点海淀和谐宜居的自然环境，展示美丽海淀的新形象。

4月　海淀区新闻中心举办选题沙龙，便于记者、编辑面对面讨论选题、交流业务，提高报纸新闻采编水平和能力。

4月　由房山区委宣传部、区文联、区广播电视中心共同拍摄的大型人文历史纪录片《房山》在北京电视台等多家媒体播出。

4月　在第四届中国农业电视论坛暨节目评估中，房山区广播电视中心孙亚琼、尹鹏、李安琦、尹晓朦、史建聪、陈兴创作的《农业科普1+1》获栏目类一等奖；董娜、李博、李金鹏、张雪创作的《87岁的种树愚公》获消息类一等奖；刘卫峰创作的《电视艺术唯美农业》获论文类三等奖。

4月　房山区广播电视中心以系列报道、专题报道的方式对《"北京之源·梨花飞歌"第二届群众文艺大汇演》和《"梨花情·声之韵"戏曲专场演出》等活动进行全面报道。

4月　石景山有线电视一档新栏目《旅游天地》正式开播。该栏目是石景山广播电视中心与区旅游委合作的一档月播栏目，栏目分为《旅游资讯》《旅游热点》《人在旅途》《翠微天地》4个板块。

5　月

5月1日　房山区广播电视中心《房山新闻》栏目与区总工会合作，推出反映"三化两区”建设一线劳动者的系类报道《劳动者》共8集。

5月3日　房山区广播电视中心开通新浪官方微博“@房山区广播电视中心”。微博将权威发布全区最新消息和重要活动，时报房山新闻，预报节目内容，并与网友进行互动交流。

5月5日　由丰台区广播电视中心和丰台区双拥工作委员会办公室共同推出的社教类专题栏目《军民一家亲》，在BTV新闻频道丰台时段及丰台有线电视803数字频道播出，每双周日晚20：05首播，时长15分。该栏目紧紧围绕双拥工作组织策划选题，较为全面的反映和展示双拥工作取得的成绩和亮点。

5月至9月　海淀区新闻中心开辟专栏《美丽海淀纪行》，关注街镇基层生态文明建设，报道创建全国文明城区纪事。

5月11日　房山人民广播电台与北京人民广播电台FM102.5北京体育广播合作，两台主持人、记者共同承担采编、实况主持，并机现场直播“青春北京·美丽房山”——春季北京国际长走大会取得成功。

5月16日　房山区广播电视中心开展主题为“媒体与艺术”周末社区大讲堂活动，邀请北京电影学院朱青君教授为干部职工讲解媒介与艺术的历史、多种媒介融合下的当代新艺术。

5月18日　丰台区广播电视中心与区残疾人联合会合办的电视访谈类栏目《真情零距离》开播4周年，共播出49期。

5月26日　怀柔区广播电视中心《怀柔新闻》由原来的每周六套增加到七套，增加民生新闻、社会新闻比重。

5月　密云电视台与密云县民政局联合推出《密云新闻》“民政与民生”子栏目，通过访谈、案例分析等方式，对党的惠民政策进行解读，每周播出一期，成为老百姓特别是民政对象了解党的惠民政策、寻求解决问题渠道的窗口。

5月　门头沟区广播电视中心网站建设工作正式开始推进。

6　月

6月1–2日　房山区广播电视中心利用电视、广播、网络等宣传平台全面报道房山区长沟镇举办的“希望的田野——2013（第四届）花田音乐节大型公益活动”。

6月4日　丰台区广播电视中心社教类栏目《丰台教育》，在BTV 新闻频道丰台时段及丰台有线电视803数字频道开播，每周四20：10首播，时长15分钟。该栏目遵循“真实生动、贴近基层、实用有效”的宗旨，紧紧围绕丰台教育委员会年度中心工作，以追踪教育热点新闻、宣传丰台名师名校、解读教育方针政策、展示多彩校园生活为主要内容。栏目以独特的视角、独具的画面，为全区观众提供丰富多彩、节奏明快的教育信息。

6月21日　门头沟区广播电视中心与北京北广科技股份有限公司就斋堂培训中心的开发签订合作框架协议。

6月28日　平谷区广播电视中心对区委书记讲党课活动进行现场直播，这项活动是区“纪念建党92周年”重要活动之一。

6月28日　北京市广播电影电视局副局长韩昱到密云县不老屯镇白土沟村的北京广播电影电视局密云转播站检查安全播出及防汛安全工作。

6月29日　平谷区广播电视中心积极参与区庆祝建党92周年活动，从6月29日开始，连续播放《大学生村官的故事》等6部反映党员先进事迹的专题片。

6月30日　密云县广播电视中心在县“放歌新密云·实现中国梦”－－北京城建上河湾杯合唱大赛上获二等奖。

6月底　石景山有线电视在《走进演播

室》栏目推出“古城之春艺术节”系列访谈节目。该节目共播出5期，深入介绍古城之春艺术节的历史发展以及形式特点等。

6月　顺义区广播电视中心制作专题片《顺义脊梁——“中国梦，顺义梦”党建工作实践掠影》播出，并在顺义区纪念建党92周年大会上播放，受到参会人员的好评。

7　月

7月5日　怀柔区广播电视中心与区园林绿化局联合开办《绿美怀柔》专题节目，每周五播出，时长12分钟。栏目宗旨：宣传园林绿化战线上的先进人物、典型事迹；及时报道园林绿化的建设工程；普及园林绿化知识；倡导绿色理念，建设美丽怀柔。

7月14日　丰台区广播电视中心在《花卉与文化》栏目制作播出“此花无日不春风——月季”节目。节目着力挖掘本期主题花卉——月季的科普常识、栽培养护知识以及月季花深邃的文化内涵，让观众了解丰台悠久的花卉文化历史。

7月25日　昌平区广播电视中心举办《新闻写作与摄影技巧相关专题辅导》培训，共有58人参加。

7月　昌平电视台《视角》栏目对“我的梦·中国梦”魅力昌平宣讲团及各镇街宣讲团的活动情况、宣讲的目的意义等进行报道；《真情故事》栏目对宣讲团成员中典型人物王风进、郎文东、夏红等人进行宣传。此外，为配合宣讲团成员的宣讲，还为每名宣讲团成员拍摄制作宣传小片，在宣讲现场播放。

7月　大兴区广播电视中心开办广播新闻类栏目《这里是大兴》，每天早晨6:30—7:30首播，晚上7:30—8:30重播。

7月　密云县广播电视中心专题节目《经济一刻钟》加强选题策划，有针对性的采制“香草园特别节目”“新城子高山滑水”等旅游新项目，扩大旅游事业的报道。

8　月

8月2日　昌平广播电视网与区历史文脉梳理工程编辑部合办专题《梳理昌平历史文脉·彰显昌平文化魅力》，加强昌平历史文化的宣传。

8月6日　密云县广播电视中心积极参与河北电视台、北京电视台、天津电视台和承德市委、市政府共同举办的《聚焦承德》京津市县区电视媒体采访活动，在承德拍摄制作《热河来风》系列报道，全方位介绍作为首都生态圈最后屏障的承德市在防风固沙、涵养水源、净化江河、清洁大气等方面所做的贡献，以及在新兴文化旅游创业产业方面取得的显著效果。

8月23—25日　“北京范儿，唱享长阳”音乐节在房山区长阳举办。区广播电视中心全程录制并实现房山人民广播电台FM96.9、FM107并机全程现场直播、房山广电传媒网同步直播。

8月31日　密云县广播电视中心和县教委联合推出《教育专线》专题节目，每两周一期，每期10至15分钟，周六于《密云新闻》之后播出。节目从密云教育发展的实际出发，宣传教育政策，推广先进典型，让观众更全面、更深入地了解密云教育改革成果。

8月　石景山区广播电视中心自编自导完成首部微电影《心花怒放》的拍摄。这部微电影由石景山区电力公司投资10万元拍摄，也是中心第一次承接类似的节目制作形式。

8月　顺义区广播电视中心联合区教委拍摄专题片《丰碑铸就绿港魂》，记录20年来顺义区全民捐资助学办教育的成就和崇高精神。专题片采访当年参加捐资助学的老同志、老领导，回忆当初的峥嵘岁月，重现这段感人的历史。该片在全区教师节大会上播放，反响良好。

9　月

9月9日　密云县广播电视中心在《密

云新闻》中推出“生态文明建设”专栏，每周一播出。从生态环境、生态经济、生态文化、和谐社会、绿色人物五个方面报道密云县生态文明建设中的工作亮点、典型经验和先进人物。

9月11日　石景山有线电视一档新栏目《百姓诵读》与观众朋友见面，诵读者即是老百姓又是喜爱诗歌的爱好者，在电视银屏上以诵读的形式播出一些老百姓耳熟能详的优秀诗歌作品。栏目每周一期，每期15分钟。

9月19日　丰台区广播电视中心在《丰台新闻》全面报道丰台区在卢沟桥畔宛平城头举办中秋群众文化活动。同时还报道了北京园博园绘兔儿爷、地方戏曲、异国风情文艺演出、花车巡游和水舞表演等内容。

9月21日　丰台区广播电视中心在《丰台新闻》全方位报道“2013年北京国际铁人三项赛”，多角度、多侧面让观众了解比赛。

9月21日　密云县广播电视中心和县疾病预防控制中心联合推出《疾控在线》专题节目，每两周一期，每期10至15分钟，周六于《密云新闻》之后播出。

9月　朝阳区广播电视新闻中心完成朝阳报2013年全面改版工作。新改版的朝阳报进一步提高针对性、实效性、亲和力、感染力，提升舆论引导力。

9月　通州区广播电视中心与区科学技术委员会合作的《基于多屏融合的移动资讯采集发布系统研发与示范》项目获市科委绿色通道项目立项，并获科技经费400万元。

9月　石景山区广播电视中心成功录制区工商联恢复工作20周年电视晚会——《闪光的足迹》并播出。

9月　丰台区广播电视中心分“聚焦园博”“决战园博”“美丽园博”“我与园博”“园博后看丰台”五个阶段对北京园博会进行全方位报道。截至9月底，已播发新闻400余条。此外广电中心还拍摄各类与园博会相关的资料近4000分钟，制作播出“园博会主题宣传片”“园博会交通路线篇”等4部公益宣传片。

9月至10月　昌平区广播电视中心全方位报道“中国北京亚洲大学生魔术交流大会”取得成功。在《视角》栏目中，对大会的活动情况进行报道，在《相约》栏目中，专访大会主办方及参赛的魔术师、大学生魔术爱好者，让观众对魔术大会有全面的了解。昌平广播电视网制作《亚洲大学生魔术大赛风云会系列报道》，采用图文形式对大赛进行跟踪报道。

10　月

10月8日　怀柔电视台开设《聚焦国际会都》专栏，该栏目每周四播出，时长12分钟。重点宣传怀柔申办筹办国际会议的重要意义，包括加快怀柔的基础设施建设、加快怀柔环境品质和城市形象的改善步伐、加快文化科技高端产业新区建设和快速提升服务业水平、提升怀柔国际国内影响力等内容。

10月14日　第八届世界数独锦标赛和第22届世界谜题锦标赛在昌平举办，昌平电视台《昌平新闻》进行专题报道。昌平广播电视网制作《数独、谜题世锦赛系列报道》。该报道采用11篇图文稿件对大赛、开幕、闭幕、个人赛、团体赛、足球友谊赛等赛事进行全面报道。

10月14日　昌平电视台《昌平新闻》圆满完成 对“2013年环北京职业公路自行车赛”（昌平段）赛事的重点报道。

10月15日　怀柔区广播电视无线覆盖转播站配套道路工程竣工。该工程于2012年10月11日，破土动工，被列入区政府的“三折子工程”，工程总投资1360万元。

10月16日　房山区广播电视中心全程采访报道在房山区大安山乡举办的“争霸，天下第一坡”越野挑战赛暨中国首家山地人工沙化赛道揭幕战。

10月23日　昌平区2013年度广播电视“村村通”工程广播发射站运行维护工作现场会在延寿镇南庄村召开。会议总结全区广播电视“村村通”工程广播发射站建立以来的运行维护工作，并对下一阶段重点工作进行部署，昌平区副区长刘淑华出席会议。

10月　平谷区广播电视中心成立北京新闻广播“村村通”维护站，对全区96个行政村无线覆盖进行监听、维护、维修，确保不间断安全播出。

10月　怀柔电视台制作播出《实干圆梦》系列新闻报道，共播出20集。该系列报道通过实干圆梦，树立基层骨干标杆，弘扬社会正气，首批播出20个各行各业真抓实干、实现梦想的代表人物。

11　月

11月5日　通州区广播电视中心承办的创城进行时“与文明同行”电视主题活动举办。与文明同行活动采用篇章结构与平行结构结合的创新方法。整体活动分为四个篇章，即《古韵悠情》《创城实情》《风雨真情》《燃烧激情》。

11月6日　怀柔区广播电视中心被中共中央宣传部、文化部、国家新闻出版广电总局评为“第五届全国服务农民服务基层文化建设广播电视‘村村通’工作先进集体”称号。

11月8日　朝阳区广播电视新闻中心开展好新闻评选工作，邀请外聘的专家组进行评审，共评选出电视长消息类、电视短消息类、电视专题类各一等奖一名，二等奖二名，三等奖三名；报刊消息类、报纸新闻（通讯）类各一等奖一名，二等奖三名，三等奖五名；电视摄像类、图片类各优秀奖三名；报刊版面设计类三名；报刊副刊优秀文章类两名；版面编辑类、电视栏目类、电视片花类各优秀奖两名。

11月11日　朝阳区广播电视新闻中心电视栏目《朝阳新闻》全新改版，将原有多档栏目进行整合调整，推出新版40分钟新闻杂志节目，周一至周五每晚19：30播出。

11月12日　房山区人大代表组织部分市、区人大代表视察区六届人大六次会议确定的《加快城乡数字广播信息平台建设　增设公共服务和社会管理能力》的议案办理情况。区人大常委会常务副主任刘欣国、副主任刘顺林、段维鹏参加视察，副区长曹蕾陪同视察。

11月　大兴区广播电视中心电视高清数字化建设项目一期工程竣工并通过验收。一期工程包括高清新闻制作网、高清综合制作网和主干网平台，总投资2100多万元。

11月　平谷区广播电视中心在北京电视台《北京新闻》《北京您早》《特别关注》等新闻栏目中播发10条新闻。其中在《北京新闻》头条播发　“首都各界学习贯彻三中全会精神”、“首都理论专家走进平谷”，第一时间展现平谷区深入学习十八届三中全会情况。“平谷区代区长姜帆应诉”在《特别关注》中播出，体现平谷区对依法治区、依法行政的重视。

11月　由石景山区广播电视中心拍摄的三部纪录片制作完成，经评比获北京市广播影视奖纪录片一等奖。这三部纪录片分别是《好人·好事》《京城汉子》《三张照片两番景》，其中纪录片《好人·好事》经历了南下上海、天津，北上丰宁，三上妙峰山，四上八大处，采集素材、资料5000多分钟，历时两个月的时间拍摄编辑完成。《三张照片两番景》是通过三张照片的变化和背后的故事，介绍首钢搬迁后石景山区的发展变迁。

12　月

12月6日　昌平区广播电视中心建立天通苑、回龙观两个镇街记者站。区委常委、宣传部长余俊生，副区长刘淑华共同为首批成立的天通苑、回龙观两个镇街记者站揭牌。

12月9日　昌平电视台与昌平区东小口镇联合打造的《今日东小口》电视专题栏目在《时空关注》栏目中开播。播出时间为隔周一晚八点，每期5分钟。《今日东小口》结合全区中心工作、对东小口镇旧村改造、基层民主政治建设、民生保障以及党建等方面的工作进行宣传报道。

12月20日　通州区广播电视中心史上第一辆高清电视转播车正式交付使用。这辆投资1800万的高清电视转播车，拥有8个有线讯道和2路无线讯道，可实现体育赛事、文艺节目、重大新闻事件的现场录制、制作，可通过光纤、微波传输进行现场直播。

12月26日　由石景山区广播电视中心组织、策划的反映自来水工作的《水之歌》诗会在区自来水公司举行并播出。

12月　“璀璨荧屏二十载　创新创意引未来”——顺义区广播电视中心第二届创新创意大赛结束，共评出获奖作品52个。大赛从2013年9月下旬开始，面向中心全体员工，参赛内容有新栏目创意和现有栏目改版方案、“绿港秋色”电视片和摄影作品、好作品创意、调研文章四个方面。大赛共收到各类参赛作品112部，其中新栏目创意文案和现有栏目改版方案40篇，“绿港秋色”作品19部，好作品创意30篇，调研文章23篇。

12月　丰台区广播电视中心在《丰台新闻》播出窦珍老人系列报道后，开设“凡人善举”专栏，采访报道辖区的好人事迹。其中，“众人帮扶摔倒路人，传递社会正能量”“退休老人赵伯岭坚持九年义务为社区出板报”“八旬老兵夫妇助学20年，建两所希望小学”“供电工作全宗胜的公益之路”“扶残助残的公益律师——宋积虎”等报道在北京电视台播出。

年内　密云县广播电视中心共编辑电视新闻365期，总长约6456分钟，播出新闻3685余条；编辑广播新闻626期，总长6260分钟，播发新闻约4690条。制作《辉煌2012》《希望小镇穆家峪激情活力潮河湾》《清山碧水　京东明珠太师屯》《密云通航产业从这里起飞》《古北口司马台新村建设巡礼》等专题片17部。

索引

索 引
INDEX

汉语拼音索引

A

B

数字索引

字母索引